Studienreihe Rechtswissenschaften

herausgegeben von
Professor Dr. Winfried Boecken und Professor Dr. Heinrich Wilms (†)

fortgeführt von
Professor Dr. Winfried Boecken und Professor Dr. Stefan Korioth

Allgemeines Verwaltungsrecht

von

Stefan Storr
Dr. jur., Professor an der Wirtschaftsuniversität Wien

und

Rainer Schröder
Dr. jur., Professor an der Universität Siegen

2., überarbeitete Auflage

Verlag W. Kohlhammer

2. Auflage 2021

Alle Rechte vorbehalten
© W. Kohlhammer GmbH, Stuttgart
Gesamtherstellung: W. Kohlhammer GmbH, Stuttgart

Print:
ISBN 978-3-17-032611-8

E-Book-Formate:
pdf: ISBN 978-3-17-032612-5
epub: ISBN 978-3-17-032613-2
mobi: ISBN 978-3-17-032614-9

Vorwort

Das Lehrbuch wendet sich an Studierende der Rechtswissenschaften, Anfänger und Fortgeschrittene, die sich auf das Erste Juristische Staatsexamen vorbereiten oder für das Zweite Juristische Staatsexamen wiederholen wollen, außerdem an Studierende von Bachelor- und Masterstudiengängen mit dem Unterrichtsgegenstand allgemeines Verwaltungsrecht.

Gegenstand des allgemeinen Verwaltungsrechts sind die Grundzüge des Verwaltungsverfahrens, des Verwaltungsorganisationsrechts und die Handlungsformen der öffentlichen Verwaltung. Damit ist das allgemeine Verwaltungsrecht die Grundmatrix, das Fundament für das Handeln der Verwaltungsbehörden. Dieses Fundament ist ständiger Veränderung ausgesetzt, insbesondere durch Privatisierung, Europäisierung und neue Konzepte staatlicher Verwaltung. Wir haben uns bemüht, dem Leser die Thematik des allgemeinen Verwaltungsrechts aktuell, knapp, umfassend und doch übersichtlich und unter besonderer Berücksichtigung der höchstgerichtlichen Rechtsprechung zu präsentieren. Wichtig war uns auch – ganz dem Konzept der Studienreihe folgend –, den Stoff mit Beispielen und Fällen aus der Gerichtspraxis zu veranschaulichen.

Wir haben den Verwaltungsakt und das nicht-förmliche Verwaltungsverfahren in den Vordergrund des Lehrbuchs gestellt und das Buch in vier Teile gegliedert. Zunächst werden die Grundstrukturen des allgemeinen Verwaltungsrechts behandelt, im zweiten Teil die das allgemeine Verwaltungsrecht besonders prägende Handlungsform des Verwaltungsakts unter Berücksichtigung des Behördenverfahrens bis zum Erlass des Verwaltungsakts sowie den fehlerhaften Verwaltungsakt, den Widerruf und die Rücknahme. Der dritte Teil betrifft andere Handlungsformen und Verfahren, der vierte Teil Privatisierung, Vollstreckung, Rechtsschutz und staatliche Ersatzleistungen.

Für vielfache Unterstützung möchten wir uns bedanken bei Frau Katrin Börner, Frau Mag. Katharina Leitner-Amon, Herrn Mag. Philipp Lindermuth, Herrn Mag. Thomas Mayer, Frau Mag. Elke Wildpanner, Frau Heidrun Endisch, Frau Tanja Lafer und Herrn Christoph Zauhar. Danken möchten wir auch den Herausgebern der „Studienreihe Rechtswissenschaft", Herrn Prof. Dr. Winfried Boecken und Herrn Prof. Dr. Heinrich Wilms für die Aufnahme in diese Reihe.

Über Anregungen und Hinweise sind wir dankbar und bitten, sie an folgende Adressen zu richten:

Univ.-Prof. Dr. Stefan Storr   Priv.-Doz. Dr. Rainer Schröder
Karl-Franzens-Universität Graz   Ludwig-Maximilians-Universität München
Institut für Öffentliches Recht   Institut für Öffentliches Recht und Politik
Universitätsstrasse 15/C 3   Prof.-Huber-Platz 2
A-8010 Graz   80539 München
stefan.storr@uni-graz.at   rj-schroeder@web.de

Graz/München im März 2009
Rainer Schröder und Stefan Storr

Vorwort zur 2. Auflage

Die erste Auflage liegt schon eine Weile zurück. Inzwischen hat sich der Normenbestand des Verwaltungsrechts geändert und auch die Rechtsprechungsentwicklung ist vorangeschritten. Aber die Grundstrukturen des Allgemeinen Verwaltungsrechts sind im Wesentlichen dieselben geblieben.

Mit der zweiten Auflage wollen wir deshalb das bewährte Konzept des Lehrbuchs beibehalten, um den Studierenden die Materie des Allgemeinen Verwaltungsrechts auf möglichst anschauliche Art näher zu bringen.

Wir haben Hilfe bekommen. Bedanken möchten wir uns vor allem bei unseren Mitarbeiterinnen und Mitarbeitern, insbesondere bei Frau Alexandra Enzinger, Frau Tanja Lang, Frau Valentina Neubauer und Frau Sarah Werderitsch aus Wien sowie Frau Franziska Köllner, Frau Meike Schneider, Herrn Erblin Kurteshi und Herrn Simon Schmid aus Siegen. Ein besonderer Dank geht an Frau Karin Baither vom Verlag für die umsichtige Unterstützung.

Über Anregungen und Kritik freuen wir uns auch weiterhin und bitten sie an folgende Anschriften zu richten:

Univ.-Prof. Dr. Stefan Storr
Wirtschaftsuniversität Wien
Institut für Österreichisches und
Europäisches Öffentliches Recht
Welthandelsplatz 1
A-1020 Wien
stefan.storr@wu.ac.at

Univ.-Prof. Dr. Rainer Schröder
Universität Siegen
Professur für Öffentliches Wirtschafts-
recht, Technik- und Umweltrecht
Kohlbettstraße 15
D-57072 Siegen
schroeder@recht.uni-siegen.de

Wien/Siegen im August 2020   Rainer Schröder/Stefan Storr

Abkürzungsverzeichnis

A

AEG	Allgemeines Eisenbahngesetz
AEUV	Vertrag über die Arbeitsweise der Europäischen Union
ALR	Allgemeines Preußisches Landrecht
AMG	Arzneimittelgesetz
AsylVfG	Asylverfahrensgesetz
AtomG	Atomgesetz

B

BauGB	Baugesetzbuch
BauNVO	Baunutzungsverordnung
BaWüGO	Gemeindeordnung für Baden-Württemberg
BayAGVwGO	Bayerisches Ausführungsgesetz zur Verwaltungsgerichtsordnung
BayEG	Bayerisches Gesetz über die entschädigungspflichtige Enteignung
BayGO	Gemeindeordnung für den Freistaat Bayern
BayJagdG	Bayerisches Jagdgesetz
BayLKrO	Landkreisordnung für den Freistaat Bayern
BayLStVG	Bayerisches Landesstraf- und Verordnungsgesetz
BayObLG	Bayerisches Oberstes Landesgericht
BayPAG	Bayerisches Polizeiaufgabengesetz
BayVerf	Bayerische Verfassung
BayVerfGHG	Gesetz über den bayerischen Verfassungsgerichtshof
BayVGH	Bayerischer Verwaltungsgerichtshof
BayVwZVG	Bayerisches Verwaltungszustellungs- und Vollstreckungsgesetz
BBergG	Bundesberggesetz
BBG	Bundesbeamtengesetz
Bbg	Brandenburg
BbgKommRRefG	Brandenburgisches Kommunalrechtsreformgesetz
BBodSchG	Bundesbodenschutzgesetz
BGB	Bürgerliches Gesetzbuch
BGBl	Bundesgesetzblatt
BGH	Bundesgerichtshof
BHO	Bundeshaushaltsordnung
BImSchG	Bundesimmissionsschutzgesetz
BJagdG	Bundesjagdgesetz
BNatSchG	Bundesnaturschutzgesetz
BND	Bundesnachrichtendienst
BPolG	Bundespolizeigesetz
BPolZV	Verordnung über die Zuständigkeit der Bundespolizeibehörden
BRHG	Gesetz über den Bundesrechnungshof
BRRG	Bundesrechtsrahmengesetz
BVerfG	Bundesverfassungsgericht
BVerfGG	Bundesverfassungsgerichtsgesetz
BVerfSchG	Bundesverfassungsschutzgesetz
BVerwG	Bundesverwaltungsgericht

Abkürzungsverzeichnis

BWLKrO	Landkreisordnung für Baden-Württemberg

E

EG	Vertrag zur Gründung der Europäischen Gemeinschaft
EMRK	Europäische Menschenrechtskonvention
EnWG	Energiewirtschaftsgesetz
ERP	European Recovery Programme
EU	Vertrag über die Europäische Union/Europäische Union
EuGH	Europäischer Gerichtshof
EV	Einigungsvertrag

F

FStrG	Bundesfernstraßengesetz
FStrPrivFinG	Fernstraßenbauprivatfinanzierungsgesetz

G

GastG	Gaststättengesetz
GBO	Grundbuchordnung
GenBeschlG	Genehmigungsverfahrensbeschleunigungsgesetz
GenTG	Gentechnikgesetz
GenTSV	Gentechnik-Sicherheitsverordnung
GewO	Gewerbeordnung
GG	Grundgesetz
GSG	Gerätesicherheitsgesetz
GVBl	Gesetz- und Verordnungsblatt
GVG	Gerichtsverfassungsgesetz
GWB	Gesetz gegen Wettbewerbsbeschränkungen

H

HessGO	Hessische Gemeindeordnung
HessLKrO	Hessische Landkreisordnung
HGrG	Haushaltsgrundsätzegesetz

I

I. c.	in concreto
IfSG	Infektionsschutzgesetz
IHKG	Gesetz zur vorläufigen Regelung des Rechts der Industrie- und Handelskammern
InsO	Insolvenzordnung

K

KAG	Kommunalabgabengesetz
KatSG	Katastrophenschutzgesetz
KHG	Krankenhausfinanzierungsgesetz
KMU	Kleine und mittlere Unternehmen
Krw-/AbfG	Kreislaufwirtschafts- und Abfallgesetz

L

LG	Landgericht
LHO	Landeshaushaltsordnung
LNatSchG	Landesnaturschutzgesetz
LSA	Land Sachsen-Anhalt
LuftVG	Luftverkehrsgesetz

M

MAD	Militärischer Abschirmdienst

O
OLG   Oberlandesgericht
OVG   Oberverwaltungsgericht

P
PartG   Parteiengesetz
PBefG   Personenbeförderungsgesetz
PrOVG   Preußisches Oberverwaltungsgericht

R
RGBl   Reichsgesetzblatt
Rh-PfLKrO   Landkreisordnung für Rheinland-Pfalz
RiL   Richtlinie
RP-GO   Gemeindeordnung Rheinland-Pfalz

S
S.   Satz/Seite
SächsGO   Sächsische Gemeindeordnung
SächsJagdG   Sächsisches Jagdgesetz
SächsJG   Sächsisches Justizgesetz
SächsPolG   Sächsisches Polizeigesetz
SächsSchulG   Sächsisches Schulgesetz
SächsStiftG   Sächsisches Stiftungsgesetz
SächsVerf   Verfassung des Freistaats Sachsen
SächsVerwOrgG   Sächsisches Verwaltungsorganisationsgesetz
SächsWasserG   Sächsisches Wassergesetz
SigG   Signaturgesetz
StGB   Strafgesetzbuch
StHG   Staatshaftungsgesetz
StVG   Straßenverkehrsgesetz
StVO   Straßenverkehrsordnung
StWStPr   Staatswissenschaften und Staatspraxis (Zeitschrift)

T
TA Lärm   Technische Anleitung Lärm
TA Luft   Technische Anleitung Luft
ThürAGLMBG   Thüringer Ausführungsgesetz zum Lebensmittel- und Bedarfsgegen-
                             ständegesetz sowie zur Weinüberwachung
ThürKO   Thüringer Kommunalordnung
ThürVerf   Verfassung des Freistaats Thüringen
ThürVSG   Thüringer Verfassungsschutzgesetz
TKG   Telekommunikationsgesetz

U
UmwRG   Umwelt-Rechtsbehelfsgesetz
UVPG   Umweltverträglichkeitsprüfungsgesetz
UWG   Gesetz gegen den unlauteren Wettbewerb
UZwG   Gesetz über den unmittelbaren Zwang bei Ausübung öffentlicher
                             Gewalt durch Vollzugsbeamte des Bundes

V
VA   Verwaltungsakt
Verf RP   Verfassung für Rheinland-Pfalz
VergK   Vergabekammer
VergS   Vergabesenat
VerwKostG   Verwaltungskostengesetz
VG   Verwaltungsgericht

Abkürzungsverzeichnis

VgV	Vergabeverordnung
VOB/A	Vergabe- und Vertragsordnung für Bauleistungen
VOF	Verdingungsordnung für freiberufliche Leistungen
VOL/A	Verdingungsordnung für Leistungen
VV	Verwaltungsvorschrift
VwGO	Verwaltungsgerichtsordnung
VwVfG	Verwaltungsverfahrensgesetz
VwVG	Verwaltungsvollstreckungsgesetz
VwZG	Verwaltungszustellungsgesetz

W

WaStrG	Bundeswasserstraßengesetz
WPflG	Wehrpflichtgesetz
WRV	Weimarer Reichsverfassung

Z

ZPO	Zivilprozessordnung
ZSG	Zivilschutzgesetz

Inhaltsverzeichnis

A.   Grundstrukturen des allgemeinen Verwaltungsrechts

§ 1   Verwaltung und Verwaltungsrecht

I.   Geschichte der Verwaltung und des Verwaltungsrechts

1.   Der Verwaltungsstaat

Die Verwaltung ist in fast alle Lebensbereiche der Menschen vorgedrungen. Dies **1** deshalb, weil in der modernen, komplexen Welt entsprechender Verwaltungsbedarf besteht: Das Lebensmittelrecht regelt den sicheren Verkehr und Umgang mit Nahrungs- und Genussmitteln, das Recht der Daseinsvorsorge die Zurverfügungstellung und Nutzung öffentlicher Infrastruktureinrichtungen, wie Eisenbahnen, Schwimmbäder, Post etc., das Schul- und Hochschulrecht regelt unsere Rechtsbeziehungen im Bildungsbereich. Neue Regelungsbedarfe führen zu neuen Verwaltungsaufgaben, die neuer Verwaltungsgesetze bedürfen: Das Umweltrecht, das Internetrecht, das Telekommunikationsrecht und das Gentechnikrecht sind Beispiele hierfür. Heute kann mit Fug und Recht gesagt werden, dass die Bundesrepublik Deutschland ein Verwaltungsstaat ist,[1] d. h. ein Staat, der maßgeblich durch die Verwaltung gesteuert wird. Der Verwaltungsstaat versteht sich folglich von den Aufgaben der Verwaltung her. Diese waren – und sind – im Laufe der Zeit einem stetigen Wandel unterworfen, der seinen Grund in der fundamentalen Frage hat, welcher Angelegenheiten sich der Staat annehmen soll.

2.   Verwaltung im absolutistischen Staat

Im absolutistischen Staat (17. und 18. Jhr.) hatte der Fürst die Machtstellung der **2** Stände zunehmend beschränkt, das Ständerecht des Adels zurückgedrängt und wurde selbst der alleinige und unbeschränkte Herrscher („princeps legibus solutus"; „the King can do no wrong"). Dem Landesherrn war es möglich, sich über das Votum der Stände und ihre Rechte hinwegzusetzen (ius eminens = übergeordnetes Recht). Im „Policey"-Verständnis des Absolutismus[2] war die umfassende Fürsorge der Bevölkerung Aufgabe des Fürsten, und damit des Staates und seiner Behörden (Beamtenapparat neuartiger Prägung). „Policey", das umfasste damals die gesamte innere Verwaltung mit Ausnahme von Militär und Finanzen, das ius politiae demnach die umfassende Polizeigewalt. Dieses weite Verständnis staatlicher Aufgaben wurde damit gerechtfertigt, dass das Wohl des Staates und das der von ihm beherrschten Untertanen identisch sei: Was den Staat stärke, komme den Untertanen zugute. Aufgabe des Staates war es daher, die „gemeinschaftliche Glückseligkeit"[3] zu fördern. Dies ist aber nicht im Sinne einer Sozialpolitik nach heutigem Verständnis aufzufassen, weil das ius eminens nicht mit einem (verfassungsrechtlichen) Handlungsauftrag an den absolutistischen Fürsten verbunden

---

1 *Schuppert*, Verwaltungswissenschaft, 2000, S. 51.
2 *Drews/Wacke /Vogel/Martens*, Gefahrenabwehr, 9. Aufl., 1986, S. 3.
3 *Stolleis*, Geschichte des öffentlichen Rechts in Deutschland, Band 1, 1988, S. 380.

war, sondern diesem die alleinige Herrschaft ermöglichen sollte. Erfasst waren nahezu alle Lebensbereiche; das schloss das Bettel- und Armenwesen, die Vermehrung der Bevölkerung, Luxus- und Religionspolizei sowie die Sittenpolizei (etwa Kleiderordnungen) ein, was eine willkürliche und umfassende Bevormundung der Untertanen zuließ. Selbst eine äußere – naturrechtliche – Grenze für das, was Polizei ist und was man berechtigt sei, dafür zu tun und zu fordern, war kaum zu erkennen. *Otto Mayer* hatte festgestellt: „Das ius politiae ist schließlich eine Art Generalklausel für alles mögliche."[4]

Ein Verwaltungsrecht als eigenes Rechtsgebiet gab es nicht. Unter Polizeiwissenschaft und Kameralwissenschaft wurde die Verwaltungsführung behandelt. Allenfalls in Lehrbüchern des Staatsrechts konnte man etwas über die Verwaltung erfahren.[5]

3   **Exkurs Fiskustheorie:** In dieser Zeit entstand die Fiskustheorie. Aus der Vorstellung, dass der Fürst als absoluter Herrscher, der über dem Gesetz stehe, sich einerseits selbst nicht rechtswidrig verhalten könne, andererseits aber das Bedürfnis bestand, bei Eingriffen des Fürsten in Rechte der Untertanen (iura quaesita = wohlerworbene Rechte) auf privatrechtlicher Grundlage Ansprüche geltend machen zu können, wurde der „Fiskus" als eine Rechtspersönlichkeit (Wirtschaftssubjekt) neben dem Staat als Hoheitsträger (Landesherrn und Soldat) entwickelt. Der Fiskus war der als Person fingierte Träger staatlichen Vermögens und geldwerter Rechte,[6] der nun auch von Privatleuten vor Gericht verklagt werden konnte. Die Fiskustheorie hat heute ihre Grundlage verloren, sie wirkt aber immer noch in der Vorstellung nach, der privatrechtlich handelnde Staat sei anders zu beurteilen als der hoheitlich handelnde bis hin zur Zuweisung der Amtshaftungsprozesse an die ordentliche Gerichtsbarkeit (Art. 34 S. 3 GG, § 71 Abs. 2 GVG, § 40 Abs. 2 VwGO).

3.   Verwaltung im liberalen Rechtsstaat

4   Die Ideen von einem liberalen Rechtsstaat – wie sie im 19. Jahrhundert verfochten wurden – standen einem absolutistischen Staatsverständnis diametral entgegen. Das geistige Fundament des liberalen Rechtsstaats reicht bis in die Aufklärung zurück, in der die Stellung des Menschen und seine Beziehung zum Staat neu definiert wurden. So hatte *Johann Stephan Pütter* bereits in der zweiten Hälfte des 18. Jahrhunderts eine Beschränkung der Staatstätigkeit gefordert, weil der Bürger nicht „zu seinem Glück gezwungen" werden dürfe, und *Adam Smith*[7] hatte 1776 in seinem Werk zum Wohlstand der Nationen aus volkswirtschaftlichen Gründen einen freiheitlichen Staat propagiert, doch erst im liberalen Rechtsstaat, wie er sich im 19. Jahrhundert zu entwickeln begann, wird diese Forderung Programm eines neuen Staats- und Verwaltungsverständnisses: Der Staat soll sich aus dem gesellschaftlichen und wirtschaftlichen Bereich zurückziehen und auf die Abwehr von Gefahren für die öffentliche Sicherheit und Ordnung konzentrieren; die allgemeine Wohlfahrt soll nicht seine Sache sein.[8] Es geht um den Schutz individueller Freiheit vor obrigkeitlicher Bevormundung, Willkür und „Zwangsbeglückung".[9]

---

4   *Mayer*, Deutsches Verwaltungsrecht, Band I, 3. Aufl., 1924, S. 30.
5   *Mayer*, Deutsches Verwaltungsrecht, Band I, 3. Aufl., 1924, S. 18.
6   *Forsthoff*, Lehrbuch des Verwaltungsrechts, Band I, AT, 10. Aufl., 1973, S. 29.
7   *Smith*, Der Wohlstand der Nationen (Rechtenwald, Hrsg.), 7. Aufl., 1996, S. 582.
8   Vgl. etwa *von Humboldt*, Ideen zu einem Versuch, die Grenzen der Wirksamkeit des Staates zu bestimmen, 1792 (IV und VIII).
9   *Stolleis*, Entwicklungsstufen der Verwaltungsrechtswissenschaft, in: Hoffmann-Riem/Schmidt-Aßmann/Vosskuhle, Grundlagen des Verwaltungsrechts, Band 1, 2. Aufl., 2012, S. 63 [77].

Ausdruck dieses Staats- und Verwaltungsverständnisses ist die Eingriffsverwaltung, **5** die mit Erlaubnisvorbehalten, Befehlen, gegebenenfalls auch hoheitlichem Zwang in Freiheit und Eigentum der Bürger zur Abwehr von Gefahren eingreift. Für den liberalen Rechtsstaat sind zwei Verfassungsgrundsätze maßgebend: Die Teilung der Staatsgewalten, d. h. die Abgrenzung der vollziehenden Gewalt gegenüber Gesetzgebung und Rechtsprechung, sowie die Vorgabe, dass Eingriffe des Staates in die Rechte der Bürger einem gesetzlichen Reglement unterliegen müssen. Mit diesen Bedingungen war das Fundament für die Entfaltung einer eigenen Verwaltungsrechtswissenschaft gelegt. Es bildete sich das Prinzip der Gesetzmäßigkeit der Verwaltung heraus: Die Verwaltungsbehörden sind an die Gesetze gebunden und dürfen sie nicht aufheben oder abändern (Vorrang des Gesetzes Rn. 31), aber auch Eingriffe in Freiheit und Eigentum der Bürger bedürfen einer gesetzlichen Grundlage (Vorbehalt des Gesetzes Rn. 32). Obwohl erst spät ergangen (1882), war das *„Kreuzberg*-Urteil" des Preußischen OVG für diese Bindung der Verwaltung an das Gesetz wegweisend:[10]

> Das Berliner Polizeipräsidium hatte eine Rechtverordnung „zum Schutze des auf dem Kreuzberge bei Berlin zur Erinnerung an die Siege der Freiheitskriege errichteten, im Jahre 1878 erhöhten Nationaldenkmals" erlassen, wonach Gebäude nur in solcher Höhe errichtet werden durften, „dass dadurch die Aussicht von dem Fuße des Denkmals auf die Stadt und deren Umgebung nicht behindert und die Ansicht des Denkmals nicht beeinträchtigt wird". Das PrOVG wies auf die Gesetzesbindung der Verwaltung hin und lehnte es ab, § 10 II 17 preuß. ALR, der die Aufgabe der Polizei i. S. d. „Erhaltung der öffentlichen Ruhe, Sicherheit und Ordnung" bestimmt, als wohlfahrtspolizeiliche Ermächtigung auszulegen. Die Rechtsgrundlage erfasse nicht „alles, was die Interessen des öffentlichen Wohls, des Gemeinwohls" angehe, sondern sei nur eine Rechtsgrundlage zur Gefahrenabwehr. Für den Schutz der Ästhetik des Denkmals sei das Polizeipräsidium folglich nicht zuständig gewesen.

Doch konnte der Staat kein „Nachtwächterstaat" sein – und war es auch nie[11] – **6** sondern musste sich der sozialen Konflikte annehmen, wo die gesellschaftlichen Selbstregulierungskräfte versagten.[12] Bereits *Robert v. Mohl,*[13] einer der Wegbereiter der Dogmatik des Verwaltungsrechts, hat in der ersten Hälfte des 19. Jahrhunderts den Staatszweck auch auf den Wohlfahrtsgedanken erstreckt und gefordert, die **Leistungsverwaltung** in das öffentliche Recht zu integrieren. Für *Mohl* war Verwaltung noch eine politische Aufgabe, die die Verfassungsgrundsätze zu verwirklichen und dabei nach rechtsstaatlichen Grundsätzen zu agieren hatte. Der Rechtsstaat sollte aber nicht Schranke staatlicher Tätigkeit sein, sondern ihr Ziel. Wurde zu Anfang des 19. Jahrhunderts noch grundlegend zwischen Staatsrecht/ Staatswissenschaft und Privatrecht unterschieden,[14] war es *Mohls* Verdienst, früh erkannt zu haben, dass die Verwaltung in Abgrenzung zum Verfassungsrecht, aber doch in Bezugnahme auf dieses, zu „verrechtlichen" ist.

Diese beiden Anforderungen an das Verwaltungsrecht sind noch heute grundle- **7** gend für die moderne Verwaltungsrechtsdogmatik: In einem Rechtsstaat ist es

---

10 Vom 14.6.1882, PrOVG 9, S. 353 ff.
11 *Stolleis*, Verwaltungslehre und Verwaltungswissenschaft 1803–1866, in: Jeserich/Pohl/von Unruh, Deutsche Verwaltungsgeschichte, Band 2, 1983, S. 84.
12 Zur Bedeutung für die Entwicklung des öffentlichen Rechts instruktiv: *Rinken*, Das Öffentliche als verfassungstheoretisches Problem, 1971, S. 158 f.
13 *Von Mohl*, Die Polizei-Wissenschaft nach den Grundsätzen des Rechtsstaats, Band I, 3. Aufl., 1866, S. 5.
14 *Savigny*, System des heutigen römischen Rechts, Band 1, 1840, S. 22.

Aufgabe der Verwaltungsrechtsdogmatik, die Verwaltung in die Lage zu versetzen, die an sie gestellten Aufgaben effektiv zu erfüllen („Bereitstellungsfunktion des Rechts"[15]) und die Bürger vor Eingriffen in ihre Rechte durch die Verwaltung zu schützen. Oder *O. Mayer*: „Der Rechtsstaat ist der Staat des wohlgeordneten Verwaltungsrechts".[16]

Gegen Ende des 19. Jahrhunderts sind die Staatsaufgaben deutlich gewachsen (Verstaatlichung des Eisenbahn- und Hüttenwesens, Aufbau des Telegraphenwesens, Schaffung einer Sozialversicherung). Dies hatte auch Bedeutung für die Verwaltung, die Art ihrer Aufgabenerfüllung und für die Verwaltungsrechtsdogmatik: Während des 1. Weltkriegs begann der Staat mit den Instrumenten des öffentlichen und privaten Rechts intensiv die Grundversorgung der Bevölkerung und die Kriegswirtschaft zu organisieren („Kriegsverwaltungsrecht").[17] Im Bereich der Ernährungsverwaltung stand an leitender Spitze das Kriegsernährungsamt, dem Lebensmittelstellen und Spezialbehörden unterstellt waren. Soweit die Behörden neben der Verwaltung mit dem Warenumsatz beauftragt waren, wurden ihnen hierfür Geschäftsabteilungen in Form von Gesellschaften mit beschränkter Haftung „angegliedert", deren Gesellschafter in der Regel das Reich, die Bundesstaaten, Kommunen und manchmal Private waren. Der Zugriff des Staates auf das Privatrecht führte zur Gemeinwohlbindung privatrechtlichen Handelns und später zur Entwicklung eines Verwaltungsprivatrechts (Rn. 291 ff.).

4. Der moderne Verwaltungsstaat

8 **a) Leistungsverwaltung, Daseinsvorsorge und Sozialstaat.** Die Verwaltungsrechtsdogmatik hat sich lange Zeit auf das Recht der Eingriffsverwaltung konzentriert. Erst *Ernst Forsthoff* hat die Leistungsverwaltung 1938 grundlegend als das Recht der „Daseinsvorsorge" konzipiert und diesen Typusbegriff in die Verwaltungswissenschaft eingeführt. Weil der moderne Mensch auf Infrastruktur angewiesen ist (Trinkwasser, Elektrizität, Gas, Personen- und Güterverkehr etc.), ist deren Zurverfügungstellung Aufgabe der leistenden Verwaltung geworden. Leistungsverwaltung ist der dogmatische Oberbegriff für eine Verwaltung, die dem Bürger eine Teilhabe an staatlichen Einrichtungen und Leistungen gewährt. Das Recht der Leistungsverwaltung regelt diese Teilhabe.

9 Das Grundgesetz hat den **Sozialstaat**[18] in Art. 20 Abs. 1 GG in Verfassungsrang erhoben, ohne diesen näher zu konkretisieren. Jedenfalls ist es ein grundsätzliches Anliegen des Sozialstaats, für das Zusammenleben der Bürger und ihre soziale Absicherung Sorge zu tragen. Der Sozialstaat hat sich in erster Linie als Verwaltungsstaat entwickelt, weil die umfassende Sozialgestaltung und Umverteilung durch die Verwaltung erfolgt und auch nur durch die Verwaltung erfolgen kann.

10 **b) Die Planungsverwaltung.** Über die Leistungsverwaltung hinaus ist für den Sozialstaat auch die **planende Verwaltungstätigkeit** prägend geworden. Planung ist eine besondere Form lenkender Verwaltung. Es werden objekt- oder raumbezogene Gestaltungen für einen längeren Zeitraum konzipiert, indem vielfältige öf-

---

15 *Schuppert*, Verwaltungswissenschaft, 2000, S. 976.

16 *Mayer*, Deutsches Verwaltungsrecht, Band I, 3. Aufl., 1924, S. 58.

17 *Stolleis*, Öffentliches Recht und Privatrecht im Prozeß der Entstehung des modernen Staates, in: Hoffmann-Riem/Schmidt-Aßmann, Öffentliches Recht und Privatrecht als wechselseitige Auffangordnungen, 1996, S. 41 [58]: „Anwachsen" des öffentlichen Rechts.

18 Zur Entwicklung: *Enders*, Sozialstaatlichkeit im Spannungsfeld von Eigenverantwortung und Fürsorge, VVDStRL 64 (2004), S. 9 ff.

fentliche und private Interessen miteinander durch Abwägung in Ausgleich gebracht werden, wie z. B. bei der Raumordnung, der Bauleitplanung, der Fachplanung für Infrastruktureinrichtungen. Das Verwaltungsverfahrensgesetz stellt hierfür ein komplexes Planungsverfahrensrecht zur Verfügung (Rn. 273 ff.).

c) **Gewährleistungsverwaltung und Privatisierung.** Einer Verfestigung des – **11** despektierlich verstandenen – Wohlfahrtsstaats stehen gegenwärtig Staats- und Verwaltungsreformen auf der Grundlage eines neuen Verständnisses der Staat-Bürger-Beziehung entgegen, vielfach verbunden mit einem Rückzug des Staates und einer stärkeren Eigenverantwortung des Bürgers und der Unternehmen. Der moderne Sozialstaat hat sich in vielen Bereichen zu einem **Gewährleistungsstaat** entwickelt in dem Sinne, dass die Verwaltung nur noch die Verantwortung für die Gewährleistung einer öffentlichen Aufgabe, ggf. verbunden mit einer Grundsicherung übernimmt, die Erfüllung im Einzelnen aber Privaten überlässt. In der Gestaltung der **Aufgabenprivatisierung** bei gleichzeitiger Sicherstellung einer hinreichenden Aufgabenwahrnehmung durch Private liegt eine der größten Herausforderungen für das moderne Verwaltungsrecht.

Die **Regulierungsverwaltung** ist eine besondere Facette der Gewährleistungsver- **12** waltung. Das Regulierungsverwaltungsrecht entwickelt sich derzeit als ein neues Rechtsgebiet der Gewährleistungsverwaltung in bestimmten liberalisierten Wirtschaftssektoren der Daseinsvorsorge (z. B. Elektrizitäts- und Gasversorgung, Telekommunikation, Post, Bahn).[19] Die Regulierungsverwaltung hat einen gesetzlich definierten Auftrag: einerseits Wettbewerb zu gewährleisten, andererseits eine Grundsicherung der Bevölkerung sicherzustellen. Gewährleistungsverwaltung und Regulierungsverwaltung sind Ausdruck des Übergangs vom „leistungsgewährenden zum leistungsgewährleistenden Staat".[20] Je komplexer der von Privaten wahrzunehmende Gemeinwohlauftrag ist und je höher die Anforderungen an diesen sind, umso stärker muss die Verwaltung steuern und regulieren.[21]

d) **Die Risikoverwaltung.** Hinzu kommen neue Gefährdungsszenarien, die mit **13** den überkommenen verwaltungsrechtlichen Instrumenten etwa des Polizeirechts nicht mehr aufgefangen werden können. Moderne Technik und Chemie (Gentechnik, Nanotechnologie, Atomenergie, chemische Stoffe, Arzneimittel) schaffen neue Schadensmöglichkeiten, die weit in die Zukunft reichen, ohne dass ihre konkrete Ausgestaltung angesichts immer komplexerer Wirkungszusammenhänge vorweggenommen und beurteilt werden kann, zumindest aber, ohne dass die Eintrittswahrscheinlichkeit empirisch antizipierbarer Folgen anhand der Lebenserfahrung bestimmt werden kann.[22] Auch auf den internationalen Terrorismus kann mit den herkömmlichen kausalen Instrumenten des Polizeirechts nicht mehr angemessen reagiert werden; die Verwaltung muss daher oftmals prospektiv tätig werden. Gegenstand des sich etablierenden **Risikoverwaltungsrechts** ist es, ent-

---

19 *Storr*, Soll das Recht der Regulierungsverwaltung übergreifend geregelt werden?, DVBl 2006, S. 1017 [1018]; *Trute*, Regulierung – am Beispiel des Telekommunikationsrechts, in: FS für Brohm, 2002, S. 169, [170]; *Masing*, Die US-amerikanische Tradition der Regulated Industries und die Herausbildung eines europäischen Regulierungsverwaltungsrechts, AöR 128 (2003), S. 558 ff.

20 *Bullinger*, Regulierung als modernes Instrument zur Ordnung liberalisierter Wirtschaftszweige, DVBl 2003, S. 1355 [1357].

21 *Storr*, Gemeinnützigkeit und Verfassung, in: Eilmansberger u. a., Das Recht der Non-Profit-Organisationen, 2006, S. 25 [43].

22 Vgl. *Preuß*, Risikovorsorge als Staatsaufgabe, in: Grimm, Staatsaufgaben, 1994, S. 523 [530].

sprechende „Risiken" angesichts menschlicher Unwissenheit rechtsdogmatisch aufzuarbeiten und in das Verwaltungsrecht zu integrieren.[23]

14   **e) Die integrierte Verwaltung.** Auch das Europarecht hat inzwischen ganz erhebliche Bedeutung für die Verwaltung und das Verwaltungsrecht erlangt. Die intensive Integration der Mitgliedstaaten in die EU verlangt eine weitreichende Anpassung nationaler Rechtsordnungen an das Unionsrecht, ihre Öffnung, Kompatibilisierung und Harmonisierung, mithin eine **„Europäisierung des Verwaltungsrechts"**. Zudem muss die Verwaltung zunehmend mit Bürgern, Unternehmen und Verwaltungen aus anderen Ländern grenzübergreifend kommunizieren und kooperieren. Auch ausländische Rechtsakte können in Deutschland Geltung beanspruchen und deutsche Verwaltungsbehörden binden.

15   **f) Die elektronische Verwaltung.** Die Möglichkeit **elektronischer Aktenführung** und **elektronischer Korrespondenz** schafft neue Möglichkeiten für die Verwaltung, aber auch neue Aufgaben (z. B. Datenschutz). Seit 2002 lässt das VwVfG eine Kommunikation, seit 2006 das VwZG förmliche Zustellungen auf elektronischem Wege zu. Noch immer hat sich der „elektronische Verwaltungsakt"[24] in der Praxis nicht so durchgesetzt wie es möglich wäre. 2017 sind die rechtlichen Rahmenbedingungen bedeutend verbessert worden. Die Übermittlung elektronischer Dokumente ist zulässig, soweit der Empfänger hierfür einen Zugang eröffnet (§ 3a Abs. 1 VwVfG). Ein Verwaltungsakt kann vollständig durch automatische Einrichtungen erlassen werden, sofern dies durch Rechtsvorschrift zugelassen ist (§ 35a VwVfG). Allerdings darf weder ein Ermessen noch ein Beurteilungsspielraum bestehen.

5.   Fazit

16   Damit bleibt festzuhalten: Aufgaben und Funktionen von Verwaltung, Verwaltungswissenschaft und Verwaltungsrecht sind von den Aufgaben, die dem Staat gestellt werden, abhängig. Heute hat die Verwaltung eine derart zentrale Bedeutung für das Zusammenleben der Menschen erlangt, dass der Verwaltungsstaat mit den Konnotationen „Universalität", „Ubiquität" und „Omnipräsenz" verbunden wird.[25] Die zwei grundlegenden Anforderungen an das Verwaltungsrecht und die Verwaltungsrechtsdogmatik bleiben daher bestehen: Die Verwaltung in die Lage zu versetzen, die ihr gestellten Aufgaben effektiv zu erfüllen, und die Bürger vor übermäßigen Eingriffen in ihre subjektiven Rechte zu schützen.

II.   Öffentliches und privates Recht

1.   Das öffentliche Recht als Sonderrecht des Staates

17   Die Rechtsordnung gliedert sich in das öffentliche und in das private Recht. Während das private Recht die Rechtsbeziehungen der Rechtsbürger (Privaten) untereinander regelt, umfasst das öffentliche Recht die Rechtsverhältnisse zwischen Trä-

---

23 *Scherzberg*, Risikosteuerung durch Verwaltungsrecht: Ermöglichung oder Begrenzung von Innovationen?, VVDStRL 63 (2003), S. 214 ff.; *Lepsius*, Risikosteuerung durch Verwaltungsrecht: Ermöglichung oder Begrenzung von Innovationen?, VVDStRL 63 (2003), S. 264 ff.; zur konkreten Umsetzung im Gentechnikrecht mit europarechtlichen Implikationen: *Calliess/Korte*, Das neue Recht der Grünen Gentechnik im europäischen Verwaltungsverbund, DÖV 2006, S. 11 ff.
24 *Storr*, Elektronische Kommunikation in der öffentlichen Verwaltung, MMR 2002, S. 579 ff.
25 *Schuppert*, Verwaltungswissenschaft, 2000, S. 54 f.

gern öffentlicher Gewalt und Privaten, sowie zwischen Trägern öffentlicher Gewalt untereinander.

Diese Unterscheidung ist historisch-funktionell und verfassungsrechtlich zu erklären. *O. Mayer* hatte auf die besondere Rechtsnatur und Funktion des Staates hingewiesen und dargelegt, dass das öffentliche Recht nicht lediglich ein besonderes Zivilrecht sein kann, sondern eigener Rechtsart sein muss. Denn der Staat ist „ausgestattet mit rechtlich überwiegender Macht über die Menschen seines Machtbereichs" und darf sie „massenweise opfern... für die Zukunft der geschichtlichen Größe Volk". Das öffentliche Recht, so stellt er fest, „ist... nichts anderes als die Ordnung von Verhältnissen, an welchen ein Träger öffentlicher Gewalt als solcher und damit die öffentliche Gewalt selbst beteiligt ist."[26]

Diese Formulierung ist heute sicherlich zu martialisch, doch ist es in der Tat das Eigentümliche des öffentlichen Rechts, das Sonderrecht des Staates zu sein, das ihn legitimiert, mit den ihm eigenen Rechtsinstrumenten öffentliche Aufgaben wahrzunehmen. Dabei stellt das öffentliche Recht besondere Rechtsinstrumente zur Verfügung, die das Privatrecht nicht kennt, insbesondere die Möglichkeit, durch einseitiges Handeln Recht zu setzen. Ein typisches Instrument hoheitlichen Handelns ist der Verwaltungsakt (Rn. 144 ff.), der der Behörde die Möglichkeit gibt, gegenüber dem Bürger einseitig Rechtsfolgen anzuordnen. Öffentlich-rechtlich ist die Kompetenz, Satzungen oder Rechtsverordnungen zu erlassen. Andererseits kann auch nicht geleugnet werden, dass schon seit geraumer Zeit – im Zuge einer umfassenden Privatisierung öffentlicher Agenden und des Bedürfnisses nach flexibleren Lösungen in jüngerer Zeit sogar verstärkt – ein Trend besteht, für Verwaltungsaufgaben stärker das Privatrecht zu nutzen, das häufig angepasstere Lösungen ermöglicht. Deshalb ist es auch Aufgabe der Verwaltungsrechtswissenschaft, eine „Flucht ins Privatrecht" (Rn. 283 ff.) kritisch zu begleiten, ggf. zu stoppen.

Dem gegenläufig ist eine Entwicklung zu erkennen, durch die das Privatrecht **18** zunehmend „veröffentlich-rechtlicht" wird. Plakative Beispiele hierfür sind das Diskriminierungsverbot im Kartellrecht (§ 20 GWB), die Kontrahierungspflicht im Regulierungsrecht (§ 20 Abs. 1 EnWG) oder die Verpflichtung von Energienetzbetreibern, vorrangig Strom aus erneuerbaren Energien oder aus Grubengas vorrangig physikalisch abzunehmen, zu übertragen und zu verteilen (§ 11 EEG). Aber auch das Allgemeine Gleichbehandlungsgesetz[27] kann hier genannt werden. Dies alles sind Vorgaben, die die Vertragsfreiheit privater Unternehmen im öffentlichen Interesse einer bestimmten Wettbewerbs-, Energie- oder Gesellschaftspolitik beschränken. Der Grund für die stärkere Regulierung des Wettbewerbs- und Energierechts liegt auf der Hand: Die Verpflichtung, die Unternehmenspolitik im Allgemeininteresse auszurichten, oblag ursprünglich öffentlichen Unternehmen; deren Funktionen haben im privatisierten Umfeld aber private Unternehmen übernommen.

2. Die verfassungsrechtlichen Aussagen zu einem Sonderrecht des Staates

Auch das Grundgesetz stellt an das Handeln des Staates besondere Anforderungen **19** und knüpft daran Rechtsfolgen. Damit ist zwar nicht unbedingt die Unterschei-

---

26 *Mayer*, Deutsches Verwaltungsrecht, Band I, 3. Aufl., 1924, S. 15.
27 Vom 14.8.2006, BGBl I, S. 1897.

dung in öffentliches und privates Recht verfassungsrechtlich vorgegeben; doch ergibt sich daraus ein Sonderrecht des Staates:
- So binden die **Grundrechte** Gesetzgebung, vollziehende Gewalt und Rechtsprechung als unmittelbar geltendes Recht (Art. 1 Abs. 3 GG). Art. 20 Abs. 3 GG trifft für den staatsorganisationsrechtlichen Teil des GG eine weitgehend parallele Bestimmung.
- Wird jemand durch die öffentliche Gewalt in seinen Rechten verletzt, steht ihm der **Rechtsweg** offen (Art. 19 Abs. 4 GG). Das Grundrecht soll Rechtsschutz dort gewährleisten, wo sich der Einzelne in einem Verhältnis typischer Abhängigkeit und Unterordnung zum Träger staatlicher Gewalt befindet.[28]
- Die Ausübung hoheitsrechtlicher Befugnisse ist als ständige Aufgabe in der Regel **Angehörigen des öffentlichen Dienstes** zu übertragen, die in einem öffentlich-rechtlichen Dienst- und Treueverhältnis stehen (Art. 33 Abs. 4 GG). Art. 12a Abs. 3 GG nennt dies ein öffentlich-rechtliches Dienstverhältnis.
- Verletzt jemand in Ausübung eines ihm anvertrauten öffentlichen Amtes die ihm einem Dritten gegenüber obliegende Amtspflicht, so trifft die **Verantwortlichkeit** grundsätzlich den Staat oder die Körperschaft, in deren Dienst er steht (Art. 34 S. 1 GG).
- Art. 74 Abs. 1 Nr. 27 GG weist die Regelungen über **Statusrechte und -pflichten** der Beamten der Länder, Gemeinden und anderen Körperschaften des öffentlichen Rechts der konkurrierenden Gesetzgebungskompetenz zu; Art. 86 GG nennt die Anstalten des öffentlichen Rechts (vgl. z.B. auch Art. 87 Abs. 2 und 3 GG).

3.   Die Konsequenzen einer Unterscheidung in öffentliches und privates Recht

20 Die Unterscheidung in öffentliches und privates Recht hat folgende Konsequenzen:
- für die **Handlungsform:** § 35 S. 1 VwVfG definiert einen Verwaltungsakt als eine Verfügung, Entscheidung oder andere hoheitliche Maßnahme, die eine Behörde zur Regelung eines Einzelfalls auf dem Gebiet des öffentlichen Rechts trifft und die auf unmittelbare Rechtswirkung nach außen gerichtet ist. Eine Allgemeinverfügung ist ein Verwaltungsakt, der sich an einen nach allgemeinen Merkmalen bestimmten oder bestimmbaren Personenkreis richtet oder die öffentlich-rechtliche Eigenschaft einer Sache oder ihre Benutzung durch die Allgemeinheit betrifft (§ 35 S. 2 VwVfG). Schließlich definiert § 54 VwVfG den öffentlich-rechtlichen Vertrag als einen Vertrag, der ein Rechtsverhältnis auf dem Gebiet des öffentlichen Rechts begründet.
- für die Anwendung des **Verfahrensrechts:** Nach § 1 VwVfG gilt das Verwaltungsverfahrensgesetz für die öffentlich-rechtliche Verwaltungstätigkeit der Behörden, wobei § 1 Abs. 4 VwVfG die Behörde – wenig erhellend – im Sinne des VwVfG als jede Stelle definiert, die Aufgaben der öffentlichen Verwaltung wahrnimmt.
- für den unterschiedlichen **Rechtsweg:** Der Verwaltungsrechtsweg ist in allen öffentlich-rechtlichen Streitigkeiten nicht-verfassungsrechtlicher Art gegeben, soweit Streitigkeiten nicht durch Bundesgesetz einem anderen Gericht ausdrücklich zugewiesen sind (§ 40 Abs. 1 S. 1 VwGO). Demgegenüber gehören vor die ordentlichen Gerichte die bürgerlichen Rechtsstreitigkeiten, die Fami-

---

28   BVerfG vom 13.6.2006, 1 BvR 1160/03 – *„Rechtsschutz unter den Schwellenwerten"*, Rn. 51.

liensachen und die Angelegenheiten der freiwilligen Gerichtsbarkeit sowie
die Strafsachen, für die nicht entweder die Zuständigkeit von Verwaltungsbehörden oder Verwaltungsgerichten begründet ist oder aufgrund von Vorschriften des Bundesrechts besondere Gerichte bestellt oder zugelassen sind
(§ 13 GVG).
- für den **Rechtsschutz:** Ist das Begehren des Bürgers auf den Erlass oder auf
  Aufhebung eines Verwaltungsakts § 35 VwVfG gerichtet, ist vor Erhebung
  einer Verpflichtungs- oder einer Anfechtungsklage (s. § 42 Abs. 1 VwGO) regelmäßig ein Widerspruchsverfahren, also ein Vorverfahren (§ 68 VwGO)
  durchzuführen (vgl. aber jetzt abweichende landesrechtliche Regelungen,
  etwa Art 15 BayAGVwGO und § 110 JustG NRW). Die Erhebung des Widerspruchs gegen einen Verwaltungsakt (Anfechtungswiderspruch) suspendiert
  grundsätzlich dessen Regelungswirkung (sog. aufschiebende Wirkung des
  Widerspruchs, § 80 Abs. 1 VwGO Rn. 329).
- für die **Vollstreckung:** Die Vollstreckung öffentlich-rechtlicher Geldforderungen und von Verwaltungsakten erfolgt auf Grundlage des Verwaltungsvollstreckungsgesetzes durch die Verwaltung selbst (vgl. z. B. §§ 1 ff. und 6 ff.
  VwVG Rn. 310 ff.). Zivilrechtliche Forderungen hingegen werden nach der
  ZPO dergestalt vollstreckt, dass der Betreffende zunächst einen Titel erwirken
  muss; Vollstreckungsorgan ist sodann der Gerichtsvollzieher (§ 753 ZPO).
- für **Entschädigungs-/Schadensersatzansprüche** im Fall fehlerhaften staatlichen Handelns: Privatrechtliches Handeln des Staates richtet sich nach privat-
  rechtlichem Haftungsregime (z. B. BGB, StVG), öffentlich-rechtliches nach
  besonderen öffentlich-rechtlichen Vorschriften (z. B. § 839 BGB i. V. m.
  Art. 34 GG, StHG einiger Länder) und Rechtsinstituten (enteignungsgleicher
  und enteignender Eingriff sowie Aufopferung Rn. 366 ff.).

Obgleich die Abgrenzung des öffentlichen vom privaten Recht grundlegend für
die Bestimmung des Verwaltungsrechts ist, ist es bisher nicht gelungen, eine grif-
fige Formel zu finden. Vier Abgrenzungstheorien sind von Bedeutung.

4. Die Abgrenzungstheorien zur Bestimmung öffentlich-rechtlicher Rechtsnormen und Maßnahmen

a) Die Interessentheorie. Die Interessentheorie geht auf den römischen Juristen **21**
Ulpian[29] (170 bis 228 n. Chr.) zurück. Danach gehören zum öffentlichen Recht
die Rechtssätze, die der Verwirklichung des öffentlichen Interesses dienen, zum
Privatrecht diejenigen, die das private Interesse betreffen (**„publicum ius est quod
ad statum rei Romanae spectat, privatum quod ad singulorum utilitatem"**).
In der Tat sind „privates Interesse" und „öffentliches Interesse", „Privatnützigkeit"
und „Gemeinwohlorientierung", „Selbstbestimmung" und „öffentliche Aufgabe"
maßgebende rechtsdogmatische Parameter. Doch ist der Interessentheorie entgegenzuhalten, dass sich öffentliches und privates Interesse regelmäßig nicht streng
trennen lassen und viele Gesetze öffentliches und privates Interesse zugleich regeln. Z. B. dient die Regulierung der Elektrizitäts- und Gasversorgungsnetze den
Zielen der Sicherstellung eines wirksamen und unverfälschten Wettbewerbs bei
der Versorgung mit Elektrizität und Gas und der Sicherung eines langfristig ange-
legten leistungsfähigen und zuverlässigen Betriebs von Energieversorgungsnetzen
(§ 1 Abs. 2 EnWG) – was sowohl im Interesse der Allgemeinheit, wie auch im
Interesse bestimmter Marktteilnehmer und der Verbraucher liegt. Außerdem setzt

---

29 *Digesten* 1, 1, 1, 2; abgedruckt z. B. bei: Raiser/Filip-Fröschl, Texte zum Römischen Recht, 1998, S. 12.

die Verwirklichung des öffentlichen Interesses nicht voraus, dass die öffentliche
Hand sich öffentlich-rechtlicher Handlungsformen bedienen muss. So werden
Bürger, die z. B. ehrenamtlich öffentliche Aufgaben übernehmen und gemeinnüt-
zig tätig werden, nicht unbedingt öffentlich-rechtlich tätig (z. B. eine private Um-
weltschutzorganisation macht auf Missstände im Umweltbereich aufmerksam).
Umgekehrt kann die öffentliche Hand mit privatrechtlichen Mitteln öffentliche
Aufgaben erfüllen (z. B. Kauf eines Grundstücks, um darauf einen Spielplatz zu
bauen).

22 **b) Die Subordinationstheorie (oder Subjektionslehre).** Nach der Subordinationstheorie handelt es sich um öffentliches Recht, wenn zwischen den Rechtssubjekten eines Rechtsverhältnisses ein **hoheitliches Über-/Unterordnungsverhält-
nis** besteht. Um Privatrecht soll es sich handeln, wenn das Rechtsverhältnis durch
Gleichordnung geprägt ist.[30] Diese begriffliche Anleihe an ein veraltetes absolutis-
tisches Staatsdenken überzeugt jedoch heute nicht (mehr). Der Subordinationstheorie kann daher nicht kritiklos gefolgt werden. Der Haupteinwand muss dahin
gehen, dass das Denken in Über-/Unterordnungsverhältnissen in einem freiheitlichen Verfassungsstaat nicht mehr angebracht ist.[31] Rechtsverhältnisdogmatisch
stehen den hoheitlichen Rechten des Staates nämlich Grundrechte der Bürger
gegenüber, die dessen Hoheitsmacht begrenzen. Von einem Über-/Unterordnungs-
verhältnis zu sprechen, würde dem nicht gerecht werden. Selbst das besondere
Gewaltverhältnis – wie es ursprünglich für Strafgefangene, Soldaten und andere
Personen konzipiert worden ist, die in einer besonderen Beziehung zum Staat
stehen – ist als Rechtsinstitut, in dem die Geltung der Grundrechte relativiert sein
soll, vom Bundesverfassungsgericht schon früh verworfen worden.[32]

> **Exkurs Besonderes Gewaltverhältnis:** Das Rechtsinstitut des besonderen Gewaltver-
> hältnisses wurde im Konstitutionalismus entwickelt. *O. Mayer* hatte das Gewaltverhält-
> nis definiert als „umfassende rechtliche Abhängigkeit…, in welcher der Untertan zum
> Staat steht", das besondere Gewaltverhältnis sollte „die verschärfte Abhängigkeit (mei-
> nen), welche zugunsten eines bestimmten Zwecks öffentlicher Verwaltung begründet
> wird, für alle Einzelnen, die in den besonderen Zusammenhang treten."[33] Das beson-
> dere Gewaltverhältnis sollte einen „Zustand verminderter Freiheit" bedeuten, die
> Grundrechte sollen gerade hier nur eingeschränkt Anwendung finden,[34] Grundrechts-
> eingriffe sollten hier keinem Gesetzesvorbehalt unterliegen. Doch gewährt das Grund-
> gesetz umfassenden Grundrechtsschutz (Art. 1 Abs. 3 GG).

Außerdem sind besondere „Über-/Unterordnungsverhältnisse" auch im privatrechtlichen Bereich bekannt (z. B. das elterliche Erziehungsrecht), und das öffentliche Recht kennt Gleichordnung z. B. zwischen zwei Hoheitsträgern, insbesondere
zwei im hierarchischen Staatsaufbau auf gleicher Stufe stehenden Behörden.

---

30 BGHZ 82, 375 [383] – *„Brillenselbstabgabestellen"*.
31 *Gröschner*, Das Überwachungsrechtsverhältnis, 1992, S. 46 f.
32 BVerfGE 33, 1 [12] – *„Strafgefangene"*.
33 *Mayer*, Deutsches Verwaltungsrecht, Band I, 3. Aufl., 1924, S. 101 f.
34 Es sei am Rande vermerkt, dass die Doktrin *Otto Mayer*s, wie die allgemein vorherrschende konstituti-
    onalistische Grundrechtsdoktrin, bei alledem noch kein echtes Grundrechtsbindung der Legisla-
    tive ausging: Grundrechte galten vielmehr nur innerhalb einfachen Gesetzesrechts. In der Folge er-
    schien der Gesetzgeber als Souverän, der selbst über grundrechtliche Interessen letztlich frei
    disponieren konnte. Zum Ganzen *Mayer*, Deutsches Verwaltungsrecht, Band I., 3. Aufl., 1924, S. 70.
    Siehe ferner *Hueber*, Otto Mayer – Die „juristische Methode" im Verwaltungsrecht, Berlin 1982,
    S. 84 f.; *Heyen*, Otto Mayer – Studien zu den geistigen Grundlagen seiner Verwaltungsrechtswissen-
    schaft, Berlin 1981, S. 123; *Poscher*, Grundrechte als Abwehrrechte. Reflexive Regelung rechtlich ge-
    ordneter Freiheit, 2003, S. 24 ff. jew. m. w. N.

Schließlich lässt die Subordinationstheorie keine Aussage zu, wenn die öffentliche Hand privatwirtschaftlich tätig wird. Das Denken in Über-/Unterordnungskategorien passt in Vertragsverhältnissen grundsätzlich nicht, weil ein Vertrag durch zwei gegenseitige Willenserklärungen zustande kommt.[35]

Der Subordinationstheorie liegt schließlich ein Zirkelschluss zugrunde:[36] Die Frage, ob ein Rechtsverhältnis durch Über-/Unterordnung oder Gleichordnung geprägt ist, muss aus dem Rechtsverhältnis selbst folgen. Dieses wird aber durch Rechtsnormen oder durch vertraglich begründete Rechte bestimmt. Ob diese Regelungen aber dem öffentlichen oder dem privaten Recht zuzuweisen sind, muss sich aus diesen selbst ergeben und kann nicht vorausgesetzt werden.

c) Die Subjektstheorie. Die (ältere) Subjektstheorie stellt auf die Zuordnungssub- **23** jekte ab, d. h. auf diejenigen Rechtssubjekte, denen Rechte und Pflichten zugeordnet sind. Um öffentliches Recht handelt es sich demzufolge, wenn an dem betreffenden Rechtsverhältnis **ein Träger hoheitlicher Gewalt beteiligt** ist.

Dieser Theorie ist entgegenzuhalten, dass sich die öffentliche Hand angesichts der Formenwahlfreiheit der Verwaltung (Rn. 285 ff.) auch privatrechtlicher Instrumente bedienen und fiskalisch tätig werden kann,[37] z. B. einen Kaufvertrag über einen Computer abschließen (§ 433 BGB). Daher kann nicht jede Maßnahme der öffentlichen Hand und nicht jede Rechtsnorm, die deren Tätigkeit steuert, von vornherein dem öffentlichen Recht zugeordnet werden. Ebenso wenig kann aus der Beteiligung eines Privatrechtssubjekts geschlossen werden, dass zwingend ein privatrechtliches Rechtsverhältnis vorliegt, weil auch Privaten hoheitliche Aufgaben übertragen sein können (z. B. bei Beleihung Rn. 304).

d) Sonderrechtstheorie. Nach der Sonderrechtstheorie handelt es sich um eine **24** öffentlichrechtliche Norm, wenn diese zumindest auf einer Seite **ausschließlich einen Träger hoheitlicher Gewalt als solchen berechtigt oder verpflichtet.**[38] Diese Definition hat sich weitgehend durchgesetzt, obgleich auch sie zirkulär ist, weil sie eigentlich nur erklärt, was sie voraussetzt. Der Kaufvertrag über ein Grundstück zwischen Privaten oder zwischen einem Privaten und der öffentlichen Hand soll privatrechtlicher Natur sein, weil der Abschluss von Kaufverträgen nach § 433 BGB nicht auf die öffentliche Hand beschränkt ist. Dagegen soll der Erschließungsvertrag zwischen einem privaten Investor und einer Gemeinde dem öffentlichen Recht zuzuweisen sein, weil dieser Vertrag ein besonderes Instrument ist, um die Aufgabe der Gemeinde zur Erschließung von Grundstücken, etwa den Bau von Straßen, Wegen und Plätzen, zu übertragen (§ 11 BauGB).

Zu beachten ist, dass allein die Zugehörigkeit einer Norm zu einer bestimmten Kodifikation oder einem Gesetzeswerk noch nichts darüber aussagt, ob es sich um eine öffentlich-rechtliche oder privatrechtliche Bestimmung handelt. Insbesondere im modernen Regulierungsrecht (Rn. 40) verschwimmt diese Unterscheidung zunehmend. So ist z. B. die Verpflichtung von Betreibern öffentlicher Telekommunikationsnetze, anderen Betreibern auf Anfrage ein Angebot auf Zusammenschaltung zu machen (§ 16 TKG), privatrechtlich, der Regulierungsbehörde kommt aber die Befugnis zu, bestimmte Betreiber öffentlicher Telekommu-

---

35 Das gilt auch für den sog. subordinationsrechtlichen Vertrag: § 54 S. 2 VwVfG Rn. 257.
36 Vgl. a. *Achterberg*, Allgemeines Verwaltungsrecht, 2. Aufl., 1986, S. 10.
37 *Ruthig*, in: Kopp/Schenke, VwGO, 26. Aufl., 2020, § 40 Rn. 11.
38 *Stober*, in: Wolff/Bachof/Stober/Kluth, Verwaltungsrecht, Band I, 13. Aufl., 2017, S. 208.

nikationsnetze zu verpflichten, anderen Betreibern diskriminierungsfreien Zugang zu gewähren (§ 19 TKG).

Heute wird überwiegend und maßgeblich auf die Sonderrechtstheorie abgestellt; die anderen Theorien werden nur dann herangezogen, wenn mit dieser keine praktikablen Lösungen gefunden werden können.[39] Doch darf nicht verkannt werden, dass alle Theorien dogmatisch nur sehr eingeschränkt ergiebig und wegen ihres Formelcharakters zur Lösung komplexer Rechtsprobleme nur sehr bedingt brauchbar sind.[40] Da die Frage der Unterscheidung zwischen öffentlichem und privaten Recht vor allem für den Rechtsweg (Verwaltungsgerichtsbarkeit, Sozialgerichtsbarkeit oder ordentliche Gerichtsbarkeit) eine praktische Rolle spielt, haben sich die Gerichte hierzu häufig äußern und Stellung beziehen müssen.

25   Der Gemeinsame Senat der Obersten Gerichtshöfe des Bundes weicht aus:
„Ob eine Streitigkeit öffentlich- oder bürgerlich-rechtlich ist, richtet sich, wenn – wie hier – eine ausdrückliche Rechtswegzuweisung des Gesetzgebers fehlt, nach der Natur des Rechtsverhältnisses, aus dem der Klageanspruch hergeleitet wird… Öffentlich-rechtlich sind Streitigkeiten, die aus einem hoheitlichen Verhältnis der Über-/und Unterordnung entstehen. Eine öffentlich-rechtliche Streitigkeit kann aber auch auf einem Gleichordnungsverhältnis beruhen. Entscheidend ist die wahre Natur des Anspruchs, wie er sich nach dem Sachvortrag des Klägers darstellt, und nicht, ob dieser sich auf eine zivilrechtliche oder eine öffentlich-rechtliche Anspruchsgrundlage beruft."[41]

Nicht ausgeschlossen ist schließlich, dass ein Rechtsverhältnis sowohl dem öffentlichen Recht, wie auch dem Privatrecht zugeordnet ist. So wird für die Benutzung öffentlicher Einrichtungen überwiegend die sog. „Zwei-Stufentheorie" zugrunde gelegt. Danach soll die behördliche Zulassung des Einzelnen zur öffentlichen Einrichtung (das „Ob") öffentlich-rechtlich geregelt sein, sofern die Einrichtung durch einen Organisationsakt gewidmet ist und damit dem öffentlichen Recht bzw. dem Anstaltsrecht unterworfen wurde.[42] Demgegenüber kann die zweite Stufe der Ausgestaltung des Benutzungsverhältnisses (das „Wie", etwa die Zugrundelegung eines Mietvertrages mit entsprechenden Nebenregeln für die Benutzung) öffentlich-rechtlich oder privatrechtlich ausgestaltet sein. Die Zwei-Stufentheorie findet ferner Anwendung bei der Gewährung von Beihilfen (verlorene Zuschüsse); umstritten ist, ob sie bei der Vergabe öffentlicher Aufträge herangezogen werden soll (abl. h. M.).[43]

26   Die Sonderrechtstheorie lässt unmittelbar keine Aussage zu, wenn die tatsächliche Maßnahme einer Behörde in Frage steht. Erhält der Bürger z. B. ein Schreiben des Stadttheaters, dass ihm ein Abonnement für die Winterspielzeit nicht gewährt werden könne, muss die Frage der Zuordnung dieses Schreibens in das öffentliche oder in das private Recht aus den Umständen ermittelt werden. Dabei ist von folgender Prüfungsreihenfolge auszugehen:
–   Ist die Handlungsform von der Behörde **eindeutig gewählt**, z. B. weil das Schreiben des Stadttheaters als „Bescheid" formuliert ist, ist diese Handlungsform (Bescheid als öffentlich-rechtliches Instrument) maßgeblich, und zwar ungeachtet der Frage, ob diese Handlungsform rechtmäßig oder rechtswidrig

---

39 *Huber*, Allgemeines Verwaltungsrecht, 2. Aufl., 1997, S. 2.
40 *Hufen*, Verwaltungsprozessrecht, 11. Aufl., 2019, S. 150 f., Rn. 19.
41 GemSOGB, BGHZ 108, 284 [287] – *„AOK"*; vgl. a. BVerwGE 89, 281 [282].
42 *Ruthig*, in: Kopp/Schenke, VwGO, 26. Aufl., 2020, § 40 Rn. 16.
43 *Ruthig/Storr*, Öffentliches Wirtschaftsrecht, 4. Aufl., 2015, S. 510.

ist, etwa weil die beabsichtigte Regelung eine privatrechtliche Rechtsbeziehung betrifft.[44]

–   Ist die Handlungsform nicht eindeutig, bedarf es der **Auslegung**. Dabei kommt es auf den **Willen der Behörde** an, wie ihn ein durchschnittlicher Empfänger verstehen konnte. Maßgeblich sind die Interpretationsregeln entsprechend §§ 133, 157 BGB. Ist das Schreiben z. B. mit einer Rechtsbehelfsbelehrung verbunden, spricht dies dafür, dass die Behörde einen Verwaltungsakt erlassen wollte. Zudem kann vermutet werden, dass sich die Behörde rechtmäßig verhalten wollte, so dass im Zweifel die Handlungsform anzunehmen ist, die rechtmäßig ist. Keinesfalls darf aber eine Tätigkeit der Behörde so interpretiert werden, wie es ihrem Willen offensichtlich nicht entspricht. Ist das Theaterbüro z. B. privatrechtlich organisiert und ist eine Beleihung mit Hoheitsrechten nicht erfolgt, spricht die Rechtmäßigkeitsvermutung bei fehlender behördlicher Festlegung für einen privatrechtlichen Charakter des Schreibens.

–   Führt eine Auslegung nicht weiter, ist auf das **Rechtsregime** abzustellen, das für die betreffende Handlung maßgeblich ist. Eine Zulassung zu einer kommunalen öffentlichen Einrichtung ist nach der Zwei-Stufentheorie etwa dem öffentlichen Recht zuzuordnen, weil das Zulassungsrechtsverhältnis maßgeblich im Kommunalrecht (z. B. § 10 SächsGO) geregelt ist. Freilich lässt die Zwei-Stufentheorie für die zweite Stufe keine konkrete Aussage zu.

Die Rechtsprechung hat sich keiner Theorie angeschlossen, sondern zieht im Bemühen um eine im Einzelfall sachgerechte Lösung jeweils eine oder kombiniert mehrere Abgrenzungstheorien heran.[45]   **27**

Beispiel Hausverbot:
Fall 1a:[46] Der Bundesminister für Verteidigung B verweigert einem aufdringlichen Lobbyisten L, der mit B über Rüstungsgeschäfte verhandeln möchte, Zugang zum Ministerium.
Fall 1b:[47] Der Student S wird vom Kanzler der Universität des Hauses verwiesen, weil er Studentinnen belästigt hat.
Fall 1c: Punker P ist nicht Student der Universität, nutzt aber die sanitären Einrichtungen der Universität, um sich nach einer Nacht auf der Parkbank „aufzufrischen". Auch er wird vom Kanzler der Universität des Hauses verwiesen.
Lösung Fall 1a bis 1c: Das Hausverbot kann auf die privatrechtlichen Vorschriften §§ 859, 903 und 1004 BGB gestützt werden. Möglich ist aber auch eine Anordnung auf der Grundlage öffentlich-rechtlicher Sachherrschaft. Ist das ausgesprochene Hausverbot nicht ausdrücklich auf eine bestimmte Rechtsgrundlage gestützt worden und scheidet auch eine weiterführende Interpretation der Willenserklärung aus, kommt es maßgeblich darauf an, welche Rechtsnormen die Rechtsbeziehungen der Beteiligten und damit das Hausverbot prägen. Im Fall 1a stellte das BVerwG auf den Zweck des Hausverbots ab. Dieses stehe in untrennbarem Zusammenhang mit den Vertragsverhandlungen und einem etwaigen Vertragsschluss über den Kauf von Rüstungsgütern. Obwohl Verteidigungsinteressen öffentlichen Zwecken dienten, würde ein Kaufvertrag auf privatrechtlicher Grundlage abgeschlossen werden, L und B würden sich „auf dem Boden des Zivilrechts bewegen". Daher sei das Hausverbot privatrechtlicher Natur.
Denkbar ist es aber auch, auf den Zweck der öffentlichen Einrichtung abzustellen. Jedenfalls dann, wenn der Gebrauch der Einrichtung nicht ausschließlich außerhalb

---

44   BVerwG, NVwZ 1985, 264.
45   Etwa GmSOGB, BGHZ 108, 284 [287] – „*AOK*".
46   BVerwGE 35, 103 ff.; vgl. a. BGHZ 33, 230 ff.
47   OVG Münster, NJW 1998, 1425.

ihrer Zweckbestimmung erfolgt, ist zu prüfen, welche Rechtsnormen den bestimmungsgemäßen Gebrauch der Einrichtung durch den von dem Hausverbot Betroffenen regeln.[48] Im Fall 1b ist zu berücksichtigen, dass der bestimmungsgemäße Gebrauch der Einrichtungen einer Hochschule durch den Studenten S dem öffentlichen Recht zuzuordnen ist, weil dieser als Hochschulangehöriger einen öffentlich-rechtlichen Anspruch aus dem Hochschulgesetz auf Benutzung der Universität hat, mit der Folge, dass diesem Anspruch nur durch ein öffentlich-rechtlich ausgestaltetes Benutzungsverbot (Hausverbot) wirksam begegnet werden kann.

P dagegen (Fall 1c) ist nicht Mitglied der Universität. Die Nutzung der Universität erfolgte außerhalb ihrer Zweckbestimmung. Öffentlich-rechtliche Beziehungen zwischen der Universität und P bestehen nicht; der bestimmungsgemäße Gebrauch ist in keiner Weise durch öffentlich-rechtliche Normen geprägt. Demgemäß wird dort vom privatrechtlichen Hausrecht Gebrauch gemacht.

Auch Teile der Literatur stellen auf den Zweck des Hausverbots ab; sie leiten diesen aber nicht aus den Umständen des Besuchs des Bürgers, sondern aus der Funktion des Hausverbots ab. Diese besteht regelmäßig darin, die Erfüllung der Aufgaben sicherzustellen, die der Einrichtung zugewiesen sind, mithin für einen störungsfreien Dienstbetrieb Sorge zu tragen.[49] Demnach wäre das Hausverbot in allen Fällen öffentlich-rechtlich.

Beispiel Dienstfahrt:

Fall 2a:[50] Amtsarzt A wird vom Landrat L aufgefordert, einen auswärtigen Termin wahrzunehmen. A benutzt seinen eigenen Pkw, was von L stets geduldet wurde, und verursacht einen Verkehrsunfall, durch den der Fahrradfahrer F getötet wird. Die Kinder des F verlangen von A Schadensersatz wegen ausbleibender Unterhaltszahlungen.

Fall 2b:[51] Der auf einer Dienstfahrt befindliche Lkw des Landes L stößt mit einem Pkw, der von E gesteuert wird und in dem B mitfährt, zusammen, wobei sich B verletzt. B verlangt vom Land Schadensersatz. E und der Fahrer des Lkw haben den Unfall zu gleichen Teilen fahrlässig verursacht.

Lösung Fall 2a: Im Fall 2a könnte ein Amtshaftungsanspruch aus § 839 Abs. 1 BGB i. V. m. Art. 34 GG in Betracht kommen: Verletzt ein Beamter vorsätzlich oder fahrlässig die ihm einem Dritten gegenüber obliegende Amtspflicht, so hat er dem Dritten den daraus entstehenden Schaden zu entrichten (§ 839 Abs. 1 S. 1 BGB). Allerdings leitet Art. 34 S. 1 GG diesen Anspruch auf den Staat über: „Verletzt jemand in Ausübung eines ihm anvertrauten öffentlichen Amtes die ihm einem Dritten gegenüber obliegende Amtspflicht, so trifft die Verantwortlichkeit grundsätzlich den Staat oder die Körperschaft, in deren Dienst er steht." Dann besteht der Anspruch nicht gegenüber dem Beamten, sondern wird auf den betreffenden Verwaltungsträger (Rn. 385) übergeleitet.

Der BGH stellte in diesem Zusammenhang darauf ab, ob A in „Ausführung eines hoheitsrechtlichen Geschäfts" unterwegs war. Das sei der Fall gewesen, weil der Landrat A gerufen hatte, A also im Rahmen seiner amtsärztlichen Betätigung gefahren sei. Dass A seinen eigenen Pkw benutzte, ist irrelevant, zumal L dies stets geduldet hatte. Folglich oblag A die Beachtung der Verkehrsregeln als Amtspflicht jedem anderen Verkehrsteilnehmer gegenüber.[52] Den Amtshaftungsanspruch können die Kinder des F wegen Art. 34 S. 1 GG nicht gegenüber A, sondern nur gegenüber dem Land geltend machen. Diese Rechtsprechung ist kritisiert worden, da sie dazu führt, dass ein Amtshaftungsanspruch aus § 839 Abs. 1 BGB i. V. m. Art. 34 S. 1 GG beim privatrechtlich handelnden Amtswalter gegen den Staat ausgeschlossen ist, obwohl es für den Geschädigten gleichgültig ist, ob er in „hoheitlicher" oder „fiskalischer" Mission geschädigt wird.[53] In der

---

48 OVG Nordrhein-Westfalen vom 8.10.1997 – 25 B 2208/97.
49 Vgl. *Maurer/Waldhoff*, Allgemeines Verwaltungsrecht, 20. Aufl., 2020, S. 54 f., Rn. 35.
50 BGHZ 29, 38 ff.
51 BGHZ 68, 217 ff.
52 BGHZ 21, 48 [51].
53 *Ipsen*, Allgemeines Verwaltungsrecht, 11. Aufl., 2019, S. 327, Rn. 1256.

Tat darf nicht diese Differenzierung maßgebend sein, weil § 839 Abs. 1 BGB und Art. 34 S. 1 GG darauf abstellen, ob der Schädiger „in Ausübung eines öffentlichen Amtes" tätig wird. Das ist hier der Fall, weil A – ungeachtet hoheitlicher, verwaltungsprivatrechtlicher oder fiskalischer Tätigkeit – in seiner Funktion als Amtsarzt unterwegs war. Ein Schadensersatzanspruch aus § 823 Abs. 1 oder Abs. 2 BGB ist damit ausgeschlossen (a. A. die h. M., die auf §§ 823, 31 und 89 BGB für leitende Beamte in Organstellung und auf § 831 BGB für übrige Beamte ausweicht.[54]). Nur ergänzend sei darauf hingewiesen, dass eine Halterhaftung aus § 7 StVG und Fahrzeugführerhaftung aus § 18 StVG in Betracht kommt, weil diese Bestimmungen neben § 839 BGB Anwendung finden (Rn. 386).[55]

Lösung Fall 2b: Das Amtshaftungsrecht enthält folgende bedeutsame Einschränkung: Nach § 839 Abs. 1 S. 2 BGB (i. V. m. Art. 34 S. 1 GG) kann der Verwaltungsträger im Fall einfacher Fahrlässigkeit des Beamten nur in Anspruch genommen werden, wenn der Verletzte nicht auf andere Weise Ersatz zu erlangen vermag. Diese Verweisungsklausel könnte L der B entgegenhalten: B könnte von E den vollen Schadensersatz verlangen, weil L und E der B als Gesamtschuldner haften. Doch schränkt der BGH § 839 Abs. 1 S. 2 BGB reduzierend ein: Im Straßenverkehr gelten die Rechte und Pflichten für alle Verkehrsteilnehmer gleich. Deshalb müsse der Grundsatz der haftungsrechtlichen Gleichbehandlung auch Vorrang gegenüber dem Verweisungsprivileg des § **839 Abs. 1 S. 2 BGB** haben. Das gilt jedenfalls, soweit der Amtsträger auf seiner Dienstfahrt keine Sonderrechte (§ 44 StVO [Blaulicht] oder § 35 StVO) in Anspruch nimmt.

Beispiel Kirchengeläut: Die Kirchen sind Körperschaften des öffentlichen Rechts (Art. 137 Abs. 5 WRV i. V. m. Art. 140 GG). Daher stellt sich das Problem, welcher Rechtsnatur das Kirchengeläut ist. Das BVerwG unterscheidet zwischen liturgischem Geläut und Zeitschlagen:

BVerwGE 68, 62, 65 – „Liturgisches Geläute": „Der Rechtsstreit fällt in die staatliche Gerichtsbarkeit. Zwar gehört das hier streitige Angelus-Läuten als kultische Handlung zu den inneren kirchlichen Angelegenheiten i. S. der Art. 137 Abs. 3 WRV i. V. mit Art. 140 GG. Glockengeläut berührt aber auch staatliche Belange, denn es kann mit dem Ruhebedürfnis der Nachbarn kollidieren; der Schutz der Nachbarn vor schädlichen Immissionen ist Aufgabe des Staates…

Kirchliche Streitigkeiten der hier in Frage stehenden Art, für die staatliche Gerichte zuständig sind, sind … grundsätzlich als öffentlich-rechtlich gem. § 40 Abs. 1 VwGO zu behandeln; die Vermutung spricht für die öffentlich-rechtliche Qualifikation …, wobei hier offenbleiben kann, welche Ausnahmen in Betracht kommen. Das liturgische Glockengeläut ist eine typische Lebensäußerung der öffentlich-rechtlichen Körperschaft Kirche und damit nach der Natur des Rechtsverhältnisses öffentlich-rechtlich. Auch die Widmung der Kirchenglocken als öffentliche Sachen, zu der die Kirchen aufgrund ihres Körperschaftsstatus befähigt sind, begründet zwischen dem öffentlich-rechtlichen Träger der Sache und dem Nachbarn, dessen Rechte durch den widmungsgemäßen Gebrauch der Sache betroffen werden, eine öffentlich-rechtliche Beziehung. Es leuchtet nicht ein, die Widmung und den Sachbesitz dem öffentlichen Sonderrecht zu unterstellen, dagegen den widmungsgemäßen Sachgebrauch als privatrechtlich zu beurteilen …"

BVerwG, NJW 1994, 956 – „Zeitschlagen": „Der VGH hat den Verwaltungsrechtsweg zu Recht verneint, weil es sich um eine bürgerliche Rechtsstreitigkeit handelt, die nach § 13 GVG den ordentlichen Gerichten zugewiesen ist. Maßgeblich für die Rechtswegfrage ist, ob die Handlung der Beklagten gegen die der Kläger sich wendet, hoheitlicher oder privater Natur ist. Die Beantwortung dieser Frage hängt nicht entscheidend davon ab, dass es sich bei der Beklagten. um eine Körperschaft des öffentlichen Rechts und bei den Glocken, um deren Benutzung es geht, um res sacrae und damit um öffentliche Sachen handelt; denn nicht jede Tätigkeit eines Trägers öffentlicher Verwaltung ist schon allein wegen dieses Status dem öffentlichen Recht zuzuordnen. Ebenso wenig ist

---

54 *Maurer/Waldhoff*, Allgemeines Verwaltungsrecht, 20. Aufl., 2020, S. 728 f., Rn. 61.
55 BGHZ 29, 38 [43].

die Benutzung einer durch Widmung einem öffentlich-rechtlichen Regime unterworfenen Sache immer öffentlich-rechtlicher Natur, selbst wenn der Benutzer öffentlich-rechtlich organisiert ist. Ausschlaggebend ist vielmehr, ob die öffentliche Sache im Rahmen ihrer öffentlich-rechtlichen Zweckbindung genutzt wird, oder ob es sich um die Wahrnehmung von Eigentümerbefugnissen außerhalb des Widmungszwecks handelt. Da das nichtsakrale Glockenschlagen unter heutigen Lebensbedingungen nicht mehr dem Bereich kirchlicher Tätigkeit zugeordnet werden kann, in dem die allgemeinen Gesetze nur eingeschränkt gelten (BVerwGE 90, 163 (167)), könnte – wenn überhaupt – eine fortbestehende öffentlich-rechtliche Zweckbindung der Glocken für diese Art ihrer Nutzung allenfalls dann angenommen werden, wenn sie vom Widmungszweck nach wie vor umfasst würde. Davon kann jedoch keine Rede sein im Blick auf das Vorbringen der Beklagten, es handele sich bei dem Zeitschlagen nach ihrem Selbstverständnis nicht um eine ihrem Sonderstatus zuzurechnende Tätigkeit, sondern um die Wahrnehmung von Eigentümerbefugnissen außerhalb eines sakralen Widmungszwecks."

Beispiel Beleidigende Äußerungen von Amtsträgern: Ansprüche auf Widerruf und Unterlassung ehrverletzender Äußerungen von Beamten können privatrechtlicher oder öffentlich-rechtlicher Natur sein:
Ein öffentlich-rechtlicher Widerrufsanspruch (§ 1004 BGB analog, zum Folgenbeseitigungsanspruch Rn. 403 f.) ist gegeben, wenn sich der Beamte bei der Erfüllung hoheitlicher Aufgaben äußert. Der Widerrufsanspruch besteht gegenüber dem Verwaltungsträger.
Ein privatrechtlicher Widerrufsanspruch (§ 1004 BGB analog) ist gegeben, wenn ein Beamter sich als Privatperson äußert, z. B. im Freundeskreis. Der Widerrufsanspruch besteht gegenüber dem Beamten.
Problematisch ist der Fall, dass sich ein Beamter zwar in seiner Eigenschaft als Staatsdiener äußert, aber bei der Wahrnehmung privatrechtlicher Angelegenheiten. Nach überwiegender Auffassung soll dem Geschädigten ein privatrechtlicher Widerrufsanspruch (§ 1004 BGB analog) zustehen.[56] Allerdings wird der Beamte grundsätzlich als Amtsträger tätig. Für einen privatrechtlichen Widerrufsanspruch muss seine fragliche Äußerung deshalb erkennbar und unzweifelhaft bei einer nur gelegentlich nach öffentlichem Recht zu beurteilenden Tätigkeit oder überhaupt ohne Zusammenhang damit gemacht worden sein.[57] Anders kann der Fall liegen, wenn ein von einem Beamten erhobener Vorwurf (Truppenarzt nennt Soldaten einen Quertreiber) unbeschadet seiner Zurechnung zur Amtsführung so sehr Ausdruck seiner persönlichen Meinung und Einstellung ist, dass wegen des persönlichen Gepräges der Ehrkränkung die Widerrufserklärung nur dann, wenn sie vom Beamten persönlich abgegeben wird, geeignet ist, die Ehre des Verletzten wiederherzustellen.[58] Im Einzelfall zu klären ist, ob Anspruchsadressat der Beamte (z. B. bei persönlichen ehrverletzenden Äußerungen) oder der Verwaltungsträger (bei fiskalischen Hilfsgeschäften der Verwaltung) ist.

III.   Allgemeines und besonderes Verwaltungsrecht

28 Es gibt kein allgemeines Verwaltungsrecht wie einen allgemeinen Teil des Bürgerlichen Gesetzbuchs (§§ 1 ff. BGB) oder einen allgemeinen Teil des Strafgesetzbuchs (§ 1 ff. StGB). Es gibt auch kein allgemeines Verwaltungsgesetzbuch. Dennoch hat sich unter dem Begriff „allgemeines Verwaltungsrecht" eine Zusammenfassung derjenigen Rechtsregeln etabliert, die **für das gesamte Recht der öffentlichen Verwaltung Geltung beanspruchen**, wie das Verwaltungsorganisationsrecht, das Recht des Verwaltungsverfahrens, das Recht der Verwaltungsinstrumente oder das

---

56 BGH, NJW 1978, 1860 [1861] (i. c. lag aber ein öffentlich-rechtlicher Anspruch vor).
57 OLG Dresden, NVwZ-RR 1998, 343 ff.
58 OLG Zweibrücken, NVwZ 1982, 332 ff. – *„Truppenarzt: Quertreiber"*.

Recht der öffentlich-rechtlichen Ersatzleistungen. Ferner gehören zum allgemeinen Verwaltungsrecht diejenigen Rechtsgrundsätze und -prinzipien, die bereichsübergreifend für das gesamte Verwaltungsrecht Geltung beanspruchen, wie der Verhältnismäßigkeitsgrundsatz oder der Vertrauensschutzgrundsatz.

Die Funktion des allgemeinen Verwaltungsrechts liegt darin, allgemeine Regelungsmuster für besondere Verwaltungsrechtsgebiete bereit zu halten, z. B. Verwaltungsinstrumente oder -verfahrensregelungen. Der Rekurs auf die dem Allgemeinen Verwaltungsrecht zugrunde liegende Systematik lässt dieses Rechtsgebiet als eigene „Ordnungsidee"[59] begreifen.

Zum besonderen Verwaltungsrecht gehören sondergesetzlich geregelte **Spezialmaterien,** wie das Polizeirecht (z. B. Polizeigesetze des Bundes und der Länder), das Kommunalrecht (z. B. Gemeinde- und Landkreisordnungen der Länder), das Baurecht (z. B. BauGB, Bauordnungen der Länder), das Abfallrecht (z. B. KrwG), das Umweltrecht (z. B. BImSchG), das Sozialrecht (z. B. SGB I–XII) oder das öffentliche Wirtschaftsrecht (z. B. GewO, GastG, LadenschlG). In diesem Buch wird vom allgemeinen Verwaltungsrecht die Rede sein.

IV. Verwaltungsrecht und Verfassungsrecht

1. Verfassungsrecht vergeht, Verwaltungsrecht besteht

Otto Mayer (1846 bis 1924) kommt das Verdienst zu, das Verwaltungsrecht als **29** eine eigene Rechtswissenschaft etabliert zu haben. Zwar gab es eine Vielzahl von Vorarbeiten[60], doch hat er – wie er in seinem berühmten Werk „Deutsches Verwaltungsrecht" (1. Aufl. 1895) selbst schreibt – „mutig das Ganze angefasst"[61] und die Strukturen und Institute des Verwaltungsrechts in Deutschland zusammengefasst und fortentwickelt. Bemerkenswert zügig hat sich das Verwaltungsrecht als eigenes Rechtsgebiet verfestigt, und in seinem Vorwort zur dritten Auflage 1924 konnte *O. Mayer* den berühmten, wenn auch mit Blick auf das zwischenzeitliche Inkrafttreten der Weimarer Reichsverfassung durchaus zweifelhaften Satz formulieren: „Groß Neues ist ja seit 1914 und 1917 nicht nachzutragen. **„Verfassungsrecht vergeht, Verwaltungsrecht besteht";** dies hat man anderswo schon längst beobachtet." In der Tat ist es aber zumindest bemerkenswert, wie die verwaltungsrechtliche Dogmatik seit über einhundert Jahren Verfassungen, Revolution und Zusammenbrüche von Staaten „überlebt" hat, und auch heute vielfach noch mit überlieferten Strukturen operiert.

Kein Bereich zeigt das besser als die von *O. Mayer* geprägte Dogmatik des Verwaltungsakts, den er als „ein der Verwaltung zugehöriger obrigkeitlicher Ausspruch, der dem Untertanen im Einzelfall bestimmt, was für ihn Rechtens sein soll",[62] definiert hat. Noch heute ist der Verwaltungsakt der Zentralbegriff des Verwaltungsrechts. Zwar ist die „hoheitliche Maßnahme" (vgl. § 35 S. 1 VwVfG) mit Kategorien des Konstitutionalismus von „Obrigkeit und Untertan" verhaftet wie sie für einen durch Grundrechte verfassten freiheitlichen Rechtsstaat nicht mehr akzepta-

---

59 *Schmidt-Aßmann*, Allgemeines Verwaltungsrecht als Ordnungsidee, 2. Aufl., 2004, S. 1.
60 Vgl. z. B. *von Mayer*, Grundzüge des Verwaltungs-Rechts und -Rechtsverfahrens, 1857; *ders.*, Grundsätze des Verwaltungsrechts, mit besonderer Rücksicht auf gemeinsames deutsches Recht, sowie auf neuere Gesetzgebung und bemerkenswerte Entscheidungen der obersten Behörden zunächst der Königreiche Preußen, Bayern und Württemberg, 1862; *Roesler*, Lehrbuch des Deutschen Verwaltungsrechts, 1872; *Loening*, Lehrbuch des Deutschen Verwaltungsrechts, 1884.
61 *Mayer*, Deutsches Verwaltungsrecht, Band I, 3. Aufl., 1924 (Vorwort zur ersten Auflage).
62 *Mayer*, Deutsches Verwaltungsrecht, Band I, 3. Aufl., 1924, S. 93.

bel sind.[63] Während Kompetenznormen dem Staat Eingriffsrechte zuweisen, beschränken die Grundrechte als Abwehrrechte staatliche Gewalt, womit die Grundlage komplexer Rechtsverhältnisse zwischen Staat und Bürger gelegt ist. Dennoch kann nicht geleugnet werden – und der Verwaltungsakt ist das beste Beispiel hierfür –, dass verwaltungsrechtliche Strukturen, Grundsätze und Rechtsinstitute offensichtlich verschiedenste Verfassungsordnungen überdauert haben.[64]

Gleichwohl kann *O. Mayers* Urteil über das Verhältnis von Verfassungs- und Verwaltungsrecht aktuell schon deshalb nicht unkorrigiert stehen gelassen werden, weil das Grundgesetz die Maßstabsbildung für das (einfache) Verwaltungsrecht vorgibt (Art. 1 Abs. 3; 20 Abs. 3 GG). Auch das Verwaltungsrecht, das mit dem Grundgesetz vereinbar sein und im Lichte des Grundgesetzes ausgelegt werden muss, ist nicht resistent gegenüber gesellschaftlichen Umwälzungen. Am bildlichsten wird das in *Fritz Werners* berühmten Beitrag über „**Verwaltungsrecht als konkretisiertes Verfassungsrecht**",[65] in dem er sich gegen eine blinde Technizität des Verwaltungsrechts wendet. Freilich wird man *O. Mayer* den Vorwurf nicht machen können, er habe das Verwaltungsrecht vom Verfassungsrecht lösen wollen. Hier soll auch nur aufgezeigt werden, dass das Verwaltungsrecht – trotz aller Beständigkeit – der Verfassungsrechtsordnung nicht entrückt ist. Es ist ja das Verfassungsrecht, das die maßgebenden Strukturen des Verwaltungsrechts vorgibt.

2.   Die Gemeinwohlbindung der Verwaltung

30   Aus dem **Demokratieprinzip** (Art. 20 Abs. 2 S. 1 GG) und dem **Republikprinzip** (Art. 20 Abs. 1 GG) folgt, dass alle Staatsgewalt stets dem Gemeinwohl verpflichtet ist. Die Verwaltung hat die „öffentlichen Interessen" wahrzunehmen, keine Partikularinteressen. Die öffentlichen Interessen sind entweder durch die Verfassung – i. d. R. abstrakt – festgelegt (z. B. Art. 20a GG; Umwelt- und Tierschutz), durch Gesetze konkret vorgegeben (z. B. enthält § 35 Abs. 3 BauGB eine Reihe von öffentlichen Belangen, die einem Bauvorhaben im Außenbereich entgegenstehen) oder sie sind durch die Verwaltung näher zu bestimmen (vgl. § 1 Abs. 7 BauGB, wonach bei der Aufstellung von Bauleitplänen die öffentlichen und privaten Belange gegeneinander und untereinander gerecht abzuwägen, mithin im Einzelfall zu bestimmen sind). Auch die Durchsetzung subjektiver Rechte (Rn. 73 ff.) kann dem Gemeinwohl dienlich sein (z. B. Auskunftspflicht über Umweltinformationen nach UIG).

3.   Die Gesetzmäßigkeit der Verwaltung

31   Aus dem Grundsatz vom **Vorrang des Gesetzes** (Art. 20 Abs. 3 GG) ergibt sich die verfassungsrechtliche Verpflichtung der Verwaltung, das einschlägige Gesetz anzuwenden (Anwendungsgebot) und das Verbot, von der gesetzlichen Regelung abzuweichen (Abweichungsverbot).

---

63 *Schmidt-De Caluwe*, Der Verwaltungsakt in der Lehre *Otto Mayers*, 1999, S. 22.

64 Dies mag vielleicht auch der berühmte Beitrag „Die Verwaltung als Leistungsträger (1938)" von *Forsthoff* zeigen, der zur Strukturbildung eines Rechts der Daseinsvorsorge mit folgenden Sätzen angesetzt hatte: „Die Grundrechte gehören der Geschichte an" (S. 1), und „Die Feststellung ist erlaubt, dass sich die rechtsstaatliche Ideologie einem sozialen Bilde zugeordnet hat, das nur bis zur Mitte des vorigen Jahrhunderts Realitätswert besaß" (S. 4). Trotz des zweifelhaften Bezugs auf nationalsozialistisches Gedankengut, von dem diese Sätze getragen sind, ist nämlich die von *Forsthoff* entwickelte Dogmatik der Daseinsvorsorge maßgebend für die Entwicklung der Leistungsverwaltung im Verwaltungsrecht nach 1945 gewesen (vgl. *Pauly*, Die deutsche Staatsrechtslehre in der Zeit des Nationalsozialismus, VVDStRL 60 (2001), 73 [98]).

65 *Werner*, Verwaltungsrecht als konkretisiertes Verfassungsrecht, DVBl 1959, 527 ff.

Der Grundsatz vom **Vorbehalt des Gesetzes** (Art. 20 Abs. 3 GG) ist in zwei Vari- **32** anten ausgeprägt. Als grundrechtlicher Gesetzesvorbehalt fordert er, dass nicht nur jeder Eingriff in Freiheit und Eigentum der Bürger einer gesetzlichen Grundlage bedarf; unter Zugrundelegung der Wesentlichkeitslehre verlangt das BVerfG eine gesetzliche Grundlage für jegliches grundrechtswesentliche Verwaltungshandeln.[66] Der institutionelle Gesetzesvorbehalt verlangt eine gesetzliche Grundlage für wichtige Organisationsentscheidungen (Rn. 58).

Mit der Wesentlichkeitslehre hat die Unterscheidung in Eingriffs- und Leistungsverwaltung erheblich an dogmatischer Bedeutung verloren. Eingriffe der Verwaltung unterliegen stets dem Gesetzesvorbehalt, Leistungen der Verwaltung tun dies, soweit sie grundrechtsrelevant sind.

Ohnehin ist zu bezweifeln, ob eine trennscharfe Unterscheidung möglich ist: Die Subvention an ein Unternehmen stellt für dieses eine Leistung, für den Konkurrenten womöglich eine Belastung, vielleicht auch einen Eingriff in seine Wettbewerbsfreiheit (str., Art. 2 Abs. 1 bzw. 12 Abs. 1 GG) dar. Zudem kann etwa eine Leistung durchaus auch von bestimmten Voraussetzungen abhängig gemacht werden (z. B. Erteilung einer Baugenehmigung mit der Auflage, Stellplätze zu errichten). Dennoch ist die Unterscheidung in Eingriff und Leistung sinnvoll, weil sie eine grundlegende Reflexion der Relevanz der Verwaltungstätigkeit für private Interessen erfordert. Mit der Belastung oder Begünstigung können unterschiedliche Rechtsfolgen verbunden sein (z. B. bei Rücknahme oder Widerruf von Verwaltungsakten, §§ 48, 49 VwVfG).

Eine Unterscheidung in **gesetzesabhängige** und **gesetzesfreie Verwaltung**[67] ist **33** zumindest missverständlich, denn „gesetzesfrei" ist die Verwaltung nie – das ist ja Kernaussage des Grundsatzes der Gesetzmäßigkeit der Verwaltung. Mit gesetzesabhängiger (besser: gesetzesvollziehender) Verwaltung ist aber jene Verwaltungstätigkeit gemeint, durch die konkrete gesetzliche Handlungsverpflichtungen ausgeführt oder gesetzliche Aufträge erfüllt werden, etwa wenn die Stadt als Gewerbeaufsichtsbehörde einem unzuverlässigen Gewerbetreibenden die Ausübung seines Gewerbes untersagt (§ 35 GewO). Als „gesetzesfrei" mag man dagegen den Fall beurteilen, in dem die Stadtverwaltung ein Stadtteilfest organisiert und durchführt. Dabei ist sie selbstverständlich an die bestehenden Gesetze gebunden (z. B. lärmschutzrechtliche, bauaufsichtliche, gewerberechtliche Bestimmungen), sie kann das Fest aber auf eigene Initiative und in eigener Gestaltung ausrichten, vollzieht also kein Gesetz.

4. Die Grundrechtsbindung der Verwaltung

Die Verwaltung ist gemäß Art. 1 Abs. 3 GG an die **Grundrechte** gebunden. Die **34** Bestimmung gilt sowohl für die Verwaltung des Bundes als auch für die der Länder. Entgegen dem Wortlaut des Art. 1 Abs. 3 GG binden die Grundrechte nicht nur die Gesetzgebung, die vollziehende Gewalt und die Rechtsprechung als unmittelbar geltendes Recht, sondern die staatliche Gewalt in allen ihren Äußerungen. Daher ist auch der privatrechtlich handelnde Staat nicht von den Grundrechten entbunden. Er kann sich nicht, wie der Bürger, auf Privatautonomie berufen. Die Funktion einer Koordination privatrechtlicher Handlungsinstrumente mit dem öffentlich-rechtlichen Steuerungsanspruch erfolgt dogmatisch durch das Verwaltungsprivatrecht (Rn. 291 ff.).

---

66 BVerfGE 49, 89 [126] – „Kalkar".
67 *Maurer/Waldhoff*, Allgemeines Verwaltungsrecht, 20. Aufl., 2020, S. 11 Rn. 26 f.

Die Grundrechtsbindung der Verwaltung betrifft sechs Dimensionen:
- die Grundrechte als **Abwehrrechte**: Eingriffe der Verwaltung in Rechte der Bürger bedürfen nicht nur einer gesetzlichen Grundlage, sondern sind insbesondere an den Verhältnismäßigkeitsgrundsatz gebunden, d. h. sie müssen geeignet, erforderlich und angemessen sein.[68] Diese Abwehrfunktion gegen übermäßige Staatseingriffe in Individualrechte darf für die Strukturbildung des Verwaltungsrechts nicht unterschätzt werden. Verwaltungsrechtliche Ansprüche auf Verhinderung verwaltungsrechtlicher Maßnahmen oder auf Wiederherstellung eines durch fehlerhaften Verwaltungsvollzug geschaffenen Zustands, die ungeschriebenen und erst durch Rechtsfortbildung entwickelten Rechtsinstitute des Unterlassungs- und Folgenbeseitigungsanspruchs, Rechtsschutz- und Entschädigungsansprüche haben hier ihre dogmatische Grundlage.
- die Grundrechte als **Leistungsrechte**: Aus grundrechtlichen Schutzpflichten folgen Handlungsaufträge an die Verwaltung.[69] Wegen ihrer Abhängigkeit von öffentlichen Mitteln binden sie Gesetzgeber und Verwaltung indes primär als objektives Recht und vermitteln insoweit keine individuellen Ansprüche.[70]
- die Grundrechte als **Teilhaberechte**: Beim Zugang zu staatlichen Einrichtungen, wie den staatlichen Hochschulen,[71] und bei bestimmten Verteilungsentscheidungen der Verwaltung, insbesondere in Knappheitssituationen, wie bei der öffentlichen Auftragsvergabe oder der Vergabe von Lizenzen[72], haben die Grundrechte die Funktion, eine gerechte Teilhabe der Bewerber am Auswahlverfahren zu garantieren und eine bedarfsgerechte Knappheitsverwaltung zu gewährleisten.
- die **verfahrensrechtliche Dimension** der Grundrechte: Die Grundrechte schützen nicht nur materiell Eigentum, Beruf oder Forschung, sondern verlagern diesen Schutz auf das staatliche Verwaltungsverfahren und verstärken so die Wirkung der materiellen Grundrechtsgewährleistungen.[73] Das Verwaltungsverfahren ist freiheitlich auszugestalten und die Verfahrensvorschriften sind im Lichte der Grundrechte zu interpretieren.[74] Die verfahrensrechtliche Dimension der Grundrechte verschafft dem Bürger einen „status activus processualis".[75]
- die **organisationsrechtliche Dimension** der Grundrechte: Die Grundrechte können auf die Organisation von Einrichtungen ausstrahlen, um Freiheitsgewährleistung zu optimieren. Die Rundfunkfreiheit als „dienende Freiheit" (Art. 5 Abs. 1 S. 2 GG) verlangt eine Organisation des Rundfunks, die ein Mindestmaß an inhaltlicher Ausgewogenheit und Sachlichkeit gewährt, wie

---

68 BVerfGE 30, 292 [316] – „*Mindestbevorratung*".
69 BVerfG, NJW 1997, 3085 – „*Edelfosin*".
70 *Böckenförde*, Grundrechtstheorie und Grundrechtsinterpretation, in: ders., Staat, Verfassung, Demokratie, 1991, S. 115 [138]; *Schröder*, Stiftungsaufsicht im Spannungsfeld von Privatautonomie und Staatskontrolle – ein Beitrag zum Verhältnis von Staat und Stiftung, DVBl 2007, 207 ff.; *ders.*, Verfassungsrechtliche Rahmenbedingungen des Technikrechts, in: Schulte/Schröder, Handbuch des Technikrechts, 2. Aufl., 2011, S. 243 ff.
71 BVerfGE 33, 303 [329 f.] – „*numerus clausus*".
72 *Storr*, Die Versteigerung von Telekommunikationslizenzen – sachgerechtes Verteilungsverfahren oder neue Einnahmequelle für den Staat?", K&R 2002, 67 ff.
73 BVerfGE 53, S. 30 [63 ff.] – „*Mühlheim-Kärlich*".
74 *Grimm*, Verfahrensfehler als Grundrechtsverstöße, NVwZ 1985, 865 ff.
75 *Häberle*, Grundrechte im Leistungsstaat, VVDStRL 30 (1972), 43 [86].

sie z. B. durch eine binnenplurale Zusammensetzung der Gremien öffentlich-rechtlicher Rundfunkanstalten möglich ist;[76] der objektive Schutzgehalt der Wissenschaftsfreiheit (Art. 5 Abs. 3 GG) eine Hochschulverfassung, die die Gewähr für freie wissenschaftliche Betätigung gibt.[77]

– die grundrechtliche Garantie auf **Rechtsschutz**: Gegen Maßnahmen der öffentlichen Gewalt, die jemanden in seinen Rechten verletzen, lässt Art. 19 Abs. 4 GG gerichtlichen Rechtsschutz zu. Es ist umstritten, ob sich der Schutzbereich dieser Rechtsschutzgarantie nur auf öffentlich-rechtliches Handeln des Staates erstreckt oder ob sein privatrechtliches Handeln einbezogen ist.[78] Dieser Streit hat aber keine praktischen Auswirkungen, weil der allgemeine Justizgewährungsanspruch Rechtsschutz gegenüber den nicht von Art. 19 Abs. 4 GG erfassten Fällen gewährt. Dieser ist aus dem in Art. 20 Abs. 3 GG festgelegten Rechtsstaatsprinzip in Verbindung mit den Grundrechten, insbesondere Art. 2 Abs. 1 GG, herzuleiten.[79]

5. Verwaltungsgrundsätze mit Verfassungsrang

Aus der Verfassung wird eine ganze Reihe weiterer Grundsätze hergeleitet, die für **35** die Verwaltung bindend sind, wie z. B. der Vertrauensschutz, die Begründungspflicht, der Grundsatz des rechtlichen Gehörs, der Grundsatz von Wirtschaftlichkeit und Sparsamkeit (vgl. Art. 114 Abs. 2 GG)[80], der Grundsatz des zweckmäßigen Ermessensgebrauchs, der Grundsatz der Bestimmtheit, und – allerdings nicht unumstritten – der Grundsatz der Öffentlichkeit.[81]

6. Verwaltungsorganisation und Verfassung

Die Verfassung enthält ferner Vorschriften für das **Organisationsrecht** der öffent- **36** lichen Verwaltung. Zum einen ist im Grundgesetz die Kompetenzverteilung der Verwaltung von Bund und Ländern (Art. 30, 83 f. GG) geregelt, zum anderen enthalten das Grundgesetz und die Landesverfassungen Vorschriften für den Behördenaufbau. Zudem hat der institutionelle Gesetzesvorbehalt Verfassungsrang (Rn. 58).

V. Verwaltungsrecht und Europarecht

Was das Verwaltungsrecht unter europäischem Blickwinkel betrifft, sind grundle- **37** gend zwei verschiedene Vollzugssysteme zu unterscheiden. Mit **direktem Verwaltungsvollzug** ist die eigene Verwaltungstätigkeit der Unionsorgane gemeint. Diese wird v. a. von der Kommission, von Agenturen und von unabhängigen Ämtern durchgeführt. Anders als im Recht der Mitgliedstaaten gibt es noch kein übergrei-

---

76 BVerfGE 57, 295 [320 f.] – „*FRAG*".
77 BVerfGE 35, 79 [114] – „*Gruppenuniversität*"; *Schulte*, Grund und Grenzen der Wissenschaftsfreiheit, VVDStRL 65 (2006), S. 110 [121]; *Ruffert*, Grund und Grenzen der Wissenschaftsfreiheit, VVDStRL 65 (2006), 146 [172].
78 Für eine zutreffend weite Auslegung: *Huber*, in: von Mangoldt/Klein/Starck, Kommentar zum Grundgesetz, Band I, 7. Aufl., 2018, Art. 19 Abs. 4 Rn. 427.
79 BVerfGE 116, 135 [150] – „*Vergaberechtsschutz*"; BVerfGE 107, 395 [401] – „*Rechtliches Gehör*".
80 *Schmidt-Aßmann*, Allgemeines Verwaltungsrecht als Ordnungsidee, 2. Aufl., 2004, S. 317.
81 *Gröschner*, Transparente Verwaltung: Konturen eines Informationsverwaltungsrechts, VVDStRL 63 (2003), 344 [347]; *Masing*, Transparente Verwaltung: Konturen eines Informationsverwaltungsrechts, VVDStRL 63 (2003), 379 ff.

fendes europäisches Verwaltungsverfahrensgesetz. Das europäische Verwaltungshandeln wird durch primärrechtliche Verwaltungsprinzipien und bereichsspezifische Verwaltungsverfahrensgesetze (z. B. „Beihilfeverfahrensverordnung" 2015/
1589[82]) gelenkt.
Die überwiegende Verwaltungstätigkeit mit unionsrechtlichem Bezug erfolgt aber
durch die Mitgliedstaaten nach den Regeln ihres nationalen Verwaltungsrechts
(**indirekter Verwaltungsvollzug**). Diese institutionelle und verfahrensmäßige Autonomie der Mitgliedstaaten findet freilich – so der EuGH grundlegend in der
Entscheidung „Deutsche Milchkontor" – im Unionsrecht einschließlich der allgemeinen unionsrechtlichen Grundsätze ihre Grenzen.[83]

38 Dabei kommt dem Unionsrecht – wie der EuGH grundlegend in „Costa/ENEL"[84]
(1964) entschieden hat – gegenüber dem nationalen Recht **Anwendungsvorrang**
zu. Damit ist die nationale staatliche Gewalt grundsätzlich an das primäre und
sekundäre Unionsrecht gebunden.[85] Das BVerfG spricht plakativ von der „norma-
tiven Verklammerung des Unionsrechts mit den Verfassungen der Mitgliedstaaten".[86] Anwendungsvorrang und Anwendungsgebot des Europarechts haben zur
„Europäisierung des Verwaltungsrechts" geführt.
Zu weit geht es indes, in Anlehnung an *Fritz Werner* (Rn. 29) vom deutschen
Verwaltungsrecht als „konkretisiertem Unionsrecht" zu sprechen.[87] Denn für das
Verwaltungsrecht hat die EU nur bereichsspezifisch Kompetenzen. Häufig handelt
es sich um allein innerstaatliche Sachverhalte ohne grenzüberschreitenden Bezug,
für die das Unionsrecht keine spezifischen Regelungen bereithält.

> **Beispiel:** ein deutscher Staatsbürger beantragt einen Reisepass bei seiner Gemeinde;
> ein deutscher Bauunternehmer mit Sitz in einer deutschen Gemeinde beantragt eine
> Baugenehmigung etc. Die maßgeblichen Impulse erfährt das deutsche Verwaltungs-
> recht – immer noch – durch das deutsche Verfassungsrecht.

VI. Aktuelle Herausforderungen an die Verwaltungsrechtswissenschaft

39 Gegenwärtig befindet sich das Verwaltungsrecht in einer Neuorientierung.[88] Die
drei wichtigsten Gründe hierfür dürften sein:
Die **Integration Deutschlands in die EU**: Das Unionsrecht wird weitgehend von
den Mitgliedstaaten vollzogen, bedarf aber eines europaweit einheitlichen Vollzu-
ges. Zunehmend haben sich verwaltungsrechtliche Strukturen auf europäischer
Ebene herausgebildet, Verwaltungsgesetze und eine eigene Verwaltungsdogmatik,
die von den mitgliedstaatlichen Rechtsordnungen gespeist wird und auf diese zu-

---

82 Verordnung (EU) 2015/1589 des Rates vom 13. Juli 2015 über besondere Vorschriften für die Anwen-
    dung von Artikel 108 des Vertrags über die Arbeitsweise der Europäischen Union, ABl. L 248 vom
    24.9.2015, S. 9.
83 EuGH vom 21.9.1983, Rs. 205/82 – *„Deutsche Milchkontor"*, Rn. 17.
84 EuGH vom 15.7.1964, Rs. 6/64 – *„Costa/ENEL"*.
85 Nach einem bekannten, auf Bangemann zurückzuführenden Zitat sollen 1985 bereits 80 % der deut-
    schen Wirtschaftsgesetze in der einen oder anderen Weise beeinflusst gewesen sein: *Meessen*, Politi-
    sche Identität in Europa, EuR 1999, S. 701 [705].
86 BVerfGE 73, 339 [385] – *„Solange II"*.
87 *Stober*, in: Wolff/Bachof/Stober/Kluth, Verwaltungsrecht Band I, 13. Aufl., 2017, S. 157 f.
88 Hierzu und zum Folgenden *Schröder*, Verwaltungsrechtsdogmatik im Wandel, 2007, passim.

rückwirkt.[89] Der Aufbruch in ein Ius Publicum Europaeum[90] ist gemacht, aber es sind erst anfängliche Schritte einer noch langen Wegstrecke, auf der sich verschiedenste Hindernisse (Sprachenfrage, unterschiedliche Verwaltungsrechtskulturen) befinden. In Zeiten solcher Umwälzungen ist es wichtig, sich auf die grundlegenden Strukturen eines Rechts zu besinnen, sie zu hinterfragen, wo nötig zu modifizieren, wo möglich zu erhalten.

Die zweite große Anforderung an das Verwaltungsrecht hat ihre Wurzeln in dem **40** Erfordernis, der Verwaltung angesichts der zunehmend mannigfaltigeren Anforderungen und dem vielfachen Bedürfnis, **maßgeschneiderte Lösungen für komplexe Fragen** zu finden, flexible Handlungsinstrumente in die Hand zu geben. Noch jung in ihrer dogmatischen Ausbildung sind das Regulierungsrecht und das Kooperationsrecht als Fundament für eine stärkere Einbindung Privater in die Erfüllung öffentlicher Aufgaben. Hieran geht das von *O. Mayer* formulierte Vertragsverbot für die Verwaltung vorbei, die dieser aus dem „das öffentliche Recht beherrschenden Grundsatze der allgemeinen einseitig bindenden Kraft des Staatswillens" abgeleitet hat.[91] Mit der Anerkennung der Formenwahlfreiheit der Verwaltung (Rn. 285 ff.) wurde dieser die Möglichkeit zugestanden, sich privatrechtlicher Handlungsformen zu bedienen. Mit §§ 54 ff. VwVfG wurde der öffentlich-rechtliche Vertrag eingeführt. Gegenwärtig geht es darum, die vielfältigen Einbindungen Privater in die öffentliche Aufgabenwahrnehmung mit einer zu entwickelnden Dogmatik des „Kooperationsvertrags" gerecht zu werden und diesen ggf. als Rechtsinstitut in das Verwaltungsverfahrensgesetz zu etablieren.[92] Das Verwaltungsrecht muss hier seiner Aufgabe einer **Bereitstellung von Recht**[93] genüge tun.

Drittens ist eine erhebliche Modernisierung der Verwaltung durch die Einführung **41** **elektronischer Kommunikationsmittel** im Gange. Die Möglichkeiten elektronischer Kommunikation in der Verwaltung sind noch nicht ausgeschöpft, elektronische Verwaltungsverfahren stehen noch am Anfang.

Rechtsprechung: BVerfGE 33, 1 ff. – *„Strafgefangene"*; BVerfGE 53, 30 ff. – *„Mühlheim-Kärlich"*; BVerfGE 116, 135 – *Vergaberechtsschutz*; BGHZ 82, 375 ff. – *„Brillenselbstabgabestellen"; GemSOGB*, BGHZ 108, 284 ff. – *„AOK"*; PrOVG 9, 353 ff. – *„Kreuzberg"*.

Literatur: *Grimm, D.*, Verfahrensfehler als Grundrechtsverstöße, NVwZ 1985, 865 ff.; *Forsthoff, E.*, Die Verwaltung als Leistungsträger, 1938; *Franzius, C.*, Brauchen wir ein Allgemeines Verwaltungsrecht?, JZ 2019, 161 ff.; *Gröschner, R.*, Das Überwachungsrechtsverhältnis, 1992; *Hill, H.*: Agiles Verwaltungshandeln im Rechtsstaat, DÖV 2018, 497 ff.; *Hoffmann-Riem, W.*, Verwaltungsreform – Ansätze am Beispiel des Umweltschutzes, in: *Hoffmann-Riem, W./ Schmidt-Aßmann, E.*, Reform des Allgemeinen Verwaltungsrechts, 1993, S. 115 ff.; *Kahl, W.*, Kodifizierung des Verwaltungsverfahrensrechts in Deutschland und in der EU, JuS 2018, 1025 ff.; *Mayer, O.*, Deutsches Verwaltungsrecht, Band I, 3. Aufl., 1924; *Pauly, W.*, Die deutsche Staatsrechtslehre in der Zeit des Nationalsozialismus, VVDStRL 60 (2001), 73 ff.; *Ruffert,*

89 *Storr*, Grundsätze des Verwaltungsverfahrens aus gemeinschaftsrechtlicher Sicht, in: Holoubek/Lang, Abgabenverfahrensrecht und Gemeinschaftsrecht, 2006, S. 13 ff.; *Schwarze*, Rechtsstaatliche Grundsätze für das Verwaltungshandeln in der „alten" und „neuen" Europäischen Union, in: Iliopoulos-Strangas/Bauer, Die Neue Europäische Union, 2006, S. 165 ff.

90 Vgl. *Bauer/Huber/Niewiadomski*, Ius Publicum Europaeum, 2001; *von Bogdandy/Cruz Villalón/Huber*, Handbuch Ius Publicum Europaeum (inzwischen acht Bände).

91 *Mayer*, Zur Lehre vom öffentlich-rechtlichen Vertrage, AöR 3 (1888), 38 [42].

92 *Storr*, Zu einer gesetzlichen Regelung für eine Kooperation des Staates mit privaten Sicherheitsunternehmen im Bereich polizeilicher Aufgaben, DÖV 2005, 101 ff.

93 *Schuppert*, Verwaltungswissenschaft, 2000, S. 976 f.

M., Von der Europäisierung des Verwaltungsrechts zum Europäischen Verwaltungsverbund, DÖV 2007, 761 ff.; *Schmidt-Aßmann, E.*, Öffentliches Recht und Privatrecht: Ihre Funktionen als wechselseitige Auffangordnungen, in: *Hoffmann-Riem, W./Schmidt-Aßmann, E.*, Reform des Allgemeinen Verwaltungsrechts, 1993, S. 7 ff.; *Schröder, R.*, Verwaltungsrechtsdogmatik im Wandel, 2007; *Schuppert, G. F.*, Verwaltungswissenschaft, 2000; *Schmidt-Aßmann, E.*, Allgemeines Verwaltungsrecht als Ordnungsidee, 2. Aufl., 2004; *Stolleis, M.*, Entwicklungsstufen der Verwaltungsrechtswissenschaft, in: *Hoffmann-Riem, W./Schmidt-Aßmann, E./Vosskuhle, A.*, Grundlagen des Verwaltungsrechts, Band 1, 2012, S. 65 ff.; *Trute, H.-H.*, Wechselseitige Verzahnungen zwischen Privatrecht und öffentlichem Recht, in: *Hoffmann-Riem, W./Schmidt-Aßmann, E.*, Reform des Allgemeinen Verwaltungsrechts, 1993, S. 167 ff.; *Werner, F.*, Verwaltungsrecht als konkretisiertes Verfassungsrecht, DVBl 1959, 527 ff.

§ 2   Verwaltung und Verwaltungsorganisation

I.   Der Begriff „Verwaltung"

42   Gegenstand des Verwaltungsrechts ist die öffentliche Verwaltung. Verschiedene Versuche, sie zu definieren, sind unbefriedigend geblieben. Daher soll die Verwaltung hier nur beschrieben werden:[1]

1.   Verwaltung im formellen Sinn

43   Verwaltung im formellen Sinn nennt man die gesamte **von Verwaltungsbehörden ausgeübte Tätigkeit**. Der formelle Verwaltungsbegriff setzt damit an der Verwaltungsorganisation an. Es kommt entscheidend darauf an, ob die fragliche Tätigkeit Verwaltungseinrichtungen, Verwaltungsorganen, Ämtern oder Behörden zuzurechnen ist. Gemeint ist die unmittelbare Staatsverwaltung, also sämtliche Stellen von Bund und Ländern, wie die mittelbare Verwaltung durch rechtsfähige Körperschaften, Anstalten und Stiftungen des öffentlichen Rechts.
Irrelevant für den formellen Verwaltungsbegriff ist, ob eine hoheitliche Verwaltungstätigkeit vorliegt; das verwaltungsprivatrechtliche (z. B. privatrechtlicher Vertrag der Behörde mit einem Privaten über die Nutzung einer öffentlichen Einrichtung) und das fiskalische Handeln (z. B. privatrechtlicher Kaufvertrag einer Behörde mit einem Privaten über ein Grundstück) werden miterfasst.
Allerdings kann der formelle Verwaltungsbegriff insoweit nicht überzeugen als auch privatrechtliche Einrichtungen der öffentlichen Hand, z. B. öffentliche Unternehmen (Deutsche Bahn AG, als GmbH organisierte Stadtwerke), Verwaltungsaufgaben wahrnehmen können. Der formelle Verwaltungsbegriff schließt zudem **Beliehene** aus dem Verwaltungsbegriff aus. Das sind natürliche Personen oder juristische Personen des Privatrechts, denen Hoheitskompetenzen übertragen wurden (Rn. 304).

2.   Verwaltung im materiellen Sinn

44   Verwaltung im materiellen Sinn nennt man die **Verwaltungstätigkeit, die Verwaltungsangelegenheiten zum Gegenstand hat**. Hieran schließen sich zwei Definitionen zur näheren Konkretisierung an.
Eine positive Definition findet sich bei *H. J. Wolff*, der darunter die „... mannigfaltige, zweckbestimmte, idR fremdnützige und verantwortliche, nur teilplanende,

---

1   Vgl. auch *Forsthoff*, Lehrbuch des Verwaltungsrechts, 10. Aufl., 1973, S. 1.

selbstbeteiligt durchführende und gestaltende Besorgung von Angelegenheiten"[2] verstanden hat. In diesem Sinne können auch Parlamente und Gerichte verwaltende Tätigkeit ausüben. So nimmt der Bundestagspräsident das Hausrecht und die Polizeigewalt im Gebäude des Bundestages wahr (Art. 40 Abs. 2 GG); ferner kommt ihm etwa die Aufgabe zu, die Finanzierung der Parteien zu verwalten (§§ 18 ff. PartG)[3]. Verwaltende Tätigkeiten der Gerichte sind z. B. die Führung des Handelsregisters (§ 8 HGB) und die Führung des Grundbuchs (§ 1 GBO). Auch die Gerichtsverwaltung (§ 38 und 39 VwGO) kann hier angeführt werden.

Hingegen hat *O. Mayer* die Verwaltung negativ definiert als die staatliche Tätigkeit, die nicht Gesetzgebung oder Justiz ist.[4] Diese Definition hat den Vorteil, dass sie flexibel ist und moderne und künftige Formen der öffentlichen Verwaltung aufnehmen kann. Doch verschiebt sie den Inhalt des Verwaltungsbegriffs nur auf die Definition der anderen Staatsfunktionen, die zu bestimmen – gerade in ihrer Abgrenzung zur Verwaltung – nicht einfacher ist. Zudem – das gesteht auch *O. Mayer* ein – kann diese Definition nicht abschließend sein. Tätigkeiten oberster Staatorgane (z. B. Wahl des Bundespräsidenten) oder Regierungsgeschäfte sind weder Gesetzgebung noch Justiz und auch keine Verwaltung. Schließlich kann für eine brauchbare Abgrenzung nicht allein die Funktionalität staatlicher Einrichtungen maßgeblich sein, denn Verwaltung ist keineswegs im Sinne von Art. 1 Abs. 3 GG und Art. 20 Abs. 3 GG lediglich „vollziehende Gewalt". Sie kann auch rechtsetzende Gewalt sein (z. B. durch Erlass von Rechtsverordnungen [Art. 80 GG] oder Satzungen) und rechtschützende Funktionen haben (etwa im Vorverfahren gem. § 68 VwGO).

Einen kombinierten Ansatz verfolgt daher *K. Stern*: „Verwaltung kann zunächst negativ bestimmt werden als alle nicht zur Rechtsetzung, zur Regierung, zur staatsleitenden Planung, zur militärischen Verteidigung und zur Rechtsprechung gehörende öffentliche Aufgabenerfüllung durch Organe der vollziehenden Gewalt und bestimmte ihnen zuzurechnende Rechtssubjekte. Positiv bedeutet Verwaltung die den Organen der vollziehenden Gewalt und bestimmten diesen zuzurechnenden Rechtssubjekten übertragene eigenverantwortliche ständige Erledigung der Aufgaben des Gemeinwesens durch konkrete Maßnahmen in rechtlicher Bindung nach (mehr oder weniger spezifiziert) vorgegebener Zwecksetzung".[5] Dem kann gefolgt werden.

II.   Grundbegriffe des Verwaltungsorganisationsrechts

1.   Der Verwaltungsträger

Verwaltungsträger sind die juristischen Personen des öffentlichen Rechts, deren **45** Organe verwaltende Tätigkeiten ausüben. Verwaltungsträger sind also Bund, Länder, Bezirke, Landkreise, Gemeinden sowie andere Körperschaften, Anstalten und Stiftungen des öffentlichen Rechts. Wenn § 78 Abs. 1 Nr. 1 VwGO bestimmt, dass eine verwaltungsgerichtliche Klage grundsätzlich gegen den Bund, das Land oder

---

2   Vgl. *Wolff*, Verwaltungsrecht, 3. Aufl., 1959, S. 9; außerdem: *Stober*, in: Wolff/Bachof/Stober/Kluth, Verwaltungsrecht, Band I, 12. Aufl., 2007, S. 30, allerdings auch formelle und organisatorische Gesichtspunkte einbeziehend.

3   BVerwGE 111, 175 [180] – *„Parteienfinanzierung"*.

4   *Mayer*, Deutsches Verwaltungsrecht, Band I, 3. Aufl., 1924, S. 7; *Jellinek*, Verwaltungsrecht, 3. Aufl. (Nachdruck), 1948, S. 6; *Ipsen*, Allgemeines Verwaltungsrecht, 11. Aufl., 2019, S. 13 [Rn. 50].

5   *Stern*, Das Staatsrecht der Bundesrepublik Deutschland, Band II, 1980, S. 738; dem anschließend: *Wilms*, Staatsrecht I, 2005, S. 268.

die Körperschaft zu richten ist, deren Behörde den angefochtenen Verwaltungsakt erlassen oder den beantragten Verwaltungsakt unterlassen hat, liegt dem das sog. **Rechtsträgerprinzip** zugrunde. Die Klage ist grundsätzlich gegen den Verwaltungsträger zu richten, dem die Behörde, die die einschlägige Verwaltungsmaßnahme vorgenommen hat, zuzurechnen ist. Hiervon gibt es Ausnahmen (vgl. § 78 Abs. 1 Nr. 2 VwGO).

Vgl. ferner zum Rechtsträgerprinzip auch § 80 Abs. 1 S. 1 VwVfG, wonach die Erstattung von Kosten bei erfolgreichem Widerspruch dem Rechtsträger der Behörde obliegt, die den angefochtenen Verwaltungsakt erlassen hat.

2.   Die Behörde

46 § 1 Abs. 4 VwVfG definiert Behörde im Sinne des VwVfG als **jede Stelle, die Aufgaben der öffentlichen Verwaltung wahrnimmt.** Die Legaldefinition ist nicht gelungen, weil – wie dargelegt – der Begriff der öffentlichen Verwaltung zu unscharf ist. Zudem ist der Begriff der „Stelle" unpräzise. Das BVerfG definiert Behörde als eine „in den Organismus der Staatsverwaltung eingeordnete, organisatorische Einheit von Personen und sächlichen Mitteln, die mit einer gewissen Selbständigkeit ausgestattet dazu berufen ist, unter öffentlicher Autorität für die Erreichung der Zwecke des Staates oder von ihm geförderter Zwecke tätig zu sein".[6] Ähnlich bestimmt das OVG Münster Behörden i. S. d. Verwaltungsprozessrechts (vgl. § 61 Nr. 3 VwGO) als „Stellen, die durch organisationsrechtliche Rechtssätze gebildet, vom Wechsel ihrer Amtsinhaber unabhängig und nach der einschlägigen Zuständigkeitsregelung berufen sind, unter eigenem Namen für den Staat oder einen anderen Träger öffentlicher Verwaltung Aufgaben der öffentlichen Verwaltung wahrzunehmen".[7]

Eine Behörde setzt somit eine **Organisationseinheit** (in diesem Sinne „Stelle") voraus.[8] Erforderlich ist eine gewisse Selbständigkeit, die sich in einer eigenen Leitung und einer eigenen Zuständigkeit äußert. Die Behörde muss nicht mit einem Verwaltungsträger zusammenfallen. So sind z. B. das Bundesamt für Güterverkehr und das Statistische Bundesamt zwei verschiedene Behörden eines Verwaltungsträgers (Bund).

Keine eigenen Behörden, sondern weitere **Unterorganisationseinheiten** sind Abteilungen, Dezernate, Referate, Dienststellen oder Projektgruppen. **Beauftragte** können eine eigene Behörde sein, wenn sie eine eigene „Stelle" bilden, die gegenüber anderen Organen organisatorisch abgegrenzt ist.

> **Beispiel: § 35 Abs. 1 S. 1 Stasi-UnterlG**
> *„Der Bundesbeauftragte für die Unterlagen des Staatssicherheitsdienstes der ehemaligen Deutschen Demokratischen Republik ist eine Bundesoberbehörde im Geschäftsbereich der für Kultur und Medien zuständigen obersten Bundesbehörde."*
> Eine eigenständige Behörde ist z. B. der Wehrbeauftragte des Bundestages (Art. 45b GG).

Nicht einfach ist die Abgrenzung zu öffentlichen Unternehmen, weil auch dieser Begriff nicht legaldefiniert ist. Schon der Begriff „Unternehmen" ist – wie der Infinitiv „unternehmen" offenbart – weit und wenig aussagekräftig. Betrachtet man die (wirtschaftliche) Betätigung der öffentlichen Hand und vergleicht sie mit derjenigen privater Unternehmer, so wird deutlich, dass „Unternehmen" und

---

6 BVerfGE 10, 20 [48] – *„Stiftung Preußischer Kulturbesitz".*
7 OVG Münster, NJW 1991, 2586 [2587].
8 *Groß,* Die Verwaltungsorganisation als Teil organisierter Staatlichkeit, in: Hoffmann-Riem/Schmidt-Aßmann/Vosskuhle, Grundlagen des Verwaltungsrechts, Band 1, 2. Aufl., 2012, S. 937.

„Behörde" nicht unbedingt Komplementärbegriffe sein müssen. Der Fiskus soll ja die Verkörperung des privatrechtlich handelnden Staates sein (Rn. 299). Öffentlich sind die Unternehmen, die von der öffentlichen Hand beherrscht werden, weil diese z. B. das Eigentum an dem Unternehmen hält, oder durch Gesetz oder gesellschaftsrechtliche Instrumente (Stimmrechte, Aufsichtsratsmandate etc.) das Unternehmen steuern kann.[9]

3. Das Amt

Von der Behörde zu unterscheiden ist das Amt. Im **organisationsrechtlichen** **47** **Sinne** kann das Amt eine Untereinheit einer Behörde sein (z. B. das Ordnungsamt oder das Sozialamt einer Gemeinde). Allerdings wird der Begriff „Amt" auch als Synonym für Behörde verwendet (z. B. als Bundesamt oder Landesamt, die eigene Behörden sind).

Amt ist ferner ein dienstrechtlicher Begriff. Eine natürliche Person, die ein Amt innehat, bezeichnet man als **Amtswalter**. Unterschieden werden ferner das Amt im statusrechtlichen, das Amt im abstrakt-funktionalen und das Amt im konkret-funktionalen Sinne. Das **Amt im statusrechtlichen** Sinne bestimmt die Rechtsstellung des Beamten (z. B. Ministerialdirigent oder Oberregierungsrat des Bundes), das **Amt im abstrakt-funktionalen Sinne** beschreibt seinen möglichen Aufgabenkreis (z. B. Beamter beim Bundesbeschaffungsamt), und das **Amt im konkret-funktionalen** Sinne bezieht sich auf den konkreten, vom Amtswalter besetzten Dienstposten (z. B. Frauenbeauftragte im Bundesministerium für Verteidigung).

> **Beispiel: Der Verwaltungsgliederungsplan** enthält eine Übersicht über die Gliederung der öffentlichen Verwaltung, er besagt mithin, wie diese organisiert ist. Der Begriff Amt wird in folgender beispielhaften Übersicht organisationsrechtlich verstanden.

1. Allgemeine Verwaltung	2. Finanzverwaltung	3. Rechts-, Sicherheits- und Ordnungsverwaltung	4. Schul- und Kulturverwaltung
Bürgermeisterbüro	Kämmerei	Rechtsamt	Schulverwaltungsamt
Gleichstellungsstelle	Kasse	Ordnungsamt	Kulturamt
Presseamt	Kommunales	Einwohner- u.	Bibliothek
Rechnungsprüfungsamt	Steueramt	Meldeamt	Musikschule
		Standesamt	Museum
		Feuerwehr	

5. Sozial- und Jugendverwaltung	6. Bauverwaltung	7. Verwaltung Öffentlicher Einrichtungen	8. Verwaltung für Wirtschaft und Verkehr
Sozialamt	Planungsamt	Stadtreinigung	Amt für Wirtschaftsförderung
Jugendamt	Bauverwaltungsamt	Schlacht- und	Amt für Verkehrsförderung
Gesundheitsamt	Amt für Hoch- und Tiefbaubau	Viehhof	Öffentliche Unternehmen
	Grünflächenamt	Städt. Marktamt	

4. Das Organ

Als Organ wird die **Funktionseinheit** verstanden, die eine Verwaltungseinheit **48** handlungsfähig macht. Das Organ ist ein Werkzeug der betreffenden Verwaltungs-

---

9 *Storr*, Der Staat als Unternehmer, 2001, S. 44 f.

einheit. Die Verwaltung handelt durch Organe, d. h. durch Untergliederungen, deren Handlungen der betreffenden Verwaltungseinheit zugerechnet werden.[10] Der Organwalter ist die natürliche Person der funktionellen Einrichtung Organ. Das Organ ist unabhängig vom Wechsel seiner Organwalter; es ist i. d. R. nicht außenrechtsfähig.

Beispiel: Der Bürgermeister ist ein Organ der Gemeinde.

Bei einer **Organleihe** wird das Organ eines Rechtsträgers ermächtigt und beauftragt, einen Aufgabenbereich eines anderen Rechtsträgers wahrzunehmen. Das Organ des Verleihers wird als Organ des Entleihers tätig, dessen Weisungen es unterworfen ist und dem die von diesem Organ getroffenen Maßnahmen und Entscheidungen zugerechnet werden.[11] Die Organleihe stellt eine besondere Form der Amtshilfe dar, ist aber nicht auf Einzelfälle beschränkt.

Beispiel: Im Nachklang der Unterscheidung von Selbstverwaltungsangelegenheiten und Auftragsangelegenheiten[12] weisen einige Bundesländer dem Landratsamt eine Doppelstellung als Organ des Landkreises und als untere staatliche Verwaltungsbehörde[13] zu. Bei der Wahrnehmung staatlicher Aufgaben ist das Landratsamt damit in die Landesverwaltung korporiert (echte Organleihe).[14] Die Zurechnung seines Handelns endet deshalb – soweit dabei Landesbedienstete tätig werden, auch haftungsrechtlich – bei der einschlägigen staatlichen Gebietskörperschaft (Bundesland).[15]

III.   Verwaltungszuständigkeit zwischen Bund, Ländern und EU

1.   Verfassungsrechtliche Grundlagen

49 Im Bundesstaat müssen die Verwaltungskompetenzen zwischen Bund und Ländern aufgeteilt werden. Art. 30 GG regelt als Grundsatznorm, dass die Ausübung der staatlichen Befugnisse und die Erfüllung der staatlichen Aufgaben Sache der Länder ist, soweit das Grundgesetz keine andere Regelung trifft oder zulässt. Daraus folgt zunächst, dass Landesgesetze von Landesbehörden vollzogen werden. Wie aber Art. 83 GG und Art. 84 GG zeigen, führen die Länder auch die Bundesgesetze als eigene Angelegenheit aus, soweit das Grundgesetz nichts anderes bestimmt oder zulässt. Besondere Regelungen für die Bundesauftragsverwaltung finden sich in Art. 85 GG; die bundeseigene Verwaltung ist vor allem in Art. 86 f. GG geregelt.

2.   Ausführung der Bundesgesetze als eigene Angelegenheit der Länder

50 Führen die Länder die Bundesgesetze als eigene Angelegenheit aus, regeln sie die Einrichtung der Behörden und das Verwaltungsverfahren (Art. 84 Abs. 1 GG). „Einrichtung" meint in diesem Zusammenhang die Organisation der Behörden in einem umfassenden Sinn.[16] „Verwaltungsverfahren" bezieht sich auf Bestimmungen über den Ablauf einer amtlichen Tätigkeit und formelle Regelungen über

---

10 *Stober*, in: Wolff/Bachof/Stober/Kluth, Verwaltungsrecht, Band I, 13. Aufl., 2017, S. 523.
11 BVerfGE 63, 1 [31] – *„Schornsteinfeger"*.
12 Vgl. *Schmidt-Aßmann*, Kommunalrecht, in: Schmidt-Aßmann/Schoch, Besonderes Verwaltungsrecht, 14. Aufl., 2008, S. 41 [Rn. 34 f.].
13 Vgl. § 1 Abs. 3 BWLkrO; Art. 37 Abs. 1 S. 2, Abs. 6 BayLkrO; § 132 Abs. 1 S. 1 BbgKVerf; § 55 HessLkrO; § 55 Abs. 1 Rh-PfLkrO; § 1 Schl-HG über die Errichtung allgemeiner unterer Landesbehörden; § 111 Abs. 2 ThürKO.
14 Allgemein zum Begriff und zur verfassungsrechtlichen Zulässigkeit einer solchen Organleihe: BVerfGE 63, S. 1 [31 ff.].; *Koch/Rubel/Heselhaus*, Allgemeines Verwaltungsrecht, 3. Aufl., 2003, S. 25.
15 Vgl. BGHZ 99, 326 [332].
16 Vgl. bereits *Böckenförde*, Die Organisationsgewalt im Bereich der Regierung, 2. Aufl., 1998, S. 53.

Antragserfordernisse, Form- und Fristbestimmungen, Verwaltungsgebühren, Zustellvorschriften etc.

Damit liegt die **Organisationsgewalt** der Länder für ihre Behörden beim Vollzug der Bundesgesetze als eigene Angelegenheiten grundsätzlich bei ihnen selbst. Allerdings können Bundesgesetze etwas anderes bestimmen (Art. 84 Abs. 1 S. 2 GG). In der Tat hat der Bund in der Vergangenheit häufig auf diese Gesetzgebungskompetenz zurückgegriffen und insbesondere das Verwaltungsverfahren geregelt. Die Länder können von diesen Bundesgesetzen abweichen (Art. 84 Abs. 1 S. 2 GG). Hat ein Land eine abweichende Regelung getroffen, treten in diesem Land hierauf bezogene spätere bundesgesetzliche Regelungen der Einrichtung der Behörden und des Verwaltungsverfahrens frühestens sechs Monate nach ihrer Verkündung in Kraft, soweit nicht mit Zustimmung des Bundesrates anderes bestimmt ist. Im Verhältnis von Bundes- und Landesrecht auf den Gebieten des Jagdwesens, des Naturschutzes, der Landschaftspflege, der Bodenverteilung, der Raumordnung, des Wasserhaushalts, der Hochschulzulassung und der Hochschulabschlüsse geht das jeweils spätere Gesetz vor (vgl. Art. 84 Abs. 1 S. 3 i. V. m. Art. 72 Abs. 3 S. 3 GG). Nur in Ausnahmefällen kann der Bund wegen eines besonderen Bedürfnisses nach bundeseinheitlicher Regelung das Verwaltungsverfahren ohne Abweichungsmöglichkeit für die Länder regeln. Diese Gesetze bedürfen dann der Zustimmung des Bundesrates. Besonders hinzuweisen ist auf Art. 84 Abs. 1 S. 7 GG, der durch die Föderalismusreform neu eingeführt wurde und dem Bund nun untersagt, Gemeinden und Gemeindeverbänden durch Gesetz Aufgaben zu übertragen.

Ferner kann die Bundesregierung mit Zustimmung des Bundesrates **allgemeine Verwaltungsvorschriften** (Rn. 51) erlassen (nach Art. 84 Abs. 2 GG). Die Bundesregierung übt die **Aufsicht** darüber aus, ob die Länder die Bundesgesetze dem geltenden Recht gemäß ausführen (Art. 84 Abs. 3 S. 1 GG). Zu diesem Zweck kann sie Beauftragte zu den obersten Landesbehörden entsenden; mit deren Zustimmung bzw. mit der Zustimmung des Bundesrates auch zu nachgeordneten Landesbehörden. Art. 84 Abs. 4 GG regelt das Verfahren der **Mängelrüge**. Schließlich kann die Bundesregierung durch zustimmungspflichtiges Bundesgesetz in besonderen Fällen **Einzelweisungen** erteilen (Art. 84 Abs. 5 GG).

3. Die Bundesauftragsverwaltung

Führen die Länder die Bundesgesetze im Auftrage des Bundes aus, bleibt die Einrichtung der Behörden Angelegenheit der Länder, soweit nicht Bundesgesetze mit Zustimmung des Bundesrates etwas anderes bestimmen. Doch kommen auch hier der Bundesregierung erhebliche, im Vergleich zu Art. 84 Abs. 1 GG deutlich weitergehende Zugriffsrechte zu. So kann die Bundesregierung – mit Zustimmung des Bundesrates – **allgemeine Verwaltungsvorschriften** erlassen, das **Verwaltungsverfahren**[17] und die **einheitliche Ausbildung der Beamten und Angestellten** regeln. Die **Leiter der Mittelbehörden** sind mit ihrem Einvernehmen zu bestellen (Art. 85 Abs. 2 GG). Die Landesbehörden unterstehen den **Weisungen** der zuständigen obersten Bundesbehörden. Diese sind – außer wenn es die Bundesregierung für dringlich erachtet –, an die obersten Landesbehörden zu richten, die den Vollzug der Weisung sicherzustellen haben (Art. 85 Abs. 3 GG). Ferner erstreckt sich die Bundesaufsicht auf **Gesetzmäßigkeit und Zweckmäßigkeit** der

51

---

17 Die Nicht-Erwähnung des Verwaltungsverfahrens in Art. 85 Abs. 2 GG ist ein Redaktionsversehen: *Storr*, Staats- und Verfassungsrecht, 1998, S. 285.

Ausführung. Zu diesem Zweck kann die Bundesregierung **Bericht und Vorlage der Akten** verlangen und **Beauftragte** zu allen Behörden entsenden (Art. 85 Abs. 4 GG).

Diese weitgehenden Möglichkeiten des Bundes, auf die Länderverwaltung insbesondere durch Weisungen zugreifen zu können, bedeuten, dass dem Land lediglich die sog. **Wahrnehmungskompetenz** in Form des Handelns und der Verantwortlichkeit nach außen im Verhältnis zu Dritten zukommt. Diese Wahrnehmungskompetenz bleibt stets Landesangelegenheit. Hingegen liegt die **Sachkompetenz**, also die Kompetenz zur Sachbeurteilung und Sachentscheidung, zwar zunächst ebenfalls beim Land, der Bund kann sie aber nach eigener Entscheidung dadurch an sich ziehen, dass er das ihm zuerkannte Weisungsrecht in Anspruch nimmt. Diese Inanspruchnahme ist nicht auf Ausnahmefälle begrenzt und auch nicht weiter rechtfertigungsbedürftig. Sie ist nach Maßgabe des Art. 85 Abs. 3 GG als reguläres Mittel gedacht, damit sich bei Meinungsverschiedenheiten das insoweit vom Bund zu definierende Gemeinwohlinteresse durchsetzen kann. Die Sachkompetenz steht dem Land sonach von vornherein nur unter dem Vorbehalt mangelnder Inanspruchnahme durch den Bund zu.[18]

> **Beachte:** Eine Verletzung des Landes in seinen kompetenziellen Rechten liegt nicht vor, wenn der Inhalt der Weisung, die das Land auszuführen hat, wegen eines Verfassungsverstoßes, insbesondere einer Grundrechtsverletzung, rechtswidrig ist. Ein Land kann kraft seiner Kompetenz vom Bund nur die Achtung solcher Verfassungsnormen verlangen, die die Bundesgewalt in ihrer Auswirkung auf das Verfassungsleben der Länder beherrschen und damit eine rechtliche Beziehung zwischen Bundesgewalt und Landesgewalten herstellen.[19]

Die in Art. 84 und 85 GG geregelten Vorbehalte betreffen nicht nur das föderale Bund-/Länder-Verhältnis, sondern sie enthalten auch allgemeine organisationsrechtliche Aussagen, die das Verhältnis des Parlaments zur Regierung betreffen.

> **Fall 3:**[20] Mit Zustimmung des Bundesrates verabschiedet der Bundestag ein Gesetz, durch das die Anforderungen an den Betrieb von Atomkraftwerken geändert werden. Künftig sollen für die Auslegung der gesetzlichen Voraussetzungen zum Betrieb eines Atomreaktors Leitlinien berücksichtigt werden, die das für die kerntechnische Sicherheit und den Strahlenschutz zuständige Bundesministerium nach Anhörung der zuständigen obersten Landesbehörden im Bundesanzeiger veröffentlicht.
>
> **Lösung Fall 3:** Das AtomG wird – soweit hier relevant – nach § 24 Abs. 1 S. 1 AtomG in Bundesauftragsverwaltung vollzogen. Dann kann der Bund mit Zustimmung des Bundesrates allgemeine Verwaltungsvorschriften erlassen (Art. 85 Abs. 2 S. 1 GG). In diesem Sinne sind Leitlinien allgemeine Verwaltungsvorschriften (Rn. 28): es handelt sich um einseitige Entschließungen eines Bundesministeriums, in dem nähere Einzelheiten zur Vorsorge gegen Risiken für die Allgemeinheit bei der Genehmigung der Errichtung und des Betriebs von Reaktoren geregelt sein sollen, die die Länder bei der Ausführung des AtomG zu beachten haben.

Das dem Fall zugrunde liegende Bundesgesetz weicht von Art. 85 Abs. 2 S. 1 GG in zweierlei Hinsicht ab: erstens soll ein Bundesministerium und nicht die Bundesregierung die Verwaltungsvorschriften erlassen, zweitens soll keine Zustimmung, sondern lediglich eine Anhörung der zuständigen obersten Landesbehörden erfolgen.

Um zu beurteilen, ob entgegen dem Wortlaut des Art. 85 Abs. 2 S. 1 GG der Erlass von Verwaltungsvorschriften auch durch ein einzelnes Bundesministerium auf-

---

18 BVerfGE 81, 310 [332] – „*Kalkar*".
19 BVerfGE 81, 310 [333] – „*Kalkar*".
20 BVerfGE 100, 249 ff. – „*Atomrechtliche Leitlinien*".

grund eines Zustimmungsgesetzes in Betracht kommt, muss Art. 85 Abs. 2 S. 1 GG ausgelegt werden: Zunächst hatte das BVerfG[21] die Bestimmung von ihrem Sinn und Zweck her so verstanden, dass sie nur das Bund/Länder-Verhältnis betrifft und Vorkehrungen zum Schutz der Eigenständigkeit der Verwaltung der Länder bei der Ausführung von Bundesgesetzen schafft. Deshalb soll auch ein einzelner Bundesminister Verwaltungsvorschriften erlassen können, wenn er hierzu durch ein Bundesgesetz ermächtigt wird, das mit Zustimmung des Bundesrates ergangen ist.

Diese Rechtsprechung hat das BVerfG jedoch korrigiert: Den Grundsätzen, die in Art. 30 und Art. 83 GG ihren Niederschlag gefunden haben, entspricht es, die Regelung dieser Einwirkungsmöglichkeit strikt auszulegen. Denn würde für den Erlass allgemeiner Verwaltungsvorschriften von vornherein auf die Zustimmung des Bundesrates verzichtet, so wäre der Schutz der Länderhoheit im Bereich ihrer Verwaltung gegenüber dem in Art. 85 Abs. 2 S. 1 GG vorgegebenen Niveau gemindert. Wird nämlich das Erfordernis einer Zustimmung des Bundesrates zu dem Gesetz beschränkt, indem ein einzelnes Bundesministerium ermächtigt wird, allgemeine Verwaltungsvorschriften zu erlassen, so haben die Länder keine Möglichkeit mehr, auf die damit verbundene nähere Ausgestaltung ihrer Wahrnehmungskompetenz über den Bundesrat einzuwirken. Der Bundesrat würde praktisch eine Blankettermächtigung erteilen, nämlich ohne Kenntnis und Bestimmung des konkreten Inhalts künftiger allgemeiner Verwaltungsvorschriften.[22]

Die Begründung überzeugt, soweit die Zustimmung des Bundesrates auf das Ermächtigungsgesetz bezogen wird. Sie überzeugt hingegen nicht, was den Ermächtigungsadressaten betrifft. Denn vor dem Sinn und Zweck des Art. 85 Abs. 2 S. 1 GG, der auf das Bund-/Länder-Verhältnis bezogen ist, ist es irrelevant, ob die Bundesregierung oder ein Bundesminister die Verwaltungsvorschriften erlassen hat. Insoweit enthält Art. 85 Abs. 2 GG kein Verbot, durch Zustimmungsgesetz einen Ressortminister zum Erlass von allgemeinen Verwaltungsvorschriften zu ermächtigen, sofern dabei der Vorbehalt einer weiteren Zustimmung des Bundesrats besteht.

4. Die bundeseigene Verwaltung

Führt der Bund die Gesetze unmittelbar oder mittelbar durch bundesunmittelbare **52** Körperschaften oder Anstalten des öffentlichen Rechts selbst aus, spricht man von bundeseigener Verwaltung (Art. 86 GG). Die Gegenstände der bundeseigenen Verwaltung sind in den Art. 87 ff. GG taxativ benannt. Diese sind der Auswärtige Dienst, die Bundesfinanzverwaltung, die Verwaltung der Bundeswasserstraßen und der Schifffahrt und bestimmte Bundessicherheitsbehörden, wie z. B. der Bundesgrenzschutz (heute: Bundespolizei) und Zentralstellen für das polizeiliche Auskunfts- und Nachrichtenwesen, ferner die Sozialversicherung (Art. 87 GG). Art. 87a und b GG betreffen die Streitkräfte und die Bundeswehrverwaltung, Art. 87d GG die Luftverkehrsverwaltung, Art. 87e die Eisenbahnverkehrsverwaltung, Art. 87f GG die Verwaltung des Post- und Telekommunikationswesens, Art. 88 GG die Bundesbank, Art. 89 GG die Bundeswasserstraßen und Art. 90 Abs. 4 GG fakultativ die Bundesfernverkehrsstraßen.

---

21 BVerfGE 26, 338 [399] – *„Eisenbahnkreuzungsgesetz"*.
22 BVerfGE 100, 249 [258] – *„Allgemeine Verwaltungsvorschriften"*.

Zu beachten ist, dass dem Bund über Art. 87 Abs. 3 GG ein beschränktes Recht zur Errichtung weiterer Behörden zukommt. Nach Art. 87 Abs. 3 S. 1 GG können für Angelegenheiten, für die dem Bund die Gesetzgebung zusteht, selbstständige Bundesoberbehörden und neue bundesunmittelbare Körperschaften und Anstalten des öffentlichen Rechts durch Bundesgesetz errichtet werden. Erwachsen dem Bund auf Gebieten, für die ihm die Gesetzgebung zusteht, neue Aufgaben, so können nach Art. 87 Abs. 3 S. 2 GG bei dringendem Bedarf bundeseigene Mittel- und Unterbehörden mit Zustimmung des Bundesrates und der Mehrheit der Mitglieder des Bundestages errichtet werden.

In der Tat hat der Bund insbesondere von der Kompetenz des Art. 87 Abs. 3 S. 1 GG regen Gebrauch gemacht und eine Vielzahl von Bundesämtern gegründet.

> **Beispiel:** Kraftfahrt-Bundesamt, Luftfahrt-Bundesamt, Physikalisch-Technische Bundesanstalt, Statistisches Bundesamt, Umweltbundesamt.

5.   Die ungeschriebenen Verwaltungszuständigkeiten des Bundes

53   Schließlich gibt es ungeschriebene Verwaltungszuständigkeiten des Bundes. Eine Bundeskompetenz **kraft Natur der Sache** kommt in Betracht vor allem bei Aufgaben, die sich auf das Bundesgebiet als Ganzes erstrecken, oder bei internationalen Aufgaben, z. B. aus Gründen der gesamtstaatlichen oder nationalen Repräsentation oder der gesamtstaatlichen Wirtschaftsförderung. Wie bei den Gesetzgebungskompetenzen gibt es auch eine Bundeskompetenz **kraft Sachzusammenhangs**, wenn eine dem Bund ausdrücklich zugewiesene Materie verständigerweise nur ausgefüllt werden kann, sofern ein Übergreifen des Bundes in eine Materie der Länder erfolgt und dies unerlässliche Voraussetzung hierfür ist.[23] Eine **Annexkompetenz** liegt vor, wenn das Übergreifen des Bundes in die Kompetenz der Länder uneinheitlichen und unselbstständigen Hilfsmaterien geschuldet ist.[24]

6.   Die Mischverwaltung

54   Unter „Mischverwaltung" werden sämtliche **organisatorischen und funktionellen Verflechtungen** der Verwaltung von Bund und Ländern zusammengefasst. Mithin ist jede Verwaltungstätigkeit Mischverwaltung, bei der die sachlichen Entscheidungen in einem irgendwie gearteten Zusammenwirken von Bundes- und Landesbehörden getroffen werden.[25] Bei dieser abstrakten Begriffsbestimmung ist eine Mischverwaltung nicht an sich unzulässig. So ist die Bundesauftragsverwaltung ja eine Form der Zusammenwirkung von Bund und Ländern, Art. 91a und b GG lassen die gemeinsame Erfüllung von Aufgaben sogar ausdrücklich zu (Gemeinschaftsaufgaben). Eine besondere Form der Mischverwaltung ist in Art. 108 GG für die Finanzverwaltung geregelt:[26] Die Oberfinanzdirektionen sind gemeinsame Mittelbehörden (Rn. 60) der Bundes- und Landesverwaltungen (Art. 108 Abs. 4 GG i. V. m. FVG), ihre Leiter werden im Einvernehmen mit den Landesregierungen bzw. der Bundesregierung bestellt (Art. 108 Abs. 1 S. 2, Abs. 2 S. 3 GG) („janusköpfiger Oberfinanzpräsident")[27]. Schließlich verpflichtet Art. 35 GG Bund und Länder zur Amtshilfe (Rn. 196), die freilich nur auf Ausnahmefälle beschränkt sein kann.

---

23 BVerfGE 3, 407 [421] – „*Baugutachten*".
24 *März*, in: von Mangoldt/Klein/Starck, Kommentar zum Grundgesetz, Band II, 7. Aufl., 2018, Art. 30 Rn. 64 f.
25 BVerfGE 63, 1 [38] – „*Schornsteinfeger*".
26 BVerfGE 97, 198 [227] – „*Bundesgrenzschutz*"; BVerfGE 106, 1 [18] – „*Oberfinanzdirektionen*".
27 BVerfGE 106, 1 [20] – „*Oberfinanzdirektionen*".

Eine darüber hinaus gehende **Kooperation von Bundes- und Landesbehörden** kann durchaus sinnvoll, gar erforderlich sein, doch muss vermieden werden, dass dadurch Verantwortungszusammenhänge verwischt werden. Eine intransparente Verflechtung würde weder mit dem Demokratieprinzip noch mit dem Bundesstaatsprinzip in Einklang stehen. Denn in einer Demokratie muss jede Ausübung von Staatsgewalt auf das Staatsvolk – in Bund oder Land – eindeutig zurückgeführt werden können, damit der betreffende Entscheidungsträger vor dem Volk Verantwortung übernehmen kann. Dies folgt für das Bund-/Länderverhältnis ferner aus Art. 30 GG, der eine klare Zuweisung der Staatsaufgaben auf Bund oder Länder regelt. Zudem besteht bei weitreichenden Einflussnahmen des Bundes auf die Länder die Gefahr, dass ihre Eigenstaatlichkeit untergraben werden kann.[28] Intransparenten Verflechtungen der Verwaltungen von Bund und Ländern ist daher zu begegnen.[29]

Insoweit überzeugt es, wenn das BVerfG die Verwaltungszuständigkeiten von Bund und Ländern in den Art. 83 ff. GG als **erschöpfend geregelt** und grundsätzlich als nicht abdingbares Recht versteht. Das Grundgesetz geht vom Grundsatz „eigenverantwortlicher Aufgabenwahrnehmung" aus.[30] Von diesem Grundsatz kann nur bei Vorliegen eines besonderen sachlichen Grundes und nur hinsichtlich einer eng umgrenzten Verwaltungsmaterie abgewichen werden.

Ein Zusammenwirken von Bundes- und Landesbehörden in dem Sinne, dass Bundesbehörden außerhalb verfassungsrechtlicher Organisationsentscheidungen (z. B. Art. 85 Abs. 3 GG) Landesbehörden Weisungen erteilen können oder Entscheidungen von Behörden des einen Verwaltungsträgers von der Zustimmung des jeweils anderen Behördenträgers abhängig gemacht werden, ist demnach grundsätzlich unzulässig.[31] Zulässig ist eine Kooperation, wenn lediglich unverbindliche Absprachen getroffen werden.

> **Beispiel:** Das Gemeinsame Melde- und Lagezentrum von Bund und Ländern (GMLZ) nimmt zwar Aufgaben wahr, die Bund und Ländern zugutekommen, letztlich handelt es sich aber um die Einrichtung einer Bundesbehörde mit den Aufgaben der Beobachtung und Koordinierung. Aufgaben des Zentrums sind: Lagebeobachtung, Entgegennahme, Beschaffung, Analyse, Verarbeitung, Koordinierung, Weitergabe und Austausch von Meldungen und Informationen sowie die Prognose von Schadensentwicklungen im Ereignisfall. Darüber hinaus führt das GMLZ länderübergreifende Recherchen durch und vermittelt die Ergebnisse an die Bedarfsträger. Das GMLZ ist beim Bundesamt für Bevölkerungsschutz und Katastrophenhilfe eingerichtet.

7. Gemeinsame Verwaltung der Länder und Länderkooperation

Ein besonderer Fall der gemeinsamen Verwaltung ist die Kooperation zweier oder **55** mehrerer Länder. Das Grundgesetz regelt derartige Kooperationen nicht. Anders als bei einer Zusammenarbeit des Bundes mit den Ländern, ist die Kooperation der Länder untereinander nicht in gleichem Maße kritisch zu sehen, weil die Bundesstaatlichkeit Deutschlands nicht in Frage gestellt wird. Drei Kooperationsformen können unterschieden werden:
-   die nicht formalisierte Kooperation (z. B.: die Konferenz der Innen- und Justizminister der Länder);

---

28 Zur Bedeutung der Länderstaatlichkeit: BVerfGE 34, 9 [19 f.] – *„Besoldungsrecht"*.
29 *Huber*, Das Bund-Länder-Verhältnis de constitutione ferenda, in: Blanke/Schwanengel, Zustand und Perspektiven des deutschen Bundesstaates, 2005, S. 21 [26].
30 BVerfGE 63, 1 [41] – *„Schornsteinfeger"*.
31 Offengelassen: BVerfGE 11, 105 [124] – *„Kindergeldgesetz"*.

–   die Kooperation der Länder über eine gemeinsame Einrichtung (z. B. die Stiftung für Hochschulzulassung). Länderübergreifende Verwaltungseinrichtungen werden durch Staatsvertrag errichtet;
–   die mandatierte Kooperation, in der die Verwaltungsbehörde eines Landes die Verwaltung für ein anderes Land übernimmt. Mandat meint dabei die Betrauung einer Behörde mit der Wahrnehmung einer Aufgabe für einen fremden Verwaltungsträger unter dessen Verantwortung. Diese Betrauung wird regelmäßig durch Staatsvertrag erfolgen, wenn die Behörden eines Landes für ein anderes Land verbindliche Entscheidungen treffen sollen. Da durch ein Mandat gesetzliche Zuständigkeiten nicht verändert werden, sind auch Verwaltungsvereinbarungen möglich.

Beispiel: Die RiL 2000/9 (Seilbahn-RiL)[32] verpflichtet die Mitgliedstaaten, Seilbahngesetze zu erlassen. Das Seilbahnrecht gehört zur Gesetzgebungskompetenz der Länder (vgl. Art. 74 Abs. 1 Nr. 23 GG nur für Schienenbahnen). Folglich mussten die Länder Seilbahngesetze erlassen. Dies betraf auch die norddeutschen Länder, obgleich es dort keine Seilbahnen gab. Später wurde in Lauenburg (Schleswig-Holstein) eine Seilbahn geplant. Das als Genehmigungsbehörde zuständige Ministerium für Wirtschaft und Verkehr hatte aber keine Prüfabteilung und bat deshalb die bayerischen Behörden um die Prüfung des Antrags. Um eine mandatierte Kooperation handelt es sich hierbei indes nur dann, wenn die bayerischen Behörden (für Schleswig-Holstein) die Genehmigung erteilen. Ist die Prüfung dagegen nur eine Vorarbeit, werden also bayerische Behörden gleichsam nur als Sachverständige tätig, liegt eine nicht formalisierte Kooperation vor.

–   eine Delegation zwischen Ländern kommt selten vor. Eine Delegation ist die Übertragung der Aufgabe eines Organs (bzw. Verwaltungsträgers) auf ein anderes Organ (bzw. Verwaltungsträger). Der Delegierte nimmt die Aufgabe des Delegierenden als eigene Aufgabe wahr. Wegen der Zuständigkeitsveränderung bedarf es eines Gesetzes bzw. Staatsvertrags.

8.   Verwaltung der EU

56   Die EU hat eigene Verwaltungsbehörden, die die europäischen Gesetze selbst vollziehen (**direkter Vollzug**): Das ist zunächst die Europäische Kommission als ein Unionsorgan (Art. 244 ff. AEUV). Diese Mammutbehörde (ca. 32.000 Kommissionsbedienstete)[33] ist gegliedert in Generaldirektionen und diesen gleichgestellten Diensten, Direktionen und Referate.
In jüngerer Zeit forciert die Union den Ausbau der eigenen Verwaltungsorganisation durch den Aufbau von **Agenturen**. Agenturen der EU sind nicht mit den Unionsorganen (Rat, Parlament, Kommission etc.) zusammenhängende Einrichtungen des europäischen öffentlichen Rechts mit eigener Rechtspersönlichkeit. Sie werden durch einen Rechtsakt des abgeleiteten Unionsrechts errichtet, in dem die technischen, wissenschaftlichen und administrativen Aufgaben der Agentur geregelt sind.[34] Aktuell gibt es 46 Einrichtungen mit unterschiedlichen Bezeichnungen (Zentrum, Stiftung, Agentur, Amt, Beobachtungsstelle).

Beispiel: Europäische Umweltagentur, Europäische Agentur für Flugsicherheit, Harmonisierungsamt für den Binnenmarkt, Europäisches Zentrum für die Prävention und die Kontrolle von Krankheiten.

---

32 RiL 2000/9/EG vom 20.3.2000 über Seilbahnen für den Personenverkehr, ABl. Nr. L 106 vom 3.5.2000, S. 21.
33 *Oppermann*, Europarecht, 8. Aufl., 2018, S. 60, Rn. 106.
34 *Koch*, Die Externalisierungspolitik der Kommission, 2004.

Hauptsächlich obliegt der Vollzug der europäischen Gesetze aber den Mitglied- **57**
staaten (**indirekter Vollzug** Rn. 37). Der Grundsatz der **institutionellen und ver-
fahrensmäßigen Autonomie der Mitgliedstaaten** besagt, dass das Unionsrecht
in den Bahnen des nationalen Rechts vollzogen wird, die erforderliche Organisation und das Verfahren mithin grundsätzlich in der Hand der Mitgliedstaaten
liegt. Der Grundsatz schließt nicht aus, dass die Union den Mitgliedstaaten bestimmte Vorgaben zu Organisation und Vergaben macht.
Neben diesem zweigliedrigen Verwaltungssystem finden sich zunehmend auch
kooperative Verwaltungsstrukturen zwischen Mitgliedstaaten, ggf. unter Einbindung der Union. Um die Zulassung von Dienstleistungen oder Produkten zu ver-
einfachen, gibt es etwa im Arzneimittelrecht ein Zulassungsverfahren, wonach ein
Mitgliedstaat eine **Referenzentscheidung** trifft und damit über die Zulassung des
Medikaments in seinem Land entscheidet, woraufhin diese Entscheidung in den
anderen Mitgliedstaaten anerkannt wird.[35] Diese Anerkennungsentscheidungen
erfordern zwar ebenfalls eine Prüfung des jeweiligen Mitgliedstaats, dieser hat
seiner Entscheidung aber die Referenzentscheidung zugrunde zu legen. Außerdem
ist sein Prüfungsspielraum beschränkt (er darf die Anerkennung nur versagen,
wenn das Arzneimittel gesundheitsschädlich ist). Im Fall von Divergenzentschei-
dungen bestehen Abstimmungs- und Kooperationspflichten, ggf. unter Einbindung europäischer Organe.
Noch weiter geht die Verwaltungskooperation bei **transnationalen Entscheidungen** eines Mitgliedstaats. Die Entscheidung eines Mitgliedstaats über die Zulassung einer Freisetzung gentechnischer Organismen hat in der gesamten Union
Gültigkeit.[36] Dieses Verfahren ist indes nicht unbedingt effizienter und im Hinblick auf Bürgernähe und unter Rechtsschutzgesichtspunkten durchaus kritisch
zu beurteilen. Denn der betreffende Bürger muss um Rechtschutz vor den Gerichten des Mitgliedstaats ersuchen, der den transnationalen Verwaltungsakt erlassen
hat, und dabei nach dessen Rechtsregeln und in dessen Amtssprache vorgehen.

IV.   Die Verwaltungsorganisation

1.   Die Organisationsgewalt

Die **Organisationsgewalt** ist die Befugnis, die organisatorischen Vorkehrungen **58**
zur Erledigung der Staatsaufgaben zu treffen. Zu unterscheiden ist zwischen der
Bildung, der Errichtung und der Einrichtung einer Behörde. Die Begriffe werden
im Schrifttum und selbst in den Verfassungen von Bund und Ländern nicht einheitlich verwendet. Hier wird von folgenden Definitionen ausgegangen:
Bildung einer Behörde meint die abstrakte Festlegung, dass es bestimmte Behörden geben soll, wie etwa eine Bundesbehörde für Güterverkehr oder ein Landesamt für Statistik. Die Bildung betrifft den Aufbau und die Gliederung der Verwaltung.

> **Beispiel: Art. 97 S. 1 ThürVerf**
> *„Zum Schutz der verfassungsmäßigen Ordnung ist eine Landesbehörde einzurichten."*

---

35 *Sydow*, Vollzug des europäischen Unionsrechts im Wege der Kooperation nationaler und europäischer
    Behörden, DÖV 2006, 66 [67].
36 Vgl. Art. 22 RiL 2001/18/EG vom 12.3.2001 über die absichtliche Freisetzung genetisch veränderter
    Organismen in die Umwelt und zur Aufhebung der Richtlinie 90/220/EWG, ABl. Nr. L 106 vom
    17.4.2001, S. 1, zuletzt geändert durch die Richtlinie (EU) 2015/412 vom 11.3.2015, ABl. Nr. L 68
    vom 13.3.2015, S. 1.

Dagegen bedeutet die **Errichtung** einer Behörde die konkrete Gründung der Behörde sowie deren Überführung und Auflösung. Freilich können Bildung und Errichtung auch in einem Gesetz zusammenfallen.

Einrichtung meint die Festlegung der Aufgaben und Zuständigkeiten sowie die Ausstattung mit personellen und sachlichen Mitteln.

Die Organisationsgewalt ist zum Teil verfassungsrechtlich geregelt. So sehen einige Landesverfassungen einen Gesetzesvorbehalt für die Organisation der allgemeinen Landesverwaltung und Zuständigkeiten (z. B. Art. 77 Verf NRW) oder von Aufbau, räumlicher Gliederung und Zuständigkeiten (Art. 83 SächsVerf) vor.

Das Grundgesetz regelt in Art. 84 Abs. 1 und 85 Abs. 1 GG, dass die „Einrichtung" von Behörden der Länder durch Bundesgesetz erfolgen kann, in Art. 87 Abs. 3 GG, dass die „Errichtung" von Verwaltungsträgern und Behörden durch Gesetz zu erfolgen hat, und in Art. 89 Abs. 2 S. 2 GG, dass der Bund bestimmte Aufgaben der Bundeswasserstraßenverwaltung und der Schifffahrtverwaltung wahrzunehmen hat, die ihm durch Gesetz übertragen wurden. Die Begriffe werden aber nicht trennscharf unterschieden. Von erheblicher Bedeutung ist deshalb der Grundsatz des **institutionellen Gesetzesvorbehalts**. Danach hat der Gesetzgeber die wichtigen Entscheidungen der Verwaltungsorganisation selbst zu treffen.[37]

Dem Grundsatz vom institutionellen Gesetzesvorbehalt liegt die Wesentlichkeitslehre zugrunde, derzufolge das Parlament kraft seiner unmittelbaren demokratischen Legitimation und weil das parlamentarische Verfahren ein höheres Maß an Öffentlichkeit der Auseinandersetzung und Entscheidungssuche, aber auch größere Möglichkeiten eines Ausgleichs widerstreitender Interessen als das Verwaltungshandeln gewährleistet, zuvörderst berufen ist, die Verantwortung für Entscheidungen in grundlegenden Bereichen zu übernehmen.

Allerdings hat der Gesetzesvorbehalt bei Organisationsentscheidungen eine andere Funktion als bei grundrechtswesentlichen Entscheidungen. Die Organisationsgewalt der Regierung hat selbst Verfassungsrang (vgl. Art. 86 S. 2 GG), und Regelungen über Zuständigkeiten von Behörden haben, auch wenn sie mit Aufgabenübertragungen verbunden sind, für sich keinen Eingriffscharakter. Daher bestehen grundsätzlich keine Gründe, derartige Regelungen dem Gesetzgeber vorzubehalten.[38] Lediglich die allgemeinen Grundstrukturen der Staatsorganisation sind wesentlich und bedürfen einer gesetzlichen Grundlage.[39] Damit folgt aus dem Grundsatz vom institutionellen Gesetzesvorbehalt, dass – vorbehaltlich besonderer (verfassungs-)gesetzlicher Regelung – Bildung und Errichtung von Verwaltungsträgern und Behörden durch Gesetz zu erfolgen haben, während deren Einrichtung grundsätzlich keines Parlamentsgesetzes bedarf.

Eine besondere gesetzliche Regelung enthalten insoweit aber z. B. Art. 84 Abs. 1 und 85 Abs. 1 GG, die den Gesetzesvorbehalt auf die „Einrichtung" erstrecken. Dies hat seinen Grund in der bundesstaatlichen Relevanz einer Befugnis des Bundes, die Organisation der Länderbehörden zu regeln. Daraus folgt weiter, dass der Gesetzesvorbehalt in Art. 84 Abs. 1 und 85 Abs. 1 GG auch für die „Errichtung"

---

37 Für eine Neuausrichtung plädierend: *Hoffmann-Riem*, Organisationsrecht als Steuerungsressource, in: Schmidt-Aßmann/Hoffmann-Riem, Verwaltungsorganisationsrecht als Steuerungsressource, 1997, S. 355 [382].

38 BVerfGE 108, 1 [23] – *„Oberfinanzdirektionen"*; vgl. a. zur Zusammenlegung von Justiz- und Innenministerium: VerfGH NW, NJW 1999, 1243 [1245].

39 Dezidiert zur Gerichtsorganisation: *Huber/Storr*, Gerichtsorganisation und richterliche Unabhängigkeit in Zeiten des Umbruchs, ZG 2006, 105 [109].

von Länderbehörden gilt.[40] Weitergehende Gesetzesvorbehalte können sich aus den jeweiligen Landesverfassungen ergeben.

2. Der Verwaltungsaufbau

a) Unmittelbare und mittelbare Verwaltung. Die Verwaltung eines Staates wird **59** durch seine Ministerien und die ihnen unterstellten Behörden ausgeübt. Zu unterscheiden sind die unmittelbare und die mittelbare Verwaltung. **Unmittelbare Staatsverwaltung** meint Verwaltung unmittelbar durch Staatsbehörden, die einem der Verwaltungsträger Bund oder Land zugeordnet sind, ohne dass ein weiterer (rechtsfähiger) Verwaltungsträger dazwischen tritt. Zur unmittelbaren Staatsverwaltung gehören auf Bundesebene die Bundesministerien und dieser unmittelbar unterstellte Behörden, wie z. B. Bundesämter.

Unter **mittelbarer Staatsverwaltung** wird die Verwaltung durch andere (rechtsfähige) Verwaltungsträger zusammengefasst, d. h. durch eine Körperschaft (Rn. 61), die nicht Bund oder Land ist, bzw. durch eine Anstalt (Rn. 62) oder Stiftung (Rn. 63). Nach überwiegender Auffassung gehören die Gemeinden als (Gebiets-)Körperschaften zur mittelbaren Landesverwaltung. Auch Verwaltungsträger in Privatrechtsform (Rn. 293) können zur mittelbaren Verwaltung gezählt werden.[41]

b) Verwaltungsaufbau der unmittelbaren Staatsverwaltung. Oberste Behör- **60** **den** sind die Ministerien und die Rechnungshöfe (z. B. § 1 S. 1 BRHG).

Es gibt zwei Typen von **oberen Behörden**, die zu unterscheiden sind. Zum einen die **Oberbehörde**, zum anderen die Mittelbehörde. Die Oberbehörde ist eine einem Bundesministerium nachgeordnete Stelle der unmittelbaren Bundesverwaltung ohne eigenen Verwaltungsunterbau, die im ganzen Bundesgebiet oder – sofern es sich um eine Landesoberbehörde handelt – im ganzen Landesgebiet zuständig ist. So bestimmt z. B. § 2 Abs. 1 BVerfSchG, dass der Bund für die Zusammenarbeit des Bundes mit den Ländern ein Bundesamt für Verfassungsschutz als Bundesoberbehörde unterhält, das dem Bundesminister des Innern untersteht. Im Grundgesetz findet sich für diese Form der oberen Behörde auch die Formulierung der „selbständigen Bundesoberbehörde" (Art. 87 Abs. 3 S. 1 GG). **Mittelbehörden** sind obersten Behörden nachgeordnete Behörden, die aber – anders als Oberbehörden – einen eigenen Verwaltungsunterbau haben. Allerdings ist die Formulierung nicht immer einheitlich. Im BPolG findet sich z. B. die Formulierung einer Oberbehörde, die aber eine Mittelbehörde in dem hier beschriebenen Sinne meint (oder „selbständige Oberbehörde" i. S. d. GG):

§ 57 BPolG

(1) Bundespolizeibehörden sind das Bundespolizeipräsidium, die Bundespolizeidirektionen und die Bundespolizeiakademie.

(2) Dem Bundespolizeipräsidium als Oberbehörde unterstehen die Bundespolizeidirektionen als Unterbehörden und die Bundespolizeiakademie. Das Bundespolizeipräsidium untersteht dem Bundesministerium des Innern unmittelbar.

Unterbehörden unterstehen den Mittelbehörden.

„Unterstehen" impliziert dabei eine Weisungsbefugnis der jeweils höheren gegenüber der untergeordneten Behörde. Die **Weisung** ist das effektivste von verschiede-

---

40 *Dittmann/Winkler*, in: Sachs, Grundgesetz, 8. Aufl., 2018, Art. 84 Rn. 7.
41 *Jestaedt*, Grundbegriffe des Verwaltungsorganisationsrechts, in: Hoffmann-Riem/Schmidt-Aßmann/Vosskuhle, Grundlagen des Verwaltungsrechts, Band 1, 2. Aufl., 2012, S. 953 [977].

nen Steuerungsinstrumenten, weil sie der übergeordneten Behörde die Möglichkeit gibt, die untere Behörde schnell und umfassend zu lenken. Erst das Instrument der Weisung lässt es zu, von einem hierarchischen Aufbau der Verwaltung zu sprechen: Die Weisung kann initiativ ergehen und ermöglicht damit eine kontinuierliche Verwaltung. Sie ist nicht auf Rechtmäßigkeitsfragen beschränkt, sondern umfasst zudem die Zweckmäßigkeit des Verwaltungshandelns. Sie kann volle Willensgleichrichtung zu unteren Instanzen ohne besonderen zeitlichen Verlust herbeiführen. Kassation, Beanstandung, Selbsteintritt, Rechnungs- und Geschäftsführungsprüfung und die Bindung an konkrete Zielvorgaben zeigen nicht diese Steuerungseffektivität auf. Die Weisung ist deshalb auch ein wichtiges Instrument zur Gewährleistung eines hinreichend effektiven demokratischen Legitimationsniveaus. Das Mittel der Weisung kennzeichnet vor allem die zentralisierte und dekonzentrierte Verwaltung.[42]

Kleinere Flächenstaaten haben z. B. als Mittelbehörde nur eine Behörde errichtet, wie etwa das Thüringer Landesverwaltungsamt, das dem Thüringer Innenministerium untergeordnet und verschiedenen Behörden übergeordnet ist.

Auf Landesebene wird ferner zwischen besonderen und allgemeinen Behörden unterschieden. Die Begriffe beziehen sich auf die der jeweiligen Behörde zugewiesenen Aufgaben. Besondere Behörden sind solche, die für bestimmte Verwaltungsaufgaben zuständig sind.

> **Beispiel: § 8 SächsVerwOrgG – Aufbau und Aufgaben im Geschäftsbereich des Staatsministeriums des Innern**
>
> *(1) Dem Staatsministerium des Innern sind unmittelbar nachgeordnet*
> 1. *das Landesamt für Verfassungsschutz,*
> 2. *das Präsidium der Bereitschaftspolizei,*
> 3. *das Landeskriminalamt,*
> 4. *das Polizeiverwaltungsamt,*
> 5. *die Polizeidirektionen,*
> 6. *der Staatsbetrieb Geobasisinformation und Vermessung Sachsen,*
> 7. *das Statistische Landesamt,*
> 8. *das Landesamt für Denkmalpflege,*
> 9. *das Sächsische Staatsarchiv,*
> 10. *die Hochschule für öffentliche Verwaltung und Rechtspflege (FH), Fortbildungszentrum des Freistaates Sachsen,*
> 11. *die Landesfeuerwehr- und Katastrophenschutzschule,*
> 12. *die Hochschule der Sächsischen Polizei (FH).*
>
> *(2) Die in Absatz 1 genannten Behörden nehmen die in den jeweiligen Fachgesetzen beschriebenen Aufgaben wahr...*

Allgemeine Behörden haben hingegen einen umfassenden Aufgabenbereich und sind i. d. R. insoweit zuständig, als Aufgaben nicht besonderen Behörden zugewiesen sind.

> **Beispiel: § 6 Abs. 1 und 2 SächsVerwOrgG – Landesdirektion Sachsen**
>
> *(1) Allgemeine Staatsbehörde ist die Landesdirektion Sachsen mit Standorten in Chemnitz, Dresden und Leipzig. Der Sitz des Präsidenten der Landesdirektion Sachsen ist am Hauptsitz in Chemnitz. Die Landesdirektion Sachsen ist dem Staatsministerium des Innern unmittelbar nachgeordnet.*
>
> *(2) Die Landesdirektion Sachsen nimmt Aufgaben aus mehreren Staatsministerien wahr und koordiniert die staatliche Verwaltungstätigkeit im gesamten Freistaat Sachsen. Sie ist, soweit nichts anderes bestimmt ist, höhere Verwaltungsbehörde im Sinne bundesrechtlicher Vorschriften. Die Landesdirektion Sachsen nimmt die Aufgaben des Landesamtes zur Regelung offener*

---

42 BVerfGE 83, 60 [73] – *„Ausländerwahlrecht".*

Vermögensfragen und die Aufgaben der verwaltungsrechtlichen und beruflichen Rehabilitierung wahr.

Auf Bundesebene kann es keine allgemeinen Behörden geben, weil die Erfüllung von öffentlichen Aufgaben grundsätzlich bei den Ländern liegt (Art. 30 GG).

c) Die Körperschaft: Grundtypus einer als Personenmehrheit organisierten 61 Verwaltungseinrichtung. Das Gesetz definiert den Begriff der Körperschaft nicht allgemein, sondern belegt ihn mit zum Teil unterschiedlichem Inhalt. In Art. 34 GG ist „Körperschaft" als Oberbegriff über Organisationsformen juristischer Personen gemeint, in Art. 59 Abs. 2 GG sind die für die Bundesgesetzgebung zuständigen Organe angesprochen. Im Organisationsrecht wird unter Körperschaft eine **mitgliedschaftlich** verfasste, vom Wechsel ihrer Mitglieder unabhängig bestehende Organisation verstanden. Demzufolge gibt es privatrechtliche Körperschaften (z. B. eingetragener Verein, Aktiengesellschaft, Gesellschaft mit beschränkter Haftung) und Körperschaften des öffentlichen Rechts. Zum Teil wird auch die Rechtsfähigkeit als Begriffsmerkmal der Körperschaft genannt.[43]

Vier Körperschaftstypen lassen sich unterscheiden:

Die **Personalkörperschaft**, bei der sich die Mitgliedschaft an bestimmte Eigenschaften natürlicher oder juristischer Personen knüpft. Personalkörperschaften sind z. B. Berufskammern, Ärztekammern oder Rechtsanwaltskammern, aber auch Universitäten und Fachhochschulen:

> **Beispiel: § 2 Abs. 1 IHKG**
> *Zur Industrie- und Handelskammer gehören, sofern sie zur Gewerbesteuer veranlagt sind, natürliche Personen, Handelsgesellschaften, andere Personenmehrheiten und juristische Personen des privaten und des öffentlichen Rechts, welche im Bezirk der Industrie- und Handelskammer eine Betriebsstätte unterhalten (Kammerzugehörige).*

Demgegenüber definiert sich die Mitgliedschaft in den **Gebietskörperschaften** durch den Sitz oder Wohnsitz in einem Gebiet. Gebietskörperschaften sind die Kommunen (Gemeinde, Landkreise, ggf. Bezirke) aber auch Bund und Länder (die freilich nicht zur mittelbaren Verwaltung gehören).

Durch die Gebietsbezogenheit als Mitgliedskriterium sind die Kommunen grundlegende Einrichtungen im demokratischen Staatswesen:

> **Beispiel: § 1 Abs. 1 bis 3 SächsGO**
> *(1) Die Gemeinde ist Grundlage und Glied des demokratischen Rechtsstaates.*
> *(2) Die Gemeinde erfüllt ihre Aufgaben in bürgerschaftlicher Selbstverwaltung zum gemeinsamen Wohl aller Einwohner durch ihre von den Bürgern gewählten Organe sowie im Rahmen der Gesetze durch die Einwohner und Bürger unmittelbar.*
> *(3) Die Gemeinde ist rechtsfähige Gebietskörperschaft des öffentlichen Rechts.*

Kriterium für die Mitgliedschaft in einer **Realkörperschaft** ist das Eigentums- oder ein sonstiges Nutzungsrecht.

> **Beispiel: § 9 Abs. 1 BJagdG**
> *Die Eigentümer der Grundflächen, die zu einem gemeinschaftlichen Jagdbezirk gehören, bilden eine Jagdgenossenschaft. Eigentümer von Grundflächen, auf denen die Jagd nicht ausgeübt werden darf, gehören der Jagdgenossenschaft nicht an.*

Bei **Verbandskörperschaften** wiederum sind die Mitglieder überwiegend selbst juristische Personen z. B. Körperschaften. Eine Verbandskörperschaft ist z. B. der kommunale Zweckverband.

---

43 *Forsthoff*, Allgemeines Verwaltungsrecht, 10. Aufl., 1973, S. 491.

Beispiel: Art. 17 Abs. 1 BayKomZG
Gemeinden, Landkreise und Bezirke können sich zu einem Zweckverband (Freiverband) zu-
sammenschließen und ihm einzelne Aufgaben oder alle mit einem bestimmten Zweck zusam-
menhängenden Aufgaben übertragen.

Bei dieser Kategorisierung handelt es sich indes nur um eine allgemeine Struktu-
rierung, die Sonderfälle zulässt. So können Verbandskörperschaften z. B. ihren
Mitgliederkreis auch für Dritte öffnen; stets ist die Körperschaft des öffentlichen
Rechts aber dem Gemeinwohl verpflichtet. Eine besondere Form der Körperschaft
des öffentlichen Rechts sind die Kirchen (vgl. Art. 140 GG i. V. m. Art. 137 Abs. 5
WRV).

Körperschaften der mittelbaren Staatsverwaltung kommt häufig das Recht der
Selbstverwaltung (Rn. 65 ff.) zu. Das ist zwar nicht zwingend, aber in der begrenzten Abhängigkeit und Möglichkeit, bestimmte Angelegenheiten selbst zu regeln,
liegt der Zweck von Einrichtungen, die nicht in die unmittelbare Staatsverwaltung
eingegliedert sind.[44]

Körperschaften des öffentlichen Rechts haben als juristische Personen eigene **Organe.** Da juristische Personen des öffentlichen Rechts in der Regel auf einer eigenen Rechtsgrundlage errichtet werden, und es ein allgemeines „Körperschaftser-
richtungsgesetz" nicht gibt, hat sich auch kein übergreifendes Organisationsrecht
herausgebildet. In der Regel hat jede Körperschaft einen Vorstand, ein Präsidium
oder eine Geschäftsführung, die exekutive Aufgaben wahrnimmt und die laufenden Geschäfte erledigt, eine Mitgliederversammlung oder eine Verbandsversamm-
lung, die das Exekutivorgan bestellt und beaufsichtigt sowie grundlegende Entscheidungen zu treffen hat. Möglich ist ferner ein Beirat, der beratende Aufgaben
hat.

Die Bildung und Errichtung rechtsfähiger Körperschaften des öffentlichen Rechts
muss durch oder aufgrund eines Gesetzes erfolgen. Aus dem **institutionellen Gesetzesvorbehalt** folgt, dass bei einer Errichtung aufgrund eines Gesetzes die Anforderungen hinreichend bestimmt in der gesetzlichen Rechtsgrundlage geregelt
sein müssen (z. B. für Zweckverbände, häufig steht die Errichtung unter Genehmi-
gungsvorbehalt einer Aufsichtsbehörde; für die Auflösung im Insolvenzfall vgl.
§ 12 InsO). Gesetzlich festgelegt sein müssen die wahrzunehmenden Aufgaben,
die Mitglieder (Mitgliederkreis, freiwillige oder Pflichtmitgliedschaft), grundlegende Regeln zu den Organen, deren Aufgaben und ihre Funktionsfähigkeit sowie
die Frage der Aufsicht. Innerorganschaftliche Angelegenheiten werden in der Regel der Mitgliederversammlung zur Regelung durch Satzung überlassen.

Zwischen der Körperschaft und einem Mitglied besteht ein mitgliedschaftliches
Rechtsverhältnis. Grundlegend ist die Differenzierung in freiwillige Mitgliedschaft
und Pflichtmitgliedschaft. Pflichtmitglieder sind etwa Studenten einer körper-
schaftlich verfassten Hochschule oder Angehörige von berufsständischen Kammern. Eine Pflichtmitgliedschaft stellt regelmäßig einen Eingriff in Art. 2 Abs. 1
GG (nicht: Art. 9 Abs. 1 GG, dessen Schutzbereich nur Zusammenschlüsse zu
privatrechtlichen Vereinigungen, nicht aber Zwangsvereinigungen in Körperschaften des öffentlich Rechts umfasst) dar und bedarf deshalb einer hinreichenden
Rechtfertigung. Diese liegt i. d. R. in der Bedeutung, die der Organisierung der
betreffenden Mitgliedergruppe in der Selbstverwaltungseinrichtung zugemessen
wird.

---

44 *Groß,* Die Verwaltungsorganisation als Teil organisierter Staatlichkeit, in: Hoffmann-Riem/Schmidt-
    Aßmann/Vosskuhle, Grundlagen des Verwaltungsrechts, Band 1, 2. Aufl., 2012, S. 905 [930 ff.].

d) Die Anstalt: Grundtypus einer als Sachgesamtheit organisierten Verwal- **62**
tungseinrichtung. Grundlegend ist immer noch die Definition *Otto Mayers*: „Die
öffentliche Anstalt ist ein Bestand an Mitteln, sächlichen wie persönlichen, welche
in der Hand eines Trägers öffentlicher Verwaltung einem besonderen öffentlichen
Zwecke dauernd zu dienen bestimmt ist."[45]
Die Anstalt hat keine Mitglieder, sondern **Benutzer.** Damit ist sie flexibler als die
Körperschaft, selbstständig und doch durch den Anstaltsträger einfacher zu steuern, insbesondere, wenn der Benutzerkreis nicht feststeht. Verglichen mit privatrechtlichen Organisationsformen ist sie häufig die geeignetere Rechtsform für die
öffentliche Hand, weil sie eine angepasste Organisation zwischen öffentlicher Aufgabenwahrnehmung, öffentlich-rechtlichen Handlungsformen, demokratischer
Verantwortung und unternehmerischen Anforderungen zulässt.[46] Dennoch greift
die öffentliche Hand auch auf privatrechtliche Kapitalgesellschaftsformen zurück.
Daher gibt es entsprechende Bemühungen einiger Länder, die Anstalt als Organisationsform wieder attraktiver zu machen (z. B. für das Kommunalunternehmen
als besondere Anstalt des öffentlichen Rechts: Art. 89 ff. BayGO),[47] bislang allerdings nur mit mäßigem Erfolg.
Entgegen § 367 Abs. 1 SGB III („Die Bundesagentur für Arbeit [Bundesagentur]
ist eine rechtsfähige bundesunmittelbare Körperschaft des öffentlichen Rechts mit
Selbstverwaltung".) ist die Bundesagentur keine Körperschaft, sondern eine Anstalt. Sie hat keine Mitglieder, sondern Nutzer.
Im Übrigen ist zu unterscheiden zwischen rechtsfähigen und nicht rechtsfähigen
Anstalten.

> **Beispiel: § 1 Abs. 1 ThürSpkG**
> *„Die Sparkassen sind … rechtsfähige Anstalten des öffentlichen Rechts."*
> **§ 32 Abs. 1 S. 1 SächsSchulG**
> *„Schulen sind nichtrechtsfähige öffentliche Anstalten."*

Nichtrechtsfähige Anstalten sind nur organisatorisch selbstständig, rechtlich aber
Teil eines anderen Verwaltungsträgers. Rechtsfähige Anstalten sind selbst Verwaltungsträger. Teilrechtsfähig sind z. B. Eigenbetriebe nach der Eigenbetriebsverord-
nung des jeweiligen Landes.
Die **Errichtung** einer rechtsfähigen Anstalt bedarf einer gesetzlichen Grundlage.
Organe der Anstalt sind regelmäßig ein Vorstand, der die laufenden Geschäfte
ausübt, und ein Verwaltungsrat, der diesen kontrolliert. Aufgaben und Zuständigkeiten der Organe werden in Anstaltsordnungen (Satzungen) geregelt. Der Staat
führt die Aufsicht.
Da es kein übergreifendes Anstaltsgesetz gibt (anders für bestimmte Anstaltstypen
wie das Kommunalunternehmen) können grundsätzlich auch Private am Anstaltsträger beteiligt sein, wenn dies im Gründungsgesetz nicht ausgeschlossen ist. Um
eine hinreichende demokratische Legitimation zu gewährleisten, wird die Beteiligung Privater gleichwohl regelmäßig zu beschränken sein.
Das Rechtsverhältnis zwischen den Benutzern und der Anstalt kann durch eine
Benutzungsordnung (Satzung) geregelt werden; gegenüber einem Vertrag hat
eine solche Regelung den Vorteil, dass ihre Rechtswirksamkeit nicht von der Zustimmung der Nutzer abhängig ist. Insbesondere im Bereich der Daseinsvorsorge

---

45 *Mayer*, Deutsches Verwaltungsrecht, Band II, 3. Aufl., 1924, S. 268.
46 Vgl. *Siekmann*, Die verwaltungsrechtliche Anstalt – eine Kapitalgesellschaft des öffentlichen Rechts?,
    NWVBl 1993, 361 [365].
47 Vgl. a. *Storr*, Das neue Kommunalunternehmen in Schleswig-Holstein, NordÖR 2005, 94 passim.

ist die Anordnung von Nutzungspflichten der Einwohner nicht selten (z. B. Anschluss- und Benutzungspflicht für das kommunale Wasser- und Abwassersystem). Die gesetzliche Grundlage hierfür findet sich in den Kommunalordnungen. Soweit eine Anstalt öffentlich gewidmet ist, kann dem einzelnen aus Art. 3 Abs. 1 GG oder besonderen Gesetzen (z. B. Gemeindeordnung) ein Zugangsanspruch zukommen.

Als wesentliches Strukturelement der Anstalt galt lange Zeit die **Anstaltslast**, wonach der Anstaltsträger verpflichtet ist, die Anstalt für die gesamte Dauer ihres Bestehens funktionsfähig zu halten (Instandhaltungspflicht) und etwaige Unterbilanzen durch Zuschüsse oder in anderer Weise auszugleichen (Bilanzausgleichspflicht).[48] Die Anstaltslast ist eine besondere Ausprägung der Verantwortung des Anstaltsträgers für die von ihm ins Leben gerufene Anstalt. Auf Drängen der Kommission hat sich die Bundesrepublik Deutschland aber verpflichtet, die Anstaltslast bei Sparkassen und Landesbanken zu modifizieren.[49]

63 **e) Die Stiftung: Grundtypus einer als Vermögensmasse organisierten Verwaltungseinrichtung.** Allgemein kann die Stiftung als eine Einrichtung definiert werden, die mit Hilfe gewidmeten Vermögens einen vom Stifter bestimmten Zweck verfolgen soll. Stiftungen des öffentlichen Rechts sind Stiftungen, die ausschließlich öffentliche Zwecke verfolgen und mit dem Land ihres Sitzes oder einer anderen öffentlich-rechtlichen Gebietskörperschaft oder einer sonstigen Körperschaft oder Anstalt des öffentlichen Rechts in einem organischen Zusammenhang stehen (z. B. § 12 SächsStiftG).

> **Beispiel:** Stiftung preußischer Kulturbesitz.

Während sich für die bürgerlich-rechtlichen Stiftungen Vorschriften in § 80 ff. BGB finden, gibt es, wie für Körperschaften und Anstalten des öffentlichen Rechts, kaum Vorgaben in eigenen Stiftungsgesetzen, die die Stiftung des öffentlichen Rechts näher regeln. Eine Stiftung des öffentlichen Rechts entsteht durch den Stiftungsakt eines Trägers hoheitlicher Gewalt, ggf. auch durch Rechtsvorschrift. Anders als der Idealtypus privater Stiftungen (§§ 80, 81 BGB) müssen öffentlich-rechtliche Stiftungen nicht über Vermögen verfügen. Nicht selten wird eine Stiftung nur mit Sachvermögen (Immobilien, Liegenschaften) ausgestattet, das keine oder keine nennenswerten Erträge (Zinsen/Mieten etc.) erbringt. Ihre Finanzmittel erhalten sie dann von externen Stellen, z. B. aus einem Landeshaushalt, mit entsprechenden Konsequenzen für die eigene Planungssicherheit. Die Grenzen zur Anstalt sind dann vollends verschwommen.[50]

Es gibt rechtsfähige und nicht-rechtsfähige Stiftungen. Die Verfassung der Stiftung, ihre Organe (z. B. Stiftungsvorstand, Stiftungsbeirat, Kuratorium), Aufgaben und Zuständigkeiten sind in der Stiftungsordnung geregelt. Der Staat führt die Aufsicht.[51]

64 **f) Mittelbare Staatsverwaltung durch Einrichtungen des öffentlichen Rechts.** Die mittelbare Staatsverwaltung wird durch eigenständige, vom Staat verschiedene

---

48 *Oebbecke*, Die Anstaltslast – Rechtspflicht oder politische Maxime?, DVBl 1981, 960 [961].

49 Verständigung der Kommission und Deutschland vom 17. Juli 2001; näher: *von Stralendorff*, Landwirtschaftliche Rentenbank-Gesetz, 1. Aufl., 2012, § 1 Rn. 10.

50 Krit. a. *Schulte*, Der Staat als Stifter: Die Errichtung von Stiftungen durch die öffentliche Hand, in: Non Profit Law Year Book, 2001, 127 [138].

51 Eingehend zur Aufsichtsfrage *Schröder*, Stiftungsaufsicht im Spannungsfeld von Privatautonomie und Staatskontrolle – ein Beitrag zum Verhältnis von Staat und Stiftung, DVBl 2007, 207 ff.

Verwaltungsträger wahrgenommen: rechtsfähige und selbstständige Körperschaften, Anstalten und Stiftungen. Mit dem Status einer Einrichtung des öffentlichen Rechts ist die Übertragung bestimmter hoheitlicher Befugnisse verbunden, etwa gegenüber ihren Mitgliedern (z. B. Besteuerungsrecht oder Dienstherrenfähigkeit) sowie gegenüber anderen. Diese öffentlich-rechtlichen Vergünstigungen erleichtern es der jeweiligen Einrichtung, ihre Organisation und ihr Wirken einfacher zu gestalten und die hierfür erforderlichen Ressourcen, etwa in Form finanzieller Mittel, zu erlangen.[52]

Juristische Personen des öffentlichen Rechts müssen **rechtstreu** sein. Deshalb ist jede Einrichtung des öffentlichen Rechts im Ergebnis zunächst denselben Grenzen unterworfen, wie sie Art. 9 Abs. 2 GG für privatrechtliche Vereinigungen aufstellt. Sie muss aber in weiterem Umfange auch die Gewähr dafür bieten, dass sie das geltende Recht beachtet, insbesondere die ihr übertragene Hoheitsgewalt nur in Einklang mit den einschlägigen verfassungsrechtlichen und sonstigen rechtlichen Sonderbindungen ausübt. Von einer Einrichtung, die in öffentlich-rechtlicher Gestalt auftritt, ist auch zu erwarten, dass sie nicht erst durch die Drohung mit staatlichen Sanktionen und Zwangsmechanismen zu rechtskonformem Handeln angehalten werden muss. Ansonsten ist zu befürchten, dass diese Vereinigung auch ihre hoheitlichen Befugnisse nicht rechtskonform ausübt.[53]

Der Staat muss eine hinreichende **Aufsicht** über die Einrichtung des öffentlichen Rechts gewährleisten. Das folgt aus dem Demokratie- und dem Rechtsstaatsprinzip sowie aus dem objektiven Charakter der Grundrechte.[54] Der Umfang der Aufsicht hat sich an der Bedeutung der wahrzunehmenden Aufgabe, der Bestimmtheit der Rechtsgrundlage und der Effektivität der Kontrollinstrumente zu orientieren. Grundsätzlich unterschieden wird zwischen einer Fach- und einer Rechtsaufsicht. Während der Staat bei der Fachaufsicht Gesetz- und Zweckmäßigkeit des Behördenhandelns zu gewährleisten hat, ist er bei der Rechtsaufsicht auf die Gewährleistung der Rechtmäßigkeit beschränkt. Nimmt die jeweilige Einrichtung eigene Aufgaben wahr, besteht grundsätzlich nur eine staatliche Rechtsaufsicht, bei der Wahrnehmung übertragener staatlicher Aufgaben besteht dagegen auch eine Fachaufsicht.

aa) Selbstverwaltung. Die mittelbare Staatsverwaltung ist ein Kompromiss zwischen einer organisatorischen Unabhängigkeit vom allgemeinen Staatsapparat einerseits und einer verwaltungsmäßigen Bindung an den Staat andererseits. Diese **Unabhängigkeit**, die nur eine Teilunabhängigkeit sein kann, mag aus verschiedenen Gründen sinnvoll erscheinen: Ein Motiv kann die Vorstellung sein, dass eine teilunabhängige Einrichtung effektiver oder effizienter arbeiten kann und tagespolitischen Einflussnahmen nicht so stark ausgesetzt ist. Ein anderer Grund kann die Beteiligung der Betroffenen sein. Darauf beruht das Institut der Selbstverwaltung: Diejenigen, die von Verwaltungsentscheidungen betroffen werden, sollen an der Verwaltungsorganisation beteiligt werden. Selbstverwaltung trägt damit zur Dezentralisation, zur Staatsentlastung, zur Bürgernähe und zur Legitimation von Verwaltungshandeln bei. Grundlegend zu unterscheiden ist zwischen der kommunalen und der funktionalen Selbstverwaltung. **65**

---

52 BVerfGE 102, 370 [388] – *„Zeugen Jehovas"*.
53 BVerfGE 102, 370 [390 f.] – *„Zeugen Jehovas"*.
54 Vgl. zu dem Fall grundrechtlicher Wurzeln staatlicher Aufsicht über rechtsfähige Stiftungen des Privatrechts *Schröder*, Stiftungsaufsicht im Spannungsfeld von Privatautonomie und Staatskontrolle – ein Beitrag zum Verhältnis von Staat und Stiftung, DVBl 2007, 207 ff.

66 bb) **Die kommunale Selbstverwaltung.** Gemeinden und Gemeindeverbänden (Landkreisen) ist durch Art. 28 Abs. 2 GG das Recht der Selbstverwaltung verfassungsrechtlich garantiert. Gemeinden haben das Recht, alle Angelegenheiten der örtlichen Gemeinschaft im Rahmen der Gesetze in eigener Verantwortung zu regeln. Die kommunale Selbstverwaltung wurde in Preußen durch die Stein-Hardenbergschen Reformen im Jahre 1808 eingeführt und hatte den staatsintegrativen Zweck, die Bürger für das Gemeinwesen stärker zu interessieren und den Gemeingeist zu beleben.[55]

Art. 28 Abs. 2 S. 1 GG gewährt die **institutionelle Garantie** der kommunalen Selbstverwaltung. Im Anschluss an *K. Stern*[56] ist diese institutionelle Garantie in dreifacher Weise zu verstehen:

– als **institutionelle Rechtssubjektsgarantie** der Gemeinden und Gemeindeverbände, die sich in Verbindung mit Art. 28 Abs. 1 S. 2 und Abs. 3 GG zugleich als staatsorganisatorisches Aufbauprinzip erweist (Gewährung der Institutionen Gemeinde und Gemeindeverband);

– als **objektive Rechtsinstitutionsgarantie** der kommunalen Selbstverwaltung (Gewährleistung der Erledigung von kommunalen Aufgaben unter kommunaler Eigenverantwortung);

– als **subjektive Rechtsstellungsgarantie** der Gemeinden und Gemeindeverbände bei Angriffen auf Rechtssubjekts- und Rechtsinstitutionsgarantie (Rechtsschutz im Falle der Verletzung von gewährten Rechten).

Den Gemeinden steht das Recht zu, alle **Angelegenheiten der örtlichen Gemeinschaft** im Rahmen der Gesetze in eigener Verantwortung zu regeln. Der kommunalen Selbstverwaltungsgarantie kommt dabei nach der Rechtsprechung des Bundesverfassungsgerichts kein gegenständlich bestimmter oder nach feststehenden Merkmalen bestimmbarer Aufgabenkatalog zu. Diese Garantie umfasst aber die Befugnis, sich aller Angelegenheiten der örtlichen Gemeinschaft, die nicht durch Gesetz bereits anderen Trägern öffentlicher Verwaltung übertragen sind, ohne besonderen Kompetenztitel anzunehmen. Hierzu gehören alle Bedürfnisse oder Interessen, die in der Gemeinde wurzeln oder auf sie einen spezifischen Bezug haben, die also den Gemeindeeinwohnern gerade als solchen gemeinsam sind, indem sie das Zusammenleben und -wohnen der Menschen in der Gemeinde betreffen; auf die Verwaltungskraft der Gemeinde kommt es hierfür nicht an.[57] Ferner können der Gemeinde Staatsaufgaben zur eigenständigen Erfüllung übertragen sein.

67 In den Ländern haben sich zwei Kommunalverwaltungsstrukturen herausgebildet. Einige Kommunalordnungen (z. B. Bayern, Thüringen) unterscheiden zwischen dem eigenen und dem übertragenen Wirkungskreis der Gemeinden und Gemeindeverbände (**dualistisches Modell**). Im eigenen Wirkungskreis nehmen die Kommunen ihre (kommunalen) Aufgaben wahr, im übertragenen Wirkungskreis erfüllen sie Aufgaben für den Staat. Die staatliche Aufsicht über die Kommunen ist im Fall der eigenen Angelegenheiten regelmäßig auf eine Rechtsaufsicht beschränkt und erstreckt sich nur bei der Wahrnehmung übertragener (staatlicher) Aufgaben auf eine Fachaufsicht.

In den **monistisch organisierten Kommunalordnungen** (z. B. Nordrhein-Westfalen, Sachsen) gibt es – soweit Gesetze nicht ausdrücklich etwas anderes bestimmen – nur kommunale Aufgaben und deshalb nur einen Wirkungskreis der Kommu-

---

55 *Heffter*, Die Deutsche Selbstverwaltung im 19. Jahrhundert, 1950, S. 88.
56 *Stern*, Das Staatsrecht der Bundesrepublik Deutschland, Band I, 2. Aufl., 1984, S. 409.
57 Zum Ganzen BVerfGE 79, 127 [151] – „*Rastede*".

nen; gleichwohl können die Kommunen bei einzelnen Aufgaben aus übergeordneten Gründen staatlichen Weisungen unterliegen (sog. Aufgaben zur Erfüllung
nach Weisung).[58] Diese werden durch eine Fachaufsicht durchgesetzt.
Zu beachten ist, dass die **Landratsämter** in dualistischen Systemen als Doppelbe-
hörde organisiert sein können, weil sie – soweit sie rein staatliche Aufgaben wahrnehmen – untere staatliche Verwaltungsbehörde („Staatsbehörde", vgl. etwa
Art. 37 Abs. 1 S. 2 BayLKrO), im Übrigen aber Verwaltungsbehörde der Landkreise („Kreisbehörde", vgl. etwa Art. 37 Abs. 1 S. 1 BayLKrO) sind. Im Gegensatz
zu dieser dualistischen Kommunalverwaltungsorganisation ist in monistisch organisierten Staaten das Landratsamt zwar untere Verwaltungsbehörde, aber keine
Staats- sondern stets Kreisbehörde (§ 2 Abs. 5 SächsLKrO).
Über das Recht zur eigenverantwortlichen Wahrnehmung örtlicher Aufgaben (die
objektive Rechtsinstitutionsgarantie) werden verschiedene Schutzdimensionen aus
Art. 28 Abs. 2 GG hergeleitet, insbesondere die **Gebietshoheit** (das Recht, hoheitliche Gewalt im Gemeindegebiet ausüben zu dürfen), die **Personalhoheit** (Dienstherrenfähigkeit), die **Rechtsetzungshoheit** (das Recht, eigene Normen, Satzun-
gen, zu erlassen), die **Organisationshoheit** (Regelungen über die innere Organisa-
tion, die Bildung von Ämtern, Abteilungen, Referaten und gemeindlichen Betrie-
ben und Unternehmen sowie Regelungen von Arbeitsabläufen zu erlassen), die
Planungshoheit und die **Finanzhoheit** (vgl. Art. 28 Abs. 2 S. 3 GG).
Als **institutionelle Garantie** bedarf die Garantie der Einrichtung gemeindlicher
Selbstverwaltung freilich auch insoweit der **gesetzlichen Ausgestaltung**. Mit
Blick auf die Zulässigkeit gesetzlicher Beschränkungen ist dabei zwischen dem
Kernbereich und der **Vorfeldsicherung** zu unterscheiden: Regelungen, die den
Kernbereich aushöhlen, sind dem Gesetzgeber verwehrt. Zum Kernbereich gehört
etwa die „Universalität" des gemeindlichen Wirkungskreises. Im Bereich der Vorfeldsicherung sind gesetzliche Regelungen zulässig, wenn sie willkürfrei und verhältnismäßig sind.[59]
Wie bereits mehrfach erwähnt, sind die Gemeinden schließlich **Gebietskörperschaften** des öffentlichen Rechts. Ihre „Mitglieder" sind die **Gemeindeeinwoh-
ner**. Das ist der durch seine Zugehörigkeit zum Staatsvolk definierte Teil der Ge-
meindeeinwohner.[60] Eine Besonderheit regelt Art. 28 Abs. 1 S. 3 GG: Bei Wahlen
in Kreisen und Gemeinden sind auch Personen, die die Staatsangehörigkeit eines
Mitgliedstaats der Europäischen Union besitzen, wahlberechtigt und wählbar.[61]

cc) **Die funktionale Selbstverwaltung.** Die funktionale Selbstverwaltung erfährt **68**
ihre Legitimation nicht vom Volk, sondern von den **Mitgliedern der jeweiligen
Körperschaften**, die sich von Industrie- und Handelskammern über Wasser- und
Bodenverbände bis hin zu Universitäten und Sozialversicherungsträgern erstrecken.[62] So fassen berufsständische Kammern die einen jeweiligen Beruf ausüben-
den natürlichen oder juristischen Personen zur Wahrnehmung ihrer Interessen

---

58 VerfG Bbg, NVwZ RR 1997, 352 [353].
59 BVerfGE 76, 107 [119] – *„Vorrangstandorte"*.
60 BVerfGE 83, 37 [55] – *„Ausländerwahlrecht"*.
61 Den Unionsrechtlichen Hintergrund bilden die heutigen Art. 20 und 22 EUV. Siehe ferner die daran
    anknüpfende Richtlinie 94/80/EG des Rates über die Einzelheiten der Ausübung des aktiven und
    passiven Wahlrechts bei den Kommunalwahlen für Unionsbürger mit Wohnsitz in einem Mitglied-
    staat, dessen Staatsangehörigkeit sie nicht besitzen (sog. Kommunalwahl-Richtlinie), ABl. L 368 vom
    31.12.1994, S. 38, zuletzt geändert durch die Richtlinie 2013/19/EU des Rates vom 13. Mai 2013, ABl.
    L 158 vom 10.6.2013, S. 231.
62 Grundlegend *Kluth*, Funktionale Selbstverwaltung, 1997.

zusammen: Gegenüber dem Staat, aber auch intern, indem sie Aufgaben der Berufsaufnahme- oder -ausübungsüberwachung wahrnehmen. Dies kommt dem Staat zugute, weil er einen einheitlichen und fachkundigen Ansprechpartner des Berufszweigs hat und von Verwaltungsaufgaben entlastet wird. Die Kammern wurden so zu einem Bindeglied zwischen Staat und Gesellschaft.

Aus Art. 20 Abs. 2 S. 1 GG folgt, dass hoheitliche Gewalt stets auf das Staatsvolk zurückgeführt werden muss, weshalb das BVerfG für den Bereich der unmittelbaren Staatsverwaltung strenge Anforderungen an die Verwaltungsorganisation i. S. d. Hierarchieprinzips stellt.[63] Doch steht diese Verfassungsbestimmung der Einrichtung funktionaler Selbstverwaltung noch nicht deshalb entgegen, weil die Legitimation für die Ausübung von Hoheitsgewalt von einer verbandlich organisierten Gruppe erfolgt, die nicht das Staatsvolk ist. Versteht man Art. 20 Abs. 2 S. 1 GG als ein grundlegendes Prinzip, so ergänzt und verstärkt funktionale Selbstverwaltung dieses demokratische Prinzip insofern, als ihr die Idee einer organisierten Beteiligung der sachnahen Betroffenen an den diese berührenden Entscheidungen zugrunde liegt und damit – auch vor dem Hintergrund des Art. 1 Abs. 1 GG – die Idee des sich selbst bestimmenden Menschen in einer freiheitlichen Ordnung. Deshalb – so das BVerfG – darf der Gesetzgeber für abgegrenzte Bereiche der Erledigung öffentlicher Aufgaben besondere Organisationsformen der Selbstverwaltung schaffen, den Betroffenen ein wirksames Mitspracherecht gewähren, verwaltungsexternen Sachverstand aktivieren, einen sachgerechten Interessenausgleich erleichtern und so insgesamt dazu beitragen, dass die von ihm beschlossenen Zwecke und Ziele effektiver erreicht werden.[64] Und weiter heißt es: Gelingt es, die eigenverantwortliche Wahrnehmung einer öffentlichen Aufgabe mit privater Interessenwahrung zu verbinden, steigert dies die Wirksamkeit des parlamentarischen Gesetzes. Doch ist die partizipative Beteiligung von gesellschaftlichen Gruppen ein zweischneidiges Schwert. Eine Gefahr für die Demokratie ist zu befürchten, wenn die Wahrnehmung öffentlicher Aufgaben nicht mehr maßgeblich von (demokratisch legitimierten) Staatseinrichtungen gesteuert wird. Die Etablierung eines Verbände- oder Ständestaates wäre mit Art. 20 Abs. 2 S. 1 GG daher nicht zu vereinbaren.

Rechtsprechung: BVerfGE 63, 1 ff. – *„Schornsteinfeger"*; BVerfGE 79, 127 ff. – *„Rastede"*; BVerfGE 81, 310 ff. – *„Kalkar"*; BVerfGE 83, 37 ff.– *„Ausländerwahlrecht"*; BVerfGE 83, 60 ff.– *„Ausländerwahlrecht II"*; BVerfGE 93, 37 ff. – *„Personalvertretungsgesetz"*; BVerwGE 97, 117 ff. – *„Pensions-Sicherungs-Verein"*; BVerfGE 97, 198 ff. – *„Bundesgrenzschutz"*; BVerfGE 100, 249 ff. – *„Atomrechtliche Leitlinien"*; BVerfGE 102, 370 ff. – *„Zeugen Jehovas"*; BVerfGE 106, 1 ff. – *„Oberfinanzdirektionen"*; BVerfGE 107, 59 ff. – *Emschergenossenschaft"*.

Literatur: *Böckenförde, E.-W.*, Die Organisationsgewalt im Bereich der Regierung, 1964; *Burgi, M.*, Funktionale Privatisierung und Verwaltungshilfe, 1999; *Groß, T.*, Die Verwaltungsorganisation als Teil organisierter Staatlichkeit, in: *Hoffmann-Riem, W./Schmidt-Aßmann, E./Vosskuhle, A.*, Grundlagen des Verwaltungsrechts, Band 1, 2012, S. 905 ff.; *Hoffmann-Riem, W.*, Organisationsrecht als Steuerungsressource, in: *Schmidt-Aßmann, E./Hoffmann-Riem, W.*, Verwaltungsorganisationsrecht als Steuerungsressource, 1997, S. 355 ff.; *Huber, P. M.*, Das Bund-Länder-Verhältnis de constitutione ferenda, in: *Blanke, H.-J./Schwanenengel, W.*, Zustand und Perspektiven des deutschen Bundesstaates, 2005, S. 21 ff.; *Kahl, W.*, Die Staatsaufsicht, 2000; *Kluth,*

---

63   BVerfGE 93, 37 [67 f] – *„Personalvertretungsgesetz"*; näher: *Storr*, Verfassungsrechtliche Direktiven des demokratischen Prinzips für die Nutzung privatrechtlicher Organisations- und Kooperationsformen durch die öffentliche Verwaltung, in: Bauer/Huber/Sommermann, Demokratie in Europa, 2005, S. 411 [420].

64   BVerfGE 107, 59 [92] – *„Emschergenossenschaft"*.

W., Funktionale Selbstverwaltung, 1997; *Koch, M.*, Die Externalisierungspolitik der EU, 2004; *Jestaedt, M.*, Grundbegriffe des Verwaltungsorganisationsrechts, in: *Hoffmann-Riem, W./ Schmidt-Aßmann, E./Vosskuhle, A.*, Grundlagen des Verwaltungsrechts, Band I, 2012, S. 953 ff.; *Oebbecke, J.*, Die Anstaltslast – Rechtspflicht oder politische Maxime? DVBl 1981, 960 ff.; *Schmidt am Busch, B.*, Die Beleihung: Ein Rechtsinstitut im Wandel, DÖV 2007, 533 ff.; *Siekmann, H.*, Die verwaltungsrechtliche Anstalt – eine Kapitalgesellschaft des öffentlichen Rechts? NWVBl 1993, 361 ff.; *Schröder, R.*, Stiftungsaufsicht im Spannungsfeld von Privatautonomie und Staatskontrolle – ein Beitrag zum Verhältnis von Staat und Stiftung, DVBl 2007, 207 ff.; *Storr, S.*, Das neue Kommunalunternehmen in Schleswig-Holstein, NordÖR 2005, 94 ff.; *Schulte, M.*, Der Staat als Stifter: Die Errichtung von Stiftungen durch die öffentliche Hand, in: Non Profit Law Year Book, 2001, 127 ff.; *Stelkens, U.*, Die Stellung des Beliehenen innerhalb der Verwaltungsorganisation – dargestellt am Beispiel der Beleihung nach § 44 Abs. 3 BHO/LHO, NVwZ 2004, 304 ff.; *Sydow, G.*, Vollzug des europäischen Unionsrechts im Wege der Kooperation nationaler und europäischer Behörden, DÖV 2006, 66 ff.

§ 3 Verwaltungsrechtsverhältnis und subjektives öffentliches Recht

I. Das Verwaltungsrechtsverhältnis

1. Grundstruktur des Verwaltungsrechtsverhältnisses

Häufig wird das Verwaltungsrecht von den Handlungsinstrumenten der öffentlichen Verwaltung her beurteilt. Zunehmend setzt sich jedoch die Erkenntnis durch, dass für die Verwaltungsrechtsdogmatik zudem das Verwaltungsrechtsverhältnis als Systematisierungsmodell fruchtbar zu machen ist.[1]

Unter einem **Rechtsverhältnis** ist eine von der Rechtsordnung geschaffene, besondere Beziehung zwischen mindestens zwei Rechtssubjekten zu verstehen, aus der sich Rechte und Pflichten gegenüber dem jeweils anderen ergeben;[2] es handelt sich dabei also zunächst ganz allgemein um jedes von der Rechtsordnung spezifisch geregelte Lebensverhältnis.[3]

Von einem **Verwaltungsrechtsverhältnis** ist zu sprechen, wenn mindestens eines der Rechtssubjekte ein Verwaltungsträger ist.[4] Da sich die öffentliche Hand auch privatrechtlicher Instrumente bedienen kann (z. B. Abschluss eines Kaufvertrages, § 433 BGB), ist das Verwaltungsrechtsverhältnis nicht darauf beschränkt, dass der Verwaltungsträger öffentlich-rechtliche Handlungsinstrumente gebraucht.

Dieser Offenheit des Verwaltungsrechtsverhältnisses ist entgegengebracht worden, dass es sich hierbei lediglich um eine umfassende analytische Kategorie handele, die kaum etwas ausgrenze und daher als dogmatisches Instrument zur genaueren rechtlichen Erfassung der Fülle der Verwaltungsrechtswirklichkeit nicht geeignet sei.[5] In der Tat begründet das Verwaltungsrechtsverhältnis keine Rechte und

---

1 Grundlegend: *Achterberg*, Allgemeines Verwaltungsrecht, 1982, S. 290 f.; aus jüngerer Vergangenheit etwa *Trute*, Die Verwaltung und das Verwaltungsrecht zwischen gesellschaftlicher Selbststeuerung und staatlicher Steuerung, DVBl 1996, 950 [951 f.].
2 Weitergehend *Ipsen*, Allgemeines Verwaltungsrecht, 11. Aufl., 2019, S. 47, Rn. 169, wonach die Rechtssubjekte nicht notwendig rechtsfähig sein sollen.
3 *Jellinek*, System der subjektiven öffentlichen Rechte, 2. Aufl., 1919 (Nachdruck 1979), S. 41.
4 *Huber*, Allgemeines Verwaltungsrecht, 2. Aufl., 1997, S. 19.
5 *Pietzcker*, Das Verwaltungsrechtsverhältnis – Archimedischer Punkt oder Münchhausens Zopf?, DV 30 (1997), 281 [283]; *Schlette*, Die Verwaltung als Vertragspartner, 2000, S. 174.

Pflichten; sondern es ist nur die Summe der wechselseitigen Rechtsbeziehungen zwischen den betreffenden Rechtssubjekten.

2. Vorteile des Verwaltungsrechtsverhältnisses

70 Gerade in dieser Ganzheitlichkeit liegt aber auch die Stärke eines Denkens in Verwaltungsrechtsverhältnissen: Es lässt die spezifischen Rechte und Pflichten in der Gesamtheit der Rechtsbeziehungen zwischen einzelnen Rechtssubjekten hervortreten[6] und vermag den Blick für die Intersubjektivität des Verwaltungshandelns im Einzelfall zu schärfen.

Dabei werden, gerade weil das Verwaltungsrechtsverhältnis dadurch geprägt ist, dass mindestens eines der beteiligten Rechtssubjekte der öffentlichen Hand zuzurechnen ist,[7] auch die besonderen Bindungen, denen diese unterliegt, nicht ausgeklammert. Deshalb sollte auch nicht übersehen werden, dass die „Rechte" und „Pflichten" des Staates in Verwaltungsrechtsverhältnissen regelmäßig „Aufgaben", „Kompetenzen" und „Bindungen" sind, jedenfalls sofern es sich nicht um vertragliche Rechtsbeziehungen handelt.

71 Auf der Grundlage dieses verwaltungsrechtsverhältnistheoretischen Ansatzes hat sich im Übrigen eine überzeugende Dogmatik vom **verwaltungsrechtlichen Schuldverhältnis** entwickelt (Rn. 397). Dieser liegt das Bestreben zugrunde, die aus dem Zivilrecht geläufigen Institute des Schuldrechts auf besondere Rechtsbeziehungen zwischen Bürger und Verwaltungsträgern bzw. verschiedenen Verwaltungsträgern untereinander zu übertragen.[8]

Das Institut des verwaltungsrechtlichen Schuldverhältnisses kann z. B. eine Haftung entsprechend den Bestimmungen des zivilrechtlichen Schuldrechts begründen, etwa nach den Regeln der positiven Forderungsverletzung. Ein verwaltungsrechtliches Schuldverhältnis kann indes nur in besonderen Fällen angenommen werden. Der BGH verlangt, dass eine besonders „enge Beziehung des Einzelnen zum Staat" besteht und dass das Handeln des Staates Ausfluss einer fürsorgerischen Tätigkeit gegenüber dem Einzelnen ist. Ferner muss ein „Bedürfnis" für die Anwendung schuldrechtlicher Grundsätze gegeben sein (Rn. 398).[9]

3. Das Entstehen von Verwaltungsrechtsverhältnissen

72 Verwaltungsrechtsverhältnisse können entstehen:
- durch **Rechtsnorm**: z. B. durch eine gemeindliche Satzung, die den Anschluss- und Benutzungszwang an eine Fernwärmeleitung anordnet. In der Folge haben alle Grundstückseigentümer in dem betroffenen Gebiet ihr Heizungssystem an die Fernwärmeleitung anzuschließen und die Fernwärme zu nutzen. Ein anderes Beispiel ist etwa § 1 WPflG, der regelt, wer der allgemeinen Wehrpflicht unterliegt.
- durch **Verwaltungsakt**: Der Verwaltungsakt ist ein Instrument der Verwaltung, um auf dem Gebiet des öffentlichen Rechts einen Einzelfall mit Außenwirkung

---

6 Vgl. *Schmidt-Aßmann*, Die Lehre von den Rechtsformen des Verwaltungshandelns, DVBl 1989, 533 [540]; *ders.*, Öffentliches Recht und Privatrecht: Ihre Funktionen als wechselseitige Auffangordnungen, in: Hoffmann-Riem/Schmidt-Aßmann, Reform des Allgemeinen Verwaltungsrechts, 1993, S. 7 [44]; *Di Fabio*, Risikoentscheidungen im Rechtsstaat, 1994, S. 9; *Gröschner*, Vom Nutzen des Verwaltungsrechtsverhältnisses, DV 30 (1997), 301 [335].

7 *Gröschner*, DV 30 (1997), 301 [319]; zum Denken in Rechtsverhältnissen auch *Schulte*, Schlichtes Verwaltungshandeln, 1995, S. 214 f.

8 Vgl. RGZ 99, 96 [97 ff.]; BGHZ 17, 191 [192 f.].

9 Etwa BGHZ 21, 214 [218].

zu regeln (vgl. § 35 S. 1 VwVfG), d. h. Rechte und Pflichten zu begründen, zu ändern oder aufzuheben und damit ein Rechtsverhältnis zu begründen. Beispiel: Durch einen Enteignungsbescheid wird einem Eigentümer sein Eigentum entzogen und dieses auf ein anderes Rechtssubjekt übertragen.

- durch **Vertrag**: Die beiden Vertragsparteien begründen Rechte und Pflichten durch zwei gegenseitige, inhaltlich übereinstimmende und mit Bezug aufeinander abgegebene Willenserklärungen; vgl. etwa § 241 Abs. 1 BGB: „Kraft des Schuldverhältnisses ist der Gläubiger berechtigt, von dem Schuldner eine Leistung zu fordern. Die Leistung kann auch in einem Unterlassen bestehen." Der öffentlich-rechtliche Vertrag ist eine besondere Handlungsform der Verwaltung (§ 54 VwVfG).
- durch **Realakt**, insbesondere informelle Tätigkeiten der öffentlichen Verwaltung, wie Beratung, Information, Auskunftserteilung, Warnungen, Lärmimmissionen durch Feueralarmsirene etc.[10] Auch diese Tätigkeiten erfolgen nicht in einem rechtsfreien Raum. Die öffentliche Verwaltung bleibt vielmehr auch hier an bestimmte Rechtsregeln und -grundsätze gebunden (Rn. 267).
- durch **Handlungen des Bürgers**, etwa wenn dieser einen Antrag bei der Verwaltung stellt, den diese nach bestimmten verwaltungsrechtlichen Vorgaben zu bearbeiten hat (so ist etwa der Antrag auf eine Baugenehmigung nach bauplanungs- und bauordnungsrechtlichen Gesetzen zu bescheiden).

II. Das subjektive öffentliche Recht

1. Grundstruktur des subjektiven öffentlichen Rechts

Das Verwaltungsrechtsverhältnis ist ein **Rechtsverhältnis**, d. h. es betrifft Beziehungen zwischen Bürger und Verwaltung, genauer zwischen Bürger und Verwaltungsträger oder zwischen rechtsfähigen Verwaltungseinrichtungen untereinander, die durch Rechte geordnet sind.   **73**

Das **objektive öffentliche Recht** umfasst sämtliche Rechtsnormen sowie Gewohnheits- und Richterrecht, mithin die Rechtsordnung als solche.

Das **subjektive öffentliche Recht** enthält demgegenüber die **Rechtsmacht** eines Berechtigten, von einem Verpflichteten, nämlich dem Staat oder seinen Untergliederungen, ein bestimmtes Tun, Dulden oder Unterlassen verlangen zu können.[11] Das subjektive öffentliche Recht begründet mithin eine rechtlich verfestigte Anspruchsposition. Es unterscheidet sich insofern vom sogenannten **Rechtsreflex**, der eine nur tatsächliche Begünstigung zur Folge hat.

Die **Anerkennung** von subjektiven Rechten ist von grundlegender Bedeutung für das Verhältnis des Einzelnen zum Staat. Denn erst durch die Zuerkennung subjektiver Rechte wird der Einzelne als ein Rechtssubjekt wahrgenommen, dem gewisse Abwehr-, Leistungs- und Partizipationsrechte zugesprochen sind. Nur das Rechtssubjekt kann Rechte geltend machen, nur ihm kann eine Rechtsposition eingeräumt sein. Erst die Subjektqualität ermöglicht es dem Einzelnen daher, sich ungerechtfertigter Eingriffe des Staates zu erwehren oder Leistungen vom Staat einzufordern ohne staatlicher Willfährigkeit ausgesetzt zu sein.

---

10 BVerwGE 79, 254 ff. – *„Feueralarmsirene"*.
11 Vgl. a. *Bühler*, Die subjektiven öffentlichen Rechte, 1914, S. 13. Weiterführend *Bauer*, Geschichtliche Grundlagen der Lehre vom subjektiven öffentlichen Recht, 1996 passim; *ders.*, Altes und Neues zur Schutznormtheorie, AöR 113 (1988), 582 ff.; *Scherzberg*, Grundlagen und Typologie des subjektiv-öffentlichen Rechts, DVBl 1988, 129 ff.

Auf *Georg Jellinek* geht die klassische Differenzierung der subjektiven öffentlichen Rechte entsprechend dem „Status" des Einzelnen zurück: Er hat ausgeführt, dass subjektive öffentliche Rechte letztlich Ansprüche sind, die sich unmittelbar auf einen rechtlichen Zustand gründen[12] und dabei Freiheit vor dem Staat, Forderungen an den Staat und Leistungen für den Staat unterschieden (sog. Status-Lehre):
- die individuellen Abwehrrechte (negativer Status; status libertatis), die die Herrschaft des Staates begrenzen;
- die Leistungs- und Teilhaberechte (positiver Status; status civitatis), mit deren Hilfe der Einzelne die Staatsmacht für sich in Anspruch nehmen und staatliche Institutionen nutzen kann;
- die politischen Rechte (aktiver Status – Status aktiver Zivität), die die Rechte des Einzelnen, für den Staat tätig zu werden, also Mitwirkungsrechte, umfassen;
- die Pflichten der Zivilpersonen gegenüber dem Staat (passiver Status – status subjectionis).

Die materiell-rechtliche Bedeutung subjektiver öffentlicher Rechte wird im Sozialhilferecht plastisch: Das alte preußische Recht (Gesetz über Armenpflege 1842) war noch vom Grundsatz ausgegangen, dass die Armenpflege dem Bedürftigen lediglich aus Gründen der öffentlichen Ordnung – nicht aber um seiner selbst willen zu gewähren sei. Es betrachtete den Bedürftigen mithin nicht als Subjekt einer behördlichen Verpflichtung, sondern nur als Objekt des behördlichen Handelns. Demgegenüber ist heute ein subjektives öffentliches Recht des Bedürftigen, eine individualrechtlich ausgestattete Rechtspflicht des Staats zur Sozialhilfe, anerkannt. Diese Rechtspflicht obliegt dem Sozialhilfeträger unmittelbar gegenüber dem Bedürftigen. Sie gewährt diesem deshalb spiegelbildlich einen entsprechenden Rechtsanspruch (vgl. § 17 Abs. 1 S. 1 SGB XII: „Auf Sozialhilfe besteht ein Anspruch, soweit bestimmt wird, dass die Leistung zu erbringen ist.").[13]

74 Die Gewährung von Rechtsansprüchen des Bürgers gegenüber dem Staat folgt aus
- Art. 1 Abs. 1 GG, weil es die von der Staatsgewalt zu schützende **Würde des Menschen** verbietet, ihn lediglich als Gegenstand staatlicher Gewalt zu betrachten;
- dem **Rechtsstaatsprinzip** (Art. 20 Abs. 3 GG), weil die Beziehungen des Bürgers zum Staat grundsätzlich rechtlich geordnet sind;
- dem Gedanken des **demokratischen Staates** (Art. 20 Abs. 1 und Abs. 2 GG), mit dem es unvereinbar wäre, dass zahlreiche Bürger, die als Wähler die Staatsgewalt mitgestalten, dieser gleichzeitig ohne eigene Rechte hinsichtlich ihrer Existenz gegenüberstünden;
- dem **Gemeinschaftsgedanken**, der im Grundsatz des sozialen Rechtsstaats (Art. 20 und 28 GG), aber auch in der Sozialgebundenheit des Eigentums (Art. 14 Abs. 2 GG) Ausdruck gefunden hat.

75 Das subjektive öffentliche Recht hat aber nicht nur für die materielle Rechtsposition des Einzelnen Bedeutung, sondern auch für seine prozessuale Stellung: Art. 19 Abs. 4 GG und der subsidiäre, allgemeine Justizgewährungsanspruch (Rn. 34)[14] geben dem Einzelnen ein Recht auf gerichtlichen Rechtsschutz, wenn dieser „in seinen Rechten" verletzt ist. § 42 Abs. 2 VwGO verlangt für die Zulässig-

---

12 *Jellinek*, System der subjektiven öffentlichen Rechte, 2. Aufl., 1919 (Nachdruck 1979), S. 86 f.
13 BVerwGE 1, 159 ff. – „*Fürsorgeunterstützung*".
14 BVerfGE 116, 135 [150] – „*Vergaberechtsschutz*".

keit der Anfechtungs- und der Verpflichtungsklage, dass der Kläger geltend machen kann, „in seinen Rechten verletzt zu sein". Auf der Grundlage der *„Elfes"*-Rechtsprechung des BVerfG[15], der zufolge Art. 2 Abs. 1 GG die allgemeine Handlungsfreiheit umfassend schützt, ist dem Einzelnen ein subjektives öffentliches Recht gegen jede rechtswidrige, ihn belastende staatliche Maßnahme zur Seite gestellt. Die Ermittlung eines konkreten subjektiv öffentlichen Rechts ist vor allem dann von Bedeutung, wenn sich ein Dritter gegen eine behördliche Maßnahme zur Wehr setzen möchte, die an jemand anderes gerichtet ist. Er muss dann eine sog. drittschützende Norm anführen können.

2. Die Schutznormtheorie

a) Bestimmungsmethode der Schutznormtheorie. Das subjektive öffentliche **76** Recht setzt zunächst einen objektiven Rechtssatz voraus. Es verlangt aber darüber hinaus, dass die jeweilige Norm geeignet ist, entweder unmittelbar oder durch Vermittlung eines mit entsprechenden Rechtswirkungen ausgestatteten Einzelaktes eine Rechtsposition des Einzelnen zu begründen.[16] Nicht jeder Rechtspflicht der Verwaltung korrespondiert nämlich ein subjektives öffentliches Recht. Vielmehr ist der Gesetzgeber grundsätzlich frei festzulegen, ob und ggf. welche individuellen Interessen durch eine Rechtsnorm geschützt werden sollen. In der Folge wird auch die öffentliche Verwaltung von Gesetzes wegen mitunter „nur" im Interesse des Gemeinwohls tätig. Sie hat also nicht stets spezifisch individuelle Rechte zu verfolgen.

Ob ein subjektives öffentliches Recht vorliegt, muss deshalb im Einzelfall bestimmt werden. Die h.L. folgt dabei der sog. **Schutznormtheorie**. Nach dieser Theorie gewährt eine Norm des öffentlichen Rechts ein subjektives Recht, wenn sie nicht nur öffentlichen Interessen, sondern – zumindest auch – Individualinteressen in der Weise zu dienen bestimmt ist, dass die Träger der Individualinteressen die Einhaltung des Rechtssatzes verlangen können.[17] Hierzu ist das betreffende Gesetz nach Wortlaut, in systematischer und teleologischer Hinsicht sowie unter historischen Gesichtspunkten auszulegen.[18]

aa) Auszugehen ist dabei wie stets von einer Auslegung nach dem **Wortlaut**. Für **77** das Vorliegen eines subjektiven öffentlichen Rechts spricht es dabei, wenn die jeweilige Bestimmung ausdrücklich eine Berechtigung ausspricht oder einen individuellen Bezug hat, weil sie Betroffene ausdrücklich benennt oder einen Kreis „qualifizierter Betroffener" adressiert, der sich von der Allgemeinheit unterscheidet. Das ist regelmäßig etwa unter der Bedingung der Fall, dass die Norm auf die „Nachbarschaft" Bezug nimmt.

> **Beispiel:**[19] **BVerwG grundlegend zur Innenbereichsbebauung**
> „Drittschutz vermitteln nur solche Vorschriften des öffentlichen Baurechts, die ... auch der Rücksichtnahme auf individuelle Interessen oder deren Ausgleich untereinander dienen ... Deswegen bedarf es jeweils der Klärung, ob eine baurechtliche Vorschrift ausschließlich objektivrechtlichen Charakter hat oder ob sie (auch) dem Schutz indivi-

---

15 BVerfGE 6, 32 [36 f.] – *„Elfes"*.
16 BVerfGE 51, 193 [211] – *„Weingesetz"*; weiterführend *Bauer*, Altes und Neues zur Schutznormtheorie, AöR 113 (1988), 582 ff.
17 BVerwGE 72, 226 [230] – *„Kostenmiete"*.
18 *Huber*, Allgemeines Verwaltungsrecht, 2. Aufl., 1997, S. 111; *Kaplonek/Mittag*, Nachbarschutz im öffentlichen Baurecht, JA 2006, 664 ff.
19 Nach BVerwG, DÖV 1987, 297 ff. – *„Innenbereichsbebauung"*; weiterführend z. B. BVerwG, Urteil vom 9.8.2018 – 4 C 7/17 – *„Wannsee"*.

dueller Interessen dient, ob sie also Rücksichtnahme auf Interessen Dritter gebietet. Das kann sich unmittelbar aus dem Wortlaut der Norm ergeben, etwa dann, wenn sie Abwehrrechte Betroffener ausdrücklich begründet. In der Regel allerdings wird insoweit – da der Normgeber nur in Ausnahmefällen derartige Abwehrrechte ausdrücklich statuiert hat – eine Auslegung der Norm nach Sinn und Zweck in Betracht kommen; gelegentlich mag sich auch aus der Entstehungsgeschichte der Wille des historischen Normgebers ermitteln lassen, die Interessen Dritter zu schützen.

Hieraus folgt zugleich, dass es nicht darauf ankommen kann, ob die Norm ausdrücklich einen fest ‚abgrenzbaren Kreis der Betroffenen‘ benennt …: Es kommt weder darauf an, ob die Norm einen geschützten Personenkreis räumlich, etwa durch Bezeichnung eines Gebiets, abgrenzt, noch darauf, ob sie in ihrer vollen Reichweite auch dem Schutz individueller Interessen zu dienen bestimmt ist. So gebietet z. B. § 34 Abs. 1 BBauG (jetzt BauGB) das Einfügen in die Eigenart der näheren Umgebung‘ sowohl aus Gründen des nachbarlichen Interessenausgleichs, also der Rücksichtnahme auf individuelle Belange, als auch – darüber hinausgreifend – aus Gründen der objektiven städtebaulichen Ordnung. Worauf es ankommt ist, dass sich aus individualisierenden Tatbestandsmerkmalen der Norm ein Personenkreis entnehmen läßt, der sich von der Allgemeinheit unterscheidet. Die eindeutige räumliche Abgrenzung eines geschützten Personenkreises erweist sich hingegen, soweit es etwa um Immissionsbelastungen geht, als praktisch nicht normierbar; allerdings gilt, dass z. B. die Erwähnung der ‚Würdigung der Interessen der Nachbarn‘ (§ 31 Abs. 2 BBauG[20]) oder das Ziel, ‚in einem Baugebiet oder in dessen Umgebung unzumutbare Belästigungen oder Störungen‘ zu vermeiden (§ 15 Abs. 1 BauNVO[21]), wichtige Indizien dafür sein können, dass eine Norm dem individuellen Schutz der Nachbarn zu dienen bestimmt ist.“

78 bb) Eine weitere Auslegungsmethode für die Feststellung, ob die betreffende Norm einen bestimmten, abgrenzbaren und individualisierbaren Personenkreis schützt, ist die **systematische Auslegung.** Hierfür ist auf den systematischen Zusammenhang abzustellen, in dem sich die Norm befindet.

Beispiel: § 18 S. 1 und 2 GastG
„Für Schank- und Speisewirtschaften sowie für öffentliche Vergnügungsstätten kann durch Rechtsverordnung der Landesregierungen eine Sperrzeit allgemein festgesetzt werden. In der Rechtsverordnung ist zu bestimmen, dass die Sperrzeit bei Vorliegen eines öffentlichen Bedürfnisses oder besonderer örtlicher Verhältnisse allgemein oder für einzelne Betriebe verlängert, verkürzt oder aufgehoben werden kann.“

Hierzu das **BVerwG**[22]: „Der Wortlaut des § 18 Abs. 1 GastG legte es mit der Voraussetzung des ‚öffentlichen‘ Bedürfnisses zunächst möglicherweise nicht nahe, der Bestimmung einen auch individualinteressen bezogenen Schutzzweck zu entnehmen … § 18 Abs. 1 GastG lässt sich ein geschützter Personenkreis entnehmen, der sich von der Allgemeinheit unterscheidet. In dieser Hinsicht ergibt sich nämlich aus dem in das Gaststättengesetz übernommenen § 3 Abs. 1 Nr. 1 BImSchG, dass zur Unterscheidung von der Allgemeinheit der Begriff der ‚Nachbarschaft‘ dient. Soweit der Einzelne als Teil der Allgemeinheit Schutzobjekt der gaststättenrechtlichen Vorschriften ist, die den Schutz gegen schädliche Umwelteinwirkungen bezwecken oder ermöglichen, fehlt es an einem eigenen subjektiven Recht auf Einhaltung der genannten Vorschriften. Anders ist es hingegen, wenn der Einzelne zur ‚Nachbarschaft‘ gehört… In Bezug darauf ist der in § 3 Abs. 1 BImSchG zum Ausdruck kommenden weiteren Schutzrichtung Rechnung zu tragen. Der Begriff der Nachbarschaft im Sinne des Bundes-Immissionsschutzgesetzes soll den Kreis derjenigen Personen abgrenzen, denen über den objektiven Schutz hinaus, den das Gesetz der Allgemeinheit und damit letztlich auch jedem Einzelnen als Teil dieser Allgemeinheit vermittelt, auch die subjektive Rechtsmacht

---

20 Jetzt leicht andere Formulierung in § 31 BauGB.
21 Jetzt leicht andere Formulierung in § 15 BauNVO.
22 BVerwGE 101, 157 ff. – *„Sperrzeit“.*

eingeräumt werden soll, einen solchen Schutz ggf. verwaltungsgerichtlich durchzusetzen. ‚Nachbarschaft' kennzeichnet mithin ein qualifiziertes Betroffensein, das sich deutlich abhebt von den Auswirkungen, die den Einzelnen als Teil der Allgemeinheit treffen können; sie setzt im Interesse klarer und überschaubarer Konturen und damit letztlich im Interesse der Rechtssicherheit ein besonderes Verhältnis des Betroffenen zu der Anlage im Sinne einer ‚engeren räumlichen und zeitlichen Beziehung' voraus … Dies gilt auch im Rahmen des Gaststättenrechts. Eine solche Beziehung kann sich aus der Lage des Immissionsortes in Bezug auf die emittierende Anlage ergeben. Sie kann aber auch hervorgerufen werden durch Auswirkungen in einem weiteren Umfeld der Anlage, die in einem funktionellen Zusammenhang mit dem Betrieb stehen und diesem auch in räumlicher Hinsicht noch zuzurechnen sind, weil sie den Bezug zu der emittierenden Anlage noch nicht verloren haben …"

cc) In **teleologischer Hinsicht** kommt es demgegenüber auf den objektiven   **79** Zweck des Gesetzes an. Darüber hinaus kann in diesem Zusammenhang der **historische (subjektive) Wille** des Gesetzgebers zu berücksichtigen sein.
Sowohl die teleologische wie auch die subjektiv-historische Auslegung sind nicht unumstritten. Gegen eine subjektiv-historische Auslegung ist anzuführen, dass kein Gesetz eine starre Begrenzung seiner Anwendbarkeit auf solche Fälle verträgt, die der vom Gesetzgeber ins Auge gefassten Ausgangslage entsprechen. Das Gesetz muss mit den Lebensverhältnissen fortschreiten und ihnen sinnvoll angepasst weiter gelten, solange dies nicht die Form sprengt, in die es gegossen ist.[23]
In der Literatur wird deshalb dafür plädiert, die subjektiv-historische Auslegung nur restriktiv heranzuziehen.[24] Die Problematik der teleologischen Auslegung liegt darin, dass der objektive Zweck des Gesetzes häufig nicht ohne weiteres ermittelt werden kann und die Auslegung selbstverständlich nicht der Subjektivität des Rechtsanwenders unterstellt werden darf. Nicht selten werden sich historische und teleologische Auslegung aber entsprechen.

Beispiel: Einer Universitätsklinik wurde die Anschaffung eines Großgeräts genehmigt. Hiergegen wendet sich eine Privatklinik, weil sie befürchtet, Nachteile zu erleiden, wenn die Betriebskosten des Großgeräts nicht in Pflegesätzen berücksichtigt werden dürfen.
§ 10 **KHG** (1984 – inzwischen weggefallen): „Die Anschaffung, Nutzung oder Mitbenutzung medizinisch-technischer Großgeräte ist unter Berücksichtigung der regionalen Versorgungsbedürfnisse, insbesondere der Leistungserfordernisse benachbarter Krankenhäuser sowie der niedergelassenen Ärzte, mit der zuständigen Landesbehörde abzustimmen, um einen wirtschaftlichen Einsatz der Geräte sicherzustellen…"
Hierzu das **BVerwG**[25]: „Geht man vom **Wortlaut** der Bestimmung aus, so hat der Gesetzgeber in der Formulierung ‚um einen wirtschaftlichen Einsatz der Geräte sicherzustellen', den Zweck der Abstimmung rein objektiv-rechtlich gekennzeichnet. Zweck ist die im öffentlichen Interesse liegende objektive Bedarfsanalyse zur Vermeidung unnötiger Kosten für die Allgemeinheit und Versichertengemeinschaft. Die Worte ‚unter Berücksichtigung der regionalen Versorgungsbedürfnisse, insbesondere der Leistungserfordernisse benachbarter Krankenhäuser …' erweisen ebenfalls das ausschließlich öffentliche Interesse des Gesetzgebers an einer befriedigenden Versorgungs- und Leistungsstruktur der Krankenhäuser.
Die **Entstehungsgeschichte** des § 10 KHG 1984 und der Vorläuferregelung des § 11a KHG 1981 bestätigt den rein objektiv-rechtlichen Charakter der Abstimmungsregelung. In der Begründung der Bundesregierung … heißt es …: ‚Die Vorschrift soll sicherstel-

---

23 BGHSt 10, 157 [160].
24 *Huber*, Allgemeines Verwaltungsrecht, 2. Aufl., 1997, S. 113; *Schmidt-Aßmann*, Das Allgemeine Verwaltungsrecht als Ordnungsidee, 2. Aufl., 2004, S. 77.
25 BVerwGE 92, 313 ff. – *„Krankenhausplan"*.

len, dass die Anschaffung ... von medizinisch-technischen Großgeräten zwischen benachbarten Krankenhäusern abgestimmt wird. Hierdurch soll einmal die Anschaffung überflüssiger Geräte verhindert und zum anderen ein möglichst wirtschaftlicher Einsatz der Geräte erreicht werden' ...

Auch der **systematische Zusammenhang** der zu beurteilenden Regelung erweist das Fehlen jeglichen Drittschutzes bei § 10 Satz 1 KHG 1984... Dabei ist auf den in § 1 Abs. 1 KHG 1984 verankerten Grundsatz abzustellen: ‚Zweck dieses Gesetzes ist die wirtschaftliche Sicherung der Krankenhäuser, um eine bedarfsgerechte Versorgung der Bevölkerung mit leistungsfähigen, eigenverantwortlich wirtschaftenden Krankenhäusern zu gewährleisten und zu sozial tragbaren Pflegesätzen beizutragen.'

Sinn und Zweck des Gesetzes bestätigen den Ausschluss jeglichen Drittschutzes in § 10 Satz 1 KHG 1984. Wie bereits die Gesetzesbegründung erhellt, geht es in dieser Norm nur um eine im öffentlichen Interesse liegende objektive ‚Bedarfsanalyse' zur Vermeidung unnötiger Kosten für die gesetzliche Krankenversicherung ...“

80 b) **Das Rücksichtnahmegebot.** Die Schutznormtheorie führt nicht zwingend dazu, dass eine Norm oder ein sonstiges rechtliches Gebot vollumfänglich drittschützend ist; in Betracht kommt auch eine differenzierte Schutzwirkung je nach Tatbestandsmerkmal und kollidierender Interessenlage. Das zeigt das Rücksichtnahmegebot im Baurecht.

Fall 4:[26] Ein Schweinemäster beantragt eine Baugenehmigung für den Ausbau seines Schweinebetriebs durch einen weiteren Schweinemaststall im Außenbereich. In Eigentumshäusern wohnhafte Nachbarn wenden sich gegen die Baugenehmigung.

Lösung Fall 4: Das BVerwG setzt hier bei der Feststellung an, dass Bauvorhaben im Außenbereich unter anderem deshalb nicht genehmigungsfähig sein können, weil sie auf die Interessen anderer nicht genügend Rücksicht nehmen. Es fährt fort, dass dem nicht mit Erfolg entgegenhalten werden könne, dass nach dem Wortlaut des § 35 BBauG (jetzt BauGB) lediglich das Entgegenstehen bzw. eine Beeinträchtigung öffentlicher Belange die Unzulässigkeit eines Vorhabens begründen könne. Das Gebot der Rücksichtnahme auf schutzwürdige Individualinteressen stehe nämlich nicht im Gegensatz zu derartigen Belangen. Vielmehr sei dieses Gebot selbst zugleich ein öffentlicher Belang im Sinne des § 35 Abs. 3 BBauG (jetzt BauGB). Dies unterliege umso weniger Zweifeln, als die damalige Neufassung des § 35 Abs. 3 BBauG (jetzt BauGB) es ausdrücklich als eine Beeinträchtigung öffentlicher Belange werte, wenn ein Vorhaben ‚schädliche Umwelteinwirkungen' hervorrufen könne.

Welche Anforderungen das Gebot der Rücksichtnahme begründet, hängt nach dieser Rechtsprechung maßgeblich von den konkreten Umständen des Einzelfalls ab. Es handelt sich insofern um ein „offenes regulatorisches Prinzip“, das seinen Gehalt aus der konkreten rechtlichen und tatsächlichen Situation bezieht und zudem durch spezielle Schutznormen, etwa des Immissionsschutzrechts, überformt wird.[27]

Je empfindlicher und schutzwürdiger die Stellung derer ist, denen die Rücksichtnahme im gegebenen Zusammenhang zugutekommt, umso mehr an Rücksichtnahme kann deshalb von diesen verlangt werden. Je verständlicher und unabweisbarer andererseits die mit dem Vorhaben verfolgten Interessen sind, umso weniger braucht derjenige, der dieses verwirklichen will, Rücksicht zu nehmen. Insofern kommt es für die sachgerechte Beurteilung des Einzelfalles mit dem BVerwG wesentlich auf eine **Abwägung** zwischen dem an, was einerseits dem Rücksichtnahmebegünstigten und andererseits dem Rücksichtnahmepflichtigen nach Lage der Dinge zuzumuten ist.

---

26 BVerwGE 52, 122 ff. – „*Schweinemäster*“.
27 Hierzu *Hoppe/Bönker/Grotefels*, Öffentliches Baurecht, 4. Aufl., 2010, S. 253.

Mit Grund führt das Gericht daher im vorliegenden Fall weiter aus, dass die Bestimmung dessen, was den Klägern an Geruchsimmissionen noch zugemutet werden kann, ohne dass der Grad schwerer und unerträglicher Beeinträchtigungen erreicht wird, von den Einzelheiten der Situation abhängt, in die die Grundstücke hineingestellt sind.

Baurechtlich genehmigte Wohnhäuser, die in unmittelbarer Nähe eines bereits bestehenden landwirtschaftlichen Betriebes errichtet werden, sind regelmäßig darin vorbelastet, dass die dort Wohnenden bis zu einem gewissen Grad mit den für die Landwirtschaft typischen Immissionen rechnen müssen und sich auch nicht darauf verlassen können, dass es auf Dauer nicht zu stärkeren Belästigungen kommt, als sie bereits bei Entstehen der Wohnhäuser üblich waren: „Die demnach bei der hier gegebenen Sachlage auf das Gebot der Rücksichtnahme und nur darauf zu richtende Frage nach dem Vorliegen einer drittschützenden und deshalb auch drittberechtigenden Wirkung ist grundsätzlich zu verneinen … Die Annahme einer schlechthin drittschützenden Funktion des Gebotes der Rücksichtnahme verbietet sich deshalb, weil zumindest im Baurecht einer Vorschrift drittschützende Wirkung nur dann zukommen kann, wenn sie einen bestimmten und abgrenzbaren, d. h. individualisierbaren und nicht übermäßig weiten Kreis der hierdurch Berechtigten erkennen lässt … Daran fehlt es, soweit sich das Gebot der Rücksichtnahme auf eine nicht weiter personifizierbare Rücksichtnahme ‚im Allgemeinen‘ richtet.“[28]

Insgesamt korrespondieren mit dem Gebot der Rücksichtnahme daher mit dieser Rechtsprechung **allgemein** keine subjektiven Rechte. Dies schließt jedoch nicht aus, dass diesem Gebot bei einem Hinzutreten besonderer, die Pflicht zur Rücksichtnahme **qualifizierender und damit zugleich individualisierender Umstände** eine drittschützende Wirkung zuerkannt werden kann und muss.

c) **Subjektive öffentliche Rechte und Risikoverwaltungsrecht.** Durch Vermittlung grundrechtlicher Schutzpflichten hat sich im sog. Risikoverwaltungsrecht ein dreistufiges staatliches Schutzmodell entwickelt, das unter den Begriffen Gefahr, Gefahrenverdacht und Restrisiko unterschiedliche Schadensrealisierungspotentiale für ein rechtliches Schutzgut, insbesondere für das regelmäßig anzutragende Hauptgrundrecht auf Leben und körperliche Unversehrtheit aus Art. 2 Abs. 2 GG und seine Konkretisierungen, aufnimmt.[29] Dies und die damit zusammenhängende Problematik eines entsprechend graduierten Drittschutzes mag folgender Fall veranschaulichen:

Fall 5:[30] Institutsleiter L beantragt und erhält eine Genehmigung zum Betrieb einer Laboranlage als Anlage zur fabrikmäßigen Herstellung ultrafeiner Metall- und Keramikpulver (Nanopulver). In der Genehmigung sind bestimmte Grenzwerte festgesetzt; die Verwendung der Elemente Cadmium, Quecksilber, Thallium und Beryllium sowie Verbindungen dieser Elemente ist unzulässig. Der in der Nachbarschaft der Anlage wohnende N wendet sich gegen das Vorhaben: Wirkungsschwellen für Nanopartikel seien noch unerforscht. Weder in der TA Luft noch in sonstigen Regelwerken seien Grenzwerte für Nanopartikel festgelegt. Angesichts des neuartigen Gefährdungspotentials der Nanopartikel drohe eine erhebliche Beeinträchtigung seiner Gesundheit. Ein Sachverständigengutachten hat aber ergeben, dass das durch das Labor verursachte Gesund-

---

28 BVerwGE 52, 122 ff. – *„Schweinemäster“.*
29 Vgl. *Schröder,* Verfassungsrechtliche Rahmenbedingungen des Technikrechts, in: Schulte, Handbuch des Technikrechts, 2. Aufl., 2011, S. 245 ff.
30 BVerwGE 119, 329 ff. – *„Nanostaub“.*

heitsrisiko irrelevant sei. Die Behörde weist N darauf hin, dass er die Einhaltung des Vorsorgegrundsatzes nicht verlangen könne.

Lösung Fall 5: N befürchtet eine Beeinträchtigung seiner Gesundheit durch die von der genehmigten Anlage ausgehenden Nanopartikel. Gegenüber diesem Gefährdungspotential beansprucht er Schutz, den er durch die angegriffene Genehmigung nicht hinreichend gewährleistet sieht. Prüfungsmaßstab hierfür ist das BImSchG, das zum Schutz vor schädlichen Umwelteinwirkungen die Pflichten der Betreiber genehmigungsbedürftiger Anlagen regelt, die durch untergesetzliche Vorschriften, insbesondere die TA Luft, konkretisiert werden. Nach § 5 Abs. 1 S. 1 BImSchG sind genehmigungsbedürftige Anlagen so zu errichten und zu betreiben, dass schädliche Umwelteinwirkungen und sonstige Gefahren, erhebliche Nachteile und erhebliche Belästigungen für die Allgemeinheit und die Nachbarschaft nicht hervorgerufen werden können (Nr. 1) und Vorsorge gegen schädliche Umwelteinwirkungen und sonstige Gefahren, erhebliche Nachteile und erhebliche Belästigungen getroffen wird, insbesondere durch die dem Stand der Technik entsprechenden Maßnahmen (Nr. 2).

In Fällen dieser Art kann der im Einwirkungsbereich der Anlage wohnende Dritte eine dem Betreiber erteilte immissionsschutzrechtliche Genehmigung zunächst mittels des ihm in **§ 5 Abs. 1 S. 1 Nr. 1 BImSchG** eingeräumten Schutz- und Abwehrrechts anfechten, dem unzweifelhaft auch der erforderliche Drittschutz zuzusprechen ist. Als Instrument der Gefahrenabwehr greift ein entsprechendes Recht allerdings nur unter der Bedingung Platz, dass eine hinreichende Wahrscheinlichkeit des Schadenseintritts besteht. Die in § 5 Abs. 1 S. 1 Nr. 1 BImSchG aufgestellte Schutzpflicht dient grundsätzlich der Abwehr erkannter Gefahren und der Vorbeugung gegenüber künftigen Schäden, die durch solche Gefahren hervorgerufen werden können. Eine entsprechende Gefahr liegt dabei mit der klassischen Begriffsdefinition des Polizeirechts vor, wo „aus gewissen gegenwärtigen Zuständen nach dem Gesetz der Kausalität gewisse andere Schaden bringende Zustände und Ereignisse erwachsen werden".[31]

Eine dahingehende Feststellung war im vorliegenden Fall indes nicht möglich, weil nach dem derzeitigen Erkenntnisstand nicht geklärt werden konnte (und auch bis heute wohl nicht geklärt werden kann), ob von dem Betrieb des in Rede stehenden Labors eine tatsächliche Gefahr für die Gesundheit der Nachbarschaft oder ein sonstiges Schutzgut im Sinne des § 5 Abs. 1 S. 1 Nr. 1 BImSchG ausgeht. Eine tatsächliche Gefahr im Sinne des Risikoverwaltungsrechts ist damit nicht mit der erforderlichen Sicherheit festzustellen.

82 Fraglich ist daher, ob auch der in **§ 5 Abs. 1 Nr. 2 BImSchG** aufgestellten Vorsorgepflicht eine entsprechende drittschützende Wirkung zuzusprechen ist.[32]

Teile der Rechtsprechung und Literatur hatten dies zunächst bejaht.[33] Die mittlerweile wohl überwiegende Auffassung in Rechtsprechung wie Lehre lehnt jedoch eine solche Auslegung des § 5 Abs. 1 Nr. 2 BImSchG grundsätzlich ab.[34] Zur Begründung wird zunächst auf den Wortlaut der Bestimmung verwiesen, die, anders als § 5 Abs. 1 Nr. 1 BImSchG, keinen expliziten Verweis auf den Nachbarschutz enthält. Darüber hinaus betreffe die Vorsorgepflicht nur Maßnahmen unterhalb der Gefahrenschwelle; sie sei also nur gegen hypothetische Gefahren gerichtet.

---

31 BVerwGE 119, 329 [332] – *„Nanostaub"*; und BVerwGE 72, 300 [315] – *„Whyl"*, jeweils unter Verweis auf PrOVG vom 15.10.1894, PrVBl 16, 125 [126].

32 Zur Abgrenzung: BVerwGE 69, 37 [41 f.] – *„Großfeuerungsanlagen"*.

33 OVG Münster, NVwZ 1989, 172 [173]; OVG Lüneburg UPR 1984, 309 ff.; *Roßnagel*, in: Koch/Scheuing, GK-BImSchG, § 5 Rn. 254.

34 Hierzu und zum Folgenden BVerwGE 65, 313 [320] – *„Dampfkraftwerk Marbach"*; *Jarass*, BImSchG, 12. Aufl., 2017, § 5 Rn. 120.

Schließlich diene die Vorsorgepflicht nicht der Begünstigung eines individualisierbaren Personenkreises, sondern nur dem Interesse der Allgemeinheit daran, potentiell schädlichen Umwelteinwirkungen generell und auch dort vorzubeugen, wo sie keinem bestimmten Emittenten zuzurechnen seien.[35] Jenseits der Schädlichkeitsschwelle des § 5 Abs. 1 Nr. 1 BImSchG könne der Einzelne prinzipiell keinen Anspruch geltend machen, „an sich zumutbare Lebensverhältnisse" noch „risikoloser und angenehmer" zu gestalten.[36]

Auch dieser Grundsatz gilt jedoch zumindest nicht mehr uneingeschränkt: Sind mögliche Schäden an einem einschlägigen Schutzgut tatsächlich nicht auszuschließen, weil nach dem derzeitigen Wissensstand bestimmte Ursachenzusammenhänge weder bejaht noch verneint werden können, so ist mit dem BVerwG auch im Rahmen von § 5 Abs. 1 S. 1 Nr. 1 und Nr. 2 BImSchG zwischen sog. Gefahrenverdachten, die staatliche Schutz- und Abwehrpflichten begründen,[37] und sog. Restrisiken (bzw. Besorgnispotentialen) zu unterscheiden, die unter dem Gesichtspunkt einer sozialadäquaten Lastenverteilung von der Allgemeinheit als Ausdruck des allgemeinen Lebensrisikos hinzunehmen sind.[38]

In der Sache ist dabei auf eine umfassende Güter- und Interessenabwägung nach dem Grundsatz der Verhältnismäßigkeit abzustellen.[39] In diese Abwägung sind neben den rechtlich geschützten Interessen potentieller Drittbetroffener zumindest auch solche der jeweiligen Anlagenbetreiber einzubeziehen. Nach der Systematik des BImSchG erfolgt die Festsetzung der maßgeblichen Immissionsgrenzwerte dabei regelmäßig in dem Verfahren nach § 48 S. 1 Nr. 1 BImSchG, in welchem das hinzunehmende Restrisiko für den Einzelnen und für die Allgemeinheit aufgrund fachlichen Sachverstands, politischer Legitimation und verantwortbarer Bewertung rechtlich konkretisiert wird.[40]

Ist ein solches Verfahren durchgeführt worden, so hat sich der Gefahrenverdacht nach der Prüfungssystematik des BVerwG zu einem **rechtlich anerkannten** Kausalzusammenhang verdichtet,[41] und die Nichteinhaltung des einschlägigen Grenzwertes ist über das in **§ 5 Abs. 1 S. 1 Nr. 1 BImSchG** eingeräumte Schutz- und Abwehrrecht angreifbar.[42] Für diesen Fall verbleibt daher kein Bedürfnis nach einer weitergehenden drittschützenden Ausdeutung des Vorsorgegrundsatzes.

---

35 BVerwGE 65, 313 [320] – *„Dampfkraftwerk Marbach"*; BVerwGE 69, 37 [42] – *„Großfeuerungsanlagen"*.

36 BVerwGE 65, 313 [320] – *„Dampfkraftwerk Marbach"*.

37 BVerwGE 119, 329 [332] – *„Nanostaub"*; *Rid/Hammann*, UPR 1990, S. 281 ff. (284 ff.).

38 *Preuß*, Risikovorsorge als Staatsaufgabe, in: D. Grimm, Staatsaufgaben, 1994, S. 529.

39 BVerwGE 119, 329 [332] – *„Nanostaub"*: „Potentiell schädliche Umwelteinwirkungen, ein nur möglicher Zusammenhang zwischen Emissionen und Schadenseintritt oder ein generelles Besorgnispotential können Anlass für Vorsorgemaßnahmen sein, sofern diese nach Art und Ausmaß verhältnismäßig sind."; siehe ferner *Kastendieck*, Der Begriff der praktischen Vernunft in der juristischen Argumentation. Zugleich ein Beitrag zur Rationalisierung und ethischen Legitimation von rechtlichen Entscheidungen unter Unsicherheitsbedingungen, 2000, S. 46, et passim m. w. N.

40 BVerwGE 119, 329 [333] – *„Nanostaub"*; vgl. für den Parallelfall der atomrechtlichen Dosisgrenzwerte des § 47 Abs. 1 S. 1 StrlSchV auch BVerwG, NJW 1981, 1393 [1395] – *Stade*, wo die Funktion jener Dosisgrenzwerte explizit dahingehend bestimmt wird, „die Grenze festzulegen, jenseits derer das für die Einzelperson hinzunehmende Restrisiko beginnt".

41 Vgl. *Ramsauer*, in: Koch (Hrsg.), Umweltrecht, 5. Aufl., 2018, S. 293, Rn. 250.

42 Vgl. BVerwGE 119, 329 [333] – *„Nanostaub"*: „Ob bei ungewissem Kausalzusammenhang zwischen Umwelteinwirkungen und Schäden eine Gefahr oder ein Besorgnispotential anzunehmen ist, hängt vom Erkenntnisstand über den Wahrscheinlichkeitseintritt ab. Die Grenze zwischen drittschützender Schutzpflicht und gefahrenunabhängiger Risikovorsorge bei Ungewissheit über die Schädlichkeit von Umwelteinwirkungen für die menschliche Gesundheit ist bisher nicht für alle Schadstoffe in einem Verfahren nach § 48 BImSchG festgelegt worden …".

Ist ein solches Verfahren allerdings wie im vorliegenden Fall unterblieben, so sind die individuellen Rechte Drittbetroffener im Rahmen des durch § 5 Abs. 1 Nr. 2 BImSchG begründeten Vorsorgegrundsatzes unter Verhältnismäßigkeitsgesichtspunkten zu berücksichtigen. Bei hinreichenden Gründen für das Bestehen eines schädigenden Kausalzusammenhangs ist dieser Norm dann die Funktion eines sog. **Minimierungsgebots** zuzusprechen: Die Vorschrift drängt insoweit darauf, „den erforderlichen Schutz der menschlichen Gesundheit durch die Verpflichtung des Anlagenbetreibers sicherzustellen, Emissionen entsprechender Stoffe unter Beachtung des Grundsatzes der Verhältnismäßigkeit so weit wie möglich zu begrenzen".[43]

> Für den Fall Nr. 5 heißt das: § 5 Abs. 1 Nr. 2 BImSchG kann ausnahmsweise drittschützender Charakter zukommen, soweit keine Immissionswerte in der TA Luft festgelegt sind. Insoweit könnte sich N auf die Vorschrift berufen. Allerdings muss er dabei geltend machen können, dass das ihm verbleibende Schadensrisiko nicht rechtlich vernachlässigbar ist. Vorliegend aber sind in der Genehmigung bestimmte Grenzwerte festgesetzt und die Verwendung der Elemente Cadmium, Quecksilber, Thallium und Beryllium sowie Verbindungen dieser Elemente ist behördlich untersagt. N kann sich daher im Ergebnis nicht erfolgreich gegen die Genehmigung wenden.

83 **d) Subjektive öffentliche Rechte und Grundrechte.** Auch Grundrechte können subjektive öffentliche Rechte begründen. Das gilt unstreitig in ihrer Funktion als Abwehrrechte. Darüber hinaus ist es freilich grundsätzlich die Aufgabe des Gesetzgebers festzulegen, unter welchen Voraussetzungen dem Bürger ein Recht zustehen und welchen Inhalt es haben soll.[44]

Subjektiv rechtlich geschützte Interessen des Bürgers ergeben sich deshalb zunächst aus den Regelungen des einfachen Rechts (sog. **Anwendungsvorrang des Gesetzesrechts**). Nur subsidiär kann sich eine rechtsschutzfähige Rechtsposition aus Grundrechten und sonstigen von der Verfassung gewährten Rechten ergeben, sofern das einfache Gesetz den verfassungsrechtlichen Schutzanspruch unberücksichtigt lässt oder verkennt.[45]

Eine Grundrechtsverletzung kann auch in diesen Fällen aber nur bei hinreichender Intensität vorliegen. Rechtsprechung und Literatur verwenden die Begriffe „schwerwiegend",[46] „spürbar",[47] „erheblich",[48] „nachhaltig".[49] Das BVerwG[50] hatte bei baurechtlichen Angelegenheiten zunächst einen Rückgriff auf Art. 14 Abs. 1 GG und bei sog. Wettbewerbsrelevanz einen solchen auf Art. 12 Abs. 1 GG zugelassen, vorausgesetzt der Eingriff sei „unerträglich".

Diese Rechtsprechung ist in der Literatur kritisiert worden, weil es im gewaltengeteilten demokratischen Rechtsstaat des Grundgesetzes die Funktion des einfachen Gesetzes ist, in bipolaren Rechtsverhältnissen die Rechtsstellung des Einzelnen zu konkretisieren und in multipolaren Rechtsverhältnissen die wechselseitigen Interessen zu begrenzen, auszugestalten und gegenseitig und untereinander abzuwägen. Wo das Gesetz in verfassungsrechtlich zulässiger Weise das jeweilige Grundrecht ausbildet, muss deshalb ein Rückgriff auf das jeweilige Grundrecht

---

43 BVerwGE 119, 329 [333] – „*Nanostaub*".
44 BVerfGE 78, 214.
45 BVerfGE 116, 135.
46 BVerwGE 87, 37 [44] – „*DEG*".
47 BVerwGE 71, 183 [190] – „*Transparenzliste*".
48 *Kluth*, Bundesverfassungsgericht und wirtschaftslenkende Gesetzgebung ZHR 162 (1998), 657 [667].
49 BVerwGE 87, 37 [44] – „*DEG*"; BVerwGE 90, 112 [121] – „*Osho*".
50 BVerwGE 44, 244 [247]; BVerwGE 39, 329 [336]; BVerwG, DVBl 1996, 152 [153].

ausscheiden.[51] Er kann nur dort zulässig sein, wo das betreffende Gesetz verfassungswidrig und deshalb nichtig ist oder wo es an einer grundrechtskonkretisierenden bzw. –kollisionsauflösenden Norm des einfachen Rechts fehlt. Auch durch das baunachbarrechtliche Rücksichtnahmegebot (Rn. 80) wird der Rückgriff auf Art. 14 GG versperrt.[52]

Beispiel: Das OVG Niedersachsen[53] hatte sich wegen Geruchsimmissionen u. a. mit der Frage auseinanderzusetzen, ob sich aus Art. 2 Abs. 2 GG oder Art. 14 Abs. 1 GG staatliche Schutzaufträge ergeben können, die das von § 5 Abs. 1 Nr. 1 BImSchG garantierte Maß übersteigen. Das OVG hat diese Frage zu Recht verneint und führt hierzu insbesondere aus:

„Die aus Art. 2 Abs. 2 GG herzuleitende Schutzpflicht des Staates hat der Gesetzgeber für den Bereich der immissionsschutzrechtlich bedeutsamen Vorhaben dahingehend konkretisiert, dass eine immissionsschutzrechtliche Genehmigung u. a. nach § 6 Abs. 1 Nr. 1 BImSchG nur erteilt wird, wenn sichergestellt ist, dass die sich aus § 5 BImSchG ergebenden Pflichten erfüllt werden, also insbesondere die genehmigungsbedürftige Anlage so errichtet und betrieben wird, dass schädliche Umwelteinwirkungen etc. nicht hervorgerufen werden (§ 5 Abs. 1 Nr. 1 BImSchG). Anhaltspunkte, dass die weiteren Voraussetzungen nicht eingehalten werden, bestehen … nicht. Ebenso wenig ist ersichtlich, dass Art. 2 Abs. 2 GG in seinem Schutzbereich über die vorbezeichneten Vorschriften hinausgehend weitergehende Anforderungen an die Genehmigung immissionsschutzrechtlich bedeutsamer Anlagen stellt.

Entsprechendes gilt für die vom Antragsteller gerügte Standortwahl, die nach seiner Ansicht die Verletzung seines in Art. 14 GG verankerten Rechts am eingerichteten und ausgeübten Gewerbebetrieb zur Folge hat. Der Beigeladene kann weder auf der Grundlage von Art. 14 GG noch von § 15 Abs. 1 Satz 2 BauNVO auf einen anderen, für den Antragsteller aus immissionsschutzrechtlicher Sicht günstigeren Standort verwiesen werden, wenn – wie hier – von der geplanten Biogasanlage keine unzumutbaren Einwirkungen ausgehen. Ergibt die immissionsschutzrechtliche Prüfung, dass die von der Anlage ausgehenden Belastungen an dem von dem Antragsteller gewählten Standort zumutbar sind, muss der Nachbar diese auch dann hinnehmen, wenn es einen ihm noch stärker schonenden Alternativstandort gibt. Denn die immissionsschutzrechtliche Prüfung ist ebenso wie die baurechtliche Prüfung an der Standortentscheidung des Anlagenbetreibers bzw. Bauherrn ausgerichtet und hieran gebunden. Der Anlagenbetreiber bestimmt das Vorhaben, dessen Zulässigkeit dann auf der Grundlage der eingereichten Antragsunterlagen von der Behörde zu prüfen ist."

Insofern behalten die Grundrechte bei der systematischen Rechtsauslegung Bedeutung (**grundrechtskonforme Auslegung unbestimmter Rechtsbegriffe**). So kann gerade der grundrechtliche Bezug eines objektiven Rechtssatzes dafür sprechen, dass das einfache Gesetz ein subjektives öffentliches Recht gewährt. Zu weit dürfte es allerdings gehen, wegen Art. 19 Abs. 4 GG eine Vermutung für einen Schutznormcharakter herzuleiten.[54] Art. 19 Abs. 4 GG setzt ein subjektives öffentliches Recht voraus, begründet es aber – abgesehen vom Justizgewährungsanspruch – nicht.[55]

e) Subjektive öffentliche Rechte und Europarecht. Subjektive öffentliche **84** Rechte spielen im Unionsrecht eine nicht weniger bedeutende Rolle als im deutschen Verwaltungsrecht. Allerdings kennt das Unionsrecht den Begriff nicht, der EuGH spricht von „Rechten des Einzelnen".[56] Diese können sich aus den Gemeinschaftsgrundrechten, den Grundfreiheiten oder dem Sekundärrecht ergeben.

---

51 *Huber*, Allgemeines Verwaltungsrecht, 2. Aufl., 1997, S. 114.
52 *Schoch*, Nachbarschutz im öffentlichen Baurecht, Jura 2004, 317, [318].
53 Nds. OVG vom 16.5.2006 – Az. 7 ME 6/06, (teilw. abgedr. in ZUR 2006, 497 ff.).
54 *Schmidt-Aßmann*, in: Maunz/Dürig/Herzog/Scholz, Grundgesetz, Band I, Art. 19 Abs. 4 Rn. 143.
55 *Storr*, Der Staat als Unternehmer, 2001, S. 476 ff.
56 Etwa EuGH vom 19.11.1991, Rs. C-6/90 – *Francovich*, Rn. 21.

Nicht selten kommt den europäischen subjektiven öffentlichen Rechten eine besondere, integrative Funktion zu: Die Union verpflichtet die Mitgliedstaaten, ihren Bürgern subjektive öffentliche Rechte einzuräumen, deren Adressaten die Mitgliedstaaten selbst sind. Der Bürger, der diese Ansprüche gegen die Mitgliedstaaten geltend macht, verfolgt dann mittelbar Ziele der Union. Diese Mobilisierung von Bürgern zur Durchsetzung des europäischen Rechts wird „**funktionale Subjektivierung**" genannt.[57]

> **Beispiel:** Die Umweltinformationsrichtlinie[58] verpflichtet die Mitgliedstaaten zu gewährleisten, dass Behörden verpflichtet sind, die bei ihnen vorhandenen oder für sie bereitgehaltenen Umweltinformationen allen Antragstellern auf Antrag zugänglich zu machen, ohne dass diese hierfür ein besonderes Interesse geltend machen müssten. Der deutsche Gesetzgeber ist der Verpflichtung durch das Umweltinformationsgesetz (UIG) nachgekommen. Macht der Bürger einen Auskunftsanspruch geltend, mag er auch eigennützig die Initiative hierzu ergreifen, wird er zugleich als „Prokurator" des Europarechts tätig, das auf eine effektive Durchsetzung angewiesen ist. Die individuelle Selbstentfaltung des Bürgers tritt in diesem Konzept zwar nicht in den Hintergrund, ist aber nur Mittel zum Zweck.

Das Sekundärrecht kann dem Bürger subjektive öffentliche Rechte gegen die Union oder gegen die Mitgliedstaaten einräumen. Es kann subjektive öffentliche Rechte z. B. in Form einer Verordnung im Sinne von Art. 288 Abs. 2 AEUV selbst begründen oder die Mitgliedstaaten durch eine Richtlinie im Sinne von Art. 288 Abs. 3 AEUV verpflichten, derartige Rechte zu schaffen.

Nur in Ausnahmefällen – bei fehlerhafter oder nicht rechtzeitiger Umsetzung einer Richtlinie durch den Mitgliedstaat – kann der Einzelne aus einer Richtlinie unmittelbar derartige Rechte ableiten (Rn. 112). Solche Rechtspositionen sind durch Auslegung zu bestimmen. Die Schutznormlehre kommt nicht zur Anwendung. Maßgeblich ist allein der Regelungszweck, ob also dem Bürger Rechte eingeräumt werden sollen und der Mitgliedstaat eine dahingehende Umsetzungspflicht hat.[59] Hierfür soll es regelmäßig genügen, dass eine Umsetzungsverpflichtung dem Schutz von Betroffenen dient.

> **Fall 6:**[60] A wohnt in unmittelbarer Nähe einer Luftgütemessstelle. Nach den Messergebnissen dieser Station wurde der Grenzwert der einschlägigen europäischen Richtlinie über die Beurteilung und die Kontrolle der Luftqualität für Feinstaubpartikel PM 10 überschritten. A beantragt die unverzügliche Aufstellung eines Aktionsplans i. S. d. § 47 Abs. 2 BImSchG (der damals geltenden Fassung).[61]
>
> **Lösung Fall 6:** Die Frage, ob § 47 Abs. 2 BImSchG dem betroffenen Nachbarn Drittschutz vermittelt, lässt sich anhand des Gesetzeswortlauts nicht ohne weiteres beantworten.
>
> Insoweit könnte zunächst der Rückschluss naheliegen, dass ein subjektives Recht zur Planaufstellung nicht besteht, weil die Pflicht zur Planaufstellung nur dem Allgemein-

---

57 *Masing*, Der Rechtsstatus des Einzelnen im Verwaltungsrecht, in: Hoffmann-Riem/Schmidt-Aßmann/Vosskuhle, Grundlagen des Verwaltungsrechts, Band 1, 2. Aufl., 2012, S. 437 [484].

58 RiL 2003/4/EG vom 28.1.2003 über den Zugang der Öffentlichkeit zu Umweltinformationen und zur Aufhebung der RiL 90/313/EWG, ABl. Nr. L 41, S. 26. ff.

59 *Scherzberg*, Das subjektive öffentliche Recht – Grundfragen und Fälle, JA 2006, 839 [848].

60 BayVGH ZUR 2006, 421 ff.; jüngeren Datums: BVerwG vom 27.2.2018 – 7 C 30/17 und BVerwG vom 27.2.2018 – 7 C 26/16; s. a. *Storr*, VbR 2019, S. 14 ff.

61 § 47 Abs. 2 S. 1 und 2 BImSchG lautete: „*Besteht die Gefahr, dass die durch eine Rechtsverordnung nach § 48a Abs. 1 festgelegten Immissionsgrenzwerte oder Alarmschwellen überschritten werden, hat die zuständige Behörde einen Aktionsplan aufzustellen, der festlegt, welche Maßnahmen kurzfristig zu ergreifen sind. Die im Aktionsplan festgelegten Maßnahmen müssen geeignet sein, die Gefahr der Überschreitung der Werte zu verringern oder den Zeitraum, während dessen die Werte überschritten werden, zu verkürzen.*"

interesse dient: So ist in § 47 Abs. 2 BImSchG nicht ausdrücklich vom Schutz der Anwohner und deren Gesundheit die Rede. Zudem geht die Erstellung eines jeden Aktionsplans in ihren Wirkungen weit über den Rechtskreis eines einzelnen betroffenen Anwohners hinaus. Und auch die weitere gesetzliche Konstruktion scheint eher auf eine objektiv-rechtliche Verpflichtung von Hoheitsträgern hinzudeuten. Gerade die Zweistufigkeit des Luftqualitätsrechts (in der dem ersten Schritt einer vorbereitenden Planaufstellung nach § 47 Abs. 1 und 2 BImSchG in einem zweiten Schritt die Plandurchsetzung nach § 47 Abs. 6 S. 1 BImSchG folgt) legt es nahe, die unmittelbar luftverbessernd wirkende Qualitätsplanung außerhalb des Rechtskreises der Betroffenen zu lokalisieren und damit einen Anspruch auf Planung abzulehnen.

Aus rechtssystematischen und teleologischen Gründen ist der Anspruch der betroffenen Anwohner auf Aufstellung eines Aktionsplans i. S. d. § 47 Abs. 2 BImSchG mit dem BayVGH jedoch zu bejahen. Maßgeblich für diese Betrachtung ist nämlich das Rechtsgut, das „durch die Regelung nach ihrem Sinn und Zweck geschützt werden soll". Die „Zielrichtung der Luftreinhalteplanung" ist eindeutig. Das Rechtsgut, das mit Hilfe des aufzustellenden Aktionsplans geschützt werden soll, ist „in erster Linie die Gesundheit der betroffenen Anwohner". Mittel zum Zweck ist daher die „Einhaltung drittschützender Immissionsgrenzwerte": Die Gesundheit der betroffenen Anwohner zu schützen, ist der Zweck der Immissionsgrenzwerte, die in der 22. BImSchV und der einschlägigen europäischen Richtlinie festgelegt sind. Die Überschreitung dieser Immissionsgrenzwerte soll durch den aufzustellenden Aktionsplan möglichst weitgehend vermieden werden. Es handelt sich bei der Gesundheit der betroffenen Anwohner um ein grundrechtlich geschütztes Rechtsgut (Art. 2 Abs. 2 Satz 1 GG) und darüber hinaus auch um ein europarechtlich geschütztes Rechtsgut. Der Europäische Gerichtshof hat in vergleichbaren Fällen keinen Zweifel daran gelassen, dass die Betroffenen in allen Fällen, in denen die Überschreitung der Grenzwerte die menschliche Gesundheit gefährden könnte, in der Lage sein müssen, sich auf zwingende Vorschriften zu berufen, um ihre Rechte geltend machen zu können … Am drittschützenden Charakter der Immissionsgrenzwerte für Feinstaub PM 10 kann es aus diesem Blickwinkel somit keinen Zweifel geben…

Dem Kriterium der Betroffenheit kommt ferner im Prozessrecht Bedeutung zu: Nach der sog. *Plaumann*-Formel[62] kann nur derjenige geltend machen, von einer Entscheidung i. S. d. Art. 288 Abs. 4 AEUV unmittelbar i. S. d. Art. 263 Abs. 4 AEUV (Nichtigkeitsklage) betroffen zu sein, der entweder Adressat einer Entscheidung ist oder der – ohne Adressat einer Entscheidung zu sein – wegen bestimmter persönlicher Eigenschaften oder besonderer ihn aus dem Kreis aller übrigen Personen heraushebender Umstände durch die Entscheidung berührt wird und daher in ähnlicher Weise individualisiert wird wie ein Adressat.

Rechtsprechung: BVerfGE 6, 32, 36 f. – *„Elfes"*; BVerwGE 1, 159 ff. – *„Fürsorgeunterstützung"*; BVerwGE 71, 183, 190 – *„Transparenzliste"*; BVerwGE 79, 254 ff. – *„Feueralarmsirene"*; BVerwGE 87, 37, 44 – *„DEG"*; RGZ 99, 96 ff. – *„Leitungswasser"*; BGHZ 17, 191 ff. – *„Leitungswasser"*.

Literatur: *Bauer, H.*, Geschichtliche Grundlagen der Lehre vom subjektiven öffentlichen Recht, 1996; *ders.*, Altes und Neues zur Schutznormtheorie, AöR 113 (1988), 582 ff.; *Bühler, O.*, Die subjektiven öffentlichen Rechte, 1914; *Gröschner, R.*, Vom Nutzen des Verwaltungsrechtsverhältnisses, DV 30 (1997), 301 ff.; *Huber, P. M.*, Konkurrenzschutz im Verwaltungsrecht, 1991; *Jellinek, G.*, System der subjektiven öffentlichen Rechte, 2. Aufl., 1919; *Kaplonek, B./Mittag, M.*, Nachbarschutz im öffentlichen Baurecht, JA 2006, 664 ff.; *Kluth, W.*, Bundesverfassungsgericht und wirtschaftslenkende Gesetzgebung ZHR 162 (1998), 657 ff.; *Pietzcker, J.*, Das Verwaltungsrechtsverhältnis – Archimedischer Punkt oder Münchhausens Zopf, DV 30 (1997), 281 ff.; *Preuß, U. K.*, Risikovorsorge als Staatsaufgabe, in: Grimm, D. (Hrsg.), Staatsauf-

---

62 EuGH vom 15.7.1963, Rs. 25/62 – „Plaumann".

gaben, 1994, S. 523 ff.; *Scherzberg, A.*, Grundlagen und Typologie des subjektiv-öffentlichen Rechts, DVBl 1988, 129 ff.; *ders.*, Das subjektive öffentliche Recht – Grundfragen und Fälle, JA 2006, 839 ff.; *Schmidt-Aßmann, E.*, Die Lehre von den Rechtsformen des Verwaltungshandelns, DVBl 1989, 533 ff.; *Schoch, F.*, Nachbarschutz im öffentlichen Baurecht, Jura 2004, 317 ff.; *Schröder, R.*, Verfassungsrechtliche Rahmenbedingungen des Technikrechts, in: Schulte, M., Handbuch des Technikrechts, 2011, S. 185 ff.; *Schulte, M.*, Schlichtes Verwaltungshandeln, 1995; *Storr, S.*, Der Staat als Unternehmer, 2001; *Trute, H.-H.*, Die Verwaltung und das Verwaltungsrecht zwischen gesellschaftlicher Selbststeuerung und staatlicher Steuerung, DVBl 1996, 950 ff.

§ 4 Rechtsquellen des Verwaltungsrechts

I. Das Gesetz

85 Das Gesetz ist das wichtigste Instrument zur Steuerung der Verwaltung. Das Gesetz – oder genauer das **Gesetz im materiellen Sinn** – ist eine Rechtsnorm, d. h. eine Maßnahme eines Trägers öffentlicher Gewalt, die darauf gerichtet ist, in einer unbestimmten Vielzahl von Einzelfällen bestimmte Rechtsfolgen herbeizuführen und die Außenwirkung entfaltet, sich also nicht ausschließlich innerhalb dieses Trägers öffentlicher Gewalt auswirkt. Gesetze im materiellen Sinn sind das Parlamentsgesetz, die Rechtsverordnung und die Satzung. Das **Gesetz im formellen Sinn** meint das Parlamentsgesetz, das in einem besonderen, von der Verfassung vorgegebenen Verfahren (vgl. Art. 76 ff. GG für Bundesgesetze) erlassen ist.

Der Grundsatz vom **Vorrang des Gesetzes** gewährleistet, dass sich die Verwaltung an die gesetzlichen Grundlagen hält. Satzung und Rechtsverordnung sind nur auf formell-gesetzlicher Grundlage zulässig. Das führt zu einem hierarchischen Verhältnis der Rechtsnormen. Verwaltungsmaßnahmen, die gegen eine höherrangige Rechtsnorm verstoßen, sind nichtig oder rechtswidrig.

1. Das Verfassungsgesetz

86 An der Spitze der Rechtsordnung steht die Verfassung, d. h. auf Bundesebene das Grundgesetz. Das Grundgesetz beruht auf einem Akt der verfassungsgebenden Gewalt des Deutschen Volkes (vgl. Präambel, Art. 146 GG), ist nur unter erschwerten Bedingungen abänderbar (Art. 79 Abs. 1 und 2 GG) und in seinen Kernelementen änderungsfest (Art. 79 Abs. 3 GG).

Der Geltungsanspruch des Grundgesetzes ist umfassend; es gibt nur äußerste Grenzen:

– Grundlegende, überpositive Naturrechte (elementare Menschenrechte), die auch die **verfassungsgebende Gewalt** binden.[1]

– Der **verfassungsändernde Gesetzgeber** ist ferner an die Schranken des Art. 79 Abs. 2 (Änderung des Grundgesetzes nur durch 2/3-Mehrheit in Bundestag und Bundesrat) und Abs. 3 GG (Gliederung des Bundes in Länder, grundsätzliche Mitwirkung der Länder bei der Gesetzgebung, Grundsätze in Art. 1 GG, d. h. Menschenrechte/Grundrechte) und an Art. 20 GG (Bundesstaat, Demokratie, Rechtsstaat, Sozialstaat) gebunden.

– Außerdem ermöglicht Art. 23 GG dem Gesetzgeber, für eine Integration Deutschlands in die **Europäische Union** den Souveränitätspanzer des deutschen Rechts zu öffnen. Insoweit – also solange Deutschland Mitglied der

---

1 BVerfGE 1, 14 [61] – „*Südweststaat*"; BVerfGE 10, 59 [81] – „*Elterliche Gewalt*".

EU ist – gilt der Anwendungsvorrang des Unionsrechts (Rn. 38) und zwar auch gegenüber deutschem Verfassungsrecht. Eine Grenze findet dieser Anwendungsvorrang in Art. 23 Abs. 1 S. 3 GG i. V. m. Art. 79 Abs. 2 und 3 GG.[2]

Das Grundgesetz der Bundesrepublik Deutschland ist die Verfassung eines **87** Bundesstaats, d. h. die Länder sind Gliedstaaten und haben deshalb wie der Bund (Gesamtstaat) die Kompetenz zur Gesetzgebung, Verwaltung und Rechtsprechung, soweit der bundesverfassungsrechtliche Rahmen der Länderkompetenzen nicht überschritten wird. Dabei geht das Bundesrecht dem Landesrecht grundsätzlich vor. Das folgt strukturell aus Art. 31 GG („Bundesrecht bricht Landesrecht"; eine Ausnahme ist in Art. 72 Abs. 3 S. 3 GG geregelt), prinzipiell aber bereits aus der im Grundgesetz zugewiesenen Gesetzes- und Verwaltungskompetenz von Bund und Ländern (Art. 30, 70 f., 83 f. GG). Insoweit steht die Landesverfassung zwar im Rang unter dem Bundesrecht, hat aber maßgebliche Bedeutung für die Landesverwaltung soweit Bundesrecht ihr Gestaltungsspielraum lässt. Insbesondere die Landesgrundrechte bleiben nach Maßgabe des Art. 142 GG in Kraft.[3]

Obwohl dem Bund im Bereich der Gesetzgebung in beträchtlichem Maße Kompe- **88** tenzen zukommen und er solche in der Vergangenheit durch Verfassungsänderungen an sich genommen hat – weshalb in der Literatur schon früh eine Entwicklung zum sog. unitarischen Bundesstaat konstatiert wurde[4] und immer wieder ein Eingriff in das „Hausgut der Länder"[5] befürchtet und damit ihre Staatlichkeit in Gefahr gesehen wurde – haben die Landesgesetzgeber jedenfalls im Bereich des Verwaltungsrechts einen nicht unerheblichen Gestaltungsspielraum (vgl. Art. 70 Abs. 1 GG). Das allgemeine Gefahrenabwehrrecht, das Kommunalrecht oder das Schul- und Hochschulrecht sind plakative Beispiele. Vor allem aber haben die Länder im Bereich des allgemeinen Verwaltungsrechts Regelungsmöglichkeiten, weil sie nicht nur die eigenen Gesetze, sondern grundsätzlich (vgl. Art. 83 GG) auch die Bundesgesetze als eigene Angelegenheiten auszuführen haben. Dieser juristische Befund darf nicht darüber hinweg täuschen, dass Bund und Länder nicht selten ihre Gesetze abstimmen und harmonisieren. Ein gutes Beispiel sind die Verwaltungsverfahrensgesetze, die in Bund und Ländern nahezu wortgleich sind.

2. Das Parlamentsgesetz

Das Parlamentsgesetz als **„einfaches Gesetz"** ist das wichtigste Instrument des **89** Parlaments zur Steuerung der Verwaltung. Das folgt aus dem
- Zugriffsrecht des Parlaments als dem Recht des Parlaments, sich aller öffentlichen Angelegenheiten anzunehmen,
- aus dem Grundsatz vom Gesetzesvorbehalt (Rn. 32), wonach wesentliche, insbesondere grundrechtswesentliche Angelegenheiten einer Entscheidung des Gesetzgebers bedürfen, sowie
- aus dem Grundsatz vom Gesetzesvorrang (Rn. 31).

---

2 Zu den Grenzen der europäischen Integration siehe auch das *Lissabon*-Urteil BVerfGE 124, 267 und das *Mangoldt*-Urteil BVerfGE 126, 286 des Bundesverfassungsgerichts.
3 *Storr*, Verfassunggebung in den Ländern, 1995, S. 220 ff.
4 Grundlegend: *Hesse*, Der unitarische Bundesstaat, 1962.
5 BVerfGE 34, 9 [19 f.] – *„Besoldungsrecht"*.

90   Die *Wesentlichkeitsrechtsprechung* des BVerfG[6] hat maßgeblich zur Verrechtlichung
der Verwaltung durch Gesetze, und damit zur Entwicklung des Verwaltungsrechts,
beigetragen. Das Gesetz ist Grenze und Auftrag des Verwaltungshandelns und
damit „Garant rechtsstaatlich gebändigter Sozialgestaltung".[7]

> **Beispiel:** Mit Einführung elektronischer Datenverarbeitung in der Verwaltung ist eine
> neue Grundrechtsgefährdung entstanden. Das BVerfG hat aus Art. 2 Abs. 1 i. V. m.
> Art. 1 Abs. 1 GG ein Grundrecht auf informationelle Selbstbestimmung hergeleitet.[8]
> Dieses gewährleistet das Recht des Einzelnen, grundsätzlich selbst über die Preisgabe
> und Verwendung seiner persönlichen Daten zu entscheiden. Deshalb bedarf jede Erhe-
> bung, Speicherung, Verwendung und Weitergabe persönlicher Daten durch die Verwal-
> tung einer gesetzlichen Grundlage. Gesetzliche Grundlagen finden sich z. B. in den
> Polizeigesetzen. Auch die Zusammenführung verschiedener, bereits erhobener und ge-
> speicherter, persönlicher Daten bei einer Behörde mit solchen persönlichen Daten, die
> bei anderen Behörden gespeichert sind, etwa zum Abgleich im Rahmen der Terroris-
> musbekämpfung, ist nur auf gesetzlicher Grundlage zulässig. Inzwischen ist das Daten-
> schutzrecht erheblich verrechtlicht worden, jüngst z. B. durch die EU-Datenschutz-
> Grundverordnung.[9]

Die herausragende Bedeutung des Gesetzes als Instrument zur Steuerung der Verwaltung rechtfertigt sich aus der – im Vergleich zu den anderen Staatsgewalten –
unmittelbareren demokratischen Legitimation des parlamentarischen Gesetzgebers[10] sowie aus der Besonderheit, dass die Staatswillensbildung im Gesetzgebungsverfahren (für die Bundesgesetzgebung in Art. 76 ff. GG geregelt) in öffentlicher Diskussion, transparent, in Rede und Gegenrede erfolgt und damit in
besonderem Maße darauf abgestimmt ist, eine Vielzahl von Interessen zu berücksichtigen. Obgleich die Wesentlichkeitslehre durchaus unscharf ist, soll sie nicht
nur eine Aussage über die gesetzlich zu regelnden Materien zulassen, sondern
auch über die Bestimmtheit gesetzlicher Regelung. Je (grundrechts-)wesentlicher
eine Angelegenheit ist, desto bestimmter muss die gesetzliche Regelung sein.

> **Beispiel:** Das BVerfG[11] hat im Facharzt-Beschluss zur Regelung des Facharztwesens
> durch Gesetz oder Satzung der Ärztekammern angesichts der besonderen berufsgrund-
> rechtlichen Relevanz (Art. 12 Abs. 1 GG) maßgebend ausgeführt: Im Bereich des Fach-
> arztwesens müssten jedenfalls die „statusbildenden" Normen, d. h. diejenigen Regeln,
> welche die Voraussetzungen der Facharztanerkennung, die zugelassenen Facharztrich-
> tungen, die Mindestdauer der Ausbildung, das Verfahren der Anerkennung, die Gründe
> für eine Zurücknahme der Anerkennung sowie schließlich auch die allgemeine Stel-
> lung der Fachärzte innerhalb des gesamten Gesundheitswesens betreffen, in den Grund-
> zügen durch ein förmliches Gesetz festgelegt werden. Auch Bestimmungen über Berufs-
> pflichten, die sich von statusbildenden Normen unterscheiden, aber in mehr oder
> minder starkem Maße die freie Berufsausübung einschränken, bedürften einer gesetzli-
> chen Grundlage. Die dann noch erforderlichen ergänzenden Regelungen könnten nach
> Ermessen des Gesetzgebers dem Satzungsrecht der Ärztekammern überlassen bleiben.

---

6   BVerfGE 34, 165 [192 f.] – *„Förderstufe"*; BVerfGE 40, 237 [249] – *„Vorverfahren"*; BVerfGE 49, 89 [126]
    – *„Kalkar"*.
7   *Schmidt-Aßmann*, Allgemeines Verwaltungsrecht als Ordnungsidee, 2. Aufl., 2004, S. 183.
8   BVerfGE 65, 1 ff. – *„Volkszählung"*; BVerfGE 115, 320 – *„Rasterfahndung"*.
9   Verordnung (EU) 2016/679 des Europäischen Parlaments und des Rates vom 27. April 2016 zum
    Schutz natürlicher Personen bei der Verarbeitung personenbezogener Daten, zum freien Datenver-
    kehr und zur Aufhebung der Richtlinie 95/46/EG (Datenschutz-Grundverordnung), ABl L 119,
    4.5.2016, 1.
10 BVerfGE 40, 237 [249] – *„Vorverfahren"*.
11 BVerfGE 33, 125 ff. – *„Facharzt"*.

Die Wesentlichkeitslehre enthält eine „Untergrenze" für den Gesetzgeber, verbietet **91**
ihm aber nicht, „Unwesentliches" zu regeln. Das BVerfG selbst mahnt an, bei der
Wesentlichkeitslehre mit „großer Behutsamkeit" vorzugehen, und es warnt vor
den Gefahren einer zu weitgehenden Vergesetzlichung.[12] Tatsächlich aber ist der
Gesetzgeber nicht selten recht detailverliebt. Die bestehende Normenflut hat dem
Parlament die Kritik einer „gesetzlichen Übersteuerung" der Verwaltung einge-
bracht.[13] Gleichwohl wird ein **Verwaltungsvorbehalt** („Unwesentlichkeitsver-
bot"[14]), also ein der Verwaltung verfassungsrechtlich reservierter Bereich vor anderen Staatsgewalten, insbesondere vor dem Zugriffsrecht des Parlaments und dem
Kontrollrecht der Justiz, überwiegend abgelehnt.[15] Aus dem Gewaltenteilungs-
prinzip ist zwar nur ein Kernbereich exekutiver Eigenverantwortung hergeleitet
worden.[16] Dieser bezieht sich aber nicht auf bestimmte Sachbereiche, sondern
auf ureigene und für die Funktionsfähigkeit der Exekutive, also Regierung und
Verwaltung, notwendige Handlungs-, Verfahrens- und Organisationsweisen.[17]

II. Die Rechtsverordnung

Rechtsverordnungen sind Rechtsnormen, die in der Normenhierarchie unterhalb **92**
formeller Gesetze stehen. Sie werden von Regierungs- oder Verwaltungsbehörden
auf gesetzlicher Grundlage erlassen. Aus der **gesetzlichen Rechtsgrundlage** müssen sich Inhalt, Zweck und Ausmaß der Ermächtigung ergeben (z. B. Art. 80
Abs. 1 GG sowie entsprechende Bestimmungen in den Landesverfassungen).
Denn das Parlament soll sich seiner Verantwortung als gesetzgebende Körperschaft nicht dadurch entäußern können, dass es einen Teil der Gesetzgebungs-
macht der Exekutive überträgt, ohne die Grenzen dieser Kompetenzen bedacht
und diese nach Tendenz und Programm so genau umrissen zu haben, dass schon
aus der Ermächtigung erkennbar und vorhersehbar ist, was dem Bürger gegenüber
zulässig sein soll.[18] Für die Anforderungen an die Bestimmtheit des Gesetzes
kommt es auf die **Eigenart des zu regelnden Sachverhalts** und die **Intensität
der Auswirkungen** der Regelung für den Betroffenen an.

> **Beispiel:** Regelungen über die Käfighaltung von Legehennen sind wegen ihrer Bedeu-
> tung für die Grundrechte der Tierhalter (Art. 12 und 14 GG), aber auch wegen der
> sachlichen Nähe, die diese Haltungsart zum Straftatbestand der Tierquälerei aufweisen
> kann, der parlamentarischen Entscheidung jedenfalls insoweit vorbehalten, als es um
> die grundsätzliche Zulässigkeit dieser Art von Tierhaltung geht.[19] Im Übrigen kann der
> Bundesgesetzgeber die Konkretisierung der Vorgaben zur Käfighaltung von Legehen-
> nen an die Ministerialverwaltung übertragen.
>
> **§ 2a Abs. 1 TierSchG:**
> (1) Das Bundesministerium für Ernährung und Landwirtschaft (Bundesministerium)
> wird ermächtigt, durch Rechtsverordnung mit Zustimmung des Bundesrates, soweit es
> zum Schutz der Tiere erforderlich ist, die Anforderungen an die Haltung von Tieren

---

12 BVerfGE 47, 46 [79] – „*Sexualkundeunterricht*".
13 *Schuppert*, Verwaltungswissenschaft, 2000, S. 464.
14 *Reimer*, Das Parlamentsgesetz als Steuerungsmittel und Kontrollmaßstab, in: Hoffmann-Riem/
    Schmidt-Aßmann/Vosskuhle, Grundlagen des Verwaltungsrechts, Band 1, 2. Aufl., 2012, S. 585 [627].
15 Etwa *Ipsen*, Allgemeines Verwaltungsrecht, 11. Aufl., 2019, S. 30, Rn. 103; a. A. *Wolff/Bachof/Stober/*
    Kluth, Verwaltungsrecht, Band I, 13. Aufl., 2017, S. 165.
16 BVerfGE 68, 1 [87] – „*NATO-Doppelbeschluß*".
17 *Schmidt-Aßmann*, Allgemeines Verwaltungsrecht als Ordnungsidee, 2. Aufl., 2004, S. 204.
18 BVerwG vom 3.7.2002 – 6 CN 8.01.
19 BVerfGE 101, 1 ff. – „*Hennenhaltung*".

nach § 2 näher zu bestimmen und dabei insbesondere Vorschriften zu erlassen über Anforderungen

1. hinsichtlich der Bewegungsmöglichkeit oder der Gemeinschaftsbedürfnisse der Tiere,
2. an Räume, Käfige, andere Behältnisse und sonstige Einrichtungen zur Unterbringung von Tieren sowie an die Beschaffenheit von Anbinde-, Fütterungs- und Tränkvorrichtungen,
3. hinsichtlich der Lichtverhältnisse und des Raumklimas bei der Unterbringung der Tiere,
4. an die Pflege einschließlich der Überwachung der Tiere; hierbei kann das Bundesministerium auch vorschreiben, daß Aufzeichnungen über die Ergebnisse der Überwachung zu machen, aufzubewahren und der zuständigen Behörde auf Verlangen vorzulegen sind,
5. an Kenntnisse und Fähigkeiten von Personen, die Tiere halten, betreuen oder zu betreuen haben und an den Nachweis dieser Kenntnisse und Fähigkeiten,
6. an Sicherheitsvorkehrungen im Falle technischer Störungen oder im Brandfall.

(1a) Das Bundesministerium wird ermächtigt, durch Rechtsverordnung mit Zustimmung des Bundesrates, soweit es zum Schutz der Tiere erforderlich ist, Anforderungen an Ziele, Mittel und Methoden bei der Ausbildung, bei der Erziehung oder beim Training von Tieren festzulegen.

(1b) Das Bundesministerium wird ermächtigt, durch Rechtsverordnung mit Zustimmung des Bundesrates, soweit es zum Schutz der Tiere erforderlich ist und sich eine Pflicht zur Kennzeichnung nicht aus § 11a Absatz 3 ergibt, Vorschriften zur Kennzeichnung von Tieren, insbesondere von Hunden und Katzen, sowie zur Art und Durchführung der Kennzeichnung zu erlassen.

Wenn es sich bei der gesetzlichen Regelung als unvermeidbar erweist, die materiell-rechtlichen Voraussetzungen durch ausfüllungsbedürftige Normbegriffe zu umschreiben, dann ist die Frage umso wichtiger, wer über die Ausfüllung und Anwendung dieser Begriffe entscheidet und wie dieses Entscheidungsverfahren gestaltet ist. Ausfüllungsbedürftige materiell-rechtliche Normen, die in den Grundrechtsschutz eingreifen, erscheinen eher tragbar, wenn durch ein formalisiertes, gerichtlich kontrollierbares Verfahren dafür vorgesorgt wird, dass die wesentlichen Entscheidungsfaktoren geprüft und die mit der Norm angestrebten Ziele wirklich erreicht werden.[20]

93　Die Rechtsgrundlage muss zum Zeitpunkt des Verordnungserlasses den Anforderungen des **Art. 80 GG** entsprechen. Nach Rechtsprechung des BVerfG soll der spätere Wegfall einer Verordnungsermächtigung grundsätzlich die Wirksamkeit der auf ihrer Grundlage erlassenen Verordnungen unberührt lassen.[21] Allerdings müssen sie mit der Gesetzeslage im Übrigen vereinbar sein.[22] Diese – vom BVerfG übrigens nie begründete – Position ist zweifelhaft. Zwar ist Art. 80 GG nur auf den Zeitpunkt des Verordnungserlasses bezogen und schweigt sich für die Zeit nach Verordnungserlass aus. Sowohl aus dem Rechtsstaatsprinzip (Normenhierarchie) wie auch aus dem Demokratieprinzip (demokratische Legitimation) kann aber geschlossen werden, dass abgeleitete Rechtssetzung einer (geltenden) Rechtsgrundlage bedarf. Diese Akzessorietät von Gesetz und Rechtsverordnung folgt auch aus dem überwiegenden Zweck von Rechtsverordnungen, nähere Vorgaben für die Durchführung von (geltenden) Gesetzen bereitzustellen. Auch das Be-

---

20　BVerfGE 33, 303 [341] – *„numerus clausus"*.
21　BVerfGE 9, 6 [12, 78]; BVerfGE 179 [198].
22　BVerwGE 59, 195 [197]; BVerwG, NVwZ 1999, 1112 [1113].

stimmtheitsgebot des Art. 80 Abs. 1 S. 2 GG und das Zitiergebot des Art. 80 Abs. 1 S. 3 GG sprechen für dieses Verständnis (Rn. 94, 96).[23]

Für den Bereich der Länder gibt es in den Landesverfassungen besondere Bestim- **94** mungen (z. B. Art. 75 SächsVerf). Wo das nicht der Fall ist, folgt die Anforderung einer hinreichend bestimmten, formell-gesetzlichen Rechtsgrundlage, in der Inhalt, Zweck und Ausmaß der Ermächtigung geregelt sein müssen, aus dem Rechtsstaats- und aus dem Demokratieprinzip (Art. 28 Abs. 1 GG).[24] Auch Gemeinden können Rechtsverordnungen erlassen, wenn sie hierzu durch Gesetz ermächtigt wurden (vgl. etwa Art. 42 BayLStVG).

Art. 80 Abs. 1 S. 1 GG nennt als Verordnungsgeber die **Bundesregierung, einen** **95** **Bundesminister oder die Landesregierungen**; dies schließt die Landesministerien als Primäradressaten aus. Möglich ist aber eine Subdelegation, z. B. an Landesministerien oder Verwaltungsbehörden. Eine Subdelegation kann nach Art. 80 Abs. 1 S. 4 GG nur durch Rechtsverordnung erfolgen. Einige Landesverfassungen enthalten diese Beschränkung des Adressatenkreises nicht, so dass der Gesetzgeber unmittelbar Verwaltungsorgane ermächtigen kann.
Rechtsverordnungen der Landesregierung auf bundesgesetzlicher Rechtsgrundlage (im Anwendungsbereich von Art. 80 GG) sind stets Landesrecht. Zwar sind Rechtsverordnungen aus der gesetzlichen Grundlage abgeleitetes Recht, das führt aber nicht dazu, dass die bundesrechtliche Ermächtigung einer Landesregierung zum Erlass einer Rechtsverordnung diese in die Lage versetzt, Bundesrecht zu erlassen. Die Unterscheidung von Bundes- und Landesrecht hat von der Rechtsetzungsquelle her zu erfolgen.

Rechtsverordnungen im Anwendungsbereich des Art. 80 GG bedürfen nach Maß- **96** gabe des Art. 80 Abs. 2 GG einer **Zustimmung des Bundesrats**. Ferner können in der gesetzlichen Rechtsgrundlage weitere Verfahrensvoraussetzungen vorgegeben sein, z. B. ein **Zustimmungsvorbehalt** oder ein **Ablehnungsvorbehalt des Parlaments**. Zustimmungs- und Ablehnungsverordnungen sind zulässig, weil Rechtsverordnungen abgeleitete Gesetzgebung sind und sie im Vergleich zur vollen Delegation ein Minus darstellen.[25]
Änderungsvorbehaltsverordnungen können nicht zulässig sein, weil hier ein zu starker Übergriff des Parlaments auf eine Form der Rechtsetzung erfolgt, die ihm vom Grundgesetz nicht zugedacht ist.

> **Beispiel: § 67 KrWG Beteiligung des Bundestages beim Erlass von Rechtsverordnungen**
> *„Rechtsverordnungen... sind dem Bundestag zuzuleiten. Die Zuleitung erfolgt vor der Zuleitung an den Bundesrat. Die Rechtsverordnungen können durch Beschluss des Bundestages geändert oder abgelehnt werden. Der Beschluss des Bundestages wird der Bundesregierung zugeleitet. Hat sich der Bundestag nach Ablauf von drei Sitzungswochen seit Eingang der Rechtsverordnung nicht mit ihr befasst, so wird die unveränderte Rechtsverordnung dem Bundesrat zugeleitet.“*
> Allerdings hat sich der Bundestag durch § 67 KrWG keineswegs die Kompetenz zum Erlass von Rechtsverordnungen eingeräumt. Die Letztverantwortung für die Rechtsverordnung liegt bei verfassungskonformer Auslegung des § 67 KrWG bei der Bundesregierung. Denn im Fall der Änderung des Entwurfs durch den Bundestag ist dieser wieder

---

23 *Kotulla*, Fortgeltung von Rechtsverordnungen nach Wegfall ihrer gesetzlichen Grundlage? NVwZ 2000, 1263 [1264].
24 BVerfGE 41, 251 [266] – *„Zweiter Bildungsweg“*.
25 BVerfGE 8, 274 [321] – *„Preisgesetz“*.

der Bundesregierung zuzuleiten (§ 67 S. 4 KrWG). Diese Bestimmung ist so zu verstehen, dass die Bundesregierung jederzeit die Möglichkeit hat, ihren Entwurf zurückzuziehen oder ihn selbst zu ändern und in veränderter Form erneut dem Bundestag vorzulegen. Die Änderung durch den Bundestag führt gerade nicht zu einem Automatismus, der die Bundesregierung übergeht.

Die gesetzliche Rechtsgrundlage ist in der Verordnung anzugeben (Art. 80 Abs. 1 S. 3 GG). Rechtsverordnungen werden von der Stelle, die sie erlässt, ausgefertigt und vorbehaltlich anderweitiger gesetzlicher Regelung im Bundesgesetzblatt verkündet (Art. 82 Abs. 1 S. 2 GG). Der Tag des Inkrafttretens richtet sich nach Art. 82 Abs. 2 GG.

Die Rechtsverordnung muss inhaltlich mit höherrangigem Recht in Einklang stehen, also eine Rechtsverordnung des Bundes mit dem Verfassungsrecht und dem einfachen Gesetzesrecht vereinbar sein; eine Rechtsverordnung eines Landes mit der Landesverfassung, den Landesgesetzen und dem Bundesrecht.

Da Rechtsverordnungen abgeleitete Rechtsakte sind und unterhalb des Gesetzes stehen, haben sie auch **keine Gesetzeskraft**. Ausnahmen gibt es nur für Rechtsverordnungen, die den Verteidigungsfall regeln (Art. 115k GG; für Angelegenheiten der Flüchtlinge und Vertriebenen vgl. Art. 119 GG).

97   Eine Besonderheit sind **Gesetze, die Rechtsverordnungen ändern.** Im Hinblick auf die Normenhierarchie scheint das auf den ersten Blick unproblematisch zu sein. Doch stellt sich die Frage, welche Rechtsnatur eine durch Gesetz geänderte Rechtsverordnung hat und wer das neue Normengebilde erneut ändern kann. Eine Mischnorm ist mit den Grundsätzen der Normenklarheit und Normenwahrheit jedenfalls nicht vereinbar. Auch der Grundsatz der Rechtsmittelklarheit spricht dafür, das Normengebilde einem einheitlichen Rang zuzuweisen. Der Grundsatz der Rechtsmittelklarheit, der zum Grundsatz der Rechtssicherheit gehört, verlangt, dass die Norm den Betreffenden nicht im Unklaren darüber lässt, wie gegen sie effektiver Rechtsschutz nachzusuchen ist. Denn Rechtsverordnungen können von Instanzgerichten verworfen werden (Rn. 98), Parlamentsgesetze müssen dem BVerfG vorgelegt werden (Art. 100 Abs. 1 GG). Deshalb hat das BVerfG entschieden, dass eine durch Gesetz geänderte Rechtsverordnung insgesamt als Rechtsverordnung zu qualifizieren ist.[26] In früheren Änderungsgesetzen enthaltene „Entsteinerungsklauseln",

> **Beispiel: Artikel 12 Beitragssatzsicherungsgesetz vom 23.12.2002 (BGBl I S. 4637)**
> *„Die auf Artikel 4 des Gesetzes beruhenden Teile der Bundespflegesatzverordnung können aufgrund des … Krankenhausfinanzierungsgesetzes in Verbindung mit diesem Artikel durch Rechtsverordnung geändert werden."*

die verhindern sollten, dass eine Rechtsnorm Gesetzes- und Verordnungscharakter hat und die gesetzlich geänderten Vorschriften wieder in den einheitlichen Verordnungsrang zurückführten, haben nur deklaratorische Bedeutung. Allerdings darf der Gesetzgeber von dieser Praxis der Änderung einer Rechtsverordnung durch Gesetz nur in den **generellen Grenzen einer Verordnungsermächtigung** Gebrauch machen. Ferner müssen folgende Voraussetzungen erfüllt sein:
- Es muss sich um eine **Anpassung im Rahmen einer Änderung eines Sachbereichs** durch den Gesetzgeber handeln. Die Änderung einer Verordnung durch den parlamentarischen Gesetzgeber unabhängig von sonstigen gesetz-

---

26 BVerfGE 114, 196 [238] – „Beitragssätze"; vgl. a. BVerfGE 114, 303, [313] – „Beihilfe"; BVerwGE 117, 313 [317] – „LEP".

geberischen Maßnahmen ist unzulässig.[27] Denn die Einordnung der Normen als förmliche Gesetze oder als Verordnungen allein nach ihrem Rang sichert eine klare Zuordnung von Kompetenzen und Verantwortung und bezieht ihre Notwendigkeit daher sowohl aus dem Rechtsstaats- als auch aus dem Demokratieprinzip; eine freie Formenwahl kann dem parlamentarischen Gesetzgeber bei der Rechtsetzung deshalb nicht zustehen. Eine Durchbrechung des Grundsatzes der Formstrenge kann nur ausnahmsweise zulässig sein.

- Der parlamentarische Gesetzgeber ist an das **Verfahren nach Art. 76 ff. GG gebunden**. Das gilt für das gesamte Verfahren. Befasst sich der parlamentarische Gesetzgeber mit einem Änderungsvorhaben, das sowohl Gesetzes- als auch Verordnungsänderungen umfasst, dann müssen Beratung, Beschlussfassung und Beteiligungsrechte der verschiedenen Organe einheitlich beurteilt werden können. Eine Aufteilung in verschiedene Verfahrensarten spräche gerade gegen die Notwendigkeit einer gleichzeitigen Änderung des Gesetzes- und des Verordnungsrechts. Eine Verordnungsänderung in einem anderen Verfahren, etwa durch schlichten Parlamentsbeschluss, kommt ebenfalls nicht in Betracht.
- Der parlamentarische Gesetzgeber ist bei der Änderung einer Verordnung an die **Grenzen der Ermächtigungsgrundlage** (Art. 80 Abs. 1 Satz 2 GG) gebunden. Nur so können rechtsstaatswidrige Mischgebilde vermieden werden.
- Die **Zustimmungsbedürftigkeit** des betreffenden Gesetzes ist am Maßstab der für förmliche Gesetze geltenden Normen (z. B. Art. 85 Abs. 1 GG) zu beurteilen, nicht nach Art. 80 Abs. 2 GG.
- Die im Verfahren förmlicher Gesetzgebung in eine Verordnung eingefügten Teile stehen der **abermaligen Änderung durch die Exekutive** offen, die dabei allein an die Ermächtigungsgrundlage gebunden ist.

Die Rechtsprechung ist auf Kritik gestoßen.[28] Gegen den Grundsatz der Normenklarheit werde nicht schon deshalb verstoßen, weil dieser lediglich auf die inhaltliche Bestimmtheit der Norm bezogen sei; der Grundsatz der Normenwahrheit werde nicht gewahrt, weil das „Gesetz im Verordnungsrang" selbst ein Mischgebilde sei. Außerdem könne jeder Gesetzesanwender durch Blick in das Bundesgesetzblatt prüfen, ob die betreffende Norm Gesetzes- oder Verordnungsrang habe. Aus diesem Grund werde auch der Grundsatz der Rechtsmittelklarheit nicht verletzt. Ohnehin werde in der Regel nur eine einzelne Bestimmung und nicht ein Gesamtkomplex an Normen zur gerichtlichen Überprüfung gestellt.

Das **verordnungsvertretende Gesetz** ist dagegen ein Gesetz und keine Rechtsverordnung. Das ist der Fall des Art. 80 Abs. 4 GG: Danach sind die Länder zu einer Regelung auch durch Gesetz befugt, soweit durch Bundesgesetz oder aufgrund von Bundesgesetzen Landesregierungen ermächtigt werden, Rechtsverordnungen zu erlassen.[29]

Rechtswidrige Rechtsverordnungen sind nichtig. Anders als für nachkonstitutio- **98** nelle formelle Gesetze hat das BVerfG kein Verwerfungsmonopol, so dass auch Instanzgerichte eine Nichtigkeit feststellen können. § 47 Abs. 1 Nr. 2 VwGO eröffnet eine Zuständigkeit des OVG für die Überprüfung von Landesrechtsverordnungen unter der Voraussetzung, dass der Landesgesetzgeber ein entsprechendes Aus-

---

27 BVerfGE 114, 196 [238] – „Beitragssatzsicherungsgesetz".
28 Sondervotum *Osterloh* und *Gerhardt*, BVerfGE 114, 196 [250 ff.] – „Beitragssätze".
29 *Storr*, „Die neuen Landtage", ZG 2000, 116 [118].

führungsgesetz erlässt (z. B. § 24 Abs. 1 SächsJG: Normenkontrolle; Ausnahmen für Hamburg, Bremen und Berlin: § 47 Abs. 1 Nr. 1 VwGO i. V. m. § 246 Abs. 2 BauGB). Aus Art. 19 Abs. 4 GG folgt zudem, dass alle Gerichte inzident über die Rechtmäßigkeit einer Rechtsverordnung entscheiden können. Wenn etwa ein Verwaltungsakt einer Behörde zur gerichtlichen Überprüfung gestellt wird, hat das Gericht auch zu prüfen, ob die Rechtsgrundlage des Verwaltungsakts (z. B. eine Rechtsverordnung) gesetzmäßig ist.

Hinweis: Soweit dies nicht möglich ist, weil die Rechtsverordnung unmittelbar wirkt und der Landesgesetzgeber keine Ausführungsvorschrift (§ 47 Abs. 1 Nr. 2 VwGO) erlassen hat, ist eine Feststellungsklage (§ 43 VwGO) möglich.[30]

III. Die Satzung

99 Unter einer Satzung versteht man eine Rechtsvorschrift, die eine juristische Person für ihren Gestaltungskreis erlässt. Satzungen können öffentlich oder privatrechtlicher Natur sein. Öffentlich-rechtliche Satzungen werden von einer juristischen Person des öffentlichen Rechts (Körperschaft, Anstalt, Stiftung Rn. 61 ff.) im Rahmen der ihr gesetzlich verliehenen Autonomie mit Wirksamkeit für die ihr angehörenden und unterworfenen Personen erlassen.[31]

Beispiel öffentlich-rechtliche Satzung: Berufsordnung der Bundesrechtsanwaltskammer; Berufsordnung der Ärztekammer; Satzung der Gemeinde über den Anschluss- und Benutzungszwang an die Trinkwasserversorgung; Bebauungsplan, § 10 Abs. 1 BauGB. Privatrechtliche Satzung: Vereinssatzung, § 25 BGB; Satzung einer Aktiengesellschaft, § 2 AktG; Satzung eines Landesinnungsverbandes, § 80 HwO.

Für die verwaltungsrechtliche Rechtsquellenlehre sind insbesondere die öffentlich-rechtlichen Satzungen von Bedeutung. Sie sind das typische Instrument von Selbstverwaltungseinrichtungen. Denn die Verleihung von Satzungsautonomie hat ihren Sinn gerade darin, gesellschaftliche Kräfte zu aktivieren, den entsprechenden gesellschaftlichen Gruppen die Regelung solcher Angelegenheiten, die sie selbst betreffen und die sie in überschaubaren Bereichen am sachkundigsten beurteilen können, eigenverantwortlich zu überlassen und dadurch den Abstand zwischen Normgeber und Normadressat zu verringern. Zugleich wird der Gesetzgeber davon entlastet, sachliche und örtliche Verschiedenheiten berücksichtigen zu müssen, die für ihn oft schwer erkennbar sind und auf deren Veränderungen er nicht rasch genug reagieren könnte.[32]

100 Satzungen haben mit den Rechtsverordnungen gemein, dass sie nicht in dem von der Verfassung für die Gesetzgebung vorgeschriebenen Verfahren zustande kommen.[33] Allerdings ist **Art. 80 Abs. 1 GG nicht anwendbar**. Denn – so das BVerfG[34] – es macht einen erheblichen Unterschied, ob der Gesetzgeber seine – der Materie nach prinzipiell unbeschränkte und allen Bürgern gegenüber wirksame – Normsetzungsbefugnis an eine Stelle der bürokratisch hierarchisch organisierten staatlichen Exekutive abgibt oder ob er innerhalb eines von vornherein durch Wesen und Aufgabenstellung der Körperschaft begrenzten Bereichs einen

---

30 BVerwGE 111, 276 [278 f.] – *„Abflugstrecke“*; vgl. a. *Geis*, Der Punkt als Norm – Rechtsschutz gegen Flugrouten und Warteschleifen, in: FS für Bartelsperger, 2006, S. 215 [220].
31 BVerfGE 33, 125 [156] – *„Facharzt“*.
32 BVerfGE 33, 125 [156 f.] – *„Facharzt“*.
33 BVerfGE 10, 20 [49 f.] – *„Stiftung“*.
34 BVerfGE 33, 125 [157] – *„Facharzt“*.

bestimmten Kreis von Bürgern ermächtigt, durch demokratisch gebildete Organe ihre eigenen Angelegenheiten zu regeln.

Trotzdem bleibt auch im Rahmen einer an sich zulässigen Autonomiegewährung der Grundsatz bestehen, dass der Gesetzgeber sich seiner Rechtsetzungsbefugnis nicht völlig entäußern und seinen Einfluss auf den Inhalt der von den körperschaftlichen Organen zu erlassenden Normen nicht gänzlich preisgeben darf. Denn auch hier gelten die Wesentlichkeitslehre und der Grundsatz des Gesetzesvorbehalts. Folglich dürfen Selbstverwaltungsträger nur im Rahmen ihrer gesetzlich zugewiesenen Autonomie ihre Angelegenheiten durch Satzung regeln. Insbesondere im grundrechtsrelevanten Bereich, wenn also grundrechtswesentliche Angelegenheiten geregelt werden sollen, bedarf es einer hinreichend bestimmten gesetzlichen Grundlage.[35]

Die formell-rechtlichen Voraussetzungen für eine Satzung ergeben sich regelmäßig aus dem Organisationsgesetz der betreffenden Selbstverwaltungseinrichtung, für Gemeinden aus der Gemeindeordnung oder anderem Kommunalverfassungsrecht, im Übrigen aus Sondergesetzen. Allgemeine formelle Voraussetzungen gibt es nicht, vielmehr müssen die Voraussetzungen bereichsspezifisch ermittelt werden.

> **Beispiel:** Der Bebauungsplan ergeht nach § 10 Abs. 1 BauGB als Satzung. Der Beschluss, einen Bauleitplan aufzustellen, ist ortsüblich bekannt zu machen (§ 2 Abs. 1 S. 2 BauGB). Für nicht aus dem Flächennutzungsplan entwickelte Bebauungspläne besteht eine Genehmigungspflicht (§ 10 Abs. 2 BauGB). Dem Bebauungsplan ist eine Begründung beizufügen (§ 9 Abs. 8 BauGB). Der Beschluss des Bebauungsplans bzw. die Genehmigung sind ortsüblich bekannt zu machen (§ 10 Abs. 3 S. 1 BauGB). Der Bebauungsplan ist mit Begründung und Erklärung zu jedermanns Einsicht bereit zu halten (§ 10 Abs. 3 S. 2 BauGB). Daneben gelten die Vorschriften der jeweiligen Gemeindeordnung.

In materieller-rechtlicher Hinsicht muss sich die Satzung zunächst an die gesetzlich eingeräumte Satzungsautonomie der jeweiligen Selbstverwaltungseinrichtung halten.

> **Beispiel:** Die Gemeinden haben die Bauleitpläne aufzustellen, sobald und soweit es für die städtebauliche Entwicklung und Ordnung erforderlich ist (§ 1 Abs. 3 BauGB). Die Bauleitpläne sind den Zielen der Raumordnung anzupassen (§ 1 Abs. 4 BauGB). Bebauungspläne benachbarter Gemeinden sind aufeinander abzustimmen (§ 2 Abs. 2 BauGB). Öffentliche und private Belange sind gegeneinander und untereinander gerecht abzuwägen (§ 1 Abs. 7 BauGB).

Zu beachten ist, dass Satzungen, die gegen höherrangiges Recht verstoßen, nicht **101** stets nichtig sind. Vielfach hat der Gesetzgeber **Heilungsvorschriften** vorgesehen.

> **Beispiel** für Bauleitpläne: §§ 214 ff. BauGB; für kommunale Satzungen: z. B. § 21 Abs. 4 ThürKO.

Diese sind auf bestimmte Fehler (z. B. Verfahrens- und Formfehler oder Abwägungsmängel) beschränkt und müssen innerhalb einer bestimmten Frist geltend gemacht werden (z. B. 1 Jahr: § 215 Abs. 1 BauGB). Nach Ablauf der Frist sind sie unbeachtlich. Diese Heilung ist rechtsstaatlich nicht unproblematisch, berührt der Fortbestand einer formell-rechtswidrigen Norm doch den Grundsatz der Gesetzmäßigkeit des Verwaltungshandelns. Andererseits lässt sich der Grundsatz der Rechtssicherheit anführen, wenn kleinere Verfahrensfehler noch nach Jahren die Nichtigkeit einer umfangreichen Satzung zur Folge haben. Das Nichtigkeits-

---

35 BVerfGE 33, 125 [158] – *„Facharzt"*.

dogma ist nicht verfassungsrechtlich geboten, wenn der Behördenfehler zu keiner unverhältnismäßigen Rechtsverkürzung führt, d. h. die Frist für Rügemöglichkeiten und Rechtsbehelfe hinreichend und eine ausreichende Publizität gewahrt ist.[36]

102 Gerichtlicher Rechtsschutz gegen Satzungen ist im Wege einer Normenkontrolle nach § 47 Abs. 1 Nr. 1 VwGO für Satzungen nach dem BauGB (also insbes. Bebauungsplan) oder nach § 47 Abs. 1 Nr. 2 VwGO möglich, vorausgesetzt das Land hat ein entsprechendes Ausführungsgesetz erlassen (z. B. § 24 Abs. 1 SächsJG). Ferner kann eine Satzung inzident durch die Gerichte überprüft werden.

IV.   Die Verwaltungsvorschrift

103 Verwaltungsvorschriften sind allgemeine Regelungen, „die innerhalb der Verwaltungsorganisation von übergeordnete(n) Verwaltungsinstanzen oder Vorgesetzten an nachgeordnete Behörden, Verwaltungsstellen oder Bedienstete ergehen und die dazu dienen, Organisation und Handeln der Verwaltung näher zu bestimmen".[37] Sie haben also – anders als (innerbehördliche) Weisungen – abstrakt-generellen Charakter, sind aber grundsätzlich keine Rechtsnormen, weil ihnen keine Außenwirkung zukommt. Sie sind sozusagen allgemeine, innerdienstliche Weisungen für bestimmte Sachverhalte. Das BVerfG definiert Verwaltungsvorschriften als Regelungen, die für eine abstrakte Vielheit von Sachverhalten des Verwaltungsgeschehens verbindliche Aussagen treffen, ohne auf eine unmittelbare Rechtswirkung nach außen gerichtet zu sein.[38]

Generell wird zwischen normeninterpretierenden, normenkonkretisierenden und ermessenslenkenden Verwaltungsvorschriften unterschieden. **Normeninterpretierende Verwaltungsvorschriften** haben die Funktion, die Anwendung eines Gesetzes durch die Verwaltungsbehörden näher zu bestimmen (z. B. Einkommensteuer-Richtlinien). Damit soll der Behörde nicht nur der Verwaltungsvollzug erleichtert, sondern auch eine einheitliche Gesetzesanwendung ermöglicht werden.

Normenkonkretisierende Verwaltungsvorschriften sollen unbestimmte Rechtsbegriffe und Generalklauseln spezifizieren. Sie haben insbesondere im Technik- und Umweltrecht erhebliche Bedeutung, weil sich der Stand von Wissenschaft und Technik (vgl. § 14 Abs. 1 Nr. 6a AMG, § 7 Abs. 2 Nr. 3 AtomG; § 16 Abs. 1 Nr. 2 GenTG) schnell ändern kann. Das Handlungsinstrument der normenkonkretisierenden Verwaltungsvorschrift ermöglicht es der Verwaltung, kurzfristig auf neue Erkenntnisse oder Umstände zu reagieren und neue Grenzwerte ohne langwieriges Gesetzgebungsverfahren in die Rechtsordnung einzuführen. Dieser Regelungsvorbehalt steter Nachbesserung in grundrechtssensiblen Bereichen ist vom BVerfG als „dynamischer Grundrechtsschutz" ausdrücklich gebilligt worden.[39]

Ermessenslenkende Verwaltungsvorschriften sollen dagegen dort, wo der Verwaltung Entscheidungsspielräume eröffnet sind, Maßstäbe und Kriterien für die Anwendung des Behördenermessens (Rn. 131 ff.) vorgeben. Z. B. kann eine Verwaltungsvorschrift die Ausübung des Behördenermessens im Fall der Subventionsvergabe lenken.

---

36 BVerfGE 103, 332 [389 f.] – *„Landschaftspflegegesetz"*.
37 *Ossenbühl*, in: Isensee/Kirchhof, Handbuch des Staatsrechts, Band 5, 3. Aufl., 2007, S. 307.
38 BVerfGE 100, 249 [258] – *„Verstromungsgesetz"* zu Art. 85 Abs. 1 GG.
39 BVerfGE 49, 89 [137] – *„Kalkar"*.

Verwaltungsvorschriften wenden sich an nachgeordnete Behörden und haben da- **104** her wie bereits hervorgehoben grundsätzlich **nur innerbehördliche Bedeutung**. Mangels Rechtsnormcharakter begründen sie für den Bürger keine Rechte und Pflichten. Auch die Gerichte sind nicht an die Verwaltungsvorschriften gebunden (vgl. Art. 20 Abs. 3 GG).

> **BVerfGE 78, 214, 227 – *„Unterhaltsleistung ins Ausland"***
> *„Die Gerichte sind bei der Kontrolle des Verwaltungshandelns an das Gesetz gebunden (Art. 20 Abs. 3, Art. 97 Abs. 1 GG). Sie dürfen ihren Entscheidungen also nur materielles Recht – Verfassungsrecht, förmliche Gesetze, Rechtsverordnungen, autonome Satzungen und auch Gewohnheitsrecht – zugrunde legen. Allgemeine Verwaltungsvorschriften und sonstige Anweisungen, durch die eine vorgesetzte Behörde verwaltungsintern auf ein einheitliches Verfahren oder eine bestimmte Ermessensausübung, aber auch auf eine bestimmte Gesetzesauslegung und -anwendung durch die ihr nachgeordneten Behörden hinwirkt, sind keine Gesetze im Sinne des Art. 20 Abs. 3 GG und des Art. 97 Abs. 1 GG... Verwaltungsvorschriften mit materiellrechtlichem Inhalt sind grundsätzlich Gegenstand, nicht jedoch Maßstab richterlicher Kontrolle."*

Eine **Ausnahme** sind insoweit aber normenkonkretisierende Verwaltungsvorschriften im Technik- und Umweltrecht. Ihnen soll **unmittelbare Außenwirkung** zukommen können. Diese Verwaltungsvorschriften dienen der Ausfüllung eines der Verwaltung eingeräumten Beurteilungsspielraums. Mit ihnen wird die Ausübung dieses Beurteilungsspielraums von der Einzelentscheidung im jeweiligen Verwaltungsakt in eine abstrakt-generalisierende Regelung vorverlagert, um so die Einheitlichkeit des Verwaltungshandelns sicherzustellen. Daher sind auch die Gerichte an normenkonkretisierende Verwaltungsvorschriften gebunden.[40]

Die Außenwirkung normenkonkretisierender Verwaltungsvorschriften kann sich auch auf den Bürger erstrecken. Das setzt voraus, dass dies durch Gesetz angeordnet ist und die Verwaltungsvorschrift in einem Publikationsorgan bekannt gemacht wurde. Die Publikationspflicht für Verwaltungsvorschriften mit unmittelbarer Außenwirkung für Dritte ist im Rechtsstaatsprinzip (Art. 20 Abs. 3 GG, Art. 28 Abs. 1 S. 1 GG) sowie in der Garantie effektiven Rechtsschutzes (Art. 19 Abs. 4 GG) angelegt. Diesem Publikationsgebot kann nicht durch Merkblätter Genüge getan werden, die den Inhalt und die Auswirkungen der Verwaltungsvorschriften erläutern. Die Bekanntgabe der Verwaltungsvorschrift soll es dem Bürger gerade ermöglichen, sie nicht bereits vorinterpretiert, sondern eigenständig zu erfassen.[41]

Die rechtsdogmatische Entwicklung der normenkonkretisierenden Verwaltungsvorschriften ist schließlich noch keineswegs abgeschlossen. Der EuGH hat 1991 entschieden, dass Europäische Richtlinien (Rn. 111 f.) nicht durch Verwaltungsvorschriften umgesetzt werden können, weil der zwingende Charakter von Verwaltungsvorschriften in der deutschen Rechtsprechung und Lehre noch nicht abschließend geklärt sei.[42]

Einer Verwaltungsvorschrift kann im Wege der Selbstbindung der Verwaltung **mit-** **105** **telbar Außenwirkung** zukommen. Hierfür sind dogmatisch zwei Wege anerkannt:

- Ermessenslenkende Verwaltungsvorschriften können über **Art. 3 Abs. 1 GG** zur Bindung der Verwaltung mit Wirkung im Außenverhältnis zum Bürger

---

40 BVerwGE 107, 338 [341] – *„Abwasserabgabe"*; vgl. ferner BVerwGE 72, 300 [320] – *„Whyl"*.
41 BVerwGE 122, 264 [269 f.].
42 EuGH vom 30.5.1991, Rs. C-361/88 – *„Luftverschmutzung"*, Rn. 20; EuGH vom 28.2.1991, Rs. C-131/88 – *„Grundwasser-Ril"*, Rn. 72.

führen. Die Behörde muss zu erkennen geben, dass sie den Verwaltungsvorschriften gemäß praktiziert und ihr Ermessen künftig entsprechend den Verwaltungsvorschriften ausüben will. Für einen Anspruch des Bürgers auf Gleichbehandlung ist es erforderlich, dass die Verwaltung tatsächlich den Verwaltungsvorschriften gemäß vorgeht, d. h. „ein erster Fall" bereits vorliegt.
–   Eine Bindung der Behörde kann über den **Vertrauensschutzgrundsatz** begründet werden, etwa wenn die Behörde durch Veröffentlichung der Verwaltungsvorschriften nach außen hin bekannt gibt, dass sie künftig entsprechend vorgehen möchte.

V.   Gewohnheitsrecht und Richterrecht

106   **Gewohnheitsrecht** ist Recht, das sich im Laufe der Zeit als überkommenes Recht entwickelt hat. Voraussetzungen sind:
–   eine andauernde allgemeine Übung,
–   die Überzeugung der Beteiligten, dass sie sich rechtmäßig verhalten und
–   die Übung muss als Rechtssatz formulierbar sein.
Gewohnheitsrecht kommt nur dort in Betracht, wo das geschriebene Recht lückenhaft ist. Deshalb bildet sich Gewohnheitsrecht häufig durch **Richterrecht**. Richterrecht ist richterliche Rechtsfortbildung; es hat freilich keinen Gesetzescharakter. Folglich bindet Richterrecht weder die Verwaltung noch die Gerichte, soweit ein betreffendes Urteil keine Rechtskraft entfaltet (vgl. a. § 31 Abs. 2 BVerfGG). Der Geltungsanspruch der Urteile über den Einzelfall hinaus beruht allein auf der Überzeugungskraft ihrer Gründe sowie der Autorität und der Kompetenz des Gerichts.[43]

VI.   Europarechtliche Rechtsquellen

107   Die EU, deren Mitglied die Bundesrepublik Deutschland ist, ist ein Staatenverbund, dessen Gemeinschaftsgewalt sich von den Mitgliedstaaten ableitet und der im deutschen Hoheitsbereich kraft des deutschen Rechtsanwendungsbefehls verbindlich wirken kann. Dieser Rechtsanwendungsbefehl ist das deutsche Zustimmungsgesetz zu den europäischen Verträgen, dessen Grundlage wiederum die verfassungsrechtliche Integrationsermächtigung des Art. 23 GG ist.[44]
Die EU ist eine mit eigener Rechtsetzungs-, Verwaltungs- und Rechtsprechungsmacht ausgestattete supranationale Gemeinschaft. Unionsrecht wird in primäres, sekundäres und tertiäres Unionsrecht unterteilt.

1.   Das primäre Unionsrecht

108   Grundlage des **primären Unionsrechts** sind die **Unionsverträge** insbesondere EUV und AEUV. Obgleich es sich um völkerrechtliche Verträge handelt, hat der EuGH in *„van Gend & Loos"*[45] (1963) entschieden, dass das Recht der Verträge **unmittelbare Wirkung** entfaltet und individuelle Rechte des Einzelnen begründet, die die staatlichen Behörden zu beachten haben.
Insbesondere für das Wirtschaftsverwaltungsrecht von besonderer Bedeutung sind die **Grundfreiheiten** (die Warenverkehrsfreiheit, Art. 34 f. AEUV, die

---

43 BVerfGE 122, 248 [277] – *„Rügeverkümmerung"*.
44 BVerfGE 89, 155 [190] – *„Maastricht"*.
45 EuGH Rs. 26/62 vom 5.2.1963 – *„van Gend & Loos"*.

Arbeitnehmerfreizügigkeit, Art. 45 f. AEUV, die Niederlassungsfreiheit, Art. 49 f. AEUV, die Dienstleistungsfreiheit, Art. 56 f. AEUV, und die Kapitalverkehrsfreiheit, Art. 63 f. AEUV) sowie das **Diskriminierungsverbot** (Art. 18 AEUV). Hinzukommen die Vorschriften über das **Beihilfenrecht** (Art. 107 AEUV). Zudem ist das primäre Unionsrecht in erheblichem Maße von **ungeschriebenen Rechtsgrundsätzen** geprägt (z. B. Verhältnismäßigkeitsgrundsatz, Vertrauensschutzgrundsatz).

2. Das sekundäre Unionsrecht

Das sekundäre Unionsrecht steht unter dem primären Unionsrecht. Art. 288 AEUV nennt Verordnungen, Richtlinien, Beschlüsse, Empfehlungen und Stellungnahmen. **109**

a) **Die Verordnung.** Die **Verordnung** ist eine abstrakt-generelle Norm; sie hat allgemeine Geltung, ist in allen ihren Teilen verbindlich und gilt unmittelbar in jedem Mitgliedstaat. Sie ist „das" europarechtliche „Gesetz". Im – gescheiterten – Europäischen Verfassungsvertrag war für die Verordnung deshalb auch die Bezeichnung „Europäisches Gesetz" vorgesehen. Wenn als Verordnung überschriebene Rechtsakte individuell-konkreten Charakter haben, handelt es sich – trotz fehlerhafter Bezeichnung – nicht um eine Verordnung, sondern um einen Beschluss (vgl. Art. 288 Abs. 4 AEUV). **110**

b) **Die Richtlinie.** Von der Verordnung zu unterscheiden ist die **Richtlinie**, die nur für den Mitgliedstaat, an den sie gerichtet wird, hinsichtlich des zu erreichenden Ziels verbindlich ist, diesem und seinen Behörden aber die Wahl der Form und der Mittel für die Umsetzung überlässt. Tatsächlich sind die Richtlinien häufig sehr detailliert und lassen den Mitgliedstaaten oftmals wenig Umsetzungsspielraum. **111**
Jeder Mitgliedstaat, der Adressat der Richtlinie ist, hat diese fristgemäß umzusetzen. Widrigenfalls kann die Kommission (Art. 258 AEUV) oder ein anderer Mitgliedstaat (Art. 259 AEUV) ein Vertragsverletzungsverfahren vor dem EuGH gegen den säumigen Mitgliedstaat anstrengen. Zudem hat der EuGH zur Geltung und Wirkkraft von Richtlinien wichtige Konkretisierungen vorgenommen:

Im Geltungsbereich der Richtlinien haben die mitgliedstaatlichen Behörden und Gerichte im Rahmen ihrer Zuständigkeit bei der Anwendung des nationalen Rechts dieses im Lichte des Wortlauts und des Zwecks der Richtlinie auszulegen, um deren Ziel zu erreichen (sog. **richtlinienkonforme Auslegung**).[46] Das nationale Recht muss ggf. schon vor Ablauf der Umsetzungsfrist richtlinienkonform ausgelegt werden.[47] Vor Ablauf der Umsetzungsfrist sind die Mitgliedstaaten zwar grds. nicht verpflichtet, die vorgegebenen Maßnahmen zu erlassen, doch ergibt sich aus Art. 24 i. V. m. Art. 288 Abs. 3 AEUV und aus der Richtlinie selbst, dass sie während dieser Frist den Erlass von Vorschriften unterlassen müssen, die geeignet sind, das in dieser Richtlinie vorgeschriebene Ziel ernstlich in Frage zu stellen (sog. Frustrationsverbot).[48] **112**
Nach Ablauf der Umsetzungsfrist kann die Richtlinie **unmittelbare Wirkung** entfalten und der Bürger kann sich auf diese gegenüber dem Mitgliedstaat berufen, der die Richtlinie fehlerhaft nicht umgesetzt hat. Vorauszusetzen ist, dass der

---

46 EuGH vom 10.4.1984, Rs. 14/83 – „*v. Colson und Kamann*", Rn. 26.
47 Zutreffend BGHZ 138, S. 55 [61] – „*vergleichende Werbung*".
48 EuGH vom 18.12.1997, Rs. C-129/96 – „*Inter-Environnement Wallonie ASBL*", Rn. 45.

Mitgliedstaat keinen Umsetzungsspielraum (die Richtlinie also inhaltlich unbedingt und hinreichend genau ist) und die Richtlinie für den Bürger begünstigende Wirkung hat.[49] Das BVerfG hat diese Rechtsfortbildung des EuGH gebilligt.[50] Eine fehlerhafte oder unterlassene Umsetzung einer Richtlinie kann **Schadensersatzansprüche** gegenüber dem betreffenden Mitgliedstaat auslösen,[51] wenn die verletzte Rechtsnorm bezweckt, dem Einzelnen Rechte zu verleihen, der Verstoß hinreichend qualifiziert ist und zwischen dem mitgliedstaatlichen Verstoß gegen das Unionsrecht und dem entstandenen Schaden ein unmittelbarer Kausalzusammenhang besteht (Rn. 387).

113   c) **Beschluss, Empfehlung, Stellungnahme.** Keine Rechtsnormen sind Beschlüsse (ehem. Entscheidungen), Empfehlungen und Stellungnahmen. Der **Beschluss** entspricht in seinem Rechtscharakter dem Verwaltungsakt des § 35 S. 1 VwVfG (Rn. 144 ff.). Er ist ein individuell-konkreter Hoheitsakt und in allen Teilen für diejenigen verbindlich, die er bezeichnet. **Empfehlungen** und **Stellungnahmen** sind nicht verbindlich; das sind auch **Mitteilungen** der Gemeinschaftsorgane nicht, die z. B. nur konkretisierenden und ermessensbindenden Charakter haben.

3.   Das tertiäre Unionsrecht

114   Tertiäres Unionsrecht ist Recht der Union, das auf der Grundlage eines sekundären Rechtsakts ergangen ist. Es ist an nachgeordnete Unionsorgane gerichtet oder an Behörden der Mitgliedstaaten, die Unionsrecht vollziehen.

Der Vertrag von Lissabon enthält nun eine ausdrückliche Ermächtigung, der Kommission durch Gesetzgebungsakte (das sind Rechtsakte, die gemäß einem Gesetzgebungsverfahren angenommen worden sind, vgl. Art. 289 AEUV) die Befugnis zu übertragen, Rechtsakte ohne Gesetzescharakter mit allgemeiner Geltung zur Ergänzung oder Änderung bestimmter nicht wesentlicher Vorschriften des betreffenden Gesetzgebungsaktes zu erlassen (Art. 290 Abs. 1 AEUV; sog. **delegierter Rechtsakt:** Art. 290 Abs. 3 AEUV). In den Gesetzgebungsakten sind Ziele, Inhalt, Geltungsbereich und Dauer der Befugnisübertragung ausdrücklich festzulegen. Die wesentlichen Aspekte eines Bereichs sollen aber dem Gesetzgebungsakt vorbehalten sein (Art. 290 Abs. 2 AEUV).

Wenn es einheitlicher Bedingungen für die Durchführung verbindlicher Rechtsakte der Union bedarf, sollen der Kommission oder ausnahmsweise dem Rat Durchführungsbefugnisse (sog. **Durchführungsrechtsakt:** Art. 291 AEUV) übertragen werden. Dafür sollen das Europäische Parlament und der Rat durch Verordnungen im Voraus allgemeine Regeln und Grundsätze festlegen, nach denen die Mitgliedstaaten die Wahrnehmung der Durchführungsbefugnisse durch die Kommission kontrollieren sollen.

Rechtsprechung: BVerfGE 3, 225 ff. – „*Gleichheitssatz*"; BVerfGE 33, 303 ff. – „*numerus clausus*"; BVerfGE 33, 125 ff. – „*Facharzt*"; BVerfGE 49, 89 ff. – „*Kalkar*"; BVerfGE, 68, 1 ff. – „*NATO-Doppelbeschluß*"; BVerfGE 80, 1 ff. – „*Multiple-Choice*"; BVerfGE 101, 1 ff. – „*Hennenhaltung*"; BVerfGE 114, 196 ff. – „*Beitragssätze*".

Literatur: *Hesse, K.,* Der unitarische Bundesstaat, 1962; *Kotulla, M.,* Fortgeltung von Rechtsverordnungen nach Wegfall ihrer gesetzlichen Grundlage?, NVwZ 2000, 1263 ff.; *Ossenbühl, F.,* Verwaltungsvorschriften und Grundgesetz, 1968; *Reimer, E.,* Das Parlamentsgesetz als Steuerungsmittel und Kontrollmaßstab, in: Hoffmann-Riem, W./Schmidt-Aßmann, E./Vosskuhle,

---

49 EuGH vom 19.1.1982, Rs. 8/81 – „*Umsatzsteuer*".
50 BVerfGE 75, 223 [233, 240 f.] – „*Solange II*".
51 EuGH vom 19.11.1991, Rs. C-6/90 und 9/90 – „*Francovich und Bonifaci*".

A., Grundlagen des Verwaltungsrechts, Band 1, 2012, S. 585 ff.; *Schmidt-Aßmann, E.*, Allgemeines Verwaltungsrecht als Ordnungsidee, 2. Aufl. 2004; *Schuppert, G. F.*, Verwaltungswissenschaft, 2000.

§ 5 Der Gesetzesvollzug

I. Überblick

Die Vollziehung der Gesetze obliegt der öffentlichen Verwaltung, weshalb das **115** Grundgesetz auch von der „vollziehenden Gewalt" spricht (Art. 1 Abs. 3, Art. 20 Abs. 2 S. 2, Abs. 3 GG). Es ist die grundlegende Idee der Gewaltenteilung, dass das Parlament der Verwaltung durch Gesetze Handlungsaufgaben vorgibt, dass die Verwaltung diese Aufgaben wahrnimmt, indem sie die Gesetze vollzieht, und dass die Gerichte die Einhaltung des gesetzlichen Normprogramms durch die Verwaltung kontrollieren.

Die Aufgabe des Gesetzesvollzugs ist weit zu verstehen. Sie meint einerseits die Ausführung gesetzlicher Normprogramme. So ist die zuständige Gewerbeaufsichtsbehörde etwa verpflichtet, unzuverlässigen Gewerbetreibenden die Ausübung eines Gewerbes zu untersagen, sofern die Untersagung zum Schutz der Allgemeinheit oder der im Betrieb Beschäftigten erforderlich ist (§ 35 Abs. 1 S. 1 GewO). Andererseits vollzieht die Behörde auch dann das Gesetz, wenn sie lediglich eine ihr gestellte allgemein gehaltene Aufgabe, z. B. eine Beratungsaufgabe, erfüllt. Die Aufgaben- und Zuständigkeitszuweisung (Rn. 58 ff. Einrichtung der Behörde) des Gesetzgebers an die Verwaltung ist nicht nur Verpflichtung, sondern auch Legitimation für ein behördliches Tätigwerden.

Der Gesetzesvollzug ist ein juristisch komplexer Vorgang:

– Zunächst muss die Behörde den Sachverhalt ermitteln, also feststellen, welche Fakten tatsächlich vorliegen und ggf. Nachforschungen betreiben (Rn. 117 ff. sogleich zu III.).

– Sodann muss sie den ermittelten Sachverhalt unter das relevante rechtliche Normprogramm subsumieren (Rn. 122 ff. sogleich zu IV.) und

– schließlich die Rechtsfolgen ausmachen und das Gesetz vollziehen (Rn. 131 ff. sogleich zu V.).

Allgemeine Vorschriften über die öffentlich-rechtliche Verwaltungstätigkeit der Behörden enthalten die Verwaltungsverfahrensgesetze von Bund und Ländern.

II. Der Geltungsbereich des VwVfG

Das VwVfG vom 25.5.1976 gilt seit dem 1.1.1977 und ist heute in der Fassung der **116** Bekanntmachung vom 23.1.2003[1] in Kraft. Es stellt für die Vollziehung von Gesetzen einheitliche und berechenbare Verfahrensregeln auf. Das Verwaltungsverfahrensrecht soll der „richtigen" Durchsetzung des materiellen Rechts dienen und eine angemessene Berücksichtigung der relevanten öffentlichen und privaten Interessen ermöglichen. Mit dem VwVfG ist es 1976 gelungen, eine Reihe bislang durch Rechtsprechung und Wissenschaft entwickelter Rechtsgrundsätze zu kodifizieren und in einem Gesetz zusammenzufassen. Im VwVfG steht der **sachliche**

---

1 BGBl. I S. 102.

Geltungsbereich des Gesetzes im Vordergrund, deshalb soll die weitere Darstellung zunächst hieran ausgerichtet sein.

Das VwVfG gilt für die öffentlich-rechtliche Verwaltungstätigkeit der **Behörden des Bundes**, der bundesunmittelbaren Körperschaften, Anstalten und Stiftungen des öffentlichen Rechts, also grundsätzlich für die gesamte unmittelbare und mittelbare Verwaltungstätigkeit des Bundes.

Für die **Behörden der Länder**, Gemeinden und Gemeindeverbände sowie anderer unter der Aufsicht der Länder unterstehenden juristischen Personen des öffentlichen Rechts gilt das VwVfG grundsätzlich nicht. Soweit § 1 Abs. 1 Nr. 2 und Abs. 2 VwVfG für die Vollziehung von Bundesrecht im Auftrag des Bundes oder für Gegenstände der ausschließlichen oder konkurrierenden Gesetzgebung des Bundes etwas anderes bestimmen, wird diese Vorschrift durch § 1 Abs. 3 VwVfG überlagert. Danach gilt das VwVfG für die Ausführung von Bundesrecht durch die Länder nicht, soweit die öffentlich-rechtliche Verwaltungstätigkeit der Behörden landesrechtlich durch ein Verwaltungsverfahrensgesetz geregelt ist. Alle Bundesländer haben Verwaltungsverfahrensgesetze erlassen, entweder eigene, die mit dem VwVfG des Bundes weitgehend auch in der Nummerierung (anders nur das LVwG S.-H.) übereinstimmen (z. B. Bayerisches Verwaltungsverfahrensgesetz), oder aber indem sie das VwVfG des Bundes durch statische (Niedersachsen) oder dynamische Verweisung (Berlin, Rheinland-Pfalz, Sachsen, Sachsen-Anhalt) in das Landesrecht inkorporieren, ggf. mit einzelnen Ausschlusstatbeständen.

§ 2 VwVfG bestimmt **Ausnahmen vom Anwendungsbereich** z. B. für Verfahren der Finanzbehörden, für die Strafverfolgung, die Verfolgung und Ahndung von Ordnungswidrigkeiten, für Verfahren vor dem Deutschen Patent- und Markenamt oder für die Tätigkeit der Kirchen, Religionsgesellschaften und Weltanschauungsgemeinschaften. In den Verwaltungsverfahrensgesetzen der Länder können weitere Ausnahmen geregelt sein.

III.   Die Sachverhaltsermittlung

1.   Der Untersuchungsgrundsatz

117 Das VwVfG weist die Aufgabe der Sachverhaltsermittlung grundsätzlich der zuständigen Behörde zu: Diese hat den Sachverhalt **von Amts wegen zu ermitteln** (§ 24 VwVfG; Untersuchungsgrundsatz). Sie bestimmt Art und Umfang der Ermittlungen und ist an das Vorbringen und an die Beweisanträge der Beteiligten nicht gebunden. Das Verwaltungsverfahren ist kein kontradiktorisches Verfahren wie der Zivilprozess, in dem sich Parteien gegenüberstehen. Die Behörde soll die objektive Wahrheit herausfinden und ihrer Entscheidung zugrunde legen, denn nur wenn von einem richtigen Sachverhalt ausgegangen wird, können die Gesetze objektiv und für alle Bürger gleich vollzogen werden.

Das freilich setzt voraus, dass die Behörde alle für den Einzelfall bedeutsamen (und das bedeutet auch die für die Beteiligten günstigen) Umstände berücksichtigt. Hierzu gehört, dass die Behörde die Entgegennahme von Erklärungen oder Anträgen, die in ihren Zuständigkeitsbereich fallen, nicht deshalb verweigert, weil sie die Erklärung oder den Antrag in der Sache für unzulässig oder unbegründet hält (§ 24 Abs. 3 VwVfG).

Inhalt, Umfang und Art der gebotenen Ermittlung stehen im pflichtgemäßen Er- **118**
messen (Rn. 132) der Behörde.[2] Grundsätzlich wird die Behörde den Sachverhalt
erschöpfend, d. h. soweit zu ermitteln haben, dass sie eine sachgerechte Entscheidung treffen kann. Bei der Wahl der Mittel wird ihr tendenziell ein weites Ermessen zukommen. Allgemeine Maßstäbe lassen sich insoweit indes kaum angeben;
es kommt auf die Umstände des Einzelfalls, auf die betreffende Materie und auf
die maßgeblichen rechtlichen Vorschriften an. Je schwerwiegender Grundrechts-
beeinträchtigungen des Bürgers sind, umso intensiver werden die Ermittlungen
sein müssen. Keinesfalls darf die Verwaltungsbehörde allgemeine Sachverhalts-
oder Beweiswürdigungsgrundsätze verletzen und von einem unrichtigen oder unvollständigen Sachverhalt ausgehen oder gesetzliche Beweisregeln, allgemeine Er-
fahrungssätze, unumstrittene historische Tatsachen oder Denkgesetze missachten.
Die Behörde wird jedenfalls Angaben der Betroffenen auf ihre Plausibilität zu
prüfen, ggf. auch Angaben stichprobenartig zu kontrollieren haben[3]

Um den Sachverhalt hinreichend genau ermitteln zu können, kann sich die Be- **119**
hörde der Beweismittel bedienen, die sie nach pflichtgemäßem Ermessen für erforderlich hält (§ 26 VwVfG). Sie kann insbesondere
1. Auskünfte jeder Art einholen,
2. Beteiligte anhören, Zeugen und Sachverständige vernehmen oder die
3. schriftliche oder elektronische Äußerung von Beteiligten, Sachverständigen
   und Zeugen einholen,
4. Urkunden und Akten beiziehen,
5. den Augenschein einnehmen.
Ferner kann sie eine Versicherung an Eides statt verlangen und abnehmen, wenn
dies durch Gesetz besonders vorgesehen ist (§ 27 VwVfG). Eine Versicherung an
Eides statt kann wegen der Strafbewehrung in § 156 StGB der Wahrheitsfindung
besonders dienlich sein.
§ 24 Abs 1 S. 3 VwVfG regelt den Sonderfall des Einsatzes einer automatischen
Einrichtung zum Erlass von Verwaltungsakten. Nutzt die Verwaltung dieses Instrument, muss sie für den Einzelfall bedeutsame tatsächliche Angaben des Beteiligten
berücksichtigen, die im automatischen Verfahren nicht ermittelt würden.

2. Die Mitwirkungspflicht

Den Beteiligten kommt eine Mitwirkungspflicht zu (§ 26 Abs. 2 VwVfG). Insbe- **120**
sondere sollen sie die ihnen bekannten Tatsachen und Beweismittel angeben.
Diese Mitwirkungspflicht dient nicht dem Schutz einzelner verfahrensbeteiligter
Dritter, sondern dem Interesse der Allgemeinheit an einer effektiven Verwirklichung der Verwaltungsaufgaben.[4] Die Mitwirkungspflicht ist nicht sanktioniert.
§ 24 VwVfG weist die Pflicht der Sachverhaltsaufklärung in erster Linie der Behörde zu. Diese Pflicht wird nur in bestimmtem Umfang durch die Mitwirkungspflicht der Beteiligten ergänzt (§ 26 Abs. 2 S. 1 und 2 VwVfG). Deshalb haben
die Beteiligten bei der Ermittlung des Sachverhalts nur dann mitzuwirken und
persönlich zu erscheinen oder auszusagen, wenn dies durch besondere Rechtsvorschrift vorgesehen ist. Auch eine Aussagepflicht der Zeugen und eine Pflicht zur
Erstattung von Gutachten durch Sachverständige besteht nur, soweit dies beson-

---

2 BVerwG, NVwZ 1999, 535 [536]; BVerwG, NVwZ 2014, 1586 [1589]; krit. zum Umfang der Ermittlung: *Clausen*, in: Knack, VwVfG, 7. Aufl., 2000, § 24 Rn. 8.
3 *Kopp/Ramsauer*, VwVfG, 21. Aufl., 2020, § 24 Rn. 10.
4 BVerwG, NVwZ 1999, 535 [536].

ders geregelt ist. Weder § 24 noch § 26 VwVfG enthalten eine Rechtsgrundlage für die Behörde, um dem Bürger weitere Mitwirkungspflichten aufzuerlegen. Daher kann die Behörde dem Bürger auf der Grundlage von § 24 und § 26 VwVfG weder Sachverhaltserforschungsmaßnahmen aufgeben, die in Grundrechte des Bürgers eingreifen (z. B. ein Gutachten einzuholen), noch ihm Duldungspflichten auferlegen (z. B. die Wohnung des Bürgers betreten).[5]

> **Beachte:** Umstritten ist, ob sich Polizei und Ordnungsbehörden zur Gefahrerforschung auf die polizei-/ordnungsbehördliche Generalklausel stützen können. Vereinzelt hat der Gesetzgeber inzwischen besondere Rechtsgrundlagen geschaffen (z. B. § 9 BBodSchG, § 29 Abs. 2 GewO).

Kann die Behörde den Sachverhalt nicht selbst ermitteln – etwa weil sie nicht über den nach der Materie erforderlichen wissenschaftlichen oder technischen Sachverstand verfügt (z. B. sieht § 7 Abs. 2 Nr. 3 AtomG als Genehmigungserfordernis für den Betrieb kerntechnischer Anlagen vor, dass die nach dem „Stand von Wissenschaft und Technik" erforderliche Vorsorge gegen Schäden zu treffen ist) –, muss sie auf externe Sachverständige zurückgreifen. Bei komplizierten Verfahren (z. B. Planfeststellungsverfahren) kann es erforderlich sein, in einem Termin mit dem Betroffenen vorab zu klären, welche Unterlagen beizubringen sind (vgl. § 71c Abs. 2 VwVfG zum Planfeststellungsverfahren; zum scoping vgl. § 15 UVPG).

121 Nicht geregelt ist die Frage, zu wessen Lasten es geht, wenn eine Tatsache nicht bewiesen werden kann. Nach dem Normbegünstigungsprinzip geht die Unerweislichkeit einer Tatsache grundsätzlich zu Lasten desjenigen, der für sich eine günstige Rechtsfolge herleiten möchte.[6] Deshalb hat im Antragsverfahren der Antragsteller die Beweislast zu tragen, bei Grundrechtseingriffen grundsätzlich die Behörde. Lediglich bei unzumutbaren oder unbilligen Konsequenzen kommt eine Beweislastumkehr in Betracht. Ferner kann die Behörde eine unterbliebene, aber gebotene Mitwirkung des Betroffenen berücksichtigen.

IV. Die Subsumtion

1. Der Beurteilungsspielraum

122 Der ermittelte Sachverhalt ist unter die Tatbestandsvoraussetzungen des Gesetzes zu subsumieren. Grundsätzlich gilt das verfassungsrechtliche Bestimmtheitsgebot. Das schließt aber nicht aus, dass der Gesetzgeber Rechtsnormen unterschiedlich präzise ausgestaltet. Bei **unbestimmten Tatbestandsmerkmalen** kann sich daher das Problem stellen, inwieweit der Behörde ein Beurteilungsspielraum zukommt, der gerichtlicher Nachprüfung nicht mehr oder nur eingeschränkt zugänglich ist.

> **Beispiele:** „Zuverlässigkeit" (§ 35 Abs. 1 GewO); „öffentliches Interesse" (§ 48 Abs. 2 VwVfG); „öffentliche Belange" (§ 35 Abs. 1 BauGB); „Wohl der „Allgemeinheit" (§ 31 Abs. 2 Nr. 1 BauGB); „berechtigter Grund" (§ 5 Abs. 1 S. 5 TierSchG).

123 Das BVerfG und die h. L. leiten aus Art. 19 Abs. 4 GG eine Pflicht der Gerichte ab, Akte der öffentlichen Gewalt in rechtlicher und tatsächlicher Hinsicht grundsätzlich **vollständig zu überprüfen**; eine Bindung der Gerichte an die von der Exekutive getroffenen Feststellungen und Wertungen sei dem Grundgesetz fremd.

---

5 Weiterführend: *Schenke*, Polizei- und Ordnungsrecht, 10. Aufl., 2018, S. 17 ff., Rn. 36 ff.
6 BVerwG, NVwZ-RR 1993, 205.

Denn Art. 19 Abs. 4 GG gewährleiste einen möglichst lückenlosen gerichtlichen Schutz gegen die Verletzung der Rechtssphäre des Einzelnen durch Eingriffe der öffentlichen Gewalt. Der Bürger hat demnach einen Anspruch auf eine tatsächlich wirksame gerichtliche Kontrolle.[7]
Doch normiert Art. 19 Abs. 4 GG eine Rechtsschutzgarantie, keinen Richtervorbehalt;[8] die Gerichte schulden nur – aber immerhin – eine Kontrolle der Rechtsanwendung. Deshalb bemisst sich der behördliche Beurteilungsspielraum nach dem jeweiligen Gesetz. Die normative Ermächtigungslehre setzt daran an, dass das Recht auf gerichtliche Nachprüfung nach Art. 19 Abs. 4 GG eine behauptete und mögliche Verletzung des Betreffenden „in seinen Rechten" voraussetzt. Diese subjektiven Rechte werden aber durch das Gesetz bestimmt; sie ergeben sich nicht aus Art. 19 Abs. 4 GG, sondern werden dort vorausgesetzt. Folglich kann die gerichtliche Überprüfung nicht weiterreichen als die materiell-rechtliche Bindung der Exekutive. Gerichtliche Kontrolle endet dort, wo das materielle Recht der Exekutive in verfassungsrechtlich unbedenklicher Weise Entscheidungen abverlangt, ohne dafür hinreichend bestimmte Entscheidungsprogramme vorzugeben.[9] Nur selten weist das Gesetz der Behörde ausdrücklich einen Beurteilungsspielraum zu, wie z. B. in § 10 TKG, wonach die Bundesnetzagentur die für eine Regulierung sachlich und räumlich relevanten Telekommunikationsmärkte festzulegen hat. § 10 Abs. 2 S. 2 TKG bestimmt sodann: „Diese Märkte werden von der Regulierungsbehörde im Rahmen des ihr zustehenden Beurteilungsspielraums bestimmt." Zumeist fehlt es aber an einer ausdrücklichen Zuweisung eines Beurteilungsspielraums; dieser ist dann herzuleiten.[10] So kann der Behörde z. B. ein Beurteilungsspielraum zugewiesen sein, wenn unbestimmte Rechtsbegriffe wegen hoher Komplexität oder besonderer Dynamik der geregelten Materie so vage und ihre Konkretisierung im Nachvollzug der Verwaltungsentscheidung so schwierig ist, dass die gerichtliche Kontrolle an die Funktionsgrenzen der Rechtsprechung stößt.[11] In folgenden Fallgruppen ist eine beschränkte gerichtliche Kontrolle anerkannt:

2. Fallgruppen für behördliche Beurteilungsspielräume

a) Die Bewertung in prüfungs- und prüfungsähnlichen Entscheidungen. Bei **124** der Bewertung in prüfungs- und prüfungsähnlichen Entscheidungen (hier ist besser vom Bewertungs-, nicht vom Beurteilungsspielraum zu sprechen[12]) kommt es auf die Bedeutung der jeweiligen Prüfung an.

> **Beispiel:** Die Bewertung von Staatsprüfungen ist ein Eingriff in die Berufswahlfreiheit (Art. 12 Abs. 1 GG). Die Möglichkeit, einen geeigneten Arbeitsplatz zu finden, hängt von der erreichten Note ab. Doch gibt es häufig keine konkreten Bewertungsgrundsätze, und es kann solche auch nicht geben, weil die leitenden Erwägungen von der Fragestellung, den Ausbildungsvoraussetzungen und der Prüfungssituation abhängen. Zudem müssen Prüfer bei ihrem wertenden Urteil von Einschätzungen und Erfahrungen ausgehen, die sie im Laufe ihrer Examenspraxis bei vergleichbaren Prüfungen entwickelt haben und allgemein anwenden. Die komplexen Erwägungen, die einer Prü-

---

7 BVerfGE 103, 142 [156]; BVerfG NVwZ 2012, 694 [695]; BVerwGE 9, 307 [309].
8 Plakativ: *Schmidt-Aßmann*, Das allgemeine Verwaltungsrecht als Ordnungsidee, 2. Aufl., 2004, S. 216; v. a. *Bamberger*, Behördliche Beurteilungsermächtigungen im Lichte der Bereichsspezifik des Verwaltungsrechts, VerwArch 2002, 217 [242].
9 BVerfGE 88, 40; BVerfGE 103, 142.
10 BVerwG, DÖV 2007, 797 [798] – „*Weinprüfung*".
11 BVerfGE 84, 34 [50].
12 BVerwG, NVwZ 2000, 915 ff.

fungsentscheidung zugrunde liegen, lassen sich nicht regelhaft umsetzen. Der Grundsatz der Chancengleichheit, der das Prüfungsrecht beherrscht, verlangt jedenfalls, dass für vergleichbare Prüflinge soweit wie möglich vergleichbare Prüfungsbedingungen und Bewertungskriterien gelten. Damit wäre es unvereinbar, wenn einzelne Kandidaten, indem sie einen Gerichtsprozess anstrengen, die Chance einer Bewertung erhalten, die vom Vergleichsrahmen unabhängig ist.[13]

Der prüfungsspezifische Bewertungsspielraum bezieht sich bei juristischen Fachprüfungen auf die Punktevergabe und Notengebung, soweit diese nicht mathematisch determiniert sind, die Gewichtung des Schwierigkeitsgrades einzelner Aufgaben wie auch verschiedener Aufgaben im Verhältnis zueinander, die Würdigung der sprachlichen Qualität, der Überzeugungskraft und der Angemessenheit der Darstellung nach ihrem Umfang – in einzelnen Abschnitten wie auch in der Gesamtschau – oder die Bestimmung von Stärken und Schwächen einer Bearbeitung einschließlich des Stellenwerts eines Fehlers.[14]

Die Gerichte haben aber zu prüfen, ob die objektiven, auch rechtlich beachtlichen Grenzen ihres Bewertungsspielraums überschritten wurden, also
- ob Verfahrensrecht verletzt wurde (z. B. unvollständiges Prüfergremium, Prüfer ist nicht bei der Sache,[15] ein befangener Prüfer nimmt an der Prüfung teil[16] oder der Kandidat hat keine Möglichkeit, gegen die Bewertung eine außergerichtliche Nachkontrolle zu erhalten. Zum Verfahren gehört es auch, das Gebot der Fairness einzuhalten, höfliche Umgangsformen zu wahren, sarkastische und unsachliche Kritik zu unterlassen[17].),
- ob der Prüfer von falschen Tatsachen ausgegangen ist (z. B. die Prüfungsaufgabe falsch verstanden hat),[18]
- ob er allgemeingültige Bewertungsmaßstäbe verletzt hat (z. B. darf eine vertretbare und mit gewichtigen Argumenten folgerichtig begründete Lösung nicht als falsch gewertet werden),[19]
- ob der Prüfer sachfremde Erwägungen angestellt hat,[20]
- ob der Prüfer die Bewertung begründet hat, um eine effektive gerichtliche Kontrolle zu ermöglichen und dem Kandidaten die Möglichkeit der Nachprüfung zu geben.[21]

125   **b) Dienstliche Beurteilungen.** Ferner ist ein Beurteilungsspielraum bei dienstlichen Beurteilungen des Beamten zu seiner „Eignung" und „Leistung" anerkannt. Hier handelt es sich um unbestimmte Rechtsbegriffe wertenden Inhalts, die unter Berücksichtigung der jeweiligen Anforderungen des wahrgenommenen Dienstpostens auszufüllen sind. Die gerichtliche Kontrolle ist dabei auf die Prüfung beschränkt, ob der Vorgesetzte den gesetzlichen Rahmen seines Beurteilungsspielraums verkannt, allgemeingültige Wertmaßstäbe nicht beachtet oder sachwidrige Erwägungen angestellt hat.[22]

126   **c) Bewertungen von Kunst und Kultur.** Bei Bewertungen von Kunst und Kultur ist das BVerwG zunächst von einem Beurteilungsspielraum der bewertenden Stelle ausgegangen.[23] In der Entscheidung „Josefine Mutzenbacher", in der es um die

---

13 BVerfGE 84, 34 [51 f.].
14 BVerwG, NVwZ 2000, 915 [920].
15 OVG NRW NVwZ 1992, 397 ff.
16 BVerwGE 107, 363 [374].
17 BVerwGE 5, 355 [361].
18 BVerwGE 70, 143 [145].
19 BVerfGE 84, 34 [54 f.].
20 BVerwG, NVwZ 2000, 915 ff. – *„Prüfungsleistung"*.
21 BVerwG, DÖV 1993, 430 ff.
22 BVerwGE 83, 251 ff.; BVerwGE 111, 22 [23].
23 BVerwGE 77, 75 [84]; BVerwGE 39, 19 [209].

Indexierung eines pornografischen Romans durch die Bundesprüfstelle für jugendgefährdende Schriften ging, hat das BVerfG zwar einen Beurteilungsspielraum der Bundesprüfstelle unter Hinweis auf die besondere Grundrechtssensibilität (Art. 5 Abs. 3 Satz 1 GG) abgelehnt, zugleich aber offen gelassen, ob der Bundesprüfstelle überhaupt ein Beurteilungsspielraum zukommen kann.[24] In der Literatur wird ein Beurteilungsspielraum befürwortet, wenn die Beurteilung und Entscheidung durch ein plural besetztes und unabhängiges Gremium erfolgt, weil widerstreitende Wertvorstellungen im Diskurs ermittelt und die Entscheidung aufgrund dieser Erörterung gefällt wird.[25] Das BVerwG ist hier restriktiver und verlagert die gerichtliche Kontrolldichte auf das Prozessrecht: Entscheidungen eines pluralen Gremiums sollen zumindest als „sachverständige Aussage" nicht schon mit bloßem Gegenvorbringen im Prozess erschüttert werden können.[26]

d) Prognose- und Risikoentscheidungen. Ein Beurteilungsspielraum der Behörde ist bei Prognose- und Risikoentscheidungen anzunehmen, weil der Inhalt unbestimmter Rechtsbegriffe wegen der hohen Komplexität oder der besonderen Dynamik der Materie so vage und ihre Konkretisierung im Nachvollzug der Entscheidung so schwierig ist, dass das Nachprüfungsorgan an seine Funktionsfähigkeit stoßen muss.[27] Insbesondere im Technikrecht ist die Verwaltung häufig deutlich besser zur Verwirklichung des gebotenen Grundrechtsschutzes in der Lage. **127**

> **Beispiel:** Für den Betrieb eines Kernkraftwerks nach § 7 Abs. 2 AtomG ist u. a. Voraussetzung, dass „die nach dem Stand von Wissenschaft und Technik erforderliche Vorsorge gegen Schäden durch die Errichtung und den Betrieb der Anlage getroffen ist". Bei der Technikklausel handelt es sich um einen unbestimmten Rechtsbegriff, der dazu beitragen soll, den gebotenen Grundrechtsschutz (Art. 2 Abs. 2, Art. 1 Abs. 1 GG) besser zu verwirklichen, indem der Maßstab durch neue wissenschaftliche Erkenntnisse kontinuierlich angepasst wird (sog. dynamischer Grundrechtsschutz[28]). Die Verantwortung für die Risikoermittlung und -bewertung trägt nach der Normstruktur des § 7 Abs. 2 Nr. 3 AtomG die Exekutive, die dabei die Wissenschaft zu Rate zu ziehen hat. Dann kann es nicht Sache der nachträglichen verwaltungsgerichtlichen Kontrolle sein, die der Exekutive zugewiesene Wertung wissenschaftlicher Streitfragen einschließlich der daraus folgenden Risikoabschätzung durch eine eigene Bewertung zu ersetzen.[29]

e) Fachliche Beurteilungen und Bewertungen. Anerkannt ist außerdem der fachliche Beurteilungsspielraum. **128**

> **Beispiel:** Die Identifizierung europäischer Vogelschutzgebiete unterliegt nur einer eingeschränkten verwaltungsgerichtlichen Kontrolle. Art. 4 Abs. 1 S. 3 Vogelschutz-RiL[30] eröffnet den Mitgliedstaaten einen fachlichen Beurteilungsspielraum in der Frage, welche Gebiete nach ornithologischen Kriterien für die Erhaltung bestimmter Vogelarten „zahlen- und flächenmäßig" am geeignetsten sind. Zu den Bewertungskriterien gehören neben Seltenheit, Empfindlichkeit und Gefährdung einer Vogelart u. a. die Populations-

---

24 BVerfGE 83, 130 [148].
25 *Ziekow*, VwVfG, 4. Aufl., 2019, § 40 Rn. 11; *Peine/Siegel*, Allgemeines Verwaltungsrecht, 13. Aufl., 2020, S. 67, Rn. 202; *Rennert*, in: Eyermann, VwGO, 15. Aufl., 2019, § 40 Rn. 73; *Storr*, Regulierung von Beliehenen?, DÖV 2006, 133 [140]; krit. *Schmidt-Aßmann*, in: Maunz/Dürig/Herzog/Scholz, Grundgesetz, Band I, Art. 19 Abs. 4 Rn. 196.
26 BVerwGE 91, 211 [215].
27 BVerwG vom 25.7.2013 – 2 C 12.11.
28 BVerfGE 49, 89 [137] – „*Kalkar I*".
29 BVerwGE 72, 300 [316] – „*Whyl*"; BVerwGE 106, 115 [120 f.] – „*Mühlheim Kärlich*".
30 Richtlinie 2009/147/EG vom 30.11.2009 über die Erhaltung der wildlebenden Vogelarten, ABl. L 20 vom 26.1.2010, S. 7; vorher: Richtlinie 79/409/EWG vom 2. April 1979 über die Erhaltung der wildlebenden Vogelarten, ABl. Nr. L 103 vom 25.4.1979, S. 1 f.

dichte und Artendiversität eines Gebiets, sein Entwicklungspotential und seine Netzverknüpfung (Kohärenz) sowie die Erhaltungsperspektiven der bedrohten Art. Die Eignungsfaktoren mehrerer Gebiete sind vergleichend zu bewerten. Gehört ein Gebiet nach dem naturschutzfachlichen Vergleich zu den für den Vogelschutz „geeignetsten" Gebieten, ist es zum Vogelschutzgebiet zu erklären. Unterschiedliche fachliche Wertungen sind möglich. Die Nichtmeldung eines Gebiets ist nicht zu beanstanden, wenn sie fachwissenschaftlich vertretbar ist. Die Vertretbarkeitskontrolle umfasst auch die Netzbildung in den einzelnen Bundesländern, hat aber auch insoweit den Beurteilungsrahmen der Länder zu beachten.[31]

Das BVerwG hat eine Beurteilungsermächtigung ferner angenommen, wenn der zu treffenden Entscheidung in hohem Maße wertende Elemente anhaften. Das Gesetz muss ein besonderes Verwaltungsorgan für zuständig erklärt haben, das weisungsfrei, mit besonderer fachlicher Legitimation und in einem besonderen Verfahren entscheidet. Das kann insbesondere der Fall sein, wenn es sich um ein Kollegialorgan handelt, das mögliche Auffassungsunterschiede bereits in sich zum Ausgleich bringt und die zu treffende Entscheidung damit zugleich versachlicht.[32]

> **Beispiel Weinprüfung**[33]: „Die Entscheidung, ob ein Wein die sensorischen Voraussetzungen für einen Qualitätswein b.A. erfüllt, erfordert hohe Sachkunde, die nur durch fachliche Schulung sowie langjährige Erfahrung gewonnen werden kann. Deshalb kann sie regelmäßig nicht ohne Hinzuziehung von Sachverständigen getroffen werden; das gilt für die Behörde wie für ein Gericht. Auch Sachverständige können ihre Beurteilung von subjektiv-wertenden Elementen nicht völlig freihalten. Das rechtfertigt es – und legt es sogar nahe –, die Prüfung nicht einem einzelnen Sachverständigen, sondern einem mehrköpfigen Gremium anzuvertrauen, damit Subjektivismen weitgehend neutralisiert werden und die Entscheidung insgesamt versachlicht wird. Schließlich mögen subjektive Wertungen auch von der Funktion oder Rolle abhängig sein, die der einzelne Sachverständige im Weinmarkt einnimmt, indem er sich eher den Erzeugern, den Verbrauchern oder der staatlichen Aufsicht zugehörig fühlt. Mit Rücksicht hierauf empfiehlt sich, das Sachverständigenkollegium entsprechend pluralistisch zusammenzusetzen."

129 **f) Politischer Beurteilungsspielraum.** Schließlich gibt es politische Beurteilungsspielräume.

> **Beispiel:** Nach § 30 Abs. 1 S. 3 LuftVG darf etwa die Sicherheitsmindesthöhe nur unterflogen werden, soweit dies zur Erfüllung hoheitlicher Aufgaben zwingend notwendig ist. Bei der Anordnung von militärischen Tiefflügen kommt dem Bundesminister der Verteidigung ein „verteidigungspolitischer Beurteilungsspielraum" zu. Dieser kann gerichtlich nur darauf überprüft werden, ob der Bundesminister der Verteidigung von einem zutreffenden Sachverhalt ausgegangen ist, den durch § 30 Abs. 1 S. 3 LuftVG bestimmten Rahmen erkannt, sich von sachgerechten Erwägungen hat leiten lassen und ob er die zivilen Interessen einschließlich der Lärmschutzinteressen in die gebotene Abwägung eingestellt und nicht unverhältnismäßig zurückgesetzt hat.[34]

3. Grundsätze für eine gerichtliche Kontrolle

130 Das BVerwG ist mit der Annahme eines Beurteilungsspielraums der Verwaltung eher restriktiv. Tendenziell wird die gerichtliche Kontrolle auf die Fragen beschränkt, ob die Verfahrensvorschriften eingehalten wurden, ob der Sachverhalt vollständig und zutreffend ermittelt wurde und nicht von falschen Tatsachen ausgegangen wurde, ob von einem richtigen Verständnis des anzuwendenden Geset-

---

31 BVerwGE 117, 149 [155] – „B 173"; BVerwGE 120, 1 [6] – „A 73"; BVerwG vom 21.1.2016 – 4 A 5.14.
32 BVerwG, DÖV 2007, 797 [798] – *„Weinprüfung"*.
33 BVerwG, DÖV 2007, 797 [798] – *„Weinprüfung"*.
34 BVerwGE 97, 203 [209].

zesbegriffs ausgegangen wurde, ob allgemeingültige Bewertungsgrundsätze beachtet wurden und ob keine sachfremden Erwägungen angestellt, d. h. nicht gegen das Willkürverbot verstoßen wurde.[35]

Fall 7:[36] A bewarb sich beim Bundesnachrichtendienst um die Einstellung als Beamter. Es fand ein mehrstündiges Vorstellungsgespräch statt. Die Gesprächsführerin auf Seiten des BND vermerkte darüber, dass A eine Tätigkeit in einer juristischen Abteilung des Bundesnachrichtendienstes ausdrücklich ablehne und auf einer Verwendung in einer operativen Abteilung bestehe. Seine Erwartungshaltung sei völlig überzogen, er werde in Fragen seiner künftigen Verwendung und im Zusammenhang mit möglichen Beförderungen in keiner Weise kompromissbereit sein. Er habe eine teilweise sehr unkritische Selbsteinschätzung. Während des Gesprächs sei er latent aggressiv gewesen. Daraufhin lehnte der BND die Einstellung des A ab. Der BND sei an einer fachbezogenen Verwendung der neu eingestellten Juristen während ihrer ersten Dienstjahre interessiert. A habe eine juristische Tätigkeit aber definitiv abgelehnt. Außerdem sei er persönlich nicht geeignet. Es fehlten ihm die erforderliche Kompromissbereitschaft und das notwendige Verständnis für die Belange des Dienstherrn. A ersucht um Rechtsschutz: Er habe lediglich sein besonderes Interesse an einer Tätigkeit in der operativen Abteilung zum Ausdruck gebracht, nicht aber auf eine Verwendung in dieser Abteilung bestanden. Seine Grundhaltung und seine Intentionen seien vom BND verkannt worden.

Lösung Fall 7: Die Einstellungsbehörde kann sich im Rahmen der ihr obliegenden Prüfung der Eignung eines Beamtenbewerbers auch durch ein Vorstellungsgespräch ein Bild von dessen Persönlichkeit verschaffen. Dann kommt es auf den persönlichen Eindruck an, den der Gesprächsführer aufgrund der Äußerungen des Bewerbers und dessen Verhaltensweise im Verlauf des Gesprächs gewonnen hat. Nuancen des Gesprächsverlaufs und des Auftretens des Bewerbers, aus denen der Gesprächsführer für ihn ungünstige Schlüsse gezogen hat, lassen sich nur unvollkommen erfassen und entziehen sich ebenso wie der sich darauf stützende persönliche Eindruck des Gesprächsführers einer gerichtlichen Feststellung.
Die Art, wie sich A im Vorstellungsgespräch gegeben hat, ist keine Tatsache, die einer gerichtlichen Beweisaufnahme zugänglich ist. Verhalten und Auftreten des A im Vorstellungsgespräch sind keine Vorkommnisse, die die Einstellungsbehörde zur Stützung des negativen Eignungsurteils aufgegriffen und aus denen sie ihre wertenden Schlussfolgerungen gezogen hat, sondern Eindrücke, die die Gesprächsführerin im Vorstellungsgespräch aus einer Vielzahl von Beobachtungen gewonnen hat. Die Eindrücke und Beobachtungen sind als Tatsachenbasis des Eignungsurteils zutreffend, wenn sie nachvollziehbar sind, insbesondere mittels weiterer Erläuterungen und Detailwertungen konkretisiert worden sind. Das ist hier der Fall gewesen.

Fall 8:[37] A forscht an einem neuen Arzneimittel gegen Hepatitis und möchte gentechnische Experimente mit Mikroorganismen und Zellkulturen durchführen. Nach § 7 GenTG werden gentechnische Arbeiten in vier Sicherheitsstufen eingeteilt, abhängig von dem Risiko, von dem nach dem Stand der Wissenschaft für die menschliche Gesundheit und die Umwelt auszugehen ist (kein Risiko; geringes Risiko; mäßiges Risiko; hohes Risiko). Für gentechnische Arbeiten der Sicherheitsstufe 2 (geringes Risiko) ist eine Anzeigepflicht, für solche der Sicherheitsstufen 3 und 4 (mäßiges Risiko; hohes Risiko) eine Genehmigungspflicht vorgesehen (§§ 7–9 GenTG). Für die näheren Voraussetzungen gibt es Ausführungsvorschriften (GenTSV). Außerdem müssen – je nach Sicherheitsstufe – besondere Sicherheitsvorkehrungen getroffen werden.
Die zuständige Gentechnikbehörde fordert eine Stellungnahme des Robert-Bosch-Instituts an, welche sie bei ihrer Entscheidung zu berücksichtigen hat (vgl. § 12 Abs. 4 S. 2

---

35 Grundlegend: BVerwGE 8, 272 [274]; BVerwGE 70, 143 [144]; BVerwG, DÖV 2007, 797 [800] – „Weinprüfung".
36 BVerwG, Buchholz 232, § 8 BBG Nr. 55.
37 VGH Mannheim, DVBl 2001, 1463 ff.

GenTG a. F.; jetzt: Zentrale Kommission für die Biologische Sicherheit). Das Institut hält eine Klassifizierung in die Sicherheitsstufe 2 für ausreichend. Zwar bestehe die Gefahr einer Luftübertragbarkeit von Viren; dies sei aber äußerst unwahrscheinlich. Die Gentechnikbehörde meint indes, dass das Robert-Bosch-Institut diese Gefahr der Luftübertragbarkeit nicht richtig beurteilt habe und fordert eine weitere Stellungnahme einer Universität an. Diese rät zur Klassifizierung der Arbeiten in die Sicherheitsstufe 3. Zwar sei die Gefahr einer Luftübertragbarkeit der Viren sehr gering, die denkbaren Schadensfolgen – insbesondere einer epidemischen Ausbreitung – aber extrem hoch. Daraufhin ordnet die Gentechnikbehörde die gentechnischen Arbeiten des A der Sicherheitsstufe 3 zu und verweist auf die Ausführungen der Universität. A meint, Sicherheitsstufe 2 sei ausreichend und ersucht um gerichtlichen Rechtsschutz. Das Robert-Bosch-Institut sei besser als die Gentechnikbehörde ausgerüstet, um das Gefahrenpotential der gentechnischen Arbeiten zu ermitteln.

Lösung Fall 8: Fraglich ist, ob und inwieweit das Gericht die behördliche Beurteilung des Gefahrenpotentials der von A vorzunehmenden gentechnischen Arbeiten überprüfen kann. Grundsätzlich ist aus Art. 19 Abs. 4 GG herzuleiten, dass das Gericht die Rechtsanwendung der Verwaltung umfassend nachzuprüfen hat.

Der vorliegende Fall weist aber Besonderheiten auf. Für die Risikobeurteilung ist eine prognostische Einschätzung nach dem gegenwärtigen Stand der Wissenschaft über künftige Entwicklungen und Geschehensabläufe vorzunehmen. Prognoseentscheidungen sind auf die Zukunft gerichtet und mit einem Unsicherheitsfaktor verbunden. Diese Beurteilung können die Gerichte keineswegs besser vornehmen: Im Gegenteil, ist es doch die Exekutive, die im Verhältnis zu den Verwaltungsgerichten über rechtliche Handlungsformen verfügt, die sie für diese Aufgabe sehr viel besser ausrüsten. Deshalb muss die gerichtliche Kontrolle auf die Prüfung beschränkt sein, ob die Risikobewertung der Exekutive auf der Grundlage ausreichender Ermittlungen und willkürfreier Annahmen zustande gekommen ist.[38]

Es ist davon auszugehen, dass die Sachverhaltsermittlungen hinreichend waren. Zu prüfen ist dann, ob die Annahmen, die die Gentechnikbehörde ihrer Entscheidung zugrunde gelegt hat, willkürlich waren. Die Gentechnikbehörde hat sich die Beurteilung der Universität zu eigen gemacht und ist damit der Stellungnahme des Robert-Bosch-Instituts nicht gefolgt. Beide Gutachten konnten eine Luftübertragung nicht mit Sicherheit ausschließen. Die Stellungnahmen des Robert-Bosch-Instituts und der Universität unterscheiden sich aber darin, dass erstere die Zuordnung zur Sicherheitsstufe 2 mit der sehr geringen Wahrscheinlichkeit rechtfertigt. Demgegenüber geht die Universität in ihrer Stellungnahme einen Schritt weiter und setzt die sehr geringe Eintrittswahrscheinlichkeit in Bezug zum möglichen Schaden, den sie als sehr schwerwiegend ansieht. Die Einbeziehung der Möglichkeit einer epidemischen Ausbreitung von Viren in die Risikobeurteilung erscheint als wissenschaftlich zwar sehr unwahrscheinliche, aber nicht völlig auszuschließende und damit nicht zu vernachlässigende Folge der Arbeiten des A. Die Beurteilung erscheint schon deshalb nicht willkürlich, weil der potentielle Schaden – trotz niedriger Eintrittswahrscheinlichkeit – sehr groß ist.

Möglicherweise könnte der Behörde aber deshalb kein Beurteilungsspielraum zukommen, weil das Robert-Bosch-Institut besser als die Gentechnikbehörde geeignet ist, die letztverantwortliche Risikoentscheidung zu treffen und damit auch den damit verbundenen Beurteilungsspielraum wahrzunehmen. Nach dem Gesetz obliegt die (Letzt-)Entscheidung aber allein der Gentechnikbehörde. Diese hat sich die Sicht der Universität zu eigen gemacht. § 12 Abs. 4 S. 2 GenTG steht dem nicht entgegen. Danach hat die Gentechnikbehörde die Stellungnahme des Robert-Bosch-Instituts lediglich zu berücksichtigen; „berücksichtigen" bedeutet aber, dass die Behörde das Gutachten des Instituts ihrer Entscheidung zugrunde zu legen hat, in begründeten Fällen hiervon auch abweichen darf. Deshalb konnte die Gentechnikbehörde ein Gutachten der Universität einholen; sie musste es sogar, denn die Präponderanz des Instituts-Gutachtens gebietet es,

---

38 S. a. BVerwG, Beschluss vom 15.4.1999 – 7 B 278/98.

dass die Behörde etwaige eigene wissenschaftliche Zweifel an der Richtigkeit der Risiko-einschätzung des Robert-Bosch-Instituts zunächst von einer anderen sachverständigen Stelle klären lässt, ehe sie von deren Stellungnahme abweicht. Die gesetzlich herausgehobene Stellung des Robert-Bosch-Instituts erfüllt ihren Zweck demnach nicht in der rechtlichen Verbindlichkeit, sondern vielmehr in der faktischen Autorität ihrer Stellungnahmen.

Die Gentechnikbehörde hat ihrer Entscheidung also keine willkürlichen Annahmen zugrunde gelegt; ihre Entscheidung ist deshalb nicht rechtswidrig.

V. Festlegung der gesetzlichen Rechtsfolgen

1. Ermessensbestimmungen

Liegen die Tatbestandsvoraussetzungen vor, ist das Programm einer Norm erfüllt, **131** kann das Gesetz der Verwaltung die Pflicht zuweisen, bestimmte Maßnahmen zu treffen oder zu unterlassen oder ihr einen Gestaltungsspielraum eröffnen:

– Die Verwaltung kann verpflichtet sein, eine bestimmte Rechtsfolge herbeizuführen.

Beispiel: § 4 Abs. 1 GastG: „Die (Gaststätten-)Erlaubnis **ist** zu versagen, wenn… Tatsachen die Annahme rechtfertigen, dass der Antragsteller die für den Gewerbebetrieb erforderliche Zuverlässigkeit nicht besitzt…"

– Der Verwaltung kann die Wahlmöglichkeit eingeräumt werden, ob sie eine bestimmte Rechtsfolge herbeiführen will.

Beispiel: § 5 Abs. 1 GastG: „Gewerbetreibenden, die einer Erlaubnis bedürfen, **können** jederzeit Auflagen zum Schutze der Gäste gegen Ausbeutung und gegen Gefahren für Leben, Gesundheit oder Sittlichkeit… erteilt werden"

– Der Verwaltung kann eine Wahlmöglichkeit eingeräumt werden, grundsätzlich soll sie aber eine bestimmte Rechtsfolge herbeiführen und nur in Ausnahmefällen hiervon abweichen.

Beispiel: § 11 Abs. 1 S. 2 GastG: „Die vorläufige Erlaubnis **soll** nicht für eine längere Zeit als drei Monate erteilt werden; die Frist **kann** verlängert werden, wenn ein wichtiger Grund vorliegt."

Die beiden zuletzt genannten Fälle eröffnen der Behörde mehrere Möglichkeiten. Der Behörde werden vom Gesetzgeber Gestaltungsmöglichkeiten eröffnet, damit sie eine dem Einzelfall entsprechend sachgerechte, zweckmäßige Entscheidung trifft. Ein **Entschließungsermessen** steht ihr zu, wenn sie wählen kann, ob sie tätig wird oder nicht; von einem **Auswahlermessen** ist zu sprechen, wenn die Behörde die Wahlmöglichkeit hat, wie sie tätig werden will.

2. Die Ermessensbindung

Ist die Behörde ermächtigt, nach ihrem Ermessen zu handeln, hat sie ihr Ermessen **132** entsprechend dem **Zweck der Ermächtigung auszuüben** und die **gesetzlichen Grenzen des Ermessens einzuhalten** (§ 40 VwVfG). Ermessen bedeutet also nicht „Freiheit" einer Behörde, sich willkürlich für die eine oder andere Maßnahme zu entscheiden; vielmehr muss sie sich der Rechtsordnung gemäß entscheiden (pflichtgemäßes Ermessen). Die gesetzlichen Grenzen des Ermessens ergeben sich zunächst aus der einer Maßnahme zugrunde liegenden gesetzlichen Grundlage, aber auch aus den Grundrechten[39] der Betroffenen und allgemeinen Rechtsgrund-

---

39 BVerwGE 96, 302 [312].

sätzen wie dem Rechtsstaatsprinzip. Dieses verpflichtet die Behörde insbesondere, ihre Entscheidung sachgerecht zu treffen.[40]

Der einer Behörde eröffnete Gestaltungsspielraum kann aufgrund der Besonderheiten eines Falles reduziert sein, gegebenenfalls kann der Behörde auch nur eine Gestaltungsoption zur Verfügung stehen, obgleich die einschlägige Rechtsgrundlage grundsätzlich ein Ermessen eröffnet (Ermessensreduzierung auf Null). Eine Ermessensreduzierung kann sich aus der besonderen Grundrechtsbindung der Behörde ergeben.

Beispiel: Vorliegen der gesetzlichen Voraussetzungen eines subjektiven Rechts: Weil das Grundrecht des Art. 2 Abs. 1 GG nicht nur die allgemeine Handlungsfreiheit als solche, sondern auch die Ausübung der in ihr enthaltenen Befugnisse gewährleistet, muss der Bürger notwendigerweise einen Rechtsanspruch auf die Erlaubnis haben, wenn die gesetzlichen Voraussetzungen des objektiven Rechts vorliegen.[41]

Beispiel: Sondernutzung für Wahlkampfwerbung im öffentlichen Straßenraum: Die Bedeutung von Parteien und Wahlen in einem demokratischen Staat (Art. 21, 28 Abs. 1 S. 2 und 38 Abs. 1 GG) schränkt das behördliche Ermessen über die Erlaubnis zum Aufstellen von Wahlplakaten durch Parteien in so erheblichem Maße ein, dass jedenfalls für den Regelfall ein Anspruch einer Partei auf Erlaubnis besteht.[42]

133 Sofern besonders hochwertige Rechtsgüter betroffen sind, kommt eine sog. **Ermessensreduzierung auf Null** in Betracht.

Fall 9:[43] A wendet sich an die Baubehörde und beantragt, ein Nutzungsverbot der in seiner Nachbarschaft im Wohngebiet betriebenen Biogasanlage des N auszusprechen, weil die Belästigung durch Gerüche unerträglich sei. Die Behörde hält den Betrieb zwar für rechtswidrig, lehnt aber eine Nutzungsuntersagung ab.

Die einschlägige Vorschrift lautet: „Die Aufsichtsbehörden haben bei der Errichtung, der Änderung, dem Abbruch, der Nutzung, der Nutzungsänderung sowie der Instandhaltung baulicher Anlagen darüber zu wachen, dass die öffentlich-rechtlichen Vorschriften und die aufgrund dieser Vorschriften erlassenen Anordnungen eingehalten werden. Sie haben in Wahrnehmung dieser Aufgaben nach pflichtgemäßem Ermessen die erforderlichen Maßnahmen zu treffen."

Lösung Fall 9: A müsste ein Rechtsanspruch auf Erlass eines baubehördlichen Nutzungsverbots gegenüber N zukommen. Tatsächlich ist der Behörde durch das Landesgesetz aber ein Ermessensspielraum zugewiesen. Ermessensfreiheit bedeutet jedoch nicht Willkür, sondern meint das sog. pflichtgemäße Ermessen. Die Behörde muss sich also von dem Sinn des Gesetzes leiten lassen, das ihr ein Ermessen einräumt. Das hier in Rede stehende Ermessen zum Einschreiten gegen rechtswidrige Zustände hat sich nach der leitenden Aufgabe der Behörde (z. B. Baupolizei, dann nach der Einhaltung der öffentlichen Sicherheit und Ordnung) zu richten. Soweit die verletzten Vorschriften zugleich dem Nachbarschutz dienen, sind auch die Nachbarn zu berücksichtigen. Für eine rechtsfehlerfreie Ermessensausübung können neben anderen Umständen auch das Ausmaß oder die Schwere der Störung oder Gefährdung eine maßgebende Bedeutung haben.[44] Bei hoher Intensität der Störung oder Gefährdung kann eine Entschließung der Behörde zum Nichteinschreiten unter Umständen sogar als schlechthin ermessensfehlerhaft erscheinen. Praktisch kann die rechtlich gegebene Ermessensfreiheit derart zusammengeschrumpft sein, dass nur eine einzige ermessensfehlerfreie Entschließung, nämlich die zum Einschreiten, denkbar ist und höchstens für das Wie des Einschreitens noch ein ausnutzbarer Ermessensspielraum der Behörde offen bleibt. Unter dieser

---

40 BVerwGE 101, 64 [71].
41 BVerfGE 20, 150 [155]; BVerwG, DVBl 2000, 1614 ff.
42 BVerwGE 47, 280 [283].
43 Nach BVerwGE 11, 95 ff.
44 BVerwG vom 13.10.2015 – 4 B 24.15.

besonderen Voraussetzung kann der an sich nur auf ermessensfehlerfreie Entschließung der Behörde gehende Rechtsanspruch im praktischen Ergebnis einem strikten Rechtsanspruch auf ein bestimmtes Verwaltungshandeln gleichkommen. Im vorliegenden Fall kommt den Grundrechten Art. 2 Abs. 2 und Art. 14 GG Bedeutung zu. Inwieweit A wegen der Belästigung durch Gerüche in diesen Grundrechten beeinträchtigt wird, ist im konkreten Fall zu beurteilen.

Soweit der Gesetzgeber oder die Verwaltung nach einer ihr eingeräumten Befugnis Grenzwerte festgelegt hat, kommt es darauf an, ob diese Vorschriften drittschützende Wirkung haben. Für die Bewertung der Zumutbarkeit von Geruchsbelästigungen enthält etwa die TA-Luft keine Regelungen für die Nachbarschaft.[45]

Eine Bindung der Behörde kann ferner über ermessenslenkende Verwaltungsvorschriften erfolgen. Es ist daran zu erinnern (Rn. 104), dass **Verwaltungsvorschriften** grundsätzlich nur Innenwirkung haben, doch können auch ermessenslenkende Verwaltungsvorschriften mittelbar Außenwirkung erlangen, entweder über Art. 3 Abs. 1 GG, der die Behörde zu einer gleichen Verwaltungspraxis verpflichtet oder über den Vertrauensschutzgrundsatz, wenn die Behörde Vertrauen dahingehend schafft, dass sie künftig entsprechend den Verwaltungsvorschriften vorgeht. **134**

Das Gericht kann im Fall der Nachprüfung einer behördlichen Ermessensentscheidung diese nicht durch eine eigene Entscheidung ersetzen. § 114 VwGO stellt ausdrücklich klar, dass das Gericht (nur) zu prüfen hat, ob der Verwaltungsakt oder die Ablehnung oder Unterlassung des Verwaltungsakts rechtswidrig ist, weil die gesetzlichen Grenzen des Ermessens überschritten sind oder von dem Ermessen in einer dem Zweck der Ermächtigung nicht entsprechenden Weise Gebrauch gemacht worden ist. **135**

3.   Ermessensfehler

Ermessensfehler sind erst dann von Bedeutung, wenn die übrigen Tatbestandsvoraussetzungen einer Norm erfüllt sind. Andernfalls ist die Maßnahme der Verwaltung bereits rechtswidrig, weshalb eine rechtmäßige Ermessensausübung nicht mehr in Betracht kommt. Wenn der Behörde ein Ermessensspielraum zugewiesen ist, hat sie nicht nur die Möglichkeit (das Recht), die ihr eröffneten Optionen zu nutzen, sie hat auch die Pflicht zu prüfen, welche der möglichen Maßnahmen im Einzelfall sachgerecht anzuwenden sind. Vor diesen Voraussetzungen sind vier Ermessensfehler denkbar: **136**

a) Ermessensüberschreitung. Die von der Behörde im Ermessenswege verhängte Rechtsfolge ist von der **gesetzlichen Ermächtigung nicht gedeckt.** **137**

> **Fall 10:**[46] Eine Prüfungsordnung sieht vor, dass eine Prüfung als nicht bestanden gilt, wenn der Kandidat dem Prüfungstermin „ohne genügende Entschuldigung" fernbleibt. Der Prüfungsausschuss legt fest, dass der Nachweis nur durch ein ärztliches Attest einer Universitätsklinik geführt werden kann. Damit soll ausgeschlossen werden, dass Kandidaten mit Hilfe privatärztlicher Gefälligkeitsatteste zurücktreten. Kandidat K erkrankt am Prüfungstag und bringt ein Attest des Gesundheitsamts bei. Dieses wird vom Prüfungsausschuss nicht anerkannt.
> **Lösung Fall 10:** Die Prüfungsordnung räumt dem Prüfungsausschuss bei der Festlegung, wie der Nachweis der Entschuldigung geführt werden kann, Ermessen ein. Es ist nicht ermessensfehlerhaft, privatärztliche Atteste auszuschließen, um die Möglichkeit der Einreichung privatärztlicher Gefälligkeitsatteste zu versagen und damit für den Fall

---

45 VG Karlsruhe vom 28.4.2005 – Az. 6 K 1840/04.
46 BayVGH, NVwZ-RR 1992, 555 ff.

eines Rücktritts wegen Krankheit den Grundsatz der Chancengleichheit zu wahren. Allerdings ist es eine über diesen Zweck hinausgehende und damit den Prüfling unzumutbar belastende Beschränkung, wenn nur ärztliche Atteste von Universitätskliniken anerkannt werden. Damit wird die Möglichkeit des Attestes eines staatlichen Gesundheitsamtes generell und von vornherein ausgeschlossen. Ein solches Attest erbringt aber gemäß § 418 Abs. 1 ZPO den vollen Beweis der darin enthaltenen Beurteilung des Gesundheitszustandes der untersuchten Person. Da es zudem von einem Beamten ausgestellt wird und nach § 348 Abs. 1 StGB die Ausstellung falscher Gesundheitszeugnisse durch diesen strafbedroht ist, erfüllt es in gleicher Weise die Anforderungen wie universitätsärztliche Zeugnisse. Folglich stellt es eine Ermessensüberschreitung dar, wenn der Prüfungsausschuss festlegt, dass der Nachweis einer Krankheit nur durch ein Attest einer Universitätsklinik zulässig ist und dieser Nachweis nicht mit einem Attest eines staatlichen Gesundheitsamtes geführt werden darf.

138 **b) Ermessensnichtgebrauch.** Ein Ermessensfehler liegt vor, wenn die Behörde ein ihr zustehendes **Ermessen nicht ausübt**, etwa weil die Behörde übersieht, dass ihr ein Ermessen zukommt und sie sich verpflichtet fühlt, eine bestimmte Rechtsfolge herbeiführen zu müssen.

> **Fall 11:**[47] A, eine deutsche Staatsangehörige, wurde in Kolumbien von einer Rebellengruppe entführt. Erst nach mehrmonatiger Geiselhaft und intensiven Bemühungen des Auswärtigen Amtes kam A frei. Die Rebellen hatten für eine Freilassung die Abholung der Geisel durch einen zivilen Hubschrauber zur Bedingung gemacht. Die Hubschrauberkosten beliefen sich auf € 25.000,-, die das Auswärtige Amt ausgelegt hat und nun von A erstattet haben will. A führt an, dass sie nicht vermögend sei.
> § 6 Abs. 1 S. 1 KonsG regelt eine Schutz- und Hilfspflicht der Konsularbeamten gegenüber Deutschen bei Naturkatastrophen, kriegerischen oder revolutionären Verwicklungen oder vergleichbaren Ereignissen, bei denen der Bevölkerung oder Teilen von ihnen Schaden droht. Nach § 6 Abs. 2 S. 1 KonsG sind gewährte Auslagen zurückzufordern. In § 6 Abs. 2 S. 2 KonsG heißt es: „Soweit die Entwicklung der Lage im Konsularbezirk, die persönlichen Verhältnisse des Hilfs- oder Schutzbedürftigen oder sonstige besondere Umstände es erfordern, kann von der Geltendmachung der Ansprüche auf Auslagenersatz abgesehen werden."
> **Lösung Fall 11:** Der Anspruch auf Kostenerstattung könnte sich aus § 6 Abs. 2 S. 1 KonsG ergeben. Dagegen spricht aber, dass der Tatbestand des Gesetzes nicht erfüllt ist. Denn die Hilfeleistungspflicht besteht nach dieser Vorschrift nur bei Ereignissen, „bei denen der Bevölkerung oder Teilen von ihnen Schaden droht". Die Entführung einer Geisel betrifft indes keinen diesem Tatbestandsmerkmal entsprechenden Personenkreis.
> Selbst wenn man das anders sehen würde, läge hier jedenfalls ein Ermessensfehler durch Ermessensnichtgebrauch vor. Zwar regelt § 6 Abs. 2 S. 1 KonsG eine Pflicht des Auswärtigen Amtes, gewährte Auslagen zurückzufordern, räumt dem Auswärtigen Amt also grundsätzlich kein Ermessen ein. § 6 Abs. 2 S. 2 KonsG sieht aber vor, dass bei Vorliegen besonderer Umstände hiervon abgewichen werden kann. Folglich wäre das Auswärtige Amt verpflichtet gewesen zu erwägen, ob von einer Auslagenerstattung wegen Vorliegens besonderer Umstände abgesehen werden kann. Das Unterlassen dieser Erwägung stellt einen Ermessensnichtgebrauch dar.

139 **c) Ermessensunterschreitung.** Von Ermessensunterschreitung wird gesprochen, wenn die Behörde zwar ein ihr zugewiesenes Ermessen ausübt, den ihr zugewiesenen **Ermessensrahmen aber nicht ausschöpft**, etwa weil sie ihrer Entscheidung nicht die nach Lage der Dinge zu berücksichtigenden Belange zugrunde legt.

---

47   VG Berlin vom 4.4.2006, Az. 14 A 12.04.

Beispiel[48]: Die Behörde ist bei der Auswahl eines Gebührenschuldners fälschlicherweise der Auffassung, eine bestimmte Person nicht in Anspruch nehmen zu können.

d) Ermessensfehlgebrauch. Ein Ermessensfehler liegt ferner vor, wenn die Behörde ein ihr zustehendes Ermessen zwar ausübt, aber **sachfremde Erwägungen** anstellt (Ermessensfehlgebrauch). **140**

Fall 12:[49] Die Eheleute A und B betreiben unabhängig und getrennt voneinander als Schausteller Fahrgeschäfte auf Frühlingsfesten. Sie bewerben sich beide um je einen Platz auf dem nach § 69 GewO festgesetzten kommenden Frühlingsfest. Während A ein Standplatz zugewiesen wird, wird dieser B versagt unter Hinweis auf die Vielzahl der Bewerber um Standplätze für Fahrgeschäfte und beschränkter Platzkapazitäten. Außerdem hätte eine Standzuweisung an B die Folge gehabt, dass ein anderer Bewerber zurückstehen hätte müssen, der mit seinem Fahrgeschäft allein den Unterhalt seiner Familie zu bestreiten hat, während den Eheleuten A und B zwei Standplätze zugewiesen würden.

Lösung Fall 12: Da das Frühlingsfest nach § 69 GewO festgesetzt war, hatte B grundsätzlich einen Anspruch auf Standplatzzuweisung (§ 70 Abs. 1 GewO). Allerdings wird dieser Anspruch nach § 70 Abs. 3 GewO u. a. mit der Maßgabe eingeschränkt, dass die Behörde unter den Voraussetzungen dieser Bestimmung einzelne Bewerber wegen Platzmangels von der Veranstaltung ausschließen kann. Dieses Ausschließungsermessen ist allerdings nach dem Wortlaut des § 70 Abs. 3 GewO insoweit begrenzt, als eine Ausschließung nur bei Vorliegen eines sachlich gerechtfertigten Grundes erlaubt ist. Was sachlich gerechtfertigt ist, bestimmt sich nach dem allgemeinen Gleichheitssatz unter Berücksichtigung des Lebenssachverhalts.[50] Wegen des besonderen verfassungsrechtlichen Schutzes der Ehe (Art. 6 Abs. 1 GG) ist bereits fraglich, ob die eheliche Verbindung von A und B überhaupt als negatives Entscheidungskriterium hätte berücksichtigt werden dürfen. Jedenfalls stellt die eheliche Verbindung keinen hinreichenden sachlichen Grund dar, weil diese mit dem Frühlingsfest in keinem sachlichen Zusammenhang steht (allerdings hätte die Behörde den Zweck des Marktes dahingehend festsetzen können, dass – umgekehrt – Schaustellerfamilien gefördert werden sollen). Möglicherweise hätte die eheliche Verbindung von A und B mit dem Argument eines Preiskartells Berücksichtigung finden können; darauf hat die Behörde ihre Begründung aber nicht gestützt.

Fall 13:[51] A hat gegen eine seinem Nachbar erteilte Baugenehmigung Widerspruch erhoben. Die Behörde erkennt ihren Fehler, erlässt aber keinen Abhilfebescheid, sondern hebt den Ausgangsbescheid auf der Grundlage von § 48 VwVfG auf. Damit – so meint sie – muss sie A keine Auslagen erstatten.

Lösung Fall 13: Wenn Widerspruch erhoben wurde, hat die Behörde die Zulässigkeit und Begründetheit des Widerspruchs zu prüfen. Hält sie den Widerspruch für zulässig[52] und begründet, hilft sie ihm ab (sog. Abhilfebescheid) und entscheidet über die Kosten. Hierzu bestimmt § 80 Abs. 1 S. 1 VwVfG, dass bei erfolgreichem Widerspruch der Rechtsträger, dessen Behörde den angefochtenen Verwaltungsakt erlassen hat, dem Widerspruchsführer die zur zweckentsprechenden Rechtsverfolgung oder Rechtsverteidigung notwendigen Auslagen zu erstatten hat.

Die Behörde hat aber auch die Möglichkeit, den rechtswidrigen Ausgangsbescheid auf der Grundlage von § 48 VwVfG zurückzunehmen. Dieser Weg ist grundsätzlich zulässig, wie § 50 VwVfG zeigt. In diesem Fall muss sie dem Widerspruchsführer keine Vermögensnachteile ausgleichen und damit auch keine Kosten erstatten (vgl. § 50 VwVfG i. V. m. § 48 Abs. 3 VwVfG).

---

48 VG Düsseldorf vom 21.6.2018, Az. 17 K 2012/17.
49 BVerwG, NVwZ 1984, 585 ff.
50 BVerwG vom 4.10.2005 – 6 B 63.05.
51 BVerwGE 101, 64 ff.
52 Trotz der Formulierung des § 72 VwGO setzt der Abhilfebescheid auch die Zulässigkeit des Widerspruchs voraus: *W.-R. Schenke*, in: Kopp/Schenke, VwGO, 26. Aufl., 2020, § 72 Rn. 3.

Wenn der Behörde aber die Möglichkeit zukommt, zwischen Abhilfe und Rücknahme zu wählen, muss sie darüber nach pflichtgemäßem Ermessen entscheiden. Denn jede Entscheidungsfreiheit, welche das Gesetz einer Behörde eröffnet, ist an sachgerechte Erwägungen gebunden. Dies verlangt, dass die Behörde einen Widerspruchsführer, der eine Verletzung in seinen Rechten geltend macht, hierfür Kosten aufgewendet hat und im Widerspruchsverfahren „obsiegt" hätte, nicht ohne tragfähigen Grund um den zu erwartenden Kostenanspruch bringt.[53] Sie darf die Wahl für Abhilfe oder Rücknahme nur aus Gründen der Verfahrensgestaltung treffen; Fragen der finanziellen Belastung dürfen nicht im Vordergrund stehen. Insbesondere wäre eine Verwaltungspraxis, welche zielgerichtet nur zur Vermeidung von Kostenlasten in eine bestimmte Verfahrensweise ausweicht, mit dem Gleichheitssatz und dem Rechtsstaatsgebot nicht zu vereinbaren.[54]

4. Das intendierte Ermessen

141 Bei dem sog. „intendierten Ermessen" handelt es sich um eine Sonderform, die von den üblichen Erscheinungsformen behördlichen Ermessens entscheidend abweicht. Die klassischen Lenkungsnormen, nämlich die §§ 40 VwVfG und 114 VwGO (letzterer als Kompetenzgrenze für die Gerichtsbarkeit), gehen insoweit davon aus, dass der Gesetzgeber der öffentlichen Verwaltung durch gebräuchliche Formulierungen, wie „kann", „darf" oder dergleichen oder durch ein breiter gefasstes Handlungsrepertoire auf der Rechtsfolgenseite, einen Gestaltungsspielraum zur eigenen Ausfüllung einräumt (Entschließungs- bzw. Auswahlermessen). Dieser Spielraum soll die Behörden in die Lage versetzen, den Anforderungen der Lebenswirklichkeit Genüge zu tun und insbesondere bei der Konkretisierung abstrakt-genereller Gesetze zu Individualverfügungen im Sinne von § 35 S. 1 VwVfG den Anforderungen des im Rechtsstaatsprinzip des Art. 20 Abs. 3 GG verankerten Verhältnismäßigkeitsgrundsatzes zu genügen. Eine Domestizierung der öffentlichen Verwaltung erfolgt hier über die soeben behandelte Ermessensfehlerdoktrin. Bei dem intendierten Ermessen wird von gesetzgeberischer Seite insofern von diesen Grundsätzen abgewichen, als die in Rede stehende Norm der Exekutive zwar dem Wortlaut nach einen Ermessensspielraum einräumt, ihre Ermessensbetätigung aber zugleich in eine in diesem Fall gegenläufige Richtung gedrängt bleibt. Bei dem intendierten Ermessen ist m. a. W. die behördliche Ermessensbetätigung insofern vom Gesetz vorgegeben, als ein bestimmtes Ergebnis im Grundsatz gewollt ist und davon nur ausnahmsweise abgewichen werden soll.[55] Für eine Abweichung von der gesetzlichen Rechtsfolge müssen damit besondere Gründe vorliegen. Regelfall bleibt die Bindung an die standardisierte Rechtsfolge. Nur im Einzelfall, bei Vorliegen besonderer Gründe, die sich etwa aus Grundrechten und/ oder dem Rechtsstaatsprinzip ergeben können, ist die öffentliche Verwaltung ermächtigt, diese Rechtsfolge nicht zu setzen, ganz ähnlich, wie dies auch bei sog. Soll-Bestimmungen der Fall ist. Das intendierte Ermessen steht damit strukturell gleichsam zwischen gebundener Verwaltung und Ermessensverwaltung, und dies ist auch für die Begründungspflicht von Bedeutung: Wenn es für die gesetzlich intendierte Regelrechtsfolge keiner Abwägung bedarf, bedarf es auch keiner besonderen Begründung der Behörde, weshalb sie die Regelrechtsfolge anordnet.

Fall 14:[56] Ein Wohnungsbindungsgesetz regelt, dass eine Wohnberechtigungsbescheinigung, die den Betreffenden legitimiert, eine öffentlich geförderte Wohnung zu bezie-

---

53 BVerfG vom 3.12.1986 – 1 BvR 872/82.
54 BVerwG vom 18.4.1996 – 4 C 6/95.
55 Nds. OVG vom 13.4.2007 – 2 LB 14/07.
56 BVerwGE 72, 1 ff. – *„Berechtigungsschein"*; dazu und zu den *hier* der Entscheidung vorangestellten Erwägungen siehe *Schröder*, in: Steinbach (Hrsg.), Verwaltungsrechtsprechung, 2017, S. 149–152.

hen, für Wohnungssuchende mit bestimmten Einkommen und nur für ihn und seine Familienangehörigen auszustellen ist. Das Gesetz regelt weiter: „Die Bescheinigung kann auch erteilt werden…, wenn die Versagung der Bescheinigung für den Wohnungssuchenden aus sonstigen Gründen eine besondere Härte bedeuten würde; hierbei kann auch eine nicht nur vorübergehende Haushaltszugehörigkeit von Personen, die nicht Familienangehörige sind, berücksichtigt werden."

Lösung Fall 14: Das gesetzlich geregelte Entscheidungsprogramm beruht auf einer Regel-Ausnahme-Struktur, die das Ermessen der Behörde lenkt: Wohnungsberechtigungsscheine sind grundsätzlich nur an Wohnungssuchende und ihre Familienangehörigen auszugeben, die bestimmte Voraussetzungen erfüllen und nur ausnahmsweise und bei Vorliegen weiterer Voraussetzungen („besondere Härte") anderen zu erteilen. Der Antrag eines Wohnungssuchenden, der einen Wohnberechtigungsschein beantragt und mit seiner (nicht verheirateten) Lebensgefährtin zusammen wohnen möchte, ist deshalb grundsätzlich abzulehnen.

Beispiel: § 49 Abs. 3 VwVfG für den Fall des Widerrufs einer Subventionsbewilligung wegen Zweckverfehlung. Die öffentliche Hand ist zu einer wirtschaftlichen und sparsamen Haushaltsführung (§ 7 Abs. 1 BHO/LHO und § 6 Abs. 1 HGrG) verpflichtet. Daraus folgt, dass bei Verfehlung des mit der Gewährung von öffentlichen Zuschüssen verfolgten Zwecks im Regelfall das Ermessen nur durch eine Entscheidung für den Widerruf fehlerfrei ausgeübt werden kann (Rn. 247 ff.).

Beim intendierten Ermessen entfällt das Erfordernis einer Abwägung des Für und Wider, eben weil das Gesetz die Regelrechtsfolge intendiert. Eine Ermessensbetätigung soll nur ausnahmsweise bei Vorliegen besonderer Gründe möglich sein. Hierzu müssen konkrete Anhaltspunkte vorliegen, dass ein Ausnahmefall vorliegt. Das intendierte Ermessen ist auch für die Begründungspflicht von Bedeutung: Wenn es für die gesetzlich intendierte Regelrechtsfolge keiner Abwägung bedarf, bedarf es auch keiner besonderen **Begründung** der Behörde, weshalb sie die Regelrechtsfolge anordnet.[57]

Das intendierte Ermessen ist in der Literatur kritisiert worden, weil es die Grenzen zwischen Ermessens- und Nicht-Ermessensvorschriften verwische und überflüssig sei.[58] Richtig ist dagegen, dass das intendierte Ermessen eine gesetzlich gewollte besondere Form der Ermessensausübung ist.

5.   Koppelungsvorschriften

Koppelungsvorschriften enthalten unbestimmte Rechtsbegriffe und räumen der   **142** Behörde zugleich ein Ermessen ein. Ob derartige Koppelungen eine sog. dritte Kategorie zwischen dem gerichtlich voll überprüfbaren unbestimmten Rechtsbegriff und dem Ermessen bilden, ist umstritten. Die Problematik liegt darin begründet, dass der unbestimmte Rechtsbegriff die Tatbestandsseite, das Ermessen die Rechtsfolgeseite betreffen soll; tatsächlich kann es aber zu einer Vermischung kommen. Die Beurteilung des unbestimmten Rechtsbegriffs kann Auswirkung auf die Ermessensausübung haben und umgekehrt.

Beispiel: § 24 Abs. 3 S. 2 SächsSchulG
„Stellt die oberste Schulaufsichtsbehörde fest, dass das öffentliche Bedürfnis für die Fortführung der Schule oder eines Teils derselben nicht mehr besteht, kann sie die Mitwirkung des Freistaats an der Unterhaltung der Schule widerrufen…". Die Bestimmung enthält einen unbestimmten Rechtsbegriff („öffentliches Bedürfnis") und weist der Behörde zugleich Ermessen zu („kann"). In § 24 Abs. 3 S. 2 SächsSchulG führt die Koppelung zu einem Ermessensschwund, wenn bereits bei der Anwendung des unbestimmten Rechtsbegriffs alle auch für die Ermessensaus-

---

57 BVerwGE 72, 1 [6].
58 Etwa *Peine/Siegel*, Allgemeines Verwaltungsrecht, 13. Aufl., 2020, S. 72 f., Rn. 219 f.; *Volkmann*, Das „intendierte" Ermessen, DÖV 1996, 282 ff.

übung maßgeblichen Gesichtspunkte zu berücksichtigen sind. So sind bei der Prüfung der Frage, wann ein öffentliches Bedürfnis vorliegt, alle Umstände des einzelnen Falles zu würdigen und abzuwägen. Für das Ermessen bleibt dann „nichts mehr übrig".[59]
Möglich ist aber auch die umgekehrte Konstellation, den unbestimmten Rechtsbegriff sozusagen „zurücktreten zu lassen" und das gesetzliche Normprogramm als Ermessensvorschrift zu begreifen. So hat das BVerwG im „Wohnberechtigungsbescheinigungsfall" (Fall 14)[60] ausgeführt, dass eine Trennung in einen gerichtlich voll nachprüfbaren unbestimmten Rechtsbegriff der „besonderen Härte" und in ein Folgeermessen der Behörde nach einer Gesetzesänderung nicht mehr möglich sei. Das Gericht hat sich auf den Willen des Gesetzgebers berufen und ausgeführt, dass die Bewertung und Gewichtung der in den Bereich der „Härte"-Prüfung fallenden nicht nur vorübergehenden Haushaltszugehörigkeit von Nicht-Familienangehörigen – es „kann... berücksichtigt werden" – in das behördliche Ermessen gestellt ist. Härteprüfung und Ermessensbetätigung seien unlösbar miteinander verknüpft und zwängen dazu, die Vorschrift als eine einheitliche Ermessensentscheidung zu begreifen.

Die Dogmatik vom Beurteilungsspielraum und von den Ermessensfehlern ist in erster Linie eine des – i. d. R. gerichtlichen – Kontrollmaßstabs. Das ist wichtig zu erkennen, weil die gerichtliche Kontrolldichte eine Frage der Abgrenzung zwischen Verwaltungskompetenz und Justizkompetenz ist und damit eine der Gewaltenteilung. Art. 19 Abs. 4 GG schließt – wie ausgeführt – eine Beschränkung gerichtlicher Kontrolle nicht aus. Hier setzt die **normative Ermächtigungslehre** an, die die gerichtliche Kontrolldichte aus dem konkreten Normprogramm herleitet. Dies hat mit einer Einschränkung des Art. 19 Abs. 4 GG nichts zu tun, weil die Norm über den Umfang konkreter gerichtlicher Kontrolldichte gerade nichts aussagt und einem Entscheidungsspielraum der Verwaltung nicht entgegensteht. An der Dogmatik des Beurteilungsspielraums und der Ermessensfehlerlehre kann daher festgehalten werden. Ohnehin waren bisher Annäherungen zu verzeichnen, wie die reduzierte gerichtliche Kontrolldichte bei besonderen Beurteilungsspielräumen einerseits und die differenzierte Ermessensfehlerlehre andererseits gezeigt hat. Jedoch muss bei Koppelungsvorschriften der gerichtliche Kontrollmaßstab im Einzelfall ermittelt werden.

6.   Planerische Abwägung

143 Eine besondere Form der Ermessensausübung ist die planerische Abwägung, z. B. von Bebauungsplänen oder Fachplänen (z. B. für Bundesstraßen). Die Verwaltung hat hier nicht konditional vorgegebene gesetzliche Programme zu vollziehen, sondern **final die Rechtslage neu zu gestalten.** Dabei hat sie eine Vielzahl von privaten und öffentlichen Belangen bei ihrer Entscheidungsfindung zu berücksichtigen. Unbestimmte Rechtsbegriffe und pflichtgemäßes Ermessen kommen gleichermaßen zur Anwendung. Deren Dogmatik überzeugt dann nicht mehr. Vielmehr kommen besondere Abwägungsgrundsätze zum Tragen. Da es sich bei der Abwägung aber nicht mehr um einen Gesetzesvollzug i. e. S. handelt, soll die Abwägungslehre im Kapitel zum Planfeststellungsrecht behandelt werden (Rn. 273 ff.).

Rechtsprechung: BVerfGE 49, 89 ff. – *„Kalkar I"*; BVerfGE 83, 130 ff. – *„Josefine Mutzenbacher"*; BVerwGE 72, 1 ff. –*„Berechtigungsschein"*; BVerwGE 72, 300 ff. – *„Whyl"*; BVerwGE 106, 115 ff. – *„Mühlheim Kärlich"*; BVerwG, NVwZ 2000, 915 ff. – *„Prüfungsleistung"*; BVerwGE 120, 1 ff. – *„A 73"*; BVerwG, DÖV 2007, 797 ff. – *„Weinprüfung"*; VGH Mannheim DVBl 2001, 1463 ff. – *„Risikovorsorge"*.

---

59 SächsOVG vom 26.6.2000, Az. 2 BS 117/00.
60 BVerwGE 72, 1 ff.

Literatur: *Bamberger, C.*; Behördliche Beurteilungsermächtigungen im Lichte der Bereichsspezifik des Verwaltungsrechts, VerwArch 2002, 217 ff.; *Lange, K.*, Ermessens- und Beurteilungsspielräume als Transformatoren von Innen- und Außenrecht, NJW 1992, 1193 ff.; *Mehde, V.*, Die Prüfung der Verhältnismäßigkeit bei gebundenen Entscheidungen, DÖV 2014, 541 ff.; *Storr, S.*, Regulierung von Beliehenen?, DÖV 2006, 133 ff.; *Volkmann, U.*, Das „intendierte" Ermessen, DÖV 1996, 282 ff.; *Voßkuhle, A.*, Grundwissen – Öffentliches Recht: Entscheidungsspielräume der Verwaltung (Ermessen, Beurteilungsspielraum, planerische Gestaltungsfreiheit), JuS 2008, 117 ff.

B. Der Verwaltungsakt: Handlungsform und Verwaltungsverfahren zum Erlass

§ 6   Der Verwaltungsakt

I.   Die Funktionen des Verwaltungsakts

144   *Otto Mayer* hatte den Verwaltungsakt als „Rechtseinrichtung" bezeichnet, als ein der Verwaltung zugehöriger, obrigkeitlicher Anspruch, der dem Untertan im Einzelfall bestimmt, was für ihn rechtens sein soll.[1] Sein Vorbild – so *Mayer* – sollte das gerichtliche Urteil sein. In der Tat liegt die Besonderheit des Verwaltungsakts in zwei Eigenschaften, die einem gerichtlichen Urteil durchaus ähnlich sind: Er ist eine einseitige, hoheitliche Maßnahme und er kann auch dann Gültigkeit haben, wenn er rechtswidrig ist (sog. Bestandskraft Rn. 221). Die heute maßgebliche Definition des Verwaltungsakts findet sich in § 35 S. 1 VwVfG: „Verwaltungsakt ist jede Verfügung, Entscheidung oder andere hoheitliche Maßnahme, die eine Behörde zur Regelung eines Einzelfalls auf dem Gebiet des öffentlichen Rechts trifft und die auf unmittelbare Rechtswirkung nach außen gerichtet ist."

145   Im Konstitutionalismus und in der Weimarer Republik hatte der Verwaltungsakt eine exklusive Bedeutung für den Rechtsschutz. Das Vorliegen eines Verwaltungsakts war Voraussetzung für gerichtlichen Rechtsschutz. Artikel 107 Abs. 1 WRV bestimmte, dass im Reich und in den Ländern Verwaltungsgerichte zum Schutze der Einzelnen „gegen Anordnungen und Verfügungen der Verwaltungsbehörden" bestehen mussten. Wegen Art. 1 Abs. 3 und Art. 19 Abs. 4 GG sowie § 40 Abs. 1 VwGO ist der verwaltungsgerichtliche Rechtsschutz heute zwar nicht mehr auf entsprechende behördliche Handlungen beschränkt, dennoch behält der klassische Verwaltungsakt auch insoweit nach wie vor eine maßgebliche Bedeutung
- **zur Regelung des Einzelfalls:** Durch den Verwaltungsakt regelt die Behörde einen konkreten, auf den Einzelfall bezogenen Sachverhalt. Sie subsumiert den Sachverhalt unter eine Rechtsnorm und ordnet das Rechtsverhältnis, indem sie Rechte und Pflichten festlegt. Insoweit hat der Verwaltungsakt konstitutive Bedeutung.
- **zur Klarstellung der Rechtslage:** Indem die Behörde dem Adressaten des Verwaltungsakts ihr Subsumtionsergebnis mitteilt, gibt sie ihm Kenntnis über einen Sachverhalt, ihre rechtliche Bewertung und die Rechtsfolge, die sich entweder unmittelbar aus dem Verwaltungsakt oder aus einer Rechtsnorm ergibt, die auf den Sachverhalt Anwendung findet. Diese Klarstellungsfunktion dient der Rechtssicherheit.
- **für das Verwaltungsverfahren:** Nach § 9 VwVfG ist das Verwaltungsverfahren im Sinne des VwVfG die nach außen wirkende Tätigkeit der Behörden, die auf die Prüfung der Voraussetzungen, die Vorbereitung und den Erlass eines Verwaltungsaktes oder auf den Abschluss eines öffentlich-rechtlichen

---

1   Mayer, Deutsches Verwaltungsrecht, Band I, 3. Aufl., 1924, S. 93.

Vertrages gerichtet ist. Der Verwaltungsakt wirkt sozusagen auf das Verwaltungsverfahren zurück. Um einen Verwaltungsakt zu erlassen, muss die Behörde bestimmte Verfahrensregeln und Verfahrensgrundsätze einhalten und z. B. den Adressaten vorher anhören (vgl. § 28 VwVfG), den Verwaltungsakt begründen (§ 39 VwVfG) oder eine Rechtsbehelfsbelehrung anführen (§ 37 Abs. 6 VwVfG; für Widerspruchsbescheide § 73 Abs. 3 VwVfG).

– **für die Vollstreckung:** § 6 Abs. 1 VwVG bestimmt, dass der Verwaltungsakt, der auf die Herausgabe einer Sache oder auf die Vornahme einer Handlung oder auf Duldung oder Unterlassung gerichtet ist, mit Zwangsmitteln durchgesetzt werden kann, wenn er unanfechtbar ist oder wenn sein sofortiger Vollzug angeordnet oder wenn dem Rechtsmittel keine aufschiebende Wirkung beigelegt ist. Anders als im privatrechtlichen Zwangsvollstreckungsrecht bedarf es keines besonderen Titels. Der Verwaltungsakt ist der vollstreckbare Titel.

– **für den Rechtsschutz:** Anfechtungsklage (§ 42 Abs. 1, 1. Alt. VwGO) und Verpflichtungsklage (§ 42 Abs. 1, 2. Alt. VwGO) sind nur gegen einen Verwaltungsakt bzw. auf Erteilung eines Verwaltungsakts möglich. Zuvor ist grundsätzlich ein Widerspruchsverfahren durchzuführen (§§ 68 ff. VwGO), welches allerdings die deutschen Bundesländer in Anwendung von § 68 Abs. 1 S. 2 Halbsatz 2 vor den nummerierten Varianten und Abs. 2 VwGO weitgehend abgeschafft haben. § 43 Abs. 1, 2. Alt. VwGO lässt gegen Verwaltungsakte die Nichtigkeitsfeststellungsklage zu. Rechtsschutz freilich muss aus verfassungsrechtlichen Gründen – wie ausgeführt – gegen jede belastende hoheitliche Maßnahme möglich sein.

II. Die Voraussetzungen im Einzelnen

1. „Behörde"

Der Begriff „Behörde" ist in § 1 Abs. 4 VwVfG definiert (Rn. 46). Behörde ist jede **146** Stelle, die Aufgaben der öffentlichen Verwaltung wahrnimmt. Das sind entsprechende Stellen des Bundes und der Länder, der Gemeinden und Gemeindeverbände sowie weiterer Körperschaften des öffentlichen Rechts, aber auch Anstalten und Stiftungen des öffentlichen Rechts (Rn. 61 ff.). Für einen Verwaltungsakt i. S. d. § 35 VwVfG muss es sich um eine Behörde im Anwendungsbereich des VwVfG handeln. Das trifft auf Finanzbehörden, Sozialversicherungseinrichtungen, das Deutsche Patent- und Markenamt etc., für die nach § 2 VwVfG das VwVfG nicht gilt, nicht zu. Behörden sind auch Verfassungsorgane, wenn sie Verwaltungsaufgaben wahrnehmen, also z. B. der Präsident des Deutschen Bundestages bei der Aufgabe der Parteienfinanzierung, vgl. § 21 Abs. 2 PartG[2] oder die Minister als Behördenchefs ihrer Häuser.

Eine Einrichtung des Privatrechts ist grundsätzlich keine Behörde. Ein Privater kann einen Verwaltungsakt nur erlassen, wenn er mit öffentlich-rechtlichen Befugnissen **beliehen** ist (Rn. 301). Die Erfüllung von Verwaltungsaufgaben durch Private erfordert auf jeden Fall eine Übertragung durch Gesetz oder aufgrund eines Gesetzes.[3] Von der eigentlichen Aufgabenerfüllung zu unterscheiden ist der Fall der **unselbstständigen Verwaltungshilfe** (Rn. 309). Eine solche liegt vor, wenn ein Privater zur Vorbereitung von Verwaltungsakten eingebunden wird und Hilfs-

---

2 Vgl. BVerfGE 111, 54 [93] – „Rechenschaftsbericht".
3 BVerwGE 98, 280 [298] – „Pension-Sicherungs-Verein".

tätigkeiten übernimmt, wie die Berechnung von Gebühren, die Ausfertigung und Versendung der Verwaltungsakte und das Einbehalten von Gebühren sowie das Abführen an den Gebührengläubiger. Entscheidend ist, dass der Bescheid der Behörde zurechenbar ist. Das setzt voraus, dass sich die Behörde genügend Einfluss- und Kontrollmöglichkeiten vorbehält, die Maßnahme also *nicht nur der Form* nach im Namen der Behörde ergeht, und dass die Verantwortung nach außen klar erkennbar ist.[4] Vorgänge, die Entscheidungsbefugnis erfordern, dürfen deshalb nicht vom Privaten allein vorgenommen werden; sie dürfen von ihm allenfalls vorbereitet werden, müssen der Behörde aber zur Prüfung und zur Genehmigung vorgelegt werden

> **Fall 15:**[5] Der Abwasserzweckverband O, eine Körperschaft des öffentlichen Rechts, hat die Abwasserentsorgung im Stadtgebiet privatisiert. Diese wird nun vom Unternehmen TWD-GmbH übernommen, das auch die Gebührenberechnung, die Ausfertigung und Versendung von Gebührenbescheiden übernimmt. Von der TWD-GmbH erhält A deswegen einen Gebührenbescheid zur Zahlung der Abwassergebühren.
>
> **Lösung Fall 15:** Das Recht zur Gebührenerhebung ist ein Hoheitsrecht (Imperium). Dieses Recht darf nur im Rahmen der Gesetze ausgeübt werden. Danach besteht für die Gebührenerhebung an sich eine zwingende Zuständigkeit der hierzu erhebungsberechtigten Körperschaften. Das Gesetz regelt nicht ausdrücklich, dass diese die Erhebung von Abgaben auf Privatpersonen übertragen darf, eine Übertragung ist deshalb unzulässig.
>
> Das schließt nicht aus, dass Private als unselbstständige Verwaltungshelfer eingesetzt werden. Tätigkeiten im Rahmen der Gebührenverwaltung können auf private Dritte übertragen werden, wenn diese Tätigkeiten bloßen Hilfszwecken dienen und die abschließende Entscheidungskompetenz der zur Gebührenerhebung befugten Körperschaft vorbehalten bleibt. Zu derartigen Hilfstätigkeiten gehören z. B. die Gebührenberechnung, die Ausfertigung und Versendung von Gebührenbescheiden und das Einbehalten von Gebühren bzw. das Abführen an den Gebührengläubiger. Allein der hoheitliche Charakter der Gebührenerhebung steht einer derartigen Hilfstätigkeit nicht entgegen. Vielmehr sprechen Überlegungen der Verwaltungsökonomie dafür, dass die Kommunen und kommunalen Zweckverbände bei typischen als Massenverfahren anzusehenden Gebührenverfahren die Ermittlung der Berechnungsgrundlagen, die Berechnung der Gebühren und den Ausdruck und die Versendung von Gebührenbescheiden von einem privaten Dritten vornehmen lassen.
>
> Diese Privatisierungsvoraussetzungen liegen hier aber nicht vor. Der „Bescheid" ist schon deshalb unwirksam, weil er von der TWD-GmbH erlassen wurde, die dabei nicht als Verwaltungshelfer des Abwasserzweckverbandes oder als Beliehene, sondern im eigenen Namen gehandelt hat. Die TWD war als privatrechtlich organisierte Gesellschaft nicht befugt, für eine Behörde Abgabenbescheide zu erlassen.

147 Eine Maßnahme, die nicht von einer Behörde stammt, aber den äußeren Eindruck eines Verwaltungsakts vermittelt, nennt man **Schein-Verwaltungsakt**. Der Schein-Verwaltungsakt ist kein Verwaltungsakt und kann deshalb keine rechtlichen Wirkungen entfalten.[6] Die gegen einen Verwaltungsakt üblichen Rechtsbehelfe (insbes. Widerspruch und Anfechtungsklage) sind unzulässig.

2.   „jede Verfügung, Entscheidung oder andere hoheitliche Maßnahme"

148 Eine Maßnahme ist jedes behördliche Tun mit Erklärungswert.[7] Deshalb ist das bloße Nichtstun kein Verwaltungsakt, soweit nicht ein Verwaltungsakt fingiert

---

4   Vgl. VG Chemnitz, LKV 2000, 85; BayVGH, NVwZ-RR 1992, 515.
5   VG Leipzig, LKV 1999, 241 ff.
6   Unzutreffend VG Leipzig, LKV 1999, 241 ff., das Rechtswidrigkeit des Bescheids angenommen hat.
7   Ziekow, VwVfG, 4. Aufl., 2019, § 35 Rn. 22.

(Rn. 150) wird. Die Bezeichnung des Verwaltungsakts kann variieren: Bescheid (Abgaben- oder Gebührenbescheid), Anordnung, Genehmigung, Erlaubnis (Betriebserlaubnis), Beschluss etc., entscheidend ist, dass es sich um die Willenserklärung einer Behörde handelt, die unmittelbar auf den Erlass einer Regelung gerichtet ist.

Das Begriffsmerkmal „Hoheitlichkeit" gilt als antiquiert, weil der Bürger im freiheitlichen und republikanischen Staat des Grundgesetzes kein „Untertan" ist (s. o.); es ist daher heute so auszulegen, dass einseitige Maßnahmen gemeint sind. Mit hoheitlicher Maßnahme soll eine vom Willen eines potentiell Betroffenen unabhängige und deshalb einseitige Willensäußerung der Behörde zu verstehen sein.[8]

Damit unterscheidet sich der Verwaltungsakt grundlegend von Verträgen, deren Rechtswirksamkeit vom Vorliegen mindestens zweier übereinstimmender Willenserklärungen abhängig ist. Allerdings kennt das Verwaltungsrecht auch den sog. **mitwirkungsbedürftigen Verwaltungsakt**, der für seine Wirksamkeit einer zustimmenden Willenserklärung des Adressaten bedarf (z. B. das Stellen eines Antrags, § 22 S. 2 VwVfG). **149**

> **Beispiel Beamtenernennung:** § 10 Abs. 2 S. 1 BBG
> „Die Ernennung erfolgt durch Aushändigung einer Ernennungsurkunde". Um als Beamter ernannt zu werden, muss der Betreffende die Urkunde entgegennehmen.

Bei **mitwirkungsbedürftigen Verwaltungsakten** ist die Mitwirkung des Betreffenden lediglich auf den Antrag, die Annahme oder Zustimmung zu einem Verwaltungsakt, begrenzt; auf die inhaltliche Ausgestaltung im Einzelnen kann er dagegen keinen Einfluss nehmen. Haben Vertragsverhandlungen stattgefunden, spricht das für das Vorliegen eines Vertrages; ein Indiz für einen mitwirkungsbedürftigen Verwaltungsakt ist es, wenn dieser nach bestimmten gesetzlichen Vorgaben nur unter genau bezeichneten Voraussetzungen und Bedingungen, denen sich der Begünstigte zu unterwerfen hat, zu gewähren ist.[9] Weitere Indizien können sein: die Zulässigkeit der jeweiligen Handlungsform, weil in einem Rechtsstaat davon auszugehen ist, dass sich die Behörde grundsätzlich rechtmäßig verhalten will, die Bezeichnung des Rechtsakts, das Vorliegen einer Rechtsbehelfsbelehrung (§ 37 Abs. 6 VwVfG), das Vorliegen einer Begründung (erforderlich für Verwaltungsakte: vgl. § 39 VwVfG). Auch die Rechtsfolgen sind unterschiedlich: fehlt die erforderliche Mitwirkung zu einem Verwaltungsakt ist dieser regelmäßig rechtswidrig (vgl. aber § 45 Abs. 1 Nr. 1 VwVfG; Sonderfall: § 44 Abs. 3 Nr. 4 VwVfG), die fehlende Zustimmung zu einem Vertrag macht diesen unwirksam. Vom mitwirkungsbedürftigen Verwaltungsakt zu unterscheiden ist der mehrstufige Verwaltungsakt (Rn. 167).

Ein **fingierter Verwaltungsakt** liegt vor, wenn das Gesetz regelt, dass das Schweigen der Behörde als Verwaltungsakt gilt. Der fingierte Verwaltungsakt setzt zumindest ein willensgetragenes Verhalten der betreffenden Behörde voraus (regelmäßig ein pflichtwidriges Unterlassen), an das die Fiktion anknüpfen kann. Nur mit einer solchen Anknüpfung kann die getroffene Regelung der Behörde zugerechnet werden mit der Folge, dass sie ihr auch kompetenzrechtlich als „Entscheidung" zugeordnet werden darf.[10] **150**

---

8 Peine/Siegel, Allgemeines Verwaltungsrecht, 13. Aufl., 2020, S. 95 f., Rn. 296 f.
9 BVerwG, NJW 1977, 1838.
10 BVerwGE 124, 47 [50] – „TEHG".

Beispiel: § 6 Abs. 4 S. 4 BauGB
Die Genehmigung gilt als erteilt, wenn sie nicht innerhalb der Frist unter Angabe von Gründen abgelehnt wird.

151 Der fingierte Verwaltungsakt ist vom **konkludenten Verwaltungsakt** zu unterscheiden. Konkludente Verwaltungsakte sind Willensäußerungen und keine Nicht-Erklärungen wie ein bloßes Schweigen. Aus Indizien (Inhalt des Verwaltungsakts oder Nebenbestimmungen) ist zu schließen, ob die Behörde einen Verwaltungsakt mit einem bestimmten Inhalt erlassen wollte.

> **Beispiel:** Die Widmung einer Sache zur allgemeinen Benutzung durch das tatsächliche Zurverfügungstellen der Sache (z. B. eine Wiese oder eine Privatstraße wird für den allgemeinen Verkehr zur Verfügung gestellt).

3.   „auf dem Gebiet des öffentlichen Rechts"

152 Ein Verwaltungsakt setzt stets eine Tätigkeit der Behörde im Bereich des **öffentlichen Rechts** voraus. Das öffentliche Recht ist abzugrenzen vom Privatrecht und i. d. F. auch vom Verfassungsrecht, vom Strafrecht, vom Kirchenrecht und vom Völkerrecht. „Auf dem Gebiet des öffentlichen Rechts" ergehen Maßnahmen der öffentlichen Hand, die nicht dem Privatrecht zuzuordnen sind, seien sie fiskalischer oder verwaltungsprivatrechtlicher Art (zur Abgrenzung zwischen öffentlichem Recht und Privatrecht Rn. 17 ff.). Auf zwei Besonderheiten ist hier hinzuweisen:

153 a) Die **Zwei-Stufentheorie** (Rn. 25): Die Behörde entscheidet über das „Ob" einer Leistung öffentlich-rechtlich, über das „Wie" privatrechtlich oder öffentlich-rechtlich. Die Zwei-Stufentheorie ist für das Subventionsrecht entwickelt worden. Zunächst entscheidet die Behörde, ob eine Subvention vergeben wird („Ob") durch einen Verwaltungsakt i. S. d. § 35 S. 1 VwVfG. Die eigentliche Abwicklung („Wie") kann – muss aber nicht – durch privatrechtliche Handlungsformen erfolgen, z. B. durch einen Darlehensvertrag i. S. d. §§ 488 ff. BGB.

> **BVerwGE 41, S. 127 ff.**
> *„Im Bereich des sozialen Wohnungsbaus ist ... der Bescheid über die Bewilligung öffentlicher Mittel für den Wohnungsbau ein Verwaltungsakt, nicht oder nicht nur eine Willenserklärung des bürgerlichen Rechts; ausschließlich dem bürgerlichen Recht gehört erst der Darlehensvertrag an, der aufgrund und im Vollzug des Bewilligungsbescheids geschlossen wird ..."*
> Mit dieser Entscheidung stellte sich das Bundesverwaltungsgericht für den Bereich des sozialen Wohnungsbaus auf den Boden der für das Recht der öffentlichen Subventionen entwickelten Zweistufenlehre: Der in den Formen des öffentlichen Rechts gestalteten Stufe des Bewilligungsverfahrens folgt als zweite Stufe die in den Formen des bürgerlichen Rechts durchgeführte Ausführung durch Abschluss und Abwicklung eines dem Bewilligungsbescheid entsprechenden bürgerlich-rechtlichen Vertrags.

Der Zwei-Stufentheorie wird entgegengehalten, dass sie einen einheitlichen Sachverhalt künstlich aufspalte und die Rückabwicklung zu Schwierigkeiten führe, wenn der Bewilligungsbescheid auf der ersten Stufe aufgehoben wird. In der Tat können Zweifel angemeldet werden, wenn sich das „Ob" und das „Wie" der Subventionsvergabe nicht klar trennen lassen[11] und die Behörde nicht nur über das „Ob" der Zuteilung einer Subvention entscheidet, sondern auch die Einzelheiten der Abwicklung regelt („Wie"), beide Vorgänge also zusammengezogen werden. Die Zwei-Stufentheorie ist deshalb nicht schematisch anzuwenden. Sie ist nur

---

11 Vgl. Ehlers, Die Handlungsformen bei der Vergabe von Wirtschaftssubventionen, VerwArch 74 (1983), 112 [116 f.].

eine dogmatische Hilfskonstruktion, um die Einhaltung der Grundprinzipien des öffentlichen Rechts bei privatrechtlicher Abwicklung der Subventionsvergabe sicherzustellen. Die Behörde kann die Einzelheiten der Subventionsvergabe auch ausschließlich durch Verwaltungsakt, in Verbindung mit einem öffentlich-rechtlichen Vertrag oder ausschließlich durch einen öffentlich-rechtlichen Vertrag regeln.[12]

b) Der **privatrechtsgestaltende Verwaltungsakt**: Dieser nimmt auf privatrechtli- **154** che Rechtsbeziehungen Einfluss, indem er sie öffentlich-rechtlich regelt.

> **Beispiel:** Eine Grundstückverkehrsgenehmigung oder die Genehmigung von Tarifen und Preisen regulierter Unternehmen.
> **Beispiel:** Ein anderer Fall betrifft die Widmung. Durch die Widmung einer öffentlichen Einrichtung wird diese mit besonderen Pflichten belegt. Insbesondere begründet die Widmung von Sachen im Einrichtungsgebrauch eine Duldungspflicht, durch die der Anlageneigentümer in der Ausübung der aus seinem Eigentum fließenden Rechte beschränkt wird. Als privatrechtsgestaltender Verwaltungsakt entfaltet die Widmung ihre Wirkungen nicht nur hinsichtlich desjenigen Eigentümers, der dem Widmungsakt zugestimmt hat, sondern überdauert auch einen etwaigen Eigentümerwechsel. Zwar erlangt die der öffentlichen Einrichtung dienende Anlage nicht notwendig die Eigenschaft einer öffentlichen Sache; die Widmung begründet dann also keine dinglichen öffentlich-rechtlichen Rechtsverhältnisse, ihre Wirkungen sind jedoch allgemein mit dem Vorrang öffentlich-rechtlicher Regelungen und Rechtsakte vor privatrechtlichen Regelungen und Rechtsgeschäften zu erklären.[13]

4. „Einzelfall"

Der Verwaltungsakt regelt einen Einzelfall. Darin unterscheidet er sich grundle- **155** gend von der Rechtsnorm. Bei einer **konkret-individuellen** Regelung liegt eindeutig ein Verwaltungsakt vor; eine **abstrakt-generelle** Regelung erfolgt durch eine Rechtsnorm. Die Abgrenzung kann zu Problemen führen.
Eine behördliche Maßnahme ist zweifellos individuell, wenn sie an eine bestimmte Person gerichtet ist.

> **Beispiel:** Baugenehmigung an A, Untersagung des Gewerbebetriebs an B.

Allerdings kann ein Verwaltungsakt auch an eine Personengruppe ergehen und deshalb trotzdem individuellen Charakter haben. Entscheidend kommt es darauf an, ob der betroffene Personenkreis bestimmbar ist (dann individuelle Wirkung) oder ob sich die Regelung an eine unbestimmbare Anzahl an Personen richtet (dann generelle Wirkung).

> **Beispiel für Verwaltungsakt:** Baueinstellungsverfügung an die Eheleute A und B; Auflösung einer Versammlung. Die Regelung, dass innerhalb eines bestimmten Bezirks um den Bundestag grundsätzlich keine Versammlungen stattfinden dürfen, hat dagegen generellen Charakter und ist damit ein Gesetz (vgl. Gesetz über befriedete Bezirke für Verfassungsorgane des Bundes[14]).

Die Konkretheit der Regelung bezieht sich auf die Einmaligkeit des Falles. **156** Besonderer Begründung bedarf die Einordnung von **konkret-generellen** Maßnahmen. Berühmt ist der „Endiviensalat-Fall":

---

12 Storr, in: Ruthig/Storr, Öffentliches Wirtschaftsrecht, 4. Aufl., 2015, S. 408 f.
13 OVG Bautzen, SächsVBl 2005, 14 ff.
14 Gesetz über befriedete Bezirke für Verfassungsorgane des Bundes (BefBezG) vom 8. Dezember 2008, BGBl. I S. 2366.

Fall 16:[15] In Baden-Württemberg traten epidemische Erkrankungen an Typhus auf. Der Verdacht fiel auf Endiviensalat. Deshalb ordnete das Innenministerium an, dass von sofort an bis auf weiteres in den vom Typhus betroffenen Kreisen der Groß- und Einzelhandel mit Endiviensalat verboten ist.

Lösung Fall 16: Fraglich war, ob das behördliche Verkaufsverbot ein Verwaltungsakt war. Einerseits ließ sich gegen Annahme eines Einzelfalls anführen, dass die Anzahl der Verkaufsfälle unbestimmt und wohl auch nicht bestimmbar war. Außerdem war der Kreis der Betroffenen nicht bestimmt und bestimmbar, zumal nicht alle Kreise von der Epidemie ergriffen waren. Einige waren stark, andere nur schwach betroffen. Der einzelne Händler konnte unter Umständen nicht wissen, ob er unter das Verbot fiel, z.B. dann, wenn nur eine einzige, vielleicht der Allgemeinheit unbekannte Erkrankung oder nur ein „Verdachtsfall" vorlag.

Andererseits konnte argumentiert werden, dass sich das Verkaufsverbot auf einen konkreten Sachverhalt bezog: den Verkauf von Endiviensalat in den betroffenen Gebieten während der bestehenden Seuchengefahr. Diese Gefahr war konkret: Eine konkrete Gefahr heißt eine Sachlage, bei der im jeweiligen Fall die hinreichende Wahrscheinlichkeit besteht, dass bei ungehindertem Fortgang in absehbarer Zeit ein Schaden für die öffentliche Sicherheit oder Ordnung eintreten wird (z.B. § 54 Nr. 3 lit. a ThürOBG). Außerdem kennt § 35 S. 2 VwVfG die Allgemeinverfügung als besonderen Verwaltungsakt. Das ist ein Verwaltungsakt, der sich an einen nach allgemeinen Merkmalen bestimmten oder bestimmbaren Personenkreis richtet oder die öffentlich-rechtliche Eigenschaft einer Sache oder ihre Benutzung durch die Allgemeinheit betrifft (Rn. 171 ff.).

Das BVerwG stellte das Vorliegen einer konkreten Gefahr in den Vordergrund und ließ die Unbestimmtheit des betroffenen Personenkreises in den Hintergrund treten: „Der Senat hat dem in Anbetracht der oben gewürdigten Umstände jedoch kein entscheidendes Gewicht beigemessen. Es handelt sich hierbei nur um partielle und ausscheidbare Unbestimmtheiten, die die Allgemeinverfügung vielleicht insoweit fehlerhaft erscheinen lassen, sie jedoch nicht begrifflich ausschließen. Gegen die Annahme einer Rechtsnorm spricht schließlich insbesondere auch die Erwägung, dass es sich im vorl. Fall um eine polizeiliche Maßnahme handelt. Als Rechtsnorm könnte das Verkaufsverbot nur eine PolizeiVO sein. PolizeiVOen dienen aber der Abwehr abstrakter Gefahren. Die Abwehr einer konkreten Gefahr geschieht im Wege der polizeilichen Verfügung."

Für die Überlegung, nicht den unbestimmten Personenkreis, sondern die Konkretheit der Gefahr und Einmaligkeit des Lebenssachverhalts in den Vordergrund zu stellen, spricht, dass § 35 S. 1 VwVfG den „Einzelfall" benennt und erst § 35 S. 2 VwVfG eine Erweiterung dahingehend enthält („auch"), als ein Verwaltungsakt in Form einer Allgemeinverfügung vorliegt, wenn er sich an einen bestimmten oder bestimmbaren Personenkreis richtet. Maßgebend ist deshalb die Konkretheit der Situation. Diese muss sich nicht in ihrer Einmaligkeit erschöpfen, sondern kann einen ganzen Lebenssachverhalt betreffen. Eine Rechtsnorm wäre dagegen anzunehmen, wenn eine Vielzahl von Lebenssachverhalten mit einer unbestimmten Anzahl von Betroffenen geregelt wird.

157 Auch bei **abstrakt-individuellen** Maßnahmen wird ganz überwiegend ein Einzelfall i. S. d. § 35 S. 1 VwVfG angenommen. Häufig wird es sich dabei um einen sog. **Dauerverwaltungsakt** (Verwaltungsakt mit Dauerwirkung) handeln. Das behördlich angeordnete Ge- oder Verbot beschränkt sich nicht auf die einmalige Gestaltung der Rechtslage, sondern begründet, ändert oder beendet ein auf Dauer ausgerichtetes Rechtsverhältnis.[16]

Fall 17:[17] A betreibt zwei Dampfkraftwerke, zu denen Kühltürme gehören. Aus diesen entweichen Wasserschwaden, die als Nieselregen niedergehen können. Bei bestimmten

---

15 BVerwGE 12, 87 ff. – *„Endiviensalat"*.
16 Ziekow, VwVfG, 4. Aufl., 2019, § 35 Rn. 27.
17 OVGE Münster 16, 289 ff.

Außentemperaturen kann es zur Glatteisbildung kommen. Deshalb richtet die Ordnungsbehörde an A ein Schreiben, dass an den Tagen, an denen sich auf bestimmten Straßen durch die Abdämpfe der Kühltürme in der Umgebung Glatteis bildet, dieser polizeiwidrige Zustand zu beseitigen ist.

Lösung Fall 17: Die Maßnahme hat individuelle Wirkung als sie sich an eine bestimmte Person (A) richtet. Sie ist insofern abstrakt, als sie auf eine unbestimmte Anzahl von Fällen Bezug nimmt („...an den Tagen, an denen..."). Dennoch geht es um einen bestimmten Lebenssachverhalt. Damit liegt ein Einzelfall in der besonderen Form eines Dauer-Verwaltungsakts vor.

5.   „zur Regelung"

Eine **Regelung** ist anzunehmen, wenn die Maßnahme der Behörde ihrem objektiven Gehalt nach darauf gerichtet ist, eine verbindliche Rechtsfolge zu setzen. Dies ist der Fall, wenn Rechte des Betroffenen unmittelbar begründet, geändert, aufgehoben, mit bindender Wirkung festgestellt oder verneint werden.[18] Eine Regelung ist zu verneinen bei Realakten oder bloßen öffentlich-rechtlichen Willenserklärungen wie z. B. Empfehlungen, Warnungen, eine Aufrechnungserklärung, eine Geltendmachung eines Zurückbehaltungsrechts.[19]   **158**

Fall 18:[20] Es ist ein Weltwirtschaftsgipfel geplant. Die Polizei erwartet gewalttätige Gegendemonstrationen. Von der zuständigen Polizeibehörde erhält A ein sog. Gefährderanschreiben. Darin heißt es u. a.: „Sie sind in der Vergangenheit bei zwei Demonstrationen polizeilich in Erscheinung getreten. Für den kommenden Weltwirtschaftsgipfel haben bestimmte Gruppen zu gewalttätigen Gegendemonstrationen aufgerufen. Um zu vermeiden, dass Sie sich der Gefahr präventiver polizeilicher Maßnahmen oder strafprozessualer Maßnahmen aus Anlass der Begehung von Straftaten im Rahmen demonstrativer Aktionen aussetzen, legen wir Ihnen hiermit nahe, sich nicht an diesen Gegendemonstrationen zu beteiligen."

Lösung Fall 18: Das Gefährderanschreiben enthält keine Regelung: Mit dem ersten Satz des Anschreibens werden Tatsachen mitgeteilt, denen ein Regelungscharakter nicht beizumessen ist. Die Polizeibehörde verweist darauf, dass A im Zusammenhang mit versammlungsrechtlichen bzw. demonstrativen Aktionen polizeilich in Erscheinung getreten sei. Dann wird dargestellt, dass bei dem anstehenden Wirtschaftsgipfel Demonstrationen zu erwarten seien und im Zuge dieser Aktionen mit gewaltsamen Ausschreitungen zu rechnen sei. A wird schließlich *nahe gelegt*, sich nicht an den oben näher beschriebenen Aktionen zu beteiligen. Auch dieser Passus entfaltet keine unmittelbaren Rechtswirkungen A betreffend und enthält daher keine verbindliche Regelung.

Eine Regelung kann auch von automatischen Einrichtungen erlassen werden. Das muss durch Rechtsvorschrift zugelassen sein und es darf weder ein Ermessen noch ein Beurteilungsspielraum bestehen (§ 35a VwVfG).

Vollstreckungsmaßnahmen können Regelungen enthalten und deshalb Verwaltungsakte sein. Doch gilt es hier genau zu differenzieren:

Fall 19:[21] Bei den sog. Schwabinger Krawallen richtete die Polizei an die Versammlungsteilnehmer die Verfügung, die L-Straße zu verlassen und drohte unmittelbaren Zwang an. Weil der Verfügung nicht Folge geleistet wurde, ordnete die Polizei die Räumung der L-Straße unter Anwendung von unmittelbarem Zwang an. A wurde von Polizeibeamten mit Hiebwaffen geschlagen. Lag ein Verwaltungsakt vor?

Lösung Fall 19: Sowohl der Platzverweis (Verfügung, die L-Straße zu verlassen) als auch die Androhung unmittelbaren Zwangs waren Verwaltungsakte (zur Androhung vgl.

---

18 Nds. OVG, DÖV 2006, 122 [123] – „Gefährderanschreiben".
19 Kopp/Ramsauer, VwVfG, 21. Aufl., 2020, § 35 Rn. 39, 90 f.; *Ernst*, Die Verwaltungserklärung, 2008, S. 74 f.
20 Nds. OVG, DÖV 2006, 122 ff.
21 BVerwGE 26, 161 ff.

etwa § 18 VwVG).[22] Das galt auch für die Festsetzung des Zwangsmittels (§ 14 VwVG) – soweit diese nach dem einschlägigen Verwaltungsvollstreckungsgesetz erforderlich war –, weil die Behörde feststellte, dass die Grundverfügung (hier der Platzverweis) vollstreckbar war und die Anwendung des Zwangsmittels anordnete. Umstritten war aber, ob die Anwendung des Zwangsmittels selbst ebenfalls eine Regelung beinhaltete. Das BVerwG nahm das an:

„Gegenüber dem Kläger wurde unmittelbarer Zwang dadurch angewandt, dass Polizeivollzugsbeamte, nachdem die mehrere Tausend Menschen zählende Menge der Aufforderung zur Räumung der Straße nicht nachgekommen war, mit Hilfe von Hiebwaffen die Platzverweisung durchsetzten und dabei den Kläger schlugen. Dieses Vorgehen war nicht nur rein tatsächliches Handeln, sondern erfüllt ... die Begriffsmerkmale des Verwaltungsaktes im Sinne des § 42 VwGO. Die Anwendung unmittelbaren Zwanges ist, da durch sie die Rechte des einzelnen besonders stark berührt werden können, eingehend geregelt ... Die Polizei kann nicht nur durch schriftlichen oder mündlichen Verwaltungsakt, sondern auch durch konkludentes Verhalten mittels Anwendung körperlicher Gewalt die betroffenen Bürger zu einem bestimmten Verhalten veranlassen ...“

Die Literatur widerspricht dem überwiegend und verweist darauf, dass die Regelung allenfalls in einer Duldungspflicht des unmittelbaren Zwangs liegen könne (Duldungsbefehl). Dies aber wirke nicht nur konstruiert, der Duldungsbefehl sei auch viel zu unbestimmt. Welcher Schlag auf welches Körperteil soll geduldet werden? Außerdem bedeutet die Ausübung des unmittelbaren Zwangs wohl nicht, dass der Betreffende nicht davonlaufen darf und sich so der vermeintlichen Duldungspflicht entzieht.[23] Schließlich entstehen durch die Annahme eines Realakts auch keine Rechtsschutzlücken. Der Betreffende kann Unterlassungsklage ggf. Feststellungsklage erheben.

159 Bloße **Willenserklärungen** enthalten keine Regelung.[24]

> **Beispiel:** Die Aufrechnung nach §§ 387, 388 BGB ist die Ausübung eines schuldrechtlichen Gestaltungsrechts und erfolgt durch eine einseitige empfangsbedürftige Willenserklärung des Schuldners. Die Aufrechnungserklärung ist eine Handlung, die der Erfüllung der eigenen Verbindlichkeit dient und dabei gleichzeitig die Befriedigung der eigenen Forderung bewirkt.

Das BVerwG[25] ist der Auffassung, dass es bei der Aufrechnungserklärung ferner an der Hoheitlichkeit der Maßnahme fehlt. Die Erklärung wird ohne Rücksicht darauf, ob die Aufrechnung seitens des Bürgers oder seitens der Behörde erfolgt und ob mit einer privatrechtlichen gegen eine öffentlich-rechtliche (§ 395 BGB), mit einer öffentlich-rechtlichen gegen eine privatrechtliche oder mit einer öffentlich-rechtlichen gegen eine öffentlich-rechtliche Forderung aufgerechnet wird, nicht aus einer hoheitlichen Position abgegeben; sie ergeht damit ähnlich wie eine Willenserklärung, mit der ein öffentlich-rechtlicher Vertrag (Aufrechnungsvertrag) geschlossen wird, auf einer gleichgeordneten rechtlichen Ebene.

160 Kein Verwaltungsakt liegt bei **verfahrensbezogenen Mitteilungen** vor, vorausgesetzt diese ändert die Rechtsstellung eines Beteiligten nicht, wie es z. B. bei einem Hinweis auf die bestehende Sach- und Rechtslage der Fall ist.

> **Beispiel:**[26] A beantragt eine Baugenehmigung für die Errichtung einer Halle auf einem Flugplatz. Die Baugenehmigungsbehörde hat die Angelegenheit zunächst in einem Zwischenverfahren der Planfeststellungsbehörde vorzulegen, damit diese prüfen kann, ob ein Baugenehmigungsverfahren durchzuführen ist oder ob wegen der Anbindung an den Flughafen ein Planfeststellungsverfahren erforderlich ist. Ihre Entscheidung teilt

---

22 BVerwG, DVBl 1989, 362 ff.
23 Stelkens, in: Stelkens/Bonk/Sachs, VwVfG, 9. Aufl., 2018, § 35 Rn. 95.
24 Ausführlich: *Ernst*, Die Verwaltungserklärung, 2008.
25 BVerwGE 66, 218 [220].
26 BVerwGE 85, 251 ff.

die Planfeststellungsbehörde der Bauaufsichtsbehörde mit. Ist ein Planfeststellungsverfahren nicht durchzuführen und informiert die Baugenehmigungsbehörde A entsprechend, liegt darin keine Regelung. Soll ein Planfeststellungsverfahren durchgeführt werden, wird die Baugenehmigungsbehörde den Antrag des A abzulehnen haben. Diese Ablehnung ist eine Regelung mithin ein Verwaltungsakt.

Regelungswirkung kommt dem sog. **Zweitbescheid** zu, der deshalb als Verwaltungsakt zu qualifizieren ist. Er spielt beim Wiederaufgreifen des Verfahrens nach § 51 VwVfG eine Rolle. Ein Zweitbescheid ergeht, wenn die Behörde das Verfahren wieder aufgegriffen und nach erneuter Prüfung eine neue Sachentscheidung getroffen hat (die auch dieselbe Regelung wie der Ursprungs-Verwaltungsakt enthalten kann).   **161**

Der Zweitbescheid ist von der **wiederholenden Verfügung** abzugrenzen. Dabei handelt es sich nur um einen deklaratorischen Hinweis auf einen bereits erlassenen Verwaltungsakt. Zu beachten ist aber, dass die Mitteilung der Behörde, sie habe die Voraussetzungen für ein Wiederaufgreifen des Verfahrens geprüft, lehne dieses aber ab, weil die Voraussetzungen des § 51 VwVfG nicht erfüllt seien, und verweise im Übrigen auf den Ursprungs-Verwaltungsakt, eine eigenständige Regelung enthält, nämlich die Ablehnung des Antrags auf Wiederaufgreifen des Verfahrens. Insoweit liegt ein Verwaltungsakt vor.[27]   **162**

Ein besonderer Fall ist der sog. **feststellende Verwaltungsakt**: Dieser ergeht, um einen ungewissen oder streitigen Sachverhalt und den Eintritt normativ geregelter Rechtsfolgen verbindlich festzustellen. Er enthält keine selbstständige Regelung, sondern verweist auf bestimmte, sich aus dem Gesetz ergebende Rechtsfolgen. Dennoch handelt es sich um einen Verwaltungsakt, weil er eine bestehende Ungewissheit über einen Sachverhalt ausräumt.   **163**

> **Beispiel:**[28] Die Jagdpächter A und B streiten um den genauen Grenzverlauf ihrer Jagdpachten. Die Jagdbehörde stellt daraufhin einen Grenzverlauf nach Art. 3 BayJagdG fest. (Art. 3 BayJagdG „Bestand, Umfang und Grenzen eines Jagdreviers (Jagdbezirks) werden, falls erforderlich, durch die Jagdbehörde festgestellt." Vgl. aber auch Art. 4 Abs. 1 S. 1 BayJagdG: „Jagdreviere sind durch Abtrennung, Angliederung oder Austausch von Grundflächen abzurunden, wenn Jagdpflege und Jagdausübung dies erfordern".)
> Die Feststellung der Zugehörigkeit bestimmter Flächen zu einem Jagdbezirk nach Art. 3 BayJagdG hat – im Gegensatz zur Festsetzung nach Art. 4 BayJagdG – nur deklaratorische Bedeutung, d. h. es kann auf ihrer Grundlage nur eine bereits bestehende Grenze – für die Beteiligten bindend – festgestellt, nicht aber eine bestehende Grenze verändert werden. Deshalb handelt es sich um einen feststellenden Verwaltungsakt.

Regelmäßig wird zu prüfen sein, ob der feststellende Verwaltungsakt einer **gesetzlichen Grundlage** bedarf. Eine gesetzliche Grundlage ist grundsätzlich für alle Verwaltungseingriffe in Freiheit und Eigentum erforderlich. Darüber hinaus erstreckt sich der Gesetzesvorbehalt nach der sog. „Wesentlichkeitstheorie"[29] auf sämtliche grundrechtswesentlichen Entscheidungen der öffentlichen Hand (Rn. 32). Demzufolge bedürfen feststellende Verwaltungsakte jedenfalls dann einer gesetzlichen Grundlage, wenn sie belastenden Charakter haben.[30] Der belastende Charakter eines feststellenden Verwaltungsakts kann noch nicht damit abge-

---

27 BVerwG, NVwZ 2002, 482 ff.
28 BayVGH, BayVBl 2000, 277 ff.
29 BVerfGE 40, 237 [249] – „Justizvollzugsakt"; BVerfGE 47, 46 [79] – „Sexualkunde".
30 Ipsen, Allgemeines Verwaltungsrecht, 11. Aufl., 2019, S. 105 ff., Rn. 402 ff.

lehnt werden, dass der Verwaltungsakt – ungeachtet seines unerwünschten Inhalts – doch deshalb von Vorteil und daher letztlich nicht belastend sei, weil er den Weg zu einer richterlichen Überprüfung eröffnet und so den Betroffenen von der Zumutung befreit, zuzuwarten, bis durch eine anordnende Verfügung eine Verletzung seiner Rechte eintritt. Dem steht entgegen, dass der feststellende Verwaltungsakt als Rechtsfolge möglicher Bestandskraft die förmliche Feststellung als „Regelung" (§ 35 S. 1 VwVfG) nach sich zieht. Diese stellt für sich jedenfalls dann eine Belastung dar, wenn der Inhalt der Feststellung dem Betroffenen nicht genehm ist.[31]

164 Der **vorläufige Verwaltungsakt** ergeht unter dem Vorbehalt einer späteren endgültigen Regelung. Die vorläufige Regelung ist eine eigenständige, die Interimszeit betreffende Regelung. Der vorläufige Verwaltungsakt erlischt mit Bekanntgabe des Verwaltungsakts, durch den eine endgültige Entscheidung getroffen wird; er muss also nicht vor Erlass des endgültigen Verwaltungsakts aufgehoben (zurückgenommen oder widerrufen) werden. Im Einzelfall kann es schwierig sein zu bestimmen, ob ein vorläufiger Verwaltungsakt vorliegt.

> **Fall 20:**[32] A hatte Subventionen für die Verarbeitung von Milch in seinem Milchwerk beantragt. Diese waren ihm durch Bewilligungsbescheide gewährt worden. Darin hatte die Behörde darauf hingewiesen, dass die Beträge „vorbehaltlich des Ergebnisses der noch durchzuführenden Betriebsprüfung" gezahlt werden. Außerdem hatte sie sich vorbehalten, bei nicht nachgewiesenem Anspruch die gezahlte Beihilfe zurückzufordern. Zwei Jahre nach durchgeführter Betriebsprüfung erließ die Behörde einen endgültigen Bescheid, mit dem sie die vorläufigen Bescheide aufhob, eine niedrigere Subvention festsetzte und den überschüssigen Teilbetrag von A zurückforderte. A meint, dass die Rücknahme wegen der Einjahresfrist des § 48 Abs. 4 VwVfG nicht mehr möglich sei.
>
> **Lösung Fall 20:** „Der Senat geht … davon aus, dass es sich bei den … erlassenen Bewilligungsbescheiden … um begünstigende Verwaltungsakte handelt. … Damit steht jedoch noch nicht fest, welche rechtliche Bedeutung dieser Vorläufigkeit beizumessen ist. Denn die Vorläufigkeit einer solchen Regelung kann rechtlich in ganz unterschiedlicher Weise qualifiziert werden:
>
> a. Es kann sich um die Bewilligung einer Abschlagszahlung auf erst zukünftig zu bewilligende Beihilfen handeln …
>
> b. Es kann sich um einen Verwaltungsakt sui generis handeln (‚vorläufiger Verwaltungsakt'), durch den eine lediglich vorläufige Regelung getroffen worden ist, wie dies z.B. in § 11 Abs. 1 des Gaststättengesetzes (für 3 Monate) und in § 20 des Personenbeförderungsgesetzes (für 6 Monate) vorgesehen ist …
>
> c. Es kann sich um die Bewilligung von Beihilfen mit einer einschränkenden Regelung des Inhalts handeln, dass diese Bewilligung noch nicht endgültig, sondern unter dem Vorbehalt der endgültigen Entscheidung erfolgt, wie dies z.B. in § 22 Abs. 4 des Gesetzes über das Verwaltungsverfahren der Kriegsopferversorgung … sowie ähnlich bei Planfeststellungsbeschlüssen in § 74 Abs. 3 Halbs. 1 VwVfG vorgesehen ist …
>
> d. Es kann sich um die Bewilligung von Beihilfen mit der auflösenden Bedingung des Erlasses eines auf dem Ergebnis der noch durchzuführenden Betriebsprüfung beruhenden neuen Verwaltungsakts i.S. von § 36 Abs. 2 Nr. 2 VwVfG handeln.
>
> e. Es kann sich um die Bewilligung von Beihilfen mit dem Vorbehalt des Widerrufs bzw. der Rücknahme i.S. von § 36 Abs. 2 Nr. 3 VwVfG handeln.[33]
>
> Im vorliegenden Falle sprechen die festgestellten Tatsachen gegen die unter a. genannte Möglichkeit, dass die Beklagte jeweils noch keine Beihilfen, und zwar auch nicht vor-

---

31 BVerwGE 72, 265 [267].
32 Vgl. BVerwGE 67, 99 ff.
33 Gliederung durch die Verf.

läufig, sondern lediglich Abschlagzahlungen auf erst zukünftig zu bewilligende Beihilfen bewilligt hat. Denn einmal war in Abschnitt V Nr. 3 der ... maßgeblichen Richtlinien der Beklagten ... ausdrücklich bestimmt, dass ,die Beihilfe' aufgrund einer vorläufigen Antragsprüfung ausgezahlt wird. Der Antragsteller sollte auch nach Auszahlung der Beihilfe die Beweislast tragen. Zu Unrecht erhaltene ,Beihilfebeträge' waren zurückzuzahlen. Zum anderen heißt es in den Bewilligungsbescheiden der Beklagten jeweils, dass sie sich vorbehalte, die gezahlte ,Beihilfe' zurückzufordern. Hiernach kann nicht angenommen werden, dass die gezahlten Beihilfen lediglich Abschlagzahlungen auf künftige Beihilfen gewesen sind.

Auch als eine auflösende Bedingung – gemäß vorst. Buchst. d. – kann der Vorbehalt der endgültigen Entscheidung nicht verstanden werden. Als eine solche Bedingung ist eine Bestimmung anzusehen, nach welcher der Wegfall einer gewährten Vergünstigung (oder einer Belastung) von dem noch ungewissen Eintritt eines zukünftigen Ereignisses abhängt. Nach den Vorstellungen der Beklagten sollte die Klägerin die ihr vorläufig bewilligten Beihilfen dann nicht endgültig behalten, wenn sie in den maßgeblichen Monaten die in ihren jeweiligen Anträgen bejahten Voraussetzungen für ihre Bewilligung nicht erfüllt hatte. Das endgültige Behalten der Beihilfen war also von dem lediglich noch nicht geprüften und festgestellten Eintritt eines in der Vergangenheit liegenden Ereignisses abhängig.

Entgegen der Meinung des Verwaltungsgerichts ist der Vorbehalt der endgültigen Entscheidung auch nicht als ein Vorbehalt der Rücknahme – siehe vorst. Buchst. e. – zu verstehen. Diese Auslegung würde dem hinreichend deutlich zum Ausdruck gekommenen Erklärungswillen der Beklagten nicht gerecht werden.

Das Verwaltungsgericht hat insoweit zutreffend angenommen, dass die Beklagte nur vorläufige Regelungen treffen wollte. Eine Bewilligung mit dem Vorbehalt der Rücknahme stellt aber eine endgültige Entscheidung dar. Sie kann lediglich unter den gesetzlichen Voraussetzungen, die für eine Rücknahme vorgeschrieben sind, wieder beseitigt werden.

Es braucht hier nicht abschließend beurteilt zu werden, ob die Bewilligungsbescheide, die die Beklagte ,vorbehaltlich des Ergebnisses der noch durchzuführenden Betriebsprüfung' erlassen hat, als Verwaltungsakte sui generis aufzufassen sind, durch die lediglich vorläufige Regelungen – siehe Buchst. b. – getroffen wurden, oder ob es sich um Bewilligungen mit einer inhaltlichen Beschränkung – siehe Buchst. c. – handelt, und zwar mit dem Vorbehalt der späteren endgültigen Entscheidung. Denn in beiden Fällen besteht der Regelungsinhalt des Verwaltungsakts letztlich darin, dass der Begünstigte die empfangene Beihilfe nur vorläufig bis zum Erlass der endgültigen Entscheidung behalten darf. Deshalb geht die Bindungswirkung eines solchen Verwaltungsakts nicht dahin, dass er eine Rechtsgrundlage für das endgültige Behalten der Beihilfe bildet. Der Anspruch des Begünstigten auf das endgültige Behalten der Beihilfe hängt vielmehr davon ab, welchen abschließenden Bewilligungsbescheid – oder Ablehnungsbescheid – die Behörde aufgrund des Ergebnisses der noch durchzuführenden Betriebsprüfung erlässt. Das bedeutet, dass es bei der späteren Entscheidung über das endgültige Behalten der Beihilfe keiner Aufhebung der unter Vorbehalt ergangenen Bewilligungen bedarf, da deren andersartiger Regelungsinhalt nicht entgegensteht."

Dem **vorsorglichen Verwaltungsakt** ist der Vorbehalt immanent, dass ihm rechtliche Bedeutung nur zukommt, wenn eine Behörde später einen bestimmten Sachverhalt festgestellt hat oder eine Regelung getroffen hat. Der vorsorgliche Verwaltungsakt ist also zunächst „substratlos". Durch ihn wird der Grundgedanke der Verfahrenswirtschaftlichkeit, Entscheidungen erst und nur zu treffen, wenn sie sich als notwendig erweisen, hinter die berechtigten Interessen des Betroffenen zurückgestellt und in Kauf genommen, dass sich die Sachentscheidung der anderen Behörde später als gegenstandslos herausstellt. Durch den vorsorglichen Ver- **165** waltungsakt wird also dessen Bestandskraft (Rn. 221) eingeschränkt, indem der Vertrauensschutz des Adressaten zurückgedrängt wird.[34]

> **Beispiel**[35]: Die Hauptfürsorgestelle stimmt der Kündigung eines Arbeitsgebers gegenüber einem schwerbehinderten Arbeitnehmer zu. Jedoch muss das Versorgungsamt die Schwerbehinderteneigenschaft noch feststellen. Die Entscheidung der Hauptfürsorgestelle ist demnach ein vorsorglicher Verwaltungsakt, weil sie unter dem Vorbehalt einer positiven Entscheidung des Feststellungsverfahrens vor dem Versorgungsamt steht.

6.   „auf unmittelbare Rechtswirkung nach außen gerichtet"

166 a) **Grundsatz und Ausnahmen.** Die für einen Verwaltungsakt konstitutive Voraussetzung einer Regelung muss unmittelbare rechtliche Außenwirkung haben. Dadurch unterscheidet sich der Verwaltungsakt von behördeninternen Maßnahmen, von denen er abzugrenzen und damit gleichzeitig seinem Inhalt nach näher zu konkretisieren ist.[36] Behördliche Maßnahmen ohne Außenwirkung (Verwaltungsinterna) sind z. B.

- die an einen Beamten allein in seiner Eigenschaft als Amtsträger und Glied der Verwaltung gerichteten, auf organisationsinterne Wirkung zielenden Weisungen des Dienstherrn und die auf die Art und Weise der dienstlichen Verrichtungen bezogenen innerorganisatorischen Maßnahmen der Behörde, in deren Organisation der Beamte eingegliedert ist.[37]
- Weisungen übergeordneter Behörden gegenüber nachgeordneten Behörden desselben Verwaltungsträgers.
- Aufsichtsrechtliche Maßnahmen zwischen Behörden verschiedener Verwaltungsträger innerhalb eines Weisungsverhältnisses (z. B. kommunale Fachaufsicht im übertragenen Wirkungskreis (str.); nicht aber kommunale Rechtsaufsicht im eigenen Wirkungskreis).
- Behördliche Vorbereitungsmaßnahmen oder Maßnahmen in gestuften Verfahren, wenn nur die letzte Entscheidung dem Bürger bekannt gemacht wird. In diesem Fall kommt nur der letzten Maßnahme Außenwirkung zu. Anders bei Teilgenehmigungen (Rn. 169) und Vorbescheiden (Rn. 170).

167 b) **Mehrstufiger Verwaltungsakt.** Ein mehrstufiger Verwaltungsakt liegt vor, wenn mehrere Behörden an der durch Verwaltungsakt zu ergehenden **Entscheidung mitwirken.** Das kann durch eine Anhörung erfolgen oder durch eine Mitentscheidung.
Die Mitwirkungshandlung einer Behörde aufgrund einer Anhörung (regelm. Abgabe einer Stellungnahme) allein hat keinen Regelungscharakter und ist deshalb kein Verwaltungsakt. Entscheidet die angehörte Behörde, muss im Einzelfall beurteilt werden, ob es sich bei dieser Mitwirkung um einen eigenständigen Verwaltungsakt handelt. Dann kommt es maßgeblich darauf an, ob der mitwirkenden Behörde hinreichende Selbständigkeit zukommt. Das kann der Fall sein, wenn es eine gesetzliche Regelung gibt, nach der der Mitwirkungsbehörde die ausschließliche Wahrnehmung bestimmter Aufgaben und die alleinige Geltendmachung bestimmter Gesichtspunkte zusteht.[38]

---

34 Sanden, Der vorsorgliche Verwaltungsakt, DÖV 2006, 811 [816].
35 BVerwGE 81, 84 ff.
36 BVerwGE 60, 144 ff. – „Umsetzung".
37 BVerwGE 60, 144 ff. – „Umsetzung".
38 BVerwGE 26, 31 [39].

Beispiel:[39] Die gemeindliche Entscheidung aufgrund § 36 BauGB ist dem Bürger gegenüber kein Verwaltungsakt: Nach § 36 Abs. 1 S. 1 BauGB wird über die Zulässigkeit von Bauvorhaben im bauaufsichtlichen Verfahren von der Baugenehmigungsbehörde im Einvernehmen mit der Gemeinde entschieden. Beantragt also der Bauherr eine Baugenehmigung bei der Baubehörde, kann die Gemeinde an dem Verfahren mitwirken und hat ggf. zuzustimmen. Dem Bürger gegenüber entfaltet aber nur die Baugenehmigung unmittelbare Rechtswirkung.

c) Sonderstatusverhältnisse. Umstritten sind die sog. Sonderstatusverhältnisse, **168** wie die besonderen beamtenrechtlichen, wehrpflichtrechtlichen und schulrechtlichen Rechtsverhältnisse. Die Konstruktion ist aus der Lehre vom besonderen Gewaltverhältnis hervorgegangen (Rn. 22), die vom BVerfG aber insofern verworfen wurde, als der Grundrechtsschutz im „besonderen Gewaltverhältnis" nicht entfällt.[40] Für die Frage der Qualifizierung einer Maßnahme im Außen- oder Innenverhältnis soll zwischen dem *Grundverhältnis* und dem *Betriebsverhältnis* unterschieden werden. Grundverhältnis meint die Begründung, Beendigung und wesentliche Änderung des besonderen Gewaltverhältnisses. Das Betriebsverhältnis betrifft hingegen die Maßnahmen, die auf dieser besonderen Zugehörigkeit zur öffentlichen Einrichtung beruhen. Maßnahmen im Grundverhältnis hätten demnach Außenwirkung, solche des Betriebsverhältnisses lediglich „Innenwirkung". Die Einteilung in Grund-/und Betriebsverhältnis wird heute nicht mehr vorgenommen, kann aber als „Faustformel" herangezogen werden.[41]

Beispiel: Im Schulbereich haben die Entscheidung über die Einschulung in eine bestimmte Schule[42] oder die Nichtversetzung[43] Außenwirkung. Kein Verwaltungsakt sind die Entscheidung über die Platzverteilung in der Klasse[44] oder die Anordnung eines Lehrers, einen Klassenraum zu säubern;[45] ebenso nicht die Mitteilung über das Ausscheiden aus der Schule wegen mehrmaliger Nichtversetzung, weil sich diese Rechtsfolge aus dem Gesetz ergibt.[46]

Es muss im Einzelfall durch Auslegung bestimmt werden, ob die Regelung Außenwirkung entfalten soll. Maßnahmen mit nur mittelbarer Außenwirkung sind keine Verwaltungsakte.

Fall 21:[47] A hat am 1. Juristischen Staatsexamen teilgenommen und acht Klausuren geschrieben. Weil er fünf Klausuren nicht bestanden hat, teilt ihm das Landesjustizprüfungsamt mit, dass er zur mündlichen Prüfung nicht mehr zugelassen werden könne und dass er die Gesamtprüfung nicht bestanden habe. A meint, die achte Klausur sei falsch bewertet worden und möchte dagegen vorgehen.

Lösung Fall 21: Fraglich ist, ob A gegen die einzelne (achte) Klausur vorgehen kann oder ob er die Mitteilung über die nicht bestandene Prüfung insgesamt anfechten muss. Die Rechtsprechung ist eher restriktiv und sieht in der einzelnen Bewertung grundsätzlich keine Regelung mit Außenwirkung. Das BVerwG steht auf dem Standpunkt, dass Bewertungen schriftlicher Arbeiten das für einen Verwaltungsakt wesentliche und unverzichtbare Merkmal der Regelung eines Einzelfalles mit unmittelbarer Rechtswirkung fehlt. Sie bilden nur die Grundlage für die Berechnung des Gesamtdurchschnitts, der dafür maßgeblich ist, ob der Prüfling zur mündlichen Prüfung zugelassen oder ob er

39 BVerwGE 28, 145 [146].
40 BVerfGE 33, 1 ff. – „Strafgefangene".
41 Vgl. nur Stelkens, in: Stelkens/Bonk/Sachs, VwVfG, 9. Aufl., 2018, § 35 Rn. 198.
42 OVG Hamburg, NVwZ-RR 2000, 679 ff.
43 BVerwGE 56, 155 ff.
44 VG Braunschweig, NVwZ-RR 1989, 549 ff.
45 OVG Schleswig, NJW 1993, 952 ff.
46 Str.: BayVGH, NVwZ 1986, 389 [399]; a. A. VGH Mannheim, NVwZ 1985, 593 ff.
47 BVerwG, NVwZ-RR 1994, 582 ff.

von ihr ausgeschlossen ist und deshalb die Prüfung nicht bestanden hat. Allein der Bescheid der Prüfungsbehörde, mit welchem dem Prüfling mitgeteilt wird, er habe die Prüfung nicht bestanden, enthält eine rechtliche Regelung und ist daher ein Verwaltungsakt, der im verwaltungsgerichtlichen Verfahren auf seine Rechtmäßigkeit überprüft werden kann.

169 Von einem Verwaltungsinternum abzugrenzen sind sog. **Teilgenehmigungen**. Dabei handelt es sich um selbstständige Verwaltungsakte, die ein bestimmtes Vorhaben nicht in seiner Gesamtheit genehmigen, sondern in einem gestuften Verfahren nach bestimmten Verfahrensabschnitten Teile hiervon.

Beispiel: § 8 Abs. 1 BImSchG
„(1) Auf Antrag soll eine Genehmigung für die Errichtung einer Anlage oder eines Teils einer Anlage oder für die Errichtung und den Betrieb eines Teils einer Anlage erteilt werden, wenn
1. ein berechtigtes Interesse an der Erteilung einer Teilgenehmigung besteht,
2. die Genehmigungsvoraussetzungen für den beantragten Gegenstand der Teilgenehmigung vorliegen und
3. eine vorläufige Beurteilung ergibt, dass der Errichtung und dem Betrieb der gesamten Anlage keine von vornherein unüberwindlichen Hindernisse im Hinblick auf die Genehmigungsvoraussetzungen entgegenstehen.“
Eine Teilgenehmigung kann z. B. für eine Rohbauerrichtung ergehen oder für Aushubarbeiten.

170 Von der Teilgenehmigung zu unterscheiden ist der **Vorbescheid**. Auch er ergeht in einem gestuften Verfahren, doch wird abschließend über einzelne Genehmigungsfragen vorab entschieden. Der Vorbescheid ist keine Genehmigung, sondern ein feststellender Verwaltungsakt, z. B. über ein Anlagenkonzept. Was durch Vorbescheid festgestellt ist, behält Bindungswirkung für das gesamte Verfahren und wird durch spätere (Teil-)Genehmigungen nicht gegenstandslos. Diese spätere Genehmigung ist keine partielle Neuregelung in Form eines Zweitbescheides (Rn. 161).[48] Der Vorbescheid ist definitiv. Spätere Genehmigungen konkretisieren den vom Vorbescheid offengelassen Rahmen.

Beispiel: § 9 (Abs. 1 und 2) BImSchG
„(1) Auf Antrag soll durch Vorbescheid über einzelne Genehmigungsvoraussetzungen sowie über den Standort der Anlage entschieden werden, sofern die Auswirkungen der geplanten Anlage ausreichend beurteilt werden können und ein berechtigtes Interesse an der Erteilung eines Vorbescheides besteht.
(2) Der Vorbescheid wird unwirksam, wenn der Antragsteller nicht innerhalb von zwei Jahren nach Eintritt der Unanfechtbarkeit die Genehmigung beantragt; die Frist kann auf Antrag bis auf vier Jahre verlängert werden.“

III.   Allgemeinverfügung

1.   Die Allgemeinverfügung als besonderer Verwaltungsakt

171 Die Allgemeinverfügung ist ein Verwaltungsakt, der sich an einen nach allgemeinen Merkmalen bestimmten oder bestimmbaren Personenkreis richtet oder die öffentlich-rechtliche Eigenschaft einer Sache oder ihre Benutzung durch die Allgemeinheit betrifft (§ 35 S. 2 VwVfG). Unterschieden werden also die personenbezogene (§ 35 S. 2 Alt. 1 VwVfG), die sachbezogene (§ 35 S. 2, Alt. 2 VwVfG) und die benutzungsbezogene (§ 35 S. 2, Alt. 3 VwVfG) Allgemeinverfügung. Die Allgemeinverfügung ist ein besonderer Verwaltungsakt, für den grundsätzlich die glei-

---

48 BVerwGE 70, 365 [372].

chen Vorschriften wie für die übrigen Verwaltungsakte gelten. Allerdings gibt es Besonderheiten bei
- der Pflicht zur Anhörung (vgl. § 28 Abs. 2 Nr. 4 VwVfG),
- der Pflicht zur Begründung (vgl. § 39 Abs. 2 Nr. 5 VwVfG),
- der Bekanntgabe (vgl. § 41 Abs. 3 S. 2 und Abs. 4 S. 4 VwVfG).

Ferner ist bei der Anfechtung einer Allgemeinverfügung durch einen Betroffenen zu prüfen, ob die Allgemeinverfügung weiterhin Rechtswirkungen für alle anderen Betroffenen entfaltet oder ob diese an der Anfechtung teilhaben. Hierfür ist zu ermitteln, ob die Allgemeinverfügung teilbar ist, d. h. nicht nur einheitlich befolgt werden kann, oder ob jede der von ihr erfassten Personen für sich allein, d. h. nur mit „relativer Wirkung" gegen sie Widerspruch einlegen kann.

> **Beispiel:**[49] Die Behörde erlässt eine Verfügung, wonach eine aus rund 15 Bau- und Campingwagen bestehenden Wagenburg zu räumen ist. Eigentümer A eines Campingwagens legt hiergegen Widerspruch ein, nicht aber die anderen Eigentümer der Wagen. Fraglich ist dann, ob der Suspensiveffekt (Rn. 329 ff.) des von A eingelegten Widerspruchs die Allgemeinverfügung insgesamt betrifft oder nur für A Bedeutung hat. Die Räumungsverfügung ist teilbar. Denn jede Person kann die Nutzung der dort stehenden Baulichkeiten für sich aufgeben; eines gemeinschaftlichen Zusammenwirkens bedarf es nicht. Daher beschränkt sich der Suspensiveffekt des von A eingelegten Widerspruchs lediglich auf diesen.

Anders z. B. bei einer verwaltungsorganisatorischen Maßnahme wie die Zusammenlegung zweier Schulen bzw. die Auflösung einer Schule. Diese Organisationsentscheidung ist ein Verwaltungsakt, der gegenüber Schülern und Eltern unmittelbare Rechtswirkungen entfaltet,[50] aber nicht teilbar ist.

2. Die personenbezogene Allgemeinverfügung

Die personenbezogene Allgemeinverfügung richtet sich an einen nach allgemeinen Merkmalen bestimmten oder bestimmbaren Personenkreis. Wegen ihrer individuellen Wirkung ist die Allgemeinverfügung insbesondere von der Rechtsnorm abzugrenzen, die sich an einen nicht bestimmten oder bestimmbaren Personenkreis wendet. **172**

> **Beispiel für eine personenbezogene Allgemeinverfügung:** Versammlungsverbot, etwa die Anordnung der Behörde, wonach sich „Personen, die der sog. ‚Punk-Szene' zuzuordnen sind, in dem Zeitraum von 6.7.2019 bis zum 31.10.2019 auf dem Kronenplatz nicht aufhalten dürfen" (Zweifelhaft ist aber die Bestimmtheit der Regelung.[51]). Zum Endiviensalatfall (Fall 16).

3. Die sachbezogene Allgemeinverfügung

Die sachbezogene Allgemeinverfügung bezieht sich nicht auf eine Person oder einen Personenkreis, sondern auf die öffentlich-rechtliche Eigenschaft einer Sache. Die Allgemeinverfügung ist so gesehen „adressatenlos". Insofern ist sie auch ein dinglicher Verwaltungsakt (Rn. 175).[52] **173**

> **Beispiel:** Die Benennung und Umbenennung einer Straße,[53] die Widmung einer Straße[54] oder die Eintragung eines Bodendenkmals in die Denkmalliste.[55]

---

49 OVG Lüneburg, NVwZ-RR 2005, 93 ff.
50 BVerwGE 18, 40 [41 f.]; BVerwG, DVBl 1978, 640 ff.
51 Offengelassen VGH BaWü, NVwZ 2003, 115 ff.
52 Beispiele bei Henneke/Berger, in: Knack/Henneke, VwVfG, 11. Aufl., 2020, § 35 Rn. 206.
53 VGH BaWü, NVwZ 1992, 196 ff.
54 BVerwG, Buchholz 407.4, § 9 FStrG Nr. 22.
55 HessVGH, NVwZ-RR 1993, 129 ff.

4.   Die benutzungsbezogene Allgemeinverfügung

174 Die dritte Variante betrifft die Nutzung einer Sache durch die Allgemeinheit. Die benutzungsbezogene Allgemeinverfügung regelt die Rechte und Pflichten der Nutzer einer konkreten Sache.

Fraglich ist, ob das **Verkehrszeichen** eine Allgemeinverfügung im Sinne der dritten Alternative des § 35 S. 2 VwVfG oder eine Rechtsverordnung ist. Für eine Rechtsverordnung wird angeführt, dass sich das Verkehrszeichen weder an einen bestimmten oder bestimmbaren Personenkreis richtet noch einen Einzelfall regelt, mithin abstrakt-generelle Wirkung hat. Gegen die Rechtsnatur des Verkehrszeichens als Rechtsverordnung spricht aber, dass Rechtsverordnungen in einem bestimmten förmlichen Verfahren ergehen und im Gesetz- und Verordnungsblatt verkündet werden müssen.[56] Über die Errichtung eines Verkehrszeichens entscheidet aber die Straßenverkehrsbehörde, die „Verkündung" erfolgt durch das Aufstellen.

Nach a. A. soll es sich beim Verkehrszeichen um eine während der Dauer seiner Aufstellung dauernde Bekanntmachung der darin verkörperten Anordnung handeln,[57] um eine wiederholende Verfügung oder um einen fortlaufenden Neuerlass des Verwaltungsakts (Dauerverwaltungsakt). Überwiegend wird im Anschluss an die Rechtsprechung des Bundesverwaltungsgerichts[58] eine Allgemeinverfügung nach § 35 S. 2, 3. Alt. VwVfG in Form eines Dauer-Verwaltungsakt angenommen:

„Verkehrsregelungen durch amtliche Vorschriftszeichen sind Verwaltungsakte in der Form von Allgemeinverfügungen... Dabei ist allerdings zuzugeben, dass die Verkehrszeichen einen ‚typischen Grenzfall' ... darstellen. Ebenso wie andere moderne Formen des Verwaltungshandelns bereitet ihre Einordnung Schwierigkeiten ...; wie auch immer man sie vornimmt, sie wird nicht in jeder Hinsicht befriedigen.
Entscheidend ist ..., dass diese Verkehrszeichen eine konkrete örtliche Verkehrssituation betreffen und eine situationsbezogene Verkehrsregelung zum Inhalt haben. Sie vertreten gleichsam die Stelle von Polizeivollzugsbeamten ... Trotz der Funktionsgleichheit und wechselseitigen Vertauschbarkeit einer Verkehrsregelung durch Verkehrszeichen einerseits und durch Polizeibeamte andererseits unterscheiden sie sich regelmäßig dadurch, dass Verkehrszeichen die örtliche Verkehrssituation mehr oder weniger dauerhaft regeln. Deswegen hat der Senat davon gesprochen, dass das durch ein Verkehrszeichen ausgesprochene Verbot ‚fortwirkt', solange die Anordnung durch das Belassen der Verkehrszeichen aufrechterhalten bleibt'. Dies ändert aber nichts daran, dass es sich um die Regelung einer konkreten Verkehrssituation an einer ganz bestimmten Örtlichkeit einer Straße und um die Regelung – in den Worten des lediglich klarstellenden § 35 Satz 2 des Verwaltungsverfahrensgesetzes – der ‚Benutzung durch die Allgemeinheit' handelt."
Zu beachten ist, dass das Verkehrszeichen gegenüber dem Betreffenden regelmäßig erst dadurch bekannt gemacht wird (§ 43 Abs. 1 VwVfG), dass dieser sich dem Verkehrszeichen nähert und von dessen Regelung Kenntnis erlangen kann (Rn. 215).[59] Gegen ein Verkehrszeichen sind Widerspruch und (Anfechtungs-)Klage zulässig. Allerdings entfällt analog § 80 Abs. 2 Nr. 2 VwGO der Suspensiveffekt (Rn. 331).[60]

---

56 Peine/Siegel, Allgemeines Verwaltungsrecht, 13. Aufl., 2020, S. 112, Rn. 358 ff.
57 BVerwGE 27, 181 [183].
58 BVerwGE 59, 221 [224 f.]; BVerwG, DVBl 2004, 518 ff.
59 BVerwGE 102, 316 [318].
60 BVerwG, NJW 1978, 656 ff.

IV. Sonderfälle

1. Dinglicher Verwaltungsakt

Ein dinglicher Verwaltungsakt ist ein Verwaltungsakt, der entweder adressatenlos **175** ist – wie die sachbezogene Allgemeinverfügung (§ 35 S. 2. 2. Alt. VwVfG) – oder aber an einen bestimmten Adressaten gerichtet ist, aber wegen seinem Bezug auf eine Sache auch für und gegen dessen Rechtsnachfolger gelten soll. Das ist z. B. für die Baugenehmigung in vielen Landesbauordnungen ausdrücklich geregelt.

Beispiel: § 58 Abs. 3 SächsBauO
„Bauaufsichtliche Genehmigungen und sonstige Maßnahmen gelten auch für und gegen Rechtsnachfolger".

Wo dies nicht ausdrücklich geregelt ist, muss die Dinglichkeit der Wirkung aus den konkreten Umständen des Einzelfalls entnommen werden.

Fall 22:[61] A hat auf seinem Grundstück baurechtswidrig eine Fabrik betrieben. Die Baubehörde ordnet die Beseitigung an. Nach dem Tod von A meint die Behörde, dass die Baubeseitigungsanordnung auch gegen die Erben gelte.
Lösung Fall 22: Nach Auffassung in der Literatur[62] soll die bauaufsichtliche Maßnahme zwar an den Zustand einer Sache anknüpfen, unmittelbar aber ein persönliches Verhalten verlangen. Die Anordnung eines persönlichen Verhaltensgebots soll die Behörde gegenüber dem einzelnen Adressaten individualisiert zu beurteilen haben. Folglich müsse eine Baubeseitigungsverfügung gegenüber dem Rechtsnachfolger erneut erlassen werden.
Anders das BVerwG[63]: „...vermag der Senat nicht den Ausgangspunkt der Gegenmeinung zu teilen, die entscheidend auf den höchstpersönlichen Charakter der aus dem öffentlichen Recht fließenden Rechte und Pflichten abstellt und daraus herleitet, dass die Haftung dessen, der für den baurechtmäßigen Zustand seines Grundstücks einzustehen hat, als höchstpersönlich angesehen werden müsse. Zwar ist es richtig, dass nicht die Sache (das Grundstück) selbst, sondern der Eigentümer oder Gewalthaber polizeipflichtig ist ... Doch der Schluß aus dieser Feststellung auf den höchstpersönlichen Charakter der Zustandshaftung des Grundstückseigentümers stellt nicht genügend in Rechnung, dass die eine Polizeipflicht konkretisierende baupolizeiliche Verfügung **grundstücksbezogen** ist und gerade aus dieser Tatsache ihrer ‚**Dinglichkeit**' ihr besonderes Gepräge erhält... Gleiches gilt für die eine Zustandshaftung konkretisierende Beseitigungsanordnung. Der Senat übersieht dabei nicht, dass Widerruf und Beseitigungsanordnung regelmäßig im Ermessen der Behörde stehen; es mag daher – jedenfalls im Fall der Einzelrechtsnachfolge – durchaus denkbar sein, dass die Behörde dem Rechtsnachfolger gegenüber aus in der Person liegenden Gründen von einer Beseitigungsanordnung absehen würde. Härten, die sich dabei etwa ergeben sollten, lassen sich jedoch noch im Vollstreckungsverfahren ausgleichen ...
Für die vom Senat vertretene Auffassung und das damit erzielte Ergebnis sprechen nicht zuletzt praktische Erwägungen ... Überlegungen der Praktikabilität sind durchaus zulässige Auslegungsgesichtspunkte ... Es kann keinem Zweifel unterliegen, dass es nicht nur für die Praxis der Verwaltungsbehörden, sondern auch für die Verwirklichung des Rechtsstaats unbefriedigend sein müßte, wenn rechtmäßige und sogar durch evtl. mehrere Gerichtsinstanzen als rechtmäßig bestätigte Beseitigungsanordnungen deswegen nicht sollten durchgesetzt werden dürfen, weil ein – möglicherweise nur vorgeschobener – Eigentumswechsel herbeigeführt worden ist. Das kann – in durchaus nicht nur seltenen Fällen – zur Folge haben, dass die Verwirklichung des Rechts praktisch für die Dauer verhindert wird."

---

61 BVerwG, NJW 1971, 1624 ff.
62 Henneke/Berger, in: Knack/Henneke, VwVfG, 11. Aufl., 2020, § 35 Rn. 144 m. w. N.
63 BVerwG, NJW 1971, 1624 ff.

Diese Auffassung überzeugt, weil die Gefahr vom Bauwerk oder vom Grundstück ausgeht und der Rechtsnachfolger wegen seiner besonderen Eigenschaft als Eigentümer bzw. Besitzer des Grundstücks in Anspruch genommen wird. Damit gilt jedenfalls eine bauaufsichtliche Verfügung, die an den Zustandsstörer gerichtet ist, auch gegen den Gesamtrechtsnachfolger.

2.   Relativer Verwaltungsakt

176 Umstritten ist, ob eine hoheitliche Maßnahme gegenüber einer Person als Verwaltungsakt eingestuft werden kann, gegenüber einer anderen jedoch als eine Maßnahme, die kein Verwaltungsakt ist. Das BVerwG hat das vereinzelt angenommen.

> **Beispiel:** Auf der Grundlage des Landesbeschaffungsgesetzes kann das Bundesverteidigungsministerium Vorhaben „bezeichnen". Die Bezeichnung soll gegenüber dem Bürger lediglich ein Verwaltungsinternum sein, weil die Rechtsstellung des einzelnen Grundstückseigentümers erst mit der Enteignung geändert werde. Gegenüber der Gemeinde soll es sich aber um einen Verwaltungsakt handeln, weil die gemeindliche Planungshoheit beschränkt werde.[64]
>
> Eine von der Kommunalaufsicht im Wege der Ersatzvornahme erlassene Satzung soll nur gegenüber dem Bürger eine Rechtsnorm (Satzung) sein, gegenüber der Gemeinde ein Verwaltungsakt.[65]

In der Literatur wird der relative Verwaltungsakt zu Recht überwiegend abgelehnt.[66] Die Konstruktion eines relativen Verwaltungsakts verkompliziere die Handlungsformenlehre unnötig. Dem Umstand, dass Maßnahmen auf verschiedene Rechtsträger unterschiedlich wirken, kann dogmatisch auch anders entsprochen werden, etwa durch eine Differenzierung bei der Klagebefugnis oder durch die Annahme mehrerer Maßnahmen. So kann der Satzungserlass durch Ersatzvornahme als eine Festsetzung gegenüber der Gemeinde verstanden werden (Verwaltungsakt), dem sich in einem weiteren Schritt der Normenerlass anschließt (Satzung).

3.   Zusicherung und Zusage

177 Die Zusicherung ist in § 38 VwVfG geregelt. Sie ist eine verbindliche Zusage einer Behörde, einen bestimmten Verwaltungsakt später zu erlassen. Die Zusicherung ist damit ein besonderer Fall der Zusage. Sie enthält eine Selbstverpflichtung der Behörde, ein Versprechen, später einen Verwaltungsakt zu erlassen. Zusicherung und Zusage sind von behördlichen Erklärungen abzugrenzen, in denen eine Behörde eine Maßnahme nur in Aussicht stellt.[67] Tatbestandsvoraussetzungen einer Zusicherung sind:

- dass die **zuständige Behörde** gehandelt hat. Damit ist jene Behörde gemeint, die zuständig ist, den zugesicherten Verwaltungsakt zu erlassen bzw. zu unterlassen;
- dass die Zusicherung **schriftlich** ergangen ist;
- dass die Behörde im Hinblick auf ihre Zusage einen **Bindungswillen** hatte. Hierzu muss die Behörde gegenüber dem Adressaten unzweifelhaft zum Ausdruck gebracht haben, einen bestimmten Verwaltungsakt später erlassen oder

---

64 BVerwGE 74, 124 [126].
65 BVerwG, NVwZ-RR 1993, 513 ff.
66 Vgl. nur Stelkens, in: Stelkens/Bonk/Sachs, VwVfG, 9. Aufl., 2018, § 35 Rn. 23 f.; krit. auch VGH BaWü, GewArch 1998, 171 ff.
67 Guckelberger, Behördliche Zusicherungen und Zusagen, DÖV 2004, 357.

unterlassen zu wollen.[68] Es darf keine bloße Auskunft und unverbindliche Absichtserklärung vorliegen.

- Die Zusicherung muss sich auf einen **bestimmten Verwaltungsakt** beziehen. Das kann auch eine Allgemeinverfügung sein[69], nicht aber sonstiges, z. B. schlichtes Verwaltungshandeln, denn dann handelt es sich um eine Zusage. (Für die Zusage soll aber § 38 VwVfG entsprechend herangezogen werden.)
- Eine **Mitwirkung** betroffener Bürger (Anhörung) oder Behörden, sofern diese für den Erlass des Verwaltungsaktes aufgrund einer Rechtsvorschrift vorgesehen ist (§ 38 Abs. 1 S. 2 VwVfG), muss vor Erlass erfolgt sein. Allerdings können Fehler geheilt werden (§ 38 Abs. 2 VwVfG).

Umstritten ist die Rechtsnatur von Zusicherung und **Zusage:** Vertreten wird erstens, dass sowohl Zusicherung als auch Zusage Verwaltungsakte sind.[70] Zweitens, dass nur die Zusicherung ein Verwaltungsakt ist, während die Zusage eine öffentlich-rechtliche Willenserklärung ist.[71] Drittens, dass Zusicherung und Zusage öffentlich-rechtliche Willenserklärungen sind (d. h. beide keine Verwaltungsakte sind).[72] Für die zweite Auffassung wird angeführt, dass die Zusicherung gesetzlich geregelt ist, die Zusage hingegen nicht. Letztlich erfüllen aber sowohl die Zusicherung, als auch die Zusage die Kriterien des § 35 S. 1 VwVfG, insbesondere liegt ein Regelungscharakter vor: Die zusichernde bzw. zusagende Behörde verpflichtet sich verbindlich, einen bestimmten Verwaltungsakt oder eine andere Maßnahme zu erlassen oder zu unterlassen. § 38 Abs. 2 VwVfG, der die entsprechende Anwendbarkeit der Vorschriften von Rücknahme und Widerruf regelt, hat klarstellende Funktion (nach a. A. soll hieraus e contrario hergeleitet werden, dass die Zusicherung kein Verwaltungsakt sein kann. Hiergegen spricht aber wiederum, dass der Gesetzgeber die Rechtsnatur der Zusicherung nicht klären wollte und deshalb prophylaktisch die Verweisung geregelt hat[73]).

§ 38 Abs. 3 VwVfG regelt die **clausula rebus sic stantibus** (Wegfall der Geschäftsgrundlage): Ändert sich nach Abgabe der Zusicherung die Sach- oder Rechtslage derart, dass die Behörde bei Kenntnis der nachträglich eingetretenen Änderung die Zusicherung nicht gegeben hätte oder aus rechtlichen Gründen nicht hätte geben dürfen, ist die Behörde an die Zusicherung nicht mehr gebunden.

> **Fall 23:**[74] A wohnt in der X-Straße, die Teil einer geschwindigkeitsbegrenzten Zone ist. Die Straße wurde wegen ihrer Verbindung zu einem Klärwerk ausgebaut und seither von Autofahrern zunehmend als „Schleichweg" benutzt. Nachdem die Gemeinde, die die zuständige Straßenverkehrsbehörde ist, die Straße dem öffentlichen Verkehr gewidmet und A hiergegen Klage erhoben hatte, hatte der Vertreter der Gemeinde (V) in der gerichtlichen Verhandlung folgende Erklärung zur Niederschrift abgegeben:
> „Die Gemeinde verpflichtet sich, zur Reduzierung der gefahrenen Geschwindigkeiten auf der X-Straße die Verkehrsregelung durch Zeichen 208 StVO (dem Gegenverkehr Vorrang gewähren), Zeichen 308 StVO (Vorrang vor dem Gegenverkehr) und Zonen-Geschwindigkeitsbeschränkung 30 km/h anzuordnen."

---

68 BVerwGE 97, 323 [326].
69 BVerwGE 97, 323 [328].
70 Z. B. VGH Mannheim, NVwZ 1991, 79 [80]; Guckelberger, Behördliche Zusicherungen und Zusagen, DÖV 2004, 357 [359, 364].
71 Peine/Siegel, Allgemeines Verwaltungsrecht, 13. Aufl., 2020, S. 101, Rn. 317 f.
72 Ziekow, VwVfG, 4. Aufl., 2019, § 38 Rn. 4.
73 Guckelberger, Behördliche Zusicherungen und Zusagen, DÖV 2004, 357 [359].
74 BVerwGE 97, 323 ff.

Die zu Protokoll gegebene Erklärung wurde dem V vorgelesen und von ihm genehmigt. A meint, er habe nun einen Anspruch auf Erlass der Verkehrszeichen. Die Gemeinde erklärt, dass sich V geirrt habe und kündigt den Widerruf ihrer Zusicherung an. Sie habe nach Empfehlung eines Gutachterausschusses eine Neuordnung der Verkehrsregulierung beschlossen: Die X-Straße solle Zu- und Abfahrtsstraße zum auszubauenden Klärwerk und dementsprechend weiter ausgebaut werden. Dadurch sollen andere Straßen entlastet werden. Ein Genehmigungsverfahren für den Ausbau des Klärwerks sei bereits eingeleitet worden.

Lösung Fall 23: a) Die zur Niederschrift des Gerichts gegebene Erklärung des V ist eine wirksame Zusicherung im Sinne von § 38 Abs. 1 VwVfG. Der Wille der Behörde, einen bestimmten Verwaltungsakt später zu erlassen, kommt unmissverständlich zum Ausdruck. Als Vertreter der Gemeinde war V zur Abgabe als zuständige Behörde hierzu ermächtigt; die Gemeinde war zuständige Straßenverkehrsbehörde. Die Schriftform liegt durch die Niederschrift vor. Insoweit ist § 37 Abs. 3 VwVfG auf § 38 Abs. 1 Satz 1 VwVfG entsprechend anwendbar. Das gerichtliche Protokoll erfüllt die sich daraus ergebenden Anforderungen: Aus ihm wird deutlich, welche Behörde die Zusicherung gegeben und wer für sie gehandelt hat. Auch den mit der Schriftform verbundenen Zwecken der Beweis- und Warnfunktion trägt die gerichtliche Niederschrift mit einer Erklärung, die vorgelesen und genehmigt worden ist, hinreichend Rechnung. Dass das gerichtliche Protokoll von dem zusichernden Organwalter nicht unterschrieben wird, steht der Schriftform im Sinne des § 37 Abs. 3 VwVfG nicht entgegen, da die Namenswiedergabe genügt.

b) Fraglich ist, ob Verkehrszeichen überhaupt zusicherungsfähig sein können. Dem könnte entgegenstehen, dass verkehrsregelnde Maßnahmen Reaktionen auf spezifische, sich möglicherweise rasch ändernde Verkehrslagen darstellen können. Ein Grundsatz, dass nur solche Verwaltungsakte zusicherungsfähig sein können, die typischerweise auf lange Zeit unverändert Bestand haben, lässt sich aber weder dem Straßenverkehrsrecht noch dem allgemeinen Verwaltungsverfahrensrecht entnehmen. Verkehrszeichen sind nach zutr. Auffassung Verwaltungsakte in Form von Allgemeinverfügungen im Sinne von § 35 S. 2 VwVfG und damit grundsätzlich zusicherungsfähig. Die Regelung des § 38 Abs. 3 VwVfG zeigt, dass der Gesetzgeber im Rahmen von Zusicherungen mit rechtserheblichen Änderungen der Sach- und Rechtslage gerechnet und deshalb die Bindungswirkung der Zusicherung begrenzt hat. Dass durch die Anordnung bestimmter Verkehrszeichen Rechte Dritter verletzt sein können, steht ihrer Zusicherungsfähigkeit nicht entgegen, denn der Rechtsschutz der Betroffenen gegen Verkehrszeichen bleibt unberührt.

c) Möglichweise könnte die Gemeinde ihre Zusicherung wegen Irrtums nach § 119 BGB anfechten. § 38 VwVfG sieht eine Anfechtung aber nicht vor; dies ergibt sich aus Abs. 2 mit seiner Verweisung auf die §§ 48 und 49 VwVfG, also auf die Vorschriften über Rücknahme und Widerruf von Verwaltungsakten.

d) Die Wirksamkeit der Zusicherung ist auch nicht nach § 38 Abs. 2 in Verbindung mit den §§ 48, 49 VwVfG entfallen, weil die Gemeinde weder eine ausdrückliche oder sinngemäße Rücknahmeerklärung noch eine Widerrufserklärung abgegeben hat. In einer Rücknahmeerklärung müsste der Wille zur Aufhebung der Zusicherung wegen Unvereinbarkeit mit der objektiven Rechtslage zum Ausdruck kommen; daran fehlt es aber. Den Widerruf der Zusicherung hat die Gemeinde erst angekündigt und damit bestätigt, dass die bisherigen Erklärungen noch keinen derartigen Aufhebungsakt enthielten.

e) Möglicherweise ist die Gemeinde aber wegen § 38 Abs. 3 VwVfG nicht mehr an die Zusicherung gebunden. § 38 Abs. 3 VwVfG enthält einen spezialgesetzlich geregelten Fall, der dem Wegfall der Geschäftsgrundlage im Vertragsrecht entsprechen würde. Diese Regelung geht den Widerrufsgründen des § 49 Abs. 2 Nr. 3 und Nr. 4 VwVfG vor. Sie gibt – insoweit ähnlich wie § 49 Abs. 2 Nr. 3 und Nr. 4 VwVfG und § 60 VwVfG – in Abwägung des individuellen Vertrauens des Bürgers auf den Bestand einer einmal gegebenen Zusicherung einerseits und des öffentlichen Interesses an der Berücksichtigung nachträglicher Veränderungen der objektiven Sach- oder Rechtslage andererseits dem letztgenannten Gesichtspunkt den Vorrang. Insofern enthält § 38 Abs. 3 VwVfG im Falle nachträglicher Veränderungen der Sach- oder Rechtslage weitere, spezielle Grenzen für den Schutz von Vertrauen auf Wirksamkeit und Fortbestand einer einmal gegebenen behördlichen Zusicherung. Die Bindungswirkung entfällt nach dieser Vorschrift unabhängig von der Bekanntgabe einer Aufhebungsentscheidung bereits mit der objektiven Änderung der Sach- oder Rechtslage. Maßgebend dafür, ob solche nachträglichen rechtsvernichtenden Umstände eingetreten sind, ist ein Vergleich der tatsächlichen und rechtlichen Verhältnisse im Zeitpunkt der ursprünglichen Zusicherung mit denjenigen im Zeitpunkt der letzten tatrichterlichen Entscheidung. Es kommt dabei nicht auf die subjektiven Vorstellungen des einzelnen Bediensteten an, der die Zusicherung gegeben hat, sondern darauf, ob bei objektiver Betrachtung unter Berücksichtigung von Sinn und Zweck der Rechtssätze, deren Vollzug oder Wahrung der zugesicherte Verwaltungsakt dient, zu erwarten wäre, dass die Zusicherung auch in Ansehung der veränderten Umstände erneut gegeben worden wäre. Nach der Zusicherung in der mündlichen Verhandlung vor Gericht hat sich die Planung der Gemeinde dahingehend verdichtet und konkretisiert, dass nicht andere Straßen, sondern gerade die X-Straße Zu- und Abfahrtsstraße zum auszubauenden Klärwerk werden und dementsprechend ausgebaut werden sollte. Damit hat sich die Sachlage im Sinne des § 38 Abs. 3 VwVfG wesentlich geändert. Dem steht nicht entgegen, dass noch nicht alle notwendigen Genehmigungen für den Ausbau des Klärwerks vorliegen und Baumaßnahmen unmittelbar bevorstehen. Eine erhebliche Veränderung stellt vielmehr schon der Beschluss der Gemeinde dar, den Ausbau der X-Straße als Zufahrt zum Klärwerk vorzunehmen. Diese neue Sachlage hätte die Nichterteilung der Zusicherung gerechtfertigt: Es ist ein wesentlicher Unterschied, ob die Straßenverkehrsbehörde diese verkehrsbeschränkende Anordnung in einer Situation zusagt, in der die X-Straße noch nicht als Zufahrt zum Klärwerk vorgesehen ist, oder aber in einer Situation, in der sich die Gemeinde aufgrund sachverständiger Untersuchungen für die Belastung gerade der X-Straße mit dem Zufahrtsverkehr entschieden hat. Diese Planungsentscheidung darf – auch wenn ihre Realisierung noch nicht endgültig gesichert ist – für die Straßenverkehrsbehörde Anlass sein, von den ursprünglich zugesagten, mit dem nunmehr konkret geplanten Straßenausbau unvereinbaren Maßnahmen abzusehen.

Rechtsprechung: BVerfGE 33, 1. ff. – *„Strafgefangene"*; BVerwGE 12, 87 ff. – *„Endiviensalat"*; BVerwGE 26, 161 ff. – *„Schwabinger Krawalle"*; BVerwGE 27, 181 ff. – *„Verkehrszeichen"*; BVerwGE 28, 145 ff. – *„mehrstufiger Verwaltungsakt"*; BVerwGE 56, 155 ff. – *„Nichtversetzung"*; BVerwGE 59, 221 ff. – *„Verkehrszeichen"*; BVerwGE 60, 144 ff. – *„Umsetzung"*; BVerwGE 66, 218 ff. – *„Aufrechnung"*; BVerwGE 67, 99 ff. – *„vorläufiger Verwaltungsakt"*; BVerwGE 70, 365 ff. – *„Konzeptbescheid"*; BVerwGE 72, 265 ff. – *„feststellender Verwaltungsakt"*; BVerwGE 81, 84 ff. – *„vorsorglicher Verwaltungsakt"*; BVerwGE 85, 251 ff. – *„verfahrensbezogene Mitteilung"*; BVerwGE 97, 323 ff. – *„Zusicherung"*; BVerwGE 102, 316 ff. – *„Verkehrszeichen"*; BVerwGE 124, 47 ff. – *„TEHG"*; BVerwG, NJW 1977, 1838 ff. – *„mitwirkungsbedürftiger Verwaltungsakt"*; BVerwG, NVwZ-RR 1994, 582 ff. – *„Staatsexamen"*; BVerwG, NVwZ 2002, 482 ff. – *„wiederholende Verfügung/Zweitbescheid"*; BVerwG, DVBl 2004, 518 ff. – *„Verkehrszeichen"*; VG Leipzig, LKV 1999, 241 ff. – *„Privatisierung"*; Nds. OVG, DÖV 2006, 122 ff. – *„Gefährderanschreiben"*; BayVGH, BayVBl 2000, 277 ff. – *„Jagdpacht"*; OVG Lüneburg, NVwZ-RR 2005, 93 ff. – *„Wagenburg"*.

Literatur: *Barczak, T.*, Typologie des Verwaltungsakts, JuS 2018, 238 ff.; *Berger, A.*, Der automatisierte Verwaltungsakt, NVwZ 2018, 1260 ff.; *Ernst, C.*, Die Verwaltungserklärung, 2008, S. 74 f.; *Guckelberger, A.*, Behördliche Zusicherungen und Zusagen, DÖV 2004, 357 ff., Haak, S., Der Eigenwert der Verwaltungsentscheidung, AöR 133 (2008), 43 ff.; ders., Die Bestandskraft gemeinschaftsrechtswidriger Verwaltungsakte, JURA 2008, 739 ff.; *Ehlers, D.*, Die Handlungsformen bei der Vergabe von Wirtschaftssubventionen, VerwArch 74 (1983), 112 ff.; *Martini, M./Nink, D.*, Subsumtionsautomaten ante Portas? – Zu den Grenzen der Automatisierung in verwaltungsrechtlichen (Rechtsbehelfs-)Verfahren, DVBl 2018, 1128 ff.; *Morgenroth, C.*, Bewertungen einzelner Prüfungsleistungen als Verwaltungsakte, NVwZ 2014, 32 ff.; *Sanden, J.*, Der vorsorgliche Verwaltungsakt, DÖV 2006, 811 ff.

§ 7 Nebenbestimmungen

178   Nebenbestimmungen sollen der genaueren Abstimmung des Regelungsinhaltes eines Verwaltungsaktes dienen. Es handelt sich um unselbstständige Anordnungen, die den Verwaltungsakt ergänzen oder beschränken, ohne diesen dabei im Grunde zu modifizieren. Kennzeichnend für eine Nebenbestimmung ist die Akzessorietät zum „Haupt-Verwaltungsakt".[1] Deshalb teilt die Nebenbestimmung die Rechtswirksamkeit des Verwaltungsakts. § 36 Abs. 2 VwVfG regelt die wichtigsten Nebenbestimmungen.

I.   Typen von Nebenbestimmungen

1.   Befristung

179   § 36 Abs. 2 S. 1 VwVfG legaldefiniert die Befristung als eine Bestimmung, nach der eine Vergünstigung oder Belastung zu einem bestimmten Zeitpunkt beginnt, endet oder für einen bestimmten Zeitraum gilt. Die Befristung macht die Rechtswirkung des Verwaltungsakts von einem **zukünftigen gewissen Zeitpunkt** abhängig. Zu unterscheiden sind die **aufschiebende Befristung,** bei der die Rechtswirkung eines Verwaltungsakts zu einem zukünftigen Zeitpunkt eintritt und die **auflösende Befristung**, die die Wirkung eines Verwaltungsakts mit dem Erreichen des Zeitpunkts enden lässt. Die Befristung ermöglicht es der Behörde, bereits gegenwärtig über die Wirkung eines Verwaltungsakts zu entscheiden, die aber erst in der Zukunft eintreten oder enden soll. Zu beachten ist, dass ein befristeter Verwaltungsakt bereits mit seiner Bekanntgabe wirksam ist (vgl. § 41 VwVfG Rn. 213), aber erst mit dem Erreichen des betreffenden Datums Rechtswirkungen entfaltet oder beendet.

> **Beispiel:** Zuweisung eines Kindergartenplatzes am 13.5.2007 ab dem 1.1.2008 (aufschiebende Befristung); Genehmigung für die Errichtung einer Anlage gültig bis zum 31.1.2009 (auflösende Befristung).

180   Zulässig ist der sog. **Ketten-Verwaltungsakt**, der mit Ablauf der Befristung erneut verlängert wird. Fraglich ist beim Ketten-Verwaltungsakt regelmäßig, ob die wiederholte Befristung einen Vertrauenstatbestand dahingehend schafft, dass der Betreffende erneut mit einem Verwaltungsakt rechnen kann. Das wird aber grundsätzlich abzulehnen sein, zumal die Befristung ja gerade erfolgt, um schutzwürdiges Vertrauen nicht entstehen zu lassen.[2] Allerdings kann der Ketten-Verwaltungsakt rechtsmissbräuchlich sein.

2.   Bedingung

181   Ist der Verwaltungsakt mit einer Bedingung (§ 36 Abs. 2 Nr. 2 VwVfG) versehen, hängt der Eintritt oder der Wegfall einer Vergünstigung oder einer Belastung von dem **ungewissen Eintritt eines zukünftigen Ereignisses** ab. Anders als bei der Befristung ist der Zeitpunkt also nicht bestimmt, sondern von einem Ereignis abhängig. Wie bei der Befristung wird zwischen der **aufschiebenden** und der **auflösenden Bedingung** unterschieden, also danach, ob die Regelungswirkung mit einem künftigen Ereignis eintritt oder entfällt. Ein zukünftiges Ereignis kann auch von dem Willen eines anderen abhängen (sog. **Potestativbedingung**).

---

1   *Peine/Siegel*, Allgemeines Verwaltungsrecht, 13. Aufl., 2020, S. 130 f., Rn. 415 f.
2   *Ziekow*, VwVfG, 4. Aufl., 2019, § 36 Rn. 7.

Beispiel: Wehrpflichtige, die sich vor Vollendung des 23. Lebensjahres mit Zustimmung der zuständigen Behörde auf mindestens vier Jahre zum ehrenamtlichen Dienst als Helfer im Zivilschutz oder Katastrophenschutz verpflichtet haben, werden nicht zum Wehrdienst herangezogen, solange sie als Helfer im Zivilschutz oder Katastrophenschutz mitwirken (vgl. § 13a WPflG).

3. Widerrufsvorbehalt

§ 36 Abs. 2 Nr. 3 VwVfG regelt die Möglichkeit, dass ein Verwaltungsakt mit dem **182** Vorbehalt eines Widerrufs verbunden wird. Der Widerruf ist in § 49 VwVfG geregelt und ein eigenständiger Verwaltungsakt. Der Widerrufsvorbehalt hat den Zweck, **Vertrauensschutz** im Hinblick auf die Rechtswirksamkeit des Verwaltungsakts **nicht entstehen zu lassen bzw. abzuschwächen.** Dieser ist abzugrenzen vom vorläufigen Verwaltungsakt (Rn. 164), der nur eine vorläufige Regelung enthält, die durch eine endgültige abgelöst werden soll. Der Widerrufsvorbehalt ist Nebenbestimmung eines grundsätzlich endgültigen Verwaltungsakts. Unterschieden wird zwischen dem **konstitutiven** und dem **deklaratorischen Widerrufsvorbehalt.** Nur der konstitutive Widerrufsvorbehalt ist in § 36 Abs. 2 Nr. 3 VwVfG geregelt. Der deklaratorische Widerrufsvorbehalt ist ein Hinweis auf eine anderweitige, z. B. in einem Gesetz geregelte Widerrufsmöglichkeit.

Fall 24:[3] A betreibt eine private Grundschule. Hierfür erhält er vom Land eine Genehmigung. Der Bescheid enthält „Hinweise", deren Nr. 7 lautet: „Sollten sich an der Schule künftig aus Schülermangel nur kombinierte Klassen bilden lassen, so wird die Genehmigung widerrufen."
Liegt hier ein Widerrufsvorbehalt i. S. d. § 36 Abs. 2 S. 3 VwVfG vor?
Lösung Fall 24: Bei dem Hinweis Nr. 7 des Genehmigungsbescheides „...handelt es sich nicht nur um einen deklaratorischen Hinweis auf eine gesetzlich zugelassene Möglichkeit des Widerrufs, sondern um einen konstitutiven Widerrufsvorbehalt nach Art. 36 Abs. 2 Nr. 3 BayVwVfG ... Der Kläger durfte und musste als Empfänger des Genehmigungsbescheides bei vernünftiger Betrachtungsweise den Hinweis Nr. 7 trotz des Umstandes, dass dieser sich nicht in demjenigen Abschnitt des Bescheides befand, der die sonstigen verbindlichen Regelungen enthielt, als belastende Nebenbestimmung ansehen. Denn die Behörde hat sich im Hinweis Nr. 7 nicht etwa darauf beschränkt, die Rücknahme der Genehmigung nach Art. 48 Abs. 1 BayVwVfG oder ihren Widerruf nach Art. 49 Abs. 2 Satz 1 Nr. 3 BayVwVfG generell für den Fall anzukündigen, dass die Genehmigungsvoraussetzungen wegfallen. Vielmehr hat sie dort eine spezifische, den Bestand der Genehmigung berührende Aussage zur Frage der Jahrgangsmischung getroffen. Der Kläger musste dem Hinweis Nr. 7 entnehmen, dass ihm jedes Vertrauen in den Fortbestand der Genehmigung für den Fall genommen werden sollte, dass er sich zur Bildung kombinierter Klassen entschloss. Die Regelung zielte demnach auf jene besondere Rechtsfolge ab, die ein konstitutiver Widerrufsvorbehalt gemäß Art. 36 Abs. 2 Nr. 3 BayVwVfG mit Blick auf Art. 49 Abs. 2 Satz 1 Nr. 1 BayVwVfG und Art. 49 Abs. 5 Satz 1 BayVwVfG hat ..."

4. Auflage

Als Auflage bezeichnet man eine mit dem Haupt-Verwaltungsakt verbundene Ne-**183** benbestimmung, durch die dem Begünstigten ein Tun, Dulden oder Unterlassen vorgeschrieben wird (§ 36 Abs. 2 Nr. 4 VwVfG). Im Gegensatz zur Befristung, Bedingung und zum Widerrufsvorbehalt enthält die Auflage eine selbstständige Regelung. Allerdings ist diese Regelung zum Verwaltungsakt *akzessorisch,* d. h. diese kann nur wirksam sein, wenn der „Haupt-Verwaltungsakt" wirksam ist.

---

3 BVerwGE 112, 263 ff. – *„Grundschule".*

Von der Bedingung ist die Auflage dahingehend abzugrenzen, dass die Rechtswirkung des Haupt-Verwaltungsakts von der Bedingung abhängig ist, während die Auflage die Rechtswirkung des Haupt-Verwaltungsakts unberührt lässt. So gesehen „suspendiert" die Bedingung, „zwingt" aber nicht, wohingegen die Auflage „zwingt", aber nicht „suspendiert", um einen berühmten Satz *Savignys* aufzugreifen.[4]

Umstritten ist, ob die Auflage selbst ein Verwaltungsakt ist. Das wird überwiegend angenommen.[5] Die Frage ist v. a. für den Rechtsschutz und die Vollstreckung von Bedeutung. Mit der h. M. können Auflagen selbstständig angefochten und vollstreckt werden.

184 Während die Auflage den Haupt-Verwaltungsakt unberührt lässt, ändert die **modifizierende Auflage** den Regelungscharakter des Verwaltungsakts, ist deshalb selbst Gegenstand des „Haupt-Verwaltungsakts". Eine modifizierende Auflage kann nicht isoliert angefochten und aufgehoben werden.[6] Diese Art von Auflage liegt etwa vor, wenn der Bürger einen Antrag stellt und die Behörde dem Begehren nur modifiziert entspricht. Eigentlich lehnt die Behörde den Antrag des Bürgers ab und erteilt die Genehmigung für einen anderen Antrag, den der Bürger so nicht gestellt hat.

> **Beispiel:** A beantragt eine Baugenehmigung für ein Haus mit Flachdach. Die Baubehörde erteilt eine Baugenehmigung unter der Auflage, dass A ein Satteldach errichtet. Die „Auflage" ist keine Nebenbestimmung, die den Haupt-Verwaltungsakt (die Baugenehmigung) unberührt lassen soll, sondern untrennbarer Bestandteil der Baugenehmigung. Will sich A gegen die modifizierende Auflage zur Wehr setzen, muss er die Baugenehmigung insgesamt angehen und eine auflagenlose Neuregelung erstreiten.
>
> **Fall 25:**[7] A beantragt eine Baugenehmigung für die Errichtung eines Transportbetonwerkes. In der Baugenehmigung (Bauschein) traf die Bauaufsichtsbehörde unter Streichung des in dem Formular vorgedruckten Wortes „Bedingungen" zahlreiche als „besondere Auflagen" bezeichnete Nebenbestimmungen, so unter Nr. 11 die Regelung: „Die Anlagen sind so zu erstellen, dass der von ihnen ausgehende Lärmpegel, 0,5 m vor dem geöffneten Fenster des am nächsten gelegenen Wohnhauses gemessen, am Tage 65 dB(A), nachts 50 dB(A) nicht überschreitet." A wendet sich gegen die besondere Auflage Nr. 11.
>
> **Lösung Fall 25:** BVerwG: „Die ... grundsätzlich mögliche Teilaufhebung eines Verwaltungsaktes ist ... nur zulässig, wenn abtrennbare, selbstständige Teile des Verwaltungsaktes rechtswidrig sind und nach Aufhebung dieser selbstständigen Teile der Verwaltungsakt ohne Änderung seines übrigen Inhalts bestehen bleibt und nach dem von der Verwaltungsbehörde hergestellten Zusammenhang zwischen den Teilentscheidungen sinnvollerweise bestehen bleiben kann. Steht die Nebenbestimmung eines Verwaltungsaktes mit dem Gesamtinhalt des Verwaltungsaktes in einem untrennbaren Zusammenhang, schränkt sie insbesondere eine mit dem Verwaltungsakt ausgesprochene Rechtsgewährung inhaltlich ein, so scheidet die isolierte Anfechtung und Aufhebung der Nebenbestimmung aus ... Dieser Grundsatz erleidet auch dann keine Einschränkung, wenn eine derartige Nebenbestimmung als ,Auflage' getroffen wird: Handelt es sich um eine vorhabenbezogene Auflage, die die eigentliche Genehmigung qualitativ verändert, also modifiziert, so ist sie einer gesonderten verwaltungsgerichtlichen Anfechtung und Aufhebung entzogen; anderenfalls würde der Sache nach die ursprüngliche Gewährung durch eine Gewährung anderer – in der Regel weitergehender – Art ersetzt."

---

4 *Savigny*, System des heutigen Römischen Rechts III, 1840, S. 231.
5 *Maurer/Waldhoff*, Allgemeines Verwaltungsrecht, 20. Aufl., 2020, S. 382, Rn. 10; *Wolff*, in: Wolff/Decker, Studienkommentar VwGO/VwVfG, 3. Aufl. 2012, § 36 VwVfG Rn. 39.
6 BVerwG, DÖV 1974, 380 ff.
7 BVerwG, DÖV 1974, 380 ff.

Dieser Erfolg widerspricht aber dem Wesen und Sinn der Anfechtungsklage. Da in solchen Fällen mit der Aufhebung der Auflage in Wirklichkeit eine andere als die unter gegenständlichen Einschränkungen erteilte Genehmigung erstrebt wird, bietet sich allein die auf die Erteilung einer nicht (oder weniger) eingeschränkten Genehmigung gerichtete Verpflichtungsklage als geeignete Klageart an, um den erstrebten Erfolg zu erreichen …

Dass sich die Nebenbestimmung Nr. 11 der Baugenehmigung … als eine die Genehmigung modifizierende Auflage darstellt, ergibt sich aus folgenden Überlegungen: Dem Beklagten stand es – da es an Vorschriften fehlt, die ihn zur Wahl einer bestimmten Art der Nebenbestimmung gezwungen hätten – unter verwaltungsverfahrensrechtlichen Gesichtspunkten grundsätzlich frei, die Nebenbestimmung Nr. 11 als Bedingung oder als Auflage auszugestalten, die beantragte Genehmigung abzulehnen oder die (Vorweg-)Genehmigung eines geräuscharm arbeitenden Werkes zu erteilen. Aus den … dargelegten Gründen hat sich der Beklagte … unter bewusster Streichung des Wortes ‚Bedingungen' für eine ‚Auflage' entschieden und dies in der Genehmigung hinreichend deutlich zum Ausdruck gebracht. Im Einklang damit mag stehen, dass Überwiegendes dafür spricht, dass der Beklagte nicht wollte, dass die Klägerin – wie es der Wirkung einer Bedingung entsprechen würde – ihre Baugenehmigung verlieren (bzw. erst gar nicht erhalten) sollte, falls sie der Nebenbestimmung Nr. 11 nicht nachkommen sollte; vielmehr wird es dem Beklagten darauf angekommen sein, sich mit der Auflage einen Titel zu verschaffen, um jederzeit die Einhaltung des Geräuschpegels durchsetzen zu können. (Dabei mag freilich offenbleiben, ob die Nebenbestimmung Nr. 11 so ausgestaltet ist, dass sie einer Vollstreckung zugänglich wäre.)

Die sonach zwar als Auflage zu beurteilende Nebenbestimmung Nr. 11 betrifft aber nicht eine selbstständig neben die Gewährung tretende besondere Leistungsverpflichtung, sondern unmittelbar das zur Genehmigung stehende Vorhaben selbst und ist deshalb im Hinblick auf diese Genehmigung von modifizierender Funktion; eine solche ‚modifizierende Auflage' bewirkt eine qualitative Änderung der Gewährung in Bezug auf den Antragsgegenstand.

Ob eine Auflage zu einer Modifizierung der Gewährung führt oder ob sie (nur) gelegentlich der Gewährung etwas von dieser Unabhängiges – das u. U. gewissermaßen die Funktion einer Gegenleistung erfüllen kann – fordert, hängt dabei nicht von der subjektiven Vorstellung der Behörde, sondern ausschließlich von dem objektiven, sich aus der Genehmigung selbst ergebenden Erklärungsinhalt ab. Dabei sei bemerkt, dass gerade im Baurecht modifizierende Auflagen von den Baugenehmigungsbehörden häufig angewandt werden und zahlenmäßig bei weitem diejenigen Auflagen überwiegen, die zusätzliche, außerhalb der Baugenehmigung liegende Regelungen treffen (und die dann allerdings wegen ihrer Selbständigkeit einer gesonderten Anfechtung und Aufhebung zugänglich sind)."

5. Auflagenvorbehalt

§ 36 Abs. 2 Nr. 5 VwVfG nennt den Vorbehalt der nachträglichen Aufnahme, Änderung oder Ergänzung einer Auflage als Nebenbestimmung. Mit dem Auflagenvorbehalt kann sich die Behörde die Möglichkeit einer nachträglichen Anpassung des Verwaltungsakts an zukünftige Umstände sichern. Der Auflagenvorbehalt kombiniert den Widerrufsvorbehalt (§ 36 Abs. 2 Nr. 3 VwVfG) mit der Auflage (§ 36 Abs. 2 Nr. 4 VwVfG); er ist aber kein Widerrufsvorbehalt, weil er nicht auf die Beendigung der Wirksamkeit des Verwaltungsakts abzielt, sondern seine Anpassung bezweckt; er ist keine Auflage, weil er nur den Erlass einer Auflage vorbehält. Mangels einer gegenwärtigen Regelung ist er auch kein Verwaltungsakt.[8]

185

---

[8] *Ipsen*, Allgemeines Verwaltungsrecht, 11. Aufl., 2019, S. 143, Rn. 577 f.

II.   Die Zulässigkeit von Nebenbestimmungen

186   § 36 VwVfG enthält drei Regeln für die Zulässigkeit von Nebenbestimmungen: Nach § 36 Abs. 1 VwVfG darf ein Verwaltungsakt, auf den ein **Anspruch** besteht, nur dann mit einer Nebenbestimmung versehen werden, wenn sie **durch Rechtsvorschrift zugelassen** ist oder wenn sie sicherstellen soll, dass die **gesetzlichen Voraussetzungen** des Verwaltungsaktes erfüllt werden. Diese Regel folgt zwangsläufig aus dem subjektiven öffentlichen Recht des Verwaltungsaktadressaten. Wenn der Betreffende einen Anspruch auf einen Verwaltungsakt hat, kann die Behörde ihren Gestaltungsspielraum nicht durch den Erlass von Nebenbestimmungen erweitern und den Anspruch des Bürgers verkürzen. Zweck der Bestimmung des § 36 Abs. 1 VwVfG ist vor allem, im Interesse des um eine Begünstigung Nachsuchenden und auch im öffentlichen Interesse zu ermöglichen, ausnahmsweise eine abschließende Sachentscheidung bereits zu einem Zeitpunkt zu treffen, in dem noch nicht alle gesetzlichen Voraussetzungen zweifelsfrei vorliegen oder nachgewiesen worden sind. Auch sind Fälle als hierfür geeignet in Betracht zu ziehen, in denen der Nachweis der gesetzlichen Voraussetzungen in seinen Einzelheiten noch nicht geführt werden kann.

> **Beispiel:** Auf die gaststättenrechtliche Erlaubnis besteht ein Anspruch (§§ 2 Abs. 1, 4 GastG i. V. m. Art. 12 GG). § 5 Abs. 1 GastG bestimmt:
> *„Gewerbetreibenden, die einer Erlaubnis bedürfen, können jederzeit Auflagen zum Schutze*
> 1. *der Gäste gegen Ausbeutung und gegen Gefahren für Leben, Gesundheit oder Sittlichkeit,*
> 2. *der im Betrieb Beschäftigten gegen Gefahren für Leben, Gesundheit oder Sittlichkeit oder*
> 3. *gegen schädliche Umwelteinwirkungen im Sinne des Bundes-Immissionsschutzgesetzes und sonst gegen erhebliche Nachteile, Gefahren oder Belästigungen für die Bewohner des Betriebsgrundstücks oder der Nachbargrundstücke sowie der Allgemeinheit erteilt werden."*

187   § 36 Abs. 2 VwVfG regelt den Fall, dass ein **Anspruch** auf einen Verwaltungsakt **nicht besteht**, sein Erlass vielmehr dem pflichtgemäßen Ermessen der Behörde (vgl. § 40 VwVfG) unterliegt. Hat der Bürger keinen Anspruch auf einen bestimmten Verwaltungsakt, kann die Behörde den Verwaltungsakt mit den in § 36 Abs. 2 VwVfG genannten Nebenbestimmungen erlassen. Zu beachten ist, dass § 36 Abs. 2 VwVfG keine Anwendung finden kann, wenn in besonderen Vorschriften über Nebenbestimmungen abweichendes geregelt ist.

> **Beispiel:**[9] Eine Industrie- und Handelskammer hat in einer Satzung die Voraussetzungen für die öffentliche Bestellung und den Widerruf der Bestellung von Sachverständigen geregelt. Dann kann sie die öffentliche Bestellung eines Sachverständigen nicht mit einem besonderen Widerrufsvorbehalt versehen.

188   Schließlich darf eine Nebenbestimmung **dem Zweck des Verwaltungsaktes nicht zuwiderlaufen** (§ 36 Abs. 3 VwVfG). Damit grundsätzlich nicht vereinbar ist z. B. der Erlass von Nebenbestimmungen zu einem Verwaltungsakt in statusrechtlichen Angelegenheiten. Denn die Zuweisung eines Rechtstatus lässt sich mit einem durch die Bedingung herbeigeführten Schwebezustand zwischen gültigem Erlass des Verwaltungsaktes und dem Eintritt seiner Rechtswirksamkeit nicht vereinbaren.

> **Beispiel:** Eine Einbürgerung kann nicht mit einer Nebenbestimmung versehen werden.[10]

---

9   BVerwGE 45, 235 [241 f.] – *„Sachverständiger"*.
10   BVerwGE 27, 263 [266].

A leidet an Epilepsie, hat allerdings nur wenige Anfälle; er begehrt die Approbation als Arzt. Diese wird ihm mangels körperlicher Eignung versagt (vgl. § 3 Abs. 1 Nr. 3 BÄO). A wäre auch mit einer Approbation einverstanden, die mit einer Nebenbestimmung versehen ist, derzufolge er an operativen Tätigkeiten nicht teilnehmen darf.

Nach § 2 Abs. 1 BÄO bedarf der Approbation als Arzt, wer den ärztlichen Beruf ausüben will. Ausübung des ärztlichen Berufs ist die Ausübung der Heilkunde unter der Berufsbezeichnung „Arzt" oder „Ärztin" (§ 2 Abs. 5 BÄO). Hiernach berechtigt die Approbation zur dauernden und uneingeschränkten Ausübung der Heilkunde als Arzt. Davon zu unterscheiden ist eine besondere Erlaubnis nach § 2 Abs. 2 BÄO. Diese Regelung bestimmt: „Eine vorübergehende oder eine auf bestimmte Tätigkeiten beschränkte Ausübung des ärztlichen Berufs im Geltungsbereich dieses Gesetzes ist auch aufgrund einer Erlaubnis zulässig." Diese Bestimmung ordnet die zeitlich oder sachlich eingeschränkte Ausübung der ärztlichen Heilkunde der Berufserlaubnis zu.

Aus der Gegenüberstellung der unbeschränkten Befugnis zur Ausübung der Heilkunde als Arzt durch Approbation und der genannten beschränkten Berufsausübung folgt, dass die gesetzliche Differenzierung abschließend ist.[11] Mithin ist die Approbation unteilbar und keiner Nebenbestimmung zugänglich.

III. Rechtsschutz

Bei der Frage nach dem Rechtsschutz gegen Nebenbestimmungen ist zwischen **189** der Verpflichtung, den gesamten Verwaltungsakt angreifen zu müssen, und der Möglichkeit, eine Nebenbestimmung isoliert angehen zu können, zu unterscheiden. Die ältere Rechtsprechung[12] ließ eine isolierte Anfechtung nur der Auflage und des Auflagenvorbehalts zu, im Übrigen musste der Haupt-Verwaltungsakt angegriffen werden. Das BVerwG geht inzwischen davon aus, dass alle Nebenbestimmungen isoliert angefochten werden können.[13] Dafür spricht, dass § 113 Abs. 1 S. 1 VwGO auch eine Teilanfechtung des Verwaltungsakts zulässt („soweit"). Allerdings kommt es für die Begründetheit der Klage darauf an, ob die Nebenbestimmung vom Verwaltungsakt getrennt werden kann, d. h. ob der Verwaltungsakt trotz der aufgehobenen Nebenbestimmung für sich bestehen kann. Hier werden Befristung, Bedingung und Widerrufsvorbehalt häufig als nicht vom Haupt-Verwaltungsakt trennbar, hingegen Auflage und Auflagenvorbehalt als isolierbar angesehen. Die modifizierende Auflage freilich kann nicht isoliert angegriffen werden.

> **Fall 26:**[14] A, ein privates Krankentransportunternehmen, beantragt die Beteiligung am Rettungsdienst der Stadt mit drei Rettungstransportfahrzeugen. Durch Bescheid erhält A von S eine Genehmigung für den Verkehr mit zwei Rettungstransportwagen mit den amtlichen Kennzeichen XY. Unter der Bezeichnung „Auflagen" werden für die beiden Fahrzeuge Betriebszeiten festgelegt, die sich insgesamt auf 118 Wochenstunden addieren. A möchte die Genehmigung auf drei Rettungstransportfahrzeuge erweitern mit einer Vorhaltezeit von insgesamt 403 Wochenstunden.
>
> **Lösung Fall 26:** A begehrt die Genehmigung für den Einsatz von drei Fahrzeugen und eine erheblich erweiterte Vorhaltezeit. Fraglich ist, ob er sein Klagebegehren durch Teilanfechtung der Genehmigung bzw. Teilverpflichtung erreichen kann oder ob er die Genehmigung insgesamt anfechten und den Erlass einer umfassenden Neugenehmigung erwirken muss. Da die von der Genehmigung erfassten Fahrzeuge mit ihren amtli-

---

11 BVerwGE 108, 100 [104] – „*Approbation*".
12 Vgl. BVerwGE 29, 261 [264]; BVerwGE 36, 145 [154].
13 BVerwGE 60, 269 [274]; BVerwGE 81, 185 [186] – „*Werkschutz*"; BVerwGE 112, 221 [224] – „*Gleisverschiebung*".
14 BVerwG, NVwZ-RR 2000, 213 ff.

chen Kennzeichen bezeichnet werden, ist jedenfalls die Zahl der Fahrzeuge integrierender Bestandteil der Genehmigung. Das bedeutet, dass eine Erweiterung dieser Zahl im Wege der Verpflichtungsklage erstritten werden muss.

Demgegenüber ist die Betriebszeit durch eine „Auflage" geregelt, was zu der Frage Anlass geben kann, ob insoweit eine isolierte Anfechtungsklage in Betracht kommt. Dagegen spricht aber, dass die genehmigte Betriebszeit letztlich den Umfang der Beteiligung am Rettungsdienst festlegt, um den es bei der Genehmigung geht. Die Nebenbestimmung legt also letztlich den Inhalt der Genehmigung fest, so dass es sich, wenn überhaupt, um eine Auflage, d. h. um eine modifizierende Auflage handelt. Für diese Beurteilung spricht auch, dass A nicht etwa die ersatzlose Streichung der Bestimmung über die Vorhaltezeiten verlangt. Er geht vielmehr davon aus, dass eine solche Festlegung notwendig ist, möchte aber statt der ihm zugebilligten 118 Stunden eine Vorhaltezeit von 403 Stunden genehmigt haben. Diesem Begehren kann mit einer Anfechtungsklage nicht Rechnung getragen werden.

Fraglich ist, ob allein der Umstand, dass der Verwaltungsakt auf einer einheitlichen Ermessensentscheidung beruht, dazu führt, dass die Nebenbestimmung nicht isoliert angegriffen werden kann. Das BVerwG[15] hat das zunächst für Auflagen angenommen und darauf hingewiesen, dass bei Vorliegen einer einheitlichen Ermessensentscheidung die gerichtliche Aufhebung allein der Auflage eine Regelung zurücklassen würde, die die Behörde so nicht habe treffen wollen. Inzwischen ist das BVerwG[16] davon zu Recht abgewichen. Andernfalls würde der Grundsatz der isolierten Anfechtbarkeit von Auflagen im Wesentlichen aufgegeben werden. Außerdem ist die Behörde im Fall der Nichterfüllung einer Auflage – und daher auch für den Fall ihrer Aufhebung – zum Widerruf (§ 49 Abs. 2 Nr. 2 VwVfG) berechtigt.

Rechtsprechung: BVerwGE 45, 235 ff. – „*Sachverständiger*"; BVerwGE 65, 139 ff. – „*Zweckentfremdung*"; BVerwGE 81, 185 ff. – „*Werkschutz*"; BVerwGE 108, 100 ff. – „*Approbation*"; BVerwGE 112, 221 ff. – „*Gleisverschiebung*"; BVerwGE 112, 263 ff. – „*Grundschule*".

Literatur: *Axer, P.*, Nebenbestimmungen im Verwaltungsrecht, JURA 2001, 748 ff.; *Fricke, H.-P.*, Zur isolierten Anfechtbarkeit von Nebenbestimmungen, DÖV 2019, 48 ff.; *Heitsch, C.*, Neben- und Inhaltsbestimmungen bei begünstigenden Verwaltungsakten: Kriterien für die Auswahl des passenden Regelungsinstruments, DÖV 2003, 367 ff.; *Labrenz, C.*, Die neuere Rechtsprechung des BVerwG zum Rechtsschutz gegen Nebenbestimmungen – falsch begründet, aber richtig, NVwZ 2007, 161 ff.; *Remmert, B.*, Nebenbestimmungen zu begünstigenden Verwaltungsakten, VerwArch 1997, 112 ff.; *Schroeder, M.*, Verlängerungsverwaltungsakt und Änderungsverwaltungsakt, NVwZ 2007, 532 ff.

§ 8   Grundzüge des Verwaltungsverfahrens und Maßstäbe des Verwaltungshandelns

190   Im Folgenden sollen die wichtigsten Voraussetzungen für die formelle Rechtmäßigkeit eines Verwaltungsakts vorgestellt werden. Zwei Voraussetzungen müssen grundsätzlich erfüllt sein: es muss die zuständige Behörde gehandelt haben und es müssen die Verfahrensvorschriften eingehalten worden sein. Daneben kann die Behörde allenfalls bestehende Formvorschriften zu beachten haben.

---

15   BVerwGE 55, 135 [138].
16   BVerwGE 65, 139 [141] – „*Zweckentfremdung*".

I. Zuständigkeit

Die Behörde muss sachlich und örtlich zuständig sein. Zuständigkeitsregelungen haben zwingenden Charakter. Deshalb kann die Behörde – z. B. mit dem Bürger – keine Vereinbarung über ihre Zuständigkeit treffen.[1] Ausnahmen gibt es für die Aufgabenverlagerung auf andere Behörden. **190a**

1. Sachliche Zuständigkeit

Sachliche Zuständigkeit heißt, dass der Behörde eine bestimmte Aufgabe zugewiesen ist, die sie zu erfüllen hat. Die sog. **Verbandskompetenz** betrifft die Zuständigkeitsverteilung zwischen verschiedenen Verwaltungsträgern. **191**

> **Beispiel:** Zuständigkeit des Bundes, der Länder, der Landkreise, der Gemeinden. Die sachliche Zuständigkeit ergibt sich aus der Verfassung (z. B. für die Verwaltungskompetenz zwischen Bund und Ländern: Art. 83 ff. GG) oder aufgrund einfachen Gesetzes.

Eine besondere Variante der sachlichen Zuständigkeit ist die **instantielle Zuständigkeit**. Sie betrifft die Frage, welche Behörde im grundsätzlich hierarchisch gegliederten Instanzenzug zuständig ist. Regelmäßig wird dies die untere Behörde sein, während die oberen Behörden Planungs-, Leitungs- und Aufsichtsbefugnisse übernehmen werden. Es ist aber nicht ausgeschlossen, dass z. B. bei komplizierten Angelegenheiten eine obere Behörde sachlich zuständig ist. Die instantielle Zuständigkeit kann durch Gesetz oder aufgrund eines Gesetzes geregelt sein. In der Regel finden sich Vorschriften über die instantielle Zuständigkeit in den jeweiligen Fachgesetzen **192**

> **Beispiel: § 58 Abs. 1 BPolG**
> *„Das Bundesministerium des Innern regelt durch Rechtsverordnung die sachliche und örtliche Zuständigkeit der einzelnen Bundespolizeibehörden.“ Die Zuständigkeit ist dann in der BPolzV geregelt.*

Liegt die instantielle Zuständigkeit bei einer Unterbehörde, kann die Oberbehörde dieser zwar Weisungen erteilen, den Vorgang aber weder übernehmen noch selbst nach außen tätig werden. Dies ist nur möglich, wenn ihr ein **Selbsteintrittsrecht** zukommt. Das Selbsteintrittsrecht muss besonders gesetzlich geregelt sein

> **Beispiel: § 18 SächsVwOrgG**
> *„Die Aufsichtsbehörde kann, soweit gesetzlich nichts anderes geregelt ist, die Befugnisse der ihrer Aufsicht unterstehenden Staatsbehörde ausüben:*
> 1. *bei Gefahr im Verzug oder*
> 2. *wenn die ihr unmittelbar nachgeordnete Staatsbehörde einer ihr erteilten Weisung innerhalb der ihr gesetzten Frist keine Folge geleistet hat.“*

Die **funktionelle Zuständigkeit** (**Organkompetenz**) betrifft dagegen die Zuständigkeitsverteilung innerhalb einer Behörde. **193**

> **Beispiel: § 38 Abs. 4 SächsPolG**
> Zuständigkeit des „Leiters des Landeskriminalamtes“.

Zuständigkeitsregeln sind von gesetzlichen **Befugnisgrundlagen** zu unterscheiden. Zuständigkeitsregeln sind Aufgabenzuweisungen; sie bestimmen den Tätigkeitsbereich einer Behörde, ermächtigen die Behörde aber nicht zu Eingriffen in Grundrechte der Bürger. Grundrechtseingriffe bedürfen – so der Gesetzesvorbehalt (Rn. 34) – einer Entscheidung des Gesetzgebers, die sog. Befugnisnorm. Diese **194**

---

1 *Decker*, in: Wolff/Decker, Studienkommentar VwGO/VwVfG, 3. Aufl., 2012, § 3 VwVfG Rn. 3.

muss hinreichend bestimmt sein. Trotz erheblicher Unbestimmtheit ist die sog. „polizeirechtliche Generalklausel" als Befugnisnorm aus der Natur der Sache heraus ausnahmsweise rechtmäßig.

> **Beispiel: Art. 2 BayPAG – Aufgaben der Polizei**
> *(1) Die Polizei hat die Aufgabe, die allgemein oder im Einzelfall bestehenden Gefahren für die öffentliche Sicherheit oder Ordnung abzuwehren.*
> *(2) Im Rahmen ihrer Aufgabe nach Abs. 1 obliegt der Polizei der Schutz privater Rechte nach diesem Gesetz nur dann, wenn gerichtlicher Schutz nicht rechtzeitig zu erlangen ist und wenn ohne polizeiliche Hilfe die Verwirklichung des Rechts vereitelt oder wesentlich erschwert werden würde.*
> *(3) Die Polizei leistet anderen Behörden und den Gerichten Vollzugshilfe (Art. 67 bis 69).*
> *(4) Die Polizei hat ferner die Aufgaben zu erfüllen, die ihr durch andere Rechtsvorschriften übertragen sind.*
>
> **Art. 11 BayPAG – Allgemeine Befugnisse**
> *(1) Die Polizei kann die notwendigen Maßnahmen treffen, um eine im einzelnen Fall bestehende Gefahr für die öffentliche Sicherheit oder Ordnung (Gefahr) abzuwehren, soweit nicht die Art. 12 bis 65 die Befugnisse der Polizei besonders regeln.*
> *(2) Eine Maßnahme im Sinn des Absatzes 1 kann die Polizei insbesondere dann treffen, wenn sie notwendig ist, um*
> 1. *Straftaten, Ordnungswidrigkeiten oder verfassungsfeindliche Handlungen zu verhüten oder zu unterbinden,*
> 2. *durch solche Handlungen verursachte Zustände zu beseitigen…*

2.   Örtliche Zuständigkeit

195 Die örtliche Zuständigkeit ist (für den Bund) in § 3 VwVfG geregelt, u. U. auch in besonderen Gesetzen. Sie regelt die Berechtigung einer Behörde, innerhalb bestimmter räumlicher Grenzen (eines Verwaltungsbezirks) tätig zu werden. Die Zuständigkeitsregeln des § 3 Abs. 1 Nr. 1 bis 4 VwVfG sind in der gesetzlich vorgesehenen **Reihenfolge** zu prüfen. Wenn also eine Zuständigkeit nach § 3 Abs. 1 Nr. 1 VwVfG angenommen werden kann, dürfen die Nr. 2 bis 4 nicht mehr geprüft werden.[2] In § 3 Abs. 1 VwVfG finden sich Vorschriften über:
- Nr. 1: die örtliche Zuständigkeit nach der Belegenheit einer Sache oder eines Rechts
- Nr. 2: die örtliche Zuständigkeit nach dem Betrieb oder der Betriebsstätte eines Unternehmens, betreffend die Ausübung eines Berufs oder einer anderen dauernden Tätigkeit
- Nr. 3: die örtliche Zuständigkeit natürliche Personen betreffend nach ihrem gewöhnlichen Aufenthalt, juristische Personen oder Vereinigungen betreffend nach ihrem Sitz
- Nr. 4: die örtliche Zuständigkeit nach dem Anlass der Amtshandlung.

§ 3 Abs. 2 VwVfG regelt den Fall der Zuständigkeitskollision zweier Behörden und § 3 Abs. 3 VwVfG den Zuständigkeitswechsel während eines Verfahrens. Besonders zu beachten ist die Auffangzuständigkeit nach § 3 Abs. 4 S. 1 VwVfG. Bei Gefahr im Verzug ist für unaufschiebbare Maßnahmen jede Behörde örtlich zuständig, in deren Bezirk der Anlass für die Amtshandlung hervortritt. „**Gefahr im Verzug**" meint eine Sachlage, bei der ein Schaden eintreten würde, wenn nicht anstelle der zuständigen Behörde oder Person eine andere Behörde oder Person tätig wird.[3] „Unaufschiebbar" ist eine Maßnahme, die die eigentlich örtlich zuständige Be-

---

2 H. M., vgl. nur *Kopp/Ramsauer*, VwVfG, 21. Aufl., 2020, § 3 Rn. 18.
3 Vgl. *Kugelmann*, Polizei- und Ordnungsrecht, 2. Aufl., 2011, S. 64.

hörde nicht wahrnehmen kann, und die den unmittelbaren Schadenseintritt verhindert.

Hat eine örtlich unzuständige Behörde einen Verwaltungsakt erlassen, ist dieser nur im Fall des § 3 Abs. 1 Nr. 1 nichtig (§ 44 Abs. 2 Nr. 3 VwVfG), in den Fällen des § 3 Abs. 1 Nr. 2 bis 4 VwVfG ist der Verwaltungsakt selbst nach § 44 Abs. 1 VwVfG nicht nichtig (§ 44 Abs. 3 Nr. 1 VwVfG). Im Übrigen richtet sich das Recht, die Aufhebung eines Verwaltungsakts zu verlangen, nach § 46 VwVfG (Rn. 236).

3. Amtshilfe

Die Vorschriften über die sachliche und örtliche Zuständigkeit werden ergänzt **196** durch jene über die Amtshilfe. Die Amtshilfe ist im Grundgesetz bereits in Art. 35 Abs. 1 angelegt und findet in §§ 4 ff. VwVfG nähere Ausgestaltung. Es ist ein Gebot effektiver Verwaltungsführung, dass sich Behörden auf Ersuchen ergänzende Hilfe leisten. Amtshilfe liegt nicht vor, wenn sich Behörden innerhalb eines bestehenden Weisungsverhältnisses Hilfe leisten oder die Hilfeleistung in Handlungen besteht, die der ersuchten Behörde als eigene Aufgabe obliegen (§ 4 Abs. 2 VwVfG). Die Amtshilfe darf **nur ergänzend** erfolgen, und nur auf **Ersuchen** der zuständigen Behörde; die um Hilfe ansuchende Behörde bleibt für die Verwaltungsaufgabe verantwortlich und federführend im Verwaltungsvorgang. Amtshilfe ist keine Aufgabenübertragung und darf die gesetzliche Aufgabenzuweisung nicht in Frage stellen.

Eine Behörde kann um Amtshilfe insbesondere dann ersuchen, wenn sie aus rechtlichen oder tatsächlichen Gründen die Amtshandlung nicht selbst vornehmen kann, wenn sie zur Durchführung ihrer Aufgaben auf die Kenntnis von Tatsachen angewiesen ist, die ihr unbekannt sind und die sie selbst nicht ermitteln kann; wenn sie zur Durchführung ihrer Aufgaben Beweismittel benötigt, die sich im Besitz der ersuchten Behörde befinden oder wenn die ersuchte Behörde die Amtshandlung mit wesentlich kleinerem Aufwand vornehmen könnte (vgl. § 5 VwVfG). Die ersuchte Behörde darf die Hilfe aber nicht schon deshalb verweigern, weil sie die mit der Amtshilfe zu verwirklichende Maßnahme für unzweckmäßig hält, u. U. kann sie aber verpflichtet sein, der ersuchenden Behörde Hilfe verweigern zu müssen, z. B. weil durch die Hilfeleistung dem Wohl des Bundes oder eines Landes erhebliche Nachteile bereitet würden (§ 5 Abs. 2 VwVfG).

Für die Durchführung der Maßnahme ist folgendes zu beachten: Die **Zulässigkeit der Maßnahme** richtet sich nach dem für die ersuchende Behörde geltenden Recht. Deshalb kann die ersuchende Behörde nicht im Wege der Amtshilfe Aufgaben wahrnehmen, zu deren Erfüllung sie nicht zuständig ist (§ 7 Abs. 1, 1. Alt. VwVfG).

> **Beispiel:** Wenn das Gesetz über den Militärischen Abschirmdienst dem MAD keine Befugnisse zur Vornahme eigenständiger Ermittlungen im Rahmen des Sicherheitsüberprüfungsgesetzes für bestimmte Länder zuweist, darf dieser nicht beim Bundesnachrichtendienst oder bei einer anderen Behörde um Amtshilfe ersuchen, um auf diesem Wege seine fehlende Kompetenz und Zuständigkeit zu überspielen.[4]

Die Verantwortung für die Rechtmäßigkeit der zu treffenden Maßnahme trägt die ersuchende Behörde gegenüber der ersuchten Behörde (§ 7 Abs. 2 1. Alt. VwVfG). Die eigentliche **Durchführung der Amtshilfe** richtet sich aber nach dem für die ersuchte Behörde geltenden Recht (§ 7 Abs. 1, S. 2 VwVfG). Sie ist für die Durchführung der Amtshilfe verantwortlich (§ 7 Abs. 2 S. 2 VwVfG) und hat

---

4 BVerwG, NVwZ 2006, 622 ff.

grundsätzlich auch die Kosten der Amtshilfe zu tragen. Deshalb kann sie von einem Dritten ggf. Kostenersatz verlangen (vgl. i. e. § 8 VwVfG).

II. Das nicht-förmliche Verwaltungsverfahren

197 § 9 VwVfG umschreibt das **Verwaltungsverfahren** im Sinne des VwVfG als die nach außen wirkende Tätigkeit der Behörden, die auf die Prüfung der Voraussetzungen, die Vorbereitung und den Erlass eines Verwaltungsaktes oder auf den Abschluss eines öffentlich-rechtlichen Vertrags gerichtet ist. Das Verwaltungsverfahren schließt den Erlass des Verwaltungsaktes oder den Abschluss des öffentlich-rechtlichen Vertrags (Rn. 256) ein.

Drei Verwaltungsverfahren sind grundsätzlich zu unterscheiden:
– das nicht-förmliche Verwaltungsverfahren,
– das förmliche Verwaltungsverfahren (§§ 63 ff. VwVfG Rn. 271 ff.) und
– das Planfeststellungsverfahren (§§ 72 ff. VwVfG Rn. 273 ff.).

Zunächst soll das nicht-förmliche Verwaltungsverfahren vorgestellt werden. Hierfür bestimmt § 10 VwVfG als Grundsatz, dass ein Verwaltungsverfahren nicht an bestimmte Formen gebunden ist, soweit keine besonderen Rechtsvorschriften für die Form des Verfahrens bestehen. Es ist einfach, zweckmäßig und zügig durchzuführen.

1. Beginn des Verfahrens

198 Für den Beginn des Verfahrens stellt § 22 VwVfG vier Regeln auf, die auf folgende Prinzipien zurückzuführen sind:

1. Nach dem **Offizialprinzip** wird eine Behörde von Amts wegen tätig. § 22 S. 1 VwVfG bestimmt: „Die *Behörde entscheidet* nach pflichtgemäßem Ermessen, ob und wann sie ein Verwaltungsverfahren durchführt" („von Amts wegen": § 22 S. 2 Nr. 1, 1. Alt. VwVfG).

2. Davon zu unterscheiden ist das **Dispositionsprinzip**: Danach kann eine Behörde nur tätig werden, wenn ein Antrag gestellt wird. § 22 S. 2 Nr. 2 VwVfG schränkt das Offizialprinzip insofern ein, als § 22 S. 1 VwVfG nicht gilt, wenn die Behörde „*nur auf Antrag tätig werden darf und ein Antrag nicht vorliegt.*" Ein Antrag ist eine empfangsbedürftige verwaltungsrechtliche Willenserklärung auf Vornahme einer Verfahrenshandlung.

3. Grundsätzlich liegt es im Ermessen der Behörde, ein Verwaltungsverfahren zu eröffnen (**Opportunitätsprinzip**). Das Opportunitätsprinzip ist Regelungsgegenstand des § 22 S. 1 VwVfG: „Die Behörde entscheidet nach *pflichtgemäßem Ermessen*, ob und wann sie ein Verwaltungsverfahren durchführt."

4. Das **Legalitätsprinzip** schränkt das Opportunitätsprinzip ein: Dieses gilt nicht, wenn die Behörde „aufgrund von Rechtsvorschriften … von Amts wegen oder auf Antrag tätig werden *muss*" (§ 22 S. 2 Nr. 1 VwVfG). § 22 S. 2 Nr. 2 VwVfG enthält eine Sperrwirkung für den Fall, dass sie *nur* auf Antrag tätig werden *darf* und ein Antrag nicht vorliegt.

2. Die Beteiligten des Verfahrens

199 a) **Die Beteiligungsfähigkeit.** § 11 VwVfG bestimmt, wer fähig ist, am Verfahren beteiligt zu sein. Das sind:

1. natürliche und juristische Personen,
2. Vereinigungen, soweit ihnen ein Recht zustehen kann,
3. Behörden.

Wie sich aus der Gesetzesformulierung ergibt, können also auch nicht-rechtsfähige Einrichtungen und Stellen (Vereinigungen/Behörden) beteiligungsfähig sein. Allerdings handeln die Behörden nicht für sich, sondern für den betreffenden Verwaltungsträger. Im Prozess kann die Behörde daher grundsätzlich auch nicht klagen oder verklagt werden, sondern nur der jeweilige Verwaltungsträger (vgl. § 78 Abs. 1 Nr. 1 VwGO). Sofern das Landesrecht dies bestimmt, kann aber auch eine Behörde im Verwaltungsgerichtsverfahren beteiligungsfähig sein (§ 61 Nr. 3 VwGO) und klagen oder verklagt werden (§ 78 Abs. 1 Nr. 2 VwGO).

b) Die Handlungsfähigkeit. Von der Beteiligungsfähigkeit ist die Handlungsfähigkeit zu unterscheiden. Handlungsfähig ist, wer zur **Vornahme von Verfahrenshandlungen** fähig ist: Die Handlungsfähigkeit entspricht der Geschäftsfähigkeit im bürgerlichen Recht. Nach § 12 VwVfG sind grundsätzlich handlungsfähig: **200**
- natürliche Personen, die nach bürgerlichem Recht geschäftsfähig sind,
- natürliche Personen, die nach bürgerlichem Recht in der Geschäftsfähigkeit beschränkt sind, soweit sie für den Gegenstand des Verfahrens durch Vorschriften des bürgerlichen Rechts als geschäfts- oder als handlungsfähig anerkannt sind,
- juristische Personen und Vereinigungen (§ 11 Nr. 2 VwVfG) durch ihre gesetzlichen Vertreter oder durch besonders Beauftragte,
- Behörden durch ihre Leiter, deren Vertreter oder Beauftragte.

c) Die Verfahrensbeteiligten. Die Verfahrensbeteiligten (Beteiligte) haben eine besondere Rechtsstellung im Verfahren. Nur ihnen stehen bestimmte Verfahrensrechte (z. B. Anhörungsrechte, Akteneinsichtsrechte) zu. Verfahrensbeteiligt kann sein, wer beteiligungsfähig ist. § 13 VwVfG bestimmt als Beteiligte **201**
- Antragsteller und Antragsgegner,
- diejenigen, an die die Behörde den Verwaltungsakt richten will oder gerichtet hat (Verwaltungsaktadressaten),
- diejenigen, mit denen die Behörde einen öffentlich-rechtlichen Vertrag schließen will oder geschlossen hat (Vertragspartner),
- diejenigen, die von der Behörde zu dem Verfahren hinzugezogen worden sind.

Die Behörde kann **Dritte zum Verfahren hinzuziehen**, wenn dessen Interessen berührt werden können (sog. einfache Beteiligung). Ein Dritter, für den ein Verwaltungsverfahren rechtsgestaltende Wirkung hat, ist hinzuzuziehen (sog. notwendige Beteiligung; vgl. § 13 Abs. 2 VwVfG). Allein, dass jemand im Verfahren anzuhören ist, macht ihn aber noch nicht zum Beteiligten.
Der Beteiligte muss handlungsfähig sein. Wer nicht handlungsfähig ist, muss sich vertreten lassen.

d) Bevollmächtigung und Beistand. Ein Beteiligter kann durch einen **Bevollmächtigten** oder einen Beistand vertreten werden. Derjenige, der nicht handlungsfähig oder der abwesend ist und dessen Aufenthalt unbekannt ist oder der an der Besorgung seiner Angelegenheiten verhindert ist, muss vertreten werden. Ist ein Bevollmächtigter bestellt, soll sich die Behörde an diesen wenden. Ist der Behörde kein Vertreter benannt worden, kann sie das Vormundschaftsgericht ersuchen, einen Vertreter zu bestellen. Das Gesetz nennt in § 16 VwVfG weitere Voraussetzungen. **202**

Wer ohne festen Wohnsitz ist, hat der Behörde einen Empfangsbevollmächtigten zu nennen (§ 15 VwVfG). Unterlässt er dies, sieht das Gesetz eine Zugangsfiktion für an ihn gerichtete Schreiben vor.

Auch der **Beistand** vertritt den Beteiligten, aber nur zusammen mit dem Beteiligten. Er soll ihm „beistehen", sein Vortrag gilt als vom Beteiligten vorgebracht, wenn dieser nicht unverzüglich widerspricht. Deshalb kann ein Handlungsunfähiger nicht durch einen Beistand vertreten werden.

203 **e) Vertreter bei Massenverfahren.** §§ 17 bis 19 VwVfG sehen Vereinfachungen bei Massenverfahren vor. Bei Großprojekten wie z. B. einem Kraftwerksbau kommt es vor, dass Bürger und Interessensverbände mehrere hundert oder tausend, in der Sache, **gleiche Einwendungen** vorbringen. Eine individuelle Bearbeitung dieser Eingaben ist der Behörde nicht möglich, das Verwaltungsverfahren muss faktisch zum Erliegen kommen. § 17 VwVfG lässt es zu, dass bei gleichförmigen Eingaben ein Vertreter für die anderen Einwender auftritt. Eine Gleichförmigkeit der Eingaben i. S. d. § 17 Abs. 1 VwVfG liegt vor, wenn Anträge oder Eingaben von mehr als 50 Personen auf Unterschriftslisten unterzeichnet werden oder in Form vervielfältigter gleichlautender Texte eingereicht werden.

Effektiv wird das Massenverfahren aber erst durch die Kompetenz der Behörde auf eine Vertreterbestellung hinzuwirken: Sind an einem Verwaltungsverfahren mehr als 50 Personen im gleichen Interesse beteiligt, ohne vertreten zu sein, kann die Behörde sie nach § 18 VwVfG auffordern, innerhalb einer angemessenen Frist einen gemeinsamen Vertreter zu bestellen, wenn sonst die ordnungsmäßige Durchführung des Verwaltungsverfahrens beeinträchtigt wäre. Kommen sie der Aufforderung nicht fristgemäß nach, so kann die Behörde von Amts wegen einen gemeinsamen Vertreter bestellen.

Der Vertreter kann alle das Verwaltungsverfahren betreffenden Verfahrenshandlungen vornehmen. Er hat die Interessen der Vertretenen sorgfältig wahrzunehmen, ist aber an Weisungen nicht gebunden. Ist der Vertreter von der Behörde bestellt, hat er gegen deren Rechtsträger Anspruch auf angemessene Vergütung und auf Erstattung seiner baren Auslagen (§ 19 VwVfG).

3.   Verfahrensgebote

204 **a) Der Grundsatz der Einfachheit, Zweckmäßigkeit und Zügigkeit des Verfahrens.** § 10 S. 2 VwVfG bestimmt, dass das Verwaltungsverfahren **einfach, zweckmäßig** und **zügig** durchzuführen ist. Die Durchführung des Verwaltungsverfahrens liegt in der Verantwortung der Behörde. Diese soll das Verwaltungsverfahren so betreiben, dass es einfach und wirksam ist, gleichzeitig aber auch die maßgeblichen rechtsstaatlichen Anforderungen eingehalten werden. Daher
- besteht grundsätzlich kein Formzwang, weder bei Anträgen noch für die Entscheidung und ihre Bekanntgabe,
- ist eine mündliche Verhandlung nicht zwingend durchzuführen,
- gibt es keine besonderen Regeln für das Beweisverfahren.

Amtssprache ist Deutsch (§ 23 Abs. 1 VwVfG). Eine Ausnahme hat es z. B. für die Sorben gegeben (vgl. § 23 Abs. 5 VwVfG Bbg, inzwischen aufgehoben). Eingaben in fremden Sprachen sind zu übersetzen § 23 Abs. 2 VwVfG; Kostenfreistellung für Sorben/Wenden nach § 4 VwVfG Bbg.

205 **b) Verfahrensbeschleunigung im Besonderen.** Bestimmte Vorhaben sind nur zulässig, wenn sie durch eine Behörde genehmigt sind. Die Behörde hat in dem Verwaltungsverfahren die Genehmigungsfähigkeit des Vorhabens zu prüfen. Noch

Ende der 80er Jahre waren Genehmigungsverfahren von 10 bis 20 Jahren bei komplexen Vorhaben keine Seltenheit.[5] Obwohl der Grundsatz der Zügigkeit in § 10 S. 2 Eingang in das VwVfG gefunden hat, konnte er nicht effektiv zur Beschleunigung von Verwaltungsverfahren beitragen. Die Vorschrift ist zu abstrakt und legt die Gestaltung der Zügigkeit in die Hände der Behörde. Diese hat das Verfahren nach Zweckmäßigkeitsgesichtspunkten durchzuführen, Sanktionen sind nicht geregelt. Die Grundrechte – insbesondere Art. 12 GG – streiten aber für ein möglichst **rasches Genehmigungsverfahren**.[6] Auch wirtschaftspolitische Ziele sprechen für eine Verfahrensbeschleunigung: Wenn Unternehmen Produkte schneller auf den Markt bringen und damit Vorteile im internationalen Wettbewerb erzielen können, stärkt das auch die Attraktivität des Wirtschaftsstandorts Deutschland.[7]

Als Beginn der **Beschleunigungsgesetzgebung** gilt das Inkrafttreten des Gesetzes zur Beschleunigung der Planungen für Verkehrswege in den neuen Ländern sowie im Land Berlin vom 16.12.1991.[8] Es war zunächst nur auf Infrastrukturvorhaben in den neuen Ländern beschränkt und war mit ihrem Nachholbedarf gerechtfertigt worden. Schon bald folgten mit Geltung für die gesamte Bundesrepublik das Investitionserleichterungs- und Wohnbaulandgesetz (1993)[9], das Planungsvereinfachungsgesetz (1993)[10], das Genehmigungsverfahrensbeschleunigungsgesetz (1996)[11], das Gesetz zur Beschleunigung und Vereinfachung immissionsschutzrechtlicher Genehmigungsverfahren (1996)[12] und das Gesetz zur Beschleunigung von Planungsverfahren für Infrastrukturvorhaben (2006)[13] um nur einige zu nennen.

Mit dem Genehmigungsverfahrensbeschleunigungsgesetz (1996) wurden die §§ 71a ff. VwVfG in das VwVfG aufgenommen. Sie sehen besondere Beschleunigungs- und Mitwirkungspflichten der Behörden vor, um Genehmigungsverfahren für Vorhaben wirtschaftlicher Unternehmungen schnellst möglich durchzuführen:
– das **Beschleunigungsgebot**: Die Genehmigungsbehörde hat die ihr rechtlich und tatsächlich möglichen Vorkehrungen dafür zu treffen, dass das Verfahren in angemessener Frist abgeschlossen und auf Antrag besonders beschleunigt werden kann (§ 71b VwVfG);
– die **Auskunftspflicht**: Die Genehmigungsbehörde hat Auskunft über Möglichkeiten zur Beschleunigung des Verfahrens zu erteilen, einschließlich der damit verbundenen Vor- und Nachteile (§ 71c Abs. 1 VwVfG; vgl. a. § 25 VwVfG);
– die **Erörterungspflicht**: Soweit erforderlich hat die Genehmigungsbehörde bereits vor Stellung des Antrags auf Genehmigung mit dem zukünftigen An-

---

5 *Wagner*, Verfahrensbeschleunigung durch das Verkehrswegeplanungsbeschleunigungsgesetz, NVwZ 1992, 232.

6 BVerfG, NJW 1982, 2173 [2176] – *„Atomanlagenverordnung"*.

7 Entwurf eines Gesetzes zur Beschleunigung von Genehmigungsverfahren, BT-Drs. 13/3995 vom 6.3.1996, S. 1.

8 Gesetz zur Beschleunigung der Planungen für Verkehrswege in den neuen Ländern sowie im Land Berlin (Verkehrswegeplanungsbeschleunigungsgesetz) vom 16.12.1991, BGBl. I S. 2174.

9 Gesetz zur Erleichterung von Investitionen und der Ausweisung und Bereitstellung von Wohnbauland (Investitionserleichterungs- und Wohnbaugesetz) vom 22.4.1993, BGBl. I S. 466.

10 Gesetz zur Vereinfachung der Planungsverfahren für Verkehrswege (Planungsvereinfachungsgesetz) vom 17.12.1993, BGBl I S. 2123.

11 Gesetz zur Beschleunigung von Genehmigungsverfahren (Genehmigungsverfahrensbeschleunigungsgesetz – GenBeschlG) vom 12.9.1996, BGBl. I S. 1354.

12 Gesetz zur Beschleunigung und Vereinfachung immissionsschutzrechtlicher Genehmigungsverfahren vom 9.10.1996, BGBl I S. 1498.

13 Gesetz zur Beschleunigung von Planungsverfahren für Infrastrukturvorhaben vom 9.12.2006, BGBl I S. 2833.

tragsteller den Ablauf des Verfahrens zu erörtern (z. B. über die beizubringen-
den Nachweise und Unterlagen, die Anerkennung bereits erfolgter sachverständiger Prüfungen, Vorziehung einer Beteiligung Dritter oder der
Öffentlichkeit, ob es angebracht ist, einzelne Voraussetzungen der Genehmigung vorweg gerichtlich klären zu lassen; § 71c Abs. 2 VwVfG);
- die **Hinweispflicht:** Nach Eingang des Antrags ist dem Antragsteller unverzüglich mitzuteilen, ob die Angaben und Antragsunterlagen vollständig sind
  und mit welcher Verfahrensdauer zu rechnen ist (§ 71c Abs. 3 VwVfG);
- das besondere **Sternverfahren:** Sind in einem Genehmigungsverfahren Träger öffentlicher Belange zu beteiligen, soll die zuständige Behörde diese möglichst gleichzeitig und unter Fristsetzung zur Stellungnahme auffordern
  (§ 71d Abs. 1 VwVfG). Nach Ablauf der Frist werden Äußerungen nicht mehr
  berücksichtigt, es sei denn, die vorgebrachten Belange sind der Genehmigungsbehörde bereits bekannt oder hätten ihr bekannt sein müssen oder
  sind für die Rechtmäßigkeit der Entscheidung von Bedeutung (§ 71d Abs. 2
  VwVfG). Das Gesetz ordnet damit die formelle Präklusion an (Rn. 275);[14]
- die **Antragskonferenz:** Auf Verlangen des Antragstellers soll die Behörde
  eine Besprechung mit allen beteiligten Stellen und dem Antragsteller einbe-
  rufen (§ 71e VwVfG).

Weitere Beschleunigungspflichten sind z. B. in der 9. BImSchV geregelt. Eine wissenschaftliche Studie, die im Jahr 2000 in Baden-Württemberg zur Beschleunigungsgesetzgebung durchgeführt wurde[15], hat gezeigt, dass Genehmigungsverfahren in der Tat beschleunigt werden konnten.

206   c) Der Grundsatz der Unparteilichkeit des Verfahrens. § 20 VwVfG schließt
bestimmte Personen wegen **Befangenheit** von der Durchführung eines Verwaltungsverfahrens für die Behörde aus, weil nicht gewährleistet oder sichergestellt
ist, dass sich der betreffende Mitarbeiter der Behörde bei der Durchführung des
Verwaltungsverfahrens nicht von sachfremden Motiven beeinflussen lässt. Deshalb
darf für eine Behörde nicht tätig werden, wer
- selbst Beteiligter ist;
- Angehöriger eines Beteiligten ist;
- einen Beteiligten vertritt;
- Angehöriger einer Person ist, die einen Beteiligten in diesem Verfahren vertritt;
- bei einem Beteiligten gegen Entgelt beschäftigt ist oder bei ihm in einem
  Organ tätig ist;
- wer außerhalb seiner amtlichen Eigenschaft in der Angelegenheit ein Gutachten abgegeben hat oder sonst tätig geworden ist.

Allein die Mitwirkung einer ausgeschlossenen Person führt aber noch nicht zur
Nichtigkeit des erlassenen Verwaltungsakts (vgl. § 44 Abs. 3 Nr. 2 VwVfG).
Den Fall der **Besorgnis der Befangenheit** aus anderen Gründen regelt § 21
VwVfG. Liegt ein Grund vor, der geeignet ist, Misstrauen gegen eine unparteiische
Amtsausübung zu rechtfertigen, oder wird von einem Beteiligten das Vorliegen
eines solchen Grundes behauptet, soll der betreffende Behördenmitarbeiter den
Leiter der Behörde unterrichten. Der Behördenleiter hat dann zu entscheiden, ob
jener sich der Mitwirkung an dem Verfahren zu enthalten hat. Informiert der
Behördenmitarbeiter den Behördenleiter nicht, widersetzt er sich dessen Anord-

---

14 BVerwG, NVwZ-RR 1999, 296 [297].
15 *Ziekow/Oertel/Windoffer*, Dauer von Zulassungsverfahren, 2005.

nung oder zieht der Behördenleiter einen tatsächlich befangenen Mitarbeiter nicht von der Verfahrensdurchführung ab, ist das Verwaltungsverfahren fehlerhaft; der erlassene Verwaltungsakt kann nach § 44 Abs. 1 VwVfG nichtig sein (str.).

d) **Anhörungspflicht.** Von erheblicher Bedeutung ist das Anhörungsrecht der **207** Beteiligten. Art. 103 Abs. 1 GG regelt zwar nur die Anhörung vor Gericht („Vor Gericht hat jedermann Anspruch auf rechtliches Gehör."), der Anspruch auf **rechtliches Gehör** gilt aber auch schon im Verwaltungsverfahren. Denn die Anhörung ist ein Gebot der Fairness und ein faires Verfahren gehört zu den wesentlichen Grundsätzen des Rechtsstaats. Der einzelne darf nicht zum bloßen Objekt staatlicher Entscheidungen werden. Ihm muss die Möglichkeit gegeben werden, vor einer Entscheidung, die seine Rechte betrifft, zu Wort zu kommen, um Einfluss auf das Verfahren und dessen Ergebnis nehmen zu können. Dies setzt voraus, dass der Betroffene von dem Sachverhalt und dem Verfahren überhaupt Kenntnis erhält.[16] § 28 Abs. 1 VwVfG sieht dies ausdrücklich vor: Bevor ein Verwaltungsakt erlassen wird, der in Rechte eines Beteiligten eingreift, ist diesem Gelegenheit zu geben, sich zu den für die Entscheidung erheblichen Tatsachen zu äußern.
Die Anhörung soll aber nicht nur dem einzelnen die Möglichkeit verschaffen, sich in das Verwaltungsverfahren vor Erlass einer Verwaltungsmaßnahme einbringen und seine Interessen artikulieren zu können, sie soll auch der Behörde zur Informationsgewinnung und Vervollständigung ihrer Kenntnisse über den zu beurteilenden Sachverhalt dienen und zur Erhöhung der Akzeptanz der Verwaltungsentscheidung beitragen.[17] Die Anhörung ist von der Beratung (§ 25 VwVfG) und der Akteneinsicht (§ 29 VwVfG) zu unterscheiden und bedeutet, dass dem Beteiligten **Gelegenheit zu geben ist, sich „zu den für die Entscheidung erheblichen Tatsachen zu äußern".** Damit sich der Beteiligte auch angemessen äußern kann, wird ihm die Behörde die ermittelten Tatsachen mitteilen zu haben sowie die Entscheidung, die sie zu treffen beabsichtigt. Außerdem wird sie ihm – nach allerdings umstrittener Auffassung – auch die maßgeblichen wesentlichen Rechtsgrundlagen mitzuteilen haben, weil der Beteiligte erst dann die Rechtmäßigkeit der Maßnahme beurteilen kann.[18] Ändern sich während des Ermittlungsverfahrens die Tatsachen, ist der Beteiligte erneut zu hören.[19]
Das Gesetz sieht vor, dass die Behörde von der Anhörung absehen kann, wenn

- diese nach den Umständen des **Einzelfalls** nicht geboten ist (§ 28 Abs. 2 VwVfG);
- eine sofortige Entscheidung wegen **Gefahr im Verzug** oder im öffentlichen Interesse notwendig erscheint (§ 28 Abs. 2 Nr. 1 VwVfG);
- durch die Anhörung die Einhaltung einer für die Entscheidung **maßgeblichen Frist** in Frage gestellt würde (§ 28 Abs. 2 Nr. 2 VwVfG);
- von den tatsächlichen Angaben eines Beteiligten, die dieser in einem Antrag oder einer Erklärung gemacht hat, nicht zu **seinen Ungunsten abgewichen** werden soll (§ 28 Abs. 2 Nr. 3 VwVfG);
- die Behörde eine **Allgemeinverfügung** oder gleichartige Verwaltungsakte in größerer Zahl oder Verwaltungsakte mit Hilfe automatischer Einrichtungen erlassen will (§ 28 Abs. 2 Nr. 4 VwVfG);

---

16 BVerfGE 101, 397 [405].
17 *Kallerhoff/Mayen*, in: Stelkens/Bonk/Sachs, VwVfG, 9. Aufl., 2018, § 28 Rn. 39.
18 *Kallerhoff/Mayen*, in: Stelkens/Bonk/Sachs, VwVfG, 9. Aufl., 2018, § 28 Rn. 17.
19 BVerwG, NJW 1983, 1689 ff.

– Maßnahmen in der **Verwaltungsvollstreckung** getroffen werden sollen (§ 28 Abs. 2 Nr. 5 VwVfG).
– Eine Anhörung hat zu unterbleiben, wenn ihr ein **zwingendes öffentliches Interesse** entgegensteht (§ 28 Abs. 3 VwVfG).

Zu beachten ist, dass der Verwaltungsakt im Fall einer unterlassenen Anhörung zwar rechtswidrig ist, aber nach § **45 Abs. 1 Nr. 3 VwVfG** geheilt werden kann, wenn die erforderliche Anhörung eines Beteiligten nachgeholt wird (Rn. 235). Außerdem gilt § 46 VwVfG, d. h. eine Aufhebung des Verwaltungsakts kommt nicht in Betracht, wenn sich die fehlende Anhörung nicht auf das Ergebnis ausgewirkt hat (Rn. 236).

208 **e) Das Geheimhaltungsgebot.** Nach § 30 VwVfG haben die Beteiligten Anspruch darauf, dass ihre Geheimnisse, insbesondere die zum persönlichen Lebensbereich gehörenden Geheimnisse sowie die **Betriebs- und Geschäftsgeheimnisse**, von der Behörde nicht unbefugt offenbart werden. Die Bestimmung nimmt auf das informationelle Selbstbestimmungsrecht Bezug, das – so das BVerfG – aus Art. 2 Abs. 1 GG i. V. m. Art. 1 Abs. 1 GG herzuleiten ist.[20] Ein Geheimnis ist eine Tatsache, Umstand oder Vorgang, der nur einem bestimmten Personenkreis bekannt ist und an deren Wahrung der Geheimnisträger ein schutzwürdiges Interesse hat. Unbefugt ist die Weitergabe von Daten, wenn sie nicht auf einer gesetzlichen Grundlage erfolgt oder wenn der Geheimnisträger nicht eingewilligt hat.

209 **f) Das Akteneinsichtsrecht.** § 29 VwVfG regelt ein Akteneinsichtsrecht nur für Beteiligte (Rn. 194 ff.) des Verfahrens und nur soweit deren Kenntnis zur Geltendmachung oder Verteidigung ihrer rechtlichen Interessen erforderlich ist. Die Akteneinsicht erfolgt grundsätzlich bei der Behörde, die die Akten führt. Das Akteneinsichtsrecht ist aber ausgeschlossen oder beschränkt (§ 29 Abs. 1 S. 2 bis Abs. 2 VwVfG):

– für **Entwürfe** zu Entscheidungen sowie die Arbeiten zu ihrer unmittelbaren Vorbereitung,
– soweit eine Vertretung in einem **Massenverfahren** erfolgt (§§ 17, 18 VwVfG),
– soweit durch eine Akteneinsichtnahme die **ordnungsgemäße Erfüllung** der Aufgaben der Behörde beeinträchtigt würde,
– soweit das Bekanntwerden des Inhalts der Akten dem **Wohl des Bundes oder eines Landes** Nachteile bereiten würde,
– soweit die Vorgänge wegen berechtigter Interessen der Beteiligten oder dritter Personen **geheim** gehalten werden müssen.

Es wird die Rechtsansicht vertreten, dass das Akteneinsichtsrecht nur während des laufenden Verfahrens bestehen, also frühestens mit der Einleitung des Verfahrens nach § 22 VwVfG beginnen und mit seinem Abschluss nach § 9 VwVfG enden soll.[21] Dem ist aber entgegenzuhalten, dass es Sinn und Zweck des Akteneinsichtsrechts ist, dem Bürger ein Informationsrecht an Hand zu geben, damit dieser die Möglichkeit hat, seine Rechte effektiv wahrnehmen zu können. Dieses Interesse entfällt nicht mit Beendigung des Verwaltungsverfahrens, weil dem Bürger noch Rechtsschutzmöglichkeiten offen stehen (Widerspruch/Klage). Gerade zur Beurteilung der Erfolgsaussichten einer weiteren Rechtsverfolgung muss dem Bürger die Möglichkeit gegeben werden, sich umfassend informieren zu können. Hinzu kommen systematische Bedenken: § 29 Abs. 1 S. 2 VwVfG spricht dafür, dass das

---

20 BVerfGE 65, 1 ff. – „*Volkszählung*“.
21 BVerwGE 67, 300 [304].

Akteneinsichtsrecht grundsätzlich nicht mit dem Abschluss des Verwaltungsverfahrens entfallen soll. Demgegenüber sind keine von vornherein überwiegenden
und dem Auskunftsanspruch entgegenstehenden Interessen der Verwaltung ersichtlich.

Vom Akteneinsichtsrecht abzugrenzen sind eigenständige **Informationsansprüche** der Bürger gegen die Verwaltung. Das Umweltinformationsgesetz (UIG) regelt
den freien Zugang zu den bei den Behörden vorhandenen Informationen über
die Umwelt, das Informationsfreiheitsgesetz (IFG) einen Anspruch des Bürgers
gegenüber den Behörden und anderen Einrichtungen des Bundes auf Zugang zu
amtlichen Informationen (§ 1 IFG). Vergleichbare Regelungen gibt es in vielen
Bundesländern. Diese Informationsansprüche sind weder verfahrens- noch betei-
ligtenbezogen, wie das Akteneinsichtsrecht; hier ist die Information Regelungsgegenstand an sich. Das Akteneinsichtsrecht des § 29 VwVfG soll dagegen die Verfah-
rensstellung des Beteiligten verbessern.

IFG und UIG haben zu einem Paradigmenwechsel der Verwaltungspublizität und
Informationsbeschaffung des Bürgers geführt.[22] Ursprünglich galt der Grundsatz
der Geheimhaltung (§ 30 VwVfG), wohingegen Akteneinsicht (§ 29 VwVfG) die
Ausnahme war. 1985 hatte das BVerfG[23] noch festgestellt, dass sich aus Art. 5
Abs. 1 GG ein allgemeiner Informationsanspruch nicht herleiten lässt. Mit dem
Informationsfreiheitsgesetz ist Publizität zur Regel geworden (vgl. § 1 Abs. 1 S. 1
IFG: „Jeder hat nach Maßgabe dieses Gesetzes gegenüber den Behörden des Bundes einen Anspruch auf Zugang zu amtlichen Informationen.") und Geheimhaltung die Ausnahme (Schutz besonderer öffentlicher Belange, behördlicher Ent-
scheidungsprozesse, personenbezogener Daten, geistigen Eigentums, Betriebs-
und Geschäftsgeheimnissen, §§ 3 bis 6 IFG). Die Behörde kann Auskunft erteilen,
Akteneinsicht gewähren oder Informationen in sonstiger Weise zur Verfügung
stellen, § 11 IFG verpflichtet die Behörden, Verzeichnisse zu führen, aus denen
sich die vorhandenen Informationssammlungen und -zwecke erkennen lassen. Außerdem sind Organisations- und Aktenpläne allgemein zugänglich zu machen –
sozusagen von Amts wegen und auch in elektronischer Form.

4. Die Begründung

Behördliche Entscheidungen sind zu begründen. Die Begründungspflicht ist ver-   **210**
fassungsrechtlich durch das Rechtsstaatsprinzip, die betroffenen Grundrechte sowie die Rechtsweggarantie des Art. 19 Abs. 4 GG geboten.[24] Die Begründung hat
den Zweck,
- den Adressaten über die Entscheidung und die Erwägungen der Behörde zu
  informieren und diese zu rechtfertigen;
- den Betreffenden in die Lage zu versetzen, seine Rechte sachgemäß zu verteidigen. Denn dies kann er nur, wenn er über die Beweggründe einer Entscheidung hinreichend **Kenntnis** hat;
- der **Selbstkontrolle** der Verwaltung und
- der Ermöglichung (gerichtlicher) **Nachprüfung** von Ermessenserwägungen
  (vgl. § 114 VwGO).

§ 39 VwVfG regelt die Begründungspflicht für schriftliche und elektronische sowie
schriftlich oder elektronisch bestätigte Verwaltungsakte. Damit können auch
mündliche Verwaltungsakte begründungspflichtig sein. Hierzu muss der Betref-

---

22 *Reinhardt*, Das gläserne Amt, DÖV 2007, 18 [19].
23 BVerfG, NJW 1986, 1243 ff.
24 *Wolff*, in: ders./Decker, Studienkommentar VwGO/VwVfG, 3. Aufl., 2012, § 39 VwVfG Rn. 3.

fende eine schriftliche oder elektronische Bestätigung verlangen, vgl. § 37 Abs. 2 S. 2 VwVfG. Diese ist ihm zu gewähren, wenn er ein berechtigtes Interesse hat und er den Antrag unverzüglich stellt.

In der Begründung sind die wesentlichen tatsächlichen und rechtlichen Gründe mitzuteilen, die die Behörde zu ihrer Entscheidung bewogen haben. Die Begründung von Ermessensentscheidungen soll außerdem die Gesichtspunkte erkennen lassen, von denen die Behörde bei der Ausübung ihres Ermessens ausgegangen ist (§ 39 Abs. 1 S. 2 und 3 VwVfG). Damit ist der Behörde aber nicht aufgegeben, den Verwaltungsakt in allen Einzelheiten zu begründen, sondern eben nur die tragenden Gründe für die Entscheidung mitzuteilen. Inhalt und Umfang der notwendigen Begründung richten sich nach den Besonderheiten des jeweiligen Rechtsgebiets und nach den Umständen des Einzelfalls.[25] Grundsätzlich müssen die bei einer ermessensgerechten Abwägung zu berücksichtigenden, für und gegen den Verwaltungsakt sprechenden Umstände dargelegt werden, sofern Gründe nicht offenkundig sind oder dem Betreffenden bekannt sind (vgl. § 39 Abs. 2 Nr. 2 VwVfG). Weitergehende Angaben, etwa die ausdrückliche Nennung der als Rechtsgrundlage der Rückforderung angesehenen Rechtsvorschrift, sollen durch die Begründungspflicht nicht geboten sein.[26] Unzulässig sind aber formelhafte Wendungen oder bloß lapidare Hinweise, die die Beweggründe der Behörde nicht erkennen lassen. Auch die bloße Wiedergabe des Gesetzeswortlauts ist keine Begründung.[27]

§ 39 Abs. 2 VwVfG regelt fünf Fälle, in denen es keiner Begründung bedarf:

1. soweit die Behörde einem **Antrag entspricht** oder einer Erklärung folgt und der Verwaltungsakt nicht in Rechte eines anderen eingreift;
2. soweit demjenigen, für den der Verwaltungsakt bestimmt ist oder der von ihm betroffen wird, die Auffassung der Behörde über die Sach- und Rechtslage **bereits bekannt** oder auch ohne Begründung für ihn ohne weiteres erkennbar ist;
3. wenn die Behörde gleichartige Verwaltungsakte in größerer Zahl oder Verwaltungsakte mit Hilfe automatischer Einrichtungen erlässt und die Begründung nach den Umständen des Einzelfalls nicht geboten ist;
4. wenn sich dies aus einer **Rechtsvorschrift** ergibt;
5. wenn eine **Allgemeinverfügung** öffentlich bekannt gegeben wird.

Wie bei der Anhörung führt eine unterlassene Begründung nicht unbedingt zur Aufhebung des Verwaltungsakts. Das Gegenteil ist der Fall: eine unterlassene Begründung kann § 45 Abs. 1 Nr. 2 VwVfG bis zum Abschluss der letzten Tatsacheninstanz eines verwaltungsgerichtlichen Verfahrens nachgeholt und der Verwaltungsakt damit geheilt werden. Außerdem gilt § 46 VwVfG (Rn. 236).

Fall 27:[28] M ist Major der Reserve. Durch Einberufungsbescheid war er vom Kreiswehrersatzamt zu einer Wehrübung beordert worden. Nach einem Disput mit einem Vorgesetzten wurde der Einberufungsbescheid mit Formular-Verfügung widerrufen. Eine Begründung enthielt die Verfügung nicht. M hält den Widerrufsbescheid deshalb für rechtswidrig.

Lösung Fall 27: Nach § 39 Abs. 1 VwVfG ist ein schriftlicher Verwaltungsakt schriftlich zu begründen. In der Begründung sind die wesentlichen tatsächlichen und rechtlichen

---

25 BVerwGE 74, 196 [205].
26 BVerwGE 71, 354 [358]; a. A. *Wolff/Bachof/Stober/Kluth,* Verwaltungsrecht, Band I, 13. Aufl., 2017, S. 595.
27 BVerwG, DVBl 2001, 141 ff.
28 BVerwG, DÖV 2003, 683 ff. – *„Alarmreserve".*

Gründe mitzuteilen, welche die Behörde zu ihrer Entscheidung bewogen haben. Die Begründung von Ermessensentscheidungen soll auch die Gesichtspunkte erkennen lassen, von denen die Behörde bei der Ausübung ihres Ermessens ausgegangen ist. Die Begründungspflicht gemäß § 39 Abs. 1 VwVfG gilt nach § 1 Abs. 1 VwVfG jedoch nicht, soweit das Fachrecht eine anderweitige Regelung trifft. In Wiederholung dieses Vorbehalts bestimmt § 39 Abs. 2 Nr. 4 VwVfG, dass es einer Begründung nicht bedarf, wenn sich dies aus einer Rechtsvorschrift ergibt.

Das WPflG regelt in § 23 i. V. m. § 21 Abs. 1, dass Ort und Zeit des Diensteintritts anzugeben sind sowie die Dauer des zu leistenden Wehrdienstes (sofern kein Verteidigungs- oder Spannungsfall vorliegt). Die Bestimmung regelt zwar nicht ausdrücklich eine Beschränkung der Begründungspflicht, sie ergibt sich aber aus dem Sinn und Zweck der genannten Vorschriften des WPflG, die Angaben im Einberufungsbescheid zu begrenzen. Damit ist die vom Kreiswehrersatzamt getroffene Auswahlentscheidung im Einberufungsbescheid weder mitzuteilen noch zu begründen. Rechtstaatliche Bedenken bestehen nicht, weil das Auswahlermessen des Kreiswehrersatzamts allein dem öffentlichen Interesse dient und private Interessen des Wehrpflichtigen unberührt lässt. Diese Überlegung muss erst recht für den Widerruf eines Einberufungsbescheids gelten, zumal der Widerruf des Einberufungsbescheids gerade keine eingreifende Wirkung hat. Wenn die Personalauswahl von Wehrpflichtigen ausschließlich im öffentlichen Interesse erfolgt, kann der Wehrpflichtige auch keinen Anspruch darauf haben, dass die Behörde das ihr in diesem Zusammenhang eingeräumte Auswahlermessen rechtmäßig ausübt. Eine Grenze kann nur bei Willkürentscheidungen liegen.

III.   Überblick über wichtige Maßstäbe des Verwaltungshandelns

Die Verwaltung hat rechtmäßig und zweckmäßig zu handeln. Der Rahmen für **211** ihr Handeln ist das Gesetz, das ihr einen Verwaltungsauftrag erteilt und einen Gestaltungsspielraum eröffnet, diesen aber auch beschränkt und ihr Handeln so steuert. Aber auch innerhalb dieses Gestaltungsspielraums ist die Behörde nicht „frei", in dem Sinne, dass sie willkürlich und nach eigenem Gutdünken schalten und walten könnte. Vielmehr hat sie ihre Tätigkeit nach verwaltungsrechtlichen Maßstäben auszurichten. Maßstäbe sollen **„durchlaufende Orientierungslinien"**[29] der Verwaltung sein, die über die gesetzlichen Rahmenbedingungen hinaus dort wirken, wo der Verwaltung Gestaltungsspielräume eröffnet sind. In dieser „Leuchtturmfunktion" kommt ihnen – nicht nur, aber auch – bei Ermessens- und Abwägungsklauseln Bedeutung zu.

Maßstäbe sind Rechtsgrundsätze, die entweder ausdrücklich gesetzlich geregelt sind, aus der Verfassung oder dem einfachen Recht hergeleitet werden können oder als überkommenes Gewohnheitsrecht anerkannt sind. Wichtige Rechtsgrundsätze sind:[30]

-   Das **Übermaßverbot** (Verhältnismäßigkeitsgrundsatz), das in die Unterprinzipien „Geeignetheit", „Erforderlichkeit" und „Angemessenheit" gegliedert werden kann. Das Übermaßverbot hat seine dogmatischen Wurzeln in den Grundrechten und im Rechtsstaatstaatsprinzip und verlangt eine Abwägung dahingehend, dass der Zweck einer staatlichen Maßnahme mit dadurch erfolgenden Eingriffen in subjektive Rechte und Beeinträchtigungen privater Interessen nicht außer Verhältnis stehen darf. Grundsätzlich hat die Verwaltung bei jeder Eingriffsentscheidung das Übermaßverbot zu prüfen.

---

29 *Schmidt-Aßmann*, Das Allgemeine Verwaltungsrecht als Ordnungsidee, 2. Aufl., 2004, S. 313.
30 Vgl. außerdem die Übersicht bei *Pitschas*, in: Hoffmann-Riem/Schmidt-Aßmann/Voßkuhle, Grundlagen des Verwaltungsrechts, Band 2, 2. Aufl., 2012, S. 1746 ff.

- Hingegen richtet sich das **Untermaßverbot** in erster Linie an den Gesetzgeber. Das Untermaßverbot ist gewissermaßen das Pendant zum Übermaßverbot für den Bereich der Leistungsverwaltung. Aus dem Schutzpflichtencharakter bestimmter Grundrechte folgt, dass der Staat ausreichende Maßnahmen normativer und tatsächlicher Art ergreifen muss, die dazu führen, dass ein – unter Berücksichtigung entgegenstehender Rechtsgüter – angemessener und als solcher wirksamer Schutz erreicht wird.[31]
- Der **Bestimmtheitsgrundsatz** (vgl. § 37 Abs. 1 VwVfG), hat seine dogmatischen Wurzeln ebenfalls im Rechtsstaatsprinzip. Eine staatliche Maßnahme, insbesondere, wenn dem einzelnen ein Tun, Dulden oder Unterlassen aufgegeben wird, muss hinreichend bestimmt sein, damit dieser weiß, wie er sich zu verhalten hat.
- Auch der **Vertrauensschutzgrundsatz** hat seine Grundlagen im Rechtsstaatsprinzip, ferner in betroffenen Grundrechten. Er ist eine Ausprägung des Grundsatzes der Rechtssicherheit. Vertrauensschutz bedeutet Verlässlichkeit staatlichen Handelns. Der Bürger soll die ihm gegenüber möglichen staatlichen Eingriffe voraussehen können, sich dementsprechend einrichten und darauf vertrauen dürfen, dass seinem jeweils geltenden Recht entsprechendes Verhalten auch fernerhin von der Rechtsordnung als Rechtens anerkannt bleibt.[32] Die Anwendbarkeit von Vertrauensschutz setzt voraus, dass Vertrauen überhaupt entstanden ist, dass dieses Vertrauen schutzwürdig ist und dass ihm Vorrang gegenüber dem Gemeinwohl zukommt.[33] Vertrauensschutz kann dem einzelnen daher nur zukommen, wenn seine Interessen vor den Gemeinwohlinteressen Bestand haben können.
- Der Grundsatz der **Wirtschaftlichkeit** (§ 6 HGrG, § 7 BHO/LHO) besagt, dass die günstigste Relation zwischen dem verfolgten Zweck und den einzusetzenden Mitteln (Ressourcen) anzustreben ist. Das umfasst das Sparsamkeits- und das Ergiebigkeitsprinzip. Das Sparsamkeitsprinzip (Minimalprinzip) verlangt, ein bestimmtes Ergebnis mit möglichst geringem Mitteleinsatz zu erreichen. Das Ergiebigkeitsprinzip (Maximalprinzip) zielt darauf ab, mit einem bestimmten Mitteleinsatz das bestmögliche Ergebnis zu bewirken.[34] Es ist umstritten, ob das Wirtschaftlichkeitsprinzip ein Rechtmäßigkeits- oder ein Zweckmäßigkeitskriterium ist,[35] jedenfalls ist eine behördliche Maßnahme gerichtlicher Überprüfung nach Maßgabe des Wirtschaftlichkeitsprinzips kaum zugänglich, wenn „input" und „output" unbekannte Variablen sind.
- Die Verpflichtung der Verwaltung nach Maßgabe der Gesetze, die **natürlichen Lebensgrundlagen und die Tiere** zu schützen, Art. 20a GG. Überhaupt enthalten Staatszielbestimmungen explizite Handlungsmaßstäbe, vgl. etwa auch Art. 109 Abs. 2 GG im Hinblick auf das gesamtwirtschaftliche Gleichgewicht.
- Art. 3 Abs. 2 S. 2 GG regelt ausdrücklich eine Pflicht des Staates, die tatsächliche **Gleichberechtigung** von Männern und Frauen zu fördern und auf die Beseitigung bestehender Nachteile hinzuwirken.

---

31 BVerfGE 88, 203 [254]; vgl. a. *Schröder*, Verwaltungsrechtsdogmatik im Wandel, 2007, S. 92.
32 BVerfGE 45, 142 [167].
33 *Huber/Storr*, Gerichtsorganisation und richterliche Unabhängigkeit in Zeiten des Umbruchs, ZG 2006, 105 [117].
34 VV zu § 7 BHO.
35 *von Arnim*, Wirtschaftlichkeit als Rechtsprinzip, 1988.

– Der Grundsatz Treu und Glauben ist ein das Recht umspannender Grundsatz (vgl. §§ 157, 242 BGB). Er verpflichtet zur billigen Rücksichtnahme auf schutzwürdige Interessen. Der Grundsatz ist insofern „offen" als „Treu und Glauben" sozialethische Wertmaßstäbe in das Recht inkorporieren sollen.

Fall 28:[36] Der als „wehrdienstfähig" gemusterte A verpflichtete sich mit Zustimmung der Stadt S gegenüber der Feuerwehr F zur Mitarbeit im Katastrophenschutz. Nach der Verlegung seines Wohnsitzes nach M trat er mit Zustimmung der Stadt M der Freiwilligen Feuerwehr M bei und bot seine Mitwirkung an. Zur Mitarbeit in dieser Organisation kam es jedoch nicht, weil die Freiwillige Feuerwehr M keinen Bedarf für eine Mitwirkung des A hatte. Vielmehr zeigte M dem zuständigen Kreiswehrersatzamt den Wegfall der Voraussetzungen für die Nichtheranziehung zum Wehrdienst mit der Begründung an, A habe die Mitarbeit im Katastrophenschutz auf Dauer eingestellt. Daraufhin berief das Kreiswehrersatzamt A zum Grundwehrdienst ein. Hiergegen wendet sich A.

Lösung Fall 28: BVerwG: „Zu Unrecht hält das angefochtene Urteil für entscheidungserheblich, ob der Kläger die fehlende Mitwirkung in dem vom Verwaltungsgericht gekennzeichneten Sinne zu vertreten hat. Das Bundesverwaltungsgericht hat ... betont, dass es auf ein subjektives Vertretenmüssen nicht ankommt. Daran ist auch in Fällen festzuhalten, in denen – wie hier – der Wehrpflichtige nach einem Wohnsitzwechsel im Einverständnis mit der zuständigen Behörde von einer anderen Katastrophenschutzorganisation ‚übernommen' worden ist. Es obliegt in erster Linie dem Wehrpflichtigen, die Mitarbeit in der Katastrophenschutzorganisation zu erwirken, der er (nunmehr) angehört. Grundsätzlich hat er alle mit der fehlenden tatsächlichen Mitwirkung verbundenen nachteiligen rechtlichen Folgen zu tragen. Die Grenze liegt dort, wo die Katastrophenschutzbehörde oder die Katastrophenschutzorganisation die Mitwirkung treuwidrig vereitelt. In solchen Fällen kann sich der Wehrpflichtige auf die Wehrdienstausnahme berufen, weil seine ‚Mitwirkung' im Sinne der §§ 8 Abs. 2 Satz 1 KatSG [vgl. jetzt § 27 Abs. 2 ZSG], 13 a Abs. 1 Satz 1 WPflG fingiert wird. Diese Fiktion ergibt sich aus dem in § 162 Abs. 1 BGB enthaltenen, auch im öffentlichen Recht anzuwendenden Grundsatz, dass bei Verhinderung des Eintritts einer Bedingung wider Treu und Glauben die Bedingung als eingetreten gilt ... Ein dergestalt treuwidriges, die Wehrdienstausnahme unmittelbar berührendes Verhalten der zuständigen Katastrophenschutzbehörde oder Katastrophenschutzorganisation muss sich die Beklagte zurechnen lassen ..."

Rechtsprechung: EuGH vom 9.9.1999, Rs. C-217-97 – *„Umweltinformations-RiL"*; BVerfG, NJW 1982, 2173 ff. – *„Atomanlagenverordnung"*; BVerfGE 65, 1 ff. – *„Volkszählung"*; VG Frankfurt/M., NVwZ 2008, 1384 ff. – *„Informationsfreiheitsgesetz"*.

Literatur: *V. Arnim, H. H.*, Wirtschaftlichkeit als Rechtsprinzip, 1988; *Classen, K.-D.*, Gute Verwaltung im Recht der Europäischen Union, 2008; *Huber, P. M./Storr, S.*, Gerichtsorganisation und richterliche Unabhängigkeit in Zeiten des Umbruchs, ZG 2006, 105 ff.; *Müller-Franken, S.* Begründung von Prüfungsentscheidungen bei Berufszugangsprüfungen, VerwArch 92 (2001), 507 ff.; *Pitschas, R.*, Maßstäbe des Verwaltungshandelns, in: Hoffmann-Riem/Schmidt-Aßmann/Voßkuhle, Grundlagen des Verwaltungsrechts, Band 2, 2. Aufl., 2012, S. 1689 ff.; *Reinhardt, O.*, Das gläserne Amt, DÖV 2007, 18 ff.; *Schmidt-Aßmann E.*, Verwaltungsverfahren und Verwaltungskultur, NVwZ 2007, 40 ff.; *Schoch, F.*, Das rechtliche Gehör Beteiligter im Verwaltungsverfahren (§ 28 VwVfG), JURA 2006, 833 ff.; *ders.*, Begründung von Verwaltungsakten, JURA 2005, 757 ff.; *ders./Kloepfer, M.*, Informationsfreiheitsgesetz (IFG-ProfE), 2002; *Wagner, J.*, Verfahrensbeschleunigung durch das Verkehrswegeplanungsbeschleunigungsgesetz, NVwZ 1992, 232 ff.; *Ziekow J./Oertel, M.-P./Windoffer, A.*, Dauer von Zulassungsverfahren, 2005.

---

36 BVerwGE 68, 156 ff.

§ 9   Form, Bekanntgabe und Inhalt des Verwaltungsakts

I.   Form des Verwaltungsakts

212 Ein Verwaltungsakt kann **schriftlich, elektronisch, mündlich** oder **in anderer Weise** erlassen werden (vgl. § 37 Abs. 2 S. 1 VwVfG). Nach dieser Vorschrift, die an die in § 10 VwVfG geregelte, grundsätzliche Nichtförmlichkeit des Verwaltungsverfahrens anknüpft, ist der öffentlichen Verwaltung hinsichtlich der Form eines zu erlassenden Verwaltungsakts mithin grundsätzlich ein Auswahlermessen eingeräumt: Sie entscheidet prinzipiell auch insoweit und kann daher ggf. auch solche Verfügungen erlassen, die telefonisch übermittelt werden oder deren Regelungsgehalt sich konkludent aus den Umständen ergibt.

> **Beispiel:** Handzeichen eines Polizisten

Wie § 37 Abs. 2 S. 2 VwVfG bestimmt, ist ein mündlicher Verwaltungsakt allerdings **schriftlich** oder **elektronisch zu bestätigen**, wenn hieran ein berechtigtes Interesse besteht und der Betroffene dies unverzüglich verlangt. § 37 Abs. 2 S. 3 VwVfG verlangt für elektronische Verwaltungsakte (Verwaltungsakte, deren Schriftzeichen durch einen elektronischen Datenträger vermittelt werden) unter denselben Bedingungen eine schriftliche Bestätigung, entbindet dann aber von der Einhaltung der Voraussetzungen des § 3a Abs. 2 VwVfG (Erforderlichkeit einer qualifizierten elektronischen Signatur), die immer dann Platz greift, wenn ein einschlägiges Fachgesetz in Abweichung von § 37 Abs. 2 S. 1 VwVfG die Schriftform der in Rede stehenden Verfügung anordnet, §§ 1 Abs. 1 S. 1 a. E.; 3a Abs. 2 S. 1 VwVfG.
Zu beachten ist ferner, dass ein schriftlicher oder elektronischer Verwaltungsakt gem. § 37 Abs. 3 S. 1 VwVfG die erlassende Behörde erkennen lassen und die Unterschrift oder die Namenswiedergabe des Behördenleiters, seines Vertreters oder seines Beauftragten enthalten muss. Wird bei gesetzlich angeordneter Schriftform die elektronische Form gewählt, gilt § 37 Abs. 3 S. 3 VwVfG, und das der Signatur zugrunde liegende qualifizierte Zertifikat oder ein zugehöriges qualifiziertes Attributzertifikat müssen die ausstellende Behörde erkennen lassen. Diese Vorgaben haben eine Beweis- und Garantiefunktion: Sie sollen sicherstellen, dass nicht unfertige Schriftstücke versandt werden und dass der zuständige Amtswalter handelt.[1] Im Übrigen ordnet § 37 Abs. 4 VwVfG an, dass für die nach § 3a Abs. 2 VwVfG erforderliche Signatur durch Rechtsvorschrift die dauerhafte Überprüfbarkeit vorgeschrieben werden kann. § 37 Abs. 5 VwVfG trifft eine Sonderregelung für schriftliche Verwaltungsakte, die mit Hilfe automatischer Einrichtungen erlassen werden, in denen also die Regelung selbst automatisch erfolgt. Sie müssen weder Unterschrift noch Namenswiedergabe enthalten.

II.   Bekanntgabe des Verwaltungsakts

213 Gem. § 41 Abs. 1 S. 1 VwVfG ist ein Verwaltungsakt grundsätzlich demjenigen Beteiligten, für den er bestimmt ist oder der von ihm betroffen wird, bekannt zu geben. § 41 Abs. 1 S. 2 VwVfG bestimmt, dass die Bekanntgabe, sofern ein Bevollmächtigter bestellt ist, diesem gegenüber erfolgen kann. Mit der Bekanntgabe erreicht der Verwaltungsakt gem. § 43 Abs. 1 VwVfG die sog. **äußere Wirksamkeit** (Rn. 218): Er überschreitet den Rechtskreis der öffentlichen Verwaltung

---

1   BVerwGE 45, 189 [194].

und bindet von nun an grundsätzlich den Adressaten unbeschadet der Tatsache, dass die Regelung zugleich ggf. erfolgreich mit Rechtsbehelfen angegriffen werden kann. Die Bekanntgabe an den Betroffenen entspricht insoweit dem Rechtsstaatsprinzip des Art. 20 Abs. 3 GG; dieses fordert ein, dass der Betroffene jeweils in Kenntnis gesetzt wird, welches Verhalten ihm im Einzelfall abverlangt wird. In Ermangelung einer gesetzlichen Definition wird die Bekanntgabe heute ganz mehrheitlich als **Eröffnung** des Verwaltungsakts mit dem Willen der Behörde nach den jeweils geltenden Rechtsvorschriften definiert. Die Eröffnung bezieht sich auf den Umstand, dass ein Verwaltungsakt erlassen wurde und auf dessen Inhalt (Regelungsgehalt).[2]

Eine erfolgreiche Bekanntgabe verlangt daher zunächst, dass der Verwaltungsakt mit dem Willen der Behörde aus deren Bereich in Richtung des Adressaten abgegeben wurde. Die Behörde muss den Verwaltungsakt **auf den Weg gebracht** haben, dieser mit **Bekanntgabewillen** der Behörde den Innenbereich verlassen haben. Fehlt es an einem Bekanntgabewillen und damit an einer wirksamen Bekanntgabe, liegt ein Schein-Verwaltungsakt vor (Rn. 147).

> **Beispiele:** Der Verwaltungsakt ist noch nicht „bekannt gemacht", wenn er zwar unterschrieben bei den behördlichen Akten liegt, aber noch nicht in den Bereich außerhalb der Behörde gelangt ist.[3] Der Verwaltungsakt ist auch dann noch nicht „bekannt gemacht", wenn der vorgesehene Adressat von dem Inhalt des in Aussicht genommenen Verwaltungsakts erfährt, obgleich die Behörde noch keine Handlung vorgenommen hat, die nach der Verkehrsanschauung dahin aufzufassen ist, dass sie den Verwaltungsakt hinausgeben und in Geltung setzen wollte.[4]

Ein Indiz für den Bekanntgabewillen ist die Unterschrift des Amtswalters (§ 37 Abs. 2 VwVfG).

Die erlassende Behörde kann sich auch eines Boten bedienen (Privatmann oder andere Behörde). Eine Bekanntgabe durch einen Boten setzt aber voraus, dass die beauftragende (erlassende) Behörde einen Bekanntgabewillen hatte.

> **Beispiel:** Keine Bekanntgabe liegt vor, wenn eine für den Erlass des Verwaltungsakts zuständige Behörde einer anderen Behörde, die für den Erlass nicht zuständig ist, eine Ausfertigung eines Bescheids zuschickt und diese dem vorgesehenen Adressaten eine Zweitschrift zukommen lässt. [5]

Problematisch ist der Fall, dass die Behörde zunächst telefonisch einen Verwaltungsakt mitteilt und dem Adressaten zudem einen gleichlautenden Bescheid schriftlich nachschickt. Hier muss nach den Umständen des Einzelfalls ermittelt werden, ob der mündliche Verwaltungsakt lediglich eine (unverbindliche) Vorankündigung sein soll und der Verwaltungsakt in der schriftlichen Mitteilung liegt oder ob es sich um einen mündlichen Verwaltungsakt handelt, der lediglich schriftlich bestätigt werden soll (§ 37 Abs. 2 S. 2 VwVfG). Die Auslegung hat nach dem **objektiven Empfängerhorizont** zu erfolgen, also danach, wie ein vernünftiger Empfänger die mündliche und die darauf folgende schriftliche Mitteilung verstehen durfte (Rn. 224).

Ferner gehört zum Wesen der Bekanntgabe, dass der Verwaltungsakt so im Bereich des Adressaten angekommen sein muss, dass dieser zumindest die Möglichkeit zur Kenntnisnahme hatte. Hier ist zu unterscheiden zwischen der:

---

2 Hierzu statt anderer nur *Wolff*, in: *ders./Decker*, Studienkommentar VwGO/VwVfG, 3. Aufl., 2012, § 41 VwVfG Rn. 6.
3 BVerwGE 29, 321 [323].
4 BayObLG, BayVBl 1986, 186.
5 BVerwGE 29, 321 f.

- individuellen Bekanntgabe, § 41 Abs. 1 und 2 VwVfG,
- öffentlichen Bekanntgabe, § 41 Abs. 3 und 4 VwVfG,
- Zustellung, § 41 Abs. 5 VwVfG.

1.   Individuelle Bekanntgabe

214 Die Bekanntgabe hat den Verwaltungsakt demjenigen Beteiligten zu eröffnen, **für den er bestimmt ist oder der von ihm betroffen wird** (§ 41 Abs. 1 S. 1 VwVfG). Gegebenenfalls ist auch eine Bekanntgabe an den Bevollmächtigten möglich (§ 41 Abs. 1 S. 2 VwVfG). Hat der Bevollmächtigte eine schriftliche Vollmacht vorgelegt, dürfen Zustellungen (Rn. 216) nur an ihn erfolgen, § 7 Abs. 1 S. 2 VwZG. Bei Personenmehrheit muss der Verwaltungsakt allen Personen bekannt gegeben werden. Mit einer Bekanntgabe, die diese Voraussetzungen erfüllt, wird der Verwaltungsakt außenwirksam.

Eine besondere Regel für den Zeitpunkt der Bekanntgabe nennt § 41 Abs. 2 VwVfG. Danach gilt ein schriftlicher Verwaltungsakt bei der Übermittlung durch die Post im Inland am dritten Tage nach der Aufgabe zur Post als bekannt gegeben. Entsprechendes gilt auch für den Verwaltungsakt, der elektronisch übermittelt wird. Auch er gilt am dritten Tage nach der Absendung als bekannt gegeben, wobei die Bekanntgabefiktion für elektronische Verwaltungsakte auch gilt, wenn diese ins Ausland übermittelt werden sollen. Dabei handelt es sich um eine gesetzliche Vermutung, die widerlegt werden kann: Nach § 41 Abs. 2 S. 2 VwVfG gilt die **Drei-Tages-Fiktion** nicht, wenn der Verwaltungsakt nicht oder zu einem späteren Zeitpunkt zugegangen ist. Der Nachweis eines früheren Zugangszeitpunkts ist somit unbeachtlich und reduziert die Drei-Tages-Fiktion nicht.

Der Gesetzgeber ist im Hinblick auf diese Fiktion von der allgemeinen Lebenserfahrung ausgegangen, dass ein einfacher Brief dem Empfänger innerhalb einer Frist von drei Tagen nach der Aufgabe zur Post regelmäßig zugegangen sein wird. Diese Fiktion greift aber erst nach Aufgabe des Verwaltungsakts zur Post. Hierfür muss der Zeitpunkt (z. B. aus den Akten oder Postausgangsbuch) feststellbar sein, zu dem der Verwaltungsakt zur Post aufgegeben wurde. Ein Anscheinsbeweis oder allgemeiner Erfahrungssatz, dass ein Bescheid am Tag seiner Herstellung bzw. seiner Datierung auch zur Post gegeben wird, besteht nicht.[6]

Zu beachten ist außerdem, dass die Behörde nur im Zweifel den Zugang des Verwaltungsaktes und den Zeitpunkt des Zugangs nachzuweisen hat (§ 41 Abs. 2 S. 2 Hs. 2 VwVfG). Dieser Zweifel kann bestehen, wenn der Eintrag ins Postausgangsbuch fehlt oder der Adressat Unregelmäßigkeiten bei der Post anführen kann. Der Betreffende muss einen atypischen Geschehensablauf substantiiert vortragen. Erst dann liegt die materielle Beweislast zum Zugang und zum Zeitpunkt des Zugangs bei der Behörde.

Ein Sonderfall der individuellen Bekanntgabe ist die **Bekanntgabe durch Abruf**. Sie ist für elektronische Verwaltungsakte möglich (§ 41 Abs. 2a VwVfG). Diese können mit Einwilligung des Beteiligten dadurch bekannt gegeben werden, dass er vom Beteiligten oder von seinem Bevollmächtigten über öffentlich zugängliche Netze abgerufen wird. Dafür hat die Behörde zu gewährleisten, dass der Abruf nur nach Authentifizierung der berechtigten Person möglich ist und der elektronische Verwaltungsakt von ihr gespeichert werden kann. Der Verwaltungsakt gilt **am Tag nach dem Abruf** als bekannt gegeben. Wird der Verwaltungsakt nicht innerhalb von zehn Tagen nach Absendung einer Benachrichtigung über die Bereitstellung

---

6   OVG Bautzen, SächsVBl 2005, 103 [105].

abgerufen, wird diese beendet. In diesem Fall ist die Bekanntgabe nicht bewirkt. Es bleibt aber die Möglichkeit einer erneuten Bereitstellung zum Abruf oder der Bekanntgabe auf andere Weise.

2.   Öffentliche Bekanntgabe

Ein Verwaltungsakt darf öffentlich bekannt gegeben werden, wenn dies durch **215** Rechtsvorschrift zugelassen ist. Ein Zugang an den Betroffenen ist dann nicht mehr erforderlich (§ 41 Abs. 3 S. 1 VwVfG). § 41 Abs. 4 S. 1 VwVfG bestimmt, dass die öffentliche Bekanntgabe eines schriftlichen oder elektronischen Verwaltungs-aktes dadurch bewirkt wird, dass sein **verfügender Teil ortsüblich bekannt** ge-macht wird. Gem. § 41 Abs. 4 S. 2 VwVfG ist in der ortsüblichen Bekanntmachung freilich anzugeben, wo der Verwaltungsakt und seine Begründung eingesehen wer-den können. Zwei Wochen nach der ortsüblichen Bekanntmachung gilt der Ver-waltungsakt als bekannt gegeben, § 41 Abs. 4 S. 3 VwVfG. In einer Allgemeinver-fügung (§ 35 S. 2 VwVfG) kann ein hiervon abweichender Tag, jedoch frühestens der auf die Bekanntmachung folgende Tag bestimmt werden, § 41 Abs. 4 S. 4 VwVfG.

Beispiel: Anschlag an der amtlichen Bekanntmachungstafel einer Gemeinde.

Eine Allgemeinverfügung darf auch dann öffentlich bekannt gegeben werden, wenn eine Bekanntgabe an die Beteiligten untunlich ist (§ 41 Abs. 3 S. 2 VwVfG). Dies ist typischerweise bei Verkehrsschildern der Fall, die durch ihr Aufstellen bekannt gemacht werden.

Fall 29:[7] A hatte sein Kfz auf einer öffentlichen Straße abgestellt. Anschließend begab er sich für eine mehrwöchige stationäre Behandlung in ein Krankenhaus. Zwei Tage nach dem Parken des Kfz durch A stellte die Behörde in dem betreffenden Straßenab-schnitt zur Vorbereitung eines Straßenfestes mobile Halteverbotsschilder (Zeichen 283 nach § 41 Abs. 2 Nr. 8 StVO) auf und veranlasste vier Tage später, dass das Fahrzeug von einem Abschleppunternehmen auf dessen Betriebshof geschleppt wurde. A hält die Abschleppmaßnahme für rechtswidrig.

Lösung Fall 29: Das Halteverbotsschild (Zeichen 283 zu § 41 Abs. 2 Nr. 8 StVO) ist wie jedes andere Verkehrszeichen nach zutr. Auffassung ein Verwaltungsakt in der Form der Allgemeinverfügung im Sinne des § 35 S. 2 VwVfG. Dieser Verwaltungsakt wird gemäß § 43 Abs. 1 VwVfG gegenüber demjenigen, für den er bestimmt ist oder der von ihm betroffen wird, in dem Zeitpunkt wirksam, in dem er ihm bekannt gegeben wird. Die Bekanntgabe erfolgt nach den bundesrechtlichen Vorschriften der Straßenverkehrs-Ordnung durch Aufstellung des Verkehrsschildes (vgl. vor allem § 39 Abs. 1 und 1a, § 45 Abs. 4 StVO). Dies ist eine besondere Form der öffentlichen Bekanntgabe, entwe-der eines nicht schriftlichen (vgl. § 41 Abs. 4 S. 1 VwVfG) Verwaltungsakts gemäß § 41 Abs. 3 VwVfG oder aufgrund der Spezialregelungen der StVO, die den § 41 VwVfG insgesamt verdrängen (vgl. § 1 Abs. 2 S. 1 VwVfG a. E.). Sind Verkehrszeichen jedenfalls so aufgestellt oder angebracht, dass sie ein durchschnittlicher Kraftfahrer bei Einhal-tung der nach § 1 StVO erforderlichen Sorgfalt schon mit einem raschen und beiläufi-gen Blick erfassen kann, so äußern sie ihre Rechtswirkung gegenüber jedem von der Regelung betroffenen Verkehrsteilnehmer, gleichgültig, ob er das Verkehrszeichen tat-sächlich wahrnimmt oder nicht. Mit dieser Interpretation nicht in Widerspruch steht, dass ein Verkehrsteilnehmer von dem Verwaltungsakt erst dann betroffen wird, wenn er sich (erstmalig) der Regelung des Verkehrszeichens gegenübersieht. Denn die Wirk-samkeit des Verkehrszeichens hängt nicht von der subjektiven Kenntnisnahme des Ver-kehrsteilnehmers ab.
Nach den dargelegten Grundsätzen ist deshalb das Halteverbot, in dem zugleich ein Wegfahrgebot liegt, auch gegenüber dem A wirksam geworden. Obwohl dieser sich im

---

7   Fall nach BVerwGE 102, 316 ff.

Zeitpunkt der Aufstellung des Verkehrsschildes ebenso wie in demjenigen des behördlichen Einschreitens im Krankenhaus befand, war er jedenfalls Verkehrsteilnehmer und somit Adressat der durch das Verkehrszeichen getroffenen Anordnung. Verkehrsteilnehmer ist nämlich nicht nur derjenige, der sich im Straßenverkehr bewegt, sondern auch der Halter eines am Straßenrand geparkten Fahrzeugs, solange er – wie A – Inhaber der tatsächlichen Gewalt über das Fahrzeug ist.

Nicht ganz einheitlich beurteilt wird gegenwärtig die Frage, ob in Fällen der vorbenannten Art mit der öffentlichen Bekanntgabe die Rechtsbehelfs- bzw. Rechtsmittelfristen zu laufen beginnen. § 58 Abs. 2 VwGO verbindet den Fristbeginn mit der Zustellung, Eröffnung oder Verkündung des Verwaltungsakts. Während insoweit vormals vorherrschend auf den Zeitpunkt abgestellt wurde, in dem sich der Verkehrsteilnehmer dem Verkehrszeichen erstmals gegenübersah und dadurch zum Adressaten der darin verkörperten Anordnung wurde, verweist eine im Vordringen befindliche Meinung aus Gründen der Rechtssicherheit nunmehr auch diesbezüglich auf die allgemeine Kenntnisnahmemöglichkeit, die mit der Aufstellung beginnt; demnach beginnt mit dieser Möglichkeit für den Betroffenen auch die Rechtsbehelfsfrist zu laufen.[8]

3.   Zustellung

216 Die Zustellung ist nicht im VwVfG geregelt (vgl. § 41 Abs. 5 VwVfG), sondern im Verwaltungszustellungsgesetz des Bundes, den Verwaltungszustellungsgesetzen der Länder und in besonderen Gesetzen.

Die Zustellung ist immer erforderlich, wenn dies durch besondere Rechtsvorschrift vorgesehen ist (z. B. § 73 Abs. 3 S. 1 und 2 VwGO für den Widerspruchsbescheid; § 74 Abs. 4 S. 1 VwVfG für den Planfeststellungsbeschluss). Zustellung ist eine besonders formalisierte Form der Bekanntgabe. Sie hat die Funktion, den tatsächlichen Zugang eines Dokuments und Zeitpunkt des Zugangs nachzuweisen. Deshalb setzt die Zustellung voraus, dass

- das zuzustellende Schriftstück mit Wissen und Wollen der zuständigen Behörde aus deren Bereich heraus und in den Verfügungsbereich des Empfängers hineingelangt ist,
- die Zustellung nach den maßgeblichen Rechtsvorschriften des einschlägigen Verwaltungszustellungsgesetzes erfolgt ist,
- die Zustellung amtlich und nicht lediglich privat erfolgt ist.

Entsprechend diesen Vorgaben ist die Zustellung mit Zugang des Dokumentes – d. h. wenn dieses in die Verfügungsgewalt des Adressaten gelangt ist – bewirkt; seiner tatsächlichen Kenntnisnahme bedarf es nicht.

Das VwZG des Bundes, dessen Geltungsbereich grundsätzlich auf Bundesbehörden beschränkt ist (vgl. § 1 VwZG), kennt folgende Arten der Zustellung:
- Die Zustellung durch die **Post** mit **Zustellungsurkunde** (§ 3 VwZG),
- Die Zustellung durch die **Post** mittels **Einschreibens** (§ 4 VwZG),
- Die Zustellung durch die **Behörde** gegen **Empfangsbekenntnis**, die auch elektronisch erfolgen kann (§ 5 VwZG),
- Elektronische Zustellung gegen **Abholbestätigung** über **De-Mail-Dienste** (§ 5a VwZG).

Die Behörde hat grds. die Wahl zwischen diesen Zustellarten. Wenn aufgrund einer Rechtsvorschrift ein Verfahren auf Verlangen des Empfängers in elektronischer Form abgewickelt wird, ist der Verwaltungsakt aber elektronisch zuzustellen.

---

8   Vgl. nur *Hoppe*, in: Eyermann, VwGO, 15. Aufl., 2019, § 58 Rn. 29 m. w. N.

Besondere Vorschriften gibt es für die Zustellung im Ausland (§ 9 VwZG) und für die öffentliche Zustellung (§ 10 VwZG).

Die Zustellung wird durch die Post – d. h. einen Erbringer von Postdienstleistungen, § 2 Abs. 2 S. 1 VwZG – oder durch die Behörde selbst ausgeführt. Soll durch die Post mit Zustellungsurkunde zugestellt werden, übergibt die Behörde der Post den Zustellungsauftrag, das zuzustellende Dokument in einem verschlossenen Umschlag und einen vorbereiteten Vordruck einer Zustellungsurkunde. Die Post stellt sodann nach den Vorschriften der ZPO zu, d. h. grundsätzlich kann das Schriftstück dem Adressaten an jedem Ort übergeben werden, an dem er angetroffen wird. Verweigert der Adressat die Annahme, wird durch Zurücklassen des Schriftstücks, Einlegen in den Briefkasten oder Niederlegung zugestellt (§ 3 VwZG).

Zustellung durch Einschreiben erfolgt durch Übergabe des Dokuments oder mittels Einschreiben mit Rückschein (§ 4 Abs. 1 VwZG). Damit genügt das sog. Einwurf-Einschreiben (Einwurf des Schriftstücks in den Briefkasten und Vermerk des Postzustellers über den Einwurf) nicht den Anforderungen an eine ordnungsgemäße Zustellung durch Einschreiben.[9]

III.   Folgen von Bekanntgabefehlern

Bei einer fehlerhaften Bekanntgabe ist zu unterscheiden: Ist eine Bekanntgabe **217** nicht erfolgt, wird der Verwaltungsakt nicht wirksam (§ 43 Abs. 1 VwVfG). Der Verwaltungsakt ist also nicht rechtswidrig, sondern gegenüber dem betreffenden Adressaten unwirksam. Auch Rechtsfristen können nicht zu laufen beginnen, weil sie eine Bekanntgabe voraussetzen. Das gilt auch für eine nicht erfolgte Zustellung.

Ist das Dokument aber zugegangen, wenn auch unter Verstoß gegen Zustellungsvorschriften, kann dieser Mangel geheilt werden. Hierfür bestimmt etwa § 8 VwZG für den Fall, dass sich eine formgerechte Zustellung eines Dokuments nicht nachweisen lässt oder dieses unter Verletzung zwingender Zustellungsvorschriften zugegangen ist, dass dieses Dokument grundsätzlich in dem Zeitpunkt als zugestellt gilt, in dem es dem Empfangsberechtigten tatsächlich zugegangen ist. Bei einer elektronischen Zustellung ist das der Zeitpunkt, in dem der Empfänger das Empfangsbekenntnis zurückgesendet hat.

IV.   Konsequenzen der Wirksamkeit des Verwaltungsakts

Wie ausgeführt wird der Verwaltungsakt gegenüber seinem Adressaten mit Be- **218** kanntgabe wirksam. Zu unterscheiden sind dessen äußere und die innere Wirksamkeit. Die **äußere Wirksamkeit** hat zur Folge, dass der Verwaltungsakt existent wird und von den Betroffenen angefochten werden kann.[10] Davon zu unterscheiden ist die **innere Wirksamkeit**, deren Bedeutung darin zu sehen ist, dass der Verwaltungsakt die mit ihm intendierten bzw. kraft Gesetzes mit ihm verbundenen Rechtswirkungen auslöst. Der Unterschied wird deutlich bei einem Verwaltungsakt, dessen Regelung nicht mit der Bekanntgabe aktuell wird. Ist ein an den Betroffenen bekannt gegebener Verwaltungsakt etwa mit einer aufschiebenden Bedingung (§ 36 Abs. 2 Nr. 2 VwVfG) versehen oder ist die konkrete Regelung

---

9   BVerwGE 112, 78 [79].
10   OVG Magdeburg, NVwZ 2000, 208 [209].

wegen Einlegung eines Widerspruchs suspendiert (§ 80 Abs. 1 VwGO, str. Rn. 329), ist der Verwaltungsakt mit der Bekanntgabe äußerlich wirksam geworden und erst mit Eintritt der Bedingung bzw. Wegfalls des Suspensiveffekts auch innerlich wirksam. Die innere Wirksamkeit eines Verwaltungsakts setzt wegen § 43 Abs. 1 VwVfG die äußere Wirksamkeit voraus und wird regelmäßig mit dieser zusammenfallen. Ein nichtiger Verwaltungsakt (Rn. 226) freilich entfaltet keine Wirksamkeit (§ 43 Abs. 3 VwVfG).
Die Wirksamkeit eines Verwaltungsakts hat folgende Konsequenzen:

219 **a)** Die **Bindungswirkung**: Mit der äußeren Wirksamkeit bindet der Verwaltungsakt die Personen, denen er bekannt gegeben wurde, d. h. er berechtigt und verpflichtet diese. Das betrifft einmal die **persönliche Bindung** der Person(en), für die er bestimmt ist (§ 41 Abs. 1 VwVfG) und der/denen gegenüber er bekannt gegeben wurde (§ 43 Abs. 1 VwVfG), der erlassenden Behörde und – sofern der Verwaltungsakt Drittwirkung hat – der jeweiligen Dritten.
In **sachlicher Hinsicht** bezieht sich die Bindung grundsätzlich nur auf den Entscheidungsausspruch (Tenor) des Verwaltungsakts. Ähnlich wie bei der Rechtskraft gerichtlicher Entscheidungen nehmen an der Bindungswirkung bestandskräftiger Verwaltungsakte neben dem Tenor aber auch die **tragenden**, für die Bestimmung des konkreten Regelungsinhalts maßgebenden Gründe teil, auf die sich die Behörde bei ihrer Entscheidung erkennbar gestützt hat.[11] Im Übrigen ist die Begründung des Verwaltungsakts für die Auslegung des Tenors von Bedeutung.

220 **b)** Die **Tatbestandswirkung** des Verwaltungsakts bedeutet, dass andere Personen und Behörden, die nicht von der Bindungswirkung betroffen sind, den Verwaltungsakt als rechtlich existent zu akzeptieren haben, d. h. sie haben die Tatsache anzuerkennen, dass der Verwaltungsakt erlassen wurde, wirksam ist und dass er gegenüber den Betroffenen eine Bindungswirkung entfaltet, ohne dass sie die Rechtmäßigkeit des Verwaltungsakts zu überprüfen haben.[12]

> **Beachte:** Die Begriffe „Bindungswirkung" und „Tatbestandswirkung" werden auch mit anderen Bedeutungsinhalten belegt. Zum Teil werden diese Begriffe nicht unterschieden, nach wieder a. A. soll Bindungswirkung ein allgemeines Abweichungsverbot meinen, Tatbestandswirkung soll anzunehmen sein, wenn nach materiellem Recht der Erlass eines wirksamen Verwaltungsakts Voraussetzung für den Eintritt von Rechtsfolgen ist.[13]
>
> **Fall 30:**[14] A ist Inhaber einer bestandskräftigen Baugenehmigung und einer noch nicht bestandskräftigen gaststättenrechtlichen Erlaubnis für den Betrieb einer Trinkhalle. Nachbar N wendet sich gegen beide Genehmigungen, weil er erhebliche Lärmimmissionen erwartet.
>
> **Lösung Fall 30:** In der zitierten Entscheidung führt das BVerwG Folgendes aus: „Die baurechtliche Genehmigung einer Gaststätte entfaltet, solange die Genehmigung besteht und die Verhältnisse sich nicht rechtserheblich ändern, anerkanntermaßen Bindungswirkungen dahin, dass die Gaststättenbehörde die entsprechende Gaststättenerlaubnis nicht aus baurechtlichen Gründen versagen darf … Die Bindungswirkung der Baugenehmigung bezieht sich dagegen nicht auf die Vereinbarkeit des Vorhabens mit gaststättenrechtlichen Vorschriften, deren Prüfung im Gaststättengesetz dem besonderen gaststättenrechtlichen Erlaubnisverfahren vorbehalten ist … Daraus lässt sich aber nicht schließen, für die gaststättenbehördliche Beurteilung eines Gaststättenvorhabens unter dem Gesichtspunkt des

---

11 VGH Mannheim, NVwZ 1987, 521 ff.
12 BVerwGE 59, 310 [315]; *Kopp/Ramsauer*, VwVfG, 21. Aufl., 2020, § 43 Rn. 18.
13 *Peine/Siegel*, Allgemeines Verwaltungsrecht, 13. Aufl., 2020, S. 145, Rn. 462.
14 BVerwGE 80, 259 ff.

§ 4 Abs. 1 Nr. 3 GastG sei eine bereits erteilte Baugenehmigung unerheblich. Es ist nämlich zu berücksichtigen, dass § 4 Abs. 1 Nr. 3 GastG – soweit es um die mit einem Gaststättenvorhaben in bestimmter örtlicher Umgebung verbundenen Immissionen geht – keinen anderen Zulässigkeitsmaßstab aufstellt als die baurechtliche Vorschrift des § 15 Abs. 1 S. 2 BauNVO. Nach § 15 Abs. 1 S. 2 BauNVO ist eine bauliche Anlage dann unzulässig, wenn von ihr Belästigungen oder Störungen ausgehen können, die nach der Eigenart des Baugebiets im Baugebiet selbst oder in dessen Umgebung unzumutbar sind. Dass diese Vorschrift auf nach der Eigenart des Baugebiets unzumutbare Belästigungen oder Störungen, § 4 Abs. 1 Nr. 3 GastG jedoch auf schädliche Umwelteinwirkungen i. S. des Bundes-Immissionsschutzgesetzes oder sonstige erhebliche Nachteile. Gefahren oder Belästigungen im Hinblick auf die örtliche Lage des Vorhabens abstellt, begründet, was das Maß des durch die Vorschriften gewährleisteten Immissionsschutzes angeht, keinen Unterschied. Sind die von einer Gaststätte typischerweise zu erwartenden Belästigungen nach der Art des Baugebiets zumutbar i. S. des § 15 Abs. 1 S. 2 BauNVO, so bedeutet dies zugleich, dass es sich dabei nicht um schädliche Umwelteinwirkungen oder sonstige erhebliche Nachteile, Gefahren oder Belästigungen i. S. des § 4 Abs. 1 Nr. 3 GastG handelt ... Ob die Kl. die Belästigungen, die typischerweise von einer ihrem Grundstück benachbarten Trinkhalle zu erwarten sind, hinnehmen muss oder nicht, kann daher nach § 15 Abs. 1 S. 2 BauNVO und nach § 4 Abs. 1 Nr. 3 GastG nicht verschieden beurteilt werden. Welche Behörde die insoweit maßgebliche Entscheidung zu treffen hat, ist – entsprechend den Grundsätzen, die das BVerwG ... in einem ähnlichen Fall von Zuständigkeitskonkurrenz entwickelt hat – danach zu bestimmen, zu welchem in die originäre Zuständigkeit der beteiligten Behörden fallenden Regelungsgegenstand der stärkere Bezug besteht ...".

Dem BVerwG zu Folge, steht im vorliegenden Fall mit der bestandskräftigen Baugenehmigung fest, dass die Lärmimmissionen, mit denen bei einer solchen Trinkhalle typischerweise zu rechnen ist, bei Berücksichtigung des Gebietscharakters für die Nachbarschaft, keine schädlichen Umwelteinwirkungen und keine erheblichen Nachteile, Gefahren oder Belästigungen i. S. d. § 4 Abs. 1 Nr. 3 GastG darstellen.

c) Die **Bestandskraft:** Sie bedeutet, dass die Bindungswirkung nicht mehr ohne **221** eine Entscheidung der Behörde beseitigt werden kann. Die formelle Bestandskraft tritt ein, wenn der Verwaltungsakt durch Rechtsbehelfe nicht mehr angefochten werden kann, sei es etwa weil die Rechtsbehelfsfrist abgelaufen ist (vgl. § 70 VwGO für die Widerspruchsfrist) oder der Rechtszug ausgeschöpft ist und ein ordentlicher Rechtsbehelf (ein ordentliches Rechtmittel) nicht mehr möglich ist (z. B. eine Entscheidung des BVerwG). Mit der Unanfechtbarkeit erlangt der Verwaltungsakt formelle Bestandskraft. Die formelle Bestandskraft tritt ungeachtet einer etwaigen Rechtswidrigkeit des Verwaltungsakts ein. Dies ist mit dem Rechtsstaatsgrundsatz vereinbar, weil die Bestandskraft der Rechtssicherheit dient. Zwar ist es vorrangig Sache der Gerichte, die Rechtsordnung durch die verbindliche Feststellung dessen, was im konkreten Fall rechtens ist, zu sichern. Dieses Erfordernis gebietet es aber auch, dass überall dort, wo Akte mit dem Anspruch rechtlicher Verbindlichkeit gesetzt werden, den Betroffenen möglichst schnell Gewissheit über das für sie Verbindliche zuteil wird. Dies gilt insbesondere im Verwaltungsrecht, das weithin von der Möglichkeit hoheitlich-verbindlicher Rechtsgestaltung und -feststellung gekennzeichnet ist. Gerade in einem Staat, der so weitgehend rechtlicher Kontrolle unterstellt ist, ist es unabdingbar, dass die Bestandskraft seiner Verwaltungsakte binnen angemessener Fristen eintritt, soll er nicht handlungsunfähig werden und damit der Freiheit aller Abbruch getan werden.[15]

Die materielle Bestandskraft betrifft die Bindungswirkung des Verwaltungsakts (Rn. 219) nach Eintritt der formellen Bestandskraft. Die Betroffenen sind an den

---

15 so ausdrücklich BVerfGE 60, 253 [270].

Verwaltungsakt gebunden, weil eine Aufhebung oder Änderung durch ordentliche Rechtsbehelfe nicht mehr möglich ist; die Bindungswirkung kann nur noch durch Aufhebung des Verwaltungsakts aufgrund besonderer gesetzlicher Rechtsgrundlagen beseitigt oder abgeändert werden (vgl. z. B. §§ 48 bis 51 VwVfG).

222 d) Von der Wirksamkeit eines Verwaltungsakts zu unterscheiden ist seine **Vollziehbarkeit**. Das ist die Verwirklichung der in dem Verwaltungsakt ausgesprochenen Rechtsfolge durch weitere Maßnahmen. Gemeint ist damit nicht die Vollstreckung, sondern die Umsetzung der Regelungsanordnung.
Umstritten ist, ob die Auslösung des Suspensiveffekts nach § 80 Abs. 1 VwGO zur (teilweisen) Unwirksamkeit des Verwaltungsakts oder nur Hemmung seiner Vollziehbarkeit führt. Gegen die sog. Wirksamkeitstheorie spricht, dass ein Verwaltungsakt nur in den besonderen in § 43 Abs. 2 VwVfG aufgeführten Fällen unwirksam wird; das Einlegen eines Rechtsbehelfs allein lässt den Verwaltungsakt daher nicht unwirksam werden.[16] Das BVerwG folgt zutreffend der Vollziehbarkeitstheorie: Der Verwaltungsakt bleibt trotz Einlegung eines Rechtsbehelfs und Auslösung des Suspensiveffekts wirksam, ist aber in seiner Vollziehbarkeit gehemmt (vgl. auch näher Rn. 329 ff.).[17]

223 **Das Ende der Wirksamkeit eines Verwaltungsakts regelt § 43 Abs. 2 VwVfG.** Ein Verwaltungsakt bleibt wirksam, solange und soweit er nicht zurückgenommen (vgl. § 48 VwVfG), widerrufen (vgl. § 49 VwVfG), anderweitig aufgehoben (vgl. §§ 72, 73 bzw. 113 Abs. 1 S. 1 VwGO) oder durch Zeitablauf (z. B. § 36 Abs. 2 Nr. 1 VwVfG) oder auf andere Weise erledigt ist. „Auf andere Weise erledigt" sich ein Verwaltungsakt, wenn er nicht mehr geeignet ist, rechtliche Wirkungen zu erzeugen, oder wenn die Steuerungsfunktion, die ihm ursprünglich innewohnte, nachträglich entfällt.[18] Das kann der Fall sein, wenn der mit einer behördlichen Maßnahme erstrebte Erfolg endgültig eingetreten ist.

> **Beispiele:** Eine Erledigung „in anderer Weise" i. S. d. § 43 Abs. 2 VwVfG kann vorliegen, wenn alle Beteiligten übereinstimmend einen früheren Verwaltungsakt für obsolet ansehen und davon ausgehen, dass die Sach- und Rechtslage auf dem Boden einer neuen „Geschäftsgrundlage" zu beurteilen ist.[19] Das setzt keinen Verzichtswillen voraus, sondern nur „konsensuales" Verhalten. Ähnlich dem Verlust der Wirksamkeit durch Zeitablauf, stellen sich die Beteiligten bewusst auf eine neue, veränderte Sachlage ein, die sie ihrem weiteren Verhalten nunmehr zugrunde legen. Sie verändern übereinstimmend gleichsam die „Geschäftsgrundlage".
> Das in einem Verwaltungsakt ausgesprochene Verbot an den Betreiber eines Schlachthofs, Schlachtabfälle nicht mehr durch eine bestimmte Tierfrischmehlfabrik beseitigen zu lassen, hat sich mit Einstellung des Schlachtbetriebs erledigt.[20]
> Allein der zwangsweise Vollzug eines Verwaltungsakts führt demgegenüber jedoch noch nicht zu einer anderweitigen Erledigung qua Zweckerreichung. Werden durch die Vollstreckung keine irreversiblen Verhältnisse geschaffen, so dauert die regelnde Wirkung schon deshalb fort, weil die Behörde anderenfalls nicht in der Lage wäre, Folgenbeseitigungsansprüche (Rn. 403) abzuwehren.[21]

---

16 *Ipsen*, Allgemeines Verwaltungsrecht, 11. Aufl., 2019, S. 309, Rn. 1204.
17 BVerwGE 13, 1 [5].
18 BVerwG, BauR 1999, 733 f; BVerwGE 139, 337 ff.
19 BVerwG, NVwZ 1998, 729 ff.
20 BVerwG, NVwZ 1990, 570 [571].
21 BVerwG, BauR 1999, 733 f.

Die Wirksamkeit eines Verwaltungsakts endet zudem grundsätzlich nicht schon durch eine Änderung der Sach- und Rechtslage, auch wenn die gesetzliche Rechtsgrundlage entfällt.

V. Inhalt des Verwaltungsakts

Der Verwaltungsakt wird mit dem Inhalt wirksam, mit dem er bekannt gegeben **224** wird (§ 43 Abs. 1 S. 2 VwVfG). Wie ausgeführt, ist der Umfang der Bindungswirkung anhand der Entscheidungsformel sowie der tragenden Entscheidungsgründe zu bestimmen. Dabei ist der Inhalt des Verwaltungsakts durch Auslegung entsprechend §§ 133, 157 BGB zu ermitteln, d. h. es ist festzustellen, wie ihn der Empfänger bei objektiver Würdigung verstehen konnte.

Fall 31:[22] A hat durch den Magistrat der Stadt Gera am 14.9.1990 die Erlaubnis zur gewerblichen Veranstaltung eines Glücksspiels auf der Grundlage des Gewerbegesetzes der DDR (vom 6.3.1990, GBl DDR I S. 138) erhalten. Art. 19 Einigungsvertrag (EV) bestimmt: „Vor dem Wirksamwerden des Beitritts ergangene Verwaltungsakte der Deutschen Demokratischen Republik bleiben wirksam. Sie können aufgehoben werden, wenn sie mit rechtsstaatlichen Grundsätzen oder mit den Regelungen dieses Vertrags unvereinbar sind. Im Übrigen bleiben die Vorschriften über die Bestandskraft von Verwaltungsakten unberührt." A will Glücksspiele nun auch in Bayern anbieten und verweist auf seine gültige Erlaubnis.

Lösung Fall 31: Zu fragen ist, welche Bindungswirkung die Erlaubnis für die Behörden des Freistaats Bayern hat. Grundsätzlich bindet der Verwaltungsakt nur die erlassende Behörde, allerdings kann er auch Tatbestandswirkung gegenüber anderen Behörden haben. Etwas anderes kann sich aus der gesetzlichen Rechtsgrundlage ergeben. Das BVerwG führt hierzu aus: „Der räumliche Geltungsbereich (auch) eines nach Art. 19 EV in die Rechtsordnung der Bundesrepublik Deutschland übergeleiteten Verwaltungsaktes richtet sich zunächst nach seinem Inhalt und den auf den geregelten Lebenssachverhalt anzuwendenden Rechtsvorschriften und muss, soweit erforderlich, durch Auslegung ermittelt werden… Der Regelungsgehalt ist entsprechend den zu §§ 133, 157 BGB entwickelten Regeln zu ermitteln. Die Auslegung auch eines Verwaltungsaktes richtet sich dabei nicht nach den subjektiven Vorstellungen des Adressaten oder der erlassenden Behörde. Maßgebend ist entsprechend der Auslegungsregel des § 133 BGB der erklärte Wille, wie ihn der Empfänger bei objektiver Würdigung verstehen konnte. Auch für die Auslegung eines Verwaltungsaktes sind nur solche Umstände zu berücksichtigen, die dem Empfänger bei Zugang der Willenserklärung erkennbar waren. Nicht der innere, sondern der objektiv erklärte Wille ist maßgebend, wie ihn der Empfänger verstehen kann … Die Gewerbeerlaubnis vom 14. September 1990 enthält keine Regelung über ihren räumlichen Geltungsbereich. Mit Blick auf die Grenze der Hoheitsmacht einer Behörde der DDR kann von vornherein nicht angenommen werden, dass sie eine darüber hinaus reichende Wirkung entfalten sollte und konnte. Zu den bei der Auslegung zu berücksichtigenden Umständen können darüber hinaus auch die Regelungen des Gewerbegesetzes der DDR sowie die historischen Verhältnisse im Zeitpunkt der Bescheiderteilung berücksichtigt werden. Hinweise für den Geltungsbereich der gewerberechtlichen Gestattung lassen sich aus den gesetzlichen Versagungsgründen ableiten. Nach § 3 Abs. 6 des Gewerbegesetzes der DDR durfte die Erlaubnis nur versagt werden, „wenn der Schutz des Gemeinwohls der Bürger und Gemeinschaften sowie Hygiene und Umwelt die Ausübung nicht zulassen … Dienen die Versagungsgründe dem Schutz der Verhältnisse und der Bewohner der früheren DDR, so spricht dies dafür, dass der Geltungsbereich gewerberechtlicher Erlaubnisse auch nur auf das Gebiet der ehemaligen DDR bezogen sein sollte. Der Hygiene und Umwelt betreffende Versagungsgrund betrifft tendenziell einen engen räumlichen Bereich, lässt jedenfalls

---

22 BVerwGE 126, 149 ff.

einen Bezug über das damalige Staatsgebiet der DDR hinaus nicht deutlich werden. Der Schutz des Gemeinwohls der Bürger und Gemeinschaften ist auf das Staatsgebiet der früheren DDR bezogen. Der Begriff ‚Bürger' greift den entsprechenden Begriff der Verfassung der DDR auf (vgl. etwa Art. 3 Abs. 2 Satz 2, Art. 5 Abs. 1 VerfDDR) … Durch Art. 19 EV ist grundsätzlich keine inhaltliche Änderung von Verwaltungsakten der DDR-Behörden eingetreten … Diese Vertragsbestimmung bezweckte zum einen, dem Gedanken des Vertrauensschutzes bei begünstigenden Verwaltungsakten dahingehend Rechnung zu tragen, dass die betreffende Einzelentscheidung in ihrer regelnden Wirkung grundsätzlich erhalten bleibt. Zum anderen verfolgte sie den Zweck, die mit dem Einigungsvertrag insgesamt angestrebte Rechtseinheit zu fördern. Um dieses Zieles willen kommt daher Verwaltungsakten der DDR gemäß Art. 19 Satz 1 EV je nach ihrer regelnden Wirkung grundsätzlich ebenso Geltung im gesamten (erweiterten) Bundesgebiet zu, wie dies auch für Verwaltungsakte zutrifft, die bis zum 3. Oktober 1990 von der Behörde eines alten Bundeslandes erlassen worden sind … Die nach Art. 19 EV als bundesdeutsche Verwaltungsakte fortgeltenden Verwaltungsakte der Deutschen Demokratischen Republik erfordern also im Blick auf die Frage nach ihrer bundesweiten Geltung eine hypothetische Prüfung: kommt einem inhaltlich entsprechenden Verwaltungsakt der Behörde eines alten Bundeslandes bundesweite Geltung zu, so ist dasselbe für den nach Art. 19 EV fortgeltenden Verwaltungsakt anzunehmen; anderenfalls ist eine solche Geltung zu verneinen, weil die für die angestrebte Rechtseinheit maßgebliche Rechtsordnung der (erweiterten) Bundesrepublik Deutschland durch deren föderale Struktur und die damit verbundenen unterschiedlichen Regelungsbefugnisse mitgeprägt ist, so dass sie nicht selten Regelungsverschiedenheiten in den einzelnen Bundesländern hervorbringt. Eine weiter reichende, weder durch den Grundsatz des Vertrauensschutzes noch durch den so verstandenen Gedanken der Rechtseinheit gebotene ‚Maßstabsvergrößerung' ist in der Vertragsbestimmung nicht angelegt. Im hier gegebenen Zusammenhang ist zu berücksichtigen, dass auch in den Ländern der alten Bundesrepublik Erlaubnisse für die gewerbliche Veranstaltung von Wetten auf Sportveranstaltungen … nur nach dem jeweiligen Landesrecht erteilt werden konnten und demzufolge in den alten Bundesländern, hätten sie erteilt werden dürfen, nur Wirkung im Gebiet des betreffenden Bundeslandes hätten beanspruchen können …".

Rechtsprechung: BVerwGE 29, 321 ff. – „Schriftlichkeit und Bekanntgabe"; BVerwGE 80, 259 ff. – „Bindungswirkung Baugenehmigung"; BVerwGE 102, 316 ff. – „Verkehrszeichen"; BVerwGE, 126, 149 ff. – „Glückspielkonzession".

Literatur: *Bitter,* G./*Konow,* C., Bekanntgabe und Widerspruchsfrist bei Verkehrszeichen, NJW 2001, 1386 ff.; *Beaucamp,* G., Rechtsfragen der Bekanntgabe nach § 41 VwVfG, JA 2016, 436 ff.; *Ehlers,* D., Rechtsfragen der Existenz, der Wirksamkeit und der Bestandskraft von Verwaltungsakten, in Festschrift für Erichsen, 2004, S. 1 ff.; *Gröpl,* C., „Geburt" und „Sterben" von Verwaltungsakten. Teil 1, JA 1995, 904 ff., Teil 2, JA 1995, 983 ff.; *Guckelberger,* A., Digitalisierung und ihre Folgen für die postalische Bekanntgabe von Verwaltungsakten, NVwZ 2018, 359 ff.; *Ruffert,* M., Die Erledigung von Verwaltungsakten „auf andere Weise", BayVBl. 2003, 33 ff.; *Schmidt-de Caluwe,* R., Die Wirksamkeit des Verwaltungsakts, VerwArch 1999, 49 ff.

§ 10 Der fehlerhafte Verwaltungsakt

225 Fehlerhafte Verwaltungsakte können **rechtswidrig** oder **nichtig** sein.
Ein fehlerhafter Verwaltungsakt ist grundsätzlich rechtswidrig. Die Rechtswidrigkeit kann eintreten, weil der Verwaltungsakt nicht auf einer erforderlichen gesetzlichen Rechtsgrundlage beruht, weil Verfahrens- oder Formvorschriften nicht eingehalten wurden oder weil der Verwaltungsakt mit materiellem Recht unvereinbar ist. Mit Ablauf der Rechtsbehelfsfrist wird der Verwaltungsakt bestandskräftig (Rn. 221). Bestandskräftige Verwaltungsakte entfalten Bindungs- und Tatbestands-

wirkung, obgleich sie rechtswidrig sind, d. h. die Betroffenen (Bürger, Behörde und ggf. Dritte) sind an den Entscheidungsausspruch des Verwaltungsakts gebunden.

Ein nichtiger Verwaltungsakt ist unwirksam, d. h. er regelt nichts. Sein Adressat genießt keinen Vertrauensschutz – auch nicht dahingehend, dass der mit dem nichtigen Verwaltungsakt erzeugte Rechtsschein aufrechterhalten oder nur gegen einen Schadensausgleich beseitigt wird.[1] Wird ein nichtiger Verwaltungsakt von einer Behörde beseitigt, vernichtet sie ihn nicht, sondern schafft lediglich eine Klarstellung der Rechtslage.

I. Nichtiger Verwaltungsakt

§ 44 VwVfG regelt die Nichtigkeit eines Verwaltungsakts. Bei dieser handelt es sich **226** um einen besonders schweren Verstoß gegen die rechtlichen Rahmenbedingungen (vgl. § 44 Abs. 1 VwVfG). Dabei unterscheiden § 44 Abs. 1 und Abs. 2 VwVfG zwei Nichtigkeitstatbestände.

Primär zu prüfen ist die Aufführung der Nichtigkeitsgründe (**absolute Nichtigkeitsgründe**) des § 44 Abs. 2 VwVfG. Ohne Rücksicht auf das Vorliegen der Voraussetzungen des § 44 Abs. 1 VwVfG ist ein Verwaltungsakt nichtig,

1.   der schriftlich oder elektronisch erlassen worden ist, **die erlassende Behörde aber nicht erkennen lässt;**
2.   der nach einer Rechtsvorschrift nur durch die **Aushändigung einer Urkunde** erlassen werden kann, aber dieser Form nicht genügt;
3.   den eine Behörde außerhalb ihrer durch **§ 3 Abs. 1 Nr. 1 begründeten Zuständigkeit erlassen** hat, ohne dazu ermächtigt zu sein;
4.   den aus tatsächlichen Gründen niemand ausführen kann;
5.   der die Begehung einer **rechtswidrigen Tat** verlangt, die einen Straf- oder Bußgeldtatbestand verwirklicht;
6.   der gegen die **guten Sitten** verstößt.

Ist keine dieser Fallgruppen einschlägig, ist sekundär zu prüfen, ob eine Nichtigkeit nach § 44 Abs. 1 VwVfG begründet ist. Das setzt voraus, dass der Verwaltungsakt an einem **besonders schwerwiegenden Fehler** leidet und dies bei verständiger Würdigung aller in Betracht kommenden Umstände **offensichtlich** ist (**relative Nichtigkeitsgründe**). Der Verwaltungsakt muss also evident fehlerhaft sein.

Ein Verwaltungsakt leidet an einem **besonders schweren Fehler**, wenn er mit der **227** Rechtsordnung unter keinen Umständen vereinbar ist.[2] Hierzu muss der maßgebliche Rechtsfehler den betroffenen Verwaltungsakt als schlechterdings unerträglich erscheinen lassen, d. h. er muss mit tragenden Verfassungsprinzipien oder den der Rechtsordnung immanenten wesentlichen Wertvorstellungen sowie mit den die Rechtsordnung tragenden Zweck- oder Wertvorstellungen unvereinbar sein.[3] Das sind etwa Verstöße gegen ausnahmslos geltende zwingende gesetzliche Verbote oder Gebote oder offensichtliche Gefälligkeitsverwaltungsakte, denen keinerlei rechtfertigender Sachverhalt zugrunde liegt.[4] Allein die Verletzung (selbst) ei-

---

1   BVerwG, DVBl 1980, 1009.
2   BVerwG, DVBl 1985, 624 f. m. w. N.
3   BVerwG, NVwZ 1984, 578 ff. m. w. N.
4   OVG Bautzen vom 24.1.2005 – 2 B 644/04.

ner wichtigen Rechtsbestimmung lässt den Fehler dagegen noch nicht als schwerwiegend erscheinen.[5]

228 **Offenkundig** ist die schwere Fehlerhaftigkeit einer Entscheidung nur dann, wenn sie für einen unvoreingenommenen, mit den in Betracht kommenden Umständen vertrauten, verständigen Beobachter ohne weiteres ersichtlich ist,[6] wenn der Fehler dem Verwaltungsakt „auf die Stirn geschrieben ist" (sog. Evidenzkriterium).

> **Beispiel:** ein völlig unbestimmter Verwaltungsakt;[7] ein widersprüchlicher Verwaltungsakt,[8] Versetzung eines Nicht-Beamten in den Ruhestand.[9]

229 § 44 Abs. 3 VwVfG regelt schließlich nicht zur Nichtigkeit führende Verstöße. Ein Verwaltungsakt ist demnach nicht schon deshalb nichtig, weil

1. Vorschriften über die **örtliche Zuständigkeit** nicht eingehalten worden sind, außer wenn ein Fall des Abs. 2 Nr. 3 vorliegt;

2. eine nach § 20 Abs. 1 S. 1 Nr. 2 bis 6 **ausgeschlossene Person** mitgewirkt hat;

3. ein **durch Rechtsvorschrift zur Mitwirkung berufener Ausschuss** den für den Erlass des Verwaltungsakts vorgeschriebenen Beschluss nicht gefasst hat oder nicht beschlussfähig war;

4. die nach einer Rechtsvorschrift erforderliche Mitwirkung einer anderen Behörde unterblieben ist.

> **Fall 32:**[10] Das staatliche Forstamt des Lands L hat das Verbotszeichen Nr. 250 zu § 41 StVO („Verbot für Fahrzeuge aller Art") mit dem Zusatz „Frei für Forstbetrieb" an einem privaten Wirtschaftsweg der Staatsforstverwaltung angebracht. Zuständige Straßenverkehrsbehörden, die Straßenverkehrszeichen aufstellen dürfen (§ 45 Abs. 3 StVO), sind im Land L nur die Gemeinden, die Landratsämter, kreisfreien Gemeinden und Großen Kreisstädte.
>
> **Lösung Fall 32:** Beim Verkehrszeichen Nr. 250 zu § 41 StVO handelt es sich nach zutr. Auffassung um einen Verwaltungsakt in Form der Allgemeinverfügung (Rn. 171 f.). Dieses Zeichen wurde aber von einer sachlich unzuständigen Behörde aufgestellt. Fraglich ist, ob das Verkehrszeichen damit rechtswidrig oder nichtig ist. Der Fall der sachlich unzuständigen Behörde ist gesetzlich nicht geregelt. Aus § 43 Abs. 3 Nr. 1 VwVfG (keine Nichtigkeit wegen örtlicher Unzuständigkeit), folgt jedenfalls im Umkehrschluss, dass eine sachliche Unzuständigkeit durchaus zur Nichtigkeit führen kann, wenngleich diese Rechtsfolge nicht zwingend sein muss.

230 In der Tat können schwere und weniger schwerwiegende Verstöße gegen die sachliche Zuständigkeit unterschieden werden: die **absolute Unzuständigkeit** und die **(einfache) sachliche Unzuständigkeit:**

– Nichtig sind Verwaltungsakte **absolut unzuständiger Behörden**, d. h. solcher Behörden, die unter keinem denkbaren Gesichtspunkt für den Erlass des maßgeblichen Verwaltungsakts zuständig bzw. befugt sein können, so insbesondere bei fehlender hoheitlicher Gewalt, bei fehlender Verwaltungskompetenz oder bei fehlender Verbandskompetenz, d. h. bei Entscheidungen eines Rechtsträgers im Vollzug von Recht, für das dieser Rechtsträger unter keinem denkbaren Gesichtspunkt zuständig sein kann.

---

5 BVerwG, NVwZ 1985, 2658 [2659].
6 BVerwGE 87, 230.
7 OVG Münster, NVwZ 1989, 1081.
8 OVG Münster, NVwZ 1989, 379.
9 BVerwGE 19, 284 [287].
10 BayObLG, NVwZ 1984, 399.

– Auch die **offensichtliche Verletzung der (einfachen) sachlichen Zuständigkeit** der Behörde führt regelmäßig jedenfalls unter der Bedingung zur Nichtigkeit, dass die mit dem Verwaltungsakt geregelte Angelegenheit unter keinem sachlichen Gesichtspunkt einen Bezug zum Aufgabenbereich der handelnden Behörde aufweist und dieses auch offenkundig ist, insbesondere bei offenkundig fehlender Ressortzuständigkeit. **Nicht schwer bzw. offensichtlich** ist demgegenüber z. B. die Fehlerhaftigkeit eines Verwaltungsakts, der unter Verletzung der Zuständigkeit im **Instanzenzug** ergangen ist und zwar auch dann, wenn anstelle der zuständigen Behörde eine über- oder nachgeordnete Behörde gehandelt hat[11] oder wenn die unzuständige Stelle **bei anderer Sach- oder Verfahrenslage zuständig gewesen** wäre.

Zu Fall 32: Im vorangestellten Fall war das staatliche Forstamt unter keinem denkbaren Gesichtspunkt für das Aufstellen des Verkehrszeichens zuständig (Fall einer absolut unzuständigen Behörde in Form offenkundig fehlender Verbandszuständigkeit); es ist mithin nichtig.

Fall 33:[12] Die Stadt S zieht Anlieger einer Straße zu Erschließungsbeiträgen heran. A, Eigentümer eines entsprechenden Anliegergrundstücks, erhielt keinen Bescheid, stattdessen wurden seinem Sohn B, dem Eigentümer des benachbarten Grundstücks, in einem Umschlag zwei – an diesen adressierte – Erschließungsbeitragsbescheide zugestellt, von denen sich einer auf sein Grundstück und der andere auf das Grundstück seines Vaters A bezog. Gegen beide Bescheide legte B keinen Widerspruch ein. Da weder A noch B der Zahlungsaufforderung aus dem Bescheid betreffend das Grundstück des A nachkommen, möchte S gegen B vollstrecken und erlässt daher einen Duldungsbescheid als Vollstreckungsmaßnahme. B meint, S habe mit dem Erlass des Duldungsbescheids einen „groben" Fehler begangen. Wegen der fehlerhaften Zustellung des Erschließungsbeitragsbescheids, der das Grundstück des A betreffe, sei eine ihn betreffende persönliche Beitragsschuld insoweit nicht entstanden. Mithin sei eine Vollstreckung nicht möglich.

Lösung Fall 33: Da die Rechtsbehelfsfrist bereits abgelaufen ist, ist der an B zugegangene Duldungsbescheid als Vollstreckung des Erschließungsbescheids das Grundstück des A betreffend bestandskräftig. B kann gegen den fehlerhaften Duldungsbescheid nur noch dann vorgehen, wenn dieser nichtig ist. Die Nichtigkeitsfolge könnte sich aus § 44 Abs. 1 VwVfG ergeben. Allerdings bezieht sich der Begriff „besonders schwerwiegend" in dieser Vorschrift entgegen der Auffassung des B nicht auf das Fehlverhalten der Behörde. Es kommt also nicht darauf an, in welchem Maße der Behörde dieses Fehlverhalten vorzuwerfen ist, ob es also grob schuldhaft war. Bereits der Wortlaut des § 44 Abs. 1 VwVfG macht deutlich, dass sich der Fehler, von dem in dieser Vorschrift die Rede ist, auf den Verwaltungsakt bezieht, nicht aber auf das Verhalten der Behörde. Dies wird bestätigt durch § 48 Abs. 2 Nr. 1 VwVfG, der selbst durch (arglistige Täuschung, Drohung oder) Bestechung erwirkte Verwaltungsakte für nicht nichtig, sondern nur für rücknehmbar erklärt.

Im vorliegenden Fall erscheint der fehlerhafte Duldungsbescheid auch inhaltlich nicht als schlechterdings unerträglich, d. h. mit tragenden Verfassungsprinzipien oder der Rechtsordnung immanenten wesentlichen Wertvorstellungen unvereinbar. Denn tatsächlich ist durch die Zustellung des Erschließungsbescheids das Grundstück des A betreffend an B eine Beitragsschuld des B entstanden. Diese Beitragsschuld kann vollstreckt werden. Zwar ist ein an einen Nichteigentümer gerichteter Erschließungsbeitragsbescheid wegen eines Verstoßes gegen § 134 Abs. 1 BauGB fehlerhaft, es liegt aber kein schwerwiegender Fehler vor, der zur Nichtigkeit führt. Damit ist der Erschließungsbescheid lediglich rechtswidrig und, weil B keinen Widerspruch eingelegt hat, bestandskräftig. Lässt ein Nichteigentümer einen an ihn adressierten und ihm zugestell-

---

11 OVG Bautzen vom 24.1.2005 – 2 B 644/04.
12 BVerwG, NJW 1985, 2658 ff.

ten Erschließungsbeitragsbescheid bestandskräftig werden, so wird die mit diesem Bescheid geltend gemachte Erschließungsbeitragsforderung zwar nicht vom BauGB, aber
von der Bestandskraft des Bescheids gedeckt. Dieser kann grundsätzlich vollstreckt werden.

II.   Teilnichtiger Verwaltungsakt

231 Betrifft die Nichtigkeit nur einen Teil des Verwaltungsaktes, so ist – anders als im
Falle der zivilrechtlichen Regelung des § 139 BGB – grundsätzlich nur dieser Teil
nichtig. Der Verwaltungsakt ist aber im Ganzen nichtig, wenn der nichtige Teil
so wesentlich ist, dass die Behörde den Verwaltungsakt ohne den nichtigen Teil
nicht erlassen hätte (§ 44 Abs. 4 VwVfG). Dabei ist nicht auf den subjektiven (hy-
pothetischen) Willen der Behörde abzustellen, sondern darauf, ob die Behörde bei
objektiver und an den zugrunde liegenden Rechtssätzen orientierter Auslegung
im Fall einer Teilaufhebung die verbleibende Regelung getroffen hätte und auch
hätte treffen können.[13] Der nichtige Teil ist jedenfalls dann wesentlich, wenn der
verbleibende Teil seine eigenständige Bedeutung verliert oder einen anderen Sinn
enthält.[14]

III.   Feststellung der Nichtigkeit des Verwaltungsakts

232 Nach § 44 Abs. 5 VwVfG kann die Behörde die Nichtigkeit jederzeit von Amts
wegen **feststellen**. Die Nichtigkeit ist auf Antrag festzustellen, wenn der Antragsteller daran ein berechtigtes Interesse hat. Zuständig zur Feststellung ist in entsprechender Anwendung der §§ 48 Abs. 5 und 49 Abs. 5 VwVfG die nach § 3
VwVfG zuständige Behörde, also nicht unbedingt die Behörde, die den nichtigen
Verwaltungsakt erlassen hat. Statt auf diesem Wege vorzugehen, kann der Adressat
nach umstrittener Auffassung unmittelbar eine **Nichtigkeitsfeststellungsklage**
nach § 43 Abs. 1 2. Alt. VwGO erheben. Die Gegenauffassung geht davon aus,
dass vor einer solchen Klage grundsätzlich ein erfolgloser Antrag nach § 44 Abs. 5
VwVfG gestellt worden sein muss, und verneint widrigenfalls das für die Nichtigkeitsfeststellungsklage erforderliche besondere Rechtsschutzinteresse. Da sich die
Nichtigkeit des Verwaltungsakts schließlich oftmals erst bei einer Überprüfung
der angegriffenen Maßnahme herausstellen kann, sind nach überwiegender Auffassung alternativ auch **Widerspruch** (§ 68 VwGO) und **Anfechtungsklage** (§ 42
Abs. 1, 1. Alt. VwGO) zulässig: Zwar ist ein nichtiger Verwaltungsakt unwirksam
(§ 43 Abs. 3 VwVfG) und er kann daher eigentlich nicht aufgehoben werden; die
Zulässigkeit dieser beiden Rechtsbehelfe wird aber damit begründet, dass dem
Kläger die Abgrenzung zwischen Rechtswidrigkeit und Nichtigkeit nicht zugemutet werden soll und die Nichtigkeit ohnehin nur die schärfere Rechtsfolge gegenüber der Anfechtung ist.[15]

IV.   Verfahrens- und Formfehler

233 Eine Verletzung von Verfahrens- und Formvorschriften, die nicht die Rechtsfolge
der Nichtigkeit nach § 44 VwVfG auslöst, bedingt zwar grundsätzlich zumindest

---

13 OVG Berlin, NVwZ 1997, 1005.
14 *Ziekow*, VwVfG, 4. Aufl., 2019, § 44 Rn. 21.
15 Siehe zum Ganzen nur *Hufen*, Verwaltungsprozessrecht, 11. Aufl., 2019, S. 210 f. m. w. N.

eine Rechtswidrigkeit des in Rede stehenden Verwaltungsakts. §§ 42, 45 und 46 VwVfG enthalten aber wichtige Befreiungsvorschriften. In ihnen kommt die dienende Funktion des Verfahrensrechts zum Ausdruck. Die Ausgestaltung eines fairen Verwaltungsverfahrens ist zwar ein rechtsstaatliches Gebot, verfahrensrechtliche Regelungen sind für den Schutz subjektiver Rechte indes nur insoweit relevant, als sie überhaupt Auswirkungen auf materielle Schutzgüter haben können. Zudem muss das Verfahrensrecht auch den Prinzipien der Rechtssicherheit und der Funktionsfähigkeit der Verwaltung gerecht werden.[16]

1. Offenbare Unrichtigkeiten

Schreibfehler, Rechenfehler und ähnliche offenbare Unrichtigkeiten in einem **234** Verwaltungsakt kann die Behörde jederzeit berichtigen. Bei berechtigtem Interesse des Beteiligten sind diese zwingend zu berichtigen (§ 42 S. 1 und 2 VwVfG). „Unrichtigkeit" meint hier nicht Rechtswidrigkeit, sondern vielmehr den Fall, dass die Formulierung des Verwaltungsakts etwas anderes besagt, als die Behörde damit zum Ausdruck bringen wollte. Dieser Fehler muss daher in der behördlichen Willenserklärung selbst, nicht dagegen in der Willensbildung, liegen. Hat die Behörde eine Rechtsnorm unzutreffend ausgelegt oder den Sachverhalt fehlerhaft interpretiert, so liegt keine Unrichtigkeit i. S. d. § 42 VwVfG vor. Die Unrichtigkeit muss den Beteiligten „offenbar" sein, d. h. ohne weiteres erkennbar sein, sozusagen „ins Auge springen".[17] Dann darf die Behörde den Verwaltungsakt berichtigen, d. h. ergänzen, streichen oder sonst nachträglich ändern, um die Übereinstimmung des Gesagten mit dem erkennbar mit dem Verwaltungsakt Gewollten herbeizuführen.

> **Fall 34:**[18] A hat sich an der Universität für den Studiengang Zahnmedizin beworben, ist aber nicht zugelassen worden. Daraufhin hat er sich für Wirtschaftswissenschaften eingeschrieben. Die Universitätsverwaltung stellt A aber wegen eines Computerfehlers versehentlich eine Immatrikulationsbescheinigung aus, in der als Studienfach Zahnmedizin angegeben ist. Als sie nach einem Semester auf den Fehler aufmerksam wird, berichtigt sie die Immatrikulationsbescheinigung des A. Dieser hält die Berichtigung für unzulässig; er möchte festgestellt wissen, dass er für das Studienfach Zahnmedizin eingeschrieben ist.
>
> **Lösung Fall 34:** Die Immatrikulationsbescheinigung konnte auch nach Ablauf des Semesters berichtigt werden, wenn die Tatbestandsvoraussetzung des § 42 S. 1 VwVfG vorliegen. Die Immatrikulationsbescheinigung ist wegen ihrer Zulassungswirkung ein Verwaltungsakt i. S. d. § 35 S. 1 VwVfG. Sie ist auch unrichtig: A hat sich in den Studiengang Wirtschaftswissenschaften eingeschrieben. Die Universitätsverwaltung wollte mit der Immatrikulationsbescheinigung den A zum Studium der Wirtschaftswissenschaften zulassen.
>
> Diese Unrichtigkeit müsste auch offenbar sein. Fraglich ist, ob sich die Tatsachen, die die Unrichtigkeit eines Verwaltungsakts offenkundig machen, aus dem Verwaltungsakt selbst ergeben müssen. Für diese Auslegung könnte angeführt werden, dass § 42 S. 1 VwVfG auf Unrichtigkeiten „in einem Verwaltungsakt" abstellt. Eine derart enge Interpretation folgt aber nicht zwingend aus dem Wortlaut der Vorschrift, vielmehr ist Voraussetzung, dass es sich um „offenbare" Unrichtigkeiten handeln muss. Unrichtigkeiten sind dann offenbar, wenn die Unrichtigkeit ohne weiteres auffällt. Dies kann sich aus dem Zusammenhang des Verwaltungsakts oder den Vorgängen bei seiner Bekanntgabe ergeben. Da der Verwaltungsakt nur gegenüber der Behörde und den Beteiligten Bindungswirkungen (Rn. 219) entfaltet, also auf ein konkretes Rechtsverhältnis bezogen ist (§ 43 Abs. 1 VwVfG), kommt es bei der Beurteilung insoweit jedenfalls nicht auf

---

16 *Rozek*, in: Hübschmann/Hepp/Spitaler, Abgabenordnung/Finanzgerichtsordnung, § 126 AO Rn. 5.
17 BVerwGE 40, 212 [216].
18 BVerwG, NVwZ 1986, 198 ff.

den „objektiven Empfängerhorizont" eines „Außenstehenden" an. Der Standpunkt unbeteiligter Dritter ist nur insofern von Bedeutung, als sich die Unrichtigkeit jedermann aufdrängen muss, der in die Lage der Beteiligten versetzt wird und von daher urteilt, ob der Verwaltungsakt inhaltlich unrichtig ist. Im Ergebnis konnte die Universitätsverwaltung daher die Immatrikulationsbescheinigung berichtigen.

2.   Heilbare Verfahrens- und Formfehler

235 § 45 VwVfG erklärt bestimmte Verfahrens- und Formfehler für heilbar. Es muss sich um Fehler handeln, die nicht zur Nichtigkeit des Verwaltungsakts nach § 44 Abs. 1 und 2 VwVfG führen, denn nichtige Verwaltungsakte sind unwirksam (§ 43 Abs. 3 VwVfG). Insbesondere für die Fallgruppen des § 44 Abs. 3 VwVfG eröffnet § 45 Abs. 1 VwVfG daher die Möglichkeit der Heilung. Unterbliebene oder fehlerhafte Handlungen müssen bis zum Abschluss der letzten Tatsacheninstanz eines verwaltungsgerichtlichen Verfahrens nachgeholt werden. § 45 Abs. 2 VwVfG nennt fünf Fälle, wie eine Heilung erfolgen kann, indem:

- bei Erlass eines Verwaltungsakts **ohne erforderliche Antragsstellung** (§ 22 S. 2 Nr. 2 VwVfG) der für den Erlass des Verwaltungsaktes erforderliche Antrag nachträglich gestellt wird (§ 45 Abs. 1 Nr. 1 VwVfG). Der Antrag kann auch konkludent gestellt werden;
- bei Erlass eines Verwaltungsakts **ohne erforderliche Begründung** (§ 39 Abs. 1 VwVfG) die erforderliche Begründung nachträglich gegeben wird (§ 45 Abs. 1 Nr. 2 VwVfG). Nachgeholt werden kann also die vollständig fehlende oder nur teilweise unvollständige Begründung. § 45 Abs. 1 Nr. 2 betrifft aber nur das Nachholen der Begründung an sich; eine inhaltlich fehlerhafte, weil unzutreffende oder unzureichende Begründung ist nicht gemeint. Das ist ein Fall des **Nachschiebens von Gründen** im Verwaltungsprozess: Nach § 114 S. 2 VwGO kann die Verwaltungsbehörde ihre Ermessenserwägungen hinsichtlich des Verwaltungsakts noch im verwaltungsgerichtlichen Verfahren ergänzen. Doch darf der Verwaltungsakt nicht in seinem Wesen verändert und der Rechtsschutz des Betroffenen nicht unzumutbar erschwert werden. Dies wäre der Fall, wenn die von der Behörde angestellten Erwägungen nachträglich ausgewechselt oder neue Tatsachen nachgeschoben werden;[19]
- bei Erlass eines Verwaltungsakts **ohne erforderliche Anhörung** (§ 28 Abs. 1 VwVfG) die erforderliche Anhörung eines Beteiligten nachgeholt wird (§ 45 Abs. 1 Nr. 3 VwVfG). Das Nachholen der Anhörung besteht darin, dass dem Beteiligten Gelegenheit gegeben wird, sich – schriftlich oder mündlich – zu den für die Entscheidung wesentlichen Tatsachen zu äußern. Dies verlangt keine „besondere Maßnahme" oder keinen besonderen Hinweis der Behörde: Selbst ein mit Gründen versehener Verwaltungsakt mit einer Belehrung darüber, dass dagegen innerhalb eines Monats Widerspruch erhoben werden kann, genügt grundsätzlich als Gelegenheit zur Stellungnahme.[20] Dem Betroffenen muss in diesem Fall nämlich bewusst sein, dass er jetzt Gelegenheit hat, alles vorzubringen, was sich gegen den Verwaltungsakt anführen lässt, und dass er insbesondere zu den in der Verfügung verwerteten Tatsachen Stellung nehmen und weitere, ihm bedeutsam erscheinende Tatsachen vortragen kann. Dies gilt zumindest dann, wenn die Ausgangsbehörde und der Widerspruchsführer eine nach Auffassung der Widerspruchsbehörde entscheidungserhebliche Tatsache nicht übersehen haben;

---

19 BVerwG, Buchholz 316, § 45 VwVfG Nr. 25.
20 BVerwGE 66, 111 ff. – *„Heilung"*.

Beachte: Allerdings wird ein etwaiger Anhörungsmangel hier noch nicht allein dadurch geheilt, dass der Betroffene seine Einwendungen im Wege des Widerspruchs vortragen kann. Die Anhörungspflicht schließt vielmehr ein, dass die Behörde ein entsprechendes Vorbringen des Betroffenen zur Kenntnis nimmt und bei ihrer Entscheidung in Erwägung zieht.[21] Bis zur Abhilfeentscheidung (§ 72 VwGO) ist hierfür die Ausgangsbehörde zuständig, danach – zumindest auch – die Widerspruchsbehörde, die dem Verwaltungsakt gemäß § 79 Abs. 1 Nr. 1 VwGO die für die gerichtliche Nachprüfung maßgebende Gestalt gibt. Die Widerspruchsbehörde ist bei Ermessensakten nur dann noch imstande, die von der Ausgangsbehörde versäumte Anhörung wirksam nachzuholen, wenn sie – wie bei der Kommunalaufsicht – entgegen der Regel des § 68 Abs. 1 VwGO durch ein Gesetz auf die Prüfung der Rechtmäßigkeit des Verwaltungsakts beschränkt ist, also im Gegensatz zur Ausgangsbehörde die Frage der Zweckmäßigkeit nicht beurteilen darf.[22] Zu beachten ist schließlich, dass die anschließende Befassung des Gerichts mit einer klägerischen Stellungnahme keine wirksame Nachholung der Anhörung darstellen kann, weil die Stellungnahme in diesem Fall keinen Einfluss mehr auf die Behördenentscheidung hat (zur Bedeutung von § 45 Abs. 2 VwVfG siehe dabei sogleich).

– bei Erlass eines Verwaltungsakts **ohne Vorliegen des Beschlusses eines Ausschusses**, dessen Mitwirkung für den Erlass des Verwaltungsaktes erforderlich ist (vgl. § 44 Abs. 3 Nr. 3 VwVfG), ein solcher Beschluss nachträglich gefasst wird (§ 45 Abs. 1 Nr. 1 VwVfG);

– bei Erlass eines Verwaltungsakts **ohne die erforderliche Mitwirkung einer anderen Behörde** (vgl. § 44 Abs. 3 Nr. 4 VwVfG) eine solche Mitwirkung nachgeholt wird (§ 45 Abs. 1 Nr. 5 VwVfG). Das betrifft z. B. das kommunale Einvernehmen nach § 36 BauGB.

Die zeitlichen Grenzen der Heilung ergeben sich für alle vorbenannten Fälle aus § 45 Abs. 2 VwVfG: Dieser stellt klar, dass die jeweilige Verfahrenshandlung durch die zuständige Behörde bis zum Abschluss der Tatsacheninstanz eines verwaltungsgerichtlichen Verfahrens nachgeholt werden kann. Geschieht dies, so verbleibt dem Kläger die Möglichkeit, die Klage nach § 92 Abs. 1 VwGO zurückzunehmen, und es tritt die Kostenfolge des § 155 Abs. 4 VwGO ein, die als lex specialis auch im grundsätzlichen Anwendungsbereich von § 155 Abs. 2 VwGO gilt. Von besonderer prozessualer Bedeutung ist ferner § 45 Abs. 3 VwVfG: Ist die rechtzeitige Anfechtung des Verwaltungsakts versäumt worden, weil diesem Verwaltungsakt die erforderliche Begründung gefehlt hat oder die erforderliche Anhörung eines Beteiligten vor Erlass des Verwaltungsaktes unterblieben ist, gilt die Versäumung der Rechtsbehelfsfrist als nicht verschuldet. Das Gesetz fingiert in diesem Falle also ein fehlendes Verschulden. Der Beginn der Wiedereinsetzungsfrist (§ 32 Abs. 2 VwVfG) bestimmt sich dann nach dem Zeitpunkt der Nachholung der unterlassenen Verfahrenshandlung.

3. Unbeachtliche Verfahrens- und Formfehler

Nach **§ 46 VwVfG** kann die Aufhebung eines fehlerhaften, aber nicht nichtigen **236** Verwaltungsaktes nicht allein deshalb beansprucht werden, weil er unter Verletzung von Vorschriften über das Verfahren, die Form oder die örtliche Zuständigkeit zustande gekommen ist, vorausgesetzt, es ist offensichtlich, dass die Verletzung die Entscheidung in der Sache nicht beeinflusst hat. Der Zweck der Vorschrift ist die Förderung der Verwaltungseffizienz: Das Verfahrensrecht hat eine dienende Funktion zugunsten des materiellen Rechts. Die Entscheidung soll nicht

---

21 Vgl. OVG Nordrhein-Westfalen vom 26.5.2011 – 13 B 476/11.
22 BVerwGE 66, 111 [113 f.] – *„Krankenhausfinanzierung"*.

– ungeachtet des formellen Fehlers – neu erlassen werden müssen, wenn sie ohnehin nicht anders hätte getroffen werden können. Aus verfassungsrechtlicher Sicht werden wegen Art. 19 Abs. 4 GG gleichwohl Bedenken gegen die Vorschrift geäußert. Diese nivelliere die Verfahrensrechte des Bürgers, was ihm „mit der einen Hand gegeben" würde, werde ihm „mit der anderen wieder genommen."[23] Diese Bedenken relativieren sich aber, weil die Vorschrift schon nach ihrem Wortlaut nur dort Anwendung finden kann, wo eine andere Sachentscheidung „offensichtlich" nicht getroffen werden konnte. Für eine Unbeachtlichkeit nach § 46 VwVfG müssen also drei Voraussetzungen vorliegen:

- Es muss sich um einen **nicht nichtigen Verwaltungsakt** i. S. d. § 44 Abs. 1 und 2 VwVfG handeln.
- Es muss ein **Verfahrens-, Form- oder örtlicher Zuständigkeitsfehler** vorliegen. **Verfahrensfehler** ist z. B. ein formeller (nicht inhaltlicher) Begründungsfehler. Der Anwendungsbereich ist insbesondere bei Fehlern, die in § 44 Abs. 3 VwVfG genannt sind, eröffnet. Dabei darf es sich jedoch **nicht um einen absoluten Verfahrensfehler** handeln. Ein solcher liegt vor, wenn die verfahrensrechtliche Bestimmung nicht nur der Ordnung des Verfahrensablaufs, z. B. einer Information der Verwaltungsbehörde dient, sondern dem Betroffenen eine eigene, unabhängig vom materiellen Recht durchsetzbare Rechtsposition gewähren will, ihm also die Möglichkeit einräumen will, die Aufhebung der Sachentscheidung allein wegen der Verletzung der Verfahrensvorschrift zu verlangen.[24]

  Beispiele: Anhörungsrecht von Naturschutzverbänden i. S. v. § 60 BNatSchG. Das Beteiligungsrecht der Naturschutzverbände würde entwertet, wenn ein Verstoß gemäß § 46 VwVfG sanktionslos bliebe.[25] Das gilt jedenfalls dann, wenn die Naturschutzverbände es nicht (auf der Grundlage des Landesrechts) in der Hand haben, die Behördenentscheidung einer gerichtlichen Prüfung anhand der Kriterien des materiellen Rechts unterziehen zu lassen.[26]
  Verfahrensrechte, die Betroffenen aufgrund einer europäischen Rechtsvorschrift eingeräumt werden, wenn diese gerade dazu dienen, deren Rechtsstellung im Verfahren zu verbessern.[27]

- Ferner gilt die Bestimmung für **Formfehler** sowie für **Verstöße gegen die örtliche Zuständigkeit.** Aus § 44 Abs. 3 Nr. 1, Abs. 2 Nr. 3 und § 3 Abs. 1 Nr. 1 VwVfG folgt, dass auch dabei indes nur solche Verstöße gegen die örtliche Zuständigkeit erfasst werden, die nicht zur Nichtigkeit des Verwaltungsakts führen.

- Schließlich darf der Verfahrens- oder Formfehler **offensichtlich keinen Einfluss auf die Entscheidung** gehabt haben.

Zwischen Verfahrensfehler und Sachentscheidung darf hierzu zunächst **keine (hypothetische) Kausalität** bestehen. Eine solche Kausalität wiederum liegt indes jedenfalls nicht bei gebundenen Entscheidungen vor (kein Ermessensspielraum). Eröffnet das materielle Recht hingegen im konkreten Einzelfall ein behördliches Ermessen, so ist dagegen im Regelfall nicht auszuschließen, dass sich die Verlet-

---

23 *Maurer/Waldhoff*, Allgemeines Verwaltungsrecht, 20. Aufl., 2020, S. 282, Rn. 71.
24 BVerwGE 64, 325 ff.
25 BVerwGE 105, 348 [354].
26 BVerwG, NVwZ 2002, 1103 [1105].
27 VGH BaWü vom 29.6.2006, Az. 11, 2299/05.

zung der in § 46 VwVfG genannten Vorschriften auf die Entscheidung in der Sache ausgewirkt hat. Deswegen sind in diesen Fällen Fehler grundsätzlich relevant.[28] Das Adjektiv „**offensichtlich**" fordert darüber hinaus, dass kein begründeter Zweifel im Hinblick auf die Irrelevanz des Verfahrensfehlers bestehen darf; es verlangt insoweit eine Eindeutigkeit im Hinblick auf die Alternativlosigkeit der Sachentscheidung. Umstritten ist, ob es in diesem Zusammenhang auf die Sichtweise der Betroffenen[29] ankommt oder auf eine objektive Betrachtung[30] abzustellen ist. Für die letztgenannte Auffassung spricht dabei, dass der Betroffenen- und der Behördenwillen u. U. nur schwer zu ermitteln sein werden. Ferner wird auch bei § 75 Abs. 1a VwVfG auf eine „objektive" Offensichtlichkeit abgestellt.[31]

Fall 35:[32] Der in Berlin wohnhafte A beantragt bei der sachlich zuständigen aber örtlich unzuständigen (vgl. § 15 Abs. 2 BJagdG) Behörde der Stadt S in Mecklenburg-Vorpommern einen Jagdschein. Obwohl er die Schießprüfung (vgl. § 15 BJagdG) nicht bestanden hat, erteilt ihm S einen Jagdschein, nimmt diesen aber – nachdem sie ihren Fehler erkannt hat – wieder zurück. A meint, die Rücknahme sei unzulässig.

Lösung Fall 35: In Betracht kommt eine Rücknahme auf der Grundlage von § 48 Abs. 1 und Abs. 3 VwVfG. Dies setzt voraus, dass der Jagdschein dem A rechtswidrig von S erteilt wurde. Der Jagschein ist schon deshalb rechtswidrig ergangen, weil der A keine Schießprüfung abgelegt hat. Fraglich ist aber, ob S den Jagdschein auch zurücknehmen konnte. Die örtliche Zuständigkeit für die Rücknahme ist in § 48 Abs. 5 VwVfG geregelt. Danach entscheidet die nach § 3 VwVfG zuständige Behörde. Nach § 3 Abs. 1 Nr. 3a 1. Var. VwVfG ist für die Rücknahme die Behörde örtlich zuständig, in deren Bezirk der Antragsteller seinen gewöhnlichen Aufenthalt hat. Das ist vorliegend die Behörde des Landes Berlins. Mithin war S für die Rücknahme des Jagdscheins nicht örtlich zuständig. Dieser Zuständigkeitsfehler könnte aber nach § 46 VwVfG unbeachtlich sein. Hierfür kommt es maßgeblich darauf an, ob in dem betreffenden Fall offensichtlich keine andere Entscheidung in der Sache hätte getroffen werden können. Zwar handelt es sich bei § 48 Abs. 1 VwVfG um eine Ermessensvorschrift, jedoch konnte in der Sache offensichtlich keine andere Entscheidung getroffen werden. Denn der ordnungsgemäße Nachweis der in § 15 Abs. 5 BJagdG genannten Kenntnisse ist für die öffentliche Sicherheit und Ordnung derart unverzichtbar, dass eine Jagderlaubnis in aller Regel nicht aufrecht erhalten werden kann, wenn diese Kenntnisse nicht in dem dafür vorgesehenen Verfahren nachgewiesen worden sind. Das liegt für die Schießprüfung auf der Hand und besondere Ausnahmegründe sind in der Person des A sind nicht ersichtlich. A kann sich auch nicht auf den Vertrauensschutz berufen. § 48 Abs. 3 VwVfG gewährt lediglich einen „Vermögensschutz"; eine Abwägung eines durch Erteilung des Verwaltungsakts entstandenen Vertrauens mit dem öffentlichen Interesse an der Rücknahme findet bei einer Rücknahme nach § 48 Abs. 3 VwVfG grundsätzlich nicht statt. Damit ist die Rücknahme rechtmäßig.

V. Umdeutung fehlerhafter Verwaltungsakte

Ein fehlerhafter Verwaltungsakt kann in einen anderen Verwaltungsakt umgedeu- **237** tet werden. Die Umdeutung selbst ist kein Verwaltungsakt (str.[33]); sie ist Bestandteil der Rechtsfindung und damit ein Erkenntnisakt, kein Entscheidungsakt.[34] Durch die Umdeutung wird der Verwaltungsakt modifiziert. Er bleibt aufrecht

---

28 VGH BaWü vom 29.6.2006, Az. 11 S 2299/05.
29 *Peuker*, in: Knack/Henneke, VwVfG, 11. Aufl., 2020, § 46 Rn. 43.
30 *Kopp/Ramsauer*, VwVfG, 21. Aufl., 2020, § 46 Rn. 36.
31 *Ziekow*, VwVfG, 4. Aufl., 2019, § 46 Rn. 11.
32 Nach OVG MV, DÖV 1995, 77 ff.
33 Vgl. *Wolff*, in: ders./Decker, Studienkommentar VwGO/VwVfG, 3. Aufl., 2012, § 47 Rn. 4 ff. m. w. N.
34 BayVGH, NVwZ-RR 2005, 787 ff.

erhalten, erhält aber einen neuen Tenor (Regelungsgehalt). Insofern ist die Umdeutung von einem bloßen „Nachschieben von Gründen" zu unterscheiden.

Die Umdeutung ist im Einzelnen in § 47 VwVfG geregelt. Sie hat folgende acht Voraussetzungen:

- Das Vorliegen eines **fehlerhaften Verwaltungsakts**, d. h. einen rechtswidrigen oder einen nichtigen Verwaltungsakt. Eine „Optimierung" eines fehlerfreien Verwaltungsakts ist indes nicht durch eine Umdeutung möglich.
- Der fehlerhafte und der umgedeutete Verwaltungsakt müssen auf das **gleiche Ziel gerichtet** sein, d. h. die gleiche materiell-rechtliche Tragweite haben.
  Beispiel: Umdeutung eines Widerrufs (§ 49 VwVfG) in eine Rücknahme mit Wirkung für die Zukunft (§ 48 VwVfG); Nicht auf das gleiche Ziel gerichtet sind dagegen ein Vorauszahlungsbescheid und ein Beitragsbescheid nach Kommunalabgabenrecht.[35]
- Der umgedeutete Verwaltungsakt hätte von der **erlassenden Behörde** in der geschehenen **Verfahrensweise** und **Form** rechtmäßig erlassen werden können. Damit müssen die entsprechenden Voraussetzungen für den Erlass des umgedeuteten Verwaltungsakts erfüllt sein. Insbesondere muss die betreffende Behörde für dessen Erlass zuständig sein und die Verfahrensvorschriften (insbes. die Anhörung) müssen eingehalten sein. Die Verletzung von Verfahrensvorschriften kann aber auch in diesem Fall unbeachtlich sein (§ 46 VwVfG) oder ggf. geheilt werden (§ 45 VwVfG). Zu beachten ist ferner, dass der Adressat des Verwaltungsakts vor der Umdeutung grundsätzlich (erneut) anzuhören ist (§ 47 Abs. 4 i. V. m. § 28 VwVfG).
- Es müssen die **materiell-rechtlichen Voraussetzungen** für den Erlass des umgedeuteten Verwaltungsakts erfüllt sein. Der umgedeutete Verwaltungsakt darf also nicht rechtswidrig sein. Maßgebend ist die Sach- und Rechtslage im Zeitpunkt der Umdeutung.[36]
- Unzulässig ist die Umdeutung eines fehlerhaften Verwaltungsakts, wenn der umgedeutete Verwaltungsakt der **erkennbaren Absicht der erlassenden Behörde widerspräche** (§ 47 Abs. 2 S. 1 1. Alt. VwVfG). Maßgeblich ist nicht der subjektive Wille der Behörde, sondern die Zielsetzung, wie sie sich bei objektiver Betrachtung unter Berücksichtigung der Begründung und der besonderen Umstände des Einzelfalls darstellt.[37]
- Unzulässig ist die Umdeutung ferner, wenn die Rechtsfolgen des umgedeuteten Verwaltungsakts für den Betroffenen ungünstiger wären als die des fehlerhaften Verwaltungsakts (§ 47 Abs. 2 S. 1 2. Alt. VwVfG). Maßgeblich ist insoweit ein Vergleich der Rechtslagen vor und nach der Umdeutung.
  Beispiel: Die Umdeutung der Entlassung eines Beamten in die Rücknahme seiner Ernennung stellt diesen ungünstiger und ist deshalb unzulässig. Die Rücknahme würde zur rückwirkenden Beseitigung der Ernennung und damit zum nachträglichen Verlust der Beamtenrechte führen. Hingegen berührt die Entlassung den bisherigen Bestand des Beamtenverhältnisses nicht, sondern führt zur Auflösung des Beamtenverhältnisses ab dem Zeitpunkt des Wirksamwerdens der Entlassung.[38]
- Eine Umdeutung ist ferner unzulässig, **wenn der fehlerhafte Verwaltungsakt nicht zurückgenommen werden dürfte** (§ 47 Abs. 2 S. 2 VwVfG). Damit wird auf die Vorschrift des § 48 VwVfG bzw. entsprechende Bestimmungen verwiesen. Eine Umdeutung ist demnach – sofern nicht ausnahmsweise

---

35 BayVGH, NVwZ-RR 1992, 507 [508].
36 *Kopp/Ramsauer*, VwVfG, 21. Aufl., 2020, § 47 Rn. 18.
37 *Kopp/Ramsauer*, VwVfG, 21. Aufl., 2020, § 47 Rn. 24.
38 BVerwGE 109, 68 [73].

die Voraussetzungen § 50 VwVfG einschlägig sind – nicht möglich, wenn ihr ein schutzwürdiges Vertrauen des Adressaten (§ 48 Abs. 2 VwVfG) oder die Rücknahmefrist (§ 48 Abs. 4 S. 1 VwVfG) entgegensteht.

– Schließlich kann eine Entscheidung, die nur als gesetzlich gebundene Entscheidung ergehen kann, nicht in eine Ermessensentscheidung umgedeutet werden (§ 47 Abs. 3 VwVfG). Diese Bestimmung erklärt sich aus der Überlegung, dass die Behörde, die sich bei der fehlerhaften Ursprungsentscheidung irrtümlich für gesetzlich gebunden hielt, das ihr tatsächlich eingeräumte Ermessen nicht ausgeübt haben kann. Vielmehr läge ein Ermessensnichtgebrauch vor.[39] In Einklang mit diesem Regelungszweck bleibt daher eine Umdeutung möglich, wenn das Ermessen ausnahmsweise „auf Null" reduziert ist.

Zuständig für die Umdeutung ist zunächst die Behörde, die den fehlerhaften **238** Verwaltungsakt erlassen hat. Ferner sind nach herrschender Meinung aus Gründen der Prozessökonomie auch die Verwaltungsgerichte im Gerichtsverfahren ermächtigt, fehlerhafte Verwaltungsakte umzudeuten.[40]

Fall 36:[41] A beantragt beim Landkreis L die Übernahme der Beförderungskosten für den Schulbus. Dieser lehnt ab. Auf den Widerspruch hin erlässt die Widerspruchsbehörde, die zugleich die Rechtsaufsichtsbehörde des L ist, einen Widerspruchsbescheid und weist den Widerspruch als unbegründet zurück. Nachdem die Rechtsbehelfsfrist des § 70 VwGO abgelaufen ist, ersucht das Ministerium die Widerspruchsbehörde, den Antrag des A erneut zu überprüfen. Daraufhin gibt die Widerspruchsbehörde dem Widerspruch nunmehr statt und verpflichtet L unter Aufhebung des ursprünglichen Widerspruchsbescheids und des Ausgangsbescheids zur Übernahme der Beförderungskosten des A. Hiergegen wendet sich der Landkreis L. Die Widerspruchsbehörde meint daraufhin, ihr (Zweit-)Widerspruch könne als rechtsaufsichtliche Maßnahme umgedeutet werden. Nach der Kommunalordnung des betreffenden Landes kann die Rechtsaufsichtsbehörde rechtswidrige Beschlüsse des Landkreises beanstanden und ihre Aufhebung oder Änderung verlangen. Kommt ein Landkreis dem nicht binnen einer ihm gesetzten Frist nicht nach, kann die Rechtsaufsichtsbehörde die notwendigen Maßnahmen anstelle des Landkreises erlassen.

Lösung Fall 36: Fraglich ist zunächst, ob die Widerspruchsbehörde in dieser Eigenschaft befugt ist, ihren Widerspruchsbescheid zu ändern. Hiergegen spricht, dass bereits ein Widerspruchsbescheid ergangen ist, das Widerspruchsverfahren also beendet sein könnte. Regelmäßig kommt es daher an dieser Stelle darauf an, ob die Widerspruchsbehörde ihre Sachkompetenz bereits mit Zugang des Widerspruchsbescheids (ganz h. M.) oder erst mit Ablauf der Klagefrist und dem Eintritt der formellen Bestandskraft verliert. Im vorliegenden Fall ist dieser Frage nicht weiter nachzugehen, weil die Frist des § 74 VwGO abgelaufen ist. Entscheidungserheblich ist hier ferner auch nicht, ob L ein Widerspruchsbescheid zugestellt wurde, weil das Widerspruchsverfahren mit der Zustellung an den Widerspruchsführer (A) beendet ist, ohne dass es auch der Zustellung an L bedarf. Da L durch den zunächst ergangenen Widerspruchsbescheid nicht beschwert und mithin auch nicht klagebefugt war, kam eine Zustellung an ihn nicht in Betracht.

Möglicherweise konnte die Widerspruchsbehörde ihren (Erst-)Widerspruch hier aber nach § 48 VwVfG zurücknehmen und so wieder in das Widerspruchsverfahren eintreten. Gegen dieses Ergebnis ist indes einzuwenden, dass die Widerspruchsbehörde ihre Sachherrschaft mit Beendigung des Widerspruchsverfahrens verliert. Der Widerspruchsbescheid gestaltet den Ausgangsbescheid um (vgl. § 79 Abs. 1 Nr. 1 VwGO), wird mit

---

39 BVerwGE 48, 81 [84].
40 BVerwGE 110, 111 [114].
41 BayVGH, NVwZ 1983, 161 ff.

ihm sozusagen eine Einheit; die Sachkompetenz geht auf die Ausgangsbehörde zurück. Endet aber die Sachherrschaft der Widerspruchsbehörde, kann sie den (Erst-) Widerspruch auch nicht mehr rückgängig machen oder widerrufen (str.[42]).

Wie im Sachverhalt angedeutet, könnte der angefochtene Zweitwiderspruchsbescheid allerdings dann rechtmäßig sein, wenn er in eine rechtsaufsichtliche Beanstandungsverfügung umgedeutet werden könnte. Ein fehlender Verwaltungsakt kann grundsätzlich in einen anderen (rechtmäßigen) Verwaltungsakt umgedeutet werden, wenn er auf das gleiche Ziel gerichtet ist, von der erlassenen Behörde in der geschehenen Verfahrensweise und Form rechtmäßig hätte erlassen werden können und wenn die Voraussetzungen für dessen Erlass erfüllt sind (§ 47 Abs. 1 VwVfG). Die Voraussetzungen der Umdeutung sind hier insofern gegeben, als die Widerspruchsbehörde gleichzeitig die Rechtsaufsichtsbehörde des L ist und der materielle Inhalt des Zweitwiderspruchsbescheids wie ein etwaiges rechtsaufsichtliches Einschreiten auf die Verpflichtung des L gerichtet ist, die Kosten für die Beförderung des A zu übernehmen. Allerdings hätte das rechtsaufsichtliche Einschreiten nicht in der geschehenen Verfahrensweise erfolgen dürfen. Die Widerspruchsbehörde hätte zunächst den Ablehnungsbescheid des A rechtsaufsichtlich beanstanden und seine Änderung verlangen müssen. Erst wenn L dieser Aufforderung innerhalb einer gesetzten angemessenen Frist nicht nachgekommen wäre, hätte die Rechtsaufsichtsbehörde im Wege der Ersatzvornahme (Selbsteintritt) die Verpflichtung zur Übernahme mit Wirkung für A verfügen dürfen. Das Vorgehen der Rechtsaufsichtsbehörde entsprach nicht diesen Anforderungen: Es enthielt keine abschließende rechtliche Würdigung des Ablehnungsbescheids und keine Fristsetzung. Zudem beschränkt sich der Zweitwiderspruchsbescheid nicht auf eine Beanstandung des Ausgangsbescheids, sondern er enthält bereits wesentliche Elemente einer Ersatzvornahme. L wird in dem Bescheid verpflichtet, die Beförderungskosten zu übernehmen. Hierin liegt nicht nur eine Aufhebung des Ausgangsbescheids sondern auch eine Vorwegnahme der Entscheidung des L, die eindeutig über den möglichen Inhalt einer rechtsaufsichtlichen Beanstandungsverfügung hinausgeht. Ferner wäre eine solche rechtsaufsichtliche Maßnahme auch rechtswidrig gewesen. Denn die Rechtsgrundlage für eine Aufhebung des Ausgangsbescheids wäre § 48 VwVfG gewesen. Dabei handelt es sich um eine Ermessensvorschrift. Eine rechtsaufsichtliche Verfügung darf nur ergehen, wenn L mit seiner Entscheidung über die Beförderungskosten die Grenzen dieses Ermessens überschritten und sich dadurch rechtswidrig verhalten hätte. Das ist indes nicht der Fall.

Rechtsprechung: BVerwGE 48, 81 ff. – *„Umdeutung"*; BVerwGE 64, 325 ff.; BVerwGE 66, 111 ff. – *„Krankenhausfinanzierung*; BVerwG, NVwZ 1984, 578 ff. – *„Nachholung mündliche Verhandlung"*; BVerwG, NJW 1985, 2658 ff. – *„Erschließungsbeitragsbescheid"*; BVerwG, NVwZ 1986, 198 ff. – *„Immatrikulationsbescheinigung".*

Literatur: *Lindner, J. F./Jahr, D.*, Der unzureichend begründete Verwaltungsakt, JuS 2013, 673 ff.; *Musil, A.*, Die Berichtigung von Verwaltungsakten wegen offenbarer Unrichtigkeiten gemäß § 42 VwVfG und § 129 AO, DÖV 2001, 947 ff.; *Kischel, U.*, Folgen von Begründungsfehlern, 2004; *Sachs, M.*, Zur formellen Rechtswidrigkeit von Verwaltungsakten, VerwArch 2006, 573 ff.; *Schnapp, F. E.*, Die Nichtigkeit des Verwaltungsakts Qualität oder Qualifikation?, DVBl 2000, 247 ff.; *Schenke, W.-R.*, Die Heilung von Verfahrensfehlern gem. § 45 VwVfG, VerwArch 2006, 592 ff.; *ders.*, Die Umdeutung von Verwaltungsakten, DVBl 1987, 641 ff.; *ders.*, Rechtsschutz gegen nichtige Verwaltungsakte, JuS 2016, 97 ff.; *ders.*, Rechtmäßigwerden rechtswidrig erlassener Verwaltungsakte, NVwZ 2015, 1341 ff.; *Schoch, F.*, Die Heilung von Anhörungsmängeln im Verwaltungsverfahren (§ 45 I Nr. 3 VwVfG), Jura 2007, 28 ff.; *Will, M./Rathgeber, C.*, Die Nichtigkeit von Verwaltungsakten gem. § 44 VwVfG, JuS 2012, 1057 ff.

---

42   Vgl. *Uhle*, Die Bindungswirkung des Widerspruchsbescheides, NVwZ 2003, 811 [815].

§ 11 Rücknahme und Widerruf von Verwaltungsakten

I. Rücknahme rechtswidriger Verwaltungsakte

Rechtswidrige Verwaltungsakte können gem. § 48 Abs. 1 S. 1 VwVfG, auch nach- **239**
dem sie unanfechtbar geworden sind, grundsätzlich mit Wirkung für die Zukunft
oder die Vergangenheit zurückgenommen werden. Die Vorschrift ist anzuwenden,
sofern keine Spezialgesetze einschlägig sind. Außerdem soll ein rechtswidriger Verwaltungsakt nach h. M. auch auf der Grundlage des § 49 VwVfG zurückgenommen werden können. Zwar stellt § 49 VwVfG ausweislich seines Wortlauts auf
rechtmäßige Verwaltungsakte ab; wenn aber § 49 VwVfG einen Widerruf rechtmäßiger Verwaltungsakte zulässt, dann muss unter den gleichen Voraussetzungen *erst
recht* eine Rücknahme rechtswidriger Verwaltungsakte zulässig sein, jedenfalls
dann, wenn eine Rücknahme nach § 48 VwVfG oder anderen Vorschriften nicht
möglich ist.
Der Verwaltungsakt, der nach § 48 Abs. 1 S. 1 VwVfG zurückgenommen werden
soll, muss zum Zeitpunkt seines Erlasses und seiner Aufhebung rechtswidrig gewesen sein. Demzufolge sind ursprünglich rechtmäßige, wegen Änderung der
Sach- oder Rechtslage aber rechtswidrig gewordene Verwaltungsakte auf der
Grundlage des § 49 VwVfG zu widerrufen (vgl. § 49 Abs. 2 S. 1 Nr. 3 und 4
VwVfG). Umgekehrt sind ursprünglich rechtswidrige, aber rechtmäßig gewordene
Verwaltungsakte (z. B. wegen nach § 45 VwVfG geheilter Verfahrensfehler) ebenfalls nach § 49 VwVfG zu widerrufen (str.).[1]
§ 48 VwVfG unterscheidet im weiteren Fortgang grundlegend zwischen der Rücknahme begünstigender und derjenigen übriger Verwaltungsakte. Ein begünstigender Verwaltungsakt darf gem. § 48 Abs. 1 S. 2 VwVfG nur auf der Grundlage der
§§ 48 Abs. 2 bis 4 VwVfG zurückgenommen werden, denn hier ist der Vertrauensschutz des Adressaten besonders zu berücksichtigen. Begünstigend ist ein Verwaltungsakt, der ein Recht oder einen rechtlich erheblichen Vorteil begründet oder
bestätigt hat (§ 48 Abs. 1 S. 2 VwVfG). Belastende Verwaltungsakte sind demzufolge auf der Grundlage des § 48 Abs. 1 S. 1 VwVfG zurückzunehmen. Ist ein
Verwaltungsakt teils begünstigend, teils belastend (Verwaltungsakt mit Doppelwirkung), ist der Verwaltungsakt grundsätzlich geteilt nach § 48 Abs. 1 S. 1 VwVfG
bzw. nach § 48 Abs. 2 bis 4 VwVfG zurückzunehmen. Ist eine Teilung nicht möglich, kommen die Vorschriften für begünstigende Verwaltungsakte zur Anwendung, damit deren besondere Voraussetzungen nicht nivelliert werden.

1. Rücknahme rechtswidriger belastender Verwaltungsakte

Die Rücknahme rechtswidriger belastender Verwaltungsakte richtet sich **aus-** **240**
schließlich nach der Ausgangsvorschrift des § 48 Abs. 1 S. 1 VwVfG. Ein besonderer Vertrauensschutz des Adressaten besteht wegen der Belastungswirkung
nicht. Entsprechend findet auch die Fristregelung des § 48 Abs. 4 VwVfG auf
rechtswidrige Belastungen keine Anwendung.

2. Rücknahme rechtswidriger begünstigender Verwaltungsakte

Bei rechtswidrigen begünstigenden Verwaltungsakten ist zu unterscheiden zwi- **241**
schen Maßnahmen, die eine **einmalige oder laufende Geld- oder teilbare Sach-**
leistung gewähren oder eine Voraussetzung hierfür bilden, und **anderwei-**
tigen Verwaltungsakten. Im ersten Fall, der in § 48 Abs. 2 VwVfG geregelt ist, darf

---

1 *Storr*, in: Ruthig/Storr, Öffentliches Wirtschaftsrecht, 4. Aufl., 2015, S. 425.

der Verwaltungsakt nicht zurückgenommen werden, soweit der Begünstigte auf den Bestand des Verwaltungsakts vertraut hat und sein Vertrauen unter Abwägung mit dem öffentlichen Interesse an einer Rücknahme schutzwürdig ist. Im zweiten Fall, der § 48 Abs. 3 VwVfG unterfällt, kann eine Rücknahme erfolgen, jedoch führt ein schützenswertes Vertrauen des Betroffenen ggf. zum Ersatz des dadurch entstandenen Vermögensnachteils.

242 **a) Die Regelung des § 48 Abs. 2 VwVfG. Geldleistungen** im Sinne des § 48 Abs. 2 S. 1 VwVfG sind vor allem Subventionen und Sozialleistungen im weitesten Sinne. **Sachleistungen** betreffen demgegenüber grundsätzlich körperliche Gegenstände i. S. v. § 90 BGB, also etwa Lieferungen von Gütern oder die Einräumung von Nutzungsmöglichkeiten an Immobilien (Überlassung von Wohnraum etc.). Das Tatbestandsmerkmal **Voraussetzung für eine Geld- oder Sachleistung** zielt auf Festsetzungsbescheide oder sonstige Bescheide, die die Grundlage für eine anschließende Leistungsgewährung bilden.

Nach § 48 Abs. 2 S. 1 VwVfG ist eine Rücknahme entsprechender Verwaltungsakte ausgeschlossen, wenn ein **schützenswertes Vertrauen des Adressaten** auf den Bestand der Regelung besteht. Voraussetzung hierfür ist zunächst, dass der Begünstigte **fest damit gerechnet hat,** dass der Verwaltungsakt Bestand haben wird. Außerdem muss sein Vertrauen unter **Abwägung mit dem öffentlichen Interesse an einer Rücknahme schutzwürdig** sein.

Bei der **Abwägung des öffentlichen Interesses mit dem privaten Interesse des Adressaten** sind alle Umstände des Einzelfalls zu berücksichtigen. **Das öffentliche Interesse** an der Rücknahme der rechtswidrigen begünstigenden Regelung richtet sich hier zunächst auf das rechtsstaatliche Prinzip der Gesetzmäßigkeit der Verwaltung und die dadurch gebotene Erhaltung oder Wiederherstellung eines rechtmäßigen Zustands. Auch das Gebot der sparsamen Verwendung öffentlicher Mittel und der Vermeidung rechtsgrundloser Ausgaben kann darüber hinaus ein öffentliches Interesse an einer Rücknahme begründen. Besondere öffentliche Interessen an einer Rücknahme bestehen schließlich bei einem rechtswidrigen Verwaltungsakt mit Dauerwirkung[2] oder im Falle der Durchsetzung der unionsrechtlichen Wettbewerbsordnung.[3] Das **Vertrauen des Adressaten am Bestand der Regelung** ist demgegenüber nur schutzwürdig, wenn er den Verwaltungsakt, der die Geld- oder Sachleistung gewährt „ins Werk gesetzt" hat.[4] § 48 Abs. 2 S. 2 und S. 3 nennen wichtige Regelbeispiele:

– **Schutzwürdig** ist das Vertrauen nach § 48 Abs. 2 S. 2 VwVfG in der Regel, wenn der Begünstigte gewährte Leistungen **verbraucht** oder eine **Vermögensdisposition getroffen** hat, die er nicht mehr oder nur unter unzumutbaren Nachteilen rückgängig machen kann.

– **Nicht schutzwürdig** ist das Vertrauen des Begünstigten nach § 48 Abs. 2 S. 3 VwVfG,

    1.   wenn er den Verwaltungsakt durch **arglistige Täuschung, Drohung oder Bestechung erwirkt** hat. Arglistig ist eine Täuschung, wenn der Täuschende damit rechnet und billigend in Kauf nimmt, dass die Behörde aufgrund der Täuschung irren wird und deshalb, und insoweit es die Täuschung betrifft, den Subventionsbescheid erlassen wird.

---

2 Ausdrücklich § 48 SGB X.
3 BVerwGE 92, 81 [86].
4 BVerwG, NVwZ 1984, 716 f.

2.   wenn er den Verwaltungsakt durch **Angaben** erwirkt hat, die in wesentlicher Beziehung **unrichtig oder unvollständig** waren. „Erwirken" bedeutet, dass der Betreffende zweck- und zielgerichtet gehandelt haben muss und dass die Angaben entscheidungserheblich gewesen waren. Auf ein Verschulden kommt es nicht an.[5]

3.   wenn er die Rechtswidrigkeit des Verwaltungsaktes **kannte oder infolge grober Fahrlässigkeit nicht kannte.** Als grobe Fahrlässigkeit ist es anzusehen, wenn die gebotene Sorgfalt in besonders schwerer Weise verletzt worden ist, insbesondere nahe liegende Überlegungen nicht angestellt wurden. Eine grobe Fahrlässigkeit kann z. B. vorliegen, wenn der Subventionsempfänger Verhaltenspflichten vernachlässigt hat, die ihm mit dem Verwaltungsakt auferlegt wurden.

In den Fällen des § 48 Abs. 2 S. 3 VwVfG wird der Verwaltungsakt in der Regel **mit Wirkung für die Vergangenheit** zurückzunehmen sein (§ 48 Abs. 2 S. 4 VwVfG). Für diesen Fall ist § 49a VwVfG (Rn. 254) zu beachten.

b) Die Regelung des § 48 Abs. 3 VwVfG. Rechtswidrige begünstigende Verwal-   **243** tungsakte, die **nicht unter § 48 Abs. 2 VwVfG fallen,** werden nach § 48 Abs. 3 VwVfG zurückgenommen. Danach hat die Behörde dem Betroffenen auf Antrag den **Vermögensnachteil auszugleichen,** den dieser dadurch erleidet, dass er auf den Bestand des Verwaltungsakts vertraut hat. Der auszugleichende Vermögensnachteil wird gem. § 48 Abs. 3 S. 4 VwVfG durch die Behörde selbst festgesetzt. Das Gesetz nennt aber vier weitere Voraussetzungen:

–   Auch der Entschädigungsanspruch reicht gem. § 48 Abs. 3 S. 1 VwVfG zunächst nur soweit, wie das Vertrauen des Adressaten unter **Abwägung** mit dem öffentlichen Interesse schutzwürdig ist.

–   Bei der Abwägung sind gem. § 48 Abs. 3 S. 2 VwVfG die **Regelbeispiele des § 48 Abs. 2 S. 3 VwVfG für ein nicht schützenswertes Vertrauen heranzuziehen.** Auf Vertrauen kann sich der Adressat daher wiederum nicht berufen, wenn er den Verwaltungsakt durch arglistige Täuschung, Drohung, Bestechung oder durch Angaben erwirkt hat, die in wesentlicher Beziehung unrichtig oder unvollständig waren, ferner wenn er die Rechtswidrigkeit des Verwaltungsaktes kannte oder infolge grober Fahrlässigkeit nicht kannte.

–   Der Vermögensnachteil darf nicht über den **Betrag des Interesses** hinaus ersetzt werden, **das der Betroffene an dem Bestand des Verwaltungsaktes hat** (§ 48 Abs. 3 S. 3 VwVfG).

–   Der Anspruch auf Festsetzung des Vermögensnachteils kann schließlich gem. § 48 Abs. 3 S. 5 **nur innerhalb eines Jahres** geltend gemacht werden. Die Frist beginnt, sobald die Behörde den Betroffenen auf sie hingewiesen hat.

c) Rücknahmefrist (§ 48 Abs. 4 VwVfG). Die Rücknahmefrist beträgt ein Jahr   **244** ab dem Zeitpunkt, zu dem die Behörde von Tatsachen Kenntnis erhalten hat, welche die Rücknahme eines Verwaltungsakts rechtfertigen. Die Jahresfrist gilt nur für den Fall der arglistigen Täuschung, Drohung oder Bestechung nicht (§ 48 Abs. 4 S. 1 und 2 VwVfG). Nach überwiegender Auffassung ist die Jahresfrist keine Bearbeitungsfrist, sondern eine **Entscheidungsfrist,** d. h. dass die Frist erst zu laufen beginnt, wenn die Behörde ohne weitere Sachaufklärung objektiv in der

---

5   BVerwG 74, 357 [364].

Lage ist, unter sachgerechter Ausübung ihres Ermessens über den Widerruf des Verwaltungsakts zu entscheiden. Hierzu müssen der Behörde die für eine Rücknahme erheblichen Tatsachen vollständig bekannt sein. Dazu gehören die für die Ermessensausübung wesentlichen Umstände. Würde allein die Erkenntnis der Rechtswidrigkeit des Verwaltungsakts für den Fristbeginn genügen, könnte der drohende Fristablauf die Behörde zu einer Entscheidung über die Rücknahme zwingen, obgleich ihr diese mangels vollständiger Kenntnis des insofern erheblichen Sachverhalts noch nicht möglich wäre.[6] Kenntnis der Behörde meint eine sog. **positive Kenntnis.** Hierzu muss der nach der innerbehördlichen Geschäftsverteilung zur Rückforderung oder zur Überprüfung der Entscheidung berufene Amtswalter die die Aufhebung des Verwaltungsakts rechtfertigenden Tatsachen festgestellt haben.[7]

245 **d) Zuständigkeit (§ 48 Abs. 5 VwVfG).** Die örtliche Zuständigkeit der Behörde, die über die Rücknahme zu entscheiden hat, ist in § 48 Abs. 5 VwVfG geregelt: Ist der Verwaltungsakt unanfechtbar (bestandskräftig) geworden, liegt die örtliche Zuständigkeit bei der nach § 3 VwVfG zuständigen Behörde. Das gilt auch dann, wenn eine andere Behörde den Verwaltungsakt erlassen hat. Aus § 48 Abs. 5 VwVfG kann im Gegenschluss hergeleitet werden, dass vor Bestandskraft des Verwaltungsakts die Behörde zuständig ist, die diesen erlassen hat. Die sachliche Zuständigkeit ist im VwVfG nicht geregelt, sondern richtet sich nach besonderen Gesetzen. In der Regel wird die Rücknahmebehörde die Behörde sein, die den Verwaltungsakt auch erlassen hat.

246 **e) Rücknahme unionsrechtswidriger Verwaltungsakte.** Von erheblicher Bedeutung für die Verwaltungspraxis ist die Rücknahme von Verwaltungsakten mit Unionsbezug, insbesondere in Form der Rücknahme nach nationalem Recht unter Verstoß gegen Unionsrecht ergangener Subventionsbescheide. Soweit hier – wie regelmäßig aufgrund des Grundsatzes der institutionellen und verfahrensrechtlichen Autonomie der Mitgliedstaaten – keine unionsrechtlichen Ermächtigungsgrundlagen bestehen, hat die Rücknahme auf der Grundlage nationalen Rechts, also entweder nach besonderen rechtlichen Vorschriften oder nach § 48 VwVfG zu erfolgen. Der **Anwendungsvorrang des Unionsrechts** verlangt dabei indes, dass diese Bestimmung in der Rechtsanwendung so ausgelegt wird, dass sie nicht mit primärrechtlichen oder sekundärrechtlichen EU-Recht in Konflikt gerät.
Der EuGH hatte in diesem Zusammenhang zunächst in der Entscheidung *Deutsche Milchkontor*[8] festgestellt, dass das Gemeinschafts-/Unionsrecht nationalen Vorschriften wie § 48 VwVfG nicht entgegensteht, die für den Ausschluss einer Rückforderung von zu Unrecht gezahlten Beihilfen Vertrauensschutz berücksichtigen. In der Rechtssache *Alcan*[9] hat der EuGH dies aber dahingehend ergänzt, dass das Vertrauen auf den Bestand einer Beihilfe nur dann schutzwürdig ist, wenn Letztere unter Einhaltung des dafür vorgesehenen Verfahrens gewährt wurde, d. h. nach Notifizierung bei der Kommission gem. Art. 108 Abs. 3 AEUV und der VO 2015/

---

6 BVerwGE 70, 356 ff.
7 Über die Auslegung des § 48 Abs. 4 S. 1 VwVfG bestand alsbald nach Inkrafttreten des VwVfG auch innerhalb des Bundesverwaltungsgerichts erheblicher Streit. Erforderlich war daher eine Entscheidung des Großen Senats, die in BVerwGE 70, 356 nachzulesen ist. Weitere Nachweise hierzu etwa bei *Peine/ Siegel*, Allgemeines Verwaltungsrecht, 13. Aufl., 2020, S. 196, Rn. 628.
8 EuGH vom 21.9.1983, Rs. 205/82 – *„Deutsche Milchkontor"*, Slg. 1990. I-3437, Rn. 30.
9 EuGH vom 20.3.1997, Rs. 24/95 – *„Alcan II"*, Slg. 1997, I-1591, Rn. 25.

1589.[10] Das hat erhebliche Konsequenzen für einen Subventionsempfänger: Von einem sorgfältigen Gewerbetreibenden wird regelmäßig zu erwarten sein, dass er sich vergewissert, ob das Notifizierungsverfahren durchgeführt wurde. Obwohl also der Mitgliedstaat notifizierungspflichtig ist und nicht der einzelne Subventionsempfänger, wird diesem damit das Fehlverhalten „seines" Mitgliedstaats letztlich zugerechnet.

Ist das Vertrauen des Begünstigten nicht schutzwürdig, z. B. weil der Mitgliedstaat die Beihilfe nicht angemeldet hat und das Verfahren nach Art. 108 Abs. 3 und der VO 2015/1589 nicht durchgeführt wurde, ist der Mitgliedstaat verpflichtet, die rechtswidrig gewährte Subvention zurückzuverlangen. Dies erfolgt durch Rücknahme der Bewilligung. Dabei ist § 48 VwVfG unionsrechtskonform auszulegen. Dies wird regelmäßig dazu führen,

- dass der deutschen Behörde entgegen § 48 Abs. 2 VwVfG **kein Rücknahmeermessen** zukommt (Ermessensreduzierung auf Null);
- dass sie den Bewilligungsbescheid mit **Wirkung für die Vergangenheit** (ex tunc) zurückzunehmen hat;
- dass sich der Subventionsempfänger nicht auf Vertrauensschutz und **Treu und Glauben** (z. B. § 48 Abs. 2 VwVfG) berufen kann;
- dass er sich ferner nicht auf den **Wegfall der Bereicherung** (z. B. § 48 Abs. 2 S. 2 VwVfG) berufen kann[11]
- und dass die **Ausschlussfrist** von einem Jahr in § 48 Abs. 4 S. 1 VwVfG keine Anwendung findet.[12]

Fall 37:[13] Das Land L hatte dem Unternehmen U vor drei Jahren eine Beihilfe über € 10 Mio. zur Investition in neue Maschinen gewährt. Die Kommission hatte durch Zufall von der Beihilfe erfahren, die Rechtswidrigkeit der Beihilfe festgestellt und Deutschland vor zwei Jahren zur Rückforderung der Beihilfe aufgefordert. L hatte daher vor 18 Monaten an U einen Rückforderungsbescheid erlassen. U verweigert die Zahlung: Er habe die Subvention für den Kauf der Maschinen verwendet, die inzwischen aber wegen neuer technischer Entwicklungen unbrauchbar und praktisch wertlos seien.

Lösung Fall 37: Da es keine unionsrechtlichen Rechtsgrundlagen für die Rückforderung von staatlich gewährten Subventionen gibt, ist auf nationales Verwaltungsrecht zurückzugreifen. Hier ist § 48 Abs. 2 VwVfG einschlägig: Der Subventionsbescheid ist ein begünstigender Verwaltungsakt, er ist auf eine Geldleistung gerichtet und er ist rechtswidrig, weil die Subvention von der Kommission nicht genehmigt wurde.

Bei Anwendung und Auslegung der Bestimmung ist zu berücksichtigen, dass die Durchsetzung des europäischen Beihilfenrechts (Art. 107 ff. AEUV) nicht praktisch unmöglich gemacht werden darf und das Unionsinteresse voll berücksichtigt werden muss. Deshalb ist das Ermessen der Behörde (§ 48 Abs. 1 S. 1 VwVfG) auf Null reduziert. Die Behörde hat den Bewilligungsbescheid mit Wirkung für die Vergangenheit (ex tunc) aufzuheben.

Nach § 48 Abs. 2 VwVfG ist dabei zwar das Vertrauen des Verwaltungsaktadressaten zu berücksichtigen. Dieses Vertrauen ist in der Regel schutzwürdig, wenn der Begünstigte Leistungen verbraucht oder eine Vermögensdisposition getroffen hat, die er nicht mehr oder nur unter unzumutbaren Nachteilen rückgängig machen kann (§ 48 Abs. 2 Satz 2 VwVfG). Diese Regelwertung ist bei der Rückforderung unionswidriger Beihilfen indes zu modifizieren, um dem Anwendungsvorrang des Unionsrechts gerecht zu werden. Hier kann sich U schon deshalb nicht auf Vertrauensschutz berufen, weil die Beihilfe

---

10 Ex Art. 88 Abs. 3 EG und ex VO 659/99.
11 EuGH vom 20.3.1997, Rs. C-24/95 – „*Alcan II*", Slg. 1997, I-1591, Rn. 39 ff., 44 ff.; bestätigt durch BVerwGE 106, 328; und BVerfG, EuZW 2000, 445 ff.
12 EuGH vom 20.9.1990, Rs. C-5/89 – „*BUG-Alutechnik*", Slg. 1990, I-3437, Rn. 18 f.
13 Nach BVerwGE 92, 81 ff.

von der öffentlichen Hand nicht notifiziert wurde. Damit stellt sich die Frage, wie diese unionsrechtliche Wertung bei der Anwendung des § 48 VwVfG berücksichtigt werden kann:

Möglich ist eine Verdrängung von § 48 Abs. 2 VwVfG durch Unionsrecht.[14] Dem steht aber entgegen, dass auch der EuGH den Grundsatz des Vertrauensschutzes anerkannt hat, weshalb eine vollständige Verdrängung der Vertrauensschutzbestimmungen nicht angebracht ist.

Nach a. A. soll § 48 Abs. 2 Satz 3 Nr. 3 VwVfG um einen ungeschriebenen Vertrauenstatbestand dahingehend ergänzt werden, dass kein Vertrauensschutz besteht, wenn das Notifikationsverfahren nach Art. 108 Abs. 3 AEUV nicht durchgeführt wurde.[15] § 48 Abs. 2 S. 3 VwVfG ist aber selbst ein Ausnahmetatbestand und daher eng auszulegen.

Das BVerwG[16] geht den Weg, das besondere Unionsinteresse im Rahmen der Abwägung zwischen privatem und öffentlichem Interesse nach § 48 Abs. 2 Satz 1 VwVfG besonders zu berücksichtigen.

Vorzugswürdig ist es aber zu unterstellen, dass U die Rechtswidrigkeit der Beihilfe kannte bzw. in grober Fahrlässigkeit nicht kannte und das Vertrauen über § 48 Abs. 2 S. 3 Nr. 3 VwVfG auszuschließen. Das BVerwG meint zwar, dass das bloße Unterlassen einer Nachforschung, ob das Notifizierungsverfahren ordnungsgemäß durchgeführt wurde, keine Böswilligkeit begründen könne,[17] das Unionsrecht stellt diese Anforderungen aber gerade an den Unternehmer. Dieser Weg hat zudem eine weitere wichtige Konsequenz. Der auf der Grundlage von § 49a VwVfG (Rn. 254) zu ergehende Rückforderungsbescheid ist nicht wegen Wegfalls der Bereicherung § 49a Abs. 2 S. 2 VwVfG unzulässig. Das Unionsrecht schließt eine Berücksichtigung des Wegfalls der Bereicherung bei rechtswidriger Gewährung einer Beihilfe aus.

Fraglich ist ferner, ob die Rücknahme gegen die Einjahresfrist nach § 48 Abs. 4 S. 1 VwVfG verstoßen könnte. Im Hinblick auf das Erfordernis der positiven Kenntnis (Rn. 244) geht das BVerwG[18] insoweit davon aus, dass die Jahresfrist frühestens im Zeitpunkt der Zustellung der Kommissionsentscheidung zu laufen beginnt, in der festgestellt ist, dass die Beihilfe nicht nur formell, sondern auch materiell rechtswidrig ist und dem Subventionsgeber daher kein Ermessen zusteht, von einer Rücknahme abzusehen. Hier wäre die Jahresfrist abgelaufen. Nach Rechtsprechung des EuGH muss aber auch § 48 Abs. 4 S. 1 VwVfG im Lichte des EU-Rechts interpretiert werden.[19] Bei einer staatlichen Beihilfe, von der die Kommission festgestellt hat, dass sie mit dem Gemeinsamen Markt unvereinbar ist, beschränkt sich die Rolle der nationalen Behörden auf die Durchführung der Kommissionsentscheidung. Die nationalen Behörden verfügen also über kein Ermessen. Folglich weiß der Beihilfenempfänger bereits ab Erlass der Kommissionsentscheidung, dass die Beihilfe zurückzufordern sein wird. Dann kann er sich auch nicht auf den Grundsatz der Rechtssicherheit berufen, wenn die nationalen Behörden eine Subvention verspätet zurückfordern. Dieses Ergebnis lässt sich dogmatisch mit einer **unionsrechtskonformen Auslegung des § 48 Abs. 4 S. 1 VwVfG** begründen: weil Rücknahme und Widerruf grundsätzlich im Ermessen der Behörde stehen und es sich bei der Jahresfrist um eine Entscheidungsfrist handelt, die (insbesondere) dem Beihilfenempfänger Klarheit über das weitere Vorgehen der staatlichen Behörden verschaffen will, kann die Bestimmung dann nicht angewendet werden, wenn der Behörde kein Ermessensspielraum zukommt und sie zur Rückforderung verpflichtet ist.

---

14 OVG Münster, JZ 1992, 1080 [1081].
15 Vgl. *Triantafyllou*, Zur „Europäisierung" des Vertrauensschutzes (insbesondere § 48 VwVfG) – am Beispiel der Rückforderung staatlicher Beihilfen, NVwZ 1992, 436 [440].
16 BVerwGE 92, 81 [85].
17 BVerwGE 92, 81 [84].
18 BVerwGE 92, 81 [87].
19 EuGH vom 20.3.1997, Rs. C-24/95 – „*Alcan II*", Rn. 34 f.

II.   Widerruf rechtmäßiger Verwaltungsakte

Auch für den Widerruf eines rechtmäßigen Verwaltungsakts ist nach § 49 VwVfG   **247**
zwischen begünstigenden und nicht begünstigenden Verwaltungsakten, sowie danach zu unterscheiden, ob eine einmalige oder laufende Geld- oder teilbare Sachleistung gewährt wird: **Nicht begünstigende Verwaltungsakte** (vgl. § 48 Abs. 1
S. 2 VwVfG) werden auf der Grundlage des § 49 Abs. 1 VwVfG zurückgenommen,
begünstigende Verwaltungsakte, die eine einmalige oder laufende Geld- oder teilbare Sachleistung (Rn. 249) gewähren, auf der Grundlage des § 49 Abs. 3 VwVfG,
für übrige begünstigende Verwaltungsakte steht die Rechtsgrundlage des § 49
Abs. 2 VwVfG zur Verfügung. In Fällen eines teils begünstigenden, teils belastenden Verwaltungsakts, kommt es darauf an, ob der Verwaltungsakt teilbar ist. Ggf.
sind die Teile getrennt nach § 49 Abs. 1 oder § 49 Abs. 2 bzw. Abs. 3 VwVfG zu
widerrufen: sind Begünstigung und Belastung dagegen nicht trennbar, hat ein
Widerruf nach den strengeren Regeln des § 49 Abs. 2 bzw. Abs. 3 VwVfG zu erfolgen.

1.   Widerruf rechtmäßiger nicht begünstigender Verwaltungsakte

Wie § 49 Abs. 1 VwVfG bestimmt, kann ein **rechtmäßiger nicht begünstigender**   **248**
Verwaltungsakt, auch nachdem er unanfechtbar geworden ist, ganz oder teilweise
mit Wirkung für die Zukunft widerrufen werden. Voraussetzung für den Widerruf ist dabei, dass nicht ein Verwaltungsakt gleichen Inhalts erneut erlassen werden müsste. Außerdem darf ein Widerruf nicht aus anderen Gründen unzulässig
sein.

2.   Widerruf rechtmäßiger begünstigender Verwaltungsakte

a) Die Regelung des § 49 Abs. 2 VwVfG. Gem. § 49 Abs. 2 S. 1 VwVfG darf ein   **249**
rechtmäßiger begünstigender Verwaltungsakt, der **nicht eine Geldleistung oder
eine teilbare Sachleistung gewährt oder hierauf gerichtet ist,** wiederum auch
nachdem er unanfechtbar geworden ist, ganz oder teilweise **mit Wirkung für die
Zukunft** widerrufen werden,
1.   wenn der **Widerruf durch Rechtsvorschrift zugelassen oder im Verwal-
      tungsakt vorbehalten** ist. Gesetzliche Widerrufsvorbehalte finden sich in
      zahlreichen Spezialgesetzen, vgl. etwa § 17 Abs. 3 AtomG; § 15 Abs. 2 und 3
      GastG; § 21 BImSchG oder § 18 BJagdG. Greifen diese Platz, so gehen sie
      allerdings dem allgemeinen § 49 Abs. 2 S. 1 Nr. 1 VwVfG gem. § 1 Abs. 1 S. 1
      a. E. vor, und eines Rückgriffs auf jene Regelung bedarf es regelmäßig nicht.
      Die Variante des im Verwaltungsakt selbst vorbehaltenen Widerrufs zielt
      demgegenüber auf den Widerrufsvorbehalt des § 36 Abs. 2 Nr. 3 VwVfG
      (Rn. 182) ab. Bei einem solchen handelt es sich nicht um einen selbstständi-
      gen Verwaltungsakt im Sinne von § 35 S. 1 VwVfG, sondern um einen un-
      selbstständigen, integrierenden Teil der Hauptregelung. Gleichwohl besteht
      weitgehende Einigkeit darüber, dass zumindest von einem nichtigen Wider-
      rufsvorbehalt im Rahmen des § 49 Abs. 2 S. 1 Nr. 1 VwVfG nicht Gebrauch
      gemacht werden kann. Die Rechtswidrigkeit des Widerrufsvorbehalts hindert
      dagegen den späteren Widerruf zumindest unter der Bedingung nicht, dass
      der Hauptverwaltungsakt mit dem Widerrufsvorbehalt unanfechtbar gewor-
      den ist.[20]

---

20   BVerwG, NVwZ 1987, 498.

2. wenn mit dem Verwaltungsakt eine **Auflage** verbunden ist und der Begünstigte diese nicht oder nicht innerhalb einer ihm gesetzten Frist erfüllt hat. Auflage meint hier eine selbstständige Nebenbestimmung im Sinne von § 36 Abs. 2 Nr. 4 VwVfG (Rn. 183). Ob die Behörde vor dem Widerruf versuchen muss, die Erfüllung der Auflage im Wege der Verwaltungsvollstreckung durchzusetzen, ist im Einzelfall unter Berücksichtigung des Verhältnismäßigkeitsgrundsatzes zu entscheiden.

3. wenn die Behörde aufgrund **nachträglich eingetretener Tatsachen berechtigt wäre, den Verwaltungsakt nicht zu erlassen**, und wenn ohne den Widerruf das öffentliche Interesse gefährdet würde. Tatsachen im Sinne dieser Variante sind sinnlich wahrnehmbare Vorgänge bzw. Zustände.[21] Nachträglich eingetreten sind diese Tatsachen, wenn sie nach Bekanntgabe des Verwaltungsakts eintreten. Aufgrund dieser Tatsachen berechtigt, den Verwaltungsakt nicht zu erlassen, ist die Behörde, wenn sie aktuell unter den veränderten Bedingungen eine gebundene Entscheidung der in Rede stehenden Art nicht mehr treffen dürfte und eine Ermessenentscheidung dieser Art zumindest verweigern könnte. Sind diese Voraussetzungen erfüllt, so genügt es schließlich nicht, dass der Widerruf nur im öffentlichen Interesse liegt. Erforderlich ist vielmehr, dass der Widerruf zur Abwehr einer Gefährdung des öffentlichen Interesses, das heißt zur Beseitigung oder Verhinderung eines sonst drohenden Schadens für wichtige Gemeinschaftsgüter, geboten ist.

Fall 38:[22] A ist Eigentümer eines Hausgrundstücks im Außenbereich mit Sickergrube. Zehn Jahre nach Eigentumserwerb errichtet die Stadt S einen öffentlichen Schmutzwasserkanal, ordnet einen Anschluss- und Benutzungszwang auf der Grundlage ihrer Entwässerungssatzung an, befreit aber den A hiervon, weil eine Klärung der vom Grundstück des A herrührenden Abwässer nur bei Anschlusskosten von „mindestens" 25 000 € möglich sei. In dem entsprechenden Bescheid ist ausgeführt, dass A aufgrund der gegebenen Umstände auf Dauer befreit werde, weil die hohen Anschlusskosten für ihn eine unbillige Härte darstellen würden. Fünf Jahre später nimmt die Stadt eine zentrale Kläranlage in Betrieb und errichtet Verbindungssammler. Sie widerruft den Befreiungsbescheid auf Grundlage ihrer Satzung und fordert A auf, sein Grundstück an den Schmutzwasserkanal anzuschließen; nun würden lediglich Kosten in Höhe von 5.000 € anfallen. A meint, dass sich die vor fünfzehn Jahren getätigten Investitionen in die Sickergrube noch nicht ausgezahlt hätten, damit habe die Behörde seinem Vertrauensschutz nicht hinreichend genug Rechnung getragen.

Lösung Fall 38: Es könnte ein Widerruf auf der Grundlage von § 49 Abs. 2 S. 1 Nr. 3 VwVfG möglich sein. Das setzt voraus, dass die Behörde aufgrund nachträglich eingetretener Tatsachen berechtigt wäre, den Verwaltungsakt nicht zu erlassen, und dass ohne den Widerruf das öffentliche Interesse gefährdet würde.[23] Der Umstand, dass durch die Inbetriebnahme einer zentralen Kläranlage und eines Verbindungssammlers die Möglichkeit einer Vollklärung der vom Grundstück des A herrührenden Abwässer geschaffen worden ist, ist eine nachträglich eingetretene Tatsache i. S. d. § 49 Abs. 2 S. 1 Nr. 3 VwVfG. Diese nachträglich eingetretene Tatsache würde die Stadt zum heutigen Zeitpunkt auch berechtigen, die von A gewünschte Befreiung vom Anschluss- und Benutzungszwang zu versagen.

Der Anwendung des § 49 Abs. 2 S. 1 S. 1 Nr. 3 VwVfG könnte jedoch entgegenstehen, dass der Befreiungsbescheid von einer Befreiung „auf Dauer" spricht. Auch bei dieser

---

21 *Kopp/Ramsauer*, VwVfG, 21. Aufl., 2020, § 49 Rn. 43.
22 BVerwG, NVwZ 1992, 565.
23 Vgl. etwa auch BVerwGE 153, 301 ff.

Formulierung kann aber nicht davon ausgegangen werden, dass der Befreiungsbescheid unabhängig von einer Änderung der tatsächlichen Umstände nicht mehr widerrufen werden sollte. Hierfür ist bei einer Auslegung des Befreiungsbescheides nach Maßgabe des § 133 BGB nichts ersichtlich. Denn der Bescheid geht erkennbar davon aus, dass sich die ihm zugrunde liegende Sach- und Rechtslage nicht nachträglich ändert und dass die bestehenden Anschlusskosten für A eine unbillige Härte darstellen. Eine solche Änderung ist aber dadurch eingetreten, dass die Stadt eine zentrale Kläranlage und einen Verbindungssammler gebaut hat. Die Herstellung der Anschlussleitung ist nun für 5.000 € möglich.

Außerdem müsste „ohne den Widerruf das öffentliche Interesse gefährdet" sein. Dabei genügt es nicht, dass der Widerruf im öffentlichen Interesse liegt. Erforderlich ist vielmehr, dass der Widerruf zur Abwehr einer Gefährdung des öffentlichen Interesses, d. h. zur Beseitigung oder Verhinderung eines sonst drohenden Schadens für wichtige Gemeinschaftsgüter geboten ist. Davon ist hier auszugehen. Die öffentliche Abwasserbeseitigung erfolgt im Interesse des Allgemeinwohls, insbesondere der Volksgesundheit, nicht zuletzt zur Erhaltung der Sauberkeit des Grundwassers. Der Sicherung dieses Schutzgutes dient der durch Ortssatzung geregelte Zwang, Grundstücke an die öffentliche Kanalisation anzuschließen und diese Einrichtung zu benutzen; nur so lässt sich mit größtmöglicher Sicherheit eine Grundwasserverunreinigung durch Abwässer ausschließen. Der Verzicht auf dieses Maß an Sicherheit führt bereits zu einer Gefährdung des in Rede stehenden Schutzguts.

Möglicherweise könnte A aber geltend machen, dass er von der ihm gewährten Vergünstigung im Sinne des § 49 Abs. 2 S. 1 Nr. 4 VwVfG Gebrauch gemacht hat. Das Vorliegen eines Tatbestandsmerkmals des § 49 Abs. 2 S. 1 Nr. 4 VwVfG schließt einen Widerrufsgrund nach § 49 Abs. 2 S. 1 Nr. 3 VwVfG aber nicht aus. Außerdem liegt ein „Gebrauchmachen" nicht vor. Der Begriff ist im Sinne eines „Ins-Werk-Setzens" zu verstehen. Daran fehlt es hier aber, weil die auf dem Grundstück des A befindliche Sickergrube bereits vor der Befreiung vom Anschluss- und Benutzungszwang installiert war. Diese Anlage wurde also nicht erst im Vertrauen auf den zehn Jahre nach Eigentumserwerb erlassenen Befreiungsbescheid errichtet, so dass sie sich nicht als „Ausführungshandlung" der gewährten Vergünstigung darstellt

In dem Widerruf könnte schließlich noch ein Ermessensfehler liegen. Zu Recht legt jedoch das BVerwG das der Behörde in § 49 Abs. 2 S. 1 Nr. 3 – 5 VwVfG eingeräumte Ermessen im Hinblick auf das öffentliche Interesse an einem Widerruf der Vergünstigung als in Richtung auf einen Widerruf „intendiert" aus: Der Regelung des § 49 Abs. 2 S. 1 VwVfG liegt nämlich insgesamt der Gedanke zugrunde, dass in den Widerrufsfällen der Nr. 1 – 5 das öffentliche Interesse an der Beseitigung oder Änderung des Verwaltungsaktes allgemein schwerer wiegt als das Interesse des Betroffenen am Bestand des Verwaltungsakts und ein damit einhergehendes Vertrauensinteresse. Dieses prinzipielle Übergewicht des öffentlichen Interesses liegt – soweit es um die in § 49 Abs. 2 S. 1 Nr. 3 – 5 VwVfG getroffenen Regelungen geht – darin begründet, dass dem Gesichtspunkt des Vertrauensschutzes hier bereits vom Gesetzgeber insofern Rechnung getragen worden ist, als dieser in § 49 Abs. 6 VwVfG einen Entschädigungsanspruch des Betroffenen für etwaige im Vertrauen auf den Bestand des Verwaltungsaktes erlittene Vermögensnachteile geschaffen (Rn. 250) bzw. einen Widerruf für den Fall des Gebrauchmachens von der Vergünstigung im Falle der Nr. 4 ausgeschlossen hat. Der Gesetzgeber hat mit anderen Worten den Gesichtspunkt des Vertrauensschutzes bereits in die Widerrufsregelungen des § 49 Abs. 2 S. 1 Nr. 3 – 5 i. V. m. § 49 Abs. 6 „eingearbeitet". Aus diesem Grund können Vertrauensschutzgesichtspunkte im Rahmen des der Behörde obliegenden Widerrufsermessens nur dann zugunsten des Betroffenen zu Buche schlagen, wenn der ihm ohnehin bereits unmittelbar kraft Gesetzes zustehende Vertrauensschutz aus besonderen Gründen nicht ausreichend erscheint. Diese Voraussetzungen sind hier schon deswegen nicht erfüllt, weil A die Sickergrube nicht im Vertrauen auf die Befreiungsregelung errichtet hatte. Allein seine Erwartung, der zu widerrufende Bescheid werde auf Dauer Bestand haben, gibt daher zu einem besonderen Vertrauensschutz zugunsten des A – auch im Sinne einer „Übergangsregelung" – noch keinen Anlass.

4. **wenn die Behörde aufgrund einer geänderten Rechtsvorschrift berechtigt wäre, den Verwaltungsakt nicht zu erlassen, soweit der Begünstigte von der Vergünstigung noch keinen Gebrauch gemacht oder aufgrund des Verwaltungsaktes noch keine Leistungen empfangen hat, und wenn ohne den Widerruf das öffentliche Interesse gefährdet würde.** Diese Bestimmung trifft für nachträgliche Rechtsänderungen eine ähnliche Regelung, wie die vorangestellte Variante des § 49 Abs. 2 Nr. 3 VwVfG. Als Rechtsvorschrift ist dabei zumindest jede Außenrechtsnorm (also jedes Gesetz im materiellen oder formellen Sinne) anzusehen. Im Übrigen ist auf die Ausführungen zu § 49 Abs. 2 Nr. 3 VwVfG zu verweisen. Anders als dort scheidet ein Widerruf indes aus, wenn der Begünstigte von der Vergünstigung Gebrauch gemacht oder Leistungen empfangen hat. Ein Gebrauchmachen im Sinne der 1. Alt. liegt dabei wiederum vor, wenn die Begünstigung etwa dadurch, dass im Falle einer Baugenehmigung mit der Ausführung des Vorhabens begonnen wurde, bereits ins Werk gesetzt wurde.

5. **um schwere Nachteile für das Gemeinwohl zu verhüten oder zu beseitigen.** Als Auffangbestimmung, die durch die vorangestellten Ziffern des Art. 49 Abs. 2 verdrängt wird, ist diese Bestimmung eng auszulegen. Ein schwerer Nachteil für das Gemeinwohl ist daher nur bei der unmittelbar bevorstehenden oder drohenden Schädigung wichtiger Gemeinschaftsgüter zu bejahen.

Beachte: In allen Fällen des § 49 Abs. 2 VwVfG gilt gem. Satz 2 der Regelung die Jahresfrist des § 48 Abs. 4 entsprechend.

250 **b) Der Entschädigungsanspruch nach § 49 Abs. 6 VwVfG.** Für eine Rücknahme aus Gründen des § 49 Abs. 2 S. 1 Nr. 3 bis 5 VwVfG eröffnet § 49 Abs. 6 VwVfG einen Entschädigungsanspruch. Danach hat die Behörde dem Betroffenen für den Vermögensnachteil zu entschädigen, den dieser dadurch erleidet, dass er auf den Bestand des Verwaltungsaktes vertraut hat. Die Ausklammerung der Fälle des § 49 Abs. 2 S. 1 Nr. 1 und 2 VwVfG ergibt sich daraus, dass der Betreffende hier mit einem Widerruf zu rechnen hatte (Widerrufsvorbehalt, Auflagenverstoß).

Der Betroffene muss die Entschädigung beantragen. Die Behörde entscheidet dann durch Verwaltungsakt. Außerdem besteht der Entschädigungsanspruch nur, wenn und soweit das Vertrauen des Betroffenen schutzwürdig ist. Obgleich sich Entsprechendes – anders als bei § 48 Abs. 3 S. 1 VwVfG – nicht unmittelbar aus dem Wortlaut ergibt, ist dessen Interesse auch hier mit dem öffentlichen Interesse abzuwägen. In diesem Falle wird also das Gebot der Abwägung mit öffentlichen Interessen in das Adjektiv „schutzwürdig" hineingelesen.[24]

Für die Höhe des Anspruchs verweist § 49 Abs. 6 S. 2 VwVfG auf § 48 Abs. 3 S. 3 bis 5. Der Vermögensnachteil ist demnach nicht über den Betrag des Interesses hinaus zu ersetzen, das der Betroffene an dem Bestand des Verwaltungsaktes hat. Der Anspruch kann nur innerhalb eines Jahres geltend gemacht werden; die Frist beginnt, sobald die Behörde den Betroffenen auf sie hingewiesen hat. Für Streitigkeiten betreffend die Höhe der Entschädigung ist der ordentliche Rechtsweg gegeben (§ 49 Abs. 6 S. 3 VwVfG).

---

24 *Ziekow*, VwVfG, 4. Aufl., 2019, § 49 Rn. 36.

c) Die Regelung des § 49 Abs. 3 VwVfG. Nach § 49 Abs. 3 S. 1 VwVfG kann ein **251** **rechtmäßiger Verwaltungsakt, der eine einmalige oder laufende Geldleistung oder teilbare Sachleistung zur Erfüllung eines bestimmten Zwecks gewährt oder hierfür Voraussetzung ist,** auch nachdem er unanfechtbar geworden ist, ganz oder teilweise – **auch mit Wirkung für die Vergangenheit** (also ex tunc) – widerrufen werden, wenn

1. die Leistung nicht **alsbald** nach der Erbringung für den **in dem Verwaltungsakt bestimmten Zweck** verwendet wird, oder

2. wenn mit dem Verwaltungsakt eine **Auflage** verbunden ist und der Begünstigte diese **nicht oder nicht innerhalb einer ihm gesetzten Frist erfüllt hat.**

§ 49 Abs. 3 S. 1 Nr. 1 VwVfG erklärt sich daraus, dass Geldleistungen des Staates zweckgebunden vergeben werden und der Zuwendungsempfänger hieraus keine anderen Vorteile erzielen soll als solche, die eben den jeweiligen Zweck betreffen. Deshalb kann der eine Geld- oder Sachleistung gewährende Bescheid auch dann widerrufen werden, wenn der Adressat die Zuwendung nicht alsbald zweckentsprechend verwendet, wie er sie nicht für andere Zwecke – sei es auch nur um Zinsen zu erzielen – verwenden soll. „Alsbald" meint nicht „unverzüglich" i. S. d § 121 BGB, sondern „gleich danach", „sogleich". Auf ein Verschulden des Begünstigten kommt es nicht an. Auch für den Widerruf gilt die Jahresfrist des § 48 Abs. 4 VwVfG (§ 49 Abs. 3 S. 2 VwVfG).

3. Wirksamkeit des Widerrufs

Gem. § 49 Abs. 4 VwVfG wird der widerrufene Verwaltungsakt grundsätzlich mit **252** dem Wirksamwerden des Widerrufs unwirksam, vorausgesetzt die Behörde bestimmt keinen anderen Zeitpunkt. Da § 49 Abs. 1 und 2 VwVfG für die ihnen unterfallenden Sachverhalte einen Widerruf mit Wirkung für die Vergangenheit ausschließen, kann die Behörde hier nur einen späteren Wirksamkeitszeitpunkt bestimmen. Im Falle des § 49 Abs. 3 VwVfG kommt dagegen auch die Bestimmung eines früheren Zeitpunkts in Betracht. In diesem Falle gilt es wiederum, § 49a VwVfG (Rn. 254) zu beachten.

4. Zuständigkeit (§ 49 Abs. 5 VwVfG)

Örtlich zuständig für den Erlass des Widerrufs ist nach Unanfechtbarkeit des Ver- **253** waltungsaktes die nach § 3 VwVfG zuständige Behörde. Insoweit gilt das gleiche wie zu § 48 VwVfG.

III. Erstattung (§ 49a VwVfG)

Soweit ein Verwaltungsakt **mit Wirkung für die Vergangenheit** zurückgenom- **254** men (§ 48 VwVfG) oder widerrufen (§ 49 VwVfG) worden oder infolge Eintritts einer auflösenden Bedingung (§ 36 Abs. 2 Nr. 2 VwVfG) unwirksam geworden ist, sind bereits erbrachte Leistungen zu erstatten, § 49a Abs. 1 S. 1 VwVfG. § 49a betrifft damit einen besonderen Fall des öffentlich-rechtlichen Erstattungsanspruchs (Rn. 401 f.). Geregelt ist der Erstattungsanspruch eines Verwaltungsträgers gegenüber einem Privaten oder einem anderen Verwaltungsrechtsträger, nicht aber umgekehrt der Anspruch des Bürgers gegen den Staat.[25]

---

25 OVG Münster, DÖV 2004, 490 [491].

Der Erstattungsanspruch entsteht mit dem Vorliegen der Tatbestandsvoraussetzung des § 49a Abs. 1 S. 1 VwVfG. Allerdings erfolgt die Rückforderung der zu erstattenden Leistung durch einen **schriftlich festzusetzenden Verwaltungsakt** (§ 49a Abs. 1 S. 2 VwVfG).

Der **Umfang** der Erstattung richtet sich nach §§ 812 ff. BGB. Damit hat der Betreffende das Erlangte, gegebenenfalls Surrogate (§ 818 Abs. 1, Abs. 2 BGB) herauszugeben. Auf den Wegfall der Bereicherung kann sich der Begünstigte nicht berufen, soweit er die Umstände kannte oder infolge grober Fahrlässigkeit nicht kannte, die zur Rücknahme, zum Widerruf oder zur Unwirksamkeit des Verwaltungsaktes geführt haben (§ 49a Abs. 2 VwVfG).

Für die Verzinsung gelten aber besondere Regeln: Der zu erstattende Betrag ist vom Eintritt der Unwirksamkeit des Verwaltungsaktes an mit fünf Prozentpunkten über dem Basiszinssatz jährlich zu verzinsen. Von der Geltendmachung des Zinsanspruchs kann abgesehen werden, wenn der Begünstigte die Umstände, die zur Rücknahme, zum Widerruf oder zur Unwirksamkeit des Verwaltungsaktes geführt haben, nicht zu vertreten hat und den zu erstattenden Betrag innerhalb der von der Behörde festgesetzten Frist leistet.

Bei verspäteter Verwendung, d. h. wenn eine Leistung nicht alsbald nach der Auszahlung für den bestimmten Zweck verwendet wird, könnten für die Zeit bis zur zweckentsprechenden Verwendung Zinsen nach § 49 a Abs. 3 S. 2 VwVfG verlangt werden. „Alsbald" meint „sogleich" (Rn. 251) und ist verschuldensunabhängig zu begreifen. Entsprechendes gilt, soweit eine Leistung in Anspruch genommen wird, obwohl andere Mittel anteilig oder vorrangig einzusetzen sind. § 49 Abs. 3 Satz 1 Nr. 1 bleibt unberührt.

Fall 39:[26] A hat die Gewährung eines zinslosen Darlehens für den Bau einer öffentlichen Tiefgarage beantragt. Durch Bescheid wird das zinslose Darlehen bewilligt; die Darlehensgewährung sowie die Rückzahlungsbedingungen im Einzelnen werden aber der Regelung in einem Darlehensvertrag vorbehalten. Nachdem A die erbaute Tiefgarage an einen Dritten veräußert hat, ficht die Behörde den Darlehensvertrag wegen arglistiger Täuschung an und fordert A zur Rückzahlung des Darlehens und zur Zahlung von Zinsen auf. A wendet sich gegen den Rückforderungsbescheid.

Lösung Fall 39: Der Rückforderungsbescheid könnte auf § 49a VwVfG gestützt sein. Danach sind bereits erbrachte Leistungen zu erstatten, soweit ein Verwaltungsakt mit Wirkung für die Vergangenheit zurückgenommen oder widerrufen worden ist oder infolge Eintritts einer auflösenden Bedingung unwirksam geworden ist. Fraglich ist, ob der Erstattungsanspruch durch Verwaltungsakt festgesetzt werden konnte. Denn das Darlehen wurde nicht durch Bescheid, sondern durch den Darlehensvertrag gewährt. Dieser aber ist privatrechtlicher Natur. Das folgt schon aus der Bezeichnung, die auf das entsprechende Rechtsinstitut des BGB verweist. Überwiegend wird aber angenommen, dass § 49a VwVfG – obwohl der Gesetzestext dies nicht ausdrücklich sagt – voraussetzt, dass die zu erstattenden Leistungen auf der Grundlage eines Verwaltungsakts erbracht worden sind, der ihren Rechtsgrund darstellt.[27] Denn die Rückforderung ist das Gegenstück („actus contrarius") zur Auszahlung und teilt deshalb deren Rechtscharakter. Das bedeutet, dass nur Leistungen, die durch Verwaltungsakt gewährt wurden, wieder durch Verwaltungsakt zurückgefordert werden können; Leistungen, die auf einem anderen Rechtsgrund wie etwa einem öffentlich-rechtlichen Vertrag oder auf einem privatrechtlichen Vertrag beruhen, können nicht nach § 49a Abs. 1 VwVfG zurückgefordert werden.

---

26 BVerwG, DÖV 2006, 220 ff.
27 *Sachs*, in: Stelkens/Bonk/Sachs, VwVfG, 9. Aufl., 2018, § 49a Rn. 5.

Im vorliegenden Fall 39 stellt die Hingabe des Darlehens einen klassischen Fall der Anwendung der Zweistufentheorie dar (Rn. 25). Die Behörde hat zunächst über das „Ob" der Gewährung einer Zuwendung in Form eines zinslosen Darlehens durch Verwaltungsakt entschieden. Die konkrete Umsetzung der Darlehensgewährung ist sodann durch einen Darlehensvertrag erfolgt, der die Modalitäten von Auszahlung und Rückzahlung festgelegt hat. Beide Akte sind inhaltlich verknüpft, indem einerseits der Bewilligungsbescheid unter die aufschiebende Bedingung des Zustandekommens eines Darlehensvertrages gestellt worden ist und andererseits dem Darlehensgeber ein fristloses Kündigungsrecht für den Fall der Aufhebung oder sonstigen Unwirksamkeit des Bewilligungsbescheides eingeräumt worden ist. Nur der Darlehensvertrag bildet aber die unmittelbare Grundlage für die Auszahlung des Darlehens. Während sich aus dem Bewilligungsbescheid nur ein Anspruch auf Abschluss des Darlehensvertrages ergibt, folgt der Anspruch auf die Auszahlung der Darlehenssumme allein aus dem Darlehensvertrag. Dieser ist privatrechtlicher Art, so dass auch der Rückforderungsanspruch privatrechtlicher Art sein muss. Ein Entschädigungsanspruch auf der Grundlage von § 49a VwVfG scheidet folglich aus. Der Rückforderungsbescheid ist damit rechtswidrig.

Rechtsprechung: EuGH vom 21.9.1983, Rs. 205/82 – *„Deutsche Milchkontor"*, Slg. 1990. I-3437 ff.; EuGH vom 20.9.1990, Rs. C-5/89 – *„BUG-Alutechnik"*, Slg. 1990, I-3437 ff.; EuGH vom 20.3.1997, Rs. C-24/95 – *„Alcan II"*, Slg. 1007, I-1591 ff.; BVerwGE 74, 357 ff. – *„Magermilch"*; BVerwGE 92, 81 ff. – *„Investitionszulagebescheinigung"*; BVerwGE 106, 328 ff. – *„Alcan"*.

Literatur: *Gromitsaris, A.*, Neue Entwicklungen des Vertrauensschutzes bei Rücknahme und Rückforderung europarechtsrelevanter Beihilfen, ThürVBl 2000, 97 ff.; *Martini, M.*, Die Aufhebung von Verwaltungsakten nach §§ 48 ff. VwVfG – Vertrauensschutz bei der Rücknahme (§ 48 II, III VwVfG), JA 2016, 830 ff.; *ders.*, Die Aufhebung von Verwaltungsakten nach §§ 48 ff. VwVfG – ein Überblick (Teil 1), JA 2012, 672 ff.; *ders./Neidhardt, S.*, Die Aufhebung von Verwaltungsakten nach §§ 48 ff. VwVfG – Überblick über die Rücknahme nach § 48 VwVfG (Teil 2), JA 2013, 442 ff.; *Potacs, M.*, Gemeinschaftsrecht und Bestandskraft staatlicher Verwaltungsakte, in: Festschrift für Ress, 2005, S. 729 ff.; *Scheuing, D.*, Europäisierung des Verwaltungsrechts, DV 2001, 107 ff.; *Storr, S.*, Grundsätze des Verwaltungsverfahrens aus gemeinschaftsrechtlicher Sicht, in: *Holoubek, M./Lang, M.*, Abgabenverfahrensrecht und Gemeinschaftsrecht, 2006, S. 13 ff.; *Suerbaum, J.*, Die Europäisierung des nationalen Verwaltungsverfahrensrechts am Beispiel der Rückabwicklung gemeinschaftsrechtswidriger Beihilfen, VerwArch 2000, 169 ff.; *Triantafyllou, D.*, Zur „Europäisierung" des Vertrauensschutzes (insbesondere § 48 VwVfG) – am Beispiel der Rückforderung staatlicher Beihilfen, NVwZ 1992, 436 ff.; *Uhle, A.*, Die Bindungswirkung des Widerspruchsbescheids, NVwZ 2003, 811 ff.; *Voßkuhle, A./Kaufhold, A.-K.*, Grundwissen – Öffentliches Recht: Rücknahme und Widerruf von Verwaltungsakten, JuS 2014, 695 ff.

C.   Andere Handlungsformen und Verwaltungsverfahren

§ 12 Das vertragliche Verwaltungshandeln

I.   Der „kooperative Staat"

255   Der „kooperative Staat" kann als ein Phänomen unserer Zeit beobachtet werden. Unter **„Kooperation"** kann jedes freiwillige Zusammenwirken Privater mit der öffentlichen Hand zusammengefasst werden, sei es durch unverbindliche Absprachen, durch Vertrag, durch ein gemischt-wirtschaftliches Unternehmen oder durch andere Formen rechtsverbindlich geregelten oder unverbindlichen und nicht geregelten Zusammenwirkens.[1]

Eine besondere Form der Kooperation ist das **konsensuale Handeln** durch Vertrag. Während der Verwaltungsakt Regelungswirkung als einseitig-hoheitliche Maßnahme der Behörde entfaltet und damit das wesentliche Instrument der Verwaltung ist, um das Gewaltmonopol des Staates im Einzelfall effektiv umzusetzen, erfordert der Vertrag für seine Wirksamkeit eine Willensübereinstimmung der Vertragsparteien in Bezug auf die zu regelnde Angelegenheit.

Freilich hat es auch schon früher kooperatives Handeln zwischen Staat und Bürger gegeben. Kooperativ kann die Behörde auch handeln, wenn sie einen Verwaltungsakt erlässt, der auf eine Mitwirkung des Adressaten angewiesen ist, z. B. weil dieser einen Antrag stellen muss. In den vergangenen Jahren hat der Staat aber immer häufiger auf kooperatives Handeln gesetzt.[2] Die wichtigsten Gründe hierfür dürften wohl die in der seit Ende der 80er Jahre verstärkte Ökonomisierung der Verwaltung und Liberalisierung von Volkswirtschaften sein, die zu weitreichenden Privatisierungen geführt haben. Der Staat bedient sich privatrechtlicher Handlungsformen (formelle Privatisierung Rn. 284) oder greift zur Erfüllung öffentlicher Aufgaben auf Private zurück (funktionale Privatisierung Rn. 287). Indem der Staat zunehmend „privat" wurde und Private zunehmend „öffentlich", vernetzten sich die staatliche und die private Sphäre immer mehr. Das kooperative Miteinander der Beziehung Staat/Privater wird in der Etablierung neuer Streitschlichtungsverfahren genauso deutlich (etwa der Mediation im Verwaltungsrecht[3]) wie in Selbstverpflichtungen der Wirtschaft oder in der Beschaffung durch Auftragsvergabe.

Ob das Kooperationsverhältnis eine neue rechtsdogmatische Kategorie darstellt, mag bezweifelt werden;[4] das Phänomen Kooperation kann indes nicht bestritten werden. Ein auf Konsens ausgerichtetes Verwaltungshandeln hat gewiss Vorteile,

---

1   *Storr,* Zu einer gesetzlichen Regelung für eine Kooperation des Staates mit privaten Sicherheitsunternehmen im Bereich polizeilicher Aufgaben, DÖV 2005, 101.

2   *Schmidt-Aßmann,* Das allgemeine Verwaltungsrecht als Ordnungsidee, 2. Aufl., 2006, S. 175; *Schröder,* Verwaltungsrechtsdogmatik im Wandel, 2007, S. 195.

3   *Stumpf,* Alternative Streitbeilegung im Verwaltungsrecht, 2006.

4   *Schröder,* Verwaltungsrechtsdogmatik im Wandel, 2007, S. 195 f.

weil die Interessen aller Betroffenen optimal koordiniert werden können. Das ermöglicht passgenaue Lösungen im Einzelfall. Es lässt „elastische" Rechtsbeziehungen und damit auch eine bessere Einzelfallgerechtigkeit zu. Kooperation setzt Zusammenarbeit, zumindest wechselseitigen Kontakt, voraus und gibt damit Raum, individuelle Interessen und Vorstellungen zu berücksichtigen. Komplexe Sachverhalte können tiefer durchdrungen werden. Kooperatives Verwaltungshandeln der Behörde trägt so zur Akzeptanz behördlicher Maßnahmen und damit zur Effektivität der Verwaltungsmaßnahmen bei.

Andererseits birgt der Verzicht auf einseitig hoheitliche Regelungen auch Nachteile: Wenn die Behörde von der Zustimmung einzelner abhängig ist, muss sie möglicherweise Kompromisse schließen, kann gegebenenfalls Gemeinwohlziele nicht optimal verfolgen, und sie verzichtet zudem auf die Geltendmachung ihrer Hoheitsrechte (Stichwort: „Ausverkauf von Hoheitsrechten"). Ferner besteht die Gefahr, dass Interessen Dritter beeinträchtigt werden und schließlich steht die Gleichheit der Rechtsanwendung in Frage, wenn die Behörde Verträge individuell abschließt. Aber auch für den Bürger kann ein Vertragsabschluss nachteilig sein: Die Behörde wird ein ungleich stärkerer Vertragspartner sein, wenn ihr mit einem Beamtenapparat überlegenes Sachwissen und Rechtskenntnis zur Verfügung stehen. Außerdem schmälert der Vertragsabschluss den Rechtsschutz des Bürgers: Durch seine Zustimmung willigt dieser in bestimmte Rechtsfolgen ein und schneidet sich damit gerichtlichen Rechtsschutz regelmäßig ab. Eine besondere Form konsensualen Handelns ist der öffentlich-rechtliche Vertrag.

II. Der öffentlich-rechtliche Vertrag

1. Zur Zulässigkeit von (öffentlich-rechtlichen) Verträgen

Für *O. Mayer* war der öffentlich-rechtliche Vertrag zwischen Bürger und Staat **256** schon begrifflich unmöglich.[5] Verträge zwischen Bürger und Staatsgewalt könnten nur subordinationsrechtlich sein; damit fehle es an der für das Vertragsrecht unerlässlichen Gleichordnung der Parteien. Ein Vertrag setze „gleichberechtigte Kontrahenten, koordinierte Subjekte" voraus. Dem hatte freilich schon *P. Laband* entgegengehalten, dass die umfassende Herrschaftsmacht des Staates seine Fähigkeit, Verträge mit dem Bürger zu schließen, nicht beschränke, sondern begründe. „Weil der Staat Herrscher ist, kann er sich nach eigenem Belieben aller Rechtsformen bedienen, die ihm nützlich erscheinen...".[6] Entscheidend für den Durchbruch der Akzeptanz konsensualen Verwaltungshandelns war aber die Tatsache, dass das Verwaltungshandeln bei seiner Vielgestaltigkeit nicht mehr auf die einseitige Erledigung staatlicher Obliegenheiten durch Normsetzung und Vollziehung in Form eines Verwaltungsakts beschränkt bleiben konnte; auf eine Ergänzung durch „einvernehmliche Rechtsakte" konnte daher nicht verzichtet werden.[7]

Es gilt der Grundsatz der **Formenwahlfreiheit** der Verwaltung (Rn. 285 ff.). Deshalb ist es der Verwaltung möglich, privatrechtliche Verträge abzuschließen. Auf ein Grundrecht der Vertragsfreiheit (als Teilgewährleistung von Art. 2 Abs. 1 GG oder spezieller Freiheitsrechte) kann sie sich freilich nicht berufen; sie ist an Ge-

---

5 *Mayer*, Zur Lehre vom öffentlichenrechtlichen Vertrage, AöR 3 (1888), 3 [42].
6 *Laband*, Buchbesprechung von *Mayer*, Theorie des französischen Verwaltungsrechts, 1886, AöR 2 (1887), 149 [159].
7 BVerwGE 23, 213 [216]; *Laband*, Buchbesprechung von *Wenzel*, Zur Lehre der vertragsmäßigen Elemente der Reichsverfassung, 1909, AöR 26 (1910), 365 ff.

setz und Recht, also auch an die Grundrechte gebunden (Art. 20 Abs. 3; 1 Abs. 3 GG) und sie bedarf für ihr Handeln entsprechender Kompetenzgrundlagen. Das schließt die Eingehung vertraglicher Bindungen aber nicht aus, solange die Verwaltung sich auf eine entsprechende Kompetenzgrundlage berufen kann und sie den ihr gesetzlich eröffneten Gestaltungsrahmen einhält.

Das VwVfG regelt das Handlungsinstrument des öffentlich-rechtlichen Vertrages in §§ 54 ff.: „Auf dem Gebiet des öffentlichen Rechts kann durch Vertrag ein Rechtsverhältnis begründet, geändert oder aufgehoben werden, soweit Rechtsvorschriften nicht entgegenstehen." Damit wird der öffentlich-rechtliche Vertrag in § 54 S. 1 VwVfG nicht nur als vertragliches Rechtsverhältnis auf dem Gebiet des öffentlichen Rechts legaldefiniert; die Vorschrift enthält zugleich eine allgemeine Kompetenz der Behörde, sich des öffentlich-rechtlichen Vertrags zu bedienen, sofern Rechtsvorschriften nicht entgegenstehen.

2. Arten von öffentlich-rechtlichen Verträgen

257 Anders als das BGB kennt das VwVfG keine Vertragstypen (Kaufvertrag, Mietvertrag). Unterschieden werden aber verschiedene Arten von öffentlich-rechtlichen Verträgen:

Der **subordinationsrechtliche Vertrag** ist Gegenstand des § 54 S. 2 VwVfG: Danach kann die Behörde, anstatt einen Verwaltungsakt zu erlassen, einen öffentlich-rechtlichen Vertrag mit demjenigen schließen, an den sie sonst den Verwaltungsakt richten würde. Der subordinationsrechtliche Vertrag betrifft ein Vertragsverhältnis auf dem Gebiet des öffentlichen Rechts, bei dem ein hoheitliches Verhältnis der Über- und Unterordnung besteht.

Entgegen dem Wortlaut der Vorschrift soll es dabei freilich nicht darauf ankommen, ob der konkrete Gegenstand der vertraglichen Vereinbarung „sonst" durch Verwaltungsakt geregelt werden könnte. Vielmehr wird mit der Bezugnahme auf den Erlass eines Verwaltungsakts der typische Anwendungsbereich des subordinationsrechtlichen Vertrags bezeichnet, nämlich den Abschluss eines Vertrags in einem Rechtsbereich, in dem sich Bürger und Behörde allgemein wie bei dem Erlass eines Verwaltungsakts in einem Über- und Unterordnungsverhältnis gegenüberstehen. Die Behörde muss also im Zeitpunkt des Vertragsabschlusses nicht befugt gewesen sein, die vom Bürger zu erbringende Leistung mit demselben Inhalt durch Verwaltungsakt festzusetzen. Diese Auslegung wird durch die Gesetzesbegründung gestützt: Der Gesetzgeber hatte das „Wesen" des subordinationsrechtlichen Vertrags im Unterschied „zum typischen Gesetzesvollzug" darin gesehen, dass erst der Konsens der Vertragspartner eine Lösung ermögliche, „für die der strenger gebundene und mithin weniger elastische Verwaltungsakt versagen müßte".[8]

258 Der **kooperationsrechtliche Vertrag** betrifft demgegenüber Rechtsverhältnisse, in denen sich die Vertragsparteien gleichberechtigt gegenüberstehen. Das Gesetz nennt diesen Vertragstypus nicht ausdrücklich. Aus dem systematischen Zusammenhang von § 54 S. 2 und S. 1 VwVfG („insbesondere") folgt aber, dass es öffentlich-rechtliche Verträge geben muss, die auf ein Rechtsverhältnis bezogen sind, das nicht durch Verwaltungsakt geregelt werden kann. Hier sollen die Vertragsparteien „gleichgeordnet" sein.[9]

---

8 Vgl. BT-Drs. 7/910 vom 18.7.1973, S. 79 f.; BVerwGE 111, 163 [164].
9 *Korte,* in: Wolff/Bachof/Stuber/Kluth, Verwaltungsrecht, Band I, 13. Aufl., 2017, S. 711.

Beispiel: ein öffentlich-rechtlicher Vertrag zwischen einer Gemeinde und einem Energieversorgungsunternehmen, in dem die Errichtung einer Hochspannungsfreileitung vereinbart wird.[10]

In der Literatur wird ferner der **koordinationsrechtliche Vertrag** anerkannt. Das **259** soll ein Vertrag sein, der sich auf ein Rechtverhältnis bezieht, das nicht durch Verwaltungsakt geregelt werden könnte (also ebenfalls auf „Ebene der Gleichordnung" angesiedelt ist) und dessen Vertragspartner **verschiedene Stellen der öffentlichen Hand** sind.[11] Die Differenzierung in kooperations- und koordinationsrechtlichen Vertrag wird damit begründet, dass es für die Wertungsinteressen der Rechtsverhältnisse von Bedeutung ist, ob Bürger oder andere Stellen der öffentlichen Hand Vertragspartner sind.

Beispiel: Zweckverbandsvereinbarungen zwischen Gemeinden oder Landkreisen, Wahrnehmung von Abfallentsorgungsaufgaben einer Gemeinde für eine andere Gemeinde.

Nicht ausgeschlossen sind **öffentlich-rechtliche Verträge zwischen Privaten**, wenn sich diese über öffentliche Rechte vertraglich einigen.

Beispiel: Übertragung der Unterhaltungslast für Gewässer (§ 71 SächsWasserG; mit Zustimmung der Behörde – inzwischen aufgehoben).

Der **Vergleichsvertrag** (§ 55 VwVfG) ist ein besonderer subordinationsrechtlicher **260** Vertrag, durch den eine bei verständiger Würdigung des Sachverhalts oder der Rechtslage bestehende Ungewissheit durch gegenseitiges Nachgeben beseitigt wird. § 55 VwVfG bestimmt, dass ein Vergleichsvertrag geschlossen werden kann, wenn die Behörde den Abschluss des Vergleichs zur Beseitigung der Ungewissheit nach pflichtgemäßem Ermessen für zweckmäßig hält.

Ein **Austauschvertrag** (§ 56 VwVfG) ist ein öffentlich-rechtlicher Vertrag im Sinne **261** des § 54 S. 2 VwVfG, in dem sich der Vertragspartner der Behörde zu einer Gegenleistung verpflichtet, d. h. jeder Vertragspartei wird auf der Grundlage der Gegenseitigkeit ein Rechtsanspruch auf die Leistung der anderen Vertragspartei eingeräumt (sog. Austauschvertrag im engeren Sinne). Ein Austauschvertrag kann unter vier Voraussetzungen abgeschlossen werden:
- Die Gegenleistung, die der Vertragspartner der Behörde versprochen hat, muss für einen **bestimmten Zweck** vereinbart sein. Aus dem im Vertrag Vereinbarten – und nicht erst aufgrund einer nachträglichen, den Vertragspartner bindenden einseitigen Entscheidung der Behörde –, muss sich ergeben, welche Gegenleistung zu erbringen ist, ob diese den gesamten Umständen nach angemessen ist und ob sie in sachlichem Zusammenhang mit der vertraglichen Leistung der Behörde steht. Das schließt das einseitige Bestimmungsrecht gemäß § 315 BGB i. V. m. § 62 VwVfG nicht aus, wenn es weder die Gegenleistung selbst noch deren Zweck betrifft, sondern der Behörde nur ermöglichen soll, zugunsten ihres Vertragspartners von der an sich zu erbringenden Gegenleistung aus Gründen der Billigkeit je nach Lage angemessene Abstriche zu machen.[12]
- Die Gegenleistung muss der Behörde zur Erfüllung ihrer **öffentlichen Aufgaben** dienen. Der Behörde soll es nicht gestattet sein, sich durch die Ver-

---

10 VGH Mannheim, NVwZ-RR 1998, 351.
11 *Ziekow*, VwVfG, 4. Aufl., 2019, § 54 Rn. 35.
12 BVerwGE 84, 236 [243] – „*gewerbliche Investitionsförderung*".

tragsform außerhalb ihres gesetzlichen Zuständigkeits- und Aufgabenbereichs zu bewegen.
- Die Gegenleistung muss den gesamten Umständen nach **angemessen** sein. Dabei handelt es sich um eine Ausprägung des Verhältnismäßigkeitsgrundsatzes. In wirtschaftlicher Hinsicht bedeutet „Angemessenheit", dass die vom Vertragspartner aus Anlass eines bestimmten Vorhabens vereinbarte Übernahme von Kosten bei wirtschaftlicher Betrachtung des Gesamtvorganges in angemessenem Verhältnis zum Wert des Vorhabens stehen muss.[13]
- Die Gegenleistung muss im **sachlichen Zusammenhang** mit der vertraglichen Leistung der Behörde stehen. Damit ist das sog. **Koppelungsverbot** angesprochen. Unter welchen Voraussetzungen der in § 56 Abs. 1 S. 2 VwVfG geforderte sachliche Zusammenhang zwischen Leistung und Gegenleistung zu bejahen ist, lässt sich abstrakt-generell nicht vorgeben. Entscheidend sind Inhalt und Begleitumstände des konkreten Vertrages. Ein Verstoß gegen das Koppelungsverbot liegt vor, wenn[14]
  - durch einen verwaltungsrechtlichen Vertrag etwas miteinander verknüpft werden soll, was in keinem inneren Zusammenhang zueinander steht;
  - hoheitliche Entscheidungen ohne entsprechende gesetzliche Ermächtigung von wirtschaftlichen Gegenleistungen abhängig gemacht werden, es sei denn, erst die Gegenleistung würde ein der Entscheidung entgegenstehendes rechtliches Hindernis beseitigen (kein „Verkauf von Hoheitsakten");
  - die vom Bürger zu erbringende Leistung einem anderen öffentlichen Interesse zu dienen bestimmt ist als die von der Behörde zu erbringende oder von ihr in Aussicht gestellte Leistung.

Beispiel: Der Fall einer nach § 56 Abs. 1 S. 2 VwVfG unzulässigen Gegenleistung des Bürgers liegt vor, wenn sich die Behörde eine Leistung versprechen lässt, auf die der Bürger nach dem einschlägigen Bundes- oder Landesrecht ohnehin Anspruch hat.[15] Hierfür regelt § 56 Abs. 2 VwVfG, dass nur solche Gegenleistung für eine Leistung der Behörde, auf die der Vertragspartner einen Anspruch hat, vereinbart werden darf, die bei Erlass eines Verwaltungsaktes Inhalt einer Nebenbestimmung nach § 36 VwVfG sein könnte.

262 Ein sachlicher Zusammenhang liegt nicht vor bei einem Vertrag „baulichen Inhalts", nach dem die Gegenleistung des Bürgers in einer Zahlung „zugunsten einer beliebigen öffentlichen Aufgabe der Behörde" besteht.[16]

Nach der Rechtsprechung des BVerwG[17] soll § 56 VwVfG auf einen **unvollständigen („hinkenden") Austauschvertrag,** in dem die Leistung der Behörde Bedingung bzw. Geschäftsgrundlage für die vertraglich vereinbarte Gegenleistung des Bürgers ist, zumindest entsprechende Anwendung finden. Das rechtfertigt sich aus der rechtsstaatlichen Zielsetzung der in § 56 VwVfG normierten Schranken für öffentlich-rechtliche Austauschverträge. Für die Erfordernisse der Angemessenheit der Gegenleistung des Bürgers und ihres sachlichen Zusammenhangs mit der Leistung der Behörde macht es nämlich keinen Unterschied, ob der Bürger auf die Leistung der Behörde einen vertraglichen Anspruch besitzt oder ob die Leis-

---

13 BVerwGE 42, 331 [345].
14 Vgl. BVerwGE 42, 331 [338].
15 BVerwGE 96, 326 [335].
16 BVerwGE 111, 162.
17 BVerwGE 111, 162 [167].

tung der Behörde nur als Bedingung oder Geschäftsgrundlage für den Abschluss des Vertrages in Erscheinung tritt und damit eine Abhängigkeit zwischen Leistungspflicht und Handlungserwartung geschaffen wird.

> **Beispiel:** Die Behörde verlangt vom Bürger für den Erlass einer Baugenehmigung die Zahlung von € 5.000 zur Sanierung des kommunalen Kinderspielplatzes. Der Bürger soll die Zahlung als „nicht zweckgebundene Zuwendung" vornehmen.[18]

In den Vorschriften §§ 54 bis 62 VwVfG ist das Recht der öffentlich-rechtlichen Verträge nur rudimentär geregelt. § 62 S. 2 VwVfG verweist im Übrigen auf die Vorschriften des BGB. Es gibt aber auch besondere gesetzliche Regelungen für öffentlich-rechtliche Verträge, z. B. im Baurecht (§ 12 BauGB: Durchführungsvertrag zum Vorhaben- und Erschließungsplan; § 124 BauGB: Erschließungsvertrag) oder im Bodenschutzrecht (§ 13 Abs. 4 BBodSchG: Sanierungsvertrag).

3. Der Abschluss öffentlich-rechtlicher Verträge

Öffentlich-rechtliche Verträge sind grundsätzlich schriftlich abzuschließen, § 57 VwVfG. Es gelten die Voraussetzungen des § 126 BGB. Das Gebot der Urkundeneinheit (§ 126 Abs. 2 S. 1 BGB: „Bei einem Vertrag muss die Unterzeichnung der Parteien auf derselben Urkunde erfolgen.") wird aber nicht streng ausgelegt. Denn mit dem BVerwG liegt der Zweck des § 57 VwVfG in einer mit der Schriftform verbundenen Warn- und Beweisfunktion. Deshalb soll im Fall einseitig verpflichtender Verträge[19] ein Briefwechsel genügen, wenn die Zusammengehörigkeit der beiderseitigen Erklärungen aus den Umständen zweifelsfrei ersichtlich ist. Einer Warnung für die Verwaltung bedarf es dann nicht, weil sie keine Verpflichtung eingeht, und der Beweisfunktion ist hinreichend entsprochen, weil eine unmissverständliche schriftliche Annahmeerklärung der Behörde vorliegt. Gleiches soll für Verwaltungsvereinbarungen zwischen Bundesländern gelten[20]. Unter den Voraussetzungen des § 3a VwVfG ist auch der elektronische Abschluss öffentlich-rechtlicher Verträge möglich. Ist § 57 VwVfG nicht eingehalten, ist der öffentlich-rechtliche Vertrag nichtig (§ 125 S. 1 BGB i. V. m. §§ 59 Abs. 1, 62 Satz 2 VwVfG). Ob ein formnichtiger öffentlich-rechtlicher Vertrag als formfreier privatrechtlicher Vertrag fortbestehen kann, ist streitig.[21] Man wird zumindest fordern müssen, dass über den Inhalt des Vertrages eine privatrechtliche Einigung möglich ist.

Ein öffentlich-rechtlicher Vertrag, der in Rechte eines Dritten eingreift, wird erst wirksam, wenn der Dritte schriftlich zustimmt (§ 58 Abs. 1 VwVfG). Entsprechendes gilt, wenn Kompetenzen anderer Behörden betroffen sind: Hätte eine Behörde im Fall des Erlasses eines Verwaltungsaktes genehmigen oder zustimmen müssen oder wäre mit ihr Einvernehmen herzustellen gewesen, ist der Vertrag erst wirksam, nachdem die andere Behörde in der vorgeschriebenen Form mitgewirkt hat (§ 58 Abs. 2 VwVfG). Eine fehlerhafte Zustimmung Dritter führt zur schwebenden Unwirksamkeit des Vertrags.[22]

Weitere Voraussetzungen nennt § 61 VwVfG für den Fall, dass sich eine Vertragspartei der sofortigen Zwangsvollstreckung unterwirft.

263

---

18 BVerwGE 111, 162 ff.
19 BVerwGE 96, 326 [332 ff.].
20 BVerwG, NVwZ 2005, 1083 ff.
21 Vgl. *Bonk/Neumann*, in: Stelkens/Bonk/Sachs, VwVfG, 9. Aufl., 2018, § 57 Rn. 28.
22 OVG Münster, NVwZ 1984, 522 [524].

4.   Vertragsauslegung

264 Für öffentlich-rechtliche Verträge gelten nach § 62 S. 2 VwVfG die §§ 133, 157 BGB. D. h. ein öffentlich-rechtlicher Vertrag ist entsprechend der bürgerlich-rechtlichen Regelungen auszulegen. Dafür ist der wirkliche Wille der Parteien unter Berücksichtigung von Treu und Glauben mit Rücksicht auf die Verkehrssitte zu erforschen und nicht an dem buchstäblichen Sinne des Ausdrucks zu haften. Kommen mehrere Auslegungsvarianten in Betracht, ist der gesetzeskonformen Auslegung der Vorzug zu geben.[23]

5.   Vertragsanpassung und Vertragsaufhebung

265 Der Grundsatz „Pacta sunt servanda" (Verträge sind einzuhalten) gilt auch für den öffentlich-rechtlichen Vertrag. Verträge können aber angepasst oder gekündigt werden. § 60 Abs. 1 S. 1 VwVfG regelt den **Wegfall der Geschäftsgrundlage** als ein besonderes Gebot der Vertragsanpassung: Haben sich die Verhältnisse, die für die Festsetzung des Vertragsinhalts maßgebend gewesen sind, seit Abschluss des Vertrags so wesentlich geändert, dass einer Vertragspartei das Festhalten an der ursprünglichen vertraglichen Regelung nicht zuzumuten ist, so kann diese Vertragspartei eine Anpassung des Vertragsinhalts an die geänderten Verhältnisse verlangen.
Als derartige Verhältnisse kommen neben tatsächlichen auch rechtliche Verhältnisse in Betracht. Ein gemeinsamer Irrtum über die Rechtslage, auf dem der Vertragsschluss aufbaut, kann einen Anspruch auf Vertragsanpassung zur Folge haben, wenn ohne diesen Irrtum der öffentlich-rechtliche Vertrag nicht oder nicht so geschlossen worden wäre.[24]
Die Vertragsparteien können Verträge durch **Kündigung** aufheben. Kündigungsgründe können entweder im Vertrag vereinbart werden oder sich aus einer Rechtsvorschrift ergeben. Auch hier ist der Verweis auf das BGB (§ 62 S. 2 VwVfG) von Bedeutung (vgl. z. B. § 314 BGB für Dauerschuldverhältnisse). Zwei besondere Kündigungsgründe sind im VwVfG geregelt: Ist die Geschäftsgrundlage entfallen und eine Anpassung nicht möglich oder einer Vertragspartei nicht zuzumuten, kann sie den Vertrag kündigen (§ 60 Abs. 1 S. 1 VwVfG). Außerdem kann die Behörde den Vertrag kündigen, um schwere Nachteile für das Gemeinwohl zu verhüten oder zu beseitigen (§ 60 Abs. 1 S. 2 VwVfG). Die Tatbestandsvoraussetzung „schwere Nachteile" indiziert, dass die Kündigung ultima ratio sein muss. Deshalb wird vorab regelmäßig die Möglichkeit der Vertragsanpassung zu prüfen sein. Dem Vertragspartner können Entschädigungsansprüche zustehen. Ein Rechtsanspruch kann aus den Rechtsinstituten der Enteignung, des enteignenden Eingriffs oder der Aufopferung folgen (Rn. 390 ff.),[25] aus § 49 Abs. 6 VwVfG analog oder aus allgemeinen Vertragsgrundsätzen herzuleiten sein.[26]
Die Kündigung bedarf der Schriftform, soweit nicht durch Rechtsvorschrift eine andere Form vorgeschrieben ist. Sie soll begründet werden (§ 60 Abs. 2 VwVfG). Die Kündigung ist eine öffentlich-rechtliche Willenserklärung, kein Verwaltungsakt. Eine Kündigung durch Verwaltungsakt ist jedenfalls bei kooperativen Verträgen unwirksam, weil das Vertragsverhältnis auf der „Gleichordnung" der Vertragspartner aufgebaut ist.

---

23 *Grziwotz*, Vertragsgestaltung im öffentlichen Recht, 2002, S. 86.
24 VGH Mannheim, NVwZ-RR 1998, 351 [353].
25 *Bonk/Neumann/Siegel*, in: Stelkens/Bonk/Sachs, VwVfG, 9. Aufl., 2018, § 60 Rn. 30; *Sachs*, in: Stelkens/Bonk/Sachs, VwVfG, 9. Aufl., 2018, § 49 Rn. 118 ff.
26 *Ziekow*, VwVfG, 4. Aufl., 2019, § 60 Rn. 13.

6. Der unwirksame Vertrag

§ 59 VwVfG regelt die **Nichtigkeit** öffentlich-rechtlicher Verträge. Dafür verweist **266** Abs. 1 für alle öffentlich-rechtlichen Verträge auf das Fehlerfolgenregime des BGB. Allerdings kann nicht schon jeder Rechtsverstoß zur Nichtigkeit führen; es muss vielmehr ein qualifizierter Fall der Rechtswidrigkeit vorliegen.[27] Das folgt aus der differenzierten Regelung des § 59 Abs. 2 VwVfG. Ein qualifizierter Verstoß liegt z. B. vor, wenn ein gesetzliches Verbot (§ 134 BGB) missachtet wird.

Für Austauschverträge enthält § 59 Abs. 2 VwVfG vier Fallgruppen. Danach ist ein Vertrag ferner nichtig, wenn

–   ein Verwaltungsakt mit entsprechendem Inhalt nichtig wäre;
–   ein Verwaltungsakt mit entsprechendem Inhalt nicht nur wegen eines Verfahrens- oder Formfehlers i. S. d. § 46 VwVfG rechtswidrig wäre und dies den Vertragschließenden bekannt war;
–   die Voraussetzungen zum Abschluss eines Vergleichsvertrags nicht vorlagen und ein Verwaltungsakt mit entsprechendem Inhalt nicht nur wegen eines Verfahrens- oder Formfehlers im Sinne des § 46 VwVfG rechtswidrig wäre;
–   sich die Behörde eine nach § 56 VwVfG unzulässige Gegenleistung versprechen lässt.

Besonders zu beachten ist in diesem Zusammenhang § 59 Abs. 3 VwVfG, der in Anlehnung an den Rechtsgedanken des § 139 BGB eine geltungserhaltende Reduktion regelt: Betrifft die Nichtigkeit nur einen Teil des Vertrags, so ist er im Ganzen nichtig, wenn nicht anzunehmen ist, dass er auch ohne den nichtigen Teil geschlossen worden wäre. Nicht ausgeschlossen ist, dass die Vertragsparteien salvatorische Klauseln in den Vertrag aufnehmen.

Ist ein Vertrag nichtig, ist der bereits erfolgte Austausch von Leistungen **rückabzuwickeln**. Das wird regelmäßig auf der Grundlage des öffentlich-rechtlichen Erstattungsanspruchs zu erfolgen haben. Der öffentlich-rechtliche Erstattungsanspruch ist den bürgerlich-rechtlichen §§ 812 ff. BGB entlehnt. § 818 Abs. 3 und 4 und § 819 BGB sollen aber keine Anwendung finden. Auch für § 814 BGB soll kein Raum sein, wenn es um die Rückabwicklung einer rechtsgrundlosen Leistung des Bürgers in einem Verhältnis der Über- und Unterordnung zu einem Träger öffentlicher Verwaltung geht (Rn. 22).

Fall 40:[28] A hat eine Baugenehmigung für ein aus mehreren Nutzungseinheiten bestehendes Wohn- und Geschäftshaus erhalten. Auf Anregung des A schließen A und die Baugenehmigungsbehörde der Stadt B ein Jahr nach Fertigstellung des Bauwerks, „zum Zweck der Erfüllung der Stellplatzpflicht nach § 47 LBauO" eine Ablösevereinbarung. In dieser Vereinbarung erklärt sich A bereit, für sieben nicht errichtete Kfz-Stellplätze jeweils € 3.750, – an die B zu zahlen. In der Ablösesatzung von B ist geregelt, dass eine Ablöse € 5.000, – pro Stellplatz betragen soll. Später verkauft A ein Büro aus dem Komplex an ein Dentallabor und fordert von der Behörde unter Hinweis darauf, dass durch das Dentallabor mangels Kundenverkehr zwei Stellplätze entfallen, eine Rückzahlung des Ablösungsbetrags in Höhe von € 7.500, –. Anspruch des A?

Es ist davon auszugehen, dass § 47 der BauO des Landes L regelt:

(1) Bauliche Anlagen sowie andere Anlagen, bei denen ein Zugangs- oder Abgangsverkehr zu erwarten ist, dürfen nur errichtet werden, wenn Stellplätze in ausreichender Zahl und Größe sowie in geeigneter Beschaffenheit hergestellt werden (notwendige Stellplätze). Ihre Zahl und Größe richtet sich nach Art und Zahl der vorhandenen und zu erwartenden Kraftfahrzeuge der Benutzerinnen und Benutzer sowie der Besucherin-

---

27 BVerwGE 89, 7 [10].
28 OVG Koblenz, NVwZ-RR 2004, 243 ff. – „*Stellplatzablösevertrag*".

nen und Besucher der Anlagen; dabei ist die Möglichkeit der Inanspruchnahme öffentlicher Verkehrsmittel zu berücksichtigen... Es kann zugelassen werden, dass die notwendigen Stellplätze oder Garagen innerhalb einer angemessenen Frist nach Fertigstellung der Anlagen hergestellt werden...

(4) Ist die Herstellung notwendiger Stellplätze oder Garagen nicht oder nur unter großen Schwierigkeiten möglich..., so kann die Bauherrin oder der Bauherr, wenn die Gemeinde zustimmt, die Verpflichtungen nach den Absätzen 1, 2 und 3 auch durch Zahlung eines Geldbetrags an die Gemeinde erfüllen... Die Höhe des Geldbetrags je Stellplatz oder Garage ist durch Satzung festzulegen.

(5) Der Geldbetrag nach Absatz 4 ist zu verwenden:

1. zur Herstellung öffentlicher Parkeinrichtungen an geeigneter Stelle...

Lösung Fall 40: 1. a) A könnte sein Begehren auf den öffentlich-rechtlichen Erstattungsanspruch stützen (Rn. 401 ff.). Dann müsste ein öffentlich-rechtliches Rechtsverhältnis vorliegen und es müsste zwischen A und B zu einer rechtsgrundlosen Vermögensverschiebung gekommen sein. Ein öffentlich-rechtliches Rechtsverhältnis liegt vor: A hat den geforderten Betrag über € 7.500,– in Erfüllung seiner Verpflichtung aus dem Stellplatzablösevertrag entrichtet, den er wegen § 47 LBauO abgeschlossen hat. Der Stellplatzablösevertrag könnte aber unwirksam sein, weshalb die Vermögensverschiebung durch die Entrichtung des Ablösebetrags ohne rechtlichen Grund erfolgt sein könnte.

b) Der Stellplatzablösevertrag ist durch zwei übereinstimmende Willenserklärungen von A und B wirksam zustande gekommen (§ 62 S. 2 VwVfG, § 145 ff. BGB). B war als Baubehörde auch zuständig, den Vertrag abzuschließen. Es ist davon auszugehen, dass der Vertrag schriftlich abgeschlossen wurde (§ 57 VwVfG).

c) Der Vertrag könnte nach § 59 Abs. 1 VwVfG, § 134 BGB nichtig sein, weil der vereinbarte Ablösebetrag pro Stellplatz von dem in der Ablösesatzung festgelegten Betrag abweicht. Dann müsste die Ablösesatzung ein Verbotsgesetz i. S. d. § 59 Abs. 1 VwVfG, § 134 BGB sein. Ein Verbotsgesetz kann sich auch aus einer Satzung ergeben (vgl. Art. 2 EGBGB). Ein Verbotsgesetz wird aber regelmäßig nur angenommen werden können, wenn es sich an beide Vertragspartner richtet. Doch weder aus dem Wortlaut noch aus dem Sinn und Zweck der Ablösesatzung kann entnommen werden, dass sich die Satzung an Gemeinde **und** Bauherren richten soll, eine Ablösesumme von nicht weniger als € 5.000, – zu vereinbaren. Der Ablösevertrag ist deshalb nicht nach § 59 Abs. 1 VwVfG i. V. m. § 134 BGB nichtig.

d) Der Vertrag könnte nach § 59 Abs. 2 Nr. 2 VwVfG nichtig sein, weil ein Verwaltungsakt mit gleichem Inhalt gegen die Ablösesatzung verstoßen würde. Das würde voraussetzen, dass den vertragsschließenden Parteien eine etwaige Rechtswidrigkeit bei Abschluss der Ablösevereinbarung bekannt war. Dafür finden sich im Sachverhalt aber keine Anhaltspunkte.

e) Der Vertrag könnte nach §§ 59 Abs. 2 Nr. 4, 56 VwVfG nichtig sein, wenn sich die Behörde eine unzulässige Gegenleistung versprechen ließ. Das ist aber nicht der Fall, weil § 47 Abs. 4 LBauO Stellplatzablöseverträge ausdrücklich zulässt. Insofern genügt es, wenn sich die Zweckbestimmung der Gegenleistung – wie hier – aus der Ablösevereinbarung ergibt. Die Ablösevereinbarung ist „zum Zweck der Erfüllung der Stellplatzpflicht nach § 47 LBauO" geschlossen worden.

f) Damit ist der Stellplatzablösevertrag wirksam. Ein öffentlich-rechtlicher Erstattungsanspruch scheidet aus.

2. a) Möglicherweise könnte A von B verlangen, dass sie einer Inhaltsänderung der Ablösevereinbarung nach § 60 Abs. 1 VwVfG zustimmt, die den Ablösebetrag um € 7.500, – reduziert. Dann müssten sich die für die Festsetzung des Vertragsinhalts maßgebenden Verhältnisse so wesentlich geändert haben, dass A ein Festhalten an einer unveränderten Ablösevereinbarung nicht mehr zumutbar wäre. Ob bestimmte rechtliche oder tatsächliche Verhältnisse für die Festsetzung des Vertragsinhalts maßgebend waren, richtet sich danach, inwieweit sie von den Vertragspartnern ausdrücklich oder

stillschweigend zur gemeinsamen und wesentlichen Grundlage des Vertrags gemacht worden sind.

b) Wesentliche Grundlage eines Ablösevertrags könnte nur die Erteilung der Baugenehmigung sein. Dagegen spricht aber, dass die Schaffung der rechtlichen Voraussetzungen für die Genehmigungserteilung nur das generelle Ziel ist, das A und B mit einem Ablösungsvertrag verfolgen wollten; die Geschäftsgrundlage eines Ablösevertrages wird dadurch aber nicht abschließend beschrieben. Vielmehr erstreckt sie sich auch auf die gemeinsame Vorstellung der Vertragsparteien über den Umfang der mit dem Vorhaben zusammenhängenden Stellplatzpflicht und darauf, dass der Bauherr diese nicht gem. § 47 Abs. 1 LBauO erfüllen kann.[29] A und B haben die Ablösung von sieben Stellplätzen vereinbart, um das verbundene Stellplatzdefizit auszugleichen. Diese Nutzung hat sich später geändert, weil A im errichteten Haus ein Dentallabor untergebracht hat. Die Änderung ist auch von Einfluss auf die Geschäftsgrundlage, weil sie den Stellplatzbedarf des Vorhabens reduziert.

c) Die Änderung der Geschäftsgrundlage müsste so wesentlich sein, dass A ein Festhalten an der Ablösevereinbarung nicht mehr zumutbar ist. An das Vorliegen der Unzumutbarkeit sind strenge Anforderungen zu stellen, weil die Rechtsfolge des § 60 Abs. 1 S. 1 VwVfG den Grundsatz der Vertragstreue durchbricht. Eine Lösung von der vertraglichen Bindung ist deshalb nur vertretbar, wenn das Festhalten am Vertrag für einen der Vertragspartner unter Abwägung der Interessen nach Treu und Glauben zu einem mit Recht und Gerechtigkeit unvereinbaren Ergebnis führen würde. Dafür muss das Gleichgewicht zwischen Leistung und Gegenleistung so stark gestört sein, dass das von jedem Vertragspartner normalerweise zu tragende Risiko weit überschritten ist und es dem benachteiligten Partner unmöglich wird, in der ursprünglichen vertraglichen Regelung seine Interessen auch nur annähernd noch gewahrt zu sehen. Insbesondere ist zu berücksichtigen, ob die Änderung der Verhältnisse auf eigener Entscheidung des betroffenen Vertragspartners beruht, ob die Aufrechterhaltung der Vertragsbindung diesem unzumutbare Opfer auferlegt und welche Interessen der anderen Vertragspartner durch eine Anpassung beeinträchtigt werden.

Das Festhalten am Vertrag ist für A aber nicht unzumutbar. Hierbei sind zunächst Zeitpunkt und Anlass der Nutzungsänderung von Bedeutung. Sie erfolgte aufgrund der Anregung des A und über ein Jahr nach Fertigstellung des genehmigten Bauvorhabens. Dass bereits getätigte Aufwendungen für Stellplätze überflüssig werden, ist grundsätzlich der Risikosphäre des Bauherrn zuzuordnen. Denn grundsätzlich hat der Bauherr seine gesetzliche Stellplatzbaupflicht gem. § 47 Abs. 1 LBauO bis zur Fertigstellung des Vorhabens zu erfüllen. Das Risiko, dass Stellplatzaufwendungen aufgrund von Nutzungsänderungen unnötig werden, geht bei Erfüllung der Stellplatzbaupflicht mit Fertigstellung des Vorhabens auf den Bauherrn über.

Dem steht nicht entgegen, dass nun auch die B für entsprechend weniger öffentlichen Parkraum Sorge tragen muss. Das trifft zwar zu; von B kann aber nicht erwartet werden, den Zeitpunkt vollständiger Nutzungsaufnahme des A abwarten zu müssen, denn von der Genehmigung und Fertigstellung bis zur vollständigen Nutzung kann je nach Art und Umfang des Vorhabens eine lange, unabsehbare Zeit vergehen. Andernfalls kann der mit § 47 LBauO intendierte abstrakte Ausgleich privater Stellplatzdefizite durch Förderung des öffentlichen Parkwesens nicht funktionieren. Sinn und Zweck des § 47 Abs. 5 LBauO erfordern daher, dass die B bereits ab Fertigstellung des Bauvorhabens grundsätzlich darauf vertrauen darf, dass sie die Ablösesumme zur Durchführung von Kompensationsmaßnahmen verwenden kann. Dieses Vertrauen mag ausnahmsweise dann nicht schutzwürdig sein, wenn im Zeitpunkt der Fertigstellung des Bauvorhabens überhaupt keine durchgeführten Maßnahmen zu finanzieren oder neue Investitionen in das öffentliche Parkwesen erforderlich sind. Diese Ausnahme ist im vorliegenden Fall nicht ersichtlich. Im Ergebnis hat A keinen Anspruch auf Rückzahlung der geforderten Summe.

---

29 VGH Mannheim, NVwZ-RR 2000, 206 [207].

Rechtsprechung: BVerwGE 42, 331 ff. – *„Folgekostenvertrag"*; BVerwGE 84, 236 ff. – *„gewerbliche Investitionsförderung"*; BVerwGE 89, 7 ff. – *„Erschließungsvertrag"*; BVerwGE 96, 326 ff. – *„Ausbildungsbeihilfe"*; BVerwGE 111, 162 ff. – *„Kinderspielplätze"*; BVerwG, NVwZ 2005, 1083 ff. – *„Verwaltungsvertrag"*; VGH Mannheim, NVwZ-RR 1998, 351 ff. – *„Besigheim"*.

Literatur: *Bauer, H.*, Verwaltungsrechtliche und verwaltungswissenschaftliche Aspekte der Gestaltung von Kooperationsverträgen bei Public Private Partnership, DÖV 1998, 89 ff.; *Bulling, N.*, Kooperatives Verwaltungshandeln (Vorverhandlungen, Arrangements, Agreements und Verträge) in der Verwaltungspraxis, DÖV 1989, 277 ff.; *Grziwotz, H.*, Vertragsgestaltung im öffentlichen Recht, 2002; *Gurlit, E.*, Verwaltungsvertrag und Gesetz, 2000; *Hellriegel, M.*, Wirksamkeit drittbelastender öffentlich-rechtlicher Verträge ohne Zustimmung des Dritten § 58 Abs. 1 VwVfG, DVBl 2007, 1211 ff.; *Kämper, P.*, Planungsleistungen als „Gegenleistung" in städtebaulichen Verträgen, 2007; *Kaminiki, U.*, Die Kündigung von Verwaltungsverträgen, 2005; *Reimer, E.*, Mehrseitige Verwaltungsverträge, VerwArch 2003, 543 ff.; *Schlette, V.*, Die Verwaltung als Vertragspartner, 2000; *Storr, S.*, Zu einer gesetzlichen Regelung für eine Kooperation des Staates mit privaten Sicherheitsunternehmen im Bereich polizeilicher Aufgaben, DÖV 2005, 101 ff.; *Voßkuhle, A./Kaiser, A.-B.*, Grundwissen – Öffentliches Recht: Der öffentlich-rechtliche Vertrag, JuS 2013, 687 ff.

§ 13 Das nichtförmliche Verwaltungshandeln

I.   Begriff

267 Unter nichtförmlichen Verwaltungshandeln versteht man die öffentlich-rechtlichen Maßnahmen, die keine unmittelbaren Rechtsfolgen auslösen.[1] Hierfür finden sich auch die Begriffe „Realhandeln", „schlichtes Verwaltungshandeln" oder „tatsächliches Verwaltungshandeln",[2] die das Gleiche oder besondere Formen nichtförmlichen Verwaltungshandelns meinen. Letztlich handelt es sich um eine „Rest- oder Auffangkategorie", um einen „Suchbegriff"[3] für einen wissenschaftlich nicht abgeschlossen umrahmten Handlungstyp. Für nichtförmliches Verwaltungshandeln ist das **Fehlen rechtlicher Verbindlichkeit** prägend.[4]

Diese Begriffsbildung ist indes noch nicht abgeschlossen. Zum Teil wird vorgeschlagen, zwischen schlichtem und informellen Verwaltungshandeln danach zu unterscheiden, ob die fragliche Maßnahme einseitig-hoheitlich (dann schlichtes Verwaltungshandeln) oder kooperativ/konsensual erfolgt ist (dann informelles Verwaltungshandeln).[5] Dem ist entgegenzuhalten, dass auch informelles Verwaltungshandeln einseitig erfolgen kann (z. B. durch eine staatliche Warnung). Ein anderer Vorschlag geht dahin, zwischen informellem Verwaltungshandeln, das „im Schatten rechtsförmiger Alternativen" erfolgen soll, und staatlichem Informationshandeln, das „regelmäßig nicht gleichermaßen durch ordnungsrechtliche Ge- und Verbote substituierbar" sein soll, zu unterscheiden.[6] Nach wieder anderer Ansicht

---

1 Monographisch: *Schulte*, Schlichtes Verwaltungshandeln, 1995.
2 *Wolff/Bachof/Stober/Kluth*, Allgemeines Verwaltungsrecht, Band 1, 13. Aufl., 2017, S. 716; *Ipsen*, Allgemeines Verwaltungsrecht, 11. Aufl., 2019, S. 208, Rn. 822.
3 *Hermes*, in: Hoffmann-Riem/Schmidt-Aßmann/Voßkuhle, Grundlagen des Verwaltungsrechts, Band 2, 2. Aufl., 2012, S. 1533 f.
4 *Fehling*, in: Hoffmann-Riem/Schmidt-Aßmann/Voßkuhle, Grundlagen des Verwaltungsrechts, Band 2, 2. Aufl., 2012, S. 1462.
5 *Maurer/Waldhoff*, Allgemeines Verwaltungsrecht, 20. Aufl., 2020, S. 460, Rn. 16.
6 *Fehling*, in: Hoffmann-Riem/Schmidt-Aßmann/Voßkuhle, Grundlagen des Verwaltungsrechts, Band 2, 2. Aufl., 2012, S. 1466.

soll zwischen solchen Maßnahmen unterschieden werden, die rechtliches Handeln vorbereiten und solchen, die rechtliches Handeln ersetzen.[7]
Ob derartige Differenzierungen geboten sind, richtet sich danach, ob unterschiedliche Typen nichtförmlichen Verwaltungshandelns zusammengefasst werden können, mit denen unterschiedliche Rechtsfolgen verbunden sind. Sinnvoll erscheint es, zumindest folgende Handlungsgruppen zu unterscheiden:
- **Durchführungsmaßnahmen.** Hierfür findet sich auch der Begriff des schlichten Verwaltungshandelns.

    Beispiel: Ein- und Auszahlung aus der Verwaltungskasse, polizeiliche Durchsuchungen, das Fahren mit dem Dienstwagen bei Erfüllung öffentlicher Aufgaben, der Betrieb öffentlicher Unternehmen.

- **Informationsübermittlung** als sog. informelles (informationelles) Verwaltungshandeln.[8]

    Beispiel: staatliche Warnungen, Erteilung von Auskünften, staatliche Hinweise.

- **Informelle Absprachen** mit staatlichen Einrichtungen („gentleman's agreement") als Ausdruck kooperativer Staatlichkeit.

    Beispiel: Absprachen von Wirtschaftsunternehmen oder –verbänden mit dem Gesetzgeber, um im Wege der Selbstverpflichtung den Erlass von Gesetzen zu verhindern oder eine Verständigung über dessen Inhalt zu erzielen; Atomkonsens zwischen Bundesregierung und Energieversorgern über den „Ausstieg aus der Kernenergie"; Absprachen zwischen Verwaltung und Unternehmen im Zuge der Beratung und Erörterung vor Stellung eines Antrags auf Errichtung und Betrieb einer immissionsschutzrechtlichen Anlage (vgl. z. B. § 2 Abs. 2 9. BImSchV; außerdem § 71c VwVfG, § 5 UVPG).

Das nichtförmliche Verwaltungshandeln ist ein Phänomen des modernen Verwaltungsstaats. Dabei handelt es sich aber nicht um eine (oder mehrere) neue Handlungsform(en). Verwaltungsbehörden haben auch in der Vergangenheit regelmäßig Maßnahmen außerhalb des gesetzlichen Formenkanons ergriffen.[9] Auch dürfte es nicht so sein, dass sich der Staat nichtförmlicher Handlungsinstrumente in der jüngeren Vergangenheit *vermehrt* bedient hat.[10] Allerdings ist nichtförmliches Verwaltungshandeln hier wiederholt von der Wissenschaft aufgegriffen worden.[11] Das hat seinen Grund v. a. in dem verstärkten Bemühen der Wissenschaft, die rechtlichen Rahmenbedingungen nichtförmlichen Verwaltungshandelns zu bestimmen.

II.   Allgemeine Grundsätze

Das VwVfG regelt nichtförmliches Verwaltungshandeln nicht. Das ist insofern **268** konsequent, als diese Maßnahmen keine rechtliche Verbindlichkeit beanspruchen. Fehlende rechtliche Verbindlichkeit bedeutet aber nicht, dass es keine rechtlichen

---

7   *Schoch*, in: Isensee/Kirchhoff, HBStR III, 3. Aufl., 2005, S. 145.
8   *Fehling*, in: Hoffmann-Riem/Schmidt-Aßmann/Voßkuhle, Grundlagen des Verwaltungsrechts, Band 2, 2. Aufl., 2012, S. 1345.
9   *Hermes*, in: Hoffmann-Riem/Schmidt-Aßmann/Voßkuhle, Grundlagen des Verwaltungsrechts, Band 2, 2. Aufl., 2012, S. 1529 f.
10 *Wolff/Bachof/Stober/Kluth*, Allgemeines Verwaltungsrecht, Band 1, 13. Aufl., 2017, S. 757.
11 *Schulte*, Schlichtes Verwaltungshandeln, 1995; *Robbers*, Schlichtes Verwaltungshandeln, DÖV 1987, 272 ff.; *Herdegen*, Informalisierung und Entparlamentarisierung politischer Entscheidungen als Gefährdung der Verfassung?, VVDStRL 62, 2003, 7 ff.; *Morlok*, Informalisierung und Entparlamentarisierung politischer Entscheidungen als Gefährdung der Verfassung?, VVDStRL 62, 2003, 37 ff.; *Kautz*, Absprachen im Verwaltungsrecht, 2002.

Grenzen gibt. Abschließend kann der Rechtsrahmen hier zwar nicht vorgestellt werden, weil die verschiedenen Handlungsformen differenziert zu beurteilen sind. Aus dem Grundgesetz sind aber jedenfalls vier wichtige Vorgaben zu entnehmen:

– Der Staat ist in allen seinen Äußerungen an die **Grundrechte gebunden**, Art. 1 Abs. 3 GG. Der Staat kann sich seiner Grundrechtsverbindlichkeit nicht dadurch entziehen, dass er auf bestimmte Handlungsformen ausweicht. Zwar führt Art. 1 Abs. 3 GG mit Blick auf die Exekutive nur die „vollziehende Gewalt" an, gemeint sind damit aber sämtliche Maßnahmen der öffentlichen Verwaltung.[12]

– Gegen jede staatliche Rechtsverletzung ist **Rechtsschutz** möglich. Das folgt für hoheitliche Maßnahmen aus Art. 19 Abs. 4 GG, für andere Maßnahmen – nach Rechtsprechung des BVerfG – aus dem Justizgewährungsanspruch, Art. 20 Abs. 3 GG.

– Es gilt der Grundsatz vom **Vorrang des Gesetzes**, Art. 20 Abs. 3 GG. Die staatliche Kompetenzordnung (i. w. S.) darf nicht durch informelles Vorgehen unterlaufen werden.[13]

– Es gilt der Grundsatz des **Gesetzesvorbehalts**, Art. 20 Abs. 3 GG. Die öffentliche Gewalt ist in allen ihren Äußerungen durch klare Kompetenzordnung und Funktionentrennung rechtlich zu binden, so dass Machtmissbrauch verhütet und die Freiheit des Einzelnen gewahrt wird.[14] Das gilt jedenfalls bei grundrechtswesentlichen Maßnahmen, insbesondere bei Eingriffen in Freiheit und Eigentum (str., s. sogleich).

III. Das informelle Verwaltungshandeln im Besonderen

269 Das informelle Verwaltungshandeln ist insofern eine besondere Form nichtförmlichen Verwaltungshandelns, als es sich in seinen Wirkungen an förmliche Verwaltungsmaßnahmen annähert.[15] Das zeigt der Fall der staatlichen Warnungen. Erstaunlicherweise hat das BVerfG gerade bei dieser Fallgruppe einige der aufgestellten vier Grundsätze erheblich relativiert.

Fall 41:[16] In der Bundesrepublik ist mit Diethylenglykol versetzter Wein im Handel aufgetaucht. Diethylenglykol ist giftig. Der Bundesminister für Jugend, Familie und Gesundheit veröffentlicht daraufhin eine Liste mit den Namen der Kellereien, in deren Produkten Diethylenglykol festgestellt worden ist. Bei den dort genannten Kellereien kommt es zu massiven Umsatzeinbußen.

Lösung Fall 41: Es liegt nichtförmliches Verwaltungshandeln vor. Die Veröffentlichung der Liste hat keine rechtliche Verbindlichkeit. Den Kellereien oder dem Handel werden keine Maßnahmen verpflichtend auferlegt, insbesondere wird ihnen nicht behördlicherseits verboten, den Wein zu veräußern. An die Kunden ergeht kein Kaufverbot; sie werden die Weine der genannten Kellereien aber meiden. Deshalb hat die Veröffentlichung der Liste zur Folge, dass die genannten Kellereien Umsatzeinbußen zu erleiden haben. Eine Rechtsgrundlage für die Listenveröffentlichung gibt es nicht.

Der Bundesminister für Jugend, Familie und Gesundheit ist aber an die Grundrechte gebunden, Art. 1 Abs. 3 GG. Hier liegt ein Eingriff in die Berufs- oder Wettbewerbsfrei-

---

12 *Storr*, Der Staat als Unternehmer, 2001, S. 482.
13 *Fehling*, in: Hoffmann-Riem/Schmidt-Aßmann/Voßkuhle, Grundlagen des Verwaltungsrechts, Band 2, 2. Aufl., 2012, S. 1493 f.
14 BVerfGE 33, 125 [158]; *Schmidt-Aßmann*, Allgemeines Verwaltungsrecht als Ordnungsidee, 2. Aufl., 2006, S. 349.
15 Schmidt-Aßmann, Allgemeines Verwaltungsrecht als Ordnungsidee, 2. Aufl., 2006, S. 349.
16 BVerfGE 105, 252 ff. – „*Glykol*".

heit nahe (Art. 12 GG). Doch lehnt das BVerfG einen Eingriff ab. Art. 12 GG schütze nicht vor der Verbreitung zutreffender und sachlich gehaltener Informationen am Markt, die für das wettbewerbliche Verhalten der Marktteilnehmer von Bedeutung sein können, selbst wenn die Inhalte sich auf einzelne Wettbewerbspositionen nachteilig auswirkten.

Grundlage der Funktionsfähigkeit des Wettbewerbs sei ein möglichst hohes Maß an Informationen der Marktteilnehmer über marktrelevante Faktoren. Erst die Informiertheit der Marktteilnehmer ermögliche eine an den eigenen Interessen orientierte Entscheidung über die Bedingungen der Marktteilhabe, insbesondere über das Angebot von oder die Nachfrage nach Gütern und Leistungen. Ein am Markt tätiges Unternehmen setze sich der Kommunikation und damit auch der Kritik der Qualität seiner Produkte oder seines Verhaltens aus. Gegen belastende Informationen könne sich das betroffene Unternehmen seinerseits marktgerecht durch Informationen wehren, so durch eigene Werbung und Betonung der Qualität seines Produkts. Der Staat müsse aber die rechtlichen Vorgaben für staatliches Informationshandeln einhalten. Verfassungsrechtlich von Bedeutung seien dabei das Vorliegen einer staatlichen Aufgabe und die Einhaltung der Zuständigkeitsordnung sowie die Beachtung der Anforderungen an die Richtigkeit und Sachlichkeit von Informationen.

An dieser Rechtsprechung ist heftige Kritik geübt worden.[17] Denn die Warnung hat einen grundrechtsbegrenzenden Effekt; sie ist kausal für die Umsatzeinbuße der genannten Kellereien. Für die betroffenen Kellereien stellt sich die Warnung deshalb als Eingriff in ihre Berufs- und Wettbewerbsfreiheit dar. Denkt man die Grundrechte von ihren Wirkungen her, ist die Frage, ob die staatliche Maßnahme zulässig war, nicht eine des Schutzbereichs, sondern der Rechtfertigung. Nichtförmliches Verwaltungshandeln ist deshalb dann als Grundrechtseingriff zu qualifizieren, wenn es sich als funktional äquivalente Maßnahme zu klassischen Verwaltungsmaßnahmen (Verwaltungsakt, Verordnung etc.) darstellt.

Soweit ein Grundrechtseingriff vorliegt, ist außerdem umstritten, ob das nichtförmliche Verwaltungshandeln einer gesetzlichen Grundlage bedarf. Das BVerfG[18] lehnt das ab. Erforderlich sei lediglich, dass dem jeweiligen Organ eine Aufgabe zugewiesen sei; diese berechtige das Organ grundsätzlich auch zur Informationstätigkeit im Rahmen der Wahrnehmung dieser Aufgabe, selbst wenn dadurch mittelbar-faktische Beeinträchtigungen herbeigeführt werden können. Wegen der Vielgestaltigkeit und Veränderlichkeit der in Betracht kommenden Lebenssachverhalte solle sich in aller Regel nicht im Vorhinein festlegen lassen, aus welchen Anlässen es zu welchem Informationshandeln der Regierung kommen werde. Die Themen denkbarer staatlicher Informationstätigkeit beträfen praktisch alle Lebensbereiche. Auch dieses Argument ist indes zweifelhaft.[19]

Richtig ist, dass nichtförmliches Verwaltungshandeln – wie jedes Verwaltungshandeln – für eine Vielzahl von Sachverhalten geeignet sein kann; der Gesetzgeber hat dann aber zumindest die Voraussetzungen zu regeln, die sinnvollerweise regelbar sind. Als Voraussetzung einer staatlichen Warnung vor gesundheitsgefährdenden Lebensmitteln könnte gesetzlich geregelt werden, welchen Mindestanforderungen eine Warnung zu genügen hat, z. B., dass diese anzugeben hat, weshalb die Ware gesundheitsschädlich ist, dass sie einen Hinweis enthalten muss, dass die Warnung nicht besagt, dass die Gesundheitsschädlichkeit der Ware vom Erzeuger, Hersteller, Importeur oder Vertreiber

---

17 *Ruthig/Storr*, Öffentliches Wirtschaftsrecht, 4. Aufl., 2015, S. 71; *Huber*, Die Informationstätigkeit der öffentlichen Hand – ein grundrechtliches Sonderregime aus Karlsruhe?, JZ 2003, 290 ff.; *Murswiek*, Staatliche Warnungen, Wertungen, Kritik als Grundrechtseingriffe – Zur Wirtschafts- und Meinungslenkung durch staatliches Informationshandeln, DVBl 1997, 1021 ff.; *Schoch*, in: Isensee/Kirchhoff, HBStR III, 3. Aufl., 2005, S. 193; *Schröder*, Verwaltungsrechtsdogmatik im Wandel, 2007, S. 315 ff. und 331 f., jeweils m. w. N.
18 BVerfGE 105, 279 [303] – „Osho".
19 *Schröder*, Verwaltungsrechtsdogmatik im Wandel, 2007, S. 323.

verursacht worden ist, oder dass sie eine Information über die getroffenen oder beabsichtigten Maßnahmen beinhalten muss.[20]
Beispiel: Eine Rechtsgrundlage für eine Warnung enthält z. B. § 69 Abs. 4 AMG. § 40 LFGB regelt inzwischen nur eine *Soll*-Vorgabe, die Öffentlichkeit zu *informieren*: „(1) Die zuständige Behörde soll die Öffentlichkeit unter Nennung der Bezeichnung des Lebensmittels oder Futtermittels und des Lebensmittel- oder Futtermittelunternehmens, unter dessen Namen oder Firma das Lebensmittel oder Futtermittel hergestellt oder behandelt wurde oder in den Verkehr gelangt ist, und, wenn dies zur Gefahrenabwehr geeignet ist, auch unter Nennung des Inverkehrbringers, nach Maßgabe des Artikels 10 der Verordnung (EG) Nr. 178/2002 informieren…"

IV.   Informelle Absprachen im Besonderen

270 Informelle Absprachen sind zwar „informell", lösen also unmittelbar keine Rechtsfolgen aus, dürfen aber nicht dazu führen, dass materiell-rechtliche Vorgaben oder Verfahrensvorschriften übergangen werden. Deswegen darf die Behörde keine Versprechen geben, die zu einer rechtswidrigen Entscheidung führen. Außerdem dürfen keine zwingenden Verfahrensgarantien außer Acht gelassen werden, z. B. Anhörungs- oder Beteiligungsrechte (Rn. 207) oder Befangenheitsregeln.[21] Genauere Anforderungen müssen noch erarbeitet werden. Jedenfalls gelten die allgemeinen Maßstäbe des Verwaltungshandelns (Rn. 211) grundsätzlich auch für informelles Verwaltungshandeln. Das heißt aber nicht, dass das Recht der informellen Absprachen künftig stärker reglementiert werden sollte. Mit einer solchen Forderung würde verkannt werden, dass sich Verwaltung und Bürger der Instrumente informellen Verwaltungshandelns gerade deshalb bedienen, weil sie die Förmlichkeit von Verwaltungsmaßnahmen mit unmittelbaren Rechtswirkungen ablehnen.[22] Eine Reglementierung würde dazu führen, dass auf andere Formen nichtförmlichen Verwaltungshandelns ausgewichen würde.

Rechtsprechung: BVerfGE 105, 252 ff. – „*Glykol*"; BVerfGE 105, 279 ff. – „*Osho*"; BVerwGE 71, 183 ff. – „*Transparenzliste*".

Literatur: *Fehling*, M., Informelles Verwaltungshandeln, in: Hoffmann-Riem/Schmidt-Aßmann/Voßkuhle, Grundlagen des Verwaltungsrechts, Band II, 2. Aufl., 2012, S. 1457 ff.; *Gurlit, E.*, Konturen eines Informationsverwaltungsrechts, DVBl 2003, 1119 ff.; *Herdegen, M.*, Informalisierung und Entparlamentarisierung politischer Entscheidungen als Gefährdung der Verfassung?, VVDStRL 62 (2003), 7 ff.; *Hermes, G.*, Schlichtes Verwaltungshandeln, in: Hoffmann-Riem/Schmidt-Aßmann/Voßkuhle, Grundlagen des Verwaltungsrechts, Band II, 2. Aufl., 2012, S. 1523 ff.; *Huber, P. M.*, Die Informationstätigkeit der öffentlichen Hand – ein grundrechtliches Sonderregime aus Karlsruhe?, JZ 2003, 290 ff.; *Morlok, M.*, Informalisierung und Entparlamentarisierung politischer Entscheidungen als Gefährdung der Verfassung?, VVDStRL 62 (2003), 37 ff.; *Kautz, S.*, Absprachen im Verwaltungsrecht, 2002; *Murswiek, D.*, Staatliche Warnungen, Wertungen, Kritik als Grundrechtseingriffe – Zur Wirtschafts- und Meinungslenkung durch staatliches Informationshandeln, DVBl 1997, 1021 ff.; *Robbers, G.*, Schlichtes Verwaltungshandeln, DÖV 1987, 272 ff.; *Schröder, R.*, Verwaltungsrechtsdogmatik im Wandel, 2007, S. 315 ff.; *Schulte, M.*, Schlichtes Verwaltungshandeln, 2005.

---

20   Vgl. § 43 Abs. 2 österr. Lebensmittelsicherheits- und Verbraucherschutzgesetz.
21   *Fehling*, in: Hoffmann-Riem/Schmidt-Aßmann/Voßkuhle, Grundlagen des Verwaltungsrechts, Band 2, 2. Aufl., 2012, S. 1503; *Maurer/Waldhoff*, Allgemeines Verwaltungsrecht, 20. Aufl., 2020, S. 462, Rn. 21.
22   *Maurer/Waldhoff*, Allgemeines Verwaltungsrecht, 20. Aufl., 2020, S. 461, Rn. 18.; *Schmidt-Aßmann*, Allgemeines Verwaltungsrecht als Ordnungsidee, 2. Aufl., 2006, S. 353.

§ 14 Das förmliche Verwaltungsverfahren

Im förmlichen Verwaltungsverfahren entscheidet die Behörde nach mündlicher   **271**
Verhandlung (§ 67 Abs. 1 S. 1 VwVfG). Damit ist das förmliche Verwaltungsverfahren dem Gerichtsprozess nachgebildet. Gem. § 63 Abs. 1 VwVfG findet das förmliche Verwaltungsverfahren statt, wenn es **durch Rechtsvorschrift angeordnet ist**. Tatsächlich ist das nur in wenigen Gesetzen geschehen. Zudem kann der Gesetzgeber abweichende Verfahrensregelungen in Sondergesetzen schaffen. Damit kommt dem förmlichen Verfahren in §§ 63 ff. VwVfG v. a. der Charakter eines Verfahrensmodells zu.[1]

> **Beispiel: § 36 S. 1 BBergG**
> *„Auf das Verfahren sind die Vorschriften über das förmliche Verwaltungsverfahren nach Teil V Abschnitt 1 des Verwaltungsverfahrensgesetzes mit folgender Maßgabe anzuwenden:…".*
> **Art. 23 S. 1 BayEG:**
> *„Das Enteignungsverfahren wird als förmliches Verwaltungsverfahren nach dem Bayerischen Verwaltungsverfahrensgesetz (BayVwVfG) durchgeführt, soweit sich aus diesem Gesetz nichts Abweichendes ergibt."*

Für das förmliche Verwaltungsverfahren gelten die §§ 64 bis 71 VwVfG und, soweit sich aus ihnen nichts Abweichendes ergibt, die übrigen Vorschriften des VwVfG (§ 63 Abs. 2 VwVfG). Sofern ein Antrag vom Gesetz vorausgesetzt wird, ist dieser schriftlich oder zur Niederschrift bei der Behörde zu stellen (§ 64 VwVfG).
Den Beteiligten (vgl. § 13 VwVfG) ist Gelegenheit zu geben, sich vor der Entscheidung zu äußern. Ferner dürfen sie bei der Vernehmung von Zeugen und Sachverständigen und der Einnahme des Augenscheins beiwohnen und sachdienliche Fragen stellen, und es soll ihnen Einsichtnahme in Gutachten gewährt werden (§ 66 VwVfG). Ausnahmen von der Anhörungspflicht, wie sie § 28 Abs. 2 VwVfG für das nicht-förmliche Verfahren vorsieht, gibt es nicht.

Kernstück des förmlichen Verfahrens ist die von der Behörde vor der Entscheidung   **272**
durchzuführende **mündliche Verhandlung**. Hierzu sind die Beteiligten mit angemessener Frist schriftlich zu laden (vgl. § 67 Abs. 1 S. 1 und 2 VwVfG). Die Behörde soll das Verfahren so fördern, dass es möglichst in einem Verhandlungstermin erledigt werden kann (§ 67 Abs. 3 VwVfG). Die mündliche Verhandlung ist grundsätzlich nicht öffentlich; allerdings kann der Verhandlungsleiter anderen Personen die Anwesenheit gestatten, wenn kein Beteiligter widerspricht. Zugelassen sind Vertreter von Aufsichtsbehörden.
Der Verhandlungsleiter hat die Sache mit den Beteiligten zu erörtern. Er hat darauf hinzuwirken, dass unklare Anträge erläutert, sachdienliche Anträge gestellt, ungenügende Angaben ergänzt sowie alle für die Feststellung des Sachverhalts wesentlichen Erklärungen abgegeben werden. Zeugen sind zur Aussage und Sachverständige zur Erstattung von Gutachten verpflichtet (§ 65 Abs. 1 S. 1 VwVfG).
In der mündlichen Verhandlung soll Gelegenheit gegeben werden, die Belange der Beteiligten zu erörtern; die Verhandlung soll der Information der Behörde über die Interessenlage dienen, den gegenseitigen Austausch der Argumente ermöglichen, eine gütliche Einigung und die Transparenz der Behördenentscheidung fördern sowie die Akzeptanz bei Betroffenen erhöhen.[2] Über die mündliche Verhandlung ist eine Niederschrift zu fertigen (§ 68 VwVfG).
Die Behörde kann auf eine mündliche Verhandlung verzichten, wenn

---

1 *Sachs/Kamp*, in: Stelkens/Bonk/Sachs, VwVfG, 9. Aufl., 2018, § 63 Rn. 37.
2 *Guckelberger*, Bürokratieabbau durch Abschaffung des Erörterungstermins?, DÖV 2006, 97 [100].

–   einem Antrag im Einvernehmen mit allen Beteiligten in vollem Umfang entsprochen wird;
–   kein Beteiligter innerhalb einer hierfür gesetzten Frist Einwendungen gegen die vorgesehene Maßnahme erhoben hat;
–   die Behörde den Beteiligten mitgeteilt hat, dass sie beabsichtige, ohne mündliche Verhandlung zu entscheiden, und kein Beteiligter innerhalb einer hierfür gesetzten Frist Einwendungen dagegen erhoben hat;
–   alle Beteiligten auf sie verzichtet haben;
–   wegen Gefahr im Verzug eine sofortige Entscheidung notwendig ist (§ 67 Abs. 2 VwVfG).

Die Behörde entscheidet unter Würdigung des Gesamtergebnisses des Verfahrens (§ 69 Abs. 1 VwVfG). Verwaltungsakte, die das förmliche Verfahren abschließen, sind schriftlich zu erlassen, grundsätzlich schriftlich zu begründen und den Beteiligten zuzustellen (§ 69 Abs. 2 VwVfG).

Das **Zustellungsverfahren** ist bei Massenverfahren vereinfacht. Für förmliche Verfahren regelt § 69 Abs. 2 S. 3 VwVfG, dass die Zustellungen durch öffentliche Bekanntmachung ersetzt werden können. Die öffentliche Bekanntmachung wird dadurch bewirkt, dass die Behörde den verfügenden Teil des Verwaltungsakts in ihrem amtlichen Veröffentlichungsblatt und außerdem in örtlichen Tageszeitungen, die in dem Bereich verbreitet sind, in dem sich das Vorhaben voraussichtlich auswirken wird, bekannt macht. Der Verwaltungsakt gilt zwei Wochen nach Bekanntmachung als zugestellt.

Für den **Rechtsschutz** besonders zu beachten ist § 70 VwVfG. Danach bedarf es vor Erhebung einer verwaltungsgerichtlichen Klage, die einen im förmlichen Verwaltungsverfahren erlassenen Verwaltungsakt zum Gegenstand hat, keiner Nachprüfung in einem Vorverfahren (vgl. § 68 Abs. 1 S. 2 1. Alt. VwGO).

§ 15 Die Planfeststellung

I.   Das Planfeststellungsverfahren

273 Das Planfeststellungsverfahren ist ein besonderes förmliches Verwaltungsverfahren, dessen Zweck darin liegt, eine komplexe Entscheidung bei Berücksichtigung einer Vielzahl verschiedener öffentlicher und privater Belange zu treffen. Zielführend bestimmt § 75 Abs. 1 S. 1 Hs. 1 VwVfG: „Durch die Planfeststellung wird die Zulässigkeit eines Vorhabens einschließlich der notwendigen Folgemaßnahmen im Hinblick auf alle von ihm berührten öffentlichen Belange festgestellt."
Die besonderen Vorschriften der §§ 73 bis 78 VwVfG über das Planfeststellungsverfahren kommen zur Anwendung, wenn ein Planfeststellungsverfahren durch Rechtsvorschrift vorgesehen ist. Die übrigen Vorschriften des VwVfG gelten subsidiär. §§ 51 und 71a bis 71e VwVfG sind nicht anzuwenden; § 29 VwVfG ist mit der Maßgabe anzuwenden, dass Akteneinsicht nach pflichtgemäßem Ermessen zu gewähren ist (§ 72 Abs. 1 VwVfG).

Beispiel: Bau von Bundesfernstraßen, § 17 FStrG; Bau von Betriebsanlagen einer Eisenbahn, § 18 AEG; Bau von Flughäfen und Landeplätzen, § 8 LuftVG.

Eine Planfeststellung ist u. a. nicht erforderlich, wenn das Vorhaben von keiner wesentlichen Bedeutung ist, d. h., wenn andere öffentliche Belange nicht berührt sind oder die erforderlichen behördlichen Entscheidungen vorliegen und sie dem Plan nicht entgegenstehen und Rechte anderer nicht beeinflusst werden, mit den vom Plan Betroffenen entsprechende Vereinbarungen getroffen worden sind oder eine Öffentlichkeitsbeteiligung nach anderen Vorschriften nicht erforderlich ist (§ 74 Abs. 7 Nr. 1 bis 3 VwVfG).

Das Planfeststellungsverfahren läuft vorbehaltlich besonderer Vorschriften in Grundzügen wie folgt ab:

Besondere Vorschriften können sich aus dem jeweiligen Fachrecht ergeben. Bei bestimmten Vorhaben, die nachteilige Auswirkungen haben können, kann z. B. eine Umweltverträglichkeitsprüfung nach dem UVPG durchzuführen sein. Die Umweltverträglichkeitsprüfung ist dann Teil des Planfeststellungsverfahrens oder anderer Verfahren, die eine Zulassungsentscheidung herbeiführen sollen (§ 4 UVPG).

1. Die Planerstellung

Der Träger des Vorhabens hat einen Plan aufzustellen. Der Plan besteht aus den **274** Zeichnungen und Erläuterungen, die das Vorhaben, seinen Anlass und die von dem Vorhaben betroffenen Grundstücke und Anlagen erkennen lassen (§ 73 Abs. 1 S. 2 VwVfG). Sodann hat der Vorhabenträger den Plan der Anhörungsbehörde zur Durchführung des Anhörungsverfahrens einzureichen (§ 73 Abs. 1 S. 1 VwVfG). Er leitet mit diesem Antrag (§ 22 S. 2 VwVfG) das Planfeststellungsverfahren ein.

2. Das Anhörungsverfahren

Die Anhörungsbehörde fordert die Behörden, deren Aufgabenbereich durch das **275** Vorhaben berührt wird, binnen eines Monats nach Zugang des vollständigen Plans zur Stellungnahme auf. (§ 73 Abs. 2, 1. Alt. VwVfG). Die aufgeforderten Behörden haben ihre Stellungnahme innerhalb einer von der Anhörungsbehörde zu setzenden Frist abzugeben, die drei Monate nicht überschreiten darf (§ 73 Abs. 3a VwVfG). Zu beachten ist die Präklusionsvorschrift des § 73 Abs. 3a S. 2 VwVfG.

Präklusion bedeutet, dass der Betreffende mit seinen verspätet vorgebrachten Einwendungen ausgeschlossen ist. Zu unterscheiden sind formelle und materielle Präklusion. Bei der formellen Präklusion verliert der Betreffende sein Recht, Einwendungen im Anhörungsverfahren einzubringen; seine Einwendungen sind als verspätet zurückzuweisen. Allerdings sind verspätete Einwendungen von Amts wegen im Rahmen der Amtsermittlungspflicht (§ 24 VwVfG) zu berücksichtigen. Die materielle Präklusion geht weiter: Der Betreffende ist mit verspäteten Einwendungen auch im verwaltungsgerichtlichen Verfahren ausgeschlossen.[1] Es besteht keine klagefähige Rechtsposition mehr.

Beispiel: § 3 Abs. 2 S. 2 Hs. 2 BauGB
Eine gleichwohl erhobene Klage gegen den Planfeststellungsbeschluss wäre als unzulässig, jedenfalls aber unbegründet abzuweisen.

§ 73 Abs. 3a S. 2 VwVfG enthält eine formelle Präklusion: Stellungnahmen, die nach Ablauf der Frist eingehen, sind zu berücksichtigen, wenn der Planfeststellungsbehörde die vorgebrachten Belange bekannt sind oder hätten bekannt sein müssen oder für die Rechtmäßigkeit der Entscheidung von Bedeutung sind. Der Behörde bleibt es frei, verspätete Stellungnahmen zu berücksichtigen. Außerdem kann die Behörde nach Fachrecht verpflichtet sein, Verbänden Gelegenheit zur Stellungnahme zu geben (z. B. den Naturschutzverbänden nach § 63 BNatSchG). Ferner veranlasst die Anhörungsbehörde binnen eines Monats nach Zugang des vollständigen Plans, dass der Plan in den Gemeinden, in denen sich das Vorhaben auswirkt, ausgelegt wird (§ 73 Abs. 2 a. E. VwVfG). Die Gemeinden haben den Plan sodann innerhalb von drei Wochen nach Zugang für die Dauer eines Monats

---

1 BVerwGE 104, 79 [81].

zur Einsicht auszulegen. Auf eine Auslegung kann verzichtet werden, wenn der Kreis der Betroffenen und der rechtsbehelfsberechtigten Vereinigungen (die aufgrund besonderer Rechtsvorschriften befugt sind, Rechtsbehelfe nach der VwGO gegen die Entscheidung nach § 74 VwVfG einzulegen) bekannt sind und ihnen innerhalb angemessener Frist Gelegenheit gegeben wird, den Plan einzusehen. Die Gemeinden haben die Auslegung vorher ortsüblich bekannt zu machen und in der Bekanntmachung darauf hinzuweisen,

1. wo und in welchem Zeitraum der Plan zur Einsicht ausgelegt ist;
2. dass etwaige Einwendungen oder Stellungnahmen von rechtsbehelfsberechtigten Vereinigungen bei den in der Bekanntmachung zu bezeichnenden Stellen innerhalb der Einwendungsfrist vorzubringen sind;
3. dass bei Ausbleiben eines Beteiligten in dem Erörterungstermin auch ohne ihn verhandelt werden kann;
4. dass die Personen, die Einwendungen erhoben haben, oder die Vereinigungen, die Stellungnahmen abgegeben haben, von dem Erörterungstermin durch öffentliche Bekanntmachung benachrichtigt werden können und dass die Zustellung der Entscheidung über die Einwendungen durch öffentliche Bekanntmachung ersetzt werden kann, wenn mehr als 50 Benachrichtigungen oder Zustellungen vorzunehmen sind.

Nicht ortsansässige Betroffene, deren Person und Aufenthalt bekannt sind oder sich innerhalb angemessener Frist ermitteln lassen, sollen auf Veranlassung der Anhörungsbehörde von der Auslegung mit diesen Hinweisen benachrichtigt werden (§ 73 Abs. 5 VwVfG).

Jeder, dessen Belange durch das Vorhaben berührt werden, kann schriftlich oder zur Niederschrift bei der Anhörungsbehörde oder bei der Gemeinde Einwendungen gegen den Plan erheben (§ 73 Abs. 4 S. 1 VwVfG). Entsprechendes gilt für rechtsbehelfsberechtigte Vereinigungen (§ 73 Abs. 4 S. 5 VwVfG). Die Frist beträgt grundsätzlich zwei Wochen nach Ablauf der Auslegungsfrist. Lediglich im Fall des Auslegungsverzichts nach § 73 Abs. 3 S. 2 VwVfG bestimmt die Anhörungsbehörde die Einwendungsfrist (§ 73 Abs. 4 S. 2 VwVfG). Wichtig ist § 74 Abs 4. S. 3 VwVfG: Mit Ablauf der Einwendungsfrist sind alle Einwendungen ausgeschlossen, die nicht auf besonderen privatrechtlichen Titeln beruhen.

> **Beachte:** § 73 Abs. 4 S. 3 VwVfG regelt eine sog. materielle Präklusion. Auf die Präklusion ist in der Bekanntmachung hinzuweisen (§ 73 Abs. 4 S. 4 VwVfG).[2]

Nach Ablauf der Einwendungsfrist hat die Anhörungsbehörde die rechtzeitig gegen den Plan erhobenen Einwendungen, die rechtzeitig abgegebenen Stellungnahmen der rechtsbehelfsberechtigten Vereinigungen sowie die Stellungnahmen der Behörden zu dem Plan mit dem Träger des Vorhabens, den Behörden, den Betroffenen sowie denjenigen, die Einwendungen erhoben oder Stellungnahmen abgegeben haben, zu **erörtern** (§ 73 Abs. 6 VwVfG). Der Erörterungstermin ist mindestens eine Woche vorher ortsüblich bekannt zu machen und die Behörden, der Träger des Vorhabens sowie diejenigen, die Einwendungen erhoben haben, sind von dem Erörterungstermin zu benachrichtigen. Die Erörterung soll innerhalb von drei Monaten nach Ablauf der Einwendungsfrist abgeschlossen werden. Der Erörterungstermin ist weder Anhörungs- noch Entscheidungstermin. Es soll Gelegenheit gegeben werden, erhobene Einwendungen zu erörtern oder zu erläutern. Wie die mündliche Verhandlung im förmlichen Verfahren soll der Erörterungster-

---

2   Bedenken zur Verfassungsmäßigkeit der Präklusion bestehen hinsichtlich Art. 19 Abs. 4 und Art. 103 GG; vgl. a. BVerfGE 61, 82 [112 f.] – „Sasbach".

min der Behörde ermöglichen, ihre Kenntnisse über den Sachverhalt zu vervollständigen; die Teilnehmer sollen ihre Argumente austauschen und, soweit möglich, soll eine gütliche Einigung herbeigeführt werden. Außerdem trägt die (Betroffenen-)Publizität zur Akzeptanz bei (Rn. 207).

Die Praxis scheint von diesen Vorgaben in mehrfacher Hinsicht abzuweichen: So sind schriftliche Einwendungen häufig informativer als mündliche Erläuterungen; Entscheidungen der Behörde scheinen mitunter schon im Voraus festzustehen und unüberwindliche Interessengegensätze behindern oftmals ein sachliches Gespräch.[3] All dies mindert die Transparenz-, Akzeptanz- und Kooperationsfunktion des Erörterungstermins jedoch nicht; dieser trägt regelmäßig dazu bei, aufwendige Rechtsstreitigkeiten zu vermeiden und Investitionen zu beschleunigen.

Schließlich hat die Anhörungsbehörde zum Ergebnis des Anhörungsverfahrens eine Stellungnahme abzugeben und diese möglichst innerhalb eines Monats nach Abschluss der Erörterung mit dem Plan, den Stellungnahmen der Behörden und rechtsbehelfsberechtigter Vereinigungen sowie den nicht erledigten Einwendungen der Planfeststellungsbehörde zuzuleiten (§ 73 Abs. 9 VwVfG).

3. Der Planfeststellungsbeschluss

Die Planfeststellungsbehörde – die von der Anhörungsbehörde zu unterscheiden **276** sein kann – stellt den Plan durch einen Planfeststellungsbeschluss fest. Damit entscheidet sie über die Einwendungen, über die bei der Erörterung vor der Anhörungsbehörde keine Einigung erzielt worden ist. Dem Träger des Vorhabens hat sie Vorkehrungen oder die Errichtung und Unterhaltung von Anlagen aufzuerlegen, die zum Wohl der Allgemeinheit oder zur Vermeidung nachteiliger Wirkungen auf Rechte anderer erforderlich sind. Nur soweit solche Vorkehrungen oder Anlagen untunlich oder mit dem Vorhaben unvereinbar sind, hat der Betroffene Anspruch auf angemessene Entschädigung (§ 74 Abs. 1 und 2 VwVfG).

Soweit eine abschließende Entscheidung noch nicht möglich ist, ist diese im Planfeststellungsbeschluss vorzubehalten; dem Träger des Vorhabens ist aufzugeben, noch fehlende oder von der Planfeststellungsbehörde bestimmte Unterlagen rechtzeitig vorzulegen (§ 74 Abs. 3 VwVfG).

Der Planfeststellungsbeschluss ist dann dem Träger des Vorhabens, denjenigen, über deren Einwendungen entschieden worden ist, und den Vereinigungen, über deren Stellungnahmen entschieden worden ist, **zuzustellen**. Eine Ausfertigung des Beschlusses ist mit einer Rechtsbehelfsbelehrung und einer Ausfertigung des festgestellten Plans in den Gemeinden zwei Wochen zur Einsicht **auszulegen**. Der Ort und die Zeit der Auslegung sind ortsüblich bekannt zu machen (§ 74 Abs. 4 VwVfG).

Mit dem Ende der Auslegungsfrist gilt der Beschluss gegenüber den übrigen Betroffenen als zugestellt. Darauf ist in der Bekanntmachung hinzuweisen (§ 74 Abs. 4 S. 2 Hs. 2 und S. 3 VwVfG). Für Massenverfahren gibt es die Möglichkeit, anstatt der Zustellung den verfügenden Teil des Planfeststellungsbeschlusses, die Rechtsbehelfsbelehrung und einen Hinweis auf die Auslegung im Veröffentlichungsblatt der Behörde und in örtlichen Tageszeitungen öffentlich bekannt zu machen (im Einzelnen vgl. § 74 Abs. 5 VwVfG).

II. Materielle Planvoraussetzungen

Die materiell-rechtlichen Voraussetzungen an eine Planfeststellung sind in den **277** jeweiligen Fachgesetzen näher geregelt. Allerdings sind drei übergreifende Voraussetzungen zu beachten. Die Planungsbehörde muss die Planung rechtfertigen kön-

---

3 *Schuppert*, Verwaltungswissenschaft, 2000, S. 818; *Fisahn*, Demokratie und Öffentlichkeitsbeteiligung, 2002, S. 210 f.; *Leidinger*, Energieanlagenrecht, 2007, S. 123.

nen, sie muss bei der Planung die einschlägigen Planungsleitsätze eingehalten haben und sie muss das Abwägungsgebot beachtet haben.

1.   Die Planrechtfertigung

278 Eine Planung ist nur zulässig, wenn sie gerechtfertigt ist. Es muss ein Bedürfnis bestehen, durch ein Vorhaben ein Ziel zu verfolgen, das durch das betreffende Fachgesetz legitimiert ist. Die geplante Maßnahme muss objektiv erforderlich sein. Erforderlich ist eine Planung nicht erst dann, wenn sie unausweichlich ist, sondern wenn sie **vernünftigerweise geboten** ist. Dabei ist auch auf betroffene Rechtsgüter Bedacht zu nehmen: Wenn der Plan rechtsgestaltend in individuelle Rechtspositionen Dritter eingreift, sogar Grundlage der zur Ausführung des Planes notwendigen Enteignungen ist, bedarf es einer vor den subjektiven Rechten des Einzelnen – z.B. Art. 14 GG – standhaltenden Rechtfertigung. Die konkret verfolgten Ziele müssen also mit den Zielsetzungen des Fachgesetzes vereinbar sein und zudem generell geeignet sein, gegebenenfalls entgegenstehende Eigentumsinteressen zu überwinden.[4]

In Ausnahmefällen, wenn die Planlosigkeit die Grenze des Vertretbaren überschreitet und deshalb einen qualifizierten Handlungsbedarf auslöst, kann sich das Planungsermessen der Behörde zu einer **Planungspflicht** verdichten.[5]

Die Planrechtfertigung unterliegt der **vollständigen gerichtlichen Überprüfung**. Das Gericht prüft, ob sich für das geplante Vorhaben „vernünftige Gründe" ergeben haben.

> **Beispiel:** Die erforderliche Planrechtfertigung für den Bau einer Bundesfernstraße kann darin liegen, dass eine Lücke im bestehenden Fernstraßennetz geschlossen werden soll.

2.   Planungsleitsätze

279 Die Planung muss sich an den im jeweiligen Fachgesetz und – gegebenenfalls – in anderen gesetzlichen Vorschriften zum Ausdruck gekommenen Planungsleitsätzen ausrichten. Planungsleitsätze eröffnen dem Planer ihrem Inhalt nach keinen Gestaltungsfreiraum, sie sind vielmehr strikt zu beachtende gesetzliche Vorgaben. Ein Planungsleitsatz kann daher durch planerische Abwägung nicht überwunden werden. Seine Verletzung führt ohne weiteres zur Rechtswidrigkeit des Planfeststellungsbeschlusses.

> **Beispiele:** § 1 Abs. 3 S. 1 FStrG schreibt zwingend vor, dass Bundesautobahnen keine höhengleichen Kreuzungen haben dürfen.
> § 15 Abs. 1 und 2 S. 1 BNatSchG verpflichtet den Verursacher eines Eingriffs in Natur und Landschaft, vermeidbare Beeinträchtigungen in Natur und Landschaft zu unterlassen und unvermeidbare Beeinträchtigungen durch Maßnahmen des Naturschutzes und der Landschaftspflege auszugleichen (Ausgleichsmaßnahmen) oder zu ersetzen (Ersatzmaßnahmen).

Von zwingenden Planungsleitsätzen zu unterscheiden sind Berücksichtigungs- und Optimierungsgebote, die ihrem Inhalt nach selbst nicht mehr als eine Zielvorgabe für den Planer enthalten und erkennen lassen, dass diese Zielsetzung bei öffentlichen Planungen im Konflikt mit anderen Zielen zumindest teilweise zurücktreten kann.[6]

> **Beispiel:** § 50 S. 1 BImSchG: „Bei raumbedeutsamen Planungen und Maßnahmen sind die für eine bestimmte Nutzung vorgesehenen Flächen einander so zuzuordnen, dass

---

4 BVerwGE 48, 56 [59]; BVerwGE 84, 123 [130].
5 BVerwG, NVwZ 2004, 220 [225].
6 BVerwGE 71, 163 [164 f.].

schädliche Umwelteinwirkungen und von schweren Unfällen ... in Betriebsbereichen hervorgerufene Auswirkungen ... so weit wie möglich vermieden werden."

Das Planungsermessen kennt also zwei voneinander zu unterscheidende Bindungen: die **äußeren Grenzen des Planungsermessens**, die nicht überwunden werden dürfen – das sind die zwingenden Planungsleitsätze – und die **inneren Grenzen des Planungsermessens**, die die Abwägung betreffen. Hierzu gehören die Berücksichtigungs- und Optimierungsgebote sowie der Grundsatz der gerechten Abwägung.

3.   Der Grundsatz der gerechten Abwägung

Kern des Planfeststellungsverfahrens ist die Abwägung zwischen verschiedenen **280** öffentlichen und privaten Belangen. Das Abwägungsgebot folgt aus dem Rechtsstaatsprinzip, trägt dem Verhältnismäßigkeitsgrundsatz Rechnung und hat daher Verfassungsrang.[7] Im Unterschied zur Auslegung und Anwendung der Planungsleitsätze ist die Frage, ob der jeweiligen Planung eine gerechte Interessenabwägung zugrunde liegt, der Kontrolle durch die Aufsichtsbehörde und durch die Verwaltungsgerichte nicht uneingeschränkt zugänglich.

Mit dem BVerwG[8] ist das rechtsstaatliche Gebot gerechter Abwägung verletzt, „wenn eine Abwägung nicht stattgefunden hat, wenn in die Abwägung an Belangen nicht eingestellt wurde, was nach Lage der Dinge einzustellen war, wenn die Bedeutung der betroffenen öffentlichen und privaten Belange verkannt oder wenn der Ausgleich zwischen den von der Planung berührten öffentlichen und privaten Belangen in einer Weise vorgenommen wurde, der zum objektiven Gewicht einzelner Belange außer Verhältnis steht."

Die umrissenen Anforderungen an eine gerechte Abwägung beziehen sich also nicht nur auf den **Abwägungsvorgang**, sondern auch auf das **Abwägungsergebnis**. Eine Ausnahme gilt einzig für die Notwendigkeit einer Abwägung überhaupt, die allein im Hinblick auf den Abwägungsvorgang praktisch werden kann. Bereits in der grundlegenden Entscheidung aus dem Jahr 1969 hat das BVerwG[9] den Abwägungsspielraum präzisiert: „Innerhalb des so gezogenen Rahmens wird das Abwägungsgebot jedoch nicht verletzt, wenn sich die zur Planung berufene Gemeinde in der Kollision zwischen verschiedenen Belangen für die Bevorzugung des einen und damit notwendig für die Zurückstellung eines anderen entscheidet. Innerhalb jenes Rahmens ist nämlich das Vorziehen und Zurücksetzen bestimmter Belange überhaupt kein nachvollziehbarer Vorgang der Abwägung, sondern eine geradezu elementare planerische Entschließung, die zum Ausdruck bringt, wie und in welcher Richtung sich eine Gemeinde städtebaulich geordnet fortentwickeln will."

Die Planfeststellungsbehörde, die eine Abwägung der einzustellenden Belange vornimmt, hat rechtsmindernde Eingriffe nach Möglichkeit zu vermeiden. Sie hat den Verhältnismäßigkeitsgrundsatz zu beachten und deshalb auch alternative Planungen auf ihre jeweilige Eingriffsintensität bei gleicher Zielsetzung zu prüfen. Das gilt jedenfalls, wenn sich die Alternative nach Lage der konkreten Verhältnisse aufdrängt oder zumindest „naheliegt".[10]

---

7 BVerfGE 64, 270 [272].
8 BVerwG, NVwZ-RR 1989, 458 – *„B 14"*; grundlegend BVerwGE 34, 301 [309] – *„Abwägung"*; BVerwGE 45, 309 ff. – *„Flachglas"*.
9 BVerwGE 34, 301 [309] – *„Abwägung"*.
10 BVerwG, DÖV 1979, 517 [519].

Es ist zwischen **gemeinnütziger** (dem Allgemeinwohl dienender) und **privatnütziger** (keinem öffentlichen Interesse dienender) Planung zu unterscheiden. Die im öffentlichen Interesse liegende gemeinnützige Planfeststellung dient der Überwindung von privaten und öffentlichen Belangen, die der Planung entgegenstehen, und kann bis zur Zulässigkeit der Enteignung vordringen; sie stellt sich insoweit als Eingriffsakt dar. Die privatnützige Planfeststellung (für ein privates Unternehmen) vermag dagegen wegen des Fehlens eines sie tragenden öffentlichen Interesses Eingriffe in Rechte Dritter nicht zu rechtfertigen; sie ist ihrem wesentlichen Entscheidungsgehalt nach kein Eingriffsakt, sondern nimmt die Funktion einer Genehmigung ein. Sie muss versagt werden, wenn sie unter irgendeinem rechtlichen Gesichtspunkt zur Beeinträchtigung des Rechtes Dritter oder des Wohls der Allgemeinheit führen würde.[11]

Aus dem viergliedrigen Abwägungsgebot folgt, dass es spezifische Abwägungsfehler geben kann. Das Gebot gerechter Abwägung ist verletzt, wenn

–   eine Abwägung überhaupt nicht stattfindet (Fehler: **Abwägungsausfall**),
–   in die Abwägung an Belangen eingestellt wird, was nach Lage der Dinge nicht in sie eingestellt werden muss (Fehler: **Abwägungsdefizit**),
–   die Bedeutung der betroffenen öffentlichen und privaten Belange verkannt wird (Fehler: **Abwägungsfehleinschätzung**),
–   der Ausgleich zwischen den betroffenen Belangen in einer Weise vorgenommen wird, die zur Gewichtigkeit einzelner Belange außer Verhältnis steht (Fehler: **Abwägungsdisproportionalität**).

Eine fehlerhafte Abwägung führt nicht zwangsläufig zur Aufhebung des Planfeststellungsbeschlusses. Durch das GenBeschlG vom 12.9.1996 ist Abs. 1a in § 75 VwVfG eingefügt worden: Danach sind **Mängel bei der Abwägung** der von dem Vorhaben berührten öffentlichen und privaten Belange nur erheblich, wenn sie offensichtlich und auf das Abwägungsergebnis von Einfluss gewesen sind. Erhebliche Mängel bei der Abwägung oder einer Verletzung von Verfahrens- oder Formvorschriften führen nur dann zur Aufhebung des Planfeststellungsbeschlusses oder der Plangenehmigung, wenn sie nicht durch Planergänzung oder durch ein ergänzendes Verfahren behoben werden können. Durch Planergänzung wird der Planfeststellungsbeschluss inhaltlich ergänzt. Ein ergänzendes Verfahren kommt in Betracht, wenn ein fehlerhafter Verfahrensschritt nachgeholt wird. Ein ergänzendes Verfahren muss folglich nicht zu einer inhaltlichen Änderung des Planfeststellungsbeschlusses führen. Die §§ 45 und 46 VwVfG bleiben daneben anwendbar.

Beachte: Heilungsvorschriften gibt es auch in Fachgesetzen; zur differenzierten Heilungssystematik im BauGB für fehlerhafte Bauleitpläne vgl. §§ 214, 215 BauGB.

III.   Der Planfeststellungsbeschluss

281   Der Planfeststellungsbeschluss ist eine Gesamtentscheidung (§ 75 Abs. 1 VwVfG). Nach h. M. handelt es sich um einen Verwaltungsakt, gegenüber den Betroffenen regelmäßig in Form einer Allgemeinverfügung.[12]

Beachte: Der Plan selbst ist keine eigene Handlungsform, sondern wird durch verschiedene Handlungsformen transportiert. § 10 Abs. 1 BauGB sieht z. B. vor, dass der Bebauungsplan als Satzung zu erlassen ist. Der Flächennutzungsplan ist weder Verwaltungsakt

11   BVerwGE 55, 220 [226].
12   *Neumann/Külpmann*, in: Stelkens/Bonk/Sachs, VwVfG, 9. Aufl., 2018, § 74 Rn. 19.

noch Rechtsnorm, weil er keine Außenwirkung hat. Ausnahmsweise kann auch der Gesetzgeber planen (Legalplanung).[13]

Der Planfeststellungsbeschluss hat folgende Wirkungen:

- **Genehmigungswirkung**: Durch den Planfeststellungsbeschluss wird die Zulässigkeit des Vorhabens einschließlich der notwendigen Folgemaßnahmen an anderen Anlagen im Hinblick auf alle von ihm berührten öffentlichen Belange festgestellt (§ 75 Abs. 1 S. 1 Hs. 1 VwVfG).
- **Gestaltungswirkung**: Alle öffentlich-rechtlichen Beziehungen zwischen dem Träger des Vorhabens und den durch den Plan Betroffenen werden rechtsgestaltend geregelt (§ 75 Abs. 1 S. 2 VwVfG).
- **Konzentrationswirkung**: Andere behördliche Entscheidungen, insbesondere öffentlich-rechtliche Genehmigungen, Verleihungen, Erlaubnisse, Bewilligungen, Zustimmungen und Planfeststellungen sind neben der Planfeststellung nicht erforderlich (§ 75 Abs. 1 S. 1 Hs. 2 VwVfG).

  Beachte: Es ist zwischen formeller und materieller Konzentration zu unterscheiden.

  Formelle Konzentration: Anstelle einer Vielzahl von Verfahren findet grundsätzlich nur ein einziges Verwaltungsverfahren statt, das in der Hand einer einzigen Behörde liegt, die nur eine einzige Gestattung ausspricht. Die betreffende Behörde nimmt eine umfassende Prüfung anhand aller einschlägigen Gesetze vor und spricht nur eine einzige Genehmigung aus.

  Materielle Konzentration: Die Behörde ist von der Anwendung anderer Fachgesetze befreit. Sie entscheidet nur in einem Verfahren und nur unter Anwendung des betreffenden Fachgesetzes (vgl. z. B. § 38 BauGB).

  § 75 Abs. 1 S. 1 Hs. 2 VwVfG regelt die formelle Konzentration.
- **Duldungswirkung**: Sobald der Planfeststellungsbeschluss unanfechtbar geworden ist, sind Ansprüche auf Unterlassung des Vorhabens, auf Beseitigung oder Änderung der Anlagen oder auf Unterlassung ihrer Benutzung ausgeschlossen (§ 75 Abs. 2 S. 1 VwVfG).
- **Ausgleichswirkung**: Treten nicht voraussehbare Wirkungen des Vorhabens oder der dem festgestellten Plan entsprechenden Anlagen auf das Recht eines anderen erst nach Unanfechtbarkeit des Plans auf, so kann der Betroffene Vorkehrungen oder die Errichtung und Unterhaltung von Anlagen verlangen, welche die nachteiligen Wirkungen ausschließen. Sie sind dem Träger des Vorhabens durch Beschluss der Planfeststellungsbehörde aufzuerlegen. Sind solche Vorkehrungen oder Anlagen untunlich oder mit dem Vorhaben unvereinbar, so richtet sich der Anspruch auf angemessene Entschädigung in Geld (§ 75 Abs. 2 S. 2 bis 5 VwVfG).
- **Enteignungsrechtliche Vorwirkung**: Das Fachplanungsrecht kann vorsehen, dass der festgestellte Plan einem späteren Enteignungsverfahren zugrunde zu legen und für die Enteignungsbehörde bindend ist. Einer weiteren Feststellung der Zulässigkeit der Enteignung bedarf es dann nicht (vgl. z. B. § 19 FStrG); auch sind Einwendungen gegen den Plan im Enteignungsverfahren unzulässig. Folglich muss über die Frage, ob das konkrete Verfahren eine Enteignung rechtfertigt, bereits im Planfeststellungsverfahren entschieden werden.

Wird mit der Durchführung des Plans nicht innerhalb von fünf Jahren nach Eintritt der Unanfechtbarkeit begonnen, tritt er außer Kraft (§ 75 Abs. 4 VwVfG).

---

13 BVerfGE 95, 1 ff. – *„Südumfahrung Stendal"*.

Rechtsschutz gegen einen Planfeststellungsbeschluss ist durch Erhebung einer Anfechtungsklage (§ 42 Abs. 1, 1. Alt. VwGO) möglich. Ein Vorverfahren ist nicht durchzuführen (§ 74 Abs. 1. S. 2 i. V. m. § 70 VwVfG). § 48 VwGO weist in Großverfahren dem OVG die sachliche Zuständigkeit in erster Instanz zu. Bei der gerichtlichen Überprüfung sind in materieller Hinsicht die – schon angeführten – Besonderheiten zu berücksichtigen:
- die materielle Präklusion des § 73 Abs. 4 S. 3 Hs. 1 VwVfG;
- das Erfordernis erheblicher Mängel bei der Abwägung (§ 75 Abs. 1a S. 1 VwVfG);
- das Gebot der Planergänzung (§ 75 Abs. 1a S. 2 VwVfG).

IV.   Plangenehmigung

282 An Stelle eines Planfeststellungsbeschlusses kann eine Plangenehmigung erteilt werden, wenn
- Rechte anderer nicht beeinträchtigt werden oder die Betroffenen sich mit der Inanspruchnahme ihres Eigentums oder eines anderen Rechts schriftlich einverstanden erklärt haben und
- mit den Trägern öffentlicher Belange, deren Aufgabenbereich berührt wird, das Benehmen hergestellt worden ist;
- nicht andere Rechtsvorschriften eine Öffentlichkeitsbeteiligung vorschreiben, die den Anforderungen des § 73 Abs. 3 S. 1 und Abs. 4 bis 7 entsprechen muss (§ 74 Abs. 6 VwVfG).

Die Plangenehmigung hat grundsätzlich die Rechtswirkungen der Planfeststellung, ausgeschlossen ist aber die enteignungsrechtliche Vorwirkung.

Rechtsprechung: BVerfGE 61, 82 ff. – „*Sasbach*"; BVerfGE 80, 207 ff. – „*Mühlheim-Kärlich*"; BVerfGE 95, 1 ff. – „*Südumfahrung Stendal*"; BVerwGE 34, 301 ff. – „*Planung*"; BVerwGE 45, 309 ff. – „*Flachglas*"; BVerwGE 60, 297 ff. – „*Whyl*"; BVerwGE 71, 163 ff. – „*B 16*"; BVerwGE 84, 123 ff. – „*A 98*"; BVerwGE 107, 1 ff. – „*A 20*"; BVerwGE 116, 254 ff. – „*A 44*"; BVerwGE 121, 57 ff. – „*Feinstaub*"; BVerwG, NVwZ-RR 1989, 458 ff. – „*B 14*"; BVerwG, UPR 2008, 29 ff. – „*Airbus*"; EuGH, Urt. v. 15.10.2015 – C-137/14 – „*Präklusion*".

Literatur: *Appel, I./ Singer J.*, Verfahrensvorschriften als subjektive Rechte, JuS 2007, 913 ff.; *Brandt, K.*, Präklusion im Verwaltungsverfahren, NVwZ 1997, 233 ff.; *Bunge, T.*, Weiter Zugang zu Gerichten nach der UVP- und der Industrieemissions-Richtlinie: Vorgaben für das deutsche Verwaltungsprozessrecht, NuR 2016, 11 ff.; *Dolde, K.-P.*, Verwaltungsverfahren und Deregulierung, NVwZ 2006, 857 ff.; *Guckelberger, A.*, Bürokratieabbau durch Abschaffung des Erörterungstermins?, DÖV 2006, 97 ff.; *Hösch, U.*, Notwendigkeit einer zentralen Flughafenplanung, UPR 2008, 378 ff.; *Leist, A./Tams, C.*, Einführung in das Planfeststellungsrecht, JuS 2007, 995 ff. und 1093 ff.; *Siegel, T.*, Die Präklusion im europäisierten Verwaltungsrecht, NVwZ 2016, 337 ff.; *Ziekow, J.*, Handbuch des Fachplanungsrechts, 2. Aufl., 2014.

D. Privatisierung, Vollstreckung, Rechtsschutz und Ersatzleistungen

§ 16 Privatisierung

I. Begrifflichkeit

§ 7 Abs. 1 S. 1 und 2 BHO verpflichten Gesetzgebung und Bundesverwaltung bei **283** der Aufstellung und Ausführung des Haushaltsplans zur **Wirtschaftlichkeit** und **Sparsamkeit** und zur Prüfung, „inwieweit staatliche Aufgaben oder öffentlichen Zwecken dienende wirtschaftliche Tätigkeiten durch **Ausgliederung** und **Entstaatlichung** oder Privatisierung erfüllt werden können".[1] Damit wird zwar ein nicht zu unterschätzender normativer Privatisierungsdruck auf die verfasste Staatlichkeit ausgeübt.[2] Angesichts der Gegenüberstellung mit den Begriffen Ausgliederung und Entstaatlichung besteht gleichwohl weitgehende Einigkeit darüber, dass der Privatisierungsbegriff selbst in der zitierten Norm weitgehend unbestimmt bleibt.[3]

Dieser Umstand wird auch durch die Verwendung desselben Begriffs im Einigungsvertrag und verschiedenen, zu dessen Umsetzung dienenden Fachgesetzen,[4] wie durch vereinzelte landesgesetzliche Regelungen nicht geheilt. Und auch bestehende Regelungen der Europäischen Union über die Delegation staatlicher Verantwortung zur Techniküberwachung auf Private vermögen dem Begriff „Privatisierung" keinen einheitlichen, normativ zwingenden Gehalt zu vermitteln.

Gleichwohl zeichnen sich zumindest in der Rechtswissenschaft Konturen einer einheitlichen Begriffsverwendung ab: In Ermangelung einer normativ zwingenden Bedeutung wird der Begriff „Privatisierung" hier in einem sehr allgemeinen Sinne auf die Unterscheidung von Staat und Gesellschaft bezogen.[5] Privatisierung betrifft – ohne dass damit bereits eine Aussage über ihre spezifischen Objekte getroffen wäre – Umverteilungsprozesse zwischen diesen Bereichen oder, anders formuliert, zwischen öffentlichem und privatem Sektor.[6]

---

1 BGBl. 1993, S. 2352 ff. [2367]. Die Darstellung im Haupttext folgt *Schröder*, Verwaltungsrechtsdogmatik im Wandel, 2007, S. 147 ff.

2 Begriff von *Schuppert*, Die Privatisierungsdiskussion in der deutschen Staatsrechtslehre, StWStPr 1994, 541 [547].

3 *Kämmerer*, Privatisierung, 2001, S. 9, erklärt den Begriff in seiner haushaltsrechtlichen Verwendung schlichtweg für *„weitgehend subsumtionsuntauglich"*.

4 Siehe etwa Art. 22 Abs. 4 S. 5, Art 25 Abs. 1 S. 1 EV, § 28a Abs. 1 ApothekenG a. F., § 4 Abs. 3, § 24 Abs. 1 S. 1, Abs. 3 S. 1 DMBilG.

5 Eingehend hierzu *Burgi*, Funktionale Privatisierung, 1999, S. 20 ff.; *Gramm*, Privatisierung und notwendige Staatsaufgaben, 2001, S. 28 ff.; *Kämmerer*, Privatisierung, 2001, S. 163 ff.; *Weiss*, Privatisierung und Staatsaufgaben, 2002, S. 13 ff.

6 In diesem Sinne etwa *Bauer*, Privatisierung von Verwaltungsaufgaben, VVDStRL 54 (1995), 243 [250] m. w. N.

284 Darüber hinaus beginnt sich in der rechtswissenschaftlichen Literatur eine grundlegende Verbindung mit dem Begriff der Staatsaufgabe durchzusetzen.[7] Jedenfalls
setzt bereits die klassische Unterscheidung von **formeller** und **materieller Privatisierung** genau hier an, indem sie einen Staatsaufgabenbestand voraussetzt, der im
ersten Fall unangetastet bleiben, im zweiten dagegen einer Verringerung unterzo-
gen werden soll.[8] In eine ähnliche Richtung weist auch der populäre Dreiklang
von Organisationsprivatisierung, Aufgabenprivatisierung und funktionaler Privatisierung,[9] zu dessen Erfassung die sog. Lehre von der Formenwahlfreiheit des Staates heranzuziehen ist. Populäre Beispiele für eine materielle Privatisierung bilden
die Privatisierungen im Bahn- und Postbereich, die nach Änderungen der einschlägigen grundgesetzlichen Vorgaben möglich wurden. Insbesondere der Postreform
werden dabei, nicht zuletzt durch die Freigabe des Kommunikationssektors für
Privatunternehmen in Gestalt einer Senkung der Telefontarife und in Folge verbes-
serter Serviceleistungen, erhebliche Konsequenzen für den Endverbraucher attes-
tiert.[10]

II.   Formenwahlfreiheit der öffentlichen Verwaltung

285 In Lehre und Rechtsprechung ist die Formenwahlfreiheit der öffentlichen Verwaltung heute grundsätzlich anerkannt. Diese Verwaltung kann demnach bei ihren
Handlungen im Rahmen ihrer Verfassungs- und Gesetzesbindung grundsätzlich
auf die gesamte Rechtsordnung zurückgreifen.[11] Diese Freiheit wird dogmatisch
aus **§ 10 VwVfG**, der generellen Organisationsgewalt der öffentlichen Hand, oder
aus einer gewohnheitsrechtlichen Anerkennung ab- bzw. hergeleitet.[12] Sie umfasst
zunächst die Freiheit zur Wahl privatrechtlicher Handlungsformen vor allem im
Bereich des fiskalischen Staatshandelns (Rn. 299), welche im Ergebnis allerdings
nicht verhindert, dass der handelnde Staatsaufgabenträger rechtlich als Teil der
öffentlichen Gewalt gebunden wird, und deshalb mehrheitlich nicht als Privatisierung bezeichnet wird.[13]

286 Weniger einheitlich werden demgegenüber bereits die Konsequenzen der gleichfalls unter die Formenwahlfreiheit fallenden, staatlichen Wahl einer privatrechtli-

---

7   An dieser Stelle wird dabei ein formeller Staatsaufgabenbegriff vorausgesetzt, der an die Ausführun-
    gen von *Bull*, Die Staatsaufgaben nach dem Grundgesetz, 2. Aufl., 1977, S. 28 [105] et passim, an-
    schließt und Staatsaufgaben als solche Aufgaben betrachtet, die der Staat sich selbst unabhängig von
    der konkreten Organisationsform rechtlich zulässig zu eigen macht.
8   *Weiss*, Privatisierung und Staatsaufgaben, 2002, S. 29 ff. m. w. N.
9   *Storr*, in: *Ruthig/Storr*, Öffentliches Wirtschaftsrecht, 4. Aufl., 2015, S. 328 f.; *Seidel*, Privater Sachver-
    stand und staatliche Garantenstellung im Verwaltungsrecht, 2000, S. 17 ff.
10 Vgl. nur Deutsches Institut für Wirtschaftsforschung, Deregulierung führt zu deutlichen Preissenkun-
    gen für Telefondienstleistungen und Strom, DIW-Wochenbericht 25/2000, 381 ff.
11 BVerwGE 92, 56 [64]; BVerwGE 94, 229 [231 f.], BVerwG, NVwZ 2005, 1072 [1073]; BGHZ 91, 84
    [86]. Kritisch demgegenüber *Kempen*, Die Formenwahlfreiheit der Verwaltung, 1989, passim. Grund-
    sätzlich ablehnend *Pestalozza*, „Formenmissbrauch“ des Staates, 1973. Zu Figur und Folgen des *„Rechts-
    missbrauchs“* und ihrer Anwendung auf staatliches Verhalten, München 1973, und die von *Schacht-
    schneider*, Staatsunternehmen und Privatrecht, 1986, begründete Lehre von der fehlenden
    Privatautonomie des Staates.
12 In der Reihenfolge des Haupttextes: *Di Fabio*, Risikoentscheidungen im Rechtsstaat, 1994, S. 331;
    Stern, in: Dolzer u. a., Kommentar zum Bonner Grundgesetz (Bonner Kommentar), Band 5, Art. 28
    Rn. 161; *von Danwitz*, Vom Verwaltungsprivat- zum Verwaltungsgesellschaftsrecht – Zu Begründung
    und Reichweite öffentlich-rechtlicher Ingerenzen in der mittelbaren Kommunalverwaltung, AöR 120
    (1995), 595 [600], jew. m. w. N.
13 Siehe aber *Lee*, Privatisierung als Rechtsproblem, 1997, S. 149: *„Handlungsformprivatisierung“*.

chen Organisationsform behandelt. Hier entsteht zwar eine juristische Person des Privatrechts, die im Rechtsverkehr als eigenständiges Zurechnungssubjekt von Rechten und Pflichten agiert, letztlich kann eine derartige Organisationsprivatisierung aber nicht dazu führen, dass sich die öffentliche Hand sämtlicher öffentlich-rechtlicher Bindungen entledigen kann. Die staatliche Aufgabe wird zwar in privaten Organisationsformen erfüllt, an der **Zuordnung dieser Aufgabe zum Staat ändert sich dadurch aber nichts.**[14]

Von den Typen der formellen Privatisierung und der materiellen Privatisierung ist **287** als dritte Form die **funktionale** (oder funktionelle) **Privatisierung** zu unterscheiden, die als „weiche" Erscheinungsform gleichsam dazwischen angesiedelt sein soll.[15] Sie betrifft Phänomene privater Aufgabenerfüllung bei fortbestehender staatlicher Aufgabenzuständigkeit[16] und erfasst als Aufgabenteilprivatisierung Konstellationen, in denen der Staat bei der Erfüllung eigener Aufgaben „marktwirtschaftlichen Wettbewerb will".[17] Der Staat gewährleistet die Erfüllung einer Aufgabe, bedient sich zu ihrer Erfüllung aber Privater, die hier regelmäßig als Verwaltungshelfer in Erscheinung treten werden. Die Beauftragung eines derartigen Verwaltungshelfers ist Gegenstand des Vergaberechts.

Ungeachtet weiterer Privatisierungstypen, wie der Vermögens-, der Finanz- oder **288** der Verfahrensprivatisierung,[18] steht im Zentrum der Privatisierungsdiskussion die **Aufgabenprivatisierung**, die unmittelbar die Frage betrifft, ob sich der Staat durch Übertragung auf Private vollständig einer zuvor von ihm wahrgenommenen Aufgabe entledigen kann. Während die Organisationsprivatisierung und die funktionale Privatisierung zumindest primär noch die Wahl einer privaten Organisationsform zum Gegenstand haben, steht bei der Aufgabenprivatisierung in Frage, wieweit eine ehemals staatliche Eigenaufgabe an die gesellschaftliche Sphäre zurückgegeben und in diesem Sinne entstaatlicht werden kann.[19]

III. Sonderbindungen der öffentlichen Hand

Mit der Anerkennung einer Formenwahlfreiheit steht im Ansatz weniger die Frage **289** nach der grundsätzlichen rechtlichen Zulässigkeit der Wahl einer privatrechtlichen Handlungs- und/oder Organisationsform durch die öffentliche Hand, als ihre Begrenzung durch Sondervorschriften des Öffentlichen Rechts in Frage: Das Privatrecht geht von der Privatautonomie der Rechtssubjekte aus und setzt auf die Eigendynamik der Gesellschaft. Deshalb gibt es nur eine Rahmenordnung vor und ist oftmals dispositiv. Diese Flexibilität ist für die öffentliche Verwaltung aber nicht immer geeignet. Als Sonderrecht, das die Aufgaben der Verwaltung regelt und die Bürger vor dem eingreifenden Staat schützt (sog. Sonderrechtslehre oder modifizierte Subjekttheorie Rn. 24), kann das Öffentliche Recht nicht durchge-

---

14 *Rozek,* Entlastung des Staates durch Outsourcing?, in: Mecking/Schulte, Grenzen der Instrumentalisierung von Stiftungen, 2003, S. 57 [63].
15 *Rozek,* Entlastung des Staates durch Outsourcing?, in: Mecking/Schulte, Grenzen der Instrumentalisierung von Stiftungen, 2003, S. 57 [64].
16 Instruktiv dazu BremStGH, NVwz 2003, 81 ff. – „*BremBeleihungsG*".
17 *Di Fabio,* Privatisierung und Staatsvorbehalt, JZ 1999, 585 [588].
18 Eingehend hierzu *Kämmerer,* Privatisierung, 2001, S. 24 ff.
19 *Rozek,* Entlastung des Staates durch Outsourcing?, in: Mecking/Schulte, Grenzen der Instrumentalisierung von Stiftungen, 2003, S. 57 [63].

hend dispositiv sein. Daher muss die Formenwahlfreiheit Grenzen haben; sie ist schon im Grundsatz abzulehnen,

– wenn die in Frage stehende Tätigkeit nur hoheitlich ausgeübt werden kann, also insbesondere im Fall der Eingriffsverwaltung (z. B. Gebührenerhebung) oder

– wenn der Verwaltung ein Handeln in öffentlich-rechtlichen Formen verbindlich vorgeschrieben ist.

Beispiel: Fraglich ist z. B., ob die Regelungen des § 54 VwVfG zum öffentlich-rechtlichen Vertrag der Verwaltung den Abschluss privatrechtlicher Verträge untersagen.[20] Die Konsequenz wäre weniger die Geltung eines anderen vertragsrechtlichen Rechtsregimes, weil § 62 VwVfG, soweit sich aus den §§ 54 bis 71 nichts abweichendes ergibt (S. 1), subsidiär auf das BGB verweist (S. 2): Problematisch ist aber aus – wohlgemerkt vor allem praktischer Sicht –, dass für den öffentlich-rechtlichen Vertrag ein Schriftformerfordernis besteht (§ 57 VwVfG), weshalb die Verwaltung keine mündlichen Verträge schließen kann. Gerade das Schriftformerfordernis hat den wichtigen Zweck einer Dokumentations- und Beweisfunktion. Nicht schriftliche „Vertrags"-abschlüsse könnten dann allenfalls als besondere verwaltungsrechtliche Schuldverhältnisse klassifiziert werden. Die h. M. lässt freilich privatrechtliche Verträge zu.

Beispiel: Voraussetzungen an die Verwaltung für die Errichtung und die Unterhaltung privatrechtlicher Unternehmen (§ 65 BHO, § 65 LHO, kommunalordnungsrechtliche Vorschriften).

290 Soweit sich die Verwaltung in zulässiger Weise für privatrechtliche Handlungs- und Organisationsformen entscheidet, kann nicht immer ausschließlich Privatrecht zur Anwendung kommen. Es ergibt sich vielmehr die Frage, inwieweit Privatisierungsentscheidungen durch – vor allem verfassungsrechtliche – Sonderbindungen der öffentlichen Hand überlagert werden. Überwiegend wird dabei zwischen zwei Formen privatrechtlichen Handelns unterschieden: dem Verwaltungsprivatrecht und dem fiskalischen Handeln.

1. Verwaltungsprivatrecht

291 Das Verwaltungsprivatrecht[21] bildet die Kehrseite der soeben besprochenen administrativen Formenwahlfreiheit. Es zielt darauf ab, „das formell privatrechtliche Handeln der Verwaltung materiell öffentlich-rechtlich in die Pflicht zu nehmen".[22]

Nach überkommener Auffassung sollen ergänzende Bindungswirkungen des öffentlichen Rechts überall dort Platz greifen, wo sich die Exekutive privatrechtlicher Formen bedient, um „öffentliche Aufgaben" zu erfüllen.[23] Im Gegensatz dazu könnten insbesondere für fiskalische Hilfstätigkeiten zur Deckung des Bedarfs an sachlichen und z. T. auch personellen Mitteln und ggf. auch für eine erwerbswirtschaftliche Verwaltung ausschließlich privatrechtliche Vorschriften Anwendung finden.[24]

---

20 *Schlette,* Die Verwaltung als Vertragspartner, 2000, S. 125.
21 Grundlegend *Wolff/Bachof/Stober/Kluth,* Verwaltungsrecht, Band 1, 13. Aufl., 2017, S. 228; vgl. ferner *Schmidt-Aßmann,* Das Allgemeine Verwaltungsrecht als Ordnungsidee, 2. Aufl., 2006, S. 291 und S. 295. Monographisch *Stelkens,* Verwaltungsprivatrecht. Zur Privatrechtsbindung der Verwaltung, deren Reichweite und Konsequenzen, 2005.
22 *Ehlers,* Verwaltung in Privatrechtsform, 1984, S. 187.
23 *Bayerlein,* Die dogmatische Grundlegung des Verwaltungsprivatrechts, 1964, S. 21 f. [50]. Weitere Nachweise bei *Wolff/Bachof/Stober/Kluth,* Verwaltungsrecht, Band 1, 13. Aufl., 2017, S. 228 f.
24 *Dreier,* in: *ders.,* Grundgesetz Kommentar, Band 1, 3. Aufl., 2013, Art. 1 III Rn. 48; *Leisner,* Öffentlichkeitsarbeit im Rechtsstaat, dargestellt am Beispiel des Presse- und Informationsamtes der Bundesregierung, 1966, S. 41 f. Weitere Nachweise bei *Ehlers,* Verwaltung in Privatrechtsform, 1984, S. 212 ff.

Allerdings lässt sich eine solche Differenzierung dem Wortlaut der maßgeblichen Bindungsnormen in dieser Form nicht entnehmen: So gelten namentlich die Art. 1 Abs. 3, 20 Abs. 2 und 20 Abs. 3 GG als verfassungsrechtliche Ausgangsbestimmungen des Verwaltungsprivatrechts für alle Arten der „vollziehenden Gewalt". Spätestens seit den grundlegenden Ausführungen von *Ehlers* besteht zunächst weitgehende Einigkeit darüber, dass dieser Begriff nicht auf die hoheitliche Eingriffsverwaltung zu begrenzen ist, sondern grundsätzlich alle Formen des Verwaltungsvollzuges umfasst.[25]

Angesichts der Gegenüberstellung mit den Begriffen Rechtsprechung und Gesetzgebung ist ferner davon auszugehen, dass der Terminus „vollziehende Gewalt" in den genannten Bestimmungen funktionell auszulegen ist und damit nicht nur von der Art der gewählten Handlungsform unabhängig bleibt, sondern sich grundsätzlich sowohl auf die unmittelbare als auch auf die sog. mittelbare Staatsverwaltung (Rn. 59 ff.) erstreckt.[26]   **292**

Mit Blick auf die Wahl privatrechtlicher Organisationsformen durch die öffentliche Verwaltung ergibt sich damit jedoch die weitere Frage, ob und ggf. unter welchen Bedingungen diese noch der „mittelbaren" Staatsverwaltung zuzurechnen sind. Als maßgeblich haben sich dabei vor allem zwei Kriterien durchgesetzt: Zum einen kommt es darauf an, dass die betreffende Organisation im Einzelfall einer **hinreichenden staatlichen Einflussnahme** ausgesetzt bleibt; zum anderen ist darauf abzustellen, ob sie noch eine **staatliche Aufgabe erfüllt** bzw. öffentlich-rechtliche Handlungsformen einsetzen darf.[27]   **293**

Soweit die Wahl einer privatrechtlichen Organisationsform mit einem Fall der Aufgabenprivatisierung oder funktionalen Privatisierung einhergeht, kommt es demnach zu einer zumindest partiellen materiellen Ausgliederung aus dem Verwaltungssektor, die zwar der Anwendung des Verwaltungsprivatrechts auf die privatrechtliche Organisation grundsätzlich entgegensteht, aber ggf. durch verbleibende Eintrittspflichten des Staates aus dem Sozialstaatsprinzip und der Menschenwürdegarantie oder aus grundrechtlichen Schutzpflichten sowie durch ein sog. Privatverwaltungsrecht (Rn. 302) ergänzt wird.[28]   **294**

In den verbleibenden Fällen einer reinen Organisationsprivatisierung sind hingegen im Ergebnis zumindest Teile der Organisationstätigkeit, die nach den vorgenannten Kriterien als Vollzug öffentlicher Verwaltung zu qualifizieren sind, dem Geltungsbereich des Verwaltungsprivatrechts zuzuordnen.[29] Für diesen Fall wie   **295**

---

25 *Ehlers*, Verwaltung in Privatrechtform, 1984, S. 212 ff. Im Ergebnis ebenso *Gusy*, Die Bindung privatrechtlichen Verwaltungshandelns an das öffentliche Recht, DÖV 1984, 872 [878]; *Schmidt-Aßmann*, Das Allgemeine Verwaltungsrecht als Ordnungsidee, 2. Aufl., 2006, S. 291; *Storr*, Der Staat als Unternehmer, 2001, S. 482; *Unruh*, Kritik des privatrechtlichen Verwaltungshandelns, DÖV 1997, 653 f. (passim).

26 Hierzu auch *Schröder*, Die staatlich errichtete Stiftung des öffentlichen Rechts – ein aussterbendes Rechtsphänomen?, in: Mecking/Schulte, Grenzen der Instrumentalisierung von Stiftungen, 2003, S. 117 [123].

27 *Remmert*, Private Dienstleistungen im staatlichen Verwaltungsverfahren, 2003, S. 20 [190] et passim; dass spiegelbildlich auch beherrschende Gebietskörperschaften des öffentlichen Rechts (hier das Land Niedersachsen) konzernrechtlich als Unternehmen einzuordnen sein können, zeigt BGHZ 135, 107 ff. – „VW-AG".

28 *Schmidt-Aßmann*, Das Allgemeine Verwaltungsrecht als Ordnungsidee, 2. Aufl., 2006, S. 293 f.; *Schröder*, Verwaltungsrechtsdogmatik im Wandel, 2007, S. 160 f.

29 Eingehend hierzu *Remmert*, Private Dienstleistungen im staatlichen Verwaltungsverfahren, 2003, S. 20, Anm. 36 m. w. N.

für die bloße Wahl einer privatrechtlichen Handlungsform durch die öffentliche Verwaltung sind Umfang und Grenzen der öffentlich-rechtlichen Überlagerung des Privatrechts im Einzelnen umstritten: Die wohl herrschende Meinung konzentriert sich angesichts der Geltung der Grundrechte und des Rechtsstaats- und Demokratieprinzips materiell-rechtlich insbesondere auf eine regimeunabhängige Formulierung des **Verhältnismäßigkeitsprinzips** und der **Diskriminierungsgebote**.[30] Angesichts des Postulats eines Grundrechtsschutzes durch Verfahren wird darüber hinaus eine analoge oder rechtsgrundsätzliche Anwendung **bestimmter Regeln der Verwaltungsverfahrensgesetze** eingefordert.[31]

296 a) Auch in der Rechtsprechung wird daher zunächst anerkannt, dass sich die öffentliche Verwaltung in den benannten Fällen nicht ihrer Grundrechtsbindung entziehen kann; Art. 1 Abs. 3 GG ist nicht auf öffentlich-rechtliches Verwaltungshandeln beschränkt. Damit ist die Verwaltung insbesondere an den Gleichheitssatz (Art. 3 Abs. 1 GG) gebunden. Dies zeigt nachfolgender Fall 42. In Fall 43 steht dagegen in Rede, inwieweit im Geltungsbereich des Verwaltungsprivatrechts auch anderweitige Grundentscheidungen der Rechtsordnung Geltung beanspruchen:

> **Fall 42:**[32] Unternehmer U hat mit den Stadtwerken, die die Stadt S in der Rechtsform eines Eigenbetriebes führt, auf der Grundlage der „Allgemeinen Wasserversorgungsbedingungen des Wasserwerkes der Stadt" privatrechtliche Wasserlieferungsverträge abgeschlossen. Bislang war der Tarif so geregelt, dass jeder Abnehmer für die ersten jährlich abgenommenen 20.000 cbm Wasser 0,50 €/cbm und für die darüber hinausgehende Menge 0,30 €/cbm zu zahlen hatte. Der geänderte Tarif sieht nun einen einheitlichen Wasserpreis von 0,60 €/cbm und vertragliche Sonderregelungen nur für Großverbraucher mit einer Wasserabnahme von mehr als 60.000 cbm jährlich vor. U nimmt jährlich aber nur 30.000 cbm ab; das Unternehmen M ist das einzige im Stadtgebiet, das mit einer Jahresabnahme von etwa 600.000 cbm zu den bevorrechtigten Großverbrauchern gehört und einen Kubikmeterpreis von 0,29 € zu zahlen hat. U hält den neuen Tarif für rechtsunwirksam.
>
> **Lösung Fall 42:** Die Stadt könnte einen Anspruch auf Bezahlung nach der neuen Tarifordnung aufgrund des mit den jeweiligen Abnehmern geschlossen Wasserlieferungsvertrags haben. Dann müsste die Tarifänderung wirksam sein. Möglicherweise könnte sie aber wegen Verstoßes gegen den Gleichheitssatz (Art. 3 Abs. 1 GG) U gegenüber nach § 134 BGB unwirksam sein. Nach den Grundsätzen des Verwaltungsprivatrechts ist die öffentliche Hand, wenn sie sich privatrechtlicher Rechtsformen bedient, jedenfalls an die Grundrechte gebunden. Diese Geltung der Grundrechte erfolgt keineswegs nur mittelbar über die Generalklauseln (§§ 138, 242, 826 BGB), sondern unmittelbar (Art. 1 Abs. 3 GG).
>
> Ein Verstoß gegen den Gleichheitssatz könnte darin liegen, dass U als Großabnehmer wie alle Bürger gleichbehandelt und ihm kein Großabnehmertarif eingeräumt wird. Zwar verbietet Art. 3 GG nicht nur, wesentlich Gleiches willkürlich ungleich zu behandeln, sondern auch wesentlich Ungleiches willkürlich gleich zu behandeln. Der Gleichheitssatz lässt jedoch sowohl dem Gesetzgeber wie auch der Verwaltung einen nicht unerheblichen Spielraum. Erst die Überschreitung dieses Spielraums ist Willkür. Es

---

30 *Ehlers*, Verwaltung in Privatrechtsform, 1984, S. 218 ff. [222 ff.]; *Schmidt-Aßmann*, Das Allgemeine Verwaltungsrecht als Ordnungsidee, 2. Aufl., 2006, S. 292.

31 *Schmidt-Aßmann*, Das Allgemeine Verwaltungsrecht als Ordnungsidee, 2. Aufl., 2006, S. 292 f.; *Stober*, in: Wolff/Bachof/Stober/Kluth, Verwaltungsrecht, Band 1, 13. Aufl., 2017, S. 256. Gegen einen Analogieschluss dürfte dabei freilich sprechen, dass § 1 VwVfG den gesetzlichen Anwendungsbereich bewusst auf die öffentlich-rechtliche Verwaltungstätigkeit begrenzt, womit es dem Erfordernis einer planwidrigen Regelungslücke ermangelt.

32 BGH, NJW 1976, 709 ff. – *„Keine Preisvergünstigung für Großabnehmer"*.

kann aber nicht grundsätzlich als willkürlich angesehen werden, wenn eine Gemeinde – bei für alle Abnehmer wertmäßig gleicher Leistung – die bei einem Großabnehmer eintretende Kostendegression nicht durch eine entsprechende Preisermäßigung in Form eines Rabattes oder Staffeltarifes an diesen weitergibt. Denn durch die Nichtgewährung von Preisvergünstigungen an Großabnehmer trägt sie dazu bei, dass die Preise für Kleinabnehmer in sozialpolitisch zumutbaren Grenzen gehalten werden.

Ein Verstoß gegen den Gleichheitssatz könnte aber darin liegen, dass vorliegend ausschließlich M ein Sondertarif eingeräumt wurde. Diese Besserstellung der M könnte indes wiederum gerechtfertigt sein, weil M das 20fache der von U abgeforderten Wassermenge abgenommen hat. Möglicherweise kann die Stadt die Besserstellung mit einer Form der Wirtschaftsförderung von Großunternehmen, mit der besonderen Kostenbelastung, die ein Unternehmen trifft, das auf eine intensive Wassernutzung angewiesen ist oder mit betriebswirtschaftlichen Vorteilen rechtfertigen. Das ist hier nicht dargetan. Jedenfalls ist die Stadt nicht gehindert, sich U gegenüber gleichwohl auf die Tarifänderung zu berufen, weil eine möglicherweise unzulässige Begünstigung der M noch keinen Anspruch des U, auch ihm einen Vorzugspreis einzuräumen, sondern allenfalls einen solchen, den Gleichheitsverstoß abzustellen, begründet. Dies kann auch dadurch erfolgen, dass M kein Sondertarif gewährt wird.

Fall 43:[33] Die Stadt A versorgt ihr Gebiet mit Trink- und Löschwasser. Das Land L errichtet ein Parkhaus für die Universität in A und beauftragt A, einen Löschhydranten zu errichten und an das städtische Versorgungsnetz anzuschließen. Nach Ausführung des Auftrags verlangt A neben Zahlung für den Hausanschluss einen Baukostenzuschuss für das Leitungsnetz (Rohrnetzkostenbeitrag) sowie laufende Bereitstellungsbeiträge für die Vorhaltung von Löschwasser. L ist aber nur bereit, die Hausanschlusskosten zu übernehmen (wie in der BauO geregelt) und verweist i. ü. auf § 1 Abs. 1 Feuerschutzgesetz des Landes L, wonach die Gemeinden verpflichtet sind, für eine ausreichende Löschwasserversorgung Sorge zu tragen, und auf das KAG, nach dem Gebühren und Beiträge für das Leitungsnetz und die laufenden Bereitstellungskosten nicht erhoben werden dürfen. B führt indes an, dass das FeuerschutzG nicht die Kostentragung regle und das KAG lediglich für öffentlich-rechtliche Abgabenerhebung, nicht aber für privatrechtliche Entgelte einschlägig sei.

Lösung Fall 43: Ein Anspruch auf den Baukostenzuschuss und die laufenden Bereitstellungsbeiträge für die Vorhaltung könnte sich aus §§ 631, 632, 611 BGB ergeben, weil A für L den Hydranten errichtet sowie an das städtische Versorgungsnetz angeschlossen hat und zudem das Löschwasser vorhält. Dem könnte entgegenstehen, dass A eine (öffentlich-rechtliche) Gebührenerhebung über diese Posten nach dem KAG nicht gestattet wäre. Denn bei öffentlich-rechtlicher Ausgestaltung des Wasserbezugsverhältnisses hätte A von L (das hier nicht anders zu behandeln ist als ein privater Bauherr, der ein entsprechendes Parkhaus errichtet hat) weder einen Rohrnetzkostenbeitrag noch Gebühren für die Bereitstellung von Löschwasser erheben können. Denn hierfür bedarf es einer gesetzlichen Rechtsgrundlage, die das KAG gerade nicht hergibt.

Doch das KAG ist nicht unmittelbar anwendbar, weil A den Hydranten auf der Grundlage eines privatrechtlichen Vertrages mit L errichtet und an ihr Wassernetz angeschlossen hat. Zwar ist die Versorgung der Allgemeinheit mit Wasser eine Maßnahme der Daseinsvorsorge, die an sich in den Rahmen öffentlicher (schlicht-hoheitlicher) Verwaltung fällt und folglich grundsätzlich öffentlich-rechtlicher Natur ist. Gleichwohl ist anerkannt, dass die Wasserversorgung nicht nur mit den Gestaltungsmitteln des öffentlichen Rechts (als öffentliche Einrichtung) betrieben werden kann, sondern auch in den Formen des Privatrechts.

Soweit der Exekutive bei der Erfüllung öffentlicher Aufgaben eine Inanspruchnahme privatrechtlicher Rechtsformen gestattet ist, verschafft ihr dies aber nicht alle Freiheiten und Möglichkeiten der Privatautonomie. Nimmt der Staat in den Formen des Privatrechts Aufgaben der öffentlichen Verwaltung wahr, werden die Normen des Privatrechts

---

33 Nach BGHZ 91, 84 ff. – *„Löschwasserversorgung"*. Vgl. auch BerlVerfGH, NVwZ 2000, 794 ff.

nach der Lehre vom Verwaltungsprivatrecht vielmehr durch Bestimmungen des öffentlichen Rechts ergänzt, überlagert und modifiziert. In diesem Bereich hat die Exekutive dabei nach einer im Vordringen befindlichen Auffassung nicht nur die Grundrechte zu beachten, sondern sie bleibt darüber hinausgehenden Bindungen unterworfen, die auch die grundlegenden Prinzipien öffentlicher Finanzgebarung (Kostendeckungsprinzip und Äquivalenzgrundsatz, näher vgl. KAG des jeweiligen Landes) umfassen. Denn dem Bürger (und vorliegend auch dem Land L) dürfen nicht privatrechtliche Entgelte für Leistungen abverlangt werden, für die bei öffentlich-rechtlicher Ausgestaltung des Rechtsverhältnisses keine Abgaben erhoben werden dürften.

297 b) Namentlich gegen die Eindimensionalität eines verfassungsunmittelbaren Verwaltungsprivatrechts ist allerdings mit Recht schon früh geltend gemacht worden, dass sie auf einem verfehlten Verfassungsverständnis beruht.[34] Dass das Grundgesetz etwa in den Diskriminierungsgeboten Anforderungen an das privatrechtsförmige Verwaltungshandeln stellt, bedeutet nämlich nicht, dass die daraus folgenden Konsequenzen primär aus der Verfassung abzuleiten wären. Stattdessen bleibt auch in diesem Bereich ein Mandat des einfachen Gesetzgebers zur Grundrechtskonkretisierung und Grundrechtsausformung erhalten.[35]

298 Da diese Aufgabe prinzipiell auch vom Gesetzgeber des Privatrechts wahrgenommen wird, bleibt ein unmittelbarer Rückgriff auf die Verfassung zumindest in den Fällen unzulässig, in denen die Vorschriften jener Teilrechtsordnung selbst einen verfassungsadäquaten Schutzstandard gewährleisten (sog. **Anwendungsvorrang des einfachen Gesetzes**). Ein Beispiel für einen angemessenen Interessensausgleich bildet insoweit zunächst das detaillierte Recht der Allgemeinen Geschäftsbedingungen im Sinne der §§ 305 ff. BGB. Dieses ist daher auf Verträge zwischen der Exekutive und Privaten anzuwenden, und zwar unabhängig davon, ob es sich um privatrechtliche oder um verwaltungsrechtliche Verträge handelt.[36] Darüber hinaus kennt das Recht der Energiewirtschaft eine Anzahl Allgemeiner Versorgungsbedingungen, die in den Bereichen der Elektrizitäts- und Gasversorgung Schutzvorkehrungen treffen, ohne zu differenzieren, ob der Anbieter dem öffentlichen oder privaten Sektor zuzuordnen ist. Und das öffentliche Auftragswesen hat durch die Neuordnung der §§ 97 ff. GWB eine Ausrichtung an rechtsstaatlichen Strukturen erhalten, welche das Verwaltungsprivatrecht gleichfalls nachhaltig entlasten.[37]

2. Fiskalisches Handeln

299 Fiskalisches Handeln soll vorliegen, wenn der Verwaltungsträger einem Dritten auf privatrechtlicher Grundlage gegenübertritt, ohne dass gegenüber dem Dritten eine öffentliche Aufgabe erfüllt würde. Gemeint ist insbesondere das erwerbswirtschaftliche Handeln zum Zwecke der Erhaltung, Vermehrung oder Veräußerung des Finanz- und Verwaltungsvermögens.
Entscheidendes Abgrenzungskriterium zwischen rein fiskalischem Handeln und dem Verwaltungsprivatrecht zugewiesenem Handeln des Staats ist, welche Aufga-

---

34 *Ossenbühl*, Daseinsvorsorge und Verwaltungsprivatrecht, DÖV 1971, 513 [521]. Zur Geschichte der Kritik des Verwaltungsprivatrechts siehe *Röhl*, Verwaltung und Privatrecht – Verwaltungsprivatrecht?, VerwArch 86 (1995), 531 [572 ff.]; *Storr*, Der Staat als Unternehmer, 2001, S. 483.

35 *Ossenbühl*, Daseinsvorsorge und Verwaltungsprivatrecht, DÖV 1971, 513 [521]; *Schmidt-Aßmann*, Öffentliches Recht und Privatrecht: Ihre Funktionen als wechselseitige Auffangordnungen – Einleitende Problemskizze –, in: Hoffmann-Riem/ders., Öffentliches Recht und Privatrecht als wechselseitige Auffangordnungen, 1996, S. 7 [14].

36 *Basedow*, in: Münchner Kommentar zum BGB, Band 2, Schuldrecht Allgemeiner Teil, 7. Aufl., 2015, § 305 Rn. 8 und § 310 Rn. 40.

37 *Stober*, in: Wolff/Bachof/Stober/Kluth, Verwaltungsrecht, Band 1, 13. Aufl., 2017, S. 243 f.

ben bzw. Zwecke die Verwaltung im Einzelfall verfolgt.[38] Sofern sich der Staat auf die Ebene des Privatrechts begibt, ohne öffentliche Aufgaben zu erfüllen, soll er dem Bürger „gleichberechtigt" gegenübertreten. Deshalb sollen die Rechtsbeziehungen der Beteiligten von vornherein und ausschließlich privatrechtlichen Charakter tragen. Mithin sollen sie nicht von der unmittelbaren Bindung an die Grundrechtsnormen erfasst werden.[39]

Diese Kategorisierung eines besonderen „fiskalischen Handelns" kann, wie bereits angedeutet wurde, im Ergebnis jedoch nicht überzeugen. Sie widerspricht nicht nur dem Demokratieprinzip und dem Republikprinzip (Art. 20 Abs. 1 und 2 GG), das alles staatliche Handeln einer öffentlichen Zwecksetzung unterwirft, sowie Art. 1 Abs. 3 GG, der von einer generellen Grundrechtsbindung der öffentlichen Hand ausgeht. Sie verkennt außerdem, dass dem Staat keine grundrechtliche Privatautonomie zukommen kann, weil er ganz weitgehend eben nicht Träger, sondern Verpflichteter der Grundrechte ist (sog. Konfusionsargument).[40]

Die Vorstellung einer „Gleichordnung" von Staat und Bürger im Wettbewerb allein, „weil" sie im Wettbewerb zueinanderstehen, geht daher grundrechtsdogmatisch fehl und widerspricht der Rechtsverhältnislehre, wonach die Beziehungen zwischen zwei Rechtsträgern erst durch das Recht geordnet werden und diesem nicht etwa vorausliegen. Sie beruht insofern auf einem Zirkelschluss: Die (vermeintliche) „Gleichordnung" von Staat und Privaten kann nicht daraus folgen, dass sich der Staat des Privatrechts bedient; zu fragen ist vielmehr, inwieweit der Staat sich des Privatrechts bedienen darf, ohne gegen sondergesetzliche Bindungen zu verstoßen.

> **Fall 44:**[41] Das Land B möchte einen Auftrag zum Bau und Betrieb eines Flughafens vergeben. Dem Vergabeausschuss gehören zwei Minister von B an, die zudem Mitglieder des Aufsichtsrats des bietenden Unternehmens U sind. U erhält den Zuschlag. Konkurrent K sieht im dem Doppelmandat der Minister einen Verfahrensfehler.
>
> **Lösung Fall 44:** Nach § 20 Abs. 1 Nr. 5 VwVfG darf das Mitglied eines Aufsichtsrats eines Beteiligten eines Verwaltungsverfahrens (vgl. § 13 VwVfG) für eine Behörde nicht tätig werden. Fraglich ist aber, ob das VwVfG überhaupt einschlägig ist. Das wird in Fällen dieser Art überwiegend abgelehnt, weil die Vergabe von Aufträgen privatrechtlich erfolgen, mithin keine öffentlich-rechtliche Verwaltungstätigkeit vorliegen soll. Auftragsvergabe wie die Betätigung der öffentlichen Hand im Wettbewerb soll vielmehr „fiskalisch" erfolgen.

Der Fall zeigt zunächst, dass bereits die Abgrenzung zwischen „fiskalischen" und „verwaltungsprivatrechtlichen" Konstellationen problematisch ist, weil auch der beschaffende Staat regelmäßig zugleich öffentliche Aufgaben erfüllt, hier nämlich die Errichtung und den Betrieb eines Flughafens. Jedenfalls liegt es nahe, den Grundgedanken des § 20 VwVfG auf die privatrechtliche Auftragsvergabe des Staates zu übertragen, weil auch dort eine Interessenskollision und der Schein mögli-

---

38 *Ehlers,* Rechtsstaatliche und verwaltungsprozessuale Probleme des Verwaltungsprivatrechts, DVBl 1983, 422 [423]; BayVGH, NVwZ-RR 2004, 392.
39 BGHZ 39, 91 [93 f.]; BGHZ GS 66, 229 [233]; BGHZ 67 GS, 81 [88].
40 Dieser Umstand bildet allerdings kein Argument gegen die grundsätzliche Freiheit des Staates zur Wahl privatrechtlicher Handlungs- und Organisationsformen: Insoweit bleibt streng zwischen der zivilrechtsfähigen Rechtsfähigkeit des Staates und seiner Untergliederungen und der ihnen weitgehend abgehenden Grundrechtsfähigkeit zu unterscheiden. Anderer Auffassung etwa *Kempen,* Die Formenwahlfreiheit der Verwaltung, 1989, S. 72 f. Mit Grund kritisch demgegenüber wiederum *Schnapp,* Öffentliche Verwaltung und privatrechtliche Handlungsformen, DÖV 1990, 826 [828 f.].
41 OLG Brandenburg, NVwZ 1999, 1142 ff. – *„Flughafen Berlin-Brandenburg".*

cher Parteilichkeit vermieden werden müssen. § 20 VwVfG ist Ausfluss des Unbefangenheitsprinzips.[42]

Die in der Literatur und Rechtsprechung zunehmend Gefolgschaft findende und vorzugswürdige Auffassung ordnet das Vergabeverfahren bis zur Auswahlentscheidung daher selbst dem öffentlichen Recht zu. Allein der Zuschlag an den Bieter, der das beste Gebot abgegeben hat, soll als zweite Stufe der staatlichen Auftragsvergabe rein privatrechtlich ausgestaltet sein. Die davor liegende erste Stufe hingegen, nämlich das Vergabeverfahren, soll öffentlich-rechtlichen Bindungen unterliegen (sog. **Zwei-Stufen-Theorie** Rn. 25).[43] Dann wäre § 20 VwVfG unmittelbar einschlägig. Der Gesetzgeber freilich hat den Fall nun in § 6 VgV gesondert geregelt.

Fall 45:[44] Im Rathaus der Stadt S ist nicht nur das Straßenverkehrszulassungsamt der Stadt, sondern auch ein kommunaler Betrieb untergebracht, der Kfz-Schilder prägt. Ein Kraftfahrzeughalter, der Kfz-Schilder erwerben will, muss zunächst den Zulassungsvorgang im Straßenverkehrszulassungsamt abwickeln und sich sein Kennzeichen zuteilen lassen, erst dann kann er die Schilder prägen und schließlich bei der Zulassungsstelle den Zulassungsstempel anbringen lassen. Den damit verbundenen Zeitaufwand erspart er sich beim Erwerb der Schilder von der Stadt, der gleichzeitig mit der Zuteilung der Kennzeichennummer abgewickelt werden kann. Ein privater Kfz-Schilderprägebetrieb, der zwar in unmittelbarer Nähe des Rathauses, aber doch außerhalb des Gebäudes angesiedelt ist, wendet sich gegen den kommunalen Schilderprägebetrieb, weil er erhebliche Umsatzeinbußen hinnehmen musste.

Lösung Fall 45: Die Rechtsprechung sieht im kommunalen Schilderprägebetrieb eine fiskalische, weil „rein" erwerbswirtschaftliche Tätigkeit. Die öffentliche Hand nehme im Privatrechtsverkehr am Wirtschaftsleben teil, indem sie sich mit anderen Wettbewerbern auf dem Boden der Gleichordnung um die Nachfrage auf einem bestimmten Markt bewerbe. Ihr Handeln soll grundsätzlich den für alle privaten Wettbewerber geltenden Verhaltensregeln des UWG unterliegen, hier des § 3 Abs. 1 UWG. Danach sind unlautere geschäftliche Handlungen unzulässig.

Die Rechtsprechung hat hierzu die Fallgruppe der „unlauteren Verquickung öffentlich-rechtlicher Aufgaben mit erwerbswirtschaftlicher Tätigkeit" entwickelt. Hier läge namentlich eine Verquickung der öffentlich-rechtlichen Aufgaben mit einer erwerbswirtschaftlichen Tätigkeit für den Fall vor, dass die Stadt ihre beherrschende Stellung, über die sie in dem durch die Hoheitsverwaltung eröffneten Markt verfügt, in der Weise ausnutzt, dass sie die durch die Verwaltungstätigkeit erzeugte Nachfrage nach Gütern unter Verdrängung leistungsbereiter privater Wettbewerber nur deswegen selbst befriedigt, um auf diese Weise für sich den größten wirtschaftlichen Vorteil zu erzielen. Die gebündelte Nachfrage nach Kfz-Schildern ist allein darauf zurückzuführen, dass S im Rathaus in Erfüllung hoheitlicher Aufgaben ihre Kraftfahrzeugzulassungsstelle betreibt. Unbedenklich soll eine solche, private Anbieter verdrängende Erwerbstätigkeit nur dann sein, wenn es sich um eine bloße Hilfstätigkeit zur öffentlich-rechtlichen Aufgabe handelt und die Versorgung der Bürger durch private Anbieter auf längere Sicht nicht zuverlässig gewährleistet erscheint.

Auch dieser Fall zeigt, dass eine Abgrenzung zwischen „fiskalischer" und „verwaltungsprivatrechtlicher" Staatstätigkeit regelmäßig auf erhebliche Schwierigkeiten stößt. Denn mit der Unterhaltung des Schilderprägebetriebs im Gebäude der Kfz-Zulassungsstelle verfolgt die Stadt auch den Zweck, die Verwaltungsabläufe zu

---

42 Für eine restriktive Übertragung der VwVfG-Regeln auf das privatrechtsförmige Verwaltungshandeln: *Schmitz*, in: Stelkens/Bonk/Sachs, VwVfG, 9. Aufl., 2018, § 1 Rn. 112.
43 OVG Koblenz, DVBl 2005, 988 ff.
44 OLG Karlsruhe, NJW-RR 1996, 231 ff. und BGH GRUR 2003, 167 ff. – *„Kfz-Schilderverkauf"*; s. a. OLG Brandenburg, Urteil vom 5.4.2018 – 6 U 50/13 – *„Stadtrundfahrt"*.

beschleunigen, die Verwaltung zu modernisieren und dem Bürger Annehmlichkeit zu schaffen.[45] Sie erfüllt mithin eine öffentliche Aufgabe.

Ungeachtet dessen ist die Unterhaltung des kommunalen Schilderprägebetriebs in der Zulassungsstelle nicht nur ein Standortvorteil, sondern ein Privileg der „fiskalisch-handelnden" Stadt, das seinen Grund in der gleichzeitigen Wahrnehmung der Verwaltungsaufgabe der Kfz-Zulassung hat. Um eine „rein" fiskalische Tätigkeit auf dem „Boden der Gleichordnung" handelt es sich also nicht.

Dieser Wettbewerbsvorteil der S ist daher nach hier vertretener Auffassung am Maßstab der Wettbewerbschancengleichheit (Art. 3 und 12 Abs. 1 GG) zu beurteilen, der die Stadt selbst bindet und auch die richterliche Auslegung des § 3 UWG mitbestimmt.[46] Über die Anforderungen der Fallgruppe der unlauteren Verquickung öffentlich-rechtlicher Aufgaben mit erwerbswirtschaftlicher Tätigkeit hinaus müssen sich deshalb sachliche Gründe für die Besserstellung des kommunalen Schilderprägebetriebs finden lassen oder die Raumvergabe im Rathaus hätte nach Grundsätzen der Chancengleichheit vergeben werden müssen (z. B. durch Ausschreibung).

IV.   Wechselseitige Auffangordnungen

Die Ausführungen zum Anwendungsvorrang des einfachen Gesetzes haben bereits **300** angedeutet, dass der einfache Gesetzgeber Grundrechtskonflikte auch im Zivilrecht, wie etwa in den erwähnten §§ 305 ff. BGB, ausgleichen darf. Eine konsequente Übertragung dieser Erkenntnis auf die Dogmatik des Allgemeinen Verwaltungsrechts ist die Lehre von den wechselseitigen Auffangordnungen. In partieller Abwandlung der überkommenen Abgrenzungstheorien zum Öffentlichen Recht und Privatrecht werden diese Bereiche hier als sich ergänzende Teile der Gesamtrechtsordnung betrachtet.[47] Beide Teilrechtsordnungen sind insoweit in den Dienst der Erfüllung öffentlicher Aufgaben gestellt. Entsprechend können Regelungsbedürfnisse, die im Rahmen der einen Teilrechtsordnung nicht hinreichend befriedigt werden, durch Rückgriff auf Gestaltungselemente der anderen Teilrechtsordnung erfüllt werden.[48]

1.   Verwaltungsgesellschaftsrecht

In dieser Lehre ist das Verwaltungsprivatrecht ein dogmatischer Pfeiler, es bean **301** sprucht aber zum Teil auch dort Raum, wo sich die Verwaltung privatrechtlicher Organisationsformen bedient, die grundlegenden öffentlich-rechtlichen Prinzipien nicht entsprechen. Dies soll durch ein Verwaltungsgesellschaftsrecht[49] ausgeglichen werden.

Einem solchen Verwaltungsgesellschaftsrecht ist jedoch entgegenzuhalten, dass sich die öffentliche Verwaltung an die Formenzwänge der jeweiligen Rechtsord-

---

45 Vgl. a. BGH, NJW 1998, 3778.

46 *Storr,* Der Staat als Unternehmer, 2001, S. 363 ff.; *Köhler,* in: Köhler/Bornkamm/Feddersen, Gesetz gegen den unlauteren Wettbewerb, 38. Aufl., 2020, § 3 I UWG Rn. 2.22 ff.; Grundlegend zur mittelbaren Drittwirkung der Grundrechte dabei BVerfGE 7, 198 – *„Lüth"* und BVerfGE 25, 256 – *„Blinkfüer".*

47 Vgl. *Hoffmann-Riem/Schmidt-Aßmann,* Öffentliches Recht und Privatrecht als wechselseitige Auffangordnungen, 1996.

48 *Schmidt-Aßmann,* Das Allgemeine Verwaltungsrecht als Ordnungsidee, 2. Aufl., 2006, S. 295.

49 *von Danwitz,* Vom Verwaltungsprivat- zum Verwaltungsgesellschaftsrecht – Zu Begründung und Reichweite öffentlich-rechtlicher Ingerenzen in der mittelbaren Kommunalverwaltung, AöR 121 (1995), 595 ff.; *Krebs,* Notwendigkeit und Struktur eines Verwaltungsgesellschaftsrechts, DV 29 (1996), 309 ff.

nung halten muss. Wenn Organisationsformen des Gesellschaftsrechts öffentlich-rechtlichen Anforderungen nicht genügen, bedeutet das nicht, dass das Gesellschaftsrecht modifiziert werden muss, sondern dass der öffentlichen Hand die jeweilige Gesellschaftsform nicht zur Verfügung steht.[50]

Beispiel: Das Demokratieprinzip (Art. 20 Abs. 2 GG) verlangt eine hinreichende demokratische Legitimation aller Einrichtungen und Personen, die Staatsgewalt ausüben. Diese demokratische Legitimation wird in der unmittelbaren Staatsverwaltung u. a. durch die Weisungsgebundenheit der Amtswalter vermittelt. Kapitalgesellschaftsrechtliche Regelungen – etwa zur AG – stellen den Vorstand aber von einer Weisung grundsätzlich frei (§ 76 AktG mit Ausnahmen gem. §§ 291; 308 AktG). Deshalb soll die Gesellschaftsform der AG durch das Verwaltungsgesellschaftsrecht „passend gemacht" werden. Diese Entscheidung muss aber der Gesetzgeber treffen. Besondere gesetzliche Regelungen für öffentliche Unternehmen finden sich z. B. in § 394 und 395 AktG.

2. Privatverwaltungsrecht

302 Anders ist die Konstellation, soweit der Staat Aufgaben privatisiert, sich also selbst zurücknimmt, und Privaten die Erfüllung öffentlicher Aufgaben überlässt. Hier wird ein Privatverwaltungsrecht[51] gefordert, das öffentlich-rechtliche Regelungselemente in das Privatrecht überführt, um so den bestehenden Schutzinteressen gerecht zu werden.

Beispiel: Wo private Sachverständige Begutachtungsleistungen für die Verwaltung übernehmen, etwa beim Vollzug öffentlich-rechtlicher Normprogramme (Umweltgutachter, Bausachverständige etc.), ist eine objektive, neutrale und möglichst richtige Begutachtung wichtig.[52]

Dieses Privatverwaltungsrecht wird mit zunehmender Privatisierung von Verwaltungsaufgaben an Bedeutung gewinnen. Vom Verwaltungsprivatrecht unterscheidet es sich darin, dass nicht die Verwaltung, sondern ein Privater einem anderen Privaten gegenüber öffentliche Aufgaben erfüllt. Diese Unterscheidung ist gerechtfertigt, weil der Private – anders als die Verwaltung – grundsätzlich nicht an die Grundrechte gebunden ist. Gleichwohl kann es geboten sein, den Privaten bei der Erfüllung von Verwaltungsaufgaben an Grundelemente des öffentlichen Rechts zu binden. Dies mag folgender Fall veranschaulichen (den der BGH allerdings als einen besonderen Fall des Verwaltungsprivatrechts klassifiziert hat):

Fall 46:[53] Im Rahmen eines Technologie-Förderprogramms des Landes L ist dem Unternehmer U vom zuständigen Ministerium eine Subvention über € 70.000 zur Mitfinanzierung der Kosten für die Entwicklung einer Hochdruckmedienpumpe bewilligt worden. Die Subvention sollte über die private Hausbank B abgewickelt werden. Hierzu erklärte sich B bereit, U den Zuschuss im eigenen Namen und für fremde Rechnung zur Verfügung zu stellen sowie im Verhältnis zwischen L und U die Hausbankfunktion zu übernehmen. Der Zusage lagen unter anderem die „Allgemeinen Bedingungen für Zuschüsse aus dem Technologieprogramm des Landes L" zugrunde, in denen es u. a. hieß: „Die Hausbank kann den Zuschuss jederzeit aus wichtigem Grunde zur sofortigen Rückzahlung zurückfordern, insbesondere, wenn vor Ablauf von drei Jahren nach Beendigung des Projekts der geförderte Betrieb ganz oder teilweise stillgelegt, veräußert,

50 Weiterführend *Schröder*, Outsourcing und Sponsoring der Verwaltung: Rechtsfragen einer Einbeziehung Privater in die Aufgabenerfüllung der öffentlichen Hand, LKV 2007, 207 [209 f.].
51 *Schmidt-Aßmann*, Das allgemeine Verwaltungsrecht als Ordnungsidee, 2. Aufl., 2006, S. 296; Beispiele bei *Trute*, Verzahnung von öffentlichem und privatem Recht – anhand ausgewählter Beispiele, in: Hoffmann-Riem/Schmidt-Aßmann, Öffentliches Recht und Privatrecht als wechselseitige Auffangordnungen, 1996.
52 Weiterführend: *Scholl*, Der private Sachverständige im Verwaltungsrecht, 2005.
53 BGHZ 155, 166 – *„Subvention durch Hausbank"*.

vermietet oder verpachtet wird, ...". Bereits ein Jahr nach Auszahlung der Subvention durch B stellte sich heraus, dass sich die Hochdruckmedienpumpe nicht vermarkten lässt. Die Entwicklung wurde eingestellt, der bereits entwickelte Prototyp der Pumpe zu € 70.000 an M veräußert, die Belegschaft von U entlassen und U später mit M verschmolzen. L verlangt nun von B den Zuschuss zurück. Daraufhin fordert B von M die Zahlung von € 70.000,-. M führt hiergegen an, B habe sein Ermessen i. S. d. § 40 VwVfG nicht hinreichend ausgeübt und nicht berücksichtigt, dass sich bei der Subvention von innovativen Entwicklungsprojekten auch Misserfolge einstellen könnten.

Lösung Fall 46: Der Anspruch von B gegen M könnte aus der Kündigung des Subventionsvertrags folgen, den B mit U abgeschlossen hat. Die Rechte und Pflichten des U hieraus könnten auf M als Rechtsnachfolgerin übergegangen sein. Fraglich ist zunächst, ob B die Subvention öffentlich-rechtlich als Beliehener oder privatrechtlich als Privater an U ausbezahlt hat. Doch gibt es keine Hinweise, dass B mit Hoheitsrechten beliehen wurde. Gesetzliche Vorschriften, durch die oder aufgrund derer eine solche Beleihung vorgenommen worden sein könnte, sind nicht ersichtlich. Die ministeriellen Richtlinien über die Gewährung von Zuwendungen zur Projektförderung nach dem Technologieprogramm und die dafür erarbeiteten Allgemeinen Bedingungen, die die Vergabe von Investitionszuschüssen unter Einschaltung von Banken im Einzelnen regeln, kommen als Rechtsgrundlage für eine Beleihung Privater mit öffentlich-rechtlichen Befugnissen nicht in Betracht, weil solche Verwaltungsvorschriften nicht Grundlage einer unter dem institutionellen Gesetzesvorbehalt stehenden Übertragung hoheitlicher Befugnisse sein können.[54] Zudem wollte B die Aufgabe der Subventionsvergabe für L („in eigenem Namen und für fremde Rechnung") übernehmen.

a) Dieser (privatrechtliche) Subventionsvertrag zwischen B und U konnte von B gekündigt werden, weil die einschlägigen, dem Subventionsvertrag zugrunde gelegten und damit Vertragsbestandteil gewordenen Voraussetzungen der „Allgemeinen Bedingungen für Zuschüsse aus dem Technologieprogramm des Landes L" vorlagen. U hat das Projekt nicht nach Subventionsauszahlung noch drei Jahre weitergeführt, sondern den Betrieb aufgelöst, die Belegschaft entlassen und die Gesellschaft mit M verschmolzen. Dem kann nicht entgegengehalten werden, dass das Projekt sich, wie sich später herausgestellt hat, nicht vermarkten ließ, denn Zweck der Subventionsgewährung aus dem Technologieprogramm und der Behaltefrist von drei Jahren ist es, die Erschließung neuer technischer Möglichkeiten zur Lösung künftiger Aufgaben der Gesellschaft zu unterstützen, sofern begründete Aussicht auf Erfolg besteht und ein angemessen hoher gesamtwirtschaftlicher Nutzen zu erwarten ist, etwa durch Schaffung oder Sicherung von Arbeitsplätzen. Diesen Subventionszweck hat U verfehlt, als er das gesamte Projekt vor Ablauf von drei Jahren veräußerte und die mit dem Projekt befassten Mitarbeiter unter Stilllegung des betreffenden Betriebsteils entließ.

b) Bedenken hinsichtlich der Kündigung der B könnten bestehen, wenn B von ihrem in den benannten Bedingungen vorausgesetzten Ermessen keinen oder fehlerhaften Gebrauch gemacht hat. Nach § 40 VwVfG hat die Behörde, die ermächtigt ist, nach Ermessen zu handeln, dieses entsprechend dem Zweck der Ermächtigung auszuüben und die gesetzlichen Grenzen des Ermessens einzuhalten (insbesondere verhältnismäßig zu handeln). Allerdings findet § 40 VwVfG auf B keine unmittelbare Anwendung, weil das VwVfG nach § 1 VwVfG nur für die öffentlich-rechtliche Verwaltungstätigkeit von Behörden gilt. Behörde im Sinne dieses Gesetzes ist jede Stelle, die Aufgaben der öffentlichen Verwaltung wahrnimmt (§ 1 Abs. 4 VwVfG). Dazu würde B allenfalls dann gehören, wenn sie als mit öffentlich-rechtlichen Befugnissen Beliehene angesehen werden könnte, was aber – wie dargelegt – nicht der Fall ist.

c) Der BGH prüft, ob die B aber über die Grundsätze des Verwaltungsprivatrechts an § 40 VwVfG gebunden ist. Er führt aus, ein solches Verwaltungsprivatrecht greife vor allem ein, wenn ein Träger öffentlicher Verwaltung eine ihm durch öffentlich-rechtliche Aufgabenbestimmung zugewiesene öffentliche Verwaltungsaufgabe selbst in privat-

---

54 BVerwGE 98, 280 [298].

rechtlichen Formen wahrnehme. Damit sei der Anwendungsbereich des Verwaltungsprivatrechts aber noch nicht erschöpft. Öffentlich-rechtliche, aus dem Verwaltungsprivatrecht folgende Bindungen kämen vielmehr auch dann in Betracht, wenn die
Verwaltung nicht selbst oder durch einen Eigenbetrieb in privatrechtlicher Form
handle, sondern dem Bürger in Gestalt eines von ihr beherrschten, privatrechtlich verfassten Rechtssubjekts gegenübertrete. Ein Betrieb, der einer öffentlichen Aufgabe gewidmet sei, übe Verwaltung im funktionalen Sinne aus und stelle daher eine besondere
Erscheinungsform dar, in der öffentliche Verwaltung ausgeübt werde. In Erfüllung
öffentlicher Aufgaben handelnde private Rechtssubjekte, die nicht mit hoheitlichen
Befugnissen beliehen seien, könnten bei der Gestaltung ihrer Rechtsbeziehungen zu
anderen Privaten öffentlich-rechtlichen Bindungen unterliegen. Ob dies nur für Privatrechtssubjekte gelte, die zur Erfüllung öffentlicher Aufgaben gegründet worden seien
oder deren Kapital mehrheitlich von der öffentlichen Hand gehalten werde, oder ob
auch Privatrechtssubjekte dem Verwaltungsprivatrecht unterliegen könnten, die aufgrund von Verträgen mit einem Verwaltungsträger fest in die Erfüllung öffentlicher
Aufgaben eingebunden seien und vertraglich dessen Weisungen unterlägen, sei bisher
nicht geklärt.

Diese Streitfrage bedürfe hier indes keiner Entscheidung. Die verwaltungsverfahrensrechtlichen Regelungen zu den Anforderungen an eine fehlerfreie Ermessensausübung
und die ausdifferenzierte Rechtsprechung der Verwaltungsgerichte dazu könnten im
Subventionsabwicklungsverhältnis zwischen der Klägerin als Hausbank und der Rechts-
vorgängerin der Beklagten als Zuschussempfängerin auch dann keine Beachtung beanspruchen, wenn dieses Verhältnis dem Verwaltungsprivatrecht unterläge. Ob und inwieweit nun in dessen Anwendungsbereich auch das allgemeine Verwaltungsverfahrensrecht gelte, sei zwar im Einzelnen noch weitgehend ungeklärt. Eine Anwendung verfahrensrechtlicher Bestimmungen komme aber jedenfalls in Betracht, wenn und soweit sie
sich auf höherrangiges, die Verwaltung durchgehend bindendes Verfassungsrecht zurückführen ließe oder als Ausfluss allgemeiner Rechtsgedanken angesehen werden
könnte. Dies wiederum gelte namentlich für das aus Art. 3 GG folgende Willkürverbot,
das im Rechtsstaatsprinzip verankerte Übermaßverbot und das Grundrecht auf Gewährung rechtlichen Gehörs gem. Art. 19 Abs. 4 GG. Keiner dieser Grundsätze sei aber
vorliegend verletzt:

(1) Im Falle einer Zweckverfehlung des Zuschusses wegen Teilstilllegung des Betriebs
innerhalb von drei Jahren nach Beendigung des geförderten Projekts sei die Rückforderung nach den Allgemeinen Bedingungen der Regelfall. Das folge, da der gewährte
Zuschuss aus Haushaltsmitteln des Landes L stamme, schon aus den haushaltsrechtlichen Grundsätzen der Wirtschaftlichkeit und der Sparsamkeit (vgl. § 7 Abs. 1 LHO i. V.
mit § 6 Abs. 1 HGrG). Diese Grundsätze überwögen im Allgemeinen das Interesse des
Begünstigten, den Zuschuss behalten zu dürfen. Von einer willkürlichen Rückforderung des Zuschusses könne danach hier keine Rede sein.

(2) Auch das Übermaßverbot sei durch die Rückforderung nicht verletzt worden. Dies
gelte für die Rückforderung der B schon deshalb, weil L den der B zur Weiterreichung
an U zur Verfügung gestellten Zuschuss gekündigt habe. Um einen eigenen Nachteil
zu vermeiden, sei B gezwungen gewesen, den Zuschuss ihrerseits von U bzw. M zurückzufordern.

(3) Auch der Anspruch des U auf Gewährung rechtlichen Gehörs sei vorliegend nicht
verletzt worden. Insoweit sei namentlich zu berücksichtigen, dass es sich bei dem zivilrechtlichen Rückforderungsverlangen der B nicht um eine in einem förmlichen Verfahren ergangene, der Rechtskraft fähige Entscheidung handle, sondern um ein formloses
Begehren, von dem die B jederzeit abrücken könne. Angesichts dessen werde dem Anspruch auf Gewährung rechtlichen Gehörs auch dann Genüge getan, wenn der Zu-
schussempfänger, wie vorliegend, nach dem Rückforderungsschreiben der Hausbank
und gegebenenfalls in dem gerichtlichen Verfahren über die Rückerstattung Gelegenheit habe, seine Argumente gegen die Rückforderung des Zuschusses vorzutragen.

Ungeachtet dieses Ergebnisses bleibt dem Lösungsweg des BGH hier im dogmati- **303** schen Ansatz entgegenzuhalten, dass eine vermeintliche „Lücke" in der Privat- rechtsordnung bei ausschließlicher Beteiligung von Privatrechtssubjekten eben nicht durch einen autokratischen Rückgriff auf das Öffentliche Recht geschlossen werden kann. Ein solcher Rückgriff muss vielmehr methodisch zulässig sein und bedarf zudem einer Anpassung an die andere Teilrechtsordnung. Häufig wird es dabei zwar zumindest um eine behutsame Öffnung der Teilrechtsordnungen für eine Implementation von Maßstäben und Prinzipien der jeweils anderen Teil- rechtsordnung gehen. Gerade Maßstäbe und Prinzipien sind auch Orientierungs- punkte innerhalb der Rechtsordnung: Verhältnismäßigkeit, Gleichbehandlung, Wirtschaftlichkeit oder Transparenz fördern die Rationalität des Handelns ohne auf konkrete Regelungen zu verweisen. Diese Maßstäbe können aber gegen den BGH in der Zivilrechtsordnung nur dann Bedeutung erlangen, wenn sie in diese implementiert wurden. Das Verhältnismäßigkeitsprinzip hat seine dogmatische Grundlage im Rechtsstaatsprinzip und in den Grundrechten. Unmittelbar wird hierdurch nur der Staat verpflichtet (Art. 20 Abs. 3; 1 Abs. 3 GG).

Soll ein Privater seine Handlungen am Maßstab der Verhältnismäßigkeit ausrich- ten müssen, bedarf es deshalb einer entsprechenden Vorgabe. Dies kann vertrag- lich erfolgen, etwa wenn die Verwaltung den Privaten als Verwaltungshelfer ver- pflichtet, gegenüber Dritten den Verhältnismäßigkeitsgrundsatz einzuhalten, oder durch Gesetz. Ein Beispiel hierfür ist die gesetzliche Regelung des Bewachungsge- werbes: Der Gesetzgeber hat in § 34a Abs. 5 S. 1 GewO klargestellt, dass einem privaten Bewachungsunternehmer und seinen Beschäftigten bei der Durchfüh- rung von Bewachungsaufgaben gegenüber Dritten nur die Rechte zustehen, die Jedermann im Falle einer Notwehr, eines Notstandes oder einer Selbsthilfe zu- kommen, die ihnen vom jeweiligen Auftraggeber vertraglich übertragenen Selbst- hilferechte sowie die ihnen in besonderen Fällen gesetzlich übertragenen Befug- nisse. Bei der Wahrnehmung dieser Rechte und Befugnisse haben sie den Grundsatz der Erforderlichkeit zu beachten (§ 34a Abs. 5 S. 2 GewO).

V.   Organisation privatisierter Verwaltung

1.   Beleihung

Die Beleihung ist eine besondere Form der Einbindung Privater in die Wahrneh- **304** mung öffentlicher Aufgaben. Ihre Besonderheit besteht darin, dass natürliche oder juristische Personen des Privatrechts mit der **hoheitlichen Wahrnehmung be- stimmter Verwaltungsaufgaben betraut** werden.[55] Der Beliehene kann sich bei der Erfüllung der übertragenen Aufgabe prinzipiell aller öffentlich-rechtlichen Handlungsformen unter Einschluss des Verwaltungsakts bedienen.[56] Dabei übt er die ihm übertragenen hoheitlichen Befugnisse als eigene Angelegenheiten aus. Beliehene sind zwar nicht in den Staatsapparat eingegliedert, aber angegliedert. Sie sind Behörde (Rn. 46) und haben ihre Maßnahmen zur Erfüllung der ihr

---

55 *Steiner*, Öffentliche Verwaltung durch Private, 1975, S. 201 ff. Damit ist nicht ausgeschlossen, dass sich an eine Organisationsprivatisierung im Einzelfall Beleihungsakte anschließen können. *Schmidt- Aßmann*, Das allgemeine Verwaltungsrecht als Ordnungsidee, 2. Aufl., 2006, S. 293.

56 Diese Position entspricht der herrschenden „Rechtsstellungstheorie". Siehe dazu statt anderer: *Schmidt-Aßmann*, Das Allgemeine Verwaltungsrecht als Ordnungsidee, 2. Aufl., 2006, S. 271. Anderer Auffassung die auf *Steiner*, Öffentliche Verwaltung durch Private, 1975, S. 226 ff., zurückgehende „Aufgabentheorie".

übertragenen Aufgaben nach Maßgabe öffentlich-rechtlicher Normen auszurichten.

> **Beispiel:** Beliehene sind etwa die Fischereiaufseher, Prüfungsingenieure für Baustatik, Bezirksschornsteinfeger bei der Feuerstättenschau,[57] Unternehmen, die Gebühren bei Autobahnmaut erheben (§ 1 FStrPrivFinG).

Aus diesem Grunde hat die Beleihung grundsätzlich durch Gesetz oder aufgrund gesetzlicher Ermächtigung zu erfolgen, die Art und Umfang der übertragenen Befugnisse festlegen muss;[58] Gewohnheitsrecht genügt nicht.[59] Die Beleihung bedingt ein öffentlich-rechtliches Auftragsverhältnis zwischen Beleihendem und Beliehenem, dessen nähere Ausgestaltung den Umständen des Einzelfalls unterliegt.[60]

Zwar besteht breite Einigkeit darüber, dass der Beliehene die übertragene Aufgabe in eigenem Namen wahrnimmt.[61] Auch bleibt er nach der Beleihung ein selbstständiges Privatrechtssubjekt. Gleichwohl ist mit der Beleihung keine Entlassung der wahrzunehmenden Aufgabe aus dem Kreis der Staatsaufgaben verbunden.[62] Das beliehene Privatrechtssubjekt erfüllt folglich im Umfang des Beleihungsverhältnisses Verwaltungsaufgaben und unterfällt so dem funktionellen Behördenbegriff des § 1 Abs. 4 VwVfG.[63] Da die übertragene Aufgabe damit von einer Stelle wahrgenommen wird, die der Verwaltungsorganisation zuzurechnen ist, soll das Verhalten des Beliehenen insoweit die Eigenschaft verlieren, Handlung eines freiheitsausübenden Rechtssubjekts zu sein und als solche eines Verwaltungsträgers zu verbuchen sein.[64]

Aus Art. 33 Abs. 4 GG folgt, dass die Ausübung hoheitsrechtlicher Befugnisse als ständige Aufgabe **in der Regel Beamten** zu übertragen ist. Die Vorschrift sichert die Kontinuität hoheitlicher Funktionen des Staates, indem sie als Regel vorsieht, dass ihre Ausübung Beamten übertragen wird. Daher muss eine Übertragung von Hoheitsaufgaben auf Private die Ausnahme bleiben und durch sachliche Gründe gerechtfertigt sein, die das Regel-Ausnahme-Verhältnis nicht in Frage stellen. Ob eine gesetzlich normierte Übertragung von Hoheitsaufgaben auf Private diesem Erfordernis genügt, ist entsprechend dem Zweck des Art. 33 Abs. 4 GG im Wege der verhältnismäßigen Zuordnung des die Privatisierung rechtfertigenden Sachgrunds und der Intensität der damit verbundenen Beeinträchtigung des verfassungsrechtlich vorgegebenen Strukturprinzips zu beurteilen.[65]

Ferner muss die **Staatsaufsicht** gesetzlich geregelt sein. Aus Gründen hinreichend demokratischer Legitimation wird regelmäßig eine Fachaufsicht erforderlich sein, eine Rechtsaufsicht kommt nur in Einzelfällen in Betracht, etwa wenn dem Priva-

---

57 *Huber*, Die Zukunft des Schornsteinfegerhandwerks im Binnenmarkt, 2006, S. 5.
58 Siehe etwa BremStGH, NVwZ 2003, 81 – „*BremBeleihungsG*".
59 Fraglich: BVerwGE 61, 222 [224] – „*Züchterverbände*".
60 *Maurer/Waldhoff*, Allgemeines Verwaltungsrecht, 20. Aufl., 2020, S. 650, Rn. 59.
61 *Calliess*, Öffentliches und privates Nachbarrecht als wechselseitige Auffangordnungen – Überlegungen am Beispiel der Genehmigungsfreistellung im Bauordnungsrecht, DV 2001, 169 [198 f.].
62 *Remmert*, Private Dienstleistungen in staatlichen Verwaltungsverfahren, 2003, S. 255; *Schmidt-Aßmann*, Das Allgemeine Verwaltungsrecht als Ordnungsidee, 2. Aufl., 2006, S. 272. Dies unterscheidet die Beleihung von der funktionalen Privatisierung.
63 *Maurer/Waldhoff*, Allgemeines Verwaltungsrecht, 20. Aufl., 2020, S. 651, Rn. 60.
64 Schon *Mayer*, Deutsches Verwaltungsrecht, II. Band (unveränderter Nachdruck der 1924 erschienenen 3. Aufl.), 2004, S. 95 [243], betrachtete die Beleihung insofern als Übertragung rechtlicher Macht „über ein Stück öffentlicher Verwaltung".
65 BVerwG, NVwZ 2006, 829 – „*Privatisierung der Sonderabfallentsorgungsüberwachung*".

ten wegen seines Sachverstandes oder bei Prüfungen (Einmaligkeit der Prüfungssituation) ein Beurteilungsspielraum zugewiesen ist.[66]

Im Einzelfall schwierig zu beurteilen sein kann die Frage, ob ein Beliehener in Ausübung des ihm übertragenen öffentlichen Amtes tätig geworden ist oder als Privater. Der BGH will dies grundsätzlich danach beurteilen, ob die eigentliche Zielsetzung, in deren Sinn die Person tätig wurde, hoheitlicher Tätigkeit zuzurechnen ist und ob zwischen dieser Zielsetzung und der schädigenden Handlung ein so enger äußerer und innerer Zusammenhang besteht, dass die Handlung ebenfalls als noch dem Bereich hoheitlicher Betätigung angehörend angesehen werden muss. Dabei soll nicht auf die Person des Handelnden, sondern auf seine Funktion, d. h. auf die Aufgabe, deren Wahrnehmung die im konkreten Fall ausgeübte Tätigkeit dient, abzustellen sein.[67]

> **Beispiel:** Prüfer oder Sachverständige, die für die Technischen Überwachungsvereine tätig werden, üben bei Wahrnehmung der ihnen durch die Straßenverkehrs-Zulassungs-Ordnung übertragenen Aufgaben hoheitliche Befugnisse aus. Nicht maßgeblich ist, dass die Technischen Überwachungsvereine juristische Personen des Privatrechts sind. Für Amtspflichtverletzungen, die der Prüfer oder Sachverständige hierbei begeht, haftet darum nicht er selbst oder der Technische Überwachungsverein als sein Arbeitgeber, sondern das Bundesland, das ihm die amtliche Anerkennung als Sachverständiger erteilt hat.[68]

2. Konzession

Abzugrenzen ist die Beleihung insofern zunächst von der Konzession. Diese ist **305** eine öffentlich-rechtliche Berechtigung des Privaten, bestimmte staatliche oder kommunale Aufgaben ohne hoheitliche Befugnisse für den jeweiligen Hoheitsträger wahrzunehmen (vgl. a. § 105 GWB). Insoweit ist die Konzession eine Genehmigung. Nicht selten ist die Konzession aber auch mit dem Auftrag verbunden, eine bestimmte Aufgabe zu erfüllen. Grundlage einer Konzession ist deshalb häufig ein Vertrag zwischen der Verwaltung und dem Privaten, in dem Rechte und Pflichten der Aufgabenwahrnehmung des Privaten festgelegt werden.

3. Öffentliche Bestellung

Auch durch eine öffentliche Bestellung (vgl. etwa § 36 GewO für Sachverständige) **306** werden dem Privaten keine staatlichen oder kommunalen Aufgaben übertragen; ihm wird lediglich bescheinigt, dass er aufgrund seiner Sachkunde und Eignung (persönliche Integrität) für eine Beauftragung durch die Verwaltung besonders in Betracht kommt. Die Gerichte sollen Gutachten nach Möglichkeit bei öffentlich bestellten Sachverständigen anfordern (§ 404 Abs. 3 ZPO; § 73 Abs. 2 StPO; § 98 VwGO). Wo in Gesetzen an komplizierte Sachverhalte bestimmte Rechtsfolgen geknüpft werden, wird manchmal zur Feststellung des Sachverhalts das Gutachten eines öffentlich bestellten Sachverständigen gefordert (§ 558a BGB; § 595 HGB). Darüber hinaus werden öffentlich bestellten Sachverständigen auch spezielle Sicherheitsprüfungen übertragen.[69]

---

66 *Stober*, in: Wolff/Bachof/Stober/Kluth, Verwaltungsrecht, Band II, 7. Aufl., 2010, S. 465 f.; a. *Groß*, Die Verwaltungsorganisation als Teil organisierter Staatlichkeit, in: Hoffmann-Riem/Schmidt-Aßmann/Vosskuhle, Grundlagen des Verwaltungsrechts, Band I, 2. Aufl., 2012, S. 939.
67 BGHZ 147, 169 ff.; 118, 304 [305] m. w. N.
68 BGHZ 49, 108 – *„Technischer Überwachungsverein“*.
69 BVerfGE 86, 28 [40] – *„Sachverständigenbestellung“*.

4.   Akkreditierung

307   Bei der Akkreditierung wird der Private, der i. d. R. Prüfungs- und Kontrollaufgaben wahrnimmt, bei einer Behörde registriert. Eine Akkreditierung ist von bestimmten Voraussetzungen abhängig, die der Private zu erfüllen hat. Dem Akkreditieren kann ein Gütezeichen oder Zertifikat verliehen werden, mit dem er in der Öffentlichkeit kundtun kann, dass er die für die Akkreditierung erforderlichen Anforderungen erfüllt.

> **Beispiel:** Nach § 17 Abs. 1 De-MailG müssen sich Diensteanbieter, die De-Mail-Dienste anbieten wollen, auf schriftlichen Antrag von der zuständigen Behörde akkreditieren lassen. Die Akkreditierung ist zu erteilen, wenn der Diensteanbieter nachweist, dass er bestimmte gesetzliche Voraussetzungen erfüllt und wenn die Ausübung der Aufsicht über den Diensteanbieter durch die zuständige Behörde gewährleistet ist. Akkreditierte Diensteanbieter erhalten ein Gütezeichen der zuständigen Behörde. Das Gütezeichen dient als Nachweis für die umfassend geprüfte technische und administrative Sicherheit der De-Mail-Dienste. Sie dürfen sich als akkreditierte Diensteanbieter bezeichnen. Nur akkreditierte Diensteanbieter dürfen sich im Geschäftsverkehr auf die nachgewiesene Sicherheit berufen und das Gütezeichen führen. Weitere Kennzeichnungen können akkreditierten Diensteanbietern vorbehalten sein.

5.   Indienstnahme

308   Die Indienstnahme meint die Verpflichtung eines Privaten zur Wahrnehmung bestimmter Tätigkeiten, um damit die Erfüllung einer öffentlichen Aufgabe sicherzustellen.[70] Die Möglichkeit der Indienstnahme im Rahmen einer herkömmlichen, allgemeinen Dienstpflicht ist in Art. 12 Abs. 2 GG geregelt (z. B. Feuerwehrdienstpflicht, Wahlhelferpflicht, Katastrophenhilfe).

6.   Verwaltungshilfe

309   Jeder Private, der Aufgaben für die Verwaltung wahrnimmt, ist ein Helfer der Verwaltung. Die Figur des Verwaltungshelfers[71] ist z. B. im Amtshaftungsrecht sinnvoll, wenn es um die Frage geht, ob der Staat oder der für den Staat handelnde Private, einem Dritten gegenüber zu haften hat, wenn der Private Rechtsgüter des Dritten verletzt. Entscheidend ist, ob der Private „in Ausübung eines öffentlichen Amtes" tätig wird. Da der Beliehene selbst Behörde und Beamter im haftungsrechtlichen Sinn des § 839 Abs. 1 BGB (Rn. 370 f.) ist, ist die Figur des Verwaltungshelfers auf die privatrechtliche Tätigkeit des Privaten bezogen.

Eine Amtshaftung des Verwaltungsträgers hängt davon ab, inwiefern der Private in die öffentliche Aufgabenwahrnehmung eingebunden ist: Je stärker der hoheitliche Charakter der Aufgabe in den Vordergrund tritt, je enger die Verbindung zwischen den übertragenen Tätigkeiten und der von der Behörde zu erfüllenden hoheitlichen Aufgabe ist und je begrenzter der Entscheidungsspielraum des Unternehmers ist, desto eher liegt es nahe, den Privaten als unselbstständigen Verwaltungshelfer und deshalb als Beamten im haftungsrechtlichen Sinne anzusehen.[72]

Der **unselbstständige Verwaltungshelfer** unterliegt regelmäßig umfassender Weisung der Verwaltung und tritt mit Dritten in kein Rechtsverhältnis. Er nimmt lediglich Hilfsaufgaben für die Verwaltung wahr, z. B. als Abschleppunternehmer, um ein straßenverkehrsrechtswidrig abgestelltes Fahrzeug zu entfernen oder als Schreibbüro, das Gebührenbescheide vorbereitet ohne diese selbst zu erlassen. Der

---

70   BVerfGE 30, 292 [310 f.]; *Lennartz*, DÖV 2019, 434 ff.
71   *Storr*, in: *Ruthig/Storr*, Öffentliches Wirtschaftsrecht, 4. Aufl., 2015, S. 340 f.
72   BGH, Urteil vom 18.2.2014 – VI ZR 383/12 – *„Abschleppunternehmen"*.

Private ist nur ein „Werkzeug" der Verwaltung.[73] Hier liegt es nahe, dass der Verwaltungsträger, dessen Behörden den Privaten mit der Wahrnehmung von Verwaltungsaufgaben beauftragt haben, für dessen Fehlverhalten nach § 34 S. 1 GG zu haften haben (z. B. weil das von der Ordnungsbehörde gerufene Abschleppunternehmen das zu verbringende Fahrzeug beschädigt).[74]

Der **selbstständige Verwaltungshelfer** erfüllt ebenfalls Aufgaben für die Verwaltung, ist dieser aber nicht so weitgehend weisungsunterworfen. Das bedeutet aber noch nicht, dass er nicht in Ausübung eines öffentlichen Amtes tätig werden könnte. Der BGH[75] hat z. B. eine Haftung des Verwaltungsträgers im Fall eines fehlerhaften BSE-Schnelltests durch ein Prüflabor angenommen: „Dessen Prüfungen enthalten einen unverzichtbaren Teil der dem Staat obliegenden Überwachung nach dem Fleischhygienegesetz und der ausführenden BSE-Untersuchungsverordnung und sind von dieser nicht zu trennen. Wenn [das Testlabor] auch selbst keine Verwaltungsakte erlässt und … zu den Adressaten der Verwaltungsakte weder unmittelbar noch mittelbar in Rechtsbeziehungen tritt, so ist doch bei einem negativen Testergebnis, wie regelmäßig, die Entscheidung praktisch gefallen. Infolgedessen erscheint die Tätigkeit des privaten Labors als Bestandteil der staatlichen Verwaltung."

Rechtsprechung: BVerfGE 86, 28 – *„Sachverständigenbestellung"*; BGHZ 49, 108 – *„Technischer Überwachungsverein"*; BVerfG Urteil vom 7.11.2017 – 2 BvE 2/11 – *„Parlamentarische Fragerechte hinsichtlich Deutscher Bahn AG"*; BGHZ 91, 84 ff. – *„Löschwasserversorgung"*; BGHZ 155, 166 – *„Subvention durch Hausbank"*; BGHZ 121, 161 ff. *„Abschleppunternehmen"*; BGHZ 161, 6 ff. – *„BSE-Schnelltest"*; BGH, NJW 1976, 709 ff. – *„Keine Preisvergünstigung für Großabnehmer"*; BerlVerfGH, NVwZ 2000, 794 ff. – *„Berliner Wasserbetriebe"*; OVG Schleswig, NordÖR 2006, 263 ff. – *„Gebührenabrechnung für Stadtwerke"*.

Literatur: *Bauer, H.,* Privatisierung von Verwaltungsaufgaben, VVDStRL 54 (1995), 243 ff.; *Bull, H. P.,* Die Staatsaufgaben nach dem Grundgesetz, 2. Aufl., 1977; *Bullinger, M.,* Die funktionale Unterscheidung von öffentlichem Recht und Privatrecht als Beitrag zur Beweglichkeit von Verwaltung und Wirtschaft in Europa, in: Hoffmann-Riem/Schmidt-Aßmann (Hrsg.), Öffentliches Recht und Privatrecht als wechselseitige Auffangordnungen, 1996, S. 239 ff.; *Burgi, M.,* Funktionale Privatisierung und Verwaltungshilfe, 1999; *Burgi, M.,* Die Deutsche Bahn zwischen Staat und Wirtschaft, NVwZ 2018, 601 ff.; *Di Fabio, U.,* Privatisierung und Staatsvorbehalt JZ 1999, 585 ff.; *Ehlers, D.,* Verwaltung in Privatrechtsform, 1984; *Freitag, O.,* Das Beleihungsrechtsverhältnis, Rahmen, Begründung und Inhalt, 2005; *Gramm, C.,* Privatisierung und notwendige Aufgaben, 2001; *Gusy, C.* (Hrsg.), Privatisierung von Staatsaufgaben: Kriterien Grenzen Folgen, 1998; *Guilliard, S.,* Die Tätigkeiten der öffentlichen Hand als geschäftliche Handlung im UWG, GRUR 2018, 791 ff.; *Hoffmann-Riem, W./Schmidt-Aßmann E.* (Hrsg.), Öffentliches Recht und Privatrecht als wechselseitige Auffangordnungen, 1996; *Kämmerer, J. A.,* Privatisierung, 2001; *Katz, A.,* Demokratische Legitimationsbedürftigkeit der Kommunalunternehmen, NVwZ 2018, 1091 ff.; *Hüser, C.,* Ausschreibungspflichten bei der Privatisierung öffentlicher Aufgaben, 2005; *Kempen, B.,* Die Formenwahlfreiheit der Verwaltung, 1989; *Krebs, W.,* Verträge und Absprachen zwischen der Verwaltung und Privaten, VVDStRL 52 (1993), 248 ff.; *Lennartz, J.,* Verfassungsrechtliche Grenzen der Indienstnahme Privater, DÖV 2019, 434 ff.; *Ossenbühl, F.,* Daseinsvorsorge und Verwaltungsprivatrecht, DÖV 1971, 513 ff.; *Pestalozza, C.,* „Formenmissbrauch" des Staates, 1973; *Rebler, A.,* Grenzen der Übertragung von Aufgaben im Bereich der Geschwindigkeitsüberwachung auf Private, VR 2018, 290 ff.; *Remmert, B.,* Private Dienstleistungen im staatlichen Verwaltungsverfahren, 2003; *Röhl, H. C.,* Verwaltung und Privatrecht Verwaltungsprivat-

---

73 BGHZ 48, 98 ff. – *Staubemissionen bei Autobahnbau".*
74 BGHZ 121, 161 ff. *„Abschleppunternehmen"*; vgl. a. BGHZ 161, 6 ff. – *„BSE-Schnelltest"*; OVG Schleswig, NordÖR 2006, 263 ff. – *„Gebührenabrechnung für Stadtwerke"*.
75 BGHZ 161, 6 ff. – *„BSE-Schnelltest"*; BGH, NVwZ 2006, 966 ff.

recht?, VerwArch 86 (1995), 531 ff.; *Schachtschneider, K. A.*, Staatsunternehmen und Privatrecht, 1986; *Schlette, V.*, Die Verwaltung als Vertragspartner, 2000; *Seidel, A.*, Privater Sachverstand und staatliche Garantenstellung im Verwaltungsrecht, 2000; *Stelkens, U.*, Verwaltungsprivatrecht. Zur Privatrechtsbindung der Verwaltung, deren Reichweite und Konsequenzen, 2005; *Storr, S.*, Der Staat als Unternehmer, 2001; *Weiss, W.*, Privatisierung und Staatsaufgaben, 2002.

§ 17 Verwaltungsvollstreckung

310 Die Verwaltungsvollstreckung ist **die zwangsweise Durchsetzung eines öffentlich-rechtlichen Ge- oder Verbots.** Ein Privater kann die Vollstreckung seiner Forderung nur durch den Gerichtsvollzieher erreichen, die Verwaltung kann aber die von ihr erlassenen Titel, insbesondere Individualverwaltungsakte gem. § 35 S. 1 VwVfG, selbst vollstrecken.

Bund und Länder haben hierzu jeweils eigene Vollstreckungsgesetze erlassen. Das VwVG des Bundes gilt für Bundesbehörden und bundesunmittelbare juristische Personen des öffentlichen Rechts.[1] Das VwVG gilt insbesondere nicht für die Vollstreckung aus verwaltungsgerichtlichen Urteilen (vgl. § 167 ff. VwGO).

Die Übersichtlichkeit des Vollzugsrechts auf Landesebene leidet wesentlich darunter, dass die Verwaltungsvollstreckungsgesetze der Bundesländer nicht wie die Verwaltungsverfahrensgesetze untereinander und mit dem VwVfG des Bundes weitgehend identisch sind; in den Grundstrukturen stimmen aber alle Vollstreckungsgesetze überein. Zum Teil sind die Vollzugsgesetze mit dem Zustellungsrecht zusammengefasst. Hier soll das VwVG des Bundes im Vordergrund stehen. Grundsätzlich ist zu unterscheiden zwischen einer Vollstreckung öffentlich-rechtlicher Geldforderungen (§§ 1 ff. VwVG), die durch Leistungsbescheid festgesetzt sind, und einer Vollstreckung von Verwaltungsakten, die auf die Herausgabe einer Sache oder auf die Vornahme einer Handlung oder auf Duldung oder Unterlassung gerichtet sind (§§ 6 ff. VwVG). In beiden Fällen haben jedoch die zu vollstreckenden Verwaltungsakte die Funktion von Vollstreckungstiteln; ein solcher Titel muss nicht mehr besonders erwirkt werden. Das VwVG spricht bei der zwangsweisen Durchsetzung von Verwaltungsakten, die keine Zahlungspflicht enthalten, i. Ü. auch von „Vollziehung"; „vollstreckt" werden öffentlich-rechtliche Geldforderungen. Feststellende oder gestaltende VAe können nicht vollzogen werden.

I.   Erzwingung von Handlungen, Duldungen oder Unterlassungen

311 Der Verwaltungsakt, der auf die Herausgabe einer Sache oder auf die Vornahme einer Handlung oder auf Duldung oder Unterlassung gerichtet ist, kann mit Zwangsmitteln durchgesetzt werden, wenn er unanfechtbar ist oder wenn sein sofortiger Vollzug angeordnet oder wenn dem Rechtsmittel keine aufschiebende Wirkung beigelegt ist. Das VwVG nennt vier Zwangsmittel (§ 9, § 16 VwVG): Ersatzvornahme, Zwangsgeld, unmittelbarer Zwang und Ersatzzwangshaft. Bevor eines dieser Zwangsmittel festgesetzt wird, ist es grundsätzlich anzudrohen (§ 13 VwVG). Damit ergibt sich folgendes Prüfungsschema:

---

1 *Troidl*, in: Engelhardt/App/Schlatmann, VwVG/VwZG, 11. Aufl., 2017, Einf. Rn. 2.

1.   Vorliegen eines vollzugsfähigen Grund-Verwaltungsakts

a) Vorliegen eines (zu vollziehenden) Verwaltungsakts. Das ist der Grundverwal- **312** tungsakt. Dieser muss **wirksam** sein, d. h. er darf nicht nichtig sein (§ 43 Abs. 3 VwVfG). Auch rechtswidrige Verwaltungsakte sind wirksam und deshalb grundsätzlich vollziehbar (vgl. Rn. 225).

b) Der Grund-Verwaltungsakt muss **unanfechtbar** sein, sein sofortiger Vollzug **313** muss angeordnet sein oder das einschlägige Rechtsmittel hat keine aufschiebende Wirkung. Der Verwaltungsakt ist unanfechtbar, wenn er **bestandskräftig** ist, d. h. die Rechtsmittelfristen verstrichen sind, ohne dass der Adressat ein Rechtsmittel eingelegt hat. Der Grund-Verwaltungsakt kann auch vollziehbar sein, wenn die Behörde **sofortigen Vollzug** angeordnet hat. Hierfür bestimmt § 6 Abs. 2 VwVG, dass der Verwaltungszwang ohne vorausgehenden Verwaltungsakt angewendet werden kann, wenn der sofortige Vollzug zur Verhinderung einer rechtswidrigen Tat, die einen Straf- oder Bußgeldtatbestand verwirklicht, oder zur Abwendung einer drohenden Gefahr notwendig ist und die Behörde hierbei innerhalb ihrer gesetzlichen Befugnisse handelt. Das VwVG umfasst damit zwei Fälle: einmal den Fall, dass ein **Pflichtiger nicht auffindbar** ist und deshalb ein Verwaltungsakt nicht erlassen werden kann (vgl. § 43 Abs. 1 S. 1 VwVfG), die Behörde aber gleichwohl handeln muss. Einige Polizeigesetze der Länder sehen hierfür das Rechtsinstitut der „unmittelbaren Ausführung" vor. Zum anderen den Fall, dass der Betreffende zwar erreichbar ist, ein Verwaltungsakt deshalb an ihn gerichtet werden kann, wegen der **gebotenen Eile** der Grund-Verwaltungsakt aber gleichzeitig mit der Vollziehung ergeht. Hier ist es besser, von „sofortiger Vollziehung" zu sprechen.

Schließlich ist ein Verwaltungsakt vollziehbar, wenn **Widerspruch und Anfechtungsklage keine aufschiebende Wirkung entfalten** (§ 80 Abs. 1 VwGO). Das richtet sich grundsätzlich nach § 80 Abs. 2 S. 1 Nr. 2 bis 3 VwGO und gilt für unaufschiebbare Anordnungen von Polizeivollzugsbeamten und besondere gesetzliche Anordnungen. Auch bei Rechtsbehelfen gegen Vollzugsmaßnahmen entfällt die aufschiebende Wirkung regelmäßig.

  Beispiel: § 80 Abs. 2 S. 2 VwGO i. V. m. § 11 SächsVwVG.

2.   Vollzugsverfahren

a) Zuständige Vollzugsbehörde. Im Rahmen der Erzwingung von Handlungen, **314** Duldungen oder Unterlassungen spricht das Gesetz von der Vollzugsbehörde. **Sachlich und örtlich zuständig** für die Vollziehung ist grundsätzlich die Behörde, die den Grund-Verwaltungsakt erlassen hat. Eine höhere Behörde kann aber für den Einzelfall oder allgemein eine Behörde der unteren Verwaltungsstufe mit dem Vollzug beauftragen (§ 7 Abs. 1 und 2 VwVG). Für den Fall, dass eine Zwangsmaßnahme außerhalb des Bezirks der Vollzugsbehörde ausgeführt werden muss, kann die Vollzugsbehörde die Bundesbehörde des Bezirks, in dem die Maßnahme ausgeführt werden soll, ersuchen, den Verwaltungszwang durchzuführen (§ 8 VwVG).

b) Verfahren. Das Zwangsmittel muss grundsätzlich vorher **angedroht** werden **315** (§ 13 VwVG). Die Androhung soll den Pflichtigen vor der Vollzugsmaßnahme warnen und ihn zur Erfüllung seiner Pflicht anhalten. Die Zwangsmittel müssen schriftlich angedroht werden. Die Androhung kann mit dem Verwaltungsakt verbunden werden, durch den die Handlung, Duldung oder Unterlassung aufgegeben wird. Ist sofortiger Vollzug angeordnet oder ist den Rechtsmitteln keine aufschiebende Wirkung beigelegt, soll die Androhung mit dem Verwaltungsakt erfolgen (§ 13 Abs. 2 VwVG). Die Androhung ist zuzustellen (Rn. 216). Sie ist selbst ein Verwaltungsakt (§ 18 VwVG).

In der Androhung muss dem Pflichtigen eine Frist gesetzt werden, innerhalb der er zumutbarerweise seine Verpflichtung erfüllen kann. Diese Frist muss hinreichend bestimmt sein, damit der Pflichtige weiß, wie er sich zu verhalten hat.

> **Beispiel:** Zu unbestimmt ist eine Fristsetzung, die den Betreffenden zu „unverzüglicher" Pflichterfüllung anhält. Zulässig aber: „innerhalb von zwei Wochen nach Eintritt der Bestandskraft dieser Verfügung".

Außerdem muss dem Betroffenen **ein bestimmtes** Zwangsmittel angedroht werden. Die Vollzugsbehörde darf nicht mehrere Zwangsmittel gleichzeitig androhen oder sich die Wahl zwischen mehreren Zwangsmitteln vorbehalten (§ 13 Abs. 3 VwVG). Bestehen mehrere Verpflichtungen, so muss die Androhung erkennen lassen, ob sie sich auf Verstöße gegen einzelne Verpflichtungen oder auf Verstöße gegen alle Verpflichtungen zugleich bezieht. Im Fall der Ersatzvornahme, wenn also eine Handlung auf Kosten des Pflichtigen vorgenommen werden soll, ist in der Androhung der Kostenbetrag vorläufig zu veranschlagen (§ 13 Abs. 4 S. 1 VwVG). Zwangsgeld ist in bestimmter Höhe anzudrohen (§ 13 Abs. 5 VwVG). Kommt der Betreffende auch nach Androhung seiner Verpflichtung nicht nach, so kann die Vollzugsbehörde die Androhung wiederholen oder zur Androhung eines anderen Zwangsmittels übergehen. Ein Zwangsgeld kann erhöht werden, bis die Verpflichtung erfüllt ist. Diese Regelung steht einer Androhung „auf Vorrat" entgegen, denn nach ihr sollen Zwangsmittel nur aufgrund einer erneuten selbständigen Androhung wiederholt und gegebenenfalls gesteigert werden dürfen.[2] Unzulässig ist die Androhung eines Zwangsgeldes „für jeden Fall der Zuwiderhandlung". Dagegen spricht schon § 13 Abs. 6 S. 2 VwVG: Danach ist eine neue Androhung erst zulässig, wenn das zunächst angedrohte Zwangsmittel erfolglos ist.[3] Außerdem sind die Zwangsmittel Beugemittel und keine Sanktionen.[4] Dies schließt indes nicht aus, dass die Vollzugsbehörde das jeweilige Zwangsmittel unabhängig von der Festsetzung einer Strafe oder einer Geldbuße androht (§ 13 Abs. 6 VwVG).

316 c) **Festsetzung.** Das Zwangsmittel ist nach fruchtlosem Ablauf der Androhungsfrist festzusetzen. Nur bei sofortigem Vollzug bedarf es keiner gesonderten Festsetzung, § 14 VwVG. Die Festsetzung ist die Anordnung der Vollzugsbehörde, dass das angedrohte Zwangsmittel angewendet werden soll: Beim Zwangsgeld liegt die Festsetzung im Erlass des Leistungsbescheids, bei der Ersatzvornahme und dem unmittelbaren Zwang in einer Anordnung der Behörde, dass diese Zwangsmittel nun eingesetzt werden.

Eine Festsetzung hat **zwei Funktionen.** Für den **Pflichtigen** hat sie **Schutzcharakter.** Sie enthält die Feststellung, dass die Anwendung von Zwang nunmehr möglich ist, und bestimmt, welches Zwangsmittel angewendet wird.[5] Gleichzeitig wird der Pflichtige informiert, dass er sich auf die Erzwingung der von ihm nicht vorgenommenen Handlung einzustellen hat. Hierfür legt die Vollzugsbehörde den erforderlichen zeitlichen Rahmen fest. Damit wird der Pflichtige noch einmal

---

2 VGH Bayern, 13.10.1986 – 22 CS 86.01950.
3 BVerwG, NVwZ 1998, 393 [394].
4 *Troidl,* in: Engelhardt/App/Schlatmann, VwVG/VwZG, 11. Aufl., 2017, § 13 Rn. 4.
5 BVerwG, NVwZ 1997, 381 [382].

abschließend gewarnt und ihm wird Gelegenheit gegeben, den Verwaltungszwang durch Befolgung der Grundverfügung abzuwenden.

Für die **Vollstreckungsbehörde** ist die Festsetzung demgegenüber **die letzte Voraussetzung, um Zwangsmaßnahmen rechtmäßig ergreifen zu können.** Sie verpflichtet den Betroffenen, die Zwangsmaßnahme zu dulden und ermächtigt die Behörde, etwaigen Widerstand mit Gewalt zu brechen.[6]

Auf die Festsetzung des Zwangsmittels kann **grundsätzlich nicht verzichtet** werden. Für die Ersatzvornahme oder den unmittelbaren Zwang besteht insoweit eine Ausnahme, wenn der Pflichtige **eindeutig** zu erkennen gibt, dass er die Anwendung der Zwangsmittel nicht durch Erfüllung der ihm auferlegten Verpflichtung abwenden wird.

3. Auswahl der Zwangsmittel

Die Vollzugsbehörde hat grundsätzlich das Zwangsmittel zu wählen, das den Betroffenen und die Allgemeinheit am wenigsten beeinträchtigt. Im Einzelnen: **317**

a) Ersatzvornahme. Eine Ersatzvornahme liegt vor, wenn die Vollzugsbehörde **318** einen **anderen** mit der Vornahme der **vertretbaren Handlung** auf **Kosten des Pflichtigen** beauftragt (§ 10 VwVG). Die Ersatzvornahme ist also nur möglich, wenn die pflichtige Handlung vertretbar ist, also durch einen anderen vorgenommen werden kann. Höchstpersönliche Handlungen sind nicht vertretbar. Auch eine Unterlassung ist nicht vertretbar. Die Ersatzvornahme ist das am geringsten in die Rechte des Betroffenen eingreifende Zwangsmittel, weil ein anderer für den Pflichtigen die Handlung vornimmt und der Pflichtige nur die Kosten zu tragen hat.

Beispiel: Das Abschleppen eines Kfz durch einen Abschleppunternehmer.

Beachte: Nicht vertretbar ist ein Unterlassen. Deshalb kann die Verfügung einer Behörde an den Bauherren, den Bau eines Gebäudes einzustellen (Baueinstellungsverfügung), nicht im Wege der Ersatzvornahme vollstreckt werden.

Zu beachten ist, dass die Vollzugsbehörde in § 10 VwVG selbst nicht zur Ersatzvornahme berechtigt ist. Handelt sie selbst, liegt unmittelbarer Zwang vor. Viele Landesvollzugsgesetze kennen aber auch eine Ersatzvornahme durch die Behörde selbst.[7]

b) Zwangsgeld. § 11 Abs. 1 und 2 VwVG regelt das Zwangsgeld und nennt hierfür **319** drei Anwendungsfälle.

- Ein Zwangsgeld kann zunächst bei **unvertretbaren Handlungen**, also solchen Handlungen verhängt werden, die durch einen anderen als den Pflichtigen nicht vorgenommen werden können und nur vom Willen des Pflichtigen abhängen.
- Bei **vertretbaren Handlungen** kann ein Zwangsgeld dagegen nur verhängt werden, wenn eine Ersatzvornahme untunlich ist, insbesondere weil der Pflichtige außerstande ist, die Kosten zu tragen, die aus der Ausführung durch einen anderen entstehen.
- Schließlich kann ein Zwangsgeld noch verhängt werden, wenn der Pflichtige der Verpflichtung zuwiderhandelt, eine **Handlung zu dulden oder zu unterlassen.**

Die Höhe des Zwangsgeldes beträgt bis zu € 25.000,– (§ 11 Abs. 3 VwVG). Die Festsetzung muss den Umständen des Falles angemessen sein. Zu berücksichtigen

---

6 BVerwG, NVwZ 1997, 381 [382].
7 *Mosbacher*, in: Engelhardt/App/Schlatmann, VwVG/VwZG, 11. Aufl., 2017, § 10 Rn. 17.

sind etwa die wirtschaftlichen Interessen des Pflichtigen und seine Bereitschaft, der Verpflichtung nachzukommen. Das Vollzugsverfahren ist einzustellen, wenn der durchzusetzende Verwaltungsakt befolgt worden ist und damit der Zweck des Vollzugs erreicht ist. Bei einer Unterlassungspflicht muss gewährleistet sein, dass keine Wiederholungsgefahr mehr besteht.[8]

320 c) **Unmittelbarer Zwang.** Führen Ersatzvornahme oder Zwangsgeld nicht zum Ziel oder sind sie untunlich, kann die Vollzugsbehörde den Pflichtigen zur Handlung, Duldung oder Unterlassung zwingen oder die Handlung selbst vornehmen (§ 12 VwVG). Für Bundesbeamte ist die Anwendung unmittelbaren Zwangs in einem besonderen Gesetz, dem Gesetz über den unmittelbaren Zwang bei Ausübung öffentlicher Gewalt durch Vollzugsbeamte des Bundes (UZwG), näher geregelt. **Unmittelbarer Zwang ist demnach die Einwirkung auf Personen oder Sachen durch körperliche Gewalt, ihre Hilfsmittel und durch Waffen** (§ 2 Abs. 1 UZwG). Das Landesrecht verweist in der Regel auf die Vollzugshilfe durch die Vollzugspolizei.

> **Beispiel:** Fesselung von Personen; Schusswaffengebrauch

320a d) **Ersatzzwangshaft.** Ist das Zwangsgeld uneinbringlich, so kann Ersatzzwangshaft angeordnet werden. Die Anordnungsbefugnis liegt beim **Verwaltungsgericht** auf **Antrag der Vollzugsbehörde und nach Anhörung des Pflichtigen.** Auf die Möglichkeit der Ersatzzwangshaft muss bei Androhung des Zwangsgeldes hingewiesen worden sein. Die Dauer der Ersatzzwangshaft kann zwischen einem Tag und zwei Wochen betragen (§ 16 Abs. 2 VwVG).

4. Anwendung der Zwangsmittel

321 Die Anwendung der Zwangsmittel ist in § 15 VwVG geregelt. Sie folgt der Festsetzung des Zwangsmittels, ist also die **Ausführungsmaßnahme.**[9] Das betreffende Zwangsmittel muss **der Festsetzung gemäß angewendet** werden. Es gilt der Verhältnismäßigkeitsgrundsatz. Dazu gehört es, dass der Vollzug einzustellen ist, sobald sein Zweck erreicht ist. Wenn der Pflichtige bei der Ersatzvornahme oder bei unmittelbarem Zwang Widerstand leistet, kann dieser mit Gewalt gebrochen werden.

Gegen **Behörden und juristische Behörden des öffentlichen Rechts** sind Zwangsmittel grundsätzlich unzulässig (§ 17 VwVG). In den meisten Fällen wird schon kein Grund-Verwaltungsakt vorliegen, weil dieser „Außenwirkung" haben muss, an der es bei staatsinternen Maßnahmen regelmäßig fehlt. Eine Vollstreckung ist in der Regel auch nicht erforderlich, weil die Behörde nach dem Rechtsstaatsprinzip (Art. 20 Abs. 3 GG) ohnehin an Gesetz und Recht gebunden ist und rechtmäßige Anordnungen zu befolgen hat. Besondere Vorschriften für die Ersatzvornahme durch die Bestellung von sog. Beauftragten gibt es indes im Kommunalaufsichtsrecht der Länder.

5. Rechtsschutz

322 Für den **Rechtsschutz** zu **beachten ist, dass** für eine Vollzugsmaßnahme grundsätzlich vier Behördenhandlungen bestehen, **die angefochten werden können**: Der Grund-Verwaltungsakt, die Androhung, die Festsetzung und die eigentliche Vollzugshandlung.

---

8 HessVGH, NVwZ-RR 1996, 361 [362].
9 BVerwG, NVZ 1997, 381.

Gegen den Grund-Verwaltungsakt sind regelmäßig die Rechtsmittel Widerspruch und/oder Anfechtungs-, ggf. Verpflichtungsklage zulässig. Der Grund-Verwaltungsakt darf hierzu noch nicht bestandskräftig sein. Seine Nichtigkeit kann jedoch jederzeit geltend gemacht werden (§ 43 Abs. 1, 1. Alt. VwGO).

§ 18 VwVG regelt, dass **gegen die Androhung** die Rechtsmittel zulässig sind, die gegen den Verwaltungsakt zulässig sind, also wiederum grundsätzlich Widerspruch und/oder Anfechtungs-, ggf. Verpflichtungsklage. Zu unterscheiden ist hierbei freilich, ob die Androhung mit dem Grund-Verwaltungsakt verbunden ist oder nicht. Im ersten Fall erstreckt sich das Rechtsmittel gegen die Androhung zugleich auf den Verwaltungsakt, soweit er nicht bereits Gegenstand eines Rechtsmittel- oder gerichtlichen Verfahrens ist. Andernfalls muss ausgelegt werden, ob das Rechtsmittel nur auf die Androhung bezogen ist oder den Verwaltungsakt ebenfalls erfassen soll (vgl. § 86 Abs. 3 VwGO). Ist der Grund-Verwaltungsakt bereits bestandskräftig, Rechtsmittel gegen ihn also nicht mehr zulässig, so kann die Androhung nur mit der Behauptung angefochten werden, dass in ihr selbst eine Rechtsverletzung liegt (§ 18 Abs. 1 S. 3 VwVG).

Beispiel: Die Fristsetzung ist zu unbestimmt.

Hat der Verwaltungspflichtige die Androhung angefochten, wird der Suspensiveffekt ausgelöst (§ 80 Abs. 1 VwGO), sofern nicht – wie insbesondere im Landesrecht geregelt – Vollstreckungsmaßnahmen per Gesetz sofort vollziehbar sind oder die Vollzugsbehörde die Zwangsmittelandrohung von vornherein für sofort vollziehbar erklärt hat. Tritt der Suspensiveffekt ein, ist eine Vollzugsvoraussetzung zunächst nicht gegeben, der zwangsweise Vollzug mithin unzulässig. Die Vollzugsbehörde kann den Suspensiveffekt wiederherstellen (i. e. vgl. § 80 Abs. 2 VwGO).

Die **Festsetzung** ist ebenfalls ein Verwaltungsakt und kann deshalb entsprechend angefochten werden. Auch hier gilt, dass Einwendungen grundsätzlich nur gegen die Festsetzung an sich erhoben werden können. Damit setzt sich der Grundsatz fort, dass eine bestimmte Vollstreckungsmaßnahme mit einem Rechtsmittel gegen diese Maßnahme selbst anzugreifen ist. Wird die Vollstreckungsmaßnahme bestandskräftig, so ist die Geltendmachung einer diesen Akt betreffenden Einwendung im weiteren Vollstreckungsverfahren grundsätzlich ausgeschlossen.[10] Deshalb muss der Pflichtige Einwendungen gegen den Grund-Verwaltungsakt mit einem Rechtsmittel gegen diesen, Einwendungen gegen die Festsetzung mit einem Rechtsmittel gegen diese erheben. Sollten die Rechtsmittel keine aufschiebende Wirkung entfalten, muss auf das Verfahren des vorläufigen Rechtsschutzes nach § 80 Abs. 5 VwGO ausgewichen werden.

Ob die **Anwendung** des Zwangsmittels ein Verwaltungsakt ist, ist str. (Rn. 158) Entgegen dem BVerwG lehnt die h. M. im Schrifttum dies ab und geht von einem Realakt aus. Dieser kann mit der allgemeinen Leistungsklage und subsidiär mit der Feststellungsklage angegangen werden (§ 43 Abs. 1, 1. Alt. VwGO).

Den besonderen Fall des Rechtsschutzes gegen Maßnahmen im Wege der sofortigen Vollziehung regelt **§ 18 Abs. 2 VwVG.** Hier wird ein vorausgehender Verwaltungsakt nicht erlassen und eine Androhung und Festsetzung fallen weg. Dann sollen gegen das Zwangsmittel die gegen Verwaltungsakte allgemein zulässigen Rechtsmittel eingelegt werden.

---

10 HessVGH, NVwZ-RR 1996, 715 [716].

II.   Vollstreckung in öffentlich-rechtliche Geldforderungen

323 Das VwVG gilt auch für die Zwangsvollstreckung zur Erfüllung öffentlich-rechtlicher Geldforderungen des Bundes und der bundesunmittelbaren Körperschaften des öffentlichen Rechts. Ausgenommen sind solche öffentlich-rechtlichen Geldforderungen, die im Wege des Parteistreites vor den Verwaltungsgerichten verfolgt werden oder für die ein anderer Rechtsweg als der Verwaltungsrechtsweg begründet ist. Außerdem gibt es Sondervorschriften, etwa in der Abgabenordnung des Sozialversicherungsrechts und des Justizbeitreibungsgesetzes (§ 1 Abs. 3 VwVG).

Zuständigkeit: § 4 Abs. 1 VwVG verweist für die Zuständigkeit der Vollstreckungsbehörden auf die Festlegung einer obersten Bundesbehörde im Einvernehmen mit dem Bundesminister des Innern. Subsidiär sind gem. § 4 Abs. 2 VwVG die Vollstreckungsbehörden der Bundesfinanzverwaltung zuständig.

Leistungsbescheid: Grundlage der Vollstreckung ist ein zu erlassener Leistungsbescheid (§ 3 Abs. 2 lit. a VwVG). Durch diesen wird der Schuldner zur Leistung aufgefordert. Der Leistungsbescheid ist ein Verwaltungsakt und hat die Funktion eines Vollstreckungstitels. Der Leistungsbescheid muss eine Aufforderung zur Zahlung enthalten. Wird lediglich ein bestehender Anspruch festgestellt, liegt kein Leistungs-, sondern ein Festsetzungsbescheid vor. Dieser genügt den Anforderungen des § 3 VwVG nicht und lässt daher im Fall einer Rechtsmitteleinlegung auch den Suspensiveffekt nicht entfallen; § 80 Abs. 2 Nr. 1 VwGO verlangt eine „Anforderung" von Abgaben und Kosten.

Fälligkeit: Die Leistung muss fällig sein (§ 3 Abs. 2 lit. b VwVG).

Schonfrist: § 3 Abs. 2 lit. c VwVG regelt eine Schonung des Vollstreckungsschuldners dahingehend, dass eine Frist von einer Woche seit Bekanntgabe des Leistungsbescheids, bzw. seit Eintritt der Fälligkeit abgelaufen sein muss.

Mahnung: Vor der Vollstreckung soll der Vollstreckungsschuldner besonders gemahnt werden. Ihm soll eine Zahlungsfrist von einer weiteren Woche eingeräumt werden (§ 3 Abs. 3 VwVG). Die Mahnung ist kein Verwaltungsakt.

Die Vollstreckung wird eingeleitet durch eine **Vollstreckungsanordnung** (§ 3 Abs. 1 VwVG). Diese wird von der Behörde erlassen, die den Anspruch geltend machen darf (§ 3 Abs. 4 VwVG), also von der sog. Anordnungsbehörde. Die Vollstreckungsanordnung selbst ist – anders als der Festsetzungsbescheid nach § 14 VwVG – kein Verwaltungsakt. Die Vollstreckungsanordnung verpflichtet den Einzelnen nicht zur Duldung, sondern enthält lediglich den formellen Auftrag an die Vollstreckungsbehörde, zu vollstrecken. In der Vollstreckungsanordnung wird auch kein bestimmtes Zwangsmittel festgesetzt.[11]

Die Vollstreckung selbst wird – wie ausgeführt – von der **Vollstreckungsbehörde** durchgeführt. Für das Vollstreckungsverfahren verweist § 5 VwVG auf verschiedene Bestimmungen der Abgabenordnung (AO). Die Vollstreckung kann durch Pfändung in das bewegliche Vermögen oder in Forderungen und andere Vermögensrechte erfolgen.

Vollstreckungsschuldner ist derjenige, den die Behörde hierfür bestimmt. Das kann der Schuldner der Geldleistung sein oder derjenige, der für die Schuld eines anderen persönlich haftet (§ 2 Abs. 1 VwVG).

---

11 *Troidl*, in: Engelhardt/App/Schlatmann, VwVG/VwZG, 11. Aufl., 2017, § 3 Rn. 9.

III. Vollstreckungshilfe

Der föderative Aufbau des Bundesstaates im Sinne von Art. 20 Abs. 1 GG und die **324** daran anschließende Untergliederung der Verwaltungsebenen machen Sachverhalte möglich, in denen eine Behörde mangels Zuständigkeit nicht in der Lage ist, ihre Entscheidungen gegenüber dem Bürger auch durchzusetzen. In diesen Bereichen kommt die sog. **Vollstreckungshilfe** zum Tragen, mit deren Hilfe Verwaltungsakte in Bereichen durchgesetzt werden können, in denen die ursprünglich handelnden Vollstreckungsbehörden dazu mangels sachlicher und/oder örtlicher Zuständigkeit nicht in der Lage sind.[12] Bei dieser Form der Behördenkooperation handelt es sich nach überwiegender Auffassung um eine **spezielle Ausgestaltung der Amtshilfe** im Rahmen der Verwaltungsvollstreckung.[13]

1. Rechtliche Grundlagen

Maßgebliche Rechtsgrundlage der Vollstreckungshilfe als spezielle Ausgestaltung **325** der Amtshilfe in der Verwaltungsvollstreckung ist **Art. 35 Abs. 1 GG,** der hinsichtlich der Art und Weise der Amtshilfe durch die allgemeinen §§ **4 bis 8 VwVfG** sowie bereichsspezifische Sondernormen der §§ 3–7 SGB X und der §§ 111–115 AO ergänzt wird. Spezielle Vorschriften in den Verwaltungsvollstreckungsgesetzen, die das einfachgesetzliche allgemeine Recht überlagern, sind nur zum Teil vorhanden. So ist die Vollstreckungshilfe insbesondere im Rahmen des hier primär in den Blick zu nehmenden **Verwaltungsvollstreckungsgesetzes des Bundes** nur sehr unvollständig geregelt: Für die Vollstreckung von **Geldforderungen** gilt dabei § 5 Abs. 2 VwVG, der die **Vollstreckungshilfe von Landesbehörden zugunsten des Bundes** betrifft und insoweit auf die einschlägigen landesrechtlichen Bestimmungen verweist.[14] Eine Regelung des umgekehrten Falls der Vollstreckungshilfe von Behörden des Bundes zugunsten von Landesbehörden fehlt.[15] Für die **Erzwingung von Handlungen, Duldungen oder Unterlassungen** regelt § 8 VwVG die sog. **Vollzugshilfe** durch die örtlich zuständige Bundesbehörde. In diesem Fall ist also nur an die Überwindung von Mängeln der örtlichen Zuständigkeit im Sinne von § 3 VwVfG gedacht. Die zur Amtshilfe zuständige Behörde ist dabei regelmäßig die örtlich zuständige Bundesbehörde, die die gleichen Zuständigkeiten auf derselben Verwaltungsebene wahrnimmt, wie die ersuchende Behörde. Soll die Vollstreckung im Wege der Amtshilfe durch Landesbehörden wahrgenommen werden, so findet wiederum das Amtshilferecht der Bundesländer Anwendung.[16]

2. Voraussetzungen

Sachlich ist die Vollstreckungshilfe durch das **Zusammentreffen zweier verschie- 326 dener Behördenzuständigkeiten** gekennzeichnet: Die Kompetenzen zur **Androhung** und zur **Ausführung** von Zwangsmaßnahmen fallen auseinander. Auch die Vorschriften über die Amtshilfe unter Einschluss von Art. 35 Abs. 1 GG geben

---

12 Eingehend dazu *Idziok,* Die Vollstreckungshilfe nach deutschem Recht und europäischem Gemeinschaftsrecht, 1997, S. 21 ff.
13 *Kopp/Kopp,* Die länderübergreifende Amtshilfe und Vollstreckungshilfe, BayVBl. 1994, 229 [230].
14 Ein Überblick über die einschlägigen Regelungen findet sich etwa bei *Stammberger,* in: Engelhardt/ App/Schlatmann, VwVG/VwZG, 11. Aufl., 2017, § 5 Rn. 6.
15 Hierzu schon *Kopp/Kopp,* Die länderübergreifende Amtshilfe und Vollstreckungshilfe, BayVBl. 1994, 229 [229].
16 Nachweise wiederum bei *Mosbacher,* in: Engelhardt/App/Schlatmann, VwVG/VwZG, 11. Aufl., 2017, § 8 Rn. 9.

dabei **keine Vollstreckungsbefugnis**, sondern setzen diese voraus und konstatieren ggf. nur ein **Recht** der ersuchenden Behörde zur Einforderung einer entsprechenden Unterstützung, das mit einer entsprechenden **Kooperationsverpflichtung** der ersuchten Behörde einhergeht. Die Voraussetzungen für die Vollstreckungshilfe sind daher, wie bei der allgemeinen Amtshilfe, weitgehend aus § 5 VwVfG zu entnehmen:

Es besteht eine **Weigerungspflicht** der ersuchten Behörde, wenn die **Amtshilfehandlung** rechtswidrig wäre oder dem Bundeswohl bzw. dem Wohle eines Bundeslandes erhebliche Nachteile zuführte.

Es besteht ein **Weigerungsrecht** der ersuchten Behörde, wenn eine andere Behörde einfacher oder mit wesentlich geringerem Aufwand Hilfe leisten könnte oder die Hilfeleistung nur mit unverhältnismäßig hohem Aufwand möglich wäre. **Im Streitfall** entscheidet die gemeinsame **Aufsichtsbehörde** nach § 5 Abs. 5 S. 2 VwVfG.[17]

Rechtsprechung: BVerwG, NVwZ 1997, 381; BVerwG, NVwZ 1998, 393; HessVGH, NVwZ-RR 1996, 361; HessVGH, NVwZ-RR 1996, 715.

Literatur: *Engelhardt, H./App, M./Schlatmann, A.,* VwVG/VwZG, 11. Aufl., 2017; *Idziok, A.* Die Vollstreckungshilfe nach deutschem Recht und europäischem Gemeinschaftsrecht, 1997; *Kopp, F./Kopp, F.J.,* Die länderübergreifende Amtshilfe und Vollstreckungshilfe, BayVBl. 1994, 229 ff; *Sadler, G.,* VwVG/VwZG, 9. Aufl., 2014. *Weber, K.,* Fehler im Verwaltungs- und im Vollstreckungsverfahren, LKV 2017, 203 ff.

§ 18 Das Widerspruchsverfahren

I. Die Funktion des Widerspruchsverfahrens

327 Das Widerspruchsverfahren ist ein Verfahren zur Überprüfung von Verwaltungsakten, das nach dem bundesgesetzlichen Regelfall in § 68 Abs. 1 S. 1 VwGO grundsätzlich vor Klageerhebung durchzuführen ist. Es ist einerseits ein Verwaltungsverfahren, andererseits aber auch Sachurteilsvoraussetzung für ein gerichtliches Verfahren. Das Widerspruchsverfahren verfolgt nach herkömmlicher Auffassung drei Zwecke:

- den Rechtsschutz des Bürgers, dem die Möglichkeit eröffnet wird, die Rechtmäßigkeit und die Zweckmäßigkeit eines Verwaltungsakts durch die Verwaltung prüfen zu lassen;
- eine Selbstkontrolle der Verwaltung;
- eine Entlastung der Verwaltungsgerichte.[1]

328 Der Ausgangs- wie der Widerspruchsbehörde (Rn. 335) kommt dabei grundsätzlich eine **umfassende Nachprüfungskompetenz** zu: Sie hat nicht nur die Rechts- sondern auch die Zweckmäßigkeit des Ausgangs-Verwaltungsakts zu überprüfen. Bei Ermessensentscheidungen ist die Widerspruchsbehörde daher nicht – wie das Verwaltungsgericht – darauf beschränkt, den Verwaltungsakt lediglich dahingehend zu überprüfen, ob die Ausgangsbehörde die rechtlichen Grenzen des Ermes-

---

17 Vgl. ebd., § 8 Rn. 3 ff. bzw. § 8 Rn. 5 ff.

1 Insbesondere mediationsnahe Ansätze, wie etwa *Rüssel*, Zukunft des Widerspruchsverfahrens, BayVBl. 2006, 523 ff. [524 f.], fügen dem mitunter eine vierte Funktion hinzu, die sich auf die Sicherung von Informiertheit und Akzeptanz – und damit letztlich auf die Wahrung des Rechtsfriedens – erstrecken soll.

sens eingehalten hat (vgl. § 114 S. 1 VwGO), vielmehr kann sie eine eigene Zweck-
mäßigkeitsentscheidung treffen (§ 68 Abs. 1 S. 1 VwGO).
Die ordnungsgemäße Durchführung eines Widerspruchsverfahrens ist regelmäßig
Voraussetzung für die Erhebung einer Anfechtungs- oder einer Verpflichtungsklage (§ 68 Abs. 1 S. 1, Abs. 2 VwGO).[2] Damit ist das Widerspruchsverfahren
Sachurteilsvoraussetzung für das Klageverfahren. Nach inzwischen ganz h. M.
muss das Widerspruchsverfahren spätestens im Zeitpunkt des Schlusses der letzten
mündlichen Verhandlung über die Klage durchgeführt worden sein. Im Gerichtsprozess wird dann der ursprüngliche Verwaltungsakt in der Gestalt, die er durch
den Widerspruchsbescheid gefunden hat (§ 79 Abs. 1 Nr. 1 VwGO), gerichtlich
überprüft. Der Abhilfebescheid (Rn. 354) und der Widerspruchsbescheid
(Rn. 361) können Klagegegenstand für sich nur dann sein, wenn sie erstmalig
eine Beschwer enthalten. Das Widerspruchsverfahren ist in § 68 ff. VwGO geregelt,
subsidiär gilt das VwVfG (§ 79 VwVfG).

II.   Die Wirkung der Widerspruchseinlegung

Die Einlegung des Widerspruchs hat zunächst **fristwahrende Wirkung**; sie   **328a**
hemmt das Eintreten der Bestandskraft (Unanfechtbarkeit). Darüber hinaus löst
die Einlegung des Widerspruchs den sog. **Suspensiveffekt** und den sog. **Devolutiveffekt** aus.

1.   Suspensiveffekt

Suspensiveffekt bedeutet, dass der Widerspruch aufschiebende Wirkung hat (§ 80   **329**
Abs. 1 S. 1 VwGO), d. h. die im Verwaltungsakt angeordnete Regelung kann
(noch) nicht umgesetzt werden. Funktion des Suspensiveffekts ist es, als Mittel
des vorbeugenden Rechtsschutzes zu verhindern, dass durch die Vollziehung des
noch nicht rechtsbeständig gewordenen Verwaltungsaktes vollendete Tatsachen
geschaffen werden und der von der Regelung Betroffene für die Dauer des Schwebezustandes, während dessen Ungewissheit über den Erfolg der Anfechtung besteht, weitgehend verwaltungsgerichtlichen Rechtsschutzes beraubt oder wesentlichen Nachteilen rechtlicher oder tatsächlicher Art ausgesetzt würde.[3]
§ 80 Abs. 1 S. 2 VwGO regelt, dass der Suspensiveffekt auch bei **rechtsgestaltenden** und **feststellenden** Verwaltungsakten sowie bei **Verwaltungsakten mit Doppelwirkung** (Regelungen, die einen Bürger begünstigen, einen anderen dagegen
belasten, vgl. § 80a VwGO) gilt. Der Suspensiveffekt tritt indes nicht ein bei einem
Verpflichtungswiderspruch sowie in dem Fall eines Widerspruchs in beamtenrechtlichen Angelegenheiten (§ 126 BRRG), sofern kein belastender Verwaltungsakt angegriffen wird.

Umstritten ist, wie die aufschiebende Wirkung des Widerspruchs zu verstehen ist.   **330**
Hierzu werden mehrere Ansichten vertreten.[4] Zwei Auffassungen sind grundlegend zu unterscheiden. Die eine geht davon aus, dass die Wirksamkeit des Verwaltungsakts (§ 43 VwVfG) gehemmt wird (sog. **Wirksamkeitstheorie**), die andere,
dass lediglich seine Vollziehbarkeit betroffen wird (sog. **Vollziehbarkeitstheorie**).
Die strenge Wirksamkeitstheorie – die kaum mehr Gefolgschaft hat – nimmt eine
umfassende Unwirksamkeit des angegriffenen Verwaltungsakts an; dieser wird so

---

2   Zu den Ausnahmen gem. § 68 Abs. 1 S. 2 VwGO siehe noch unter III.
3   BVerwGE 13, 1 [5].
4   Übersicht bei *Schoch*, in: Schoch/Schneider/Bier, VwGO, 34. Aufl., 2018, § 80 Rn. 75.

behandelt, als sei er nie wirksam geworden.[5] Hierfür wird angeführt, dass nur mit der Wirksamkeitstheorie die hemmende Wirkung des Widerspruchs bei rechtsgestaltenden, feststellenden und Verwaltungsakten mit Doppelwirkung (§ 80 Abs. 1 S. 2 VwGO) erklärt werden könne.[6]

Das Bundesverwaltungsgericht[7] hat sich zu Recht der Vollziehbarkeitstheorie angeschlossen und verweist auf den Gesetzeswortlaut des § 80 Abs. 2 S. 1 Nr. 4 VwGO. Die Bestimmung regelt die Möglichkeit der vorläufigen Ausschaltung des Suspensiveffektes durch die Behörde. Hierzu bedarf es nicht einer erneuten Inkraftsetzung des Verwaltungsaktes, also nicht der Wiederherstellung seiner „Wirksamkeit", sondern nur der Anordnung seiner „Vollziehung", d. h. der Verwirklichung der in ihm ausgesprochenen Rechtsfolge oder der sich aus ihr ergebenden weiteren Rechtsfolgen (Nebenfolgen) durch besondere Maßnahmen. Auch soweit die aufschiebende Wirkung bereits kraft Gesetzes entfällt (vgl. § 80 Abs. 2 S. 1 Nr. 1 bis 3 VwGO – dazu sogleich unter 2.), kann die Widerspruchsbehörde (§ 80 Abs. 4 VwGO) die „Vollziehung" aussetzen oder das Gericht (§ 80 Abs. 5 VwGO) den Eintritt der aufschiebenden Wirkung anordnen oder diese, soweit sie durch behördliche Vollziehungsanordnung aufgehoben war, wiederherstellen. Die VwGO trennt deutlich zwischen Vollziehbarkeit und Wirksamkeit, wie § 43 Abs. 1 2. Alt. VwGO erhellt, der die Klage zur Feststellung der Nichtigkeit und der Unwirksamkeit eines Verwaltungsakts (vgl. § 43 Abs. 3 VwVfG) regelt. Für die Vollziehbarkeitstheorie spricht vor allem auch das Wesen der aufschiebenden Wirkung: Die Behörde ist verpflichtet, für die Dauer des durch die Anfechtung des Verwaltungsaktes herbeigeführten Schwebezustandes, währenddessen Ungewissheit darüber besteht, ob die Maßnahme Bestand haben wird, alle Maßnahmen zu unterlassen, die der Vollziehung des Verwaltungsaktes dienen, sofern diese Maßnahmen den Bestand und die Rechtmäßigkeit des ergangenen Verwaltungsaktes voraussetzen. Die (strenge) Wirksamkeitstheorie würde über das Ziel des vorläufigen Rechtsschutzes hinausschießen.

> **Beispiel:** Beamter B wird entlassen und legt hiergegen Widerspruch ein. Folgt man der (strengen) Wirksamkeitstheorie, wäre die Entlassung bis zum Abschluss des Widerspruchsverfahrens und eines ggf. anschließenden Klageverfahrens suspendiert, d. h. unwirksam. B bliebe für diesen Zeitraum Beamter mit allen Rechten und Pflichten. Die Vollziehbarkeitstheorie vermeidet dieses Ergebnis: B ist zwar entlassen, die Entlassung ist ex tunc wirksam, sie wird aber vorerst nicht vollzogen. Die strenge Wirksamkeitstheorie muss korrigieren: Der vom Widerspruch erfasste Verwaltungsakt ist zwar wirksam, soll aber so behandelt werden, als sei er unwirksam.[8] Das entspricht der Vollziehbarkeitstheorie.[9]

2.   Ausnahmen vom Suspensiveffekt

331 a) Die aufschiebende Wirkung entfällt **von Gesetzes wegen** zunächst in folgenden drei Fallgruppen:
– **bei der Anforderung** von öffentlichen Abgaben und Kosten, (§ 80 Abs. 2 S. 1 Nr. 1 VwGO). Abgaben sind Steuern, Gebühren und Beiträge, ferner alle

---

5   Unter den Vertretern der Wirksamkeitstheorie ist umstritten, ob bei Bestätigung des angegriffenen Verwaltungsakts Wirksamkeit ex nunc (strenge Wirksamkeitstheorie) oder ex tunc (eingeschränkte Wirksamkeitstheorie) eintritt.
6   Vgl. *Hufen*, Verwaltungsprozessrecht, 11. Aufl., 2019, S. 494 Rn. 2 ff., der sich allerdings der Vollziehbarkeitstheorie anschließt.
7   Grundlegend: BVerwGE 13, 1 [5].
8   *Hoppe*, in: Eyermann, VwGO, 15. Aufl., 2019, § 80 Rn. 10 ff.
9   *Pietzner/Ronellenfitsch*, Das Assessorexamen im Öffentlichen Recht, 14. Aufl., 2019, S. 420 ff.

hoheitlich auferlegten Finanzierungsmittel, durch die die Befriedigung des öffentlichen Finanzbedarfs sichergestellt wird. Entscheidend ist, dass sich der Hoheitsträger eine Einnahmequelle erschließt, die es ihm ermöglicht, seine eigenen Ausgaben voll oder jedenfalls teilweise zu decken.[10] Kosten sind Gebühren und Auslagen für die öffentlich-rechtliche Verwaltungstätigkeit der Behörden (vgl. § 2 Abs. 1 BGebG). Der Begriff der Auslagen und Kosten ist entsprechend dem Zweck der Regelung auszulegen. Das öffentlich-rechtliche Gemeinwesen soll davor bewahrt werden, dass ihm die Einnahmen, auf die es angewiesen ist, nur deshalb auf unabsehbare Zeit vorenthalten werden, weil Abgabenpflichtige die Rechtsmittelmöglichkeiten, die ihnen zu Gebote stehen, ausschöpfen. Es soll also die Funktionsfähigkeit der öffentlichen Hand gewährleistet und eine geordnete Haushaltsführung ermöglicht werden.[11]

– **bei unaufschiebbaren Anordnungen und Maßnahmen von Polizeivollzugsbeamten**, § 80 Abs. 2 S. 1 Nr. 2 VwGO. Diese gesetzliche Regelung versteht sich von selbst, denn polizeiliche Maßnahmen dienen der Gefahrenabwehr und müssen häufig kurzfristig wirksam (und vollziehbar) sein. Nach überwiegender Auffassung soll § 80 Abs. 2 S. 1 Nr. 2 VwGO auf Verkehrszeichen analoge Anwendung finden.

– **in anderen durch Bundesgesetz oder für Landesrecht durch Landesgesetz vorgeschriebenen Fällen**, insbesondere für Widersprüche und Klagen Dritter gegen Verwaltungsakte, die Investitionen oder die Schaffung von Arbeitsplätzen betreffen, § 80 Abs. 2 S. 1 Nr. 3 VwGO. Diese Drittwidersprüche führen nur zum Entfallen der aufschiebenden Wirkung, wenn der Gesetzgeber das in einem formellen Gesetz ausdrücklich und eindeutig geregelt hat.[12]

    Beispiel: § 212a BauGB, § 29 Abs. 6 S. 2 PBefG (für Anfechtungsklagen).

332 b) Darüber hinaus kann die sofortige Vollziehung von der **Behörde**, die den Verwaltungsakt erlassen oder über den Widerspruch zu entscheiden hat, im öffentlichen Interesse oder im überwiegenden Interesse eines Beteiligten besonders angeordnet werden (§ 80 Abs. 2 S. 1 Nr. 4 VwGO). Die Behörde kann die Anordnung der sofortigen Vollziehung zugleich mit dem Erlass des Verwaltungsakts treffen. Nach wohl überwiegender Auffassung ist die Anordnung der sofortigen Vollziehung kein Verwaltungsakt, sondern nur ein Annex des Grund-Verwaltungsakts.[13] Sie setzt also einen Verwaltungsakt voraus und regelt lediglich dessen sofortige Vollziehbarkeit. Sie kann auch nicht mit Widerspruch und Anfechtungsklage angegriffen werden, sondern nur über § 80 Abs. 4 und Abs. 5 VwGO (Rn. 335).

333 c) Schließlich können die **Länder** bestimmen, dass Rechtsbehelfe keine aufschiebende Wirkung haben, soweit sie sich gegen Maßnahmen richten, die in der Verwaltungsvollstreckung durch die Länder nach Bundesrecht getroffen werden, § 80 Abs. 2 S. 2 VwGO.

    Beispiel: § 11 SächsVwVG.

334 d) Zum Suspensiveffekt ist noch Folgendes zu beachten: Nach § 80 Abs. 4 S. 1 VwGO kann die Behörde, die den Verwaltungsakt erlassen oder über den Wider-

---

10 BVerwG, NVwZ 1993, 1112.
11 BVerwG, NVwZ 1993, 1112 f.
12 *W.-R. Schenke*, in: Kopp/Schenke, VwGO, 26. Aufl., 2020, § 80 Rn. 65.
13 BVerwGE 24, 92 [94].

spruch zu entscheiden hat, in den Fällen des § 80 Abs. 2 VwGO die **Vollziehung aussetzen**, soweit nicht bundesgesetzlich etwas anderes bestimmt ist. § 80 Abs. 5 VwGO regelt ergänzend die Befugnis des Gerichts, die **aufschiebende Wirkung in den Fällen des § 80 Abs. 2 S. 1 Nr. 1 bis 3 VwGO anzuordnen bzw. im Fall des § 80 Abs. 2 S. 1 Nr. 4 wiederherzustellen.** Für Verwaltungsakte mit Doppelwirkung sehen § 80a Abs. 1 und 2 VwGO ein differenziertes Instrumentarium vor, das der Behörde sowohl die Möglichkeit der Anordnung sofortiger Vollziehung als auch diejenige der Wiederherstellung aufschiebender Wirkung belässt. § 80a Abs. 3 VwGO ergänzt dies wiederum um verwaltungsgerichtliche Korrekturmöglichkeiten.

> **Beispiel:** Die Baugenehmigung an A beschwert Nachbar N. Ein Widerspruch des N entfaltet wegen § 212a BauGB keine aufschiebende Wirkung. N kann sich an die Baugenehmigungsbehörde (§ 80a Abs. 1 VwGO) oder an das Gericht (§ 80a Abs. 3 i. V. m. Abs. 1 VwGO) wenden und beantragen, die aufschiebende Wirkung seines Widerspruchs wiederherzustellen.

3. Devolutiveffekt

335 **Devolutiveffekt** bedeutet, dass die Sachentscheidungskompetenz der Ausgangsbehörde auf die Widerspruchsbehörde übergeht. „Übergehen" ist freilich insofern nicht ganz richtig, weil während des Widerspruchsverfahrens Ausgangs- und Widerspruchsbehörde parallel zuständig sind.

Widerspruchsbehörde ist grundsätzlich die nächsthöhere Behörde, es sei denn, es ist durch Gesetz eine andere höhere Behörde bestimmt (§ 73 Abs. 1 S. 2 Nr. 1 VwGO). Ist die nächsthöhere Behörde eine oberste Bundes- oder oberste Landesbehörde, ist Widerspruchsbehörde die Ausgangsbehörde (§ 73 Abs. 1 S. 2 Nr. 2 VwGO). In Selbstverwaltungsangelegenheiten ist Widerspruchsbehörde die Selbstverwaltungsbehörde, soweit nicht durch Gesetz Abweichendes geregelt ist (§ 73 Abs. 1 S. 2 Nr. 3 VwGO).

III. Das Widerspruchsverfahren als Klagevoraussetzung

336 Das Widerspruchsverfahren ist grundsätzlich vor Erhebung einer Anfechtungsklage (§ 42 Abs. 1, 1. Alt. VwGO) oder einer Verpflichtungsklage (§ 42 Abs. 1, 2. Alt. VwGO) zwingend durchzuführen, § 68 Abs. 1 S. 1 VwGO.
Die Durchführung eines Widerspruchsverfahrens als Klagevoraussetzung kann entfallen. **Fünf Fallgruppen** sind wichtig:
1. **Das Gesetz bestimmt dies** (§ 68 Abs. 1 S. 2 VwGO).

> **Beispiel:** § 70 VwVfG (förmliches Verfahren), § 74 Abs. 1 S. 2 i. V. m. § 70 VwVfG (Planfeststellungsverfahren); § 11 AsylVfG (sämtliche Entscheidungen auf der Grundlage des AsylVfG).

Fraglich ist, ob der Landesgesetzgeber auf der Grundlage von § 68 S. 2 1. Alt. VwGO ein Widerspruchsverfahren grundsätzlich – ggf. auch für Entscheidungen von Bundesbehörden – ausschließen kann. Die Bundesländer sehen hierin eine Möglichkeit, ihre Verwaltung zu modernisieren.

> **Beispielsfall:**[14] Der Bayerische Landtag beschließt am 24.6.2004 *zunächst* ein Erprobungsgesetz zur Abschaffung des Widerspruchsverfahrens. Im Regierungsbezirk Mittelfranken soll für Klagen zum Verwaltungsgericht Ansbach für die nächsten zwei Jahre

---

14 BayVerfGH vom 15.11.2006 – Vf. 6-VII-05, abgedruckt in: BayVBl. 2007, 79 ff.

(1.7.2004 bis 30.6.2006, dann verlängert bis zum 30.6.2007) kein Widerspruchsverfahren erforderlich sein.

Lösung: Bedenken bestehen zunächst im Hinblick auf die sachliche Zuständigkeit des Landesgesetzgebers. Denn die Kompetenz zur Regelung des Verwaltungsprozessrechts gehört zur konkurrierenden Gesetzgebungszuständigkeit des Bundes (Art. 74 Abs. 1 Nr. 1 GG). Die Regulierung des Widerspruchsverfahrens in § 68 Abs. 1 und 2 VwGO ist insgesamt dieser Kompetenznorm (und nicht etwa Art. 84 Abs. 1 GG) zu unterstellen, weil das verwaltungsinterne Widerspruchsverfahren als „Vorverfahren zum Verwaltungsprozess" hier in engem „Sachzusammenhang" zum anschließenden verwaltungsgerichtlichen Klageverfahren (Vorverfahren als Sachurteilsvoraussetzung) steht.[15] Problematisch ist indes, wieweit der Bund von seiner damit begründeten Kompetenz zur Vorranggesetzgebung gem. Art. 72 Abs. 1 GG abschließend Gebrauch gemacht hat:
a) Auszugehen ist hierbei von der Regelung des § 68 Abs. 1 S. 1 VwGO. Diese sieht vor, dass vor Erhebung einer Anfechtungsklage (für die Verpflichtungsklage gilt gem. § 68 Abs. 2 VwGO nichts anderes) grundsätzlich zwingend ein Vorverfahren durchzuführen ist. § 68 Abs. 1 S. 2 1. Alt. VwGO ermöglicht nun Landesregelungen, die insoweit von dieser Regel abweichen, als sie das Vorverfahren innerhalb eines Rechtsgebietes für einzelne Verfahrensmodalitäten, ggf. aber auch für ein einzelnes Rechtsgebiet insgesamt abschaffen (sog. bereichsspezifische Ausnahmetatbestände[16]).
b) Kontrovers beurteilt wird jedoch die Frage, ob die Länder in der Folge im Einklang mit Art. 72 Abs. 1 GG das Widerspruchsverfahren insgesamt abschaffen können.[17] Der Wortlaut des § 68 Abs. 1 S. 2 1. Alt. VwGO gibt zur Klärung dieser Frage wenig her. Zwar hat der Gesetzgeber die Bestimmung, die bis dahin die Formulierung enthielt: „…wenn ein Gesetz dies für besondere Fälle bestimmt…", mit Wirkung zum 1.1.1997 neu gefasst. Damit ist § 68 Abs. 1 S. 2 1. Alt. VwGO in der jetzt geltenden Fassung zu einer dem Wortlaut nach nicht beschränkten Öffnungsklausel zugunsten der Länder geworden. In systematischer Hinsicht bleibt jedoch zu berücksichtigen, dass der Bundesgesetzgeber dabei an § 68 Abs. 1 S. 1 VwGO und dem durch diese Bestimmung begründeten Regel-Ausnahmeverhältnis (zwingendes Widerspruchsverfahren als Regel; Beschränkungen als Ausnahme) festgehalten hat. Ist ein solches Verhältnis damit als abschließender Wille des Bundesgesetzgebers zu erachten, so steht einer vollumfänglichen Abschaffung des Vorverfahrens durch den Landesgesetzgeber die Sperrwirkung des Art. 72 Abs. 1 GG entgegen.[18] Dieses Argument schlägt mit Blick auf den Experimentiercharakter der Befreiungsbestimmung im vorangegangenen Beispielsfall zwar nicht durch, eine generelle und dauerhafte Abschaffung des Widerspruchsverfahrens war hier gerade nicht vorgesehen. Die Abschaffung war vielmehr sowohl räumlich (VG Ansbach) als auch zeitlich (Erprobungsphase von zunächst zwei, dann insgesamt drei Jahren) beschränkt.[19] Mit Wirkung vom 1.7.2007 hat sich dies im Freistaat Bayern indes

---

15 Vgl. zum Streitstand *Hufen*, Verwaltungsprozessrecht, 11. Aufl., 2019, S. 73 Rn. 8; *Müller-Grune/Grune*, Abschaffung des Widerspruchsverfahrens – Ein Bericht zum Modellversuch in Mittelfranken, BayVBl. 2007, 65 ff. [66], jew. m. w. N.
16 BT-Drs. 13/5098, 23.
17 *Lindner*, Abschaffung des Widerspruchsverfahrens durch die Länder?, BayVBl. 2005, 65 ff. [69].
18 Vgl. BVerfGE 102, 99 [115] – Landesabfallgesetz NRW: „Maßgeblich ist, ob ein bestimmter Sachbereich tatsächlich umfassend und lückenlos geregelt ist bzw. nach dem aus Gesetzgebungsgeschichte und Materialien ablesbaren objektivierten Willen des Gesetzgebers abschließend geregelt werden sollte. Hat der Bund einen Sachbereich in Wahrnehmung einer konkurrierenden Gesetzgebungskompetenz in diesem Sinne abschließend geregelt, so tritt die Sperrwirkung des Art. 72 Abs. 1 GG für eine Regelung der Länder im selben Sachbereich unabhängig davon ein, ob die landesrechtlichen Regelungen den bundesrechtlichen Bestimmungen widerstreiten oder sie nur ergänzen, ohne ihnen sachlich zu widersprechen … Führt der Vollzug einer landesrechtlichen Bestimmung dazu, dass die bundesrechtliche Regelung nicht mehr oder nicht mehr vollständig oder nur noch verändert angewandt und so in ihrem Regelungsziel nur modifiziert verwirklicht werden kann, so ist dies jedenfalls ein sicheres Anzeichen dafür, dass die betreffende landesrechtliche Bestimmung sich auf einem Feld bewegt, das der Bundesgesetzgeber durch eigene Vorschriften bereits besetzt hat."
19 Hieran anknüpfend aus landesverfassungsrechtlicher Perspektive BayVerfGH, BayVBl. 2007, 79 [80].

grundlegend geändert: So sieht die Regelung des Art. 15 Abs. 1 BayAGVwGO für bestimmte Fallgruppen ein fakultatives Vorverfahren vor; für nahezu alle anderen Fälle schließt Art. 15 Abs. 2 BayAGVwGO ein solches Vorverfahren zwingend aus; beides gilt – abgesehen von Art. 15 Abs. 3 BayAGVwGO – ohne weitere sachliche und zudem jedenfalls ohne zeitliche Beschränkung.[20]

c) In der Literatur wird denn auch die Kompetenz des Landesgesetzgebers zu einer derart weitreichenden Regelung, die den Grundsatz des § 68 Abs. 1 S. 1 VwGO (grundsätzlich zwingende Durchführung des Vorverfahrens vor Klageerhebung) im Ergebnis in sein Gegenteil verkehre, nicht ohne Grund kritisch beurteilt.[21] In einer Entscheidung[22] sieht der Bayerische Verfassungsgerichtshof dies weitgehend anders: Prüfungsmaßstab in dem zugrunde liegenden Popularklageverfahren gem. Art. 98 S. 4 BayVerf, Art. 55 Abs. 1 BayVfGHG sind dabei allein Normen der Bayerischen Verfassung, nicht aber solche des Bundesrechts. Ein Verstoß einer landesrechtlichen Norm gegen Bundesrecht kann aber zu einer Verletzung des in Art. 3 Abs. 1 S. 1 BayVerf normierten Rechtsstaatsprinzips führen. Letzteres setzt jedoch voraus, dass der Bayerische Landesgesetzgeber offensichtlich den Bereich der Rechtsordnung des Bundes verlassen und Landesrecht ohne Rechtssetzungsbefugnis geschaffen hat. Ein etwaiger Verstoß gegen die grundgesetzliche Kompetenzordnung muss dabei nicht nur offensichtlich zutage treten, sondern auch inhaltlich, seinem Gewicht nach, als schwerwiegender, krasser Eingriff in die Rechtsordnung zu werten sein. Angesichts der offenen Formulierung von § 68 Abs. 1 S. 2 1. Alt. VwGO läge jedoch nach Auffassung des BayVerfGH zum einen selbst im Falle der vollumfänglichen Abschaffung des Widerspruchsverfahrens bereits kein offensichtlicher Verstoß gegen die grundgesetzliche Kompetenzordnung vor. Zum anderen stellt die angegriffene Regelung des Art. 15 BayAGVwGO demnach gerade keine vollumfängliche Abschaffung des Widerspruchsverfahrens dar, weil die Fallgruppen eines fakultativen Vorverfahrens (Abs. 1 der angegriffenen Regelung) demge-

---

20 Art. 15 BayAGVwGO lautet:
„(1) Gegen einen nur an ihn gerichteten Verwaltungsakt kann der Betroffene
1. im Bereich des Kommunalabgabenrechts,
2. im Bereich des Landwirtschaftsrechts einschließlich des Rechts landwirtschaftlicher Subventionen sowie im Bereich des Rechts forstlicher Subventionen und jagdrechtlicher Abschussplanverfahren,
3. im Bereich des Schulrechts einschließlich des Rechts der Schulfinanzierung und Schülerbeförderung,
4. in den Bereichen des Ausbildungs- und Studienförderungsrechts, des Heimrechts, des Kinder- und Jugendhilferechts, der Kinder-, Jugend- und Familienförderung, des Kriegsopferfürsorgerechts, des Schwerbehindertenrechts, des Unterhaltsvorschussrechts, des Wohngeldrechts, des Rundfunkabgabenrechts und im Rahmen der Förderungen nach dem Europäischen Sozialfonds (ESF-Förderung), soweit jeweils der Verwaltungsrechtsweg eröffnet ist,
5. in Angelegenheiten der Beamten mit Ausnahme des Disziplinarrechts,
6. bei personenbezogenen Prüfungsentscheidungen
entweder Widerspruch einlegen oder unmittelbar Klage erheben; in den Angelegenheiten der Nr. 5 gilt Entsprechendes für Leistungs- und Feststellungsklagen. Richtet sich der Verwaltungsakt in diesen Bereichen an mehrere Betroffene, kann jeder von ihnen unmittelbar Klage erheben, wenn alle Betroffenen zustimmen. Wird unmittelbar Klage erhoben, bedarf es keiner Durchführung eines Vorverfahrens nach § 68 VwGO.
(2) Soweit in Abs. 1 nichts Abweichendes geregelt ist, entfällt das Vorverfahren nach § 68 VwGO.
(3) Die Abs. 1 und 2 gelten nur für Verfahren der Behörden des Freistaates Bayern, der Gemeinden und Gemeindeverbände und der sonstigen der Aufsicht des Freistaates Bayern unterstehenden juristischen Personen des öffentlichen Rechts. § 68 Abs. 1 Satz 2 Nrn. 1 und 2 VwGO sowie sonstige abweichende Regelungen in anderen Gesetzen und Rechtsverordnungen bleiben unberührt."
Nachweise zu Parallelregelungen in anderen Bundesländern etwa bei *W.-R. Schenke*, in: Kopp/ Schenke, VwGO, 26. Aufl., 2020, § 68 Rn. 17 a.
21 Vgl. *Müller-Grune/Grune*, Abschaffung des Widerspruchsverfahrens – Ein Bericht zum Modellversuch in Mittelfranken, BayVBl. 2007, 65 ff.; *Hofmann-Hoeppel*, Statistik als Wille und Vorstellung, BayVBl 2007, 73 ff.; *Lindner*, Abschaffung des Widerspruchsverfahrens durch die Länder?, BayVBl. 2005, 65 ff., jew. m. w. N.
22 BayVGH vom 23.10.2008 – Vf. 10-VII-07.

genüber ein „Minus" darstellen und dem Bürger im Zusammenhang mit Abs. 3 der Regelung in der weitaus überwiegenden Zahl der Fälle die Option eines Vorverfahrens erhalten bleibe.

d) Einer Zulässigkeit entsprechender Regelungen steht demgegenüber nicht entgegen, dass die Beschränkung des Widerspruchsverfahrens jedenfalls im Beispielsfall auch für Bundesbehörden gelten soll. Insoweit ist auf den nicht abschließenden Charakter der VwGO zu verweisen. Der Bund hatte es jederzeit in der Hand, das Widerspruchsverfahren als zwingendes Vorverfahren für Bundesbehörden zu regeln.[23]

e) Möglicherweise könnte indes jeweils insofern ein Verstoß gegen das Rechtsstaatsprinzip (Art. 20 Abs. 3 GG) vorliegen, weil die Kontrolldichte der Verwaltungsgerichte lediglich auf die Prüfung der Rechtmäßigkeit beschränkt ist (§ 114 S. 1 VwGO) und die Zweckmäßigkeit nicht einschließt (vgl. demgegenüber § 68 Abs. 1 S. 1 VwGO). Die Kontrolle der Zweckmäßigkeit des Verwaltungshandelns fordert das Rechtsstaatsprinzip aber nur, wenn damit eine Rechtsverletzung verbunden ist. Eine Rechtsverletzung wiederum ist grundsätzlich auf eine Beeinträchtigung subjektiver Rechte (Rechtmäßigkeitskontrolle) beschränkt. Entsprechend setzt das Widerspruchsverfahren voraus, dass der Widerspruchsführer „Beschwerter" ist (vgl. § 70 Abs. 1 S. 1 VwGO), also durch den Verwaltungsakt oder seine Ablehnung – sei es, weil die Maßnahme rechtswidrig oder weil sie unzweckmäßig ist – möglicherweise in eigenen Rechten betroffen ist. Auch im Widerspruchsverfahren findet somit grundsätzlich keine vom Schutz subjektiver Rechte losgelöste objektive Rechtskontrolle statt; einen „Popularwiderspruch" gibt es, von Ausnahmefällen abgesehen, nicht.

f) Unzulässig ist der Wegfall des behördlichen Nachprüfungsverfahrens schließlich dort, wo es ein verfassungsrechtliches Nachprüfungsgebot gibt, z. B. weil den Behörden ein Beurteilungsspielraum zusteht und dem Betroffenen ermöglicht werden muss, Einwände bereits im Verwaltungsverfahren vorzubringen. Das ist etwa bei Prüfungsentscheidungen (Rn. 124) der Fall, für die der Bayerische Landesgesetzgeber daher aktuell zumindest ein fakultativ durchzuführendes Vorverfahren vorsieht, Art. 15 Abs. 1 S. 1 Nr. 6 BayAGVwGO.[24]

g) Bedenken wegen gleichheitswidriger Behandlung von Rechtsschutzsuchenden innerhalb und außerhalb des Regierungsbezirks Mittelfranken ist im vorangestellten Beispielsfall mit dem beschränkten Experimentiercharakter der Klausel zu begegnen.

h) In rechtspolitischer Hinsicht kann eine Abschaffung des Widerspruchsverfahrens schließlich insgesamt nicht überzeugen. Sie dient nicht dem Rechtsschutz des Bürgers, schafft eine Selbstkontrollmöglichkeit der Verwaltung ab und wird zu einer weiteren Belastung der Gerichte führen.[25]

2. Der Verwaltungsakt ist von einer **obersten Bundesbehörde oder von einer obersten Landesbehörde erlassen** worden, außer wenn ein Gesetz die Nachprüfung vorschreibt (§ 68 Abs. 1 S. 2 Nr. 1 VwGO). Die Ausnahme gilt nur für oberste Behörden (Rn. 60), z. B. Ministerien, nicht aber für obere Behörden. Das Widerspruchsverfahren kann hier entfallen, weil es keine weitere Kontrollstufe (übergeordnete Behörde) gibt. Außerdem ist eine besondere fachliche Qualifikation oberster Behörden anzunehmen. **337**

3. Der Abhilfebescheid oder der Widerspruchsbescheid **enthält erstmalig eine Beschwer** (§ 68 Abs. 1 S. 2, Nr. 1 VwGO). Dann hat die Behörde ein Widerspruchsverfahren bereits durchgeführt, die Sach- und Rechtslage also schon ge- **338**

---

23 Zutreffend BayVerfGH, BayVBl. 2007, 79 [80].

24 Kritisch demgegenüber wiederum *Müller-Grune/Grune*, Abschaffung des Widerspruchsverfahrens – Ein Bericht zum Modellversuch in Mittelfranken, BayVBl. 2007, 65 f. [67].

25 Hierzu etwa *Härtel*, Rettungsanker für das Widerspruchsverfahren?, VerwArch 2007, 54 ff. [65]; *Hofmann-Hoeppel*, Statistik als Wille und Vorstellung, BayVBl. 2007, 73 ff.; *Rüssel*, Zukunft des Widerspruchsverfahrens, NVwZ 2006, 523 ff.

prüft. Außerdem hat der zusätzlich beschwerte Widerspruchsführer, ggf. aber auch beschwerter Dritter, ein Interesse daran, ohne nochmalige Durchführung des Vorverfahrens Klage erheben zu können.[26]

339 4. Wenn der Bürger Widerspruch erhoben oder einen Antrag auf Vornahme eines Verwaltungsakts gestellt hat, die Behörde aber ohne zureichenden Grund in angemessener Frist **sachlich nicht entschieden** hat, ist abweichend von § 68 VwGO eine Untätigkeitsklage zulässig, § 75 S. 1 VwGO. Die Klage kann grundsätzlich nicht vor Ablauf von drei Monaten seit der Einlegung des Widerspruchs oder seit dem Antrag auf Vornahme des Verwaltungsakts erhoben werden, außer wenn wegen besonderer Umstände des Falles eine kürzere Frist geboten ist (§ 75 S. 2 VwGO). Entgegen dem Wortlaut der gesetzlichen Bestimmung müssen die Sachurteilsvoraussetzungen aber erst bis zum Zeitpunkt der letzten mündlichen Verhandlung der Tatsacheninstanz vorliegen, so dass die genannte Frist bis zum Zeitpunkt fruchtlos abgelaufen sein muss.

340 5. Wenn sich die beklagte Behörde im Verwaltungsprozess sachlich auf die Klage einlässt und deren Abweisung beantragt, ohne zu rügen, dass der Kläger einen Widerspruch nicht eingelegt hat oder das Widerspruchsverfahren nicht abgewartet hat (str.): Das BVerwG hält hier aus Gründen der Prozessökonomie und vor allem mit Blick auf den Regelungszweck des § 68 VwGO, über die vorbenannten, gesetzlich ausdrücklich geregelten Fälle hinaus, regelmäßig ein Vorverfahren für entbehrlich. Entscheidend ist, ob dem Zweck des Vorverfahrens bereits Rechnung getragen ist oder dieser Zweck sich ohnehin nicht mehr erreichen lässt.[27] Wenn sich der Beklagte durch die Behörde, die gem. § 73 Abs. 1 Nr. 2 VwGO auch einen Widerspruchsbescheid hätte erlassen müssen, auf die Klage sachlich einlässt und deren Abweisung beantragt, ist davon auszugehen, dass er einen Widerspruch des Klägers nicht anders behandeln würde.

IV. Die Einleitung des Widerspruchsverfahrens

1. Erhebung des Widerspruchs

341 Das Vorverfahren beginnt mit der **Erhebung des Widerspruchs** (§ 69 VwGO). Hierzu ist der Widerspruch innerhalb eines Monats, nachdem der Verwaltungsakt dem Beschwerten bekannt gegeben worden ist, schriftlich oder zur Niederschrift bei der Ausgangsbehörde oder bei der Widerspruchsbehörde zu erheben (§ 70 Abs. 1 S. 1 VwGO). Ein Widerspruch vor Bekanntgabe des Ausgangs-Verwaltungsakts ist unzulässig; der (künftige) Adressat ist nicht beschwert. Der Widerspruch wird auch nicht zulässig, wenn der Ausgangs-Verwaltungsakt später tatsächlich ergeht.[28]

Ein Widerspruch ist weiterhin unzulässig, wenn der Beschwerdeführer auf den Rechtsbehelf **verzichtet** hat. Dies muss ausdrücklich geschehen. Möglich ist auch eine entsprechende vertragliche Vereinbarung zwischen den Parteien oder zwei von einer Regelung unterschiedlich Betroffenen (Verwaltungsakt mit Doppelwirkung).

> **Beispiel:** Der Nachbar erklärt sich mit einem Bauvorhaben einverstanden (vgl. dazu § 70 Abs. 3 SächsBauO).

---

26 OVG Koblenz, NVwZ 1992, 386.
27 BVerwG, NVwZ-RR 1995, 90 ff.
28 BVerwGE 25, 20 [21].

In verfahrensrechtlicher Hinsicht führt der Verzicht dazu, dass der Verwaltungsakt mit der Erklärung des Verzichts bestandskräftig wird.[29]

2. Form und notwendiger Inhalt der Widerspruchserhebung

Gem. § 70 Abs. 1 S. 1 VwGO ist der Widerspruch **schriftlich, in elektronischer**   **342**
Form nach § 3a Abs. 2 VwVfG oder **zur Niederschrift** einzulegen.
Die Rechtsprechung beschränkt die **Schriftform** dabei nicht auf die Beachtung von § 126 Abs. 1 BGB. Der Widerspruchsführer muss seine Widerspruchsschrift also nicht notwendig eigenhändig durch Namensunterschrift oder mittels eines notariell beglaubigten Handzeichens unterschrieben haben. Auszugehen ist vielmehr vom Sinn des Formerfordernisses in § 70 Abs. 1 S. 1 VwGO, der zum einen darin besteht, die Identität des Absenders festzustellen und zum anderen darauf gerichtet ist, klarzustellen, dass es sich nicht um einen Entwurf, sondern um eine gewollte prozessuale Erklärung handelt. Der in § 70 VwGO vorgeschriebenen Schriftform genügt eine Widerspruchsschrift daher auch dann, wenn zwar die Unterschrift fehlt, sich aber aus dem Schriftstück in Verbindung mit den möglicherweise beigefügten Anlagen hinreichend sicher – d. h. ohne Notwendigkeit einer Klärung durch Rückfrage oder Beweiserhebung – ergibt, dass es von dem Widersprechenden herrührt und mit dessen Willen in den Verkehr gebracht wurde.[30]
Mit § 3a VwVfG können auch **elektronische Kommunikationsinstrumente** der Schriftform genügen, soweit nicht durch Rechtsvorschrift etwas anderes bestimmt ist. Der elektronischen Form genügt ein elektronisches Dokument, das mit einer qualifizierten elektronischen Signatur versehen ist. Die Schriftform kann auch auf folgende Weise ersetzt werden (Vgl. § 3a Abs. 2 VwVfG):

- durch unmittelbare Abgabe der Erklärung in einem elektronischen Formular, das von der Behörde in einem Eingabegerät oder über öffentlich zugängliche Netze zur Verfügung gestellt wird;
- bei Anträgen und Anzeigen durch Versendung eines elektronischen Dokuments an die Behörde mit der Versandart nach § 5 Abs. 5 des De-Mail-Gesetzes;
- bei elektronischen Verwaltungsakten oder sonstigen elektronischen Dokumenten der Behörden durch Versendung einer De-Mail-Nachricht nach § 5 Abs. 5 des De-Mail-Gesetzes, bei der die Bestätigung des akkreditierten Diensteanbieters die erlassende Behörde als Nutzer des De-Mail-Kontos erkennen lässt;
- durch sonstige sichere Verfahren, die durch Rechtsverordnung festgelegt werden.

Eine **Niederschrift** erfolgt aufgrund eines mündlichen Vorbringens des Rechts-   **343**
mittelführers, das die Behörde aufnimmt. Ein mündliches Protokoll ist nicht erforderlich; es genügt eine sinngemäße Zusammenfassung der Einwände. Die Behörde muss aber die Möglichkeit haben, die Identität des Rechtsmittelführers nachzuprüfen. Deshalb ist im Falle der Niederschrift seine persönliche Anwesenheit erforderlich. Eine telefonische Rechtsmitteleinlegung genügt diesen Anforderungen nicht.[31]

---

29 *Rennert*, in: Eyermann, VwGO, 15. Aufl., 2019, § 69 Rn. 6 f.
30 BVerwG, NJW 1998, 1505 [1506].
31 BVerwGE 17, 66 [168].

3.   Widerspruchsfrist

344   Die Widerspruchsfrist beträgt grundsätzlich einen Monat nachdem der Widerspruch dem Beschwerten bekannt gegeben worden ist. Allerdings setzt der Lauf der Monatsfrist voraus, dass der Betreffende über den Widerspruch und die Ausgangs- und Widerspruchsbehörde, bei denen der Widerspruch anzubringen ist, den Sitz und die einzuhaltende Frist schriftlich oder elektronisch belehrt worden ist (§ 70 Abs. 2 i. V. m. § 58 Abs. 1 VwGO).

344a   a) Für die **Fristberechnung** gibt es zwei Wege, je nachdem ob man im Widerspruchsverfahren ein vorgerichtliches, prozessuales Verfahren oder ein Verwaltungsverfahren sieht: im ersten Fall richtet sich der Fristbeginn nach § 57 Abs. 2 VwGO i. V. m. §§ 222 (ggf. i. V. m. §§ 187 ff. BGB), 224 Abs. 2 und 3, 225, 226 ZPO; andernfalls nach §§ 79 2. Hs.; 31 Abs. 1 VwVfG; §§ 187 ff. BGB.

> **Beispiel:** Die Behörde richtet an A ein Schreiben mit Datum vom 15.2.2018 (Donnerstag), das noch am gleichen Tag zur Post gegeben wird und A am 16.2.2018 (Freitag) zugeht. Der Fristbeginn richtet sich nach § 57 Abs. 2 VwGO, § 222 Abs. 1 ZPO, § 187 Abs. 1 BGB, weil es auf ein Ereignis, nämlich den Zugang des Schreibens, ankommt. Für die Berechnung der Frist wird dieser Tag aber nicht mitgerechnet, Fristbeginn ist also grundsätzlich der nächste Tag. Wegen § 41 Abs. 2 S. 1 VwVfG gilt der Brief aber erst am dritten Tag nach Aufgabe zur Post als zugegangen. Das ist der 18.2.2018, Fristbeginn ist also der 19.2.2018. Nach a. A. bestimmt sich der Fristbeginn, im Ergebnis identisch, nach §§ 79 2. Hs., 31 Abs. 1 VwVfG, § 187 Abs. 1 BGB.
>
> Die Frist beträgt einen Monat (§ 70 Abs. 1. S. 1VwGO). Das Fristende richtet sich nach § 57 Abs. 2 VwGO, § 222 Abs. 1 ZPO, § 188 Abs. 2 BGB und endet deshalb mit dem Ablauf desjenigen Tages, der durch seine Benennung oder seine Zahl dem Tag entspricht, in den das Ereignis oder der Zeitpunkt fällt. Das wäre wegen der Drei-Tages-fiktion des § 41 Abs. 2 VwVfG der 18.3.2018. Da es sich herbei aber um einen Sonntag handelt, ist nach § 222 Abs. 2 ZPO i. V. m. § 57 Abs. 2 VwGO bzw. § 31 Abs. 3 i. V. m. § 79 VwVfG das Ende der Frist der Ablauf des 19.3.2018 (Montag).
>
> Hat die Behörde das Schreiben am 21.2.2018 zur Post gegeben, ist Fristbeginn der 25.2.2018 (§ 57 Abs. 2 VwGO, § 222 Abs. 1 ZPO, § 187 Abs. 1 BGB, § 41 Abs. 2 VwVfG oder §§ 79 2. Hs.; 31 Abs. 1, § 41 Abs. 2 VwVfG, § 187 Abs. 1 BGB). Dass es sich dabei um einen Sonntag handelt, ist irrelevant. § 222 Abs. 2 ZPO und § 31 Abs. 3 VwVfG stellen nur auf das Ende der Frist ab. Fristende wäre daher der 24.3.2018. Da es sich um einen Samstag handelt, ist das Ende der Frist der Ablauf des 26.3.2018 (Montag) nach § 222 Abs. 2 ZPO i. V. m. § 57 Abs. 2 VwGO bzw. § 31 Abs. 3 i. V. m. § 79 VwVfG. Hat die Behörde an A ein Schreiben mit Datum 1.2.2018 (Donnerstag) am 2.2.2018 nach den Vorschriften des Verwaltungszustellungsgesetzes **zugestellt**, ist Fristbeginn (§ 187 Abs. 1 BGB) der 3.2.2007 (die Drei-Tagesfiktion des § 41 Abs. 2 VwVfG gilt wegen § 41 Abs. 5 VwVfG nicht). Die Frist läuft demnach am 1.3.2018 (Freitag, 24.00 Uhr) ab (§ 188 Abs. 2 BGB).

345   b) § 58 Abs. 2 VwGO regelt den Fall, dass die **Belehrung unterblieben oder unrichtig erteilt** ist. In einem solchen Fall, der vorliegt, sobald die Belehrung in irgendeiner Weise von den Vorgaben der §§ 70 Abs. 2, 58 Abs. 1 VwGO abweicht, ist die Einlegung des Rechtsbehelfs innerhalb eines Jahres seit Zustellung, Eröffnung oder Verkündung des Verwaltungsakts zulässig. Das gilt nicht, wenn die Einlegung vor Ablauf der Jahresfrist infolge höherer Gewalt unmöglich war oder eine schriftliche oder elektronische Belehrung darüber erfolgt ist, dass ein Rechtsbehelf nicht gegeben sei.

346   c) Ist der Verwaltungsakt dem Beschwerten **nicht bekannt gegeben**, kann die Widerspruchsfrist auch nicht zu laufen beginnen. Das ist insbesondere bei Verwaltungsakten von Bedeutung, die Rechte Dritter berühren, diesen aber nicht bekannt gegeben wurden. Die Jahresfrist des § 58 Abs. 2 VwGO kann dann nicht zu laufen beginnen. Der Verwaltungsakt ist jederzeit anfechtbar. Allerdings können die Grundsätze der **Verwirkung** greifen.

Fall 47:[32] A hat von der Bauaufsichtsbehörde im Sommer 2017 eine Baugenehmigung zur Errichtung eines Jugendzentrums erhalten, das noch im Jahr 2017 auch tatsächlich errichtet wurde. Grenznachbar N ist die Baugenehmigung nicht zugestellt worden. Im Herbst 2018 erhebt er gegen die Baugenehmigung des A Widerspruch; er befürchtet unerträglichen Lärm.

Lösung Fall 47: Gegen die Baugenehmigung des A ist der Widerspruch statthaft, denn es handelt sich um einen Verwaltungsakt i. S. d. § 35 S. 1 VwVfG. Auch kann N geltend machen, möglicherweise in seinen Rechten verletzt zu sein. Die Baugenehmigung ist ein Verwaltungsakt mit Doppelwirkung. Sie wird nach den Landesbauordnungen erteilt, wenn dem Vorhaben keine öffentlich-rechtlichen Vorschriften entgegenstehen. Hier könnte eine Verletzung an §§ 22 Abs. 1 und 3 Abs. 1 BImSchG vorliegen. Fraglich ist aber, ob N rechtzeitig Widerspruch eingelegt hat. Grundsätzlich beträgt die Widerspruchsfrist einen Monat (§ 70 Abs. 1 VwGO), liegt eine ordnungsgemäße Rechtsbehelfsbelehrung nicht vor, ein Jahr (§ 70 Abs. 2 i. V. m. § 58 Abs. 2 VwGO), jeweils ab Zustellung, Eröffnung oder Verkündung. Keine dieser Zugangsvarianten ist hier aber gegenüber N einschlägig, weil die Baugenehmigung lediglich A, nicht aber N bekannt gegeben wurde. Fraglich ist daher, ob § 58 Abs. 2 VwGO für den Fall, dass eine zufällige Kenntnisnahme des N terminlich nachgewiesen werden kann, analog herangezogen werden kann. Eine Analogie setzt voraus, dass der nicht geregelte und der durch die Vorschrift geregelte Sachverhalt in denjenigen Merkmalen im Wesentlichen übereinstimmen, die für die der Vorschrift zugrunde liegende rechtliche Bewertung maßgebend sind. Das ist aber nicht der Fall, weil die §§ 58 Abs. 2, 57, 70 VwGO auf eine *formelle* Möglichkeit zur Kenntnisnahme des Verwaltungsakts abstellen, die hier fehlt. Für die Gesetzeslage sind Gründe der Rechtssicherheit durch Rechtsklarheit bestimmend. Außerdem ist der Zeitpunkt der Bekanntgabe regelmäßig einfach festzustellen. N könnte sein Widerspruchsrecht aber **verwirkt** haben. Die Verwirkung eines Rechts ist eine Ausprägung des Grundsatzes von Treu und Glauben. Dabei kommt vorliegend das besondere nachbarliche Gemeinschaftsverhältnis zwischen A und N zum Tragen. Das BVerwG führt dazu aus: „Hat der Grenznachbar von der dem Bauwilligen erteilten Baugenehmigung, obschon sie ihm nicht amtlich bekannt gegeben worden ist, auf andere Weise zuverlässig Kenntnis erlangt, so muss er sich in aller Regel nach Treu und Glauben bezüglich der Widerspruchseinlegung so behandeln lassen, als sei ihm die Baugenehmigung im Zeitpunkt der zuverlässigen Kenntniserlangung amtlich bekannt gegeben worden. Denn mit Rücksicht auf das bezeichnete Nachbarschaftsverhältnis muss ihn diese Kenntniserlangung nach Treu und Glauben in aller Regel in gleicher Weise wie eine amtliche Bekanntmachung der Genehmigung zur Geltendmachung seiner Einwendungen in angemessener Frist veranlassen. Die Frist zur Einlegung des Widerspruchs richtet sich deshalb für ihn vom Zeitpunkt der zuverlässigen Kenntniserlangung an regelmäßig nach den Fristvorschriften der §§ 70 Abs. 1 und 58 Abs. 2 VwGO. Sofern ihm – wie fast immer – mit der anderweitigen Kenntniserlangung von der Genehmigung nicht zugleich eine amtliche Rechtsmittelbelehrung erteilt wird, muss er also seinen Widerspruch regelmäßig innerhalb der Jahresfrist des § 58 Abs. 2 VwGO einlegen; ein später eingelegter Widerspruch ist unzulässig. Gleiches gilt nach Treu und Glauben regelmäßig für den Fall, dass der Nachbar von der Baugenehmigung zuverlässige Kenntnis hätte haben müssen, weil sich ihm das Vorliegen der Baugenehmigung aufdrängen musste und es ihm möglich und zumutbar war, sich hierüber – etwa durch Anfrage bei dem Bauherrn oder der Baugenehmigungsbehörde – Gewissheit zu verschaffen. Dann läuft für ihn die Frist des § 70 Abs. 1 in Verbindung mit § 58 Abs. 2

---

32   Nach BVerwGE 44, 294 ff.

VwGO für die Einlegung des Widerspruchs von dem Zeitpunkt an, in dem er zuverlässige Kenntnis von der Genehmigung hätte erlangen müssen."

Der soeben referierten Rechtsprechung ist zuzustimmen. Zwar muss jeder Beschwerte die Möglichkeit haben, um Rechtsschutz nachsuchen zu können (Art. 20 Abs. 3, 19 Abs. 4 GG). Das schließt Rechtsbehelfsfristen aber nicht aus. Diese haben den Zweck, Rechtssicherheit herbeizuführen. Der Lauf der Jahresfrist ist für denjenigen, der die Bekanntgabe eines Verwaltungsakts kannte oder hätte kennen müssen, keinesfalls unzumutbar. Im vorangestellten Fall 47 ist somit von einer Verwirkung des Widerspruchsrechts durch N auszugehen.

347 d) Umstritten ist, ob die Widerspruchsbehörde auch über einen **verfristeten Widerspruch** entscheiden darf. Die Rechtsprechung nimmt das grundsätzlich an und argumentiert, dass der (auch unzulässige) Widerspruch den Devolutiveffekt auslöst, d. h. die Sachherrschaft der nächst höheren Behörde begründet. Damit ist dieser Behörde die Kompetenz zugewiesen, über den Widerspruch auch nach Fristablauf zu entscheiden.

Dies kann aber bei **Verwaltungsakten mit Doppelwirkung** nicht gelten, d. h. wenn ein Verwaltungsakt für einen Bürger belastende, für den anderen aber begünstigende Wirkung hat. In diesem Fall darf die Behörde die durch die Bestandskraft des Verwaltungsakts erlangte Rechtsposition des Begünstigten nicht entwerten.

Fall 48:[33] A, Beamter bei einer Bundesbehörde auf Probe, befindet sich auf einem nicht genehmigten Sonderurlaub in England. Das Ministerium entlässt A deshalb wegen mangelnder Bewährung aus dem Beamtenverhältnis. Der Bescheid wird A, der sich immer noch in England befindet, am 20.7.2018 durch Niederlegung zugestellt. A kehrt am 27.8.2018 zurück, holt die niedergelegte Sendung ab und erhebt mit Schreiben vom 19.9.2018 Widerspruch. Das Ministerium weist den Widerspruch als unbegründet zurück. Hiergegen reicht A Klage beim VG ein.
Lösung Fall 48: Die Klage des A ist unzulässig, wenn das Widerspruchsverfahren nicht ordnungsgemäß durchgeführt wurde (§ 68 Abs. 1 S. 1 VwGO). Ein Widerspruch war statthaft. Die Entlassung des A ist ein Verwaltungsakt. Zwar ist die Entlassung von einer obersten Behörde (Ministerium) angeordnet worden, so dass ein Widerspruchsverfahren nach § 68 Abs. 1 S. 2 Nr. 1 VwGO ausgeschlossen sein könnte. § 126 Abs. 3 Nr. 1 BRRG schreibt aber die Durchführung eines Widerspruchsverfahrens für Klagen aus dem Beamtenverhältnis auch dann vor, wenn die Maßnahme von einer obersten Dienstbehörde getroffen wurde.
Der Widerspruch des A war aber verfristet. Die Widerspruchsfrist begann mit der Zustellung zu laufen (für die Niederlegung: § 3 Abs. 2 VwZG, § 181 ZPO, § 187 Abs. 1 BGB, § 70 Abs. 1 VwGO, § 222 Abs. 1 ZPO: 21.7.2007) und endete folglich am 20.8.2018 (§ 188 Abs. 2 BGB). In Betracht könnte eine Wiedereinsetzung in den vorigen Stand kommen (§ 70 Abs. 2 i. V. m. § 60 VwGO). Dann hätte A jedoch binnen zwei Wochen nach Wegfall des Hindernisses einen entsprechenden Antrag stellen müssen (§ 60 Abs. 2 VwGO). Eine Wiedereinsetzung in den vorigen Stand ist daher nicht mehr möglich.
Zu fragen ist, ob das Verstreichen der Widerspruchsfrist dazu führt, dass der Widerspruchsbehörde die Prüfung der Begründetheit des Widerspruchs versagt ist. Das BVerwG lehnt das grundsätzlich ab. Die Einlegung des Widerspruchs weist der Widerspruchsbehörde die Sachherrschaft über die Entscheidung in der Sache zu (**Devolutiveffekt**). Dass der Widerspruch verfristet ist, soll daran nichts ändern, weil die Widerspruchsfrist keine vom VG von Amts wegen zu prüfende Sachurteilsvoraussetzung ist (anders etwa die Durchführung eines Vorverfahrens und das Ergehen eines Wider-

---

33 BVerwG, NVwZ 1983, 608 ff.

spruchsbescheids). Hat die Widerspruchsbehörde daher auf einen verspäteten Widerspruch eine Entscheidung in der Sache getroffen und sich nicht auf die Versäumung der Widerspruchsfrist berufen, darf das VG die Klage nicht von sich aus wegen Versäumung der Widerspruchsfrist als unzulässig abweisen.

In der Literatur wird dem entgegengehalten, dass die Durchführung eines ordnungsgemäßen Widerspruchsverfahrens Sachurteilsvoraussetzung der Klage sei. Außerdem diene die Widerspruchsfrist des § 70 VwGO wie das daran anknüpfende Institut der Bestandskraft von Verwaltungsakten öffentlichen Interessen, die nicht zur Disposition der Widerspruchsbehörde stünden. Ferner habe die Widerspruchsbehörde gerade nicht in allen Fällen ein Weisungsrecht gegenüber der Ausgangsbehörde.[34]

Trotz dieser überzeugenden Kritik schließt sich die h. M.[35] dem BVerwG an, eine Ausnahme wird nur für den Fall gemacht, dass durch die Entscheidung der Widerspruchsbehörde aufgrund verspäteten Widerspruchs in Rechte Dritter eingegriffen wird. Bei einem Verwaltungsakt mit Doppelwirkung hat der Begünstigte nämlich mit Ablauf der Widerspruchsfrist eine gesicherte Rechtsposition erhalten, die ihm nur dann entzogen werden darf, wenn hierfür eine Rechtsgrundlage besteht. Die §§ 68 ff. VwGO enthalten eine solche Ermächtigungsgrundlage nicht. Gerade dieser Ausnahmefall zeigt, dass die Literatur die besseren Argumente auf ihrer Seite hat.

V.   Weitere Sachentscheidungsvoraussetzungen

1.   Eröffnung des Verwaltungsrechtswegs

Die Zulässigkeit eines erhobenen Widerspruchs setzt im Übrigen zunächst die **348** Eröffnung des Verwaltungsrechtswegs voraus. Kommt keine aufdrängende Sondervorschrift zum Tragen, ist § 40 Abs. 1 VwGO analog heranzuziehen. Eine öffentlich-rechtliche Streitigkeit im Sinne dieser Norm setzt wiederum voraus, dass der Sachverhalt öffentlich-rechtlich zu beurteilen ist. Dabei ist zunächst mit der Sonderrechtstheorie (Rn. 24) zu fragen, ob eine Norm in Streit steht, die ausschließlich Träger öffentlicher Gewalt berechtigt oder verpflichtet. Gegebenenfalls sind die Subordinationstheorie (Rn. 22), die modifizierte Subjektstheorie (Rn. 23) oder die Interessentheorie (Rn. 21) heranzuziehen. Zudem darf keine verfassungsrechtliche Streitigkeit vorliegen. Eine verfassungsrechtliche Streitigkeit liegt bei sog. doppelter Verfassungsunmittelbarkeit vor, d. h. die Streitigkeit betrifft Verfassungsorgane oder wie solche unmittelbar am Verfassungsleben beteiligte Rechtsträger und bezieht sich auf Rechte und Pflichten, die unmittelbar in der Verfassung geregelt sind. Eine Streitigkeit zwischen Staat und Bürger ist auch bei Geltendmachung einer möglichen Verletzung von Grundrechten eine solche nicht verfassungsrechtlicher Art. Schließlich sind abdrängende Sonderzuweisungen zu beachten.

2.   Beteiligtenbezogene Zulässigkeitsvoraussetzungen

a) Die **Beteiligungsfähigkeit** für das Widerspruchsverfahren ist in den §§ 79 2. **349** Hs., 11 VwVfG geregelt. Die letztgenannte Vorschrift ist § 61 VwGO nachgebildet. Entsprechend sind wie dort beteiligungsfähig
–   natürliche und juristische Personen (Nr. 1);
–   Vereinigungen, soweit ihnen ein Recht zustehen kann (Nr. 2).
–   Darüber hinaus: Behörden (Nr. 3).

---

34   *Schenke*, Verwaltungsprozessrecht, 16. Aufl., 2019, S. 227 f., Rn. 679 ff.
35   Vgl. *Hufen*, Verwaltungsprozessrecht, 11. Aufl., 2019, S. 88, Rn. 32; *Uerpmann-Wittzack*, Allgemeines Verwaltungsrecht mit Verwaltungsprozessrecht, 5. Aufl., 2018, S. 33, Rn. 97.

Abweichend von § 61 Nr. 3 VwGO sieht § 11 Nr. 3 VwVfG sodann vor, dass Behörden im Widerspruchsverfahren stets beteiligungsfähig sind, wobei sie für den dahinter stehenden Rechtsträger handeln.[36]

350   b) Die **Handlungsfähigkeit** im Widerspruchsverfahren ist in den §§ 79 2. Hs., 12 VwVfG geregelt. Parallel zur Prozessfähigkeit im Verwaltungsprozess geht es hier um die Fähigkeit zur Vornahme von Verfahrenshandlungen. Diese wird zugebilligt
- natürlichen Personen, die nach bürgerlichem Recht geschäftsfähig sind (Nr. 1);
- natürlichen Personen, die nach bürgerlichem Recht in der Geschäftsfähigkeit beschränkt sind, soweit sie für den Gegenstand des Verfahrens durch Vorschriften des bürgerlichen Rechts als geschäftsfähig oder durch Vorschriften des öffentlichen Rechts als handlungsfähig anzusehen sind (Nr. 2);
- juristischen Personen und Vereinigungen i. S. d. § 11 Nr. 2 VwVfG. Für diese handeln ihre Vertreter oder besondere Beauftragte (Nr. 3);
- Behörden. Für diese handeln ihre Leiter, deren Vertreter oder Beauftragte (Nr. 4).

3. Statthaftigkeit des Widerspruchs

351   Gegenstand eines Widerspruchsverfahrens ist ein Verwaltungsakt (§ 35 S. 1 und S. 2 VwVfG). Es handelt sich um einen Anfechtungswiderspruch, wenn sich der Betreffende gegen einen Verwaltungsakt wendet (der gerichtliche Rechtsbehelf ist eine Anfechtungsklage) oder um einen Verpflichtungswiderspruch, wenn der Betreffende einen Verwaltungsakt begehrt, der ihm versagt wurde (der gerichtliche Rechtsbehelf ist eine Verpflichtungsklage).

> **Beispiel:** Der Betreffende wendet sich gegen eine Gewerbeuntersagung, gegen die Verfügung der Baueinstellung oder beantragt eine Baugenehmigung, die ihm versagt wurde.

Der Widerspruch ist grundsätzlich nur gegen wirksame VAe zulässig. Letzteres verlangt, wie bereits ausgeführt wurde, zunächst auch, dass der Verwaltungsakt dem Bürger bekannt gegeben worden ist, womit seine äußere Wirksamkeit eintritt (§ 43 Abs. 1 S. 1 VwVfG). Im Übrigen ist für nichtige VAe eine Ausnahme zu machen. Diese sind zwar unwirksam (vgl. § 43 Abs. 3 VwVfG), können aber den Rechtsschein eines wirksamen Verwaltungsaktes erzeugen. Der Bürger – aber auch die Verwaltung – wird die Abgrenzung des rechtswidrigen vom nichtigen Verwaltungsakt nicht immer eindeutig vornehmen können. Daher ist ein Widerspruch gegen nichtige VAe zulässig, wenngleich nicht verpflichtend.

4. Widerspruchsbefugnis

352   Analog § 42 Abs. 2 VwGO muss der Widerspruchsführer, soweit gesetzlich nichts anderes bestimmt ist,[37] geltend machen, durch den Verwaltungsakt oder seine Ablehnung in eigenen Rechten verletzt zu sein. Entsprechend der sog. **Möglichkeitstheorie** genügt es daher, dass die objektive (nicht nur verbale) Möglichkeit einer entsprechenden Rechtsverletzung besteht. Eine solche wiederum ist nach der in der Rechtsprechung gebräuchlichen Formel gegeben, wenn nicht „offen-

---

36 *Kopp/Ramsauer*, VwVfG, 21. Aufl., 2020, § 11 Rn. 14.
37 Beispiele hierzu bei *R. P. Schenke*, in: Kopp/Schenke, VwGO, 26. Aufl., 2020, § 42 Rn. 181. Siehe ferner sogleich.

sichtlich und eindeutig nach keiner Betrachtungsweise die vom Kläger behaupteten Rechte nicht bestehen oder ihm nicht zustehen können".[38]

Erforderlich ist daher:

- erstens, dass der Widerspruchsführer die **Verletzung eines Rechts**, nicht dagegen lediglich eines Interesses, geltend macht;
- bei diesem Recht muss es sich zweitens grundsätzlich um ein **subjektives Recht** des Widerspruchsführers handeln (Zweck: Ausschluss von Popularrechtsbehelfen)[39],
- und eine Verletzung dieses Rechts durch die angegriffene Maßnahme darf drittens nicht **offensichtlich und eindeutig ausgeschlossen** erscheinen.

Die Prüfung der tatsächlichen Rechtsverletzung ist dagegen eine Frage der Begründetheit des Widerspruchs.

> **Beispiel:** Unternehmer U kann anführen, durch eine Gewerbeuntersagung in seinen Rechten aus dem Grundrecht der Berufsfreiheit (Art. 12 Abs. 1 GG) verletzt zu sein.
> **Beispiel:** Die Versagung einer Baugenehmigung kann ggf. Rechte des Antragstellers aus einschlägigen landesbaurechtlichen Regelungen verletzen, die diesem einen Anspruch auf Erteilung einer Baugenehmigung geben, sofern öffentlich-rechtliche Vorschriften nicht entgegenstehen (vgl. etwa § 72 Abs. 1 SächsBauO).
> Gegen die Erteilung einer Baugenehmigung kann ein Nachbar anführen, diese verletze ihn im (drittschützenden) nachbarrechtlichen Rücksichtnahmegebot.[40]
> **Beispiel:** Bei Ermessensentscheidungen kann angeführt werden, die Behörde habe ihr Ermessen nicht pflichtgemäß und damit rechtswidrig ausgeübt (§ 40 VwVfG).

Das möglicherweise verletzte subjektive Recht des Widerspruchsführers kann sich zunächst aus jeder öffentlich-rechtlichen Norm ergeben. Hierzu gehören Gesetze im formellen und materiellen Sinne unter Einschluss von Grundrechten, aber ggf. auch ungeschriebenes Recht und EU-Recht. Darüber hinaus können aber mitunter auch Einzelakte, wie rechtsgestaltende Verwaltungsakte (etwa: Baugenehmigung), Verträge und Urteile, entsprechende subjektive Rechte begründen.[41] Dieser Umstand gebietet u. E. einen zurückhaltenden Umgang mit der sog. **Adressatentheorie**: Zwar können Adressaten von belastenden VAen selbstverständlich auch im Zusammenhang mit der Widerspruchsbefugnis die Möglichkeit einer Rechtsverletzung stets geltend machen, weil jede Belastung zumindest einen rechtfertigungsbedürftigen Eingriff in die allgemeine Handlungsfreiheit gem. Art. 2 Abs. 1 GG darstellt. Gleichwohl sollte auch in der Bearbeitung von Prüfungsaufgaben auf diese ganz allgemeine Erwägung grundsätzlich erst an letzter Stelle, d. h. nach der Benennung einer möglichen Verletzung von Rechten aus anderweitigen Rechtsgrundlagen, insbesondere aus rechtsgestaltenden Verwaltungsakten, aus einfachen Gesetzen oder aus speziellen Freiheitsgrundrechten, zurückgegriffen werden.

5. Widerspruchsinteresse

Auch im Falle der Erhebung eines Widerspruchs kann schließlich, parallel zum allgemeinen Rechtsschutzbedürfnis im Klageverfahren, das sog. Widerspruchsinte-   **353**

---

38 Ständige Rechtsprechung des Bundesverwaltungsgerichts, vgl. BVerwGE 92, 313 [315 f.] m. w. N.
39 Die wichtigste gesetzliche Ausnahme von der Klage- und Widerspruchsbefugnis findet sich insoweit in der europarechtlich angestoßenen Einführung einer naturschutzrechtlichen Verbands- oder Vereinsklage durch § 64 BNatSchG und § 2 UmwRG.
40 Zum Nachbarschutz im öffentlichen Baurecht: *Kaplonek/Mittag*, Nachbarschutz im öffentlichen Baurecht, JA 2006, 664 ff.
41 Vgl. *R.-P. Schenke*, in: Kopp/Schenke, VwGO, 26. Aufl., 2020, § 42 Rn. 162 m. w. N.

resse entfallen, sofern es einen einfacheren, schnelleren und ebenso wirksamen Weg zum Erreichen des Rechtsschutzzieles gibt.

Beispiel: Es bedarf einer beantragten Baugenehmigung nicht, weil das Vorhaben genehmigungsfrei ist.

VI. Der Ablauf des Widerspruchsverfahrens

1. Abhilfeverfahren

354 Wenn der Widerspruch zulässig ist, **prüft zunächst die Ausgangsbehörde** die Begründetheit. Hält die Ausgangsbehörde den Widerspruch für begründet, hilft sie ihm ab, d. h. sie erlässt einen **Abhilfebescheid** und entscheidet über die Kosten (§ 72 VwGO).

2. Einschaltung der Widerspruchsbehörde

355 a) Hält die Ausgangsbehörde den Widerspruch entweder für nicht zulässig oder für nicht begründet, **legt sie diesen der Widerspruchsbehörde vor.** Nun prüft die Widerspruchsbehörde und erlässt einen Widerspruchsbescheid (nicht Abhilfebescheid!, vgl. § 73 Abs. 1 S. 1 VwGO). Hält diese den Widerspruch für zulässig und begründet, hebt sie im Fall des Anfechtungswiderspruchs den Verwaltungsakt auf. Bei einem Verpflichtungswiderspruch kann sie den begehrten Verwaltungsakt selbst erlassen oder die Ausgangsbehörde zum Erlass des begehrten VAs verpflichten. Soweit der Ausgangsbehörde ein Ermessen zukommt, kann diese freilich von der Widerspruchsbehörde nur dazu verpflichtet werden, den Antrag unter Beachtung der Rechtsauffassung der Widerspruchsbehörde erneut zu bescheiden (vgl. § 113 Abs. Abs. 5 S. 2 VwGO entsprechend).

356 b) Auch die Prüfung der Begründetheit durch die Widerspruchsbehörde umfasst grundsätzlich die **Recht- und Zweckmäßigkeit** (§ 68 Abs. 1 S. 1 VwGO). Sie geht also weiter als die gerichtliche Kontrolle. Die Widerspruchsbehörde kann aber gesetzlich auch auf eine reine Rechtswidrigkeitskontrolle beschränkt sein.

Beispiel: § 27 Abs. 1 SächsJG: „Den Bescheid über den Widerspruch gegen den Verwaltungsakt einer Gemeinde mit bis zu 5000 Einwohnern erlässt in Selbstverwaltungsangelegenheiten das Landratsamt als Rechtsaufsichtsbehörde. Die Nachprüfung des Verwaltungsaktes unter dem Gesichtspunkt der Zweckmäßigkeit bleibt der *Gemeinde* vorbehalten." (Hervorhebung durch die Verf.).

Die Sachentscheidungskompetenz der Widerspruchsbehörde ist ferner beschränkt bei der **Teilanfechtung.** Die Entscheidungskompetenz der Widerspruchsbehörde ist dann auf den angefochtenen Teil der Entscheidung reduziert.

Beispiel: Der Widerspruchsführer greift nur die Auflage (§ 36 Abs. 2 Nr. 4 VwVfG) eines Verwaltungsakts an. Dann ist Gegenstand des Widerspruchsbescheids nur die Auflage.

357 c) Beim **Drittwiderspruch** darf die Widerspruchsbehörde nur die drittschützenden Normen prüfen (vgl. § 113 Abs. 1 S. 1, Abs. 5 VwGO).

358 d) Die Sachherrschaft der Widerspruchsbehörde nach den §§ 68 ff. VwGO darf nicht mit einem **Selbsteintrittsrecht** verwechselt werden. Dieses steht der Widerspruchsbehörde, die häufig auch Rechtsaufsichtsbehörde (Überprüfung der Rechtmäßigkeit des Handelns), wenn nicht auch Fachaufsichtsbehörde (Überprüfung der Rechtmäßigkeit und Zweckmäßigkeit des Handelns) ist, nur zu, sofern dies, wie etwa in § 3b BayVwVfG, gesetzlich angeordnet ist.

Fall 49:[42] Das zuständige Landratsamt widerruft wegen unhaltbarer hygienischer Zustände die gaststättenrechtliche Erlaubnis des A, eine Gastwirtschaft zu betreiben, und gibt ihm auf, den Gaststättenbetrieb bei der Gemeinde abzumelden und einzustellen. Hiergegen erhebt A Widerspruch, den die Widerspruchsbehörde zurückweist. Ferner droht sie für den Fall der Nichtbefolgung der Abmeldung an, den Betrieb mit unmittelbarem Zwang zu schließen. Es ist davon auszugehen, dass Vollstreckungsbehörde die Ausgangsbehörde ist.

Lösung Fall 49: Die Androhung eines Zwangsmittels ist ein eigenständiger Verwaltungsakt. Sie zu erlassen liegt regelmäßig in der Kompetenz der Vollstreckungsbehörde. Das ist meistens die Anordnungsbehörde, die den zu vollstreckenden Verwaltungsakt erlassen hat (vgl. etwa Art. 20 Nr. 1, 30 Abs. 1 S. 1 Hs. 1 BayVwZVG). Die Widerspruchsbehörde ist nicht Vollstreckungsbehörde. Allerdings hat die Widerspruchsbehörde durch den Widerspruch des A die Kompetenz erlangt, den Bescheid des Landratsamts auf seine Recht- und Zweckmäßigkeit zu überprüfen. Daher kann sie auch ihr Ermessen an die Stelle des Ermessens der Ausgangsbehörde setzen. Dieses ist aber auf den Gegenstand des Ausgangsbescheids beschränkt. Deshalb darf die Widerspruchsbehörde den Widerspruch nicht zum Anlass nehmen, weitere rechtlich selbstständige, über den Regelungsbereich des angefochtenen Verwaltungsakts hinausgehende Verwaltungsakte zu erlassen. Zwar kann die Widerspruchsbehörde als nächsthöhere Behörde auf die Ausgangs-/Vollstreckungsbehörde durch Weisungen Einfluss nehmen; ein Selbsteintrittsrecht kommt ihr aber nicht zu. Die erstmalig erlassene Zwangsmittelandrohung ist nämlich ein rechtlich selbstständiger Verwaltungsakt. Sie entscheidet über das Ob und Wie der Zwangsanwendung und trifft damit die wesentlichen Regelungen des Vollstreckungsverfahrens mit verbindlicher Wirkung für die weiteren Stufen der Zwangsmittelanwendung. Der Widerspruch des A hat der Widerspruchsbehörde damit nicht die Kompetenz zum Erlass der Androhung eröffnet.

e) Die Sachkompetenz der Widerspruchsbehörde schließt nach h. M. auch die sog. **359** „reformatio in peius" bzw. „**Verböserung**" ein, also die Schlechterstellung des Widerspruchsführers ggü. dem Ausgangsbescheid.

Dem wird zwar entgegengehalten, dass der Rechtsbehelf des Widerspruchs den Interessen des Bürgers zu dienen bestimmt sei und ihm deshalb nicht zum Nachteil gereichen dürfe, außerdem verstoße eine Verböserung gegen den Grundsatz „ne ultra petita", weil sie zu dessen Lasten über seinen Antrag hinausgehe; hierfür hätte es einer besonderen Rechtsgrundlage bedurft.[43]

Andererseits ordnet § 68 Abs. 1 S. 1 VwGO die Überprüfung der Recht- und Zweckmäßigkeit an. Dies muss zwar keine Kompetenz zur Verböserung beinhalten; das Gesetz verbietet diese aber auch nicht. §§ 71, 79 VwGO regeln überdies den Fall einer erstmaligen Beschwer des Widerspruchsbescheides. Diese Vorschriften gehen mithin zumindest davon aus, dass eine Verböserung möglich ist. Auch die Funktion des Widerspruchsverfahrens steht einer Verböserung nicht entgegen: Der Gedanke eines besseren Rechtsschutzes des Bürgers widerspricht einer Schlechterstellung nicht von vornherein, zumal der Rechtsmittelführer auch im Gerichtsverfahren damit rechnen muss, dass die gerichtliche Entscheidung, deren Verbesserung er erstrebt, aufgrund eines Anschlussrechtsmittels seines Gegners zu seinen Ungunsten verschlechtert wird. Die Selbstkontrolle der Verwaltung spricht sogar für die Zulässigkeit der reformatio in peius im Widerspruchsverfahren; ebenso die Entlastungsfunktion der Verwaltungsgerichte.[44] Vor allem aber die verfassungsrechtliche Bindung aller staatlichen Gewalt an Gesetz und Recht spricht

---

42 BayVGH NJW 1982, 460 ff.
43 Vgl. *Hufen*, Verwaltungsprozessrecht, 11. Aufl., 2019, S. 129, Rn. 17.
44 BVerwGE 51, 310 [315]; OVG Koblenz, DÖV 2004, 889 f.

dafür, dass eine reformatio in peius grundsätzlich zulässig ist. Vertrauensschutz kommt dem widerspruchsführenden Bürger nicht zu. Der Grundsatz der Rechtssicherheit erhält erst mit der Bestandskraft von Entscheidungen Vorrang. Hieran fehlt es, wenn Widerspruch eingelegt wird.[45] Wer einen ihn belastenden Verwaltungsakt anficht, muss grundsätzlich mit der Verschlechterung seiner Position rechnen, weil der Verwaltungsakt mit der Anfechtung nicht mehr Grundlage eines Vertrauensschutzes sein kann, jedenfalls solange die Verbösung nicht zu untragbaren Zuständen führt.[46]

Allerdings regeln die §§ 68 ff. VwGO nicht die Zulässigkeit der reformatio in peius. Der Bundesgesetzgeber ist nicht befugt, das Verwaltungsverfahren der Länder in vollem Umfang zu regeln, seine Rechtsetzungskompetenz aus Art. 74 Abs. 1 Nr. 1 GG reicht vielmehr nur soweit, wie das Vorverfahren Voraussetzung der Klageerhebung ist.

Die Zulässigkeit der reformatio in peius richtet sich daher nach dem jeweils anzuwendenden materiellen Bundes- oder Landesrecht einschließlich seiner Zuständigkeitsvorschriften,[47] entweder also nach Spezialgesetzen oder – wenn solche Regelungen fehlen –, nach den Grundsätzen über die Rücknahme und den Widerruf von Verwaltungsakten.[48] In folgenden Fällen soll die Widerspruchsbehörde eine reformatio in peius vornehmen können:

- Ausgangsbehörde und Widerspruchsbehörde sind **identisch**;
- Die Widerspruchsbehörde hat ein **Selbsteintrittsrecht**;
- Die Widerspruchsbehörde ist **zugleich Fachaufsichtsbehörde** der Ausgangsbehörde.

Das BVerwG argumentiert insoweit damit, dass sich die Fachaufsicht auf die rechtmäßige und zweckmäßige Wahrnehmung der Aufgaben erstreckt, die Fachaufsichtsbehörde also auch Weisungen erteilen kann und die Fachaufsichts-/Widerspruchsbehörde die volle Entscheidungskompetenz der Erstbehörde hat.[49] Dem wird entgegengehalten, dass ein Weisungsrecht allein noch keine Befugnis zum unmittelbaren Auftreten nach außen gibt.[50] Das ist zutreffend, verkennt aber, dass die Behörde als Widerspruchsbehörde bereits mit der Angelegenheit befasst ist und damit auch die Kompetenz hat, nach außen tätig zu werden. Allerdings kann auch dies nicht ausnahmslos gelten. Wo die Widerspruchsbehörde nicht die vorgesetzte Behörde der Erstbehörde ist, sondern ein weisungsunabhängiger, nicht in die Behördenhierarchie eingegliederter Kreis- oder Stadtrechtsausschuss handelt (vgl. § 7 Abs. 1 Ausführungsgesetz zur VwGO R-P), ist dieser zur reformatio in peius nicht befugt. Ein solcher Ausschuss ist keine „reine" Rechtsbehelfsbehörde. Er kann einem Widerspruchsführer nur wegen einer Verletzung seiner Rechte abhelfen. Objektiv rechtmäßige Verhältnisse kann er aber nicht schaffen.

Fall 50:[51] A, Eigentümer eines Wohnhauses in der Gemeinde G, wird von G zur Zahlung von Erschließungsbeiträgen herangezogen. Die Gemeinde hat hierfür eine Geschossfläche von 502 qm veranlagt und einen Grundstücksbeitrag von € 1.100,00 angesetzt. Auf den Widerspruch des A hin setzt die Widerspruchsbehörde, die zugleich

---

45 BVerwGE 21, 142 [145].
46 BVerwGE 67, 129 [134].
47 BVerwG, NVwZ 1987, 215 [216].
48 BVerwGE 65, 313 [319].
49 BVerwG, DVBl 1987, 238 f.
50 *W.-R. Schenke*, in: Kopp/Schenke, VwGO, 26. Aufl. 2020, § 68 Rn. 10b.
51 Nach BayVGH, BayVBl 2006, 434 ff.

Rechtsaufsichtsbehörde ist, die Kosten auf € 1.500,00 fest, weil die gesamte überplante Grundstücksfläche beitragspflichtig sei.

Lösung Fall 50: Nach den KAG der Länder sind unter anderem die Gemeinden berechtigt, nach diesem Gesetz Abgaben zu erheben. Die Gemeinden können zur Deckung des Aufwandes für die Herstellung, Anschaffung, Verbesserung oder Erneuerung ihrer öffentlichen Einrichtungen Beiträge von den Grundstückseigentümern erheben, denen die Möglichkeit der Inanspruchnahme dieser Einrichtungen besondere Vorteile bietet. Dieses Abgabenerhebungsrecht nehmen die Gemeinden als Selbstverwaltungsangelegenheit (im eigenen Wirkungskreis) wahr und unterstehen deshalb der Rechtsaufsicht des Landratsamts als staatliche Verwaltungsbehörde.

Diese ist regelmäßig auch Widerspruchsbehörde (§ 73 Abs. 1 S. 2 Nr. 1 VwGO). Ihre Sachkompetenz ist dabei auf die Prüfung der Rechtmäßigkeit beschränkt. G entscheidet in eigener Verantwortung darüber, ob, wann und in welcher Höhe sie Abgaben erhebt. Sollte sie seinem Abgabenerhebungsrecht nicht in ausreichendem Maße nachkommen und gegen bestimmte Grundsätze verstoßen, kann die Rechtsaufsichtsbehörde ein solches Verhalten im Wege der Rechtsaufsicht beanstanden und zur Durchführung der notwendigen Maßnahmen auffordern, gegebenenfalls nach erfolgloser Fristsetzung selbst die notwendigen Maßnahmen anstelle der Gemeinde bzw. des Zweckverbandes verfügen und vollziehen (vgl. Gemeindeordnungen der Länder). Sie kann aber nicht im Widerspruchsverfahren auf Widerspruch eines Abgabeschuldners hin die von G festgesetzte Abgabe erhöhen und mehr verlangen als G gefordert hatte. Das wäre ein unzulässiger Selbsteintritt der Widerspruchsbehörde in Angelegenheiten des eigenen Wirkungskreises der G.

360 f) Für den Fall, dass die Aufhebung oder Änderung eines Verwaltungsakts im Widerspruchsverfahren mit einer **erstmaligen Beschwer** verbunden ist, regelt § 71 VwGO, dass der Betroffene vor Erlass des Abhilfebescheids oder des Widerspruchsbescheids gehört werden soll. Die Vorschrift ist unvollständig, auf §§ 28 und 45 VwVfG kann zurückgegriffen werden.

3. Ende des Widerspruchsverfahrens

361 Das Widerspruchsverfahren endet mit Erlass des **Abhilfebescheids**, des **Widerspruchsbescheids**, mit **Rücknahme des Widerspruchs** durch den Widerspruchsführer oder durch **Erledigung**. Eine Erledigung liegt vor, wenn Umstände eingetreten sind, die den Widerspruch gegenstandslos gemacht haben. Auch die Rücknahme ist damit eine Erledigung. Die Erledigung ist hier nur vom Widerspruchsführer zu erklären.

Solange das Widerspruchsverfahren noch nicht abgeschlossen ist, bleibt die Ausgangsbehörde zuständig und kann dem Widerspruch weiterhin abhelfen. Das gilt selbst dann, wenn die Ausgangsbehörde den Widerspruch geprüft, nicht abgeholfen und der Widerspruchsbehörde vorgelegt hat (§ 73 Abs. 1 VwGO). Denn das Verwaltungsverfahren (§ 9 VwVfG) endet für den Fall der Einlegung eines Widerspruchs nicht mit dem Erlass des Ausgangsbescheids, sondern wird im Widerspruchsverfahren fortgesetzt. Ausgangsverfahren und Widerspruchsverfahren bilden eine Einheit. Hierfür spricht § 79 Abs. 1 Nr. 1 VwGO. Danach ist im gerichtlichen Verfahren bei Anfechtungsklagen auf den ursprünglichen Verwaltungsakt in der Gestalt abzustellen, die er durch den Widerspruchsbescheid gefunden hat.[52]

Der Widerspruchsbescheid ist mit einer Begründung und einer Rechtsmittelbelehrung zu versehen und zuzustellen. Zugestellt wird von Amts wegen nach den

---

52 BVerwGE 82, 336 [338].

Vorschriften des Verwaltungszustellungsgesetzes des Bundes (§ 73 Abs. 3 S. 2 VwGO). Im Widerspruchsbescheid ist auch zu regeln, wer die Kosten trägt.

Will der Beschwerdeführer nun gegen den Widerspruchsbescheid klagen, ist Folgendes zu beachten: Grundsätzlich ist Gegenstand der Klage der ursprüngliche Verwaltungsakt in der Gestalt, die er durch den Widerspruchsbescheid gefunden hat (§ 79 Abs. 1 Nr. 1 VwGO). Abhilfebescheid und Widerspruchsbescheid können nur dann isoliert angefochten werden, wenn sie erstmalig eine Beschwer enthalten (§ 79 Abs. 1 Nr. 2 VwGO). Der Widerspruchsbescheid kann auch dann alleiniger Gegenstand der Anfechtungsklage sein, wenn und soweit er gegenüber dem ursprünglichen Verwaltungsakt eine zusätzliche selbstständige Beschwer enthält (§ 79 Abs. 2 S. 1 VwGO). Als eine zusätzliche Beschwer gilt auch die Verletzung einer wesentlichen Verfahrensvorschrift, sofern der Widerspruchsbescheid auf dieser Verletzung beruht (§ 79 Abs. 2 S. 2 VwGO). Die Vorschrift ist neben § 46 VwVfG anwendbar. Wesentlich sind solche Verfahrensvorschriften, die verfassungsrechtliche Gebote, insbesondere solche des Rechtsstaatsprinzips, umsetzen. Verwaltungsinterne Verwaltungsvorschriften sind keine wesentlichen Verfahrensvorschriften i. S. d § 79 Abs. 2 S. 1 VwGO.[53] Der Widerspruchsbescheid beruht auf dem wesentlichen Verfahrensmangel aber nur, wenn eine Ermessensentscheidung oder eine Beurteilungsentscheidung zu treffen war.

Fall 51:[54] A beantragt bei der Behörde eine Leistung, die ihm versagt wird. Gegen den Versagungsbescheid erhebt er Widerspruch. Die Widerspruchsbehörde erlässt einen Widerspruchsbescheid, in dem sie den Bescheid der Ausgangsbehörde abändert und dem Antrag des A entspricht. Nachdem der Widerspruchsbescheid bestandskräftig geworden ist, weist das Ministerium die Ausgangsbehörde darauf hin, dass der Anspruch des A materiellrechtlich nicht bestehe. Daraufhin erlässt die Ausgangsbehörde einen Änderungsbescheid, in dem sie den Widerspruchsbescheid aufhebt.

Lösung Fall 51: Zu prüfen ist zunächst, ob die Ausgangsbehörde befugt war, den Bescheid der Widerspruchsbehörde aufzuheben. Hierfür könnte sprechen, dass der Widerspruchsbescheid den ursprünglichen Verwaltungsakt „gestaltet" (vgl. § 79 Abs. 1 Nr. 1 VwGO), die Ausgangsbehörde könnte also sozusagen „Herrin des Verfahrens" geblieben sein, obgleich die Widerspruchsbehörde einen Widerspruchsbescheid erlassen hat. Denkbar ist aber auch, dass die Ausgangsbehörde auf der Grundlage der §§ 48, 49 VwVfG befugt ist, den Widerspruchsbescheid aufzuheben. Beiden Wegen ist freilich entgegenzuhalten, dass das Widerspruchsverfahren kaum Sinn machen würde, wenn die Ausgangsbehörde einen ihr nicht genehmen Widerspruchsbescheid aufheben könnte. Das erfordert es, auf die Funktionen des Widerspruchsbescheids abzustellen: Zum einen schließt der Widerspruchsbescheid das Rechtsbehelfsverfahren ab. Als verfahrensbeendende Entscheidung über den Widerspruch verbraucht er diesen Rechtsbehelf. Er beseitigt den Suspensiveffekt, der mit dem Widerspruch verbunden war, trifft eine eigenständige Entscheidung über die Kosten des Widerspruchsverfahrens und eröffnet den Weg zum Verwaltungsgericht. Zum anderen enthält der Widerspruchsbescheid eine Sachentscheidung über den Regelungsgegenstand des Ausgangsbescheids. Der Widerspruchsbescheid bestätigt oder ändert diese Regelung. Ändert der Widerspruchsbescheid den Ausgangsbescheid, bilden beide Bescheide zusammen die einheitliche Sachentscheidung über den Verfahrensgegenstand (§ 79 Abs. 1 Nr. 1 VwGO).

Das BVerwG[55] folgert daraus, dass der Widerspruchsbescheid in seiner Funktion als verfahrensabschließende Entscheidung nicht zur Disposition der Ausgangsbehörde stehen kann. Für die Beendigung des Widerspruchsverfahrens durch Erlass

---

53 BVerwGE 71, 251 [255].
54 Nach BVerwG NVwZ 2002, 1252 ff.
55 BVerwG, NVwZ 2002, 1252 [1254].

eines Widerspruchsbescheids ist allein die Widerspruchsbehörde zuständig. Diese Zuständigkeit kann nicht mit Abschluss des Widerspruchsverfahrens auf die Ausgangsbehörde übergehen. Sie kann nicht das abgeschlossene Widerspruchsverfahren wiedereröffnen, indem sie isoliert den Widerspruchsbescheid zurücknimmt. Das gilt nur dann nicht, wenn die Rücknahme auf andere Umstände gestützt wird, die nicht Gegenstand des Widerspruchsverfahrens waren. Dann kann die Ausgangsbehörde den Ausgangs-Verwaltungsakt auch widerrufen bzw. zurücknehmen.[56]

In Fällen der vorbenannten Art könnte die Rücknahme des Widerspruchsbe-   **362** scheids aber möglicherweise noch als **Rücknahme des Ausgangsbescheids** umgedeutet werden (§ 47 VwVfG). Dann müsste eine Rücknahme des Ausgangsbescheids zulässig sein. Grundsätzlich kann die Ausgangsbehörde nach § 48 Abs. 1 VwVfG die Sachentscheidung zurücknehmen, die durch den Ausgangsbescheid in der Fassung des Widerspruchsbescheids gebildet wird. Die Ausgangsbehörde ist für den Erlass der Sachentscheidung zuständig und damit auch für deren Rücknahme. Daran ändert sich nichts, wenn die Sachentscheidung Gegenstand eines Widerspruchsverfahrens und eines Widerspruchsbescheids war, unabhängig davon, ob der Widerspruchsbescheid die schon von der Ausgangsbehörde getroffene Sachentscheidung bestätigt oder ob erst der Widerspruchsbescheid der Sachentscheidung der Ausgangsbehörde die maßgebliche Gestalt gibt. Auch der Ausgangsbescheid in der Gestalt des Widerspruchsbescheids wird der Ausgangsbehörde zugerechnet. Ihre Zuständigkeit ist nur für die Dauer des Widerspruchsverfahrens durch die Zuständigkeit (auch) der Widerspruchsbehörde überlagert. Mit dem Abschluss des Widerspruchsverfahrens, also spätestens mit Ablauf der Rechtsmittelfrist, ist wieder allein die Ausgangsbehörde für die Sachentscheidung und damit auch für deren Rücknahme zuständig.[57]
Allerdings ist der Ausgangsbehörde die Ermächtigung zur Rücknahme rechtswidriger Verwaltungsentscheidungen nicht zu dem Zweck eingeräumt, ihre von der Widerspruchsbehörde als rechtswidrig beanstandete Rechtsauffassung nachträglich doch noch durchzusetzen. Im Verhältnis der Ausgangsbehörde zur Widerspruchsbehörde bestimmt die Widerspruchsbehörde, wie über den Antrag zu entscheiden ist.[58] Auch Gründe der Rechtssicherheit und des Vertrauensschutzes begünstigter Dritter sprechen dafür, dass die Ausgangsbehörde nur unter besonderen Umständen den Ausgangsbescheid zurücknehmen kann. Dabei wird man mit der Rechtsprechung des Bundesverwaltungsgerichts verlangen müssen, dass die Ausgangsbehörde neue, bisher nicht berücksichtigte rechtliche oder tatsächliche Gesichtspunkte anführen kann.

> **Fall 52:** Wie im Fall zuvor, nur hebt die Widerspruchsbehörde den Widerspruchsbescheid auf und entscheidet erneut in der Sache.
> **Lösung Fall 52:** Fraglich ist zunächst, ob die Widerspruchsbehörde befugt ist, ihren Widerspruchsbescheid aufzuheben. Hiergegen spricht, dass bereits ein Widerspruchsbescheid ergangen ist, das Widerspruchsverfahren also beendet sein könnte. Fraglich ist, ob die Widerspruchsbehörde ihre Sachkompetenz bereits mit Zugang des Widerspruchsbescheids (ganz h. M.)[59] oder erst mit Ablauf der Klagefrist und Eintritt der formellen Bestandskraft verliert. Für die h. M. sprechen vor allem zwei Gründe: Erstens

---

56   *Uhle*, Die Bindungswirkung des Widerspruchsbescheides, NVwZ 2003, 811 [812].
57   BVerwG, NVwZ 2002, 1252 [1254].
58   BVerwG, NVwZ 2002, 1252 [1254].
59   Vgl. nur BVerwGE 58, 100 [105]; *Uhle*, NVwZ 2003, 811 [814]; *Stelkens/Bonk/Sachs*, VwVfG, 9. Aufl., 2018, § 48 Rn. 292.

die begrenzte kompetenzrechtliche Grundlage der §§ 68 ff. VwGO in Art. 74 Nr. 1 GG, die ein Verständnis des Widerspruchsverfahrens als bloße Vorstufe des Klageverfahrens und eine Begrenzung der Sachbefugnis auf dieses Vorverfahren nahelegt. Zweitens Gründe der Rechtssicherheit, weil der Zeitpunkt der Zustellung des Widerspruchsbescheids regelmäßig leichter festzustellen ist, als die wegen etwaiger Wiedereinsetzungsgründe mit größeren Ungewissheiten behaftete Unanfechtbarkeit. Nach Zugang des Widerspruchsbescheids ist die Kompetenz der Widerspruchsbehörde nur noch auf die Korrektur offensichtlicher Unrichtigkeiten nach Maßgabe des § 42 VwVfG beschränkt.[60]

363 Eine Ausnahme von der soeben beschriebenen Regel ist wiederum für den Fall zu machen, dass der Widerspruchsbescheid eine **erstmalige Beschwer** bewirkt (§ 79 Abs. 2 VwGO). Denn die VwGO regelt in § 113 Abs. 1 S. 4 VwGO die Kompetenz des Gerichts, die Feststellung auszusprechen, dass der Verwaltungsakt rechtswidrig gewesen ist, wenn dieser sich vorher durch Zurücknahme oder anders erledigt hat. Damit geht das Gesetz offensichtlich von einer Verlängerung der Sachherrschaft der Widerspruchsbehörde aus, d. h. dass die Widerspruchsbehörde in diesem besonderen Fall befugt bleibt, den Verwaltungsakt zurückzunehmen, solange dieser noch nicht bestandskräftig ist.[61]

364 Fraglich ist schließlich, ob die Widerspruchbehörde den Widerspruchsbescheid grundsätzlich nach §§ 48, 49 VwVfG **zurücknehmen** bzw. **widerrufen** konnte. Das wird überwiegend abgelehnt. Die Widerspruchsbehörde hat ihre Sachkompetenz kraft des Devolutiveffekts erhalten; diese Zuständigkeit verliert sie mit Beendigung des Widerspruchsverfahrens; die Sachkompetenz fällt auf die Ausgangsbehörde zurück (str.[62]). Etwas anderes kann nur gelten, wenn Ausgangs- und Widerspruchsbehörde identisch sind. In diesem Fall tritt ein Devolutiveffekt nicht ein, und er kann damit auch nicht mit Abschluss des Widerspruchsverfahrens enden. Die Ausgangs-/Widerspruchsbehörde ist daher in diesem Fall befugt, einen Verwaltungsakt in der Gestalt eines Widerspruchsbescheids nach §§ 48, 49 VwVfG zurückzunehmen bzw. zu widerrufen.

VII. Maßgeblicher Zeitpunkt für die Beurteilung der Sach- und Rechtslage

365 Im Widerspruchsverfahren ist der maßgebliche Zeitpunkt für die Beurteilung der Sach- und Rechtslage grundsätzlich derjenige des **Erlasses des Widerspruchsbescheids**. Die Widerspruchsbehörde hat daher eine während des Vorverfahrens eintretende Änderung der Sach- und Rechtslage grundsätzlich zu berücksichtigen, sofern sich aus dem materiellen Recht nicht Abweichendes ergibt. Der Grund hierfür ist, dass das Ausgangsverfahren mit dem Widerspruchsverfahren eine verfahrensmäßige Einheit bildet, die erst mit dem Widerspruchsbescheid abgeschlossen wird. Erst der Widerspruchsbescheid gibt dem Ausgangsverwaltungsakt seine endgültige, für den Verwaltungsprozess maßgebliche Gestalt (§ 79 Abs. 1 Nr. 1 VwGO). Einschränkungen dieses Grundsatzes können sich allerdings aus dem materiellen Recht ergeben.[63]

---

60 VGH Mannheim, NVwZRR 1995, 476 [477].
61 *Pietzner/Ronellenfitsch*, Das Assesorexamen im Öffentlichen Recht, 14. Aufl., 2019, S. 320 f.
62 Vgl. *Uhle*, Die Bindungswirkung des Widerspruchsbescheides, NVwZ 2003, 811 [815].
63 Ständige Rechtsprechung des BVerwG. Siehe Beschluss des 10. Senats vom 3. November 2006 – BVerwG 10 B 19.06 – m. w. N.

Beispiel: Für den Fall des Drittwiderspruchs gegen eine Baugenehmigung hat das Bundesverwaltungsgericht entschieden, dass Rechtsänderungen, die während des Vorverfahrens zu Lasten des Bauherrn eintreten, mit Blick auf die ihm mit der Baugenehmigung eingeräumte Rechtsposition nicht zu berücksichtigen sind.[64] Ähnlich hat es für ein vor Inkrafttreten des Wasserhaushaltsgesetzes verliehenes, mit einem Drittwiderspruch angegriffenes Benutzungsrecht entschieden.[65] In der Literatur wird dieser Rechtsprechung mit Grund Kritik entgegen gebracht: Zum einen macht nämlich auch der Drittwiderspruchsführer Rechte geltend, die sich zwischen Erlass des Ursprungsverwaltungsakts und demjenigen des Widerspruchsbescheids ändern könnten. Zum anderen erlangt auch der von einem Verwaltungsakt mit Doppelwirkung Begünstigte die ihm eingeräumte Rechtsposition nach der Systematik der §§ 50 VwVfG; 80 VwGO erst mit Eintritt der Unanfechtbarkeit der Entscheidung.[66]

Rechtsprechung: BVerfGE 102, 99 – Landesabfallgesetz NRW; BVerwGE 13, 1 – Vollziehbarkeitstheorie; BVerwGE 92, 313 – Klagebefugnis; BVerwGE 67, 129 – reformatio in peius; BayVerfGH, BayVBl. 2007, 79, und BayVerfGH vom 23.10.2008 – Vf. 10-VII-07 – Widerspruchsverfahren.

Literatur: *Hofmann-Hoeppel, J.*, Statistik als Wille und Vorstellung. Zu den rechtstatsächlichen Grundlagen der Verlängerung des Modellversuchs zur Abschaffung des Widerspruchsverfahrens im Regierungsbezirk Mittelfranken, BayVBl. 2007, 73 ff.; *Lindner, J. F.*, Abschaffung des Widerspruchsverfahrens durch die Länder? – Zur Verfassungsmäßigkeit des Art. 15 Nr. 21 BayAGVwGO, BayVBl. 2005, 65 ff.; *Müller-Grande, S./Grune, J.*, Abschaffung des Widerspruchsverfahrens – Ein Bericht zum Modellversuch in Mittelfranken, BayVBl. 2007, 65 ff.; *Rüssel, U.* Zukunft des Widerspruchsverfahrens, NVwZ 2006, 523 ff.; *Schmitz, M.*, Klagefrist und Fristversäumnis bei der Anfechtungsklage, JuS 2015, 895 ff.; *Uhle, A.*, Die Bindungswirkung des Widerspruchsbescheides, NVwZ 2003, 811 ff.

§ 19 Staatliche Ersatzleistungen

Jede rechtswidrige Maßnahme einer Behörde – durch Tun oder Unterlassen – ist **366** ein Verstoß gegen Art. 20 Abs. 3 GG. Deshalb ist die verfassungsrechtliche Gewähr effektiven Rechtsschutzes gegen Maßnahmen der öffentlichen Gewalt, die in subjektive Rechte der Bürger eingreifen, von zentraler Bedeutung. Die (gerichtliche) Aufhebung fehlerhafter behördlicher Rechtsakte hilft dem Bürger aber nicht immer in ausreichender Weise. Hat ihm die Behörde einen Schaden zugefügt, wird er Schadensersatz begehren. Hat sie einen rechtswidrigen Verwaltungsakt vollzogen, wird er den Zustand hergestellt haben wollen, der vor dem Vollzug bestand. Hat die Behörde rechtswidrig Zahlungen vom Bürger abgefordert, so wird er seine Leistungen zurückfordern wollen. **Wo primärer Rechtsschutz auf Aufhebung behördlicher Rechtsakte nicht ausreicht, muss Sekundärrechtsschutz zur Verfügung gestellt werden.** Insbesondere die Schadensersatzpflicht der öffentlichen Hand ist ein wichtiges Mittel zum Schutz des Bürgers vor Einwirkungen der öffentlichen Gewalt, wenn der durch die Verwaltungsgerichte und Aufsichtsbehörden zu gewährende primäre Rechtsschutz gegen rechtswidrige Maßnahmen staatlicher Amtsträger nicht ausreicht.[1] Das Erfordernis eines Sekundärrechtsschutzes

---

64 BVerwG, NJW 1970, 263 f.
65 BVerwG, DVBl 1968, 597.
66 Hierzu nur *Hufen*, Verwaltungsprozessrecht, 11. Aufl., 2019, S. 213, Rn. 17 f.
1   BGHZ 11, 192 [198]; *Erbguth*, Primär- und Sekundärrechtsschutz im Öffentlichen Recht, VVDStRL 61 (2002), 221 [232 f.].

kann nicht zuletzt aus den Grundrechten hergeleitet werden, wenngleich diese kaum konkrete und differenzierte Anspruchsgrundlagen bieten können.[2] Anspruchsgrundlagen zur Verfügung zu stellen ist zuvörderst Aufgabe des Gesetzgebers, aber auch Rechtsprechung und Literatur haben in der Vergangenheit in diesem Bereich in besonderem Maße zur Entwicklung und Ausformung von Rechtsinstituten beigetragen.

367 Im 19. Jahrhundert gehörte die Haftung des Staates für hoheitliche rechtswidrige Schädigungen seiner Bürger zu den umstrittensten rechtswissenschaftlichen und rechtspolitischen Fragen.[3] Der hoheitlich handelnde Staat galt als unrechtsunfähig und damit als nicht haftbar. Der Herrscher als Spitze der öffentlichen Verwaltung war allgewaltig, und rechtswidriges staatliches Handeln war damit per definitionem ausgeschlossen. Eine Haftung war nur dort möglich, wo der Staat dem Bürger wie ein Untertan gleichgestellt war. Auf dieser Überlegung beruhte die „Fiskustheorie": Der Fiskus war als juristische Person, die sich in privatrechtliche Beziehungen zu seinen Bürgern einließ, insoweit wie ein Privater haftbar und konnte verklagt werden (Rn. 3).
Wo der Staat aber nicht privatrechtlich als Fiskus handelte wie ein Untertan – also im hoheitlichen Bereich –, konnte Schadensersatz nur vom handelnden Amtswalter selbst verlangt werden. Sein Verhältnis zum Herrscher wurde als (**privatrechtliches**) **Mandatsverhältnis** gedeutet, weshalb der pflichtwidrig handelnde Beamte durch rechtswidriges Tun seine Vollmachten überschritt und folglich den Staat insofern nicht verpflichten konnte. Der Geschädigte war regelmäßig darauf angewiesen, den Beamten als Privatmann nach deliktischen Grundsätzen zur Verantwortung zu ziehen.
Das BGB hat diese Amtshaftung übernommen. Bis heute regelt § 839 BGB, dass ein Beamter, der vorsätzlich oder fahrlässig die ihm einem Dritten gegenüber obliegende Amtspflicht verletzt, dem Dritten den daraus entstehenden Schaden zu ersetzen hat. Dass sich der Staat seiner Verantwortung für rechtswidrige Schädigungen entzogen und die Haftung auf seine Beamten abgeschoben hat, war freilich stets heftiger Kritik ausgesetzt.[4] Angesichts des **persönlichen Haftungsrisikos** wird der Beamte in seinem Verwaltungshandeln erheblich gehemmt und dem geschädigten Bürger ein solventer Schuldner entzogen. Der Reichsgesetzgeber sah sich jedoch aus Gründen der Gesetzgebungskompetenz daran gehindert, eine Staatshaftung der Bundesstaaten zu regeln und wich deshalb auf eine Organhaftung öffentlich-rechtlicher Körperschaften im privatrechtlichen Bereich (§§ 89, 31 BGB) und auf eine Amtshaftung der Beamten im hoheitlichen Bereich (§ 839 BGB) aus. Hieran ansetzend ordneten die Gesetzgeber in Reich und Bundesstaaten eine Überleitung der Amtshaftung auf den Staat an.[5] Auch das Grundgesetz regelt heute in Art. 34 GG eine Haftungsüberleitung auf den Staat bzw. auf die Körperschaft, in deren Dienst der Beamte steht.

368 Eine grundlegende Reform sollte durch das **Staatshaftungsgesetz vom 26.6.1981**[6] erfolgen und die überkommene Amtshaftung durch eine Staatshaftung abgelöst werden. Das BVerfG hat das Bundesgesetz aber für nichtig erklärt, weil aus der konkurrierenden Zuständigkeit für das Gebiet des bürgerlichen Rechts (Art. 74

---

2 *Gromitsaris*, Die staatshaftungsrechtliche Dimension der Grundrechte, DÖV 2006, 288 ff.
3 Ein rechtsgeschichtlicher Abriss: BVerfGE 61, 149 [174] – *„Staatshaftungsgesetz"*.
4 Vgl. BVerfG 61, 149 [178] m. w. N.
5 Z. B. § 1 Abs. 1 Gesetz über die Haftung des Reichs für seine Beamten vom 22.5.1910, RGBl. S. 798.
6 BGBl. I S. 553.

Nr. 1 GG) kein Gesetzgebungsrecht des Bundes für das Staatshaftungsgesetz hergeleitet werden kann.[7]
In der **DDR** hatte es ein **Staatshaftungsgesetz** gegeben, das durch den Einigungs-
vertrag zunächst als Landesrecht in den neuen Ländern fortgegolten hatte.[8] Berlin,
Sachsen und Mecklenburg-Vorpommern hoben das StHG später auf, so dass es
heute nur noch – und modifiziert – in Thüringen und Brandenburg gilt. Sachsen-
Anhalt hat das DDR-StHG durch ein Entschädigungsgesetz ersetzt.[9]
Das Grundgesetz verweist die Regelung des Staatshaftungsrechts nun in die **kon-
kurrierende Gesetzgebungskompetenz** des Bundes (Art. 74 Abs. 1 Nr. 25 und
Art. 72 Abs. 2 GG). Jedoch hat der Bund von dieser Kompetenz noch keinen Ge-
brauch gemacht. Hierfür bedürfte er der Zustimmung des Bundesrats (Art. 74
Abs. 2 GG).

I.   Der Amtshaftungsanspruch

Der Amtshaftungsanspruch ist vielleicht das wichtigste Rechtsinstrument, um   **369**
Schadensersatz vom Staat oder anderen Einrichtungen der öffentlichen Hand zu
erhalten. **Anspruchsgrundlage ist § 839 BGB i. V. m. Art. 34 GG.** Das BVerfG
sieht in § 839 BGB die haftungsbegründende Vorschrift, während Art. 34 GG die
haftungsverlagernde Norm sein soll; Art. 34 GG soll also die durch § 839 BGB
begründete persönliche Haftung des Beamten auf den Staat überleiten.[10] Doch
darf keine isolierte Prüfung der beiden Bestimmungen erfolgen; beide Vorschriften geben eine einheitliche Anspruchsgrundlage.

1.   Ausübung eines öffentlichen Amtes

Eine Amtshaftung besteht, wenn „jemand in Ausübung eines ihm anvertrauten   **370**
öffentlichen Amtes" (Art. 34 S. 1 GG) Amtspflichten verletzt hat. Die Verfassungsbestimmung geht damit über den Wortlaut des § 839 Abs. 1 BGB („Beamter")
hinaus und stellt auf den **Zweck des Handelns oder Unterlassens** ab.
Ob das Handeln einer Person in Ausübung eines öffentlichen Amtes erfolgt, bestimmt sich danach, ob die **eigentliche Zielsetzung**, in deren Sinn der Betreffende tätig wird, hoheitlicher Tätigkeit zuzurechnen ist (die Tätigkeit selbst muss
also nicht hoheitlich sein!) und ob zwischen dieser Zielsetzung und der schädigenden Handlung ein so enger äußerer und innerer Zusammenhang besteht, dass die
Handlung als noch dem Bereich hoheitlicher Betätigung angehörend angesehen
werden muss. Dabei ist nicht auf die Person des Handelnden, sondern auf seine
Funktion, das heißt auf die Aufgabe, deren Wahrnehmung die im konkreten Fall
ausgeübte Tätigkeit dient, abzustellen.[11] „Beamte im haftungsrechtlichen Sinn"
sind deshalb Amtsträger im funktionellen Sinn, also auch Wahlbeamte, Ange-
stellte und Arbeiter im öffentlichen Dienst, Abgeordnete und Beliehene (str.[12]).

---

7 BVerfGE 61, 149 ff. – *„Staatshaftungsgesetz"*.
8 StHG-DDR vom 12.5.1969, GBl I S. 34, übergeleitet durch Anlage II, Kapitel III, Sachgeb. B, Abschnitt III EinigungsV vom 31.8.1990.
9 Gesetz zur Regelung von Entschädigungsansprüchen im Land Sachsen-Anhalt i. d. F. d. Bek. vom
   1.1.1997, GVBl. LSA 1997, S. 2.
10 BVerfGE 61, 149 ff. – LS 1.
11 BGH, MedR 2006, 652 [653] – *„Vertrauensarzt"*.
12 Ablehnend: *Schmidt am Busch*, Die Beleihung: Ein Rechtsinstitut im Wandel, DÖV 2007, 533 [542].

Beispiel: Die Erstellung eines Lageplans im Zusammenhang mit der Einreichung von Bauvorlagen durch einen öffentlich bestellten Vermessungsingenieur als Beliehenen erfolgt in Ausübung eines ihm anvertrauten öffentlichen Amtes.[13]

Wird der Amtsträger nicht im öffentlich-rechtlichen, sondern im privatrechtlichen Bereich tätig, scheidet ein Schadensersatzanspruch nach § 839 BGB i. V. m. Art. 34 GG aus, und es kommt ein Schadensersatzanspruch nach § 823 BGB in Betracht, der an den Beamten zu richten ist. Eine Haftung des Fiskus, der Körperschaften, Stiftungen und Anstalten des öffentlichen Rechts kommt unter den Voraussetzungen der §§ 31 und 89 BGB für leitende Beamte in Betracht bzw. nach § 831 BGB für übrige Beamte.[14]

371 Auch **Private in Ausübung privatrechtlicher Tätigkeiten** können ein „öffentliches Amt" ausüben; das (haftungsrechtliche) „Amtsverhältnis" kann selbst durch einen privatrechtlichen Werkvertrag begründet werden. Es kommt darauf an, ob der Private in die hoheitliche Amtsausübung eingebunden ist. Einerseits kann es nicht sein, dass die Verwaltung – zumal im Bereich der Eingriffsverwaltung – die Amtshaftung für fehlerhaftes Verhalten dadurch umgeht, dass sie die Durchführung einer von ihr angeordneten Maßnahme durch privatrechtlichen Vertrag auf einen privaten Unternehmer überträgt. Andererseits kann sie nicht bei jeder Beauftragung Dritter für deren Fehlverhalten zur Verantwortung gezogen werden.[15]

Beispiel: Die Polizei beauftragt einen privaten Abschleppunternehmer mit dem Entfernen eines Pkw. Kommt es dabei zu einem Schaden, stellt sich die Frage, ob der Abschleppunternehmer in Ausübung eines öffentlichen Amtes gehandelt hat, ob er „Beamter" i. S. d. § 839 BGB i. V. m. Art. 34 GG war.

Der BGH hatte zunächst darauf abgestellt, ob der Private wie ein Werkzeug der öffentlichen Hand instrumentalisiert wird, etwa indem die Behörde in weitgehendem Maße auf die Durchführung der Arbeiten des Privaten Einfluss genommen hat und dessen Tätigkeiten deshalb wie eigene gegen sich gelten lassen muss.[16] Diese **„Werkzeugtheorie"** kann aber allenfalls ein Anwendungsfall neben anderen sein; andernfalls würde das bloße Unterlassen von Aufsichtsmaßnahmen bereits als haftungsausschließend wirken. Der BGH stellt nun auf den Charakter der jeweils wahrgenommenen Aufgabe, auf die Sachnähe der übertragenen Tätigkeit zu dieser Aufgabe sowie auf den Grad der Einbindung des Unternehmers in den behördlichen Pflichtenkreis ab. Je stärker der **hoheitliche Charakter der Aufgabe** in den Vordergrund tritt, je enger die Verbindung zwischen der übertragenen Tätigkeit und der von der Behörde zu erfüllenden hoheitlichen Aufgabe und je begrenzter der Entscheidungsspielraum des Unternehmers ist, desto näher liegt es anzunehmen, dass er Beamter im haftungsrechtlichen Sinne ist.[17] Das kann bei selbstständigen oder unselbstständigen Verwaltungshelfern der Fall sein.

Beispiel für Amtshaftung bei selbstständigen Verwaltungshelfern: Tätigkeit eines privaten Prüflabors, dessen Untersuchungsergebnis für die behördliche Entscheidung praktisch maßgebend ist. Die Tätigkeit des privaten Labors erscheine – so der BGH – als „Bestandteil der staatlichen Verwaltung".[18]

---

13 BGH, ZfBR 2018, 43 ff. – „*Vermessungsingenieur*".
14 *Maurer/Waldhoff*, Allgemeines Verwaltungsrecht, 20. Aufl., 2020, S. 728 ff.
15 BGH, Urteil vom 21.1.1993 – III ZR 189/91.
16 BGHZ 48, 98 ff. – „*Immissionen*".
17 BGHZ 121, 161 ff. – „*Abschleppen von Kfz*".
18 BGHZ 161, 6 ff. – „*BSE-Prüflabor*".

Hingegen hat der BGH eine Haftung des Trägers der Jugendhilfe für einen Gesundheitsschaden eines Pflegekindes aufgrund Fehlverhaltens der Pflegeeltern abgelehnt.[19]

Die schädigende Maßnahme kann in einem Tun oder Unterlassen liegen, letzteres wenn eine (Amts-)Pflicht (Rn. 373) zum Tätigwerden bestanden hat.[20]

Der Schädiger muss **„in Ausübung eines öffentlichen Amtes"** gehandelt haben **372** und darf seine Amtspflichten deshalb nicht nur bei Gelegenheit verletzt haben.

> **Beispiel:** Nicht in Ausübung eines öffentlichen Amtes wird ein Beamter tätig, der einen Dienstwagen unerlaubt für eine private Fahrt benutzt.[21]

2. Verletzung einer Amtspflicht

Der Beamte im haftungsrechtlichen Sinne muss eine Amtspflicht verletzt haben. **373** Inhalt und Umfang der Amtspflichten eines Beamten bestimmen sich nach den seinen **Aufgaben- und Pflichtenkreis** regelnden Vorschriften i. w. S.; Amtspflichten können sich also aus Gesetzen, Verordnungen, Verwaltungsvorschriften oder dienstlichen Einzel-Weisungen ergeben. Auch die Art der wahrzunehmenden Aufgaben ist für den Inhalt einer Amtspflicht von Bedeutung.[22] Die einem beauftragten Privaten obliegende „Amtspflicht" wird sich regelmäßig aus einem Vertrag ergeben. Folgende Fallgruppen sind wichtig:

- Die **Amtspflicht zur gesetzmäßigen Amtsausübung**: Diese ergibt sich schon aus Art. 20 Abs. 3 GG, aus dem Beamtengesetz (z. B. § 63 Abs. 1 BBG: „Beamtinnen und Beamte tragen für die Rechtmäßigkeit ihrer dienstlichen Handlungen die volle persönliche Verantwortung.") bzw. aus den Arbeitsverträgen. Zu den Amtspflichten des Beamten gehört es auch, Eingriffe in die Rechte, Rechtsgüter oder rechtlich geschützten Interessen des Bürgers nach §§ 823 ff. BGB zu unterlassen.[23] Zur Gesetzmäßigkeit des Handelns gehört außerdem der gesetzmäßige Vollzug von Unionsrecht (Rn. 37 f.).
- Die **Amtspflicht, Einzelweisungen von trägerleitenden Organen oder Ämtern zu befolgen** (Gehorsamspflicht):[24] Halten Beamtinnen und Beamte eine Anordnung für rechtswidrig, haben sie dies bei dem oder der unmittelbaren Vorgesetzten zu remonstrieren. Bestätigen diese, dass die Anordnung rechtmäßig ist, ist ihr Folge zu leisten und die Beamtin bzw. der Beamte dann von der eigenen Haftung befreit. Eine Grenze liegt dort, wo die betreffende Maßnahme strafbar oder ordnungswidrig ist und das der oder dem Beamten erkennbar ist oder wo das aufgetragene Verhalten die Würde des Menschen verletzt (§ 63 Abs. 2 BBG).
- Die **Amtspflicht zu verhältnismäßigem Handeln**.[25]
- Die **Amtspflicht zum zügigen Bearbeiten von Angelegenheiten**: Diese hat v. a. dann Bedeutung, wenn der Bürger einen Anspruch auf Bearbeitung hat (z. B. aus den Grundrechten; als objektive Rechtspflicht: § 10 S. 2 VwVfG). Die Nichtbearbeitung eines entscheidungsreifen Gesuchs ist amtspflichtswidrig.[26]

---

19 BGH, NJW 2006, 1121 ff.
20 BGHZ 69, 128 [135 f.] – „*Fluglotsenstreik*".
21 BGHZ 124, 15 ff. – „*Schwarzfahrt*".
22 BGHZ 69, 128 [135 f.] – „*Fluglotsenstreik*".
23 BGHZ 69, 128 [138] – „*Fluglotsenstreik*".
24 BGH, NJW 1959, 1629 f.
25 BGHZ 18, 366 [368].
26 BGH, NVwZ 1993, 299 [300] – „*Bauvoranfrage*".

– Die **Amtspflicht zur vollständigen Erforschung eines Sachverhalts im Rahmen des Zumutbaren**.[27]
– Die **Amtspflicht zum fehlerfreien Ermessensgebrauch**.[28]
– Die **Amtspflicht zur Verschwiegenheit** (§ 67 BBG).
– Die **Amtspflicht, an den Bürger richtige, klare, unmissverständliche und vollständige Auskünfte zu erteilen**, damit dieser entsprechend disponieren kann.[29] Die Auskünfte müssen sachgerecht, also auch wahrheitsgemäß sein.[30]
– Die **Amtspflicht zu konsequentem Verhalten**.[31]
– Die **Amtspflicht, keinen Amtsmissbrauch zu begehen**.[32]

3.   Drittbezogenheit der Amtspflicht

374   Haftungsbegründend ist die Verletzung einer Amtspflicht, die dem Beamten einem Dritten gegenüber obliegt. Die Voraussetzung passt nicht in das System des Amtshaftungsrechts, weil Amtspflichten zwischen Dienstherr und Amtswalter bestehen. Eine drittschützende Amtspflicht bedarf deshalb einer besonderen Begründung. Die Voraussetzung lehnt sich an das subjektive öffentliche Recht an und soll eine der Schutznormtheorie entsprechende Funktion erfüllen.
Der Geschädigte gehört zu dem Kreis der „Dritten" i. S. v. § 839 BGB, wenn **mit der Amtspflicht zumindest auch der Zweck verfolgt wird, ein Interesse gerade dieses Geschädigten wahrzunehmen**. Insofern muss eine besondere Beziehung zwischen der verletzten Amtspflicht und dem geschädigten „Dritten" bestehen.[33] Anderen Personen gegenüber besteht, selbst wenn die Amtspflichtverletzung sich für sie mehr oder weniger nachteilig ausgewirkt hat, keine Ersatzpflicht.
Es ist jeweils zu prüfen, ob gerade das im Einzelfall berührte Interesse nach dem Zweck der rechtlichen Bestimmung des Amtsgeschäfts geschützt werden soll. Es kommt demnach auf den Schutzzweck der Amtspflicht an.[34]
Problematisch ist die Drittbezogenheit bei generellen Regelungen wie Rechtsverordnungen und Satzungen (sog. **legislatives Unrecht**), denn eine individualisierbare Person oder Personengruppe gibt es regelmäßig nicht. Der Gesetzgeber nimmt in der Regel ausschließlich Aufgaben gegenüber der Allgemeinheit wahr.[35] Nur in besonderen Ausnahmefällen, etwa bei sogenannten Maßnahme- oder Einzelfallgesetzen, soll etwas anderes in Betracht kommen. Außerdem hat der BGH eine Ausnahme bei fehlerhaften Bebauungsplänen, die als Satzungen ergehen (§ 10 Abs. 1 BauGB), gegenüber künftigen Bewohnern anerkannt (insbes. Altlastenfälle).

> **Beispiel:**[36] Die Amtsträger einer Gemeinde haben die Amtspflicht, bei der Aufstellung von Bebauungsplänen Gesundheitsgefährdungen zu verhindern, die den zukünftigen Bewohnern des Plangebiets aus dessen Bodenbeschaffenheit drohen; insbesondere bei Verunreinigung des Bodens durch „Altlasten" aus einer ehemaligen Nutzung als Mülldeponie. Denn das Gebot, bei der Bauleitplanung die Anforderungen an gesunde

---

27 BGH, NJW 1989, 99 ff.
28 BGHZ 74, 144 ff.– „Bankenaufsicht".
29 BGH, NJW 1990, 3027 ff. – „Auskunftspflicht von Strafvollzugsbeamten".
30 BGHZ 14, 319 [323].
31 BGH, NJW 1980, 1683 [1684].
32 BGH, NJW 1984, 2216 [2218].
33 BGH, NJW 1989, 976 [978] – „Bebauungsplan".
34 BGH vom 24.6.1982 – III ZR 169/80.
35 BGH, NJW 1971, 1172 [1174] – „Gesetzgeberisches Unterlassen"; krit. insgesamt: *Höfling*, Primär- und Sekundärrechtsschutz im Öffentlichen Recht, VVDStRL 61 (2002), 260 [276].
36 Grundlegend: BGHZ 106, 323 ff. und BGHZ 108, 224 ff. – „Altlasten".

Wohn- und Arbeitsverhältnisse zu berücksichtigen (§ 1 Abs. 6 Nr. 1 BauGB), soll nicht nur dem Schutz der Allgemeinheit dienen. Es bezweckt vielmehr auch den Schutz gerade der Personen, die in dem konkreten, von der jeweiligen Bauleitplanung betroffenen Plangebiet wohnen werden. Die durch einen verbindlichen Bauleitplan betroffenen Grundeigentümer oder sonst dinglich Berechtigten stellen eine durch die räumlichen Grenzen des Plans und ihre rechtlichen Beziehungen zu dem erfassten Grundstück bestimmte Personengruppe dar, die alleiniger Adressat der Satzung ist.

Auch eine **juristische Person des öffentlichen Rechts** kann Dritter i. S. d. § 839 **375** Abs. 1 BGB sein. Auch ihr gegenüber kann demzufolge eine drittschützende Amtspflicht bestehen. Die Rechtsprechung verlangt hierfür aber, dass der für die haftpflichtige Behörde tätig gewordene Beamte bei der Erledigung seiner Dienstgeschäfte der geschädigten juristischen Person in einer Weise gegenübertritt, „wie sie für das Verhältnis zwischen ihm und seinem Dienstherrn einerseits und dem Staatsbürger andererseits charakteristisch ist". Bei Rechtsbeziehungen, die lediglich eine ordentliche Verwaltung gewährleisten sollen, in den Fällen also, in denen der Dienstherr des Beamten und die andere Körperschaft bei der Erfüllung einer ihnen gemeinsam übertragenen Aufgabe „gleichsinnig" und nicht in Vertretung einander widerstreitender Interessen derart zusammen wirken, dass sie im Rahmen dieser Aufgabe als Teil eines einheitlichen Ganzen erscheinen, liegen keine „drittgerichteten" Amtspflichten zugrunde.[37]

> **Beispiel:** Eine „Gleichsinnigkeit" abgelehnt hat der BGH in dem Fall, dass ein Zivildienstleistender bei Ableistung seines Dienstes Eigentum seiner Beschäftigungsstelle beschädigt hat. Der Bund hat den Zivildienstleistenden der Beschäftigungsstelle zugewiesen; die Beschäftigungsstelle tritt als hoheitlich beliehene Einrichtung zum Zivildienstpflichtigen in ein Verhältnis von Rechten und Pflichten, das durch die zu erfüllende Hoheitsaufgabe bestimmt ist. Bund und Zivildienststelle erscheinen „nach außen hin als Teile einer einheitlichen Organisation". Die Pflicht des Zivildienstleistenden, das ihm dienstlich anvertraute Sacheigentum sorgsam zu behandeln und vor vermeidbaren Schäden zu bewahren, besteht gegenüber seiner Beschäftigungsstelle als einer Einrichtung, die nachgeordnet mit seiner Dienstherrin an der Erfüllung einer beiden gemeinsam gestellten Aufgabe zusammenwirkt.[38]

4. Schaden

Die Amtspflichtverletzung muss bei dem geschützten Dritten einen Schaden ver- **376** ursacht haben. Der Schaden ist durch die **Gegenüberstellung zweier Vermögenslagen** zu beurteilen: Der nach dem schädigenden Ereignis bestehenden und derjenigen, die bestehen würde, wenn das schädigende Ereignis nicht eingetreten wäre (vgl. § 249 Abs. 1 BGB).

5. Haftungsbegründende Kausalität

Die Amtspflichtverletzung muss für den eingetretenen Schaden kausal gewesen **377** sein. Der BGH stellt auf die **Adäquanztheorie** ab. Ein adäquater Kausalzusammenhang besteht, wenn eine Tatsache im Allgemeinen und nicht nur unter besonders eigenartigen, ganz unwahrscheinlichen und nach regelmäßigem Verlauf der Dinge außer Betracht zu lassenden Umständen zur Herbeiführung eines Erfolges geeignet ist. Hieran kann es fehlen, wenn der Geschädigte oder ein Dritter in völlig ungewöhnlicher und unsachgemäßer Weise in den schadensträchtigen Geschehensablauf eingreift und eine weitere Ursache setzt, die den Schaden erst end-

---

37 BGH, NJW 1992, 972 [973].
38 BGH, NJW 1984, 118 [119].

gültig herbeiführt.[39] Kommt der Behörde ein Ermessen zu, gilt es zu beachten, dass eine haftungsbegründende Kausalität nur vorliegen kann, wenn bei ermessensfehlerfreier Amtstätigkeit der Schaden nicht oder nicht in dieser Höhe entstanden wäre.

6.   Verschulden

378   Die Amtshaftung ist eine Verschuldenshaftung, d. h. der Beamte hat **Vorsatz und Fahrlässigkeit** zu vertreten. Eine Verschuldenshaftung kann rechtspolitisch schon deshalb nicht überzeugen, weil der Staat sein Haftungsrisiko damit von den Fähigkeiten seiner Beamten abhängig macht. Hier zeigt sich der wesentliche Unterschied der Amtshaftung zur verschuldensunabhängigen Staatshaftung, für die ein rechtswidriges Handeln des Staates haftungsbegründend ist.[40]

Die Rechtsprechung hat diese misslungene Konzeption abgemildert, indem sie das Verschuldenserfordernis „**verobjektiviert**" hat. Es soll nicht auf die tatsächlichen Fähigkeiten des Beamten ankommen, sondern auf die Kenntnisse und Einsichten, die für die Führung des übernommenen Amtes von einem durchschnittlichen Beamten erwartet werden dürfen. Jeder Beamte muss die zur Führung seines Amtes notwendigen Rechts- und Verwaltungskenntnisse besitzen oder sich diese Kenntnisse verschaffen. Diese Verobjektivierung ist auch sachgerecht, weil der geschädigte Bürger auf die Besetzung der Ämterstellen keinen Einfluss nehmen kann.

Ein Fehlgreifen in einer schwierigen, zu Zweifeln Anlass gebenden Rechtslage kann dem Beamten aber nicht zur Last gelegt werden, solange diese nicht höchstrichterlich geklärt ist. Der Beamte muss aber eine **sorgfältige Prüfung** unternommen haben und seine Beurteilung muss auf vernünftige Überlegungen gestützt und rechtlich vertretbar sein.

Dieser Sorgfaltsmaßstab gilt auch für **Mitglieder kommunaler Vertretungskörperschaften**. Im sozialen Rechtsstaat kann der Bürger von Amtsträgern erwarten, dass sie bei ihrer Amtstätigkeit dem in § 276 BGB als allgemeinen Standard verkehrserforderlicher Sorgfalt und Verantwortungszurechnung formulierten Verschuldensmaßstab gerecht werden. Andernfalls würde das Schadensrisiko in unzumutbarer Weise auf den Bürger verlagert. Deshalb müssen sich die Mitglieder von Ratsgremien sorgfältig vorbereiten und, soweit ihnen die eigene Sachkunde fehlt, den Rat ihrer Verwaltung oder die Empfehlung von sonstigen Fachbehörden einholen ggf. außerhalb der Verwaltung stehende Sachverständige zuziehen.[41]

Scheidet ein persönliches Verschulden des Beamten aus, ist zu prüfen, ob der Anstellungskörperschaft ein Organisationsverschulden vorzuwerfen ist.

7.   Haftungseinschränkungen

379   a) **Subsidiaritätsklausel.** Von erheblicher Bedeutung ist die Haftungseinschränkung des § 839 Abs. 1 S. 2 BGB, weil der Beamte nur dann in Anspruch genommen werden kann, wenn er **fahrlässig** gehandelt hat und der **Verletzte nicht auf andere Weise Ersatz zu erlangen vermag**. Eine andere Ersatzmöglichkeit kann z. B. darin liegen, dass der Geschädigte einen Schadensersatzanspruch gegen einen weiteren Schädiger hat. Der Zweck dieser Subsidiarität der Amtshaftung lag ursprünglich darin, das Haftungsrisiko des Beamten bei fahrlässigem Handeln zu

---

39   BGHZ 137, 11 ff.

40   *Storr*, Die Haftung im Bund-Länder-Verhältnis, in: Aulehner/Dengler u. a., Föderalismus – Auflösung oder Zukunft der Staatlichkeit?, 1997, S. 269 [273].

41   BGH, NJW 1989, 976 [978].

verringern. In der Logik des Art. 34 S. 1 GG liegt es, dass diese Haftungsminderung nun dem Staat zugute kommt – zu Lasten des anderen Schädigers. Der BGH hatte den Zweck des § 839 Abs. 1 S. 2 BGB deshalb zunächst in einer Entlastung der öffentlichen Haushalte gesehen, später aber den Anwendungsbereich der Vorschrift zunehmend relativiert.[42]

J. Ipsen[43] geht gar von einer Verfassungswidrigkeit der Subsidiaritätsbestimmung aus. Ein Gemeinwesen, das sich zunehmend durch öffentliche Leistungen definiert, könne die durch öffentlich-rechtliche Unrechtshandlungen Geschädigten nicht auf andere Ersatzmöglichkeiten verweisen. Verfassungswidrig kann die Subsidiaritätsklausel aber nur dann sein, wenn sie zu einem verfassungswidrigen Eingriff führt. Das wiederum könnte der Fall sein, wenn der Schuldner des Alternativanspruchs übermäßig belastet wird und sich dies als unverhältnismäßige Grundrechtsbeeinträchtigung darstellt. Der BGH begegnet dem mit einer **teleologischen Reduktion** des § 839 Abs. 1 S. 2 BGB. Das Verweisungsprivileg der öffentlichen Hand ist jedenfalls, wie sich hier zeigt, ebenso wie das gesamte Amtshaftungsrecht nicht mehr zeitgemäß. Diese Besonderheit gibt es für andere Haftungsansprüche gegen die öffentliche Hand nicht.

Der Geschädigte hat ein Recht auf **alsbaldigen Schadensersatz.** Deshalb kommt es nicht nur darauf an, dass er einen bestehenden Anspruch gegen einen Dritten hat, sondern auch, dass er diesen durchsetzen kann.[44] Das ist z. B. dann nicht der Fall, wenn der Geschädigte einen vollstreckbaren Titel auf anderweitigen Schadensausgleich gegen einen Dritten erwirkt hat, der Anspruch aber wegen Vermögensverfalls des Dritten wirtschaftlich nicht mehr durchsetzbar ist. Das Verweisungsprivileg soll auch dann nicht greifen, wenn die Haftung des Dritten aus tatsächlichen oder rechtlichen Gründen nicht einfach zu beurteilen ist und eine Klärung für den Geschädigten unzumutbar erscheint.[45]

In folgenden Fallgruppen wird § 839 Abs. 1 S. 2 BGB außerdem teleologisch reduziert: **380**

- Das Verweisungsprivileg gilt nicht für Amtsträger, die dienstlich am **allgemeinen Straßenverkehr** teilnehmen und schuldhaft einen Verkehrsunfall verursachen. Denn im Straßenverkehr gelten für alle Verkehrsteilnehmer die gleichen Rechte und Pflichten, und es gilt der Grundsatz der haftungsrechtlichen Gleichbehandlung aller Verkehrsteilnehmer; ein weitergehender Rechtsgüterschutz fehlt und der ursprüngliche gesetzgeberische Zweck des Verweisungsprivilegs (Stärkung der Entschlusskraft des Beamten; Begrenzung des persönlichen Haftungsrisikos des Beamten) tritt in diesen Fällen zurück. Diese Reduktion des § 839 Abs. 1 S. 2 BGB gilt nach der Rechtsprechung jedenfalls, wenn der Beamte keine Sonderrechte (§ 35 StVO) in Anspruch nimmt.[46]
- Das Verweisungsprivileg gilt nicht, wenn ein Amtsträger durch Verletzung der ihm als hoheitliche Aufgabe obliegenden **Straßenverkehrssicherungspflicht** einen Verkehrsunfall schuldhaft verursacht hat. Der BGH argumentiert, dass die öffentlich-rechtlich gestaltete Amtspflicht zur Besorgung der Verkehrssicherheit inhaltlich der allgemeinen Verkehrssicherungspflicht ent-

---

42 BGHZ 13, 88 ff.
43 *Ipsen*, Allgemeines Verwaltungsrecht, 11. Aufl., 2019, S. 332, Rn. 1282.
44 BGH, ZfBR 2018, 43 ff. – *„Vermessungsingenieur".*
45 BGH, NJW 1993, 1647 [1648].
46 BGHZ 68, 217 ff. – *„Straßenverkehrsunfall".*

spreche und verweist auf den Grundsatz der haftungsrechtlichen Gleichbehandlung aller Verkehrsteilnehmer. Außerdem steht die Pflicht zur Sorge für die Sicherheit einer öffentlichen Straße in einem engen Zusammenhang mit den Pflichten, die einem Amtsträger als Teilnehmer am allgemeinen Straßenverkehr obliegen.[47] Auch hier ist Voraussetzung, dass die dem Amtsträger obliegenden Pflichten ihren Grund in den allgemeingültigen Verhaltensregeln und Sorgfaltspflichten haben, die jeder zu beachten hat, der am Verkehr teilnimmt. Werden Sonderrechte in Anspruch genommen, kann § 839 Abs. 1 S. 2 BGB nicht verdrängt werden.

- Das Verweisungsprivileg gilt nicht, wenn der weitere Ersatzanspruch des Geschädigten gegen seine **Haftpflichtversicherung** gerichtet ist. Denn die Leistungen der Haftpflichtversicherung hat der Geschädigte unter Aufwendung eigener Mittel erworben. Der Zweck der Haftpflichtversicherung geht nicht dahin, dem Staat das Haftungsrisiko abzunehmen.[48]
- Das Verweisungsprivileg gilt nicht, wenn der weitere **Ersatzanspruch gegen eine andere Einrichtung der öffentlichen Hand** gerichtet ist. Denn amtshaftungsrechtlich soll die öffentliche Hand wirtschaftlich als „ein Ganzes" gesehen werden. Das schließt auch Ansprüche gegen die Sozialversicherung ein, was der BGH zunächst abgelehnt hatte, weil die Sozialversicherungsanstalten mit eigener Rechtspersönlichkeit ausgestattete Teile einer in sich geschlossenen und der Allgemeinheit dienenden Zwangsversicherung seien, die mit den eigens hierfür aufgebrachten Mitteln im Allgemeininteresse die fraglichen Schäden im gesetzlichen Rahmen auffangen sollten.[49] Diese Rechtsprechung ist inzwischen überholt. Denn die Sozialversicherungsbeiträge werden für die in einem Arbeitsverhältnis stehenden Versicherten grundsätzlich je zur Hälfte vom Arbeitnehmer und vom Arbeitgeber erbracht, also unter Aufwendung eigener Mittel und durch verdiente Leistungen Dritter. Auch hier gilt, dass es nicht Zweck der gesetzlichen Krankenversicherung ist, dem Staat das Haftungsrisiko abzunehmen.[50]

381   b) **Richterspruchprivileg.** § 839 Abs. 2 BGB regelt das sog. Richterspruchprivileg. Danach ist ein Beamter, der bei dem Urteil in einer Rechtssache seine Amtspflicht verletzt, für den daraus entstehenden Schaden nur dann verantwortlich, wenn die Pflichtverletzung in einer Straftat besteht. „Beamter bei dem Urteil in einer Rechtssache" ist der **Richter**. Der Zweck des Richterspruchprivilegs ist streitig: Insbesondere in der älteren Rechtsprechung wurde auf den Schutz der richterlichen Unabhängigkeit verwiesen.[51] Dem ist allerdings entgegenzuhalten, dass die richterliche Unabhängigkeit durch Art. 97 Abs. 1 GG bereits garantiert ist, das Richterspruchprivileg insoweit weder erforderlich ist, noch einen weiteren Schutz entfalten kann. Auch eine Stärkung der inneren Unabhängigkeit des Richters, in dem Sinne, dass der Richter „unbefangen"[52] entscheiden soll, kann nicht bezweckt sein, weil ja wegen Art. 34 S. 1 GG grundsätzlich der Staat für fehlerhafte Urteile einzustehen hat und ein Regress beim Richter nur bei Vorsatz und grober Fahrlässigkeit in Betracht kommt (Art. 34 S. 2 GG). Im Übrigen schließt die Ga-

---

47   BGHZ 75, 138 ff.; BGHZ 113, 164 ff. – „*Straßenunterhaltung*".
48   BGHZ 85, 230 ff.
49   BGHZ 62, 394 ff.
50   BGH, NJW 1981, 623 [625].
51   BGHZ 50, 14 [19]; s. a. *Deckert*, Zur Haftung des Mitgliedstaates bei Verstößen seiner Organe gegen europäisches Gemeinschaftsrecht, EuR 1997, 203 [226].
52   BGHZ 50, 14 [19].

rantie der richterlichen Unabhängigkeit gerade nicht aus, dass über die Gesetzmäßigkeit eines Richterspruchs durch ein weiteres Gericht befunden wird. Zutreffend ist es, den Zweck des Haftungsprivilegs überwiegend im **Schutz der
Rechtskraft** zu sehen:[53] ein entschiedener Gegenstand soll nicht erneut der richterlichen Prüfung zugänglich gemacht werden können mit der Begründung, der
erkennende Richter habe rechtswidrig und daher amtspflichtwidrig gehandelt.[54]
Denn es ist die Funktion der Rechtskraft, die Rechtslage verbindlich zu klären.[55]
So gesehen besteht das Richterspruchprivileg um des Rechtsfriedens und der
Rechtssicherheit willen, was in dem geläufigen Paradigmenwechsel vom „Spruchrichterprivileg" zum „Richterspruchprivileg" auch plakativer wird.[56] Die Haf-
tungsbeschränkung scheidet aus, wenn mit dem Urteilsspruch eine Straftat verbunden ist (insbes. Rechtsbeugung, § 339 StGB), ferner im Fall der
pflichtwidrigen Verweigerung oder Verzögerung der Ausübung des Amts (§ 839
Abs. 2 S. 2 BGB).

c) Mitverschulden insbes. Rechtsmittelversäumung. § 254 BGB ist im Amts-   **382**
haftungsrecht anwendbar. Hat bei der Entstehung des Schadens ein Verschulden
des Geschädigten mitgewirkt, so hängt die Verpflichtung zum Ersatz sowie der
Umfang des zu leistenden Ersatzes von den Umständen des Einzelfalls, d. h. insbesondere davon ab, inwieweit der Schaden vorwiegend von dem einen oder dem
anderen Teil verursacht worden ist. Ein Mitverschulden muss sich der Geschädigte
auch dann anrechnen lassen, wenn er es unterlassen hat, den Schuldner auf die
Gefahr eines ungewöhnlich hohen Schadens aufmerksam zu machen, die der
Schuldner weder kannte noch kennen musste, oder wenn er es unterlassen hat,
den Schaden abzuwenden oder zu mindern.
Eine Ausprägung des § 254 BGB ist § 839 Abs. 3 BGB: Danach tritt die Ersatzpflicht nicht ein, wenn es der **Verletzte vorsätzlich oder fahrlässig unterlassen
hat, den Schaden durch Gebrauch eines Rechtsmittels abzuwenden,** d. h. z. B.
die Möglichkeiten eines Widerspruchs, einer Klage oder des vorläufigen Rechtsschutzes nicht ausgenutzt hat. Die Haftungseinschränkung folgt einem allgemeinen Prinzip des modernen Entschädigungsrechts in Abwendung vom gemein-
rechtlichen Grundsatz „Dulde und Liquidiere", nämlich dem Vorrang von
Primäransprüchen gegenüber Sekundäransprüchen.[57] Die Versäumung der Einlegung eines Rechtsmittels steht einem Amtshaftungsanspruch aber nur entgegen,
wenn sie für den Schaden kausal war.
Aus dem Umstand, dass § 839 Abs. 3 BGB für einen Haftungsausschluss ein Verschulden des Geschädigten voraussetzt, folgt, dass ein Amtshaftungsanspruch auch
dann noch geltend gemacht werden kann, wenn die Amtspflichtverletzung im
Erlass eines **rechtswidrigen Verwaltungsakts** besteht und der Verwaltungsakt be-

---

53 *Papier/Shirvani*, in: Münchener Kommentar zum Bürgerlichen Gesetzbuch, Band 6, 7. Aufl., 2017,
    § 839 Rn. 323 m. w. N.
54 *Storr*, Abschied vom Spruchrichterprivileg?, DÖV 2004, 545; zu urteilsvertretenden Entscheidungen:
    BGH, NJW 2003, 3052 gegen vorläufige Unterbringungsmaßnahmen; a. A. ThürOLG, OLG-NL 2002,
    248 f.; OLG Bremen, NJW-RR 2001, 1036 [1038] bei mündlicher Verhandlung, die mit einem Ver-
    gleich endet; gegen PKH: BGH VersR 1984, 77 [79]; OLG Frankfurt/M, NJW 2001, 3270 [3271]; a. A.
    OLG Brandenburg, OLG-NL 2002, 246 ff.
55 BVerfGE 47, 146 [161].
56 *Papier/Shirvani*, in: Münchener Kommentar zum Bürgerlichen Gesetzbuch, Band 6, 7. Aufl., 2017,
    § 839 Rn. 323.
57 Vgl. BVerfGE 58, 300 [324] – *„Nassauskiesung"*; verallgemeinernd: *Erbguth*, Primär- und Sekundär-
    rechtsschutz im Öffentlichen Recht, VVDStRL 61 (2002), 221 [228 f.]; kritisch dazu: *Höfling*, Primär-
    und Sekundärrechtsschutz im Öffentlichen Recht, VVDStRL 61 (2002), 260 [280].

standskräftig geworden ist.[58] Erstens würde für einen Schadensausgleich nach Eintritt der Bestandskraft eines Verwaltungsakts andernfalls überhaupt kein Raum mehr bleiben und zweitens bindet der Verwaltungsakt nicht die Gerichte, weil er ohne ein gerichtliches Erkenntnis bestandskräftig geworden ist. Eine Identität der Streitgegenstände in einem zivilgerichtlichen Schadensersatzprozess besteht also nicht. Die Beseitigung eines belastenden Verwaltungsakts knüpft an die öffentlich-rechtlichen Pflichten des Staates im Außenverhältnis zum Bürger an, während der Amtshaftungsanspruch seine Grundlage in dem persönlichen Pflichtenstatus des Amtsträgers hat. Ein Amtshaftungsanspruch scheidet nur dann aus, wenn der Verwaltungsakt Gegenstand eines verwaltungsgerichtlichen Verfahrens gewesen ist, weil die Rechtskraft eines etwaigen die Klage als unbegründet abweisenden Urteils auch die Frage der materiellen Rechtmäßigkeit mitumfasst (§ 839 Abs. 2 BGB).

8. Verjährung

383 Der Amtshaftungsanspruch verjährt **grundsätzlich in drei Jahren** (§ 195 BGB). Diese Verjährungsfrist beginnt mit dem Schluss des Jahres, in dem der Anspruch entstanden ist und der Gläubiger von den den Anspruch begründenden Umständen und der Person des Schuldners Kenntnis erlangt oder ohne grobe Fahrlässigkeit erlangen müsste (§ 199 Abs. 1 BGB). Schadensersatzansprüche, die auf der Verletzung des Lebens, des Körpers, der Gesundheit oder der Freiheit beruhen, verjähren ohne Rücksicht auf ihre Entstehung und die Kenntnis oder grob fahrlässige Unkenntnis in 30 Jahren von der Begehung der Handlung, der Pflichtverletzung oder dem sonstigen schadensauslösenden Ereignis an. Sonstige Schadensersatzansprüche verjähren, ohne Rücksicht auf die Kenntnis oder grob fahrlässige Unkenntnis, in zehn Jahren von ihrer Entstehung an, im Übrigen ohne Rücksicht auf ihre Entstehung und die Kenntnis oder grob fahrlässige Unkenntnis in 30 Jahren von der Begehung der Handlung, der Pflichtverletzung oder dem sonstigen schadensauslösenden Ereignis an (§ 199 Abs. 2 BGB). Durch Erhebung einer Klage auf Leistung oder auf Feststellung des Anspruchs, auf Erteilung der Vollstreckungsklausel oder auf Erlass des Vollstreckungsurteils wird die Verjährung gehemmt (§ 204 Abs. 1 Nr. 1 BGB).

9. Inhalt des Amtshaftungsanspruchs

384 Der Amtshaftungsanspruch ist ein Schadensersatzanspruch. §§ 249 ff. BGB finden daher Anwendung. Allerdings kommt eine Naturalrestitution grundsätzlich nicht in Betracht, sondern nur **Geldersatz** (§ 251 Abs. 1 BGB). Der Grund liegt in der eigenwilligen Konstruktion des Amtshaftungsrechts. § 839 BGB geht von der Eigenhaftung des Beamten aus, der persönlich für die Folgen pflichtwidriger Amtsführung haftbar gemacht wird. Demgemäß soll die Haftung grundsätzlich nur auf das gehen können, was der Beamte selbst zu leisten vermag. Der privatrechtliche Charakter des § 839 BGB steht der Rechtsfolge entgegen, dass der Beamte verbindlich über seine weitere Amtsführung entscheiden könnte. Außerdem eröffnet Art. 34 S. 3 GG den ordentlichen Rechtsweg. Eine Naturalrestitution würde folgerichtig den Zivilgerichten die Möglichkeit einräumen, auf dem Wege der Verurteilung zum Schadensersatz Akte der hoheitlichen Verwaltung aufzuheben und damit in den Zuständigkeitsbereich der Verwaltungs*gerichte* überzugreifen.[59]

---

58 BGH, NJW 1991, 1168 f. – *„Kanalbaubeitrag"* m. w. N.
59 BGHZ 34, 99 ff.

Beispiel: Ein Widerruf von ehrverletzenden Erklärungen eines Beamten, der in Ausübung einer Amtspflicht gehandelt hat, kann auf der Grundlage von § 839 BGB nicht erlangt werden.

Diese Konsequenz des Amtshaftungsanspruchs ist wegen der gesetzlichen Überleitung auf den Staat (Art. 34 S. 1 GG) zu bezweifeln und nicht mehr zeitgemäß.

Die **Höhe** des zu ersetzenden Schadens ist durch den Vergleich der Vermögenslage vor und nach dem schädigenden Ereignis zu bestimmen. Dabei ist auch der Schutzzweck der verletzten Amtspflicht einzubeziehen.

Beispiel: Die Pflicht der Gemeinde, bei der Planung die Anforderungen an gesunde Wohn- und Arbeitsverhältnisse zu berücksichtigen, führt im Fall der fehlerhaften Planung wegen Altlasten dann nicht zu einem Schadensersatzanspruch aus Amtshaftung, wenn dieser auf das bloße Vermögensinteresse gerichtet ist, das darin besteht, dass ein unbelastetes Grundstück einen höheren Marktwert als ein belastetes hat.[60]

In Betracht kommt ferner **Schmerzensgeld**, § 253 BGB.

10. Anspruchsgegner und gerichtliche Geltendmachung

Anspruchsgegner ist wegen § 34 S. 1 GG die Körperschaft, in deren Dienst der **385** schädigende Beamte steht. Deshalb scheidet ein Anspruch unmittelbar gegen den Beamten nach § 839 BGB oder auf der Grundlage einer anderen deliktischen Haftungsvorschrift (§§ 823, 826 BGB) aus.

Umstritten ist, wer Anspruchsgegner ist, wenn der schädigende Beamte für eine andere Körperschaft Aufgaben wahrgenommen hat, wie es im Kommunalrecht nicht selten ist. In einigen Ländern hat das Landratsamt (der Landrat) eine Doppelstellung als Staatsbehörde und Kommunalbehörde. Die **Anstellungstheorie** stellt darauf ab, wer den schädigenden Beamten angestellt hat. Diese Theorie kommt in den meisten Fällen zu sachgerechten Ergebnissen, scheitert aber, wenn der Beamte eine Doppelstellung innehat. Auf diese Fallgruppe zielt die **Funktionstheorie** ab. Dann haftet derjenige, dessen Aufgaben der Beamte wahrgenommen hat. Der BGH folgt aber der **Anvertrauenstheorie**: Danach kommt es darauf an, welche Körperschaft dem Amtsträger das Amt, bei dessen Ausübung er fehlsam gehandelt hat, anvertraut hat, wer also dem Amtsträger die Aufgaben, bei deren Wahrnehmung die Amtspflichtverletzung vorgekommen ist, übertragen hat. Im Regelfall wird deshalb die Körperschaft haften, die diesen Amtsträger angestellt und ihm damit die Möglichkeit zur Amtsausübung eröffnet hat. Die Anknüpfung an die Anstellung versagt aber z. B. dann, wenn kein Dienstherr vorhanden ist. In einem solchen Fall ist darauf abzustellen, wer dem Amtsträger die konkrete, fehlerhaft erfüllte Aufgabe anvertraut hat.[61]

11. Anspruchskonkurrenzen

Im **hoheitlichen Bereich** scheiden Ansprüche gegen den Staat auf der Grundlage **386** von § 831 BGB neben § 839 BGB i. V. m. Art. 34 GG aus. Andere, insbesondere Entschädigungsansprüche die nicht deliktischer Art sind, können aber konkurrierend geltend gemacht werden.[62] Das gilt auch für die (verschuldensunabhängige) Gefährdungshaftung nach § 7 StVG (Halterhaftung). Jedoch verdrängt das Amtshaftungsrecht Ansprüche aus § 18 StVG gegen den Amtswalter (Fahrzeugführerhaftung).[63]

---

60 BGH, NJW 1993, 933 [934] – „*Altlasten*".
61 BGH, NJW 1992, 298 [299] – „*Architektenkammer*".
62 *Baldus/Grzeszick/Wienhues*, Staatshaftungsrecht, 5. Aufl., 2018, S. 149 ff.
63 BGH, NJW 1992, 2882 [2884].

Für den **Rechtsweg** ist Art. 34 S. 3 GG zu beachten. Danach darf für den Anspruch auf Schadensersatz der ordentliche Rechtsweg nicht ausgeschlossen werden. § 40 Abs. 2 S. 1 VwGO hat daneben nur deklaratorische Bedeutung. Zuständig ist das Landgericht (§ 71 Abs. 2 Z 2 GVG).

Art. 34 S. 2 GG lässt einen **Rückgriff der haftenden Körperschaft auf den schädigenden Beamten** bei Vorsatz oder grober Fahrlässigkeit zu. Hierzu bedarf es aber einer gesonderten gesetzlichen Rechtsgrundlage, wie sie z. B. in § 75 BBG geregelt ist (vgl. a. § 48 BeamtStG).

Fall 53:[64] Die Stadtsparkasse S verkauft mehrere Grundstücke an V. Der Kaufpreis ist u. a. fällig, wenn eine Auflassungsvormerkung im Grundbuch eingetragen ist. Der beim Grundbuchamt des Amtsgerichts tätige Rechtspfleger wie auch andere Dezernate des Amtsgerichts sind überlastet. Eintragungsanträge werden vom Grundbuchamt in der Reihenfolge ihres Eingangs bearbeitet. Der Grundbuchbeamte trägt die beantragten Vormerkungen erst 1½ Jahre nach Antragstellung ein. S macht für diesen Zeitraum Zinsausfälle über € 400.000,- als Schadensersatz gegenüber dem Land geltend.

Lösung Fall 53: Es könnte ein Anspruch aus § 839 BGB i. V. m. Art. 34 GG bestehen.

a) Im Rechtsstaat hat jede Behörde die Amtspflicht, Anträge mit der gebotenen Beschleunigung zu bearbeiten. Dem entspricht für gerichtliche Verfahren der Anspruch auf Justizgewährung und einer Entscheidung innerhalb angemessener Frist (vgl. Art. 6 Abs. 1 EMRK). Diese Verpflichtung trifft in erster Linie den unmittelbar mit der Sache befassten Beamten, hier den Grundbuchbeamten (Herleitung aus § 18 Abs. 1 Satz 1 GBO). Diese Amtspflicht zu zügiger Bearbeitung hat der Grundbuchbeamte verletzt. Die Amtspflicht ist auch drittschützend, denn sie begünstigt spezifisch den Antragsteller in Grundbuchangelegenheiten.

b) Der Grundbuchbeamte müsste schuldhaft gehandelt haben. Mit dem BGH kann eine erhebliche Arbeitsüberlastung ein Verschulden des Beamten ausschließen, wenn die Überlastung den vorgesetzten Stellen bekannt war oder zumindest bei ordnungsgemäßer Aufsicht bekannt sein musste. Davon ist auszugehen; folglich fehlt es an einem Verschulden des Grundbuchbeamten.

c) Eine Verletzung drittgerichteter Amtspflichten kommt aber unter dem Gesichtspunkt eines Organisationsmangels in Betracht. Der Staat hat kraft seiner aus dem Rechtsstaatsprinzip folgenden Verpflichtung zur Justizgewährung und zur Gewährleistung eines wirkungsvollen Rechtsschutzes seine Gerichte so auszustatten, dass sie die anstehenden Verfahren ohne vermeidbare Verzögerung abschließen können. Es ist seine Aufgabe, im Rahmen des Zumutbaren alle Maßnahmen zu treffen, die geeignet und nötig sind, einer Überlastung der Gerichte vorzubeugen und ihr dort, wo sie eintritt, rechtzeitig abzuhelfen. Er hat die dafür erforderlichen – personellen wie sachlichen – Mittel aufzubringen, bereitzustellen und einzusetzen.

Fraglich ist, ob diese Amtspflicht drittschützenden Charakter hat. Entscheidungen über die Besetzung einzelner Dienststellen haben grundsätzlich keine Drittwirkung. Sie sind abhängig von der finanziellen Leistungsfähigkeit der jeweiligen Körperschaft, weshalb es grundsätzlich Sache des Haushaltsgesetzgebers ist, über die Zuweisung von Stellen und die Bewilligung von Mitteln zu entscheiden. Die gesetzgebenden Organen obliegen Amtspflichten nur gegenüber der Allgemeinheit und nicht in Richtung auf bestimmte Personen oder Personenkreise. Allerdings kann die der Entscheidung des Haushaltsgesetzgebers nachgeordnete Verpflichtung der Judikative und Exekutive zur sachgerechten Verteilung der ihr zur Verfügung stehenden Mittel dann als drittschützend gewertet werden, wenn es bei einzelnen Verwaltungsstellen wegen Überlastung der zuständigen Bediensteten zu unzumutbaren Verzögerungen kommt und es allein in der Hand der übergeordneten (Zentral-)Behörde liegt, für Abhilfe zu sorgen. Dann kommt es darauf an, ob der Direktor des Amtsgerichts, die Präsidenten des übergeordneten Landgerichts und des Oberlandesgerichts oder das Justizministerium des Landes

---

64 Nach BGH, NJW 2007, 830 ff. – *„verspätete Grundbucheintragung".*

die ihnen jeweils möglichen und zumutbaren Maßnahmen ergriffen haben, um eine Erledigung der von S gestellten Eintragungsanträge in angemessener Zeit sicherzustellen.

d) Der Anspruch könnte entfallen, weil die Sparkasse als Anstalt des öffentlichen Rechts ein öffentliches Unternehmen ist. Doch wirken das Land (Amtsgericht) und S nicht „gleichsinnig" zusammen, es fehlt an einer ihnen gemeinsam zur Erfüllung aufgegebenen Angelegenheit.

e) Im Ergebnis ist ein Amtshaftungsanspruch gegeben.

II.   Der Unionsrechtliche Staatshaftungsanspruch im Besonderen

Im Rahmen dieses Lehrbuchs ist auch auf den europäischen Staatshaftungsanspruch wegen eines Verstoßes gegen Unionsrecht hinzuweisen. In der grundlegenden Entscheidung „**Francovich**" hat der EuGH aus dem damaligen EG-Vertrag einen Schadensersatzanspruch eines Bürgers gegen einen Mitgliedstaat hergeleitet, wenn der Mitgliedstaat eine Richtlinie nicht oder nicht vollständig rechtzeitig umgesetzt hat und dadurch bei Einzelnen ein Schaden entstanden ist. Der Grundsatz der Staatshaftung der Mitgliedstaaten wird damit begründet, dass den unionsrechtlichen Bestimmungen volle Wirksamkeit zu verschaffen ist (effet utile) und die dem Einzelnen durch das Unionsrecht verliehenen Rechte zu schützen sind. Außerdem folgt aus Art. 4 Abs. 3 UAbs. 2 EUV eine Pflicht der Mitgliedstaaten, alle geeigneten Maßnahmen allgemeiner und besonderer Art zur Erfüllung ihrer Verpflichtungen aus dem Unionsrecht zu treffen. Im konkreten Fall verpflichtete eine Richtlinie die Mitgliedstaaten zur Regelung eines Mindestschutzes von Arbeitnehmern bei Zahlungsunfähigkeit des Arbeitgebers. Italien hatte diese Richtlinie nicht rechtzeitig umgesetzt, wodurch ein Arbeitnehmer einen Vermögensschaden erlitten hatte.[65]

387

In der Entscheidung „**Brasserie du Pêcheur**"[66] hat der EuGH diesen Haftungsanspruch verallgemeinert und drei Voraussetzungen aufgestellt, nämlich dass die Rechtsnorm, gegen die verstoßen wurde, bezweckt, dem Einzelnen Rechte zu verleihen, dass der Verstoß hinreichend qualifiziert ist und schließlich, dass zwischen dem Verstoß gegen die dem Staat obliegende Verpflichtung und dem den geschädigten Personen entstandenen Schaden ein unmittelbarer Kausalzusammenhang besteht. In der Rechtssache „**Köbler**" hat der EuGH diesen Entschädigungsanspruch auch auf Entscheidungen eines letztinstanzlichen Gerichts erstreckt, wenn diese Unionsrecht verletzen.[67] Damit erstreckt sich dieser Entschädigungsanspruch nicht nur auf Exekutiv-, sondern auch auf Legislativ- und Justizunrecht.

Der EuGH hat die Ausgestaltung des Staatshaftungsanspruchs im Einzelnen den Mitgliedstaaten überlassen, wobei die im anwendbaren nationalen Recht festgelegten Voraussetzungen nicht ungünstiger sein dürfen als bei entsprechenden innerstaatlichen Ansprüchen. Außerdem dürfen die Voraussetzungen nicht so ausgestaltet sein, dass die Erlangung der Entschädigung praktisch unmöglich oder übermäßig erschwert ist. Der BGH hat dies nicht zum Anlass genommen, § 839 BGB i. V. m. Art. 34 GG fortzuentwickeln, sondern geht von einem eigenständigen

388

---

65   EuGH vom 19.11.1991, Rs. C-6/90 – „*Francovich*", zur Besprechung: *Hailbronner/Jochum*, Europarecht I, 2005, S. 245 f.

66   EuGH vom 5.3.1996, Rs. C-46/93, Rn. 53 – „*Brasserie du Pêcheur*".

67   EuGH vom 30.9.2003, Rs. C-224/01 – „ *Köbler*".

europäischen Staatshaftungsanspruch aus,[68] der durch amtshaftungsrechtliche Grundsätze modifiziert sein kann. Im Einzelnen ergeben sich danach folgende **Voraussetzungen:**

–   Der Mitgliedstaat muss durch seine Organe – sei es der Exekutiv-, der Legislativ- oder der Justizgewalt – **gegen europäisches Recht verstoßen** haben.
–   Die Rechtsnorm, gegen die verstoßen wurde, muss **bezwecken, dem Einzelnen Rechte zu verleihen.** Bei Richtlinien muss dieses Recht hinreichend genau bestimmt werden können. Eine Heranziehung von Vorschriften des Primärrechts ist nur möglich, wenn der betreffende Rechtsbereich nicht durch Sekundärrecht harmonisiert ist.[69]
–   Der Verstoß muss **hinreichend qualifiziert** sein. Das ist der Fall, wenn ein Organ oder ein Mitgliedstaat bei der Ausübung seiner Rechtsetzungsbefugnis seine Grenzen offenkundig und erheblich überschritten hat. Um dies zu beurteilen, ist auf das Maß an Klarheit und Genauigkeit der verletzten Vorschrift und auf den Umfang des Ermessensspielraums, den die verletzte Vorschrift den nationalen oder Unionsbehörden belässt, abzustellen. Außerdem ist der Frage nachzugehen, ob der Verstoß vorsätzlich oder nicht vorsätzlich begangen oder der Schaden vorsätzlich oder nicht vorsätzlich zugefügt wurde. Maßgeblich sind die Entschuldbarkeit oder Unentschuldbarkeit eines etwaigen Rechtsirrtums und der Umstand, dass die Verhaltensweisen eines Unionsorgans möglicherweise dazu beigetragen haben, dass nationale Maßnahmen oder Praktiken in unionsrechtswidriger Weise unterlassen, eingeführt oder aufrechterhalten wurden. Von Bedeutung ist außerdem, ob der EuGH bereits einschlägig entschieden hat (und ob diese Rechtsprechung offenkundig verkannt wurde) und wie andere Mitgliedstaaten das Unionsrecht ausgelegt haben.[70] Im Fall des Justizunrechts ist der Maßstab der hinreichenden Qualifikation weiter: Dann kommt es darauf an, ob das letztinstanzliche Gericht unter Berücksichtigung der Besonderheit der richterlichen Funktion offenkundig gegen Unionsrecht verstoßen hat.[71]
–   Zwischen dem Verstoß gegen die dem Staat obliegende Verpflichtung und dem Schaden, der den geschädigten Personen entstanden ist, muss ein **unmittelbarer Kausalzusammenhang** bestehen. Kausalität liegt vor, wenn eine Richtlinie nicht oder nicht ordnungsgemäß in nationales Recht umgesetzt wurde und der Schaden auf diese Nichtumsetzung zurückzuführen ist; sie scheidet aus, wenn die nationalen Behörden die nicht umgesetzte Richtlinie unmittelbar angewendet haben.[72]

Die **Verjährung** richtet sich nach den §§ 195 ff. BGB.[73]

Die **Höhe der Entschädigung muss dem erlittenen Schaden angemessen** sein, so dass ein effektiver Schutz der Rechte des Einzelnen gewährleistet ist. Der EuGH verweist auf die Kompetenz der Mitgliedstaaten, dies zu regeln. Er erinnert aber daran, dass die Kriterien nicht ungünstiger sein dürfen als bei entsprechenden

---

68 BGHZ 134, 30 [39] – *„Brasserie du Pêcheur"*; krit. *Streinz*, Primär- und Sekundärrechtsschutz im Öffentlichen Recht, VVDStRL 61 (2002), 300 [350].
69 EuGH vom 12.10.1993, Rs. C 37/92 – *„Vanacker und Lesage"*; zweifelnd: BGH, NVwZ 2007, 362 ff. – *„Schweinefleisch"*.
70 EuGH vom 17.10.1996, Rs. C. 283/94 – *„Denkavit"*, Rn. 51; EuGH vom 25.1.2007, Rs. C-278/05, Rn. 77 – *„Robins"*.
71 *Streinz*, Primär- und Sekundärrechtsschutz im Öffentlichen Recht, VVDStRL 61 (2002), 300 [350].
72 EuGH vom 24.9.1998, Rs. C.319/96, Rn. 28 – *„Brinkmann"*.
73 *Hailbronner/Jochum*, Europarecht I, 2005, S. 253; zur früheren Rechtslage: vgl. BGH vom 12.10.2006, Az. III ZR 144/05.

Ansprüchen, die auf nationales Recht gestützt sind; auch dürften sie keinesfalls so ausgestaltet sein, dass die Entschädigung praktisch unmöglich oder übermäßig erschwert ist. Deshalb darf entgangener Gewinn nicht vollständig ausgeschlossen werden.[74] Überwiegend werden die §§ 249 ff. BGB für anwendbar gehalten. Daraus folgt, dass der unionsrechtliche Staatshaftungsanspruch richtigerweise nicht auf Entschädigung, sondern auf Schadensersatz gerichtet und grundsätzlich durch Naturalrestitution auszugleichen ist.[75]

Ferner sind **§ 254 BGB und § 839 Abs. 3 BGB** anzuwenden. Insbesondere darf der Geschädigte Primärrechtsschutz nicht vereitelt haben. Ausdrücklich stellt der EuGH klar, dass das nationale Gericht prüfen kann, ob sich der Geschädigte in angemessener Form um die Verhinderung des Schadenseintritts oder um die Begrenzung des Schadensumfangs bemüht hat und ob er insbesondere rechtzeitig von allen ihm zur Verfügung stehenden Rechtsschutzmöglichkeiten Gebrauch gemacht hat. Dabei handelt es sich um einen allgemeinen, den Rechtsordnungen der Mitgliedstaaten gemeinsamen Grundsatz.[76]

III.   Sekundärrechtsschutz aus Eigentumsbeeinträchtigung

Für die Verletzung von Eigentumsrechten stehen neben § 839 BGB i. V. m. Art. 34   **389**
GG weitere Rechtsinstitute zur Verfügung, die ihre Grundlage in einer verfassungsrechtlich gebotenen oder gewohnheitsrechtlichen Entschädigungspflicht haben. Sekundärrechtsschutz aufgrund einer Eigentumsbeeinträchtigung ist durch eine Entschädigung möglich. Hierfür ist zwischen einer Entschädigung wegen Enteignung, wegen enteignungsgleichem Eingriff und wegen enteignendem Eingriff zu unterscheiden. Für das dogmatische Verständnis dieser Rechtsinstitute ist es unabdingbar, zunächst die Enteignung näher vorzustellen.

1.   Die Enteignung

Art. 14 GG schützt das Eigentum. Das Grundgesetz definiert Eigentum nicht aus-   **390**
drücklich. Deshalb kommt es für die Bestimmung des verfassungsrechtlichen Eigentumsbegriffs auf den Zweck und die Funktion der Eigentumsgarantie unter Berücksichtigung ihrer Bedeutung im Gesamtgefüge des Grundgesetzes an. Die wesentlichen Merkmale des verfassungsrechtlich geschützten Eigentums hat das BVerfG darin gesehen, dass dem Berechtigten **ein vermögenswertes Recht an einer Sache zur privaten Nutzung und zur eigenen Verfügung zugeordnet** ist. Denn Zweck der verfassungsrechtlichen Eigentumsgarantie ist es, dem Grundrechtsträger einen Freiraum im vermögensrechtlichen Bereich zu erhalten und dem Einzelnen damit die Entfaltung und eigenverantwortliche Gestaltung seines Lebens zu ermöglichen.[77] Zum Eigentum gehören alle vermögenswerten Rechte, die dem Berechtigten von der Rechtsordnung in der Weise zugeordnet sind, dass er die damit verbundenen Befugnisse nach eigenverantwortlicher Entscheidung zu seinem privaten Nutzen ausüben darf. Auf dieser Grundlage hat das BVerfG[78] nicht nur dingliche oder sonstige absolute, gegenüber jedermann wirkende

---

74 EuGH vom 5.3.1996, Rs. C-46/93, Rn. 82 – *„Brasserie du Pêcheur"*.

75 Vgl. nur *Streinz*, Primär- und Sekundärrechtsschutz im Öffentlichen Recht, VVDStRL 61 (2002), 300 [351].

76 EuGH vom 5.3.1996, Rs. C-46/93, Rn. 84 – „Brasserie du Pêcheur"; vgl. BGHZ 156, 294 [297].

77 BVerfGE 83, 201 [208] – „Vorkaufsrecht".

78 Z. B. BVerfGE 51, 193 [216 ff.] – „Warenzeichen"; 79, 174 [191] – *„Erbbaurecht"*; 45, 142 [179] – *„Kaufpreisanspruch"*.

Rechtspositionen unter den verfassungsrechtlichen Eigentumsbegriff subsumiert, sondern auch schuldrechtliche Forderungen, Warenzeichen und öffentlich-rechtliche Rentenanwartschaften. Nicht von Art. 14 GG geschützt sind allerdings bloße Gewinnchancen und Erwerbsaussichten.

Eigentum bedarf der Zuordnung eines Rechtsgutes zu einem Rechtsträger und damit rechtlicher Ausformung. Diese Aufgabe hat das Grundgesetz in Art. 14 Abs. 1 S. 2 GG dem Gesetzgeber übertragen, der **Inhalt und Schranken des Eigentums** zu bestimmen hat. Solche Normen legen generell und abstrakt die Rechte und Pflichten des Eigentümers fest und bestimmen so den Inhalt und gleichzeitig die Schranken des Eigentums. Bei der Wahrnehmung des ihm in Art. 14 Abs. 1 S. 2 GG erteilten Auftrages kommt dem Gesetzgeber ein weiter Gestaltungsspielraum zu, doch hat er die grundgesetzliche Anerkennung des Privateigentums (Art. 14 Abs. 1 S. 1 GG), das Sozialgebot (Art. 14 Abs. 2 GG) und den Verhältnismäßigkeitsgrundsatz zu beachten; der Kernbereich der Eigentumsgarantie darf nicht ausgehöhlt werden.[79] Innerhalb dieses Rahmens darf der Gesetzgeber Eigentumsrechten einen neuen Inhalt geben, neue Rechte einführen oder das Entstehen von Rechten für die Zukunft ausschließen. Er darf Rechtspositionen auch gänzlich aus dem privatrechtlichen Eigentumsrecht ausklammern und einer besonderen (öffentlich-rechtlichen) Benutzungsordnung unterstellen, wie er es z.B. für das Grundwasser getan hat.[80]

391 Über diese Schrankenregelung des Art. 14 Abs. 1 S. 2 GG hinaus kennt das Grundgesetz zwei weitere Beschränkungsmöglichkeiten:

Die sog. **Legalenteignung** (Art. 14 Abs. 3 S. 2 GG), wenn der Gesetzgeber durch Gesetz einem bestimmten oder bestimmbaren Personenkreis konkrete Eigentumsrechte entzieht, die aufgrund der allgemein geltenden Gesetze im Sinne des Art. 14 Abs. 1 S. 2 GG rechtmäßig erworben worden sind.

Die Legalenteignung ist zu unterscheiden von der **Administrativenteignung** (ebenfalls Art. 14 Abs. 3 S. 2 GG), wenn die Exekutive aufgrund gesetzlicher Ermächtigung Einzelnen rechtmäßiges Eigentum entzieht.

Zwischen der Legal- und der Administrativenteignung gibt es eine klare **Präferenz für die Administrativenteignung**. Denn sie ergeht nach einem besonderen Enteignungsverfahren durch einen behördlichen Rechtsakt (i.d.R. durch Verwaltungsakt), für den das Verwaltungsprozessrecht einen effektiven Instanzenrechtsschutz vorsieht. Gegen eine Enteignung durch Parlamentsgesetz kann sich ein Betroffener nur durch Verfassungsbeschwerde zur Wehr setzen; dadurch wird sein durch Art. 14 Abs. 1 S. 1 GG und Art. 19 Abs. 4 S. 1 GG garantierter Rechtsschutz erheblich verkürzt.[81]

392 Eine **Enteignung** ist ein staatlicher Zugriff auf das in Art. 14 GG geschützte Eigentum. Sie muss

- **durch oder aufgrund eines Gesetzes** erfolgen,
- den (vollständigen oder teilweisen) **Entzug einer konkreten Rechtsposition**, die durch Art. 14 Abs. 1 GG geschützt ist, zur Folge haben,
- aus **Gründen des Gemeinwohls geboten und verhältnismäßig** sein und
- **Art und Ausmaß der Entschädigung müssen im Gesetz** (Art. 14 Abs. 3 S. 2 GG) geregelt sein.

---

79 BVerfGE 58, 300 [338] – „*Nassauskiesung*"; 100, 226 [241] – „*Denkmalschutz*".
80 BVerfGE 83, 201 [212] – „*Vorkaufsrecht*"; BVerfGE 58, 300 ff. – „*Nassauskiesung*".
81 BVerfGE 95, 1 [22] – „*Südumfahrung Stendal*".

Eine Enteignung kann auch **zugunsten Privater** erfolgen, wenn sich der Nutzen für das allgemeine Wohl nicht aus der Tätigkeit des Privaten selbst ergibt, sondern nur mittelbare Folge dieser Tätigkeit ist.

> **Beispiel:** Einrichtung einer Grunddienstbarkeit für den Bau einer Ölpipeline nach Tschechien, weil dies die deutsch-tschechischen Freundschaftsbeziehungen fördert.[82] Auch eine Enteignung von Grundstücken zugunsten privater Investitionen (Bau einer Autoteststrecke) kann zulässig sein, wenn damit Arbeitsplätze geschaffen werden.[83]

Erforderlich ist aber nach Art. 14 Abs. 3 S. 2 GG ein Gesetz, das den nur mittelbar verwirklichten Enteignungszweck deutlich umschreibt, die grundlegenden Enteignungsvoraussetzungen und das Verfahren zu ihrer Ermittlung festlegt sowie Vorkehrungen zur Sicherung des verfolgten Gemeinwohlziels regelt.[84]

Aus Art. 14 Abs. 3 S. 2 GG folgt weiter, dass der Gesetzgeber die Entschädigung unter Abwägung der Interessen der Allgemeinheit und der Beteiligten zu bestimmen (Art. 14 Abs. 3 S. 3 GG) hat. Daraus folgt, dass der Bürger grundsätzlich nur dann eine Entschädigung wegen Enteignung einklagen kann, wenn hierfür eine **gesetzliche Anspruchsgrundlage** vorhanden ist. Fehlt sie, muss er sich um die Aufhebung des Eingriffsaktes bemühen. **Der Bürger darf grundsätzlich nicht unter Verzicht auf die Anfechtung eine ihm vom Gesetz nicht zugebilligte Entschädigung beanspruchen.** Die Gerichte können ihm mangels gesetzlicher Grundlage keine Entschädigung zusprechen.[85]

Zu beachten ist ferner, dass eine Enteignung (nur) eine **Entschädigung** fordert, nicht Schadensersatz. Das Grundgesetz verlangt keine starre, allein am Marktwert orientierte Entschädigung. Bei der Festlegung der Entschädigungshöhe sind die situationsbedingten Besonderheiten des Sachverhalts zu berücksichtigen.[86]

Die Unterscheidung zwischen Inhalts- und Schrankenbestimmung einerseits und Enteignung andererseits ist grundlegend. Im „**Nassauskiesungsbeschluss**" hat das BVerfG wegweisend entschieden, dass eine Inhalts- und Schrankenbestimmung niemals in eine Enteignung umschlagen kann.[87] Eine rechtswidrige, etwa weil den Einzelnen übermäßig belastende Inhalts- und Schrankenbestimmung wird nicht zu einer Enteignung, sondern bleibt eine Inhalts- und Schrankenbestimmung, die von Verfassung wegen nicht zu einem Entschädigungsanspruch führen kann. Zwar kann der Gesetzgeber unzumutbare Auswirkungen einer den Inhalt des Eigentums bestimmenden Regelung ausnahmsweise durch Ausgleichs-, insbes. Entschädigungsmaßnahmen verhindern. Sie bedürfen aber – wie ausgeführt – einer gesetzlichen Grundlage und dürfen sich auch nicht auf eine nur finanzielle Entschädigung beschränken.[88]

2. Der enteignungsgleiche Eingriff

a) Rechtsdogmatische Einordnung. Der sog. enteignungsgleiche Eingriff beruht auf einer Rechtsfortbildung des BGH. Er geht vom Grundtatbestand der Enteignung als einer Beschränkung des Eigentumsgrundrechts (Art. 14 GG) aus und argumentiert wie folgt: Wenn schon eine rechtmäßige Enteignung entschädi-   **393**

---

82 BVerwGE 117, 138 ff. – „*MERO-Gesetz*".
83 BVerfGE 74, 264 ff. – „*Boxberg*"; außerdem, mit Blick auf § 1 hamburgisches Werkflugplatz-Enteignungsgesetz vom 18.2.2004, GVBl I, 95 ff.: Ausbau der Startbahn für den Airbus A 380, OVG Hamburg, NVwZ 2005, 105 ff. – „*Airbus*".
84 BVerfGE 74, 264 [287] – „*Boxberg*".
85 BVerfGE 58, 300 [324] – „*Nassauskiesung*".
86 BVerfGE 24, 367 [421] – „*Hamburgische Deichordnung*".
87 BVerfGE 58, 300 [320] – „*Nassauskiesung*".
88 BVerfGE 100, 226 [244 f.] – „*Denkmalschutz*".

gungspflichtig ist (Art. 14 Abs. 3 GG), dann müssen **auch unrechtmäßige Eingriffe** der Staatsgewalt in die Rechtssphäre eines Einzelnen wie eine Enteignung behandelt werden, wenn sie sich nach ihrem Inhalt wie nach ihrer Wirkung als eine Enteignung darstellen.[89] Die Beschränkung des Tatbestandes der Enteignung in Art. 14 GG auf rechtmäßige Eingriffe des Staates bedeutet ihrem Sinn nach eine Beschränkung für die Zulässigkeitsvoraussetzungen eines solchen Eingriffs, nicht aber eine Beschränkung für die Zubilligung eines Entschädigungsanspruchs. Der öffentlich-rechtliche Entschädigungsanspruch aus enteignungsgleichem Eingriff ist vom Amtshaftungsanspruch (§ 839 BGB i. V. m. Art. 34 GG) vor allem in zweierlei Hinsicht zu unterscheiden. Erstens liegt der Haftung wegen enteignungsgleichem Eingriff eine Verursacherhaftung zugrunde und nicht – wie bei Ansprüchen aus unerlaubter Handlung – eine Verschuldenshaftung. Zweitens zielt der Entschädigungsanspruch wegen enteignungsgleichem Eingriff nicht auf Ersatz des vollen Schadens ab, sondern ist auf eine Entschädigung gerichtet, die nach den Umständen des Falles gerecht zu bemessen ist.[90]

Der BGH hatte einen enteignungsgleichen Eingriff zunächst dann angenommen, wenn dem Einzelnen ein Sonderopfer auferlegt wurde. Die **Sonderopfertheorie** setzt am Gleichheitssatz an. Wenn die Belastung von Eigentumsrechten Einzelner zugunsten der Allgemeinheit stärker ist als bei anderen, soll dieses Sonderopfer entschädigt werden. Das BVerwG[91] hat stattdessen auf das „materielle Moment der Schwere und Tragweite des Eingriffs" abgestellt (**Schweretheorie**), weil die Abgrenzung zwischen Sonderbelastung und hinzunehmender Belastung nicht überzeugend möglich sei, wenn sich ein Gesetz nicht an die Allgemeinheit wende. Wie ausgeführt (Rn. 392), hat das BVerfG in der „Nassauskiesungs"-Entscheidung den Enteignungsbegriff streng formalisiert und auf eine neue dogmatische Grundlage gestellt. Das hat auch Auswirkungen auf den enteignungsgleichen Eingriff. Denn eine Inhalts- und Schrankenbestimmung kann niemals in eine Enteignung umschlagen. Deshalb ist eine den Einzelnen übermäßig belastende Inhalts- und Schrankenbestimmung keine Enteignung, sondern bleibt eine (rechtswidrige) Inhalts- und Schrankenbestimmung. Der Gesetzgeber kann Entschädigungsregelungen schaffen und die unverhältnismäßige Beeinträchtigung damit abmildern. **Art 14 Abs. 1 S. 1 GG enthält aber keine eigenständige Anspruchsgrundlage, die sich als Mittel dafür benutzen lässt, die Inhalts- und Schrankenbestimmung des Gesetzgebers (fachgerichtlich) anzureichern.**[92] Diese Rechtsprechung des BVerfG schränkt den Anwendungsbereich des Entschädigungsanspruchs aus enteignungsgleichem Eingriff zwar ein, macht ihn aber nicht obsolet. Der BGH hat das dogmatische Fundament ausgewechselt: Das Rechtsinstitut ist nicht mehr aus Art. 14 GG herzuleiten, sondern beruht auf dem **gewohnheitsrechtlich anerkannten Aufopferungsgedanken und auf §§ 74, 75 Einl preuß. ALR (1791).**

„§ 74: Einzelne Rechte und Vortheile der Mitglieder des Staats müssen den Rechten und Pflichten zur Beförderung des gemeinschaftlichen Wohls, wenn zwischen beyden ein wirklicher Widerspruch (Collision) eintritt, nachstehn.

§ 75: Dagegen ist der Staat denjenigen, welcher seine besondern Rechte und Vortheile dem Wohle des gemeinen Wesens aufzuopfern genöthigt wird; zu entschädigen gehalten."

---

89 Grundlegend BGH, NJW 1952, 972 [975].
90 BGH, NJW 1954, 993 ff.
91 BVerwGE 5, 143 [145].
92 BVerwG, NVwZ 1998, 842 f. – „*Außenbereichsbebauung*".

Ferner verweist der BGH auf den Grundsatz **materieller Gerechtigkeit**. Denn allein das Fehlen einer gesetzlichen Anspruchsgrundlage für schuldlos-rechtswidrige staatliche Eingriffe in die Rechte des Bürgers führt zu einer Gerechtigkeitslücke, wenn dieser rechtswidrige Eingriff nicht entschädigt würde.[93]

b) Zu den Voraussetzungen. Ein Entschädigungsanspruch aus enteignungsglei- **394** chem Eingriff setzt nach ständiger Rechtsprechung des BGH voraus, dass rechtswidrig in eine durch Art. 14 GG geschützte Rechtsposition von hoher Hand unmittelbar eingegriffen wird, die hoheitliche Maßnahme also unmittelbar eine Beeinträchtigung des Eigentums herbeiführt, und dem Berechtigten dadurch ein besonderes, anderen nicht zugemutetes Opfer für die Allgemeinheit auferlegt wird,[94] also:

- Eine **durch** Art. 14 GG **geschützte Rechtsposition**: Für das Schutzgut kann auf die Ausführungen zur Enteignung verwiesen werden (Rn. 390).
- Einen **unmittelbaren hoheitlichen Eingriff**: Ein Eingriff ist jede Beeinträchtigung des Eigentumsrechts. Der Eingriff muss hoheitlich erfolgen, also durch einen öffentlich-rechtlichen Rechtsakt oder Realakt. Außerdem muss das hoheitliche Handeln für den Schaden kausal gewesen sein. Unmittelbarkeit setzt voraus, dass schädigende Auswirkungen des Eingriffs vorliegen, die für die konkrete Betätigung der Hoheitsgewalt typisch sind und aus der Eigenart der hoheitlichen Maßnahme folgen.[95]

  Beispiel: Der BGH hat eine Unmittelbarkeit bei sog. feindlichem Grün von Ampeln einer Kreuzung (alle Ampeln zeigten Grün) angenommen. Denn das Lichtzeichen „grün" ist ein Verwaltungsakt und bedeutet nicht nur „freie Fahrt", sondern auch die Anordnung, die Kreuzung zügig zu überqueren. Bei Befolgung dieser Anordnung muss es nahezu zwangsläufig zu einem Zusammenstoß der Fahrzeuge auf der Kreuzung kommen.[96]

- Die **Rechtswidrigkeit des Eingriffs**: In der Rechtswidrigkeit des Eingriffs liegt die Abgrenzung zur entschädigungspflichtigen Inhalts- und Schrankenbestimmung: Eine übermäßige Eigentumsbelastung, die durch eine Entschädigung auf gesetzlicher Grundlage kompensiert wird, ist keine rechtswidrige Beeinträchtigung. Ein **Sonderopfer** kann – entgegen älterer BGH-Rspr.[97] – keine Voraussetzung sein. Die Rechtswidrigkeit ist das „Sonderopfer", bzw. ein entschädigungspflichtiges „Sonderopfer" kann nicht vorliegen, wenn sich eine Maßnahme als rechtmäßige Inhalts- und Schrankenbestimmung darstellt.[98] Nicht jede rechtswidrige Eigentumsbelastung an sich kann schon zu einer Entschädigung aus enteignungsgleichem Eingriff führen, weil – und soweit – ein rechtswidriger Eingriff im Wege des Primärrechtsschutzes abgewehrt werden kann. Ein enteignungsgleicher Eingriff kann daher nur dort zulässig sein, wo Primärrechtsschutz nicht möglich ist oder nicht zum Ziel führt. Auch Unterlassen kann eine Entschädigungspflicht auslösen. Das setzt voraus, dass die Vorschriften, gegen die verstoßen wird, **drittschützend** sind.

  Beispiel: Der Staat (Gesetzgeber/Verwaltung) kann wegen unterlassenen Umweltschutzes, der zu „saurem Regen" geführt hat, gegen das Vorsorgegebot des § 5 Abs. 1 Nr. 2

---

93 BFHZ 90, 17 ff.
94 BGH, NJW 2007, 830 ff. – „*verspätete Grundbucheintragung*".
95 BGHZ 102, 350 ff. – „*Waldschäden*".
96 BGHZ 99, 249 ff. – „*feindliches Grün*"; OLG Karlsruhe, NJW 1993, 1402 ff.
97 Nach BGH, NJW 2007, 830 ff. – „*verspätete Grundbucheintragung*".
98 *Ipsen*, Allgemeines Verwaltungsrecht, 11. Aufl., 2019, S. 342, Rn. 1314.

BImSchG verstoßen haben und damit zu Waldschäden bei privaten Waldeigentümern beigetragen haben. Eine Entschädigung aus enteignungsgleichem Eingriff scheidet gleichwohl aus, weil das Vorsorgegebot nur dem Allgemeininteresse dient und keine drittschützende Wirkung entfaltet (vgl. aber auch Rn. 82).[99]

Zudem ist § 254 BGB entsprechend anwendbar. Ein Entschädigungsanspruch aus enteignungsgleichem Eingriff entfällt, wenn es der Geschädigte unterlassen hat, den Schaden durch den Gebrauch von Rechtsbehelfen abzuwenden (Rn. 382). Und für die **Verjährungsfrist** gilt § 195 BGB (drei Jahre).

Nach dem BGH soll grundsätzlich derjenige entschädigungspflichtig sein, in dessen Interesse der Eingriff vorgenommen worden ist, also der **Begünstigte**. Das überzeugt indes nicht, weil der enteignungsgleiche Eingriff eine Haftungsgrundlage für Staatsunrecht ist und dem Gläubiger nicht daran gelegen sein kann, für eine Entschädigung wegen einer staatlichen(!) Maßnahme auf einen begünstigten Privaten verwiesen zu werden, der möglicherweise nicht zahlungsfähig ist. Der „Umweg" des BGH, wonach eine Stelle der öffentlichen Hand dann begünstigt ist, wenn ihre Aufgaben durch den Eingriff gefördert werden sollen, löst das geschilderte Problem nicht in allen Fällen.[100]

Der **Rechtsweg** für Entschädigungsansprüche aus enteignungsgleichem Eingriff richtet sich nach § 40 Abs. 2 VwGO, weil es um eine Entschädigung aus Aufopferung geht. Deshalb sind die ordentlichen Gerichte zuständig.

3. Der enteignende Eingriff

395 Der enteignende Eingriff ist ein eigenes Rechtsinstitut neben der Enteignung und dem enteignungsgleichen Eingriff. Er liegt vor, wenn eine **an sich rechtmäßige hoheitliche Maßnahme bei einem Betroffenen unmittelbar zu einer – meist atypischen und unvorhergesehenen – Eigentumsbeeinträchtigung führt**, die er aus rechtlichen oder tatsächlichen Gründen hinnehmen muss, die aber die **Schwelle des enteignungsrechtlich Zumutbaren übersteigt**.[101] Der Anspruch aus enteignendem Eingriff soll das öffentlich-rechtliche Gegenstück zum zivilrechtlichen Ausgleichsanspruch unter Nachbarn nach § 906 Abs. 2 S. 2 BGB sein.

> **Beispiel:** Verkehrs- oder Fluglärmimmissionen,[102] Geruchsimmissionen oder Staubimmissionen.[103]

Der Entschädigungsanspruch hat seine dogmatischen Grundlagen – wie der enteignungsgleiche Eingriff – im Aufopferungsgedanken, ist aber vielfach bereits gesetzlich geregelt.

> **Beispiel:** Entschädigung bei Polizeimaßnahmen gegen sog. Nichtstörer bzw. Unbeteiligte; vgl. etwa § 52 Abs. 1 SächsPolG: „In den Fällen des § 7 Abs. 1 (Maßnahmen gegenüber Unbeteiligten) kann der Unbeteiligte, gegenüber dem die Polizei eine Maßnahme getroffen hat, eine angemessene Entschädigung für den ihm durch die Maßnahme entstandenen Schaden verlangen. Dies gilt nicht, soweit die Maßnahme zum Schutz seiner Person oder seines Vermögens getroffen worden ist." Dieser Erstattungsanspruch ist freilich nicht auf eine Verletzung eigentumsfähiger Rechtspositionen beschränkt (Rn. 396 zur Aufopferung).

Der Unterschied zum enteignungsgleichen Eingriff liegt darin, dass der Eingriff nicht auf rechtswidrigen hoheitlichen Maßnahmen beruht, sondern die Neben-

---

99 BGHZ 102, 350 ff. – „*Waldschäden*".
100 BGHZ 90, 17 ff.
101 BGHZ 166, 37 ff. – „*Katastrophenregen*".
102 BGHZ 59, 378 [379].
103 BGHZ 91, 20 [21 f.]; BGHZ 48, 98 [101 f.].

folge einer an sich rechtmäßigen Maßnahme ist. Diese Nebenfolge muss unmittelbar durch die (rechtmäßige) Maßnahme herbeigeführt worden sein. Das Kriterium der Unmittelbarkeit ist nicht formal zu verstehen, sondern betrifft die Zurechenbarkeit zur hoheitlichen Maßnahme. Es soll darauf ankommen, dass ein innerer Zusammenhang mit dieser Maßnahme besteht, d. h. es muss sich eine besondere Gefahr verwirklichen, die bereits in der hoheitlichen Maßnahme selbst angelegt ist. Dabei ist eine „wertende Betrachtung" vorzunehmen[104], i. S. e. adäquaten Kausalzusammenhangs.[105]

> **Beispiel:** Unmittelbarkeit liegt vor bei fehlkonstruierten Hochwasserschutzmaßnahmen, die zu Überschwemmungen von Grundstücken geführt haben;[106] abzulehnen ist sie bei ungewöhnlichem und seltenem starken Regen („Katastrophenregen").[107]

Dieser unmittelbare Eingriff muss zu einem „**Sonderopfer**" des Beeinträchtigten geführt haben.[108] Auf das Sonderopfer muss hier deshalb abgestellt werden, weil die zu entschädigende Maßnahme ja rechtmäßig ist. Zu berücksichtigen ist ferner Art. 14 Abs. 2 GG, weil die Sozialbindung des Eigentums dazu führt, dass nicht jede Belastung des Eigentums bereits ein Sonderopfer darstellen kann. Vielmehr kommt es darauf an, dass die hoheitliche Maßnahme die Schwelle des enteignungsrechtlich Zumutbaren überschritten hat. Maßgebend sind die Umstände des Einzelfalles. Die Rechtsprechung orientiert sich an § 906 Abs. 2 S. 2 BGB.

> **Beispiel:** Ein Sonderopfer liegt noch nicht deshalb vor, weil eine Sicherheitskontrolle am Flughafen Zeit in Anspruch nimmt und deshalb das Flugzeug verpasst wird. „Jeder Passagier muss einen ausreichenden „Zeitpuffer" für die Sicherheitskontrollen am Flughafen einkalkulieren, da diese von ihm und den Sicherheitsmitarbeitern nicht vollständig beeinflussbaren Betriebsabläufe einen erheblichen Zeitraum in Anspruch nehmen können. Hierauf muss er sich einstellen. Derjenige, der erst eine knappe Stunde vor dem Abflug und eine halbe Stunde vor dem „Boarding" bei der Sicherheitskontrolle eintrifft, begibt sich in die von vornherein vermeidbare Gefahr, infolge einer sachgemäß verlaufenden Handgepäckkontrolle seinen Flug zu verpassen".[109]

§ 254 BGB ist entsprechend anzuwenden; eine **Mitverursachung** wird sich auf die Frage, ob die eigentumsrechtliche Opfergrenze überschritten ist, auswirken. Der Anspruch ist nicht auf vollen Schadensausgleich, sondern auf Entschädigung nach Enteignungsgrundsätzen gerichtet. Um Rechtsschutz ist vor den ordentlichen Gerichten nachzusuchen (Rn. 394). Das Prüfungsschema findet sich im Anhang (Rn. 459).

IV.   Die Aufopferung

Der Anspruch auf Entschädigung wegen Aufopferung für das gemeine Wohl ist **396** ein gewohnheitsrechtlich anerkanntes Rechtsinstitut, das in §§ 74, 75 Einl. preuß. ALR (1791) Ausdruck gefunden hatte (Rn. 393). Die Entschädigungsansprüche aus enteignungsgleichem und enteignendem Eingriff sind besondere Ausprägungen dieses Rechtsinstituts.[110] Der Aufopferungsanspruch zielt auf eine Entschädigung wegen **hoheitlichen Eingriffs in nicht vermögenswerte Rechtsgüter** wie

---

104 BGHZ 125, 19 ff.
105 BGH, NuR 1989, 55 ff. – „*Wildschaden*".
106 BGHZ 80, 111 [113 f.].
107 BGHZ 158, 263 ff.
108 *Baldus/Grzeszick/Wienhues*, Staatshaftungsrecht, 5. Aufl., 2018, S. 128 f.
109 BGH vom 14.12.2017 – III ZR 48/17 – „*Sicherheitskontrolle*".
110 BGH, NJW 1953, 857 ff. – „*Impfschäden*".

Leben, Gesundheit und Freiheit, wenn der Eingriff den Betreffenden im Verhältnis zu anderen ungleich belastet, ihm also ein Sonderopfer aufgebürdet wurde, und dadurch unmittelbar ein Vermögensschaden entstanden ist.[111] Es kommt nicht darauf an, dass der hoheitliche Eingriff rechtmäßig oder rechtswidrig ist, entscheidend ist das auferlegte und vom Betroffenen hinzunehmende Sonderopfer. Der Aufopferungsanspruch ist heute vielfach gesetzlich geregelt; ungeschriebene Aufopferungsansprüche sind deshalb selten.[112]

> **Beispiel:** § 60 IfSG (Gesetz zur Verhütung und Bekämpfung von Infektionskrankheiten beim Menschen) für Impfschäden.

Das Prüfungsschema findet sich im Anhang (Rn. 460).

V.   Verwaltungsrechtliche Schuldverhältnisse

1.   Haftung aus verwaltungsrechtlichem Schuldverhältnis

397   Es kann Fallkonstellationen geben, in denen es erforderlich ist, das zivilrechtliche Leistungsstörungsrecht auf öffentlich-rechtliche Rechtsverhältnisse entsprechend anzuwenden. Für den öffentlich-rechtlichen Vertrag enthalten die §§ 54 ff. VwVfG – ggf. unter Verweis auf das BGB – hinreichende Rechtsgrundlagen. Entsprechende Rechtsgrundlagen fehlen für nicht vertraglich geregelte Verwaltungsrechtsverhältnisse. Rechtsprechung und Literatur haben dafür das Rechtsinstitut einer Haftung aus verwaltungsrechtlichem Schuldverhältnis – wenn auch nur zaghaft – entwickelt.[113] Die Haftung aus verwaltungsrechtlichem Schuldverhältnis entspricht einer Übertragung der Grundsätze über die positive Forderungsverletzung (pFV) aus dem Zivilrecht auf gesetzliche Schuldverhältnisse im öffentlichen Recht (**„öffentlich-rechtliche pFV"**).

Eine Haftung aus verwaltungsrechtlichem Schuldverhältnis setzt deshalb zunächst eine **öffentlich-rechtliche Leistungsbeziehung zwischen zwei Rechtspersonen** voraus. Das scheint einen weiten Anwendungsbereich nahe zu legen, doch kann eine solche Haftung nur in Ausnahmefällen in Betracht kommen. Der Gesetzgeber wollte ein umfassendes Staatshaftungsrecht nicht regeln. Er hat ein Amtshaftungsrecht zur Verfügung gestellt (§ 839 BGB i. V. m. Art. 34 GG), dessen Voraussetzungen nicht durch eine exzessive Rechtsfortbildung überwunden werden dürfen.[114] Die Haftung aus verwaltungsrechtlichem Schuldverhältnis hat für den Anspruchsberechtigten erhebliche Vorteile in Gestalt einer Erleichterung beim Verschuldensnachweis und einer Einstandspflicht für Erfüllungsgehilfen entsprechend § 278 BGB.[115] Aus § 40 Abs. 2 S. 1 VwGO ergibt sich aber auch, dass Schadensersatzansprüche aus der Verletzung öffentlich-rechtlicher Pflichten, die nicht auf öffentlich-rechtlichem Vertrag beruhen, nicht von vornherein ausgeschlossen sind.

Die Rechtsprechung hat eine Haftung aus verwaltungsrechtlichem Schuldverhältnis deshalb nur in den Fällen angenommen, in denen hierfür ein **„Bedürfnis"**

---

111 BGHZ 65, 196 ff. – *„Wehrdienstunfähiger"*.

112 *Uerpmann-Wittzack*, Allgemeines Verwaltungsrecht mit Verwaltungsprozessrecht, 5. Aufl., 2018, S. 140 f., Rn. 417 f.

113 *Meysen*, Die Haftung aus Verwaltungsrechtsverhältnis, 2000; *Stelkens*, Verwaltungsprivatrecht, 2005, S. 286 f.; *Schmidt-Aßmann*, Das Allgemeine Verwaltungsrecht als Ordnungsidee, 2. Aufl., 2004, S. 304.

114 *Huber/Storr*, Haftung aus verwaltungsrechtlichem Schuldverhältnis zwischen Krankenkasse und Landesverband, VSSR 2006, 245 [251].

115 *Kluth*, in: Wolff/Bachof/Stober/Kluth, Verwaltungsrecht, Band 2, 7. Aufl., 2010, § 68 Rn. 1.

und zwischen Schädiger und Geschädigtem eine „**besondere Rechtsbeziehung**" mit „fürsorgerischem Charakter" bestanden hat. In folgenden – hier nicht abschließend aufgezählten – Fällen wurde eine Haftung aus verwaltungsrechtlichem Schuldverhältnis angenommen:

- bei einer öffentlich-rechtlichen Verwahrung;[116]
- bei einer Geschäftsführung ohne Auftrag[117] (s. sogleich);
- bei einer Anstaltsnutzung, insbesondere wenn Anstalts- und Benutzungszwang angeordnet wurde.[118]

Abgelehnt wurde eine Haftung aus verwaltungsrechtlichem Schuldverhältnis:

- bei Pflichtverstößen von Bediensteten des Strafvollzugs gegenüber Strafgefangenen[119] oder
- bei Gesundheitsschäden eines Kindes durch Fehlverhalten von Pflegeeltern, die vom Jugendamt vorläufig mit der Betreuung beauftragt wurden.[120]

Die Anspruchsvoraussetzungen sind typenspezifisch unter Heranziehung der vergleichbaren bürgerlich-rechtlichen Bestimmungen (z. B. §§ 688 ff. BGB zur öffentlich-rechtlichen Verwahrung) zu ermitteln. Die Haftung ist **verschuldensabhängig**, sodass die Regelung des § 276 BGB heranzuziehen ist.

Aus dem **Grundsatz des Vorbehalts des Gesetzes** folgt, dass ein Anspruch der öffentlichen Hand gegen den Bürger aufgrund des Rechtsinstituts der Haftung aus verwaltungsrechtlichem Schuldverhältnis nur in Betracht kommt, sofern eine gesetzliche Grundlage besteht. Soweit es diese nicht gibt, ist eine Haftung nur gegenüber der öffentlichen Hand möglich. Für gerichtlichen Rechtsschutz ist der ordentliche Rechtsweg zulässig (§ 40 Abs. 2 S. 1 VwGO). Das Prüfungsschema findet sich im Anhang (Rn. 461).

2. Die öffentlich-rechtliche Geschäftsführung ohne Auftrag

Ein besonderes verwaltungsrechtliches Schuldverhältnis ist die öffentlich-rechtliche Geschäftsführung ohne Auftrag (GoA). Für das bürgerliche Recht ist die GoA in **§§ 677 ff. BGB** geregelt. Die Vorschriften werden für das Rechtsinstitut der öffentlich-rechtlichen GoA **entsprechend** herangezogen,[121] sofern keine spezialgesetzlichen Vorschriften bestehen (z. B. § 7a FStrG). Der Geschäftsführung ohne Auftrag liegt der Rechtsgedanke zugrunde, dass jemand eine Geschäftsbesorgung für einen anderen unternimmt und deshalb besondere Rechtsbeziehungen entstehen. Insbesondere hat der Geschäftsführer die Geschäfte so zu führen, wie es das Interesse des Geschäftsherrn mit Rücksicht auf dessen wirklichen oder mutmaßlichen Willen erfordert (§ 677 BGB). Der Geschäftsführer hat einen Anspruch auf Ersatz seiner Aufwendungen (§ 683 BGB), er haftet aber gegenüber dem Geschäftsherrn, wenn die Übernahme der Geschäftsführung mit dem wirklichen oder dem mutmaßlichen Willen des Geschäftsherrn in Widerspruch steht und er dies erkennen musste (§ 678 BGB).

Die Vorschriften der bürgerlich-rechtlichen GoA können aber nicht undifferenziert auf verwaltungsrechtliche Rechtsverhältnisse übertragen werden. Denn der Grundsatz der Gesetzesbindung der Verwaltung schließt eine Tätigkeit derselben

398 (margin)

---

116 BGHZ 3, 162 [172 f.].
117 BVerfGE 18, 429 [436] – „*Verschollenheitsrente*".
118 BGH, NJW 1974, 1816 ff. – „*Schlachthof*"; BGH, NJW 1976, 1631 [1632 f.] – „*Benutzung des ehemaligen Sondervermögens Deutsche Bundespost gem. Art. 87 Abs. 1 GG a. F.*"; BGH, VersR 1978, 253 [254] – „*gemeindliche Deckstation*"; BVerwG, NJW 1995, 2303 [2304] – „*Kanalbenutzung*".
119 BGHZ 21, 214 [218 ff.].
120 BGH, NJW 2006, 1121 ff.
121 BVerfGE 18, 429 [436].

„ohne Auftrag" grundsätzlich aus. Der Gesetzesvorbehalt, die gesetzliche Zuweisung eines bestimmten Aufgabenkreises und gesetzliche Rechtsgrundlagen für Grundrechtseingriffe lassen eine Tätigkeit der Behörde im (mutmaßlichen) Interesse des Bürgers außerhalb dieses Rahmens nicht zu. Umgekehrt kann sich ein Bürger nicht anmaßen, Aufgaben der Behörde „in ihrem Interesse" zu erfüllen. Die §§ 677 ff. BGB gehen von einem Rechtsverhältnis aus, in dem Geschäftsführer und Geschäftsherr „gleichgeordnet" sind, d. h. von Privatrechtssubjekten, die aufgrund ihrer natürlichen Freiheit für einen anderen und in dessen Interesse tätig werden (vgl. aber § 679 BGB zur Unbeachtlichkeit eines entgegenstehenden Willens des Geschäftsherrn).

399 Damit ergeben sich folgende **Voraussetzungen**:
- Vorliegen eines öffentlich-rechtlichen Rechtsverhältnisses
- Keine Einschlägigkeit spezialgesetzlicher Regelungen
- **Wahrnehmung eines fremden Geschäfts:** Ist Geschäftsherr eine Behörde, muss eine Tätigkeit vorgenommen werden, die zu ihrem Aufgabenkreis gehört. Ist Geschäftsherr eine Privatperson, muss eine ihrer Angelegenheiten wahrgenommen werden. Es muss jedenfalls ein auch fremdes Geschäft besorgt werden; der Geschäftsführer kann also zugleich ein eigenes Geschäft wahrnehmen. Deshalb – so insbesondere die Rechtsprechung – kann die Behörde ein Geschäft des Bürgers selbst dann wahrnehmen, wenn sie hoheitlich tätig wird.

  Beispiel: § 2 Abs. 2 SächsPolG: „Der Schutz privater Rechte obliegt der Polizei nach diesem Gesetz nur auf Antrag des Berechtigten und nur dann, wenn gerichtlicher Schutz nicht rechtzeitig zu erlangen ist und wenn ohne polizeiliche Hilfe die Gefahr besteht, dass die Verwirklichung des Rechts vereitelt oder wesentlich erschwert wird." An diesem Beispiel zeigt sich, dass die öffentlich-rechtliche GoA der bürgerlich-rechtlichen GoA nicht völlig entspricht. Denn § 677 BGB stellt darauf ab, dass der Geschäftsführer das Geschäft für einen anderen besorgt, „ohne von ihm beauftragt oder ihm gegenüber sonst dazu berechtigt zu sein". Die Behörde kann aber nur innerhalb ihres Aufgabenkreises tätig werden. Dieser wird durch die Gesetze bestimmt, sodass die Behörde folglich „mit Auftrag" tätig wird. Der Behörde sind eben keine „Geschäfte" zur Erledigung zugewiesen, sondern Aufgaben. Durch eine öffentlich-rechtliche GoA dürfen gesetzliche Aufgabenzuweisungen nicht umgangen werden.

  Beispiel: Ein typischer Anwendungsfall für die öffentlich-rechtliche GoA ist der Einsatz der Feuerwehr. Der BGH hatte z. B. über eine Kostenerstattung für das Löschen von Waldbränden zu entscheiden gehabt, die durch Funkenflug von Lokomotiven ausgelöst wurden.[122] Hier wird die Feuerwehr aber auf gesetzlicher Grundlage tätig (z. B. § 2 FeuerwehrG BaWü). Ein möglicher Kostenersatz muss sich dann aus dem Gesetz ergeben (z. B. § 34 FeuerwehrG BaWü).

  Umgekehrt darf sich eine Behörde nicht außerhalb ihres gesetzlichen Aufgabenbereichs bewegen. Etwas anderes kann allenfalls in besonderen Notfällen angenommen werden. Das gilt auch für den Fall, dass der Bürger für die Behörde Aufgaben wahrnimmt. Der Behörde kommt regelmäßig ein Entschließungsermessen zu (Rn. 131). Dieses darf nicht leichtfertig dadurch übergangen werden, dass ein Dritter „für" die Behörde Aufgaben wahrnimmt, dieser Aufgaben aufdrängt und dafür Aufwandsentschädigung verlangt.

- **Fremdgeschäftsführungswille:** Der Geschäftsführer muss davon ausgehen, dass er ein fremdes Geschäft besorgt. Ist das nicht der Fall oder geht er gar fälschlich davon aus, dass er ein eigenes besorgt, liegt keine GoA vor (§ 684 Abs. 1 BGB).

---

122 Grundlegend: BGHZ 40, 28 ff.

– **Interessenwahrnehmung:** Der Geschäftsführer hat das Geschäft so zu führen, wie es das Interesse des Geschäftsherrn mit Rücksicht auf dessen wirklichen oder mutmaßlichen Willen erfordert (§ 678 BGB). Nach § 679 BGB kommt ein entgegenstehender Wille des Geschäftsherrn nicht in Betracht, wenn ohne die Geschäftsführung eine Pflicht des Geschäftsherrn, deren Erfüllung im öffentlichen Interesse liegt, oder eine gesetzliche Unterhaltspflicht des Geschäftsherrn nicht rechtzeitig erfüllt werden würde. Will ein Bürger eine Aufgabe der Behörde wahrnehmen, kann er sich nicht schon auf § 679 BGB analog berufen, weil die Aufgabe dem Gemeinwohl dienlich ist. Alle Aufgaben, die eine Behörde wahrnimmt, sollen dem Gemeinwohl zugutekommen. Allgemeine Aussagen sind hier nur schwer zu treffen. Es muss auf die konkrete Aufgabe und auf die besonderen Umstände des Einzelfalls abgestellt werden.

Fall 54:[123] A betreibt ein Tanklager. Weil das angrenzende Uferdeckwerk verfällt, lässt **399a** sie das Ufer neu befestigen und verlangt vom Bund Erstattung der dafür aufgewendeten Kosten. Denn die Neuanlage der Uferbefestigung sei Sache des Bundes gewesen. A habe die zuständige Behörde der Wasser- und Schifffahrtsverwaltung des Bundes (§ 45 Abs. 1 WaStrG) mehrfach auf den Verfall des Uferdeckwerks und die Gefahren für das Tanklager hingewiesen. Dennoch ist diese nicht tätig geworden. Die Behörde hielt sich fälschlicherweise für unzuständig und lehnte eine Uferneubefestigung ab.

Lösung Fall 54: Zu prüfen ist, ob A Aufwendungsersatz auf der Grundlage von § 683 BGB analog zusteht. Dann muss eine öffentlich-rechtliche GoA vorliegen und die Übernahme der Geschäftsführung muss dem Interesse und dem wirklichen oder mutmaßlichen Willen der Bundesbehörde entsprochen haben (§ 683 S. 1 BGB).

a) Ein öffentlich-rechtliches Rechtsverhältnis liegt vor, weil A eine öffentliche Aufgabe wahrgenommen hat, die – nach einer öffentlich-rechtlichen Vorschrift – eigentlich zur Zuständigkeit der Bundesbehörde gehörte. Spezialgesetzliche Vorschriften sind nicht ersichtlich.

b) A hat mit dem Uferbefestigungsneubau auch ein fremdes Geschäft des Bundes wahrgenommen. Eine entsprechende Behördenzuständigkeit liegt vor. Nach § 7 Abs. 1 WaStrG sind die Unterhaltung der Bundeswasserstraßen und der Betrieb der bundeseigenen Schifffahrtsanlagen Hoheitsaufgaben des Bundes. Hierzu gehört auch die Pflege des Ufers (§ 8 Abs. 2 WaStrG).

c) Fremdgeschäftsführungswille: A wollte mit dem Uferneuausbau eine Aufgabe der Wasser- und Schifffahrtsverwaltung des Bundes erfüllen. Die Tatsache, dass A gleichzeitig eigene Interessen wahrgenommen hat (Schutz des Tanklagers) steht einer GoA nicht entgegen.

d) Interessenwahrnehmung: A müsste im Interesse der Behörde und im Einklang mit ihrem wirklichen oder mutmaßlichen Willen tätig geworden sein (vgl. § 678 BGB). Grundsätzlich ist A als Privatperson nicht berechtigt, Aufgaben für eine Behörde wahrzunehmen. Das gilt, zumal das Ufer nicht in ihrem Eigentum stand. Deshalb müsste A im Interesse der Wasser- und Schifffahrtsverwaltung des Bundes und in deren wirklichen oder mutmaßlichen Willen gehandelt haben. Hierfür kann es noch nicht genügen, dass der Uferneubau im öffentlichen Interesse liegt. Denn der Behörde kommt grundsätzlich ein Entschließungsermessen zu, das nicht dadurch relativiert werden darf, dass der Bürger der Behörde die Aufgabenerfüllung durch „Selbstvornahme" aufdrängt. Etwas anderes kann nur in besonderen Notlagen zulässig sein, wenn der Bürger Hilfe leistet, solange die Behörde nicht in der Lage ist, ihre Aufgaben selbst wahrzunehmen. Dieser Fall liegt hier aber nicht vor.

Folglich kann ein entgegenstehender Wille der Wasser- und Schifffahrtsverwaltung nicht wegen § 679 BGB analog unbeachtlich sein, eben weil nicht jede Erfüllung einer

---

123 BVerwGE 80, 170 – „*Uferbefestigung*".

Behördenaufgabe für eine GoA ausreichen kann. Ein öffentliches Interesse daran, dass im Einzelfall ein Privater für eine Behörde gegen deren mutmaßlichen oder wirklichen Willen handelt, lässt sich nur unter Berücksichtigung aller Umstände und in der Regel auch nur unter Abwägung etwa widerstreitender öffentlicher Belange erkennen. Auch hier könnte ein Behördennotstand ein anderes Ergebnis rechtfertigen; ein Notstand bestand aber nicht.

Über diese Fallgruppe hinaus meint das BVerwG, dass ein öffentliches Interesse an einer auftragslosen Geschäftsführung Privater für eine Behörde auch durch andere Gesichtspunkte begründet sein kann, insbesondere zum Schutz individueller Rechtsgüter wie Gesundheit oder Eigentum eines Bürgers. Hier komme es auf die Berücksichtigung aller Umstände des Einzelfalls an. Dabei seien namentlich die sachliche und zeitliche Dringlichkeit der Aufgabe und die Sachnähe des Betroffenen, seine konkreten Handlungs- und Zugriffsmöglichkeiten als auch parallel dazu – das Verhalten und die Handlungsmöglichkeiten der zuständigen Behörden zu würdigen. Denkbar seien Fälle, in denen sich Behörden für unzuständig halten und ein Tätigwerden gänzlich ablehnen: „Eine Handlungsfreiheit, die von der Behörde nicht beansprucht wird, erscheint weniger schutzwürdig. In einer solchen Lage kann ein öffentliches Interesse daran bestehen, dass ein Privater sich der öffentlichen Angelegenheiten annimmt, wenn die Maßnahme gemessen an objektiven Kriterien sach- und zeitgerecht war."

Fraglich ist, ob A im konkreten Fall nicht entgegenzuhalten ist, er hätte den Bund auf den Uferneuausbau verklagen müssen. Das BVerwG lehnt das ab: Dies würde die Pflicht eines betroffenen Bürgers zur Wahrung staatlicher Instanzenzüge überdehnen. Außerdem stünde gar nicht fest, ob der Betroffene einen einklagbaren Anspruch darauf habe, dass die Verwaltung in seinem Sinne tätig werde.

Diese Argumentation ist doppelt verfehlt: Dem BVerwG ist zunächst entgegenzuhalten, dass der Behörde grundsätzlich ein Entschließungsermessen bei ihrer Aufgabenwahrnehmung zukommt. Das gilt, zumal haushaltsrelevante öffentliche Leistungen immer in einer Gesamtbetrachtung des wirtschaftlich Machbaren beurteilt werden müssen; der Bürger kann diese Behördenkompetenz nicht durch anmaßende Aufgabenwahrnehmung umgehen. Die Ansicht verkennt auch, dass ein Bürger, der keinen Anspruch auf behördliches Tätigwerden hat, dieses Ergebnis nicht durch eine Überstrapazierung der GoA-Vorschriften erreichen darf. Kommt dem Bürger ein Leistungsanspruch gegenüber der Behörde zu, hat er diesen grundsätzlich auf dem Gerichtsweg geltend zu machen, gegebenenfalls unter Inanspruchnahme vorläufigen Rechtsschutzes. Kommt dem Bürger kein Leistungsanspruch gegenüber der öffentlichen Hand zu, muss eine öffentlich-rechtliche GoA grundsätzlich ausscheiden. Eine GoA kann nur in eng umgrenzten Notfällen in Betracht kommen. Da hier keine „akute" Gefahr der Ufersicherheit bestand, war die Neubaumaßnahme nicht im Interesse des Bundes und entsprach auch nicht dessen Willen.

e) In Betracht kommt ferner ein öffentlich-rechtlicher Erstattungsanspruch. Eine Vermögensverschiebung liegt vor, da A das Ufer neu gebaut hat und damit den Wert des Ufers erhöht hat. Ein Rechtsgrund ist nicht ersichtlich. Allerdings muss hier der Rechtsgedanke der aufgedrängten Bereicherung greifen (vgl. § 814 BGB für Leistungskondiktionen). Die Bereicherung durch den Uferneubau lag nicht im Willen des Bundes.

f) Im Ergebnis sind ein Aufwendungsersatzanspruch der A aus öffentlich-rechtlicher GoA und ein öffentlicher Erstattungsanspruch abzulehnen.

3.   Die Haftung von Bund und Ländern für ordnungsgemäße Verwaltung nach Art. 104a Abs. 5 GG

400   Art. 104a Abs. 5 S. 1, 2. Alt. GG regelt einen besonderen Fall der Haftung im Bund-Länder-Verhältnis.[124] Danach haften Bund und Länder im Verhältnis zueinander für eine ordnungsmäßige Verwaltung. Die näheren Haftungsvoraussetzun-

---

124 Dazu: *Storr*, Die Haftung im Bund-Länder-Verhältnis, in: Aulehner/Dengler u. a., Föderalismus – Auflösung oder Zukunft der Staatlichkeit?, 1997, S. 269 [277 f.].

gen sollen in einem Ausführungsgesetz geregelt werden (Art. 104a Abs. 5 S. 2 GG), das allerdings bislang nicht ergangen ist. In der Folge war umstritten, ob **Art. 104a Abs. 5 S. 1, 2. Alt. GG** als **unmittelbare Haftungsgrundlage** herangezogen werden kann.

Das BVerwG hatte in Art. 104a Abs. 5 S. 1, 2. Alt. GG eine unmittelbare Anspruchsgrundlage erkannt, die auch schon vor Erlass eines Ausführungsgesetzes unmittelbar vollziehbar ist. Allerdings ist eine Haftung nur in einem „**Kernbereich**" möglich, also bei schwerwiegenden Pflichtverletzungen, die vorsätzlich oder grob fahrlässig begangen worden sind.[125] Denn eine (richterrechtliche) Konkretisierung der Anspruchsgrundlage durch Interpretation des Art. 104a Abs. 5 S. 1, 2. Alt. GG darf nicht so weit gehen, dass für den einfachen Gesetzgeber kein Gestaltungsspielraum für das Ausführungsgesetz verbleibt. Das „Nähere" soll der Gesetzgeber regeln (Art. 104a Abs. 5 S. 2. GG). Später hat das BVerwG eine Haftung auf vorsätzliche Handlungen beschränkt.[126]

Auch das BVerfG[127] leitet aus dem Wortlaut und aus der Entstehungsgeschichte des Art. 104a Abs. 5 S. 1, 2. Alt. GG eine unmittelbare Anspruchsgrundlage ab. Es lässt zwar offen, ob die Haftung ohne Ausführungsgesetz auf einen Kernbereich zu beschränken ist, geht aber von einem Haftungs-Mindeststandard aus, den die Verfassung gewährleisten will. Diese Anspruchsgrundlage kann auch herangezogen werden, wenn die **EU Marktordnungsausgaben** der Bundesrepublik wegen Kontroll- und Verwaltungsmängeln durch ein Land nicht anerkannt werden, diese deshalb vom Europäischen Ausrichtungs- und Garantiefonds für die Landwirtschaft (EAGFL) nicht übernommen werden und der Bund diese Mehrausgaben von den Ländern erstattet haben will. Dieser Rückgriff des Bundes auf das Land ist zulässig, weil es dem System des Anlastungsrechts und der Grundentscheidung des Art. 104a Abs. 5 S. 1, 2. Alt. GG entspricht. Für diese Anlastungsfälle bestehe aber kein Verschuldenserfordernis, weil auch das europäische Anlastungsrecht die wechselseitige Verantwortung zwischen Union und Mitgliedstaaten verschuldens-unabhängig ausgestaltet und nur ein „Gleichlauf" einen Systembruch vermeiden kann. Entscheidend für die Anlastung ist deshalb nur, ob die Anwendung unionsrechtlicher Kontrollregeln oder bestimmter Mindestanforderungen unzureichend oder fehlerhaft war.

Aus der Formulierung des Art. 104a Abs. 5 S. 1, 2. HS GG, wonach der Bund und die Länder „im Verhältnis zueinander" für eine ordnungsmäßige Verwaltung haften, leitet das BVerfG ab, dass sich der Anspruchsinhaber mögliche Mitverursachungsbeiträge anrechnen lassen muss.

Folgende **Anspruchsvoraussetzungen** sind festzuhalten:
- **Anspruchsinhaber**: Bund oder Land
- **Anspruchsgegner**: Bund oder Land
- **Rechtswidrige Maßnahme** (Tun oder Unterlassen)
- **Verschulden** nur anspruchsspezifisch (abl. BVerfG für EU-Anlastungen; Vorsatz nach BVerwG)
- **Schaden**
- **Kausalität**
- Berücksichtigung eines **Mitverschuldens** des Geschädigten

---

125 BVerwGE 96, 45 ff. – „*BAföG-Fehlleistungen*".
126 BVerwGE 104, 29 [34] – „*Schadensersatz wegen fehlerhaftem Straßenbau*".
127 BVerfG, NVwZ 2007, 190 ff. – „*EU-Anlastungen*".

VI.   Der öffentlich-rechtliche Erstattungsanspruch

401   Leistungen **ohne Rechtsgrund** und sonstige rechtsgrundlose Vermögensverschie-
bungen sind **rückzugewähren**, z. B. durch eine Rückforderung von Subventionen
oder eine Rückzahlung von übermäßig geleisteten Bezügen. Dieser Rechtsgedanke
ergibt sich unmittelbar aus der Forderung nach wiederherstellender Gerechtigkeit.
Im bürgerlichen Recht hat er seine Ausprägung in den Vorschriften der §§ 812 ff.
BGB über die ungerechtfertigte Bereicherung gefunden. Im öffentlichen Recht
erfolgt die Herstellung des status quo ante, d. h. die Rückgewähr des rechtsgrundlos Erlangten durch den öffentlich-rechtlichen Erstattungsanspruch.[128] Dieser ist
in verschiedenen Rechtsgebieten geregelt, z. B. in § 49a VwVfG und in § 53 Abs. 2
BRRG.

Das BVerwG hat den öffentlich-rechtlichen Erstattungsanspruch aus den allgemeinen Grundsätzen des Verwaltungsrechts, insbesondere dem der Gesetzmäßigkeit
der Verwaltung hergeleitet und spricht z. T. von Gewohnheitsrecht.[129] Es hält einen Erstattungsanspruch für erforderlich „wenn die Gerechtigkeit einen Ausgleich
der mit der Rechtslage nicht mehr übereinstimmenden Vermögenslage erfordert".[130]

Nach nahezu einhelliger Meinung handelt es sich beim öffentlich-rechtlichen Erstattungsanspruch um ein eigenständiges Rechtsinstitut des öffentlichen Rechts,
auf das die Regeln der §§ 812 ff. BGB nicht direkt Anwendung finden. Folgende
Voraussetzungen können aufgestellt werden:

–   **Vermögensverschiebung:** Der öffentlich-rechtliche Erstattungsanspruch
    setzt eine Vermögensverschiebung zwischen zwei Rechtssubjekten voraus, re-
    gelmäßig in Form einer geldwerten Leistung. Eine Vermögensverschiebung
    liegt vor, wenn eine Person entreichert und eine andere deshalb bereichert
    ist. Die Vermögensverschiebung muss in der Vergangenheit erfolgt sein. Ein
    bloßer Zahlungsanspruch (pro futuro), der nicht auf einer Vermögensver-
    schiebung beruht, ist kein Erstattungsanspruch. Die Vermögensverschiebung
    ist auch kein Schaden; der öffentlich-rechtliche Erstattungsanspruch ist nicht
    auf Schadensersatz gerichtet.[131] Aufgabe des öffentlich-rechtlichen Erstat-
    tungsanspruches ist es, eine dem materiellen Recht nicht entsprechende Ver-
    mögensverschiebung zu korrigieren. Er zielt auf einen billigen Ausgleich un-
    gerechtfertigter Vermögensverschiebungen ab.[132]

–   **Rechtsgrundlosigkeit:** Die Vermögensverschiebung muss rechtsgrundlos er-
    folgt sein. Ein Rechtsgrund kann sich z. B. aus einem Verwaltungsakt erge-
    ben, aus einem öffentlich-rechtlichen Vertrag oder unmittelbar aus dem Ge-
    setz. Dabei kommt es nicht darauf an, ob der Verwaltungsakt rechtmäßig
    ist, weil auch ein rechtswidriger Verwaltungsakt Bindungswirkung entfaltet
    (Rn. 221, 225). Anders liegt es freilich bei einem nichtigen Verwaltungsakt
    (§ 43 Abs. 3 VwVfG). Erst wenn der wirksame Verwaltungsakt, der der Rechts-
    grund für das Behalten einer Leistung ist, aufgehoben wird, kann ein öffent-
    lich-rechtlicher Erstattungsanspruch bestehen. Darin hat die für eine Rück-
    forderung in Subventionsverhältnissen typische zweistufige Vorgehensweise
    ihren Grund (Rn. 153).

---

128 BVerwGE 71, 85 [87].
129 BVerwGE 25, 72 [76].
130 BVerwGE 78, 278 [286] – „*Erstattung von Hinterbliebenenbezügen*".
131 BVerwG, DÖV 2005, 650.
132 BVerwG 80, 170 [177].

– Herauszugeben ist das „**Erlangte**": Das schließt nach § 818 Abs. 1 BGB gezogene Nutzungen sowie dasjenige, was der Empfänger aufgrund eines erlangten Rechts, der als Ersatz für die Zerstörung, Beschädigung oder Entziehung des erlangten Gegenstands erworben hat, ein.

Wegfall der Bereicherung?: Ein öffentlich-rechtlicher Erstattungsanspruch scheidet aus, wenn der vormals Bereicherte den Wegfall der Bereicherung geltend machen kann. Im bürgerlich-rechtlichen Bereicherungsrecht hat der Grundsatz in § 818 Abs. 3 und 4 und § 819 BGB Niederschlag gefunden: Von dem erlangten Vermögenswert ist nur das noch Vorhandene herauszugeben. Für das öffentliche Recht ist die Einrede zum Teil spezialgesetzlich geregelt.

Beispiel: § 49a Abs. 2 S. 2 VwVfG; vgl. a. § 48 Abs. 2 S. 3 VwVfG

Fraglich ist, ob und inwieweit der Rechtsgedanke des § 818 Abs. 3 BGB sowie der der §§ 818 Abs. 4, 819 BGB allgemein zum Rechtsinstitut des allgemeinen öffentlich-rechtlichen Erstattungsanspruch gehören. Denn diese Rechtsregeln lassen sich auf den Grundsatz vom Vertrauensschutz zurückführen,[133] der im Rückforderungsrechtsverhältnis unterschiedliche Bedeutung erfährt.

Auch für **§ 814 BGB** analog soll kein Raum sein, wenn es um die Rückabwicklung einer rechtsgrundlosen Leistung des Bürgers in einem Verhältnis der Über- und Unterordnung zu einem Träger öffentlicher Verwaltung geht. Nach dieser Vorschrift kann das zum Zwecke der Erfüllung einer Verbindlichkeit Geleistete nicht zurückgefordert werden, wenn der Leistende gewusst hat, dass er zur Leistung nicht verpflichtet war. Der Rechtsgedanke, der dieser Vorschrift zugrunde liegt, ist die Unzulässigkeit widersprüchlichen Verhaltens. Dieser Rechtsgedanke trägt den Ausschluss des Bereicherungsanspruchs nicht, wenn der Schuldner seinerzeit unter Druck geleistet hat.[134]

Der **öffentlichen Hand** ist es prinzipiell versagt, sich auf den **Wegfall der Bereicherung** zu berufen. Sie ist dem Gemeinwohl verpflichtet; sie ist dafür verantwortlich, dass die öffentlichen Mittel sachgerecht, d. h. nach den Grundsätzen der Wirtschaftlichkeit und Sparsamkeit sowie rechtmäßig verwendet werden. Insofern müssen für die öffentliche Hand, wenn sie zu Unrecht öffentliche Mittel erhalten und verbraucht hat, Pflichten von stärkerer Bindungskraft als im Rahmen des bürgerlich-rechtlichen Bereicherungsrechts gelten, d. h. stärker als wie für Privatpersonen, die nicht in gleicher Weise dem Gemeinwohl und der Gesetzmäßigkeit der Verwaltung verpflichtet sind. Für die öffentliche Hand besteht auch nicht das gleiche schutzwürdige Interesse wie für die Privatperson, die sich schuldbefreiend auf den Wegfall der Bereicherung berufen darf. Denn anders als eine Privatperson kann die öffentliche Hand durch eine hohe Rückerstattungsverpflichtung nicht in ihrer wirtschaftlichen Existenz und ihrer wirtschaftlichen Fähigkeit zur Erfüllung ihrer Aufgaben ernstlich gefährdet werden. Zwar sind die Verwaltungsträger in ihrer Haushaltswirtschaft formell und grundsätzlich auch materiell selbstständig und voneinander unabhängig (vgl. für das Verhältnis des Bundes zu den Ländern Art. 109 Abs. 1 GG), doch sind die Haushalte durch ein Lasten- und Finanzausgleichssystem verzahnt, das die unterschiedliche Finanzkraft der Gebietskörperschaften berücksichtigt (vgl. Art. 107 Abs. 2 GG) und das den öffentlichen Haushalten die zur Durchführung ihrer Aufgaben erforderlichen Geldmittel sichert. Demzufolge besteht für öffentliche Haushalte nicht ein vergleichbares

402

---

133 BVerwGE 36, 109 [113].
134 VGH Mannheim, NVwZ 1991, 583 [587].

schutzwürdiges Bedürfnis wie für Privatpersonen, sich schuldbefreiend auf den Wegfall der Bereicherung berufen zu können.[135]

Privatpersonen können sich auf den Grundsatz des Vertrauensschutzes berufen, weshalb sich die Frage stellt, inwieweit für eine Anwendung des **§ 818 Abs. 3 BGB analog** Raum bleibt: Wenn und soweit ein wirksamer Verwaltungsakt den Rechtsgrund für eine Vermögensverschiebung bildet, ist dieser auch Grundlage für den Vertrauensschutz der Privatperson. Der Widerruf oder die Rücknahme des Verwaltungsakts ist aber nur zulässig, wenn das schutzwürdige Vertrauen der Privatperson dem nicht entgegensteht (§ 48 Abs. 2 S. 1 VwVfG, § 48 Abs. 3 VwVfG, § 49 Abs. 2 und 3 VwVfG, § 49 Abs. 6 VwVfG). Kann ein Verwaltungsakt widerrufen oder zurückgenommen werden, ist m. a. W. das Vertrauen der Privatperson nicht so schutzwürdig, dass der Rechtsgrund für die Vermögensverschiebung nicht geändert werden kann. Die Privatperson kann dann auch einen Wegfall der Bereicherung nicht entgegenhalten.[136]

Liegt ein Verwaltungsakt nicht vor, etwa wenn eine Leistung in fehlerhafter Interpretation eines Gesetzes erfolgt ist, kommen Widerruf oder Rücknahme nicht in Betracht. Das BVerwG[137] will aber auch in diesem Fall § 818 Abs. 3 BGB nicht entsprechend heranziehen. Denn anders als im Zivilrecht werden hier die Interessen beider Seiten von der Rechtsordnung gerade nicht gleich, sondern unterschiedlich bewertet. Die öffentliche Hand ist dem Grundsatz der Gesetzmäßigkeit der Verwaltung verpflichtet. Ihr Interesse muss darauf gerichtet sein, eine ohne Rechtsgrund eingetretene Vermögensverschiebung zu beseitigen und den rechtmäßigen Zustand wiederherzustellen. Ihr ist es grundsätzlich versagt, sich auf eine Entreicherung zu berufen. Dem Bürger gesteht die Rechtsordnung aber zu, dass er einen ihm rechtswidrig gewährten Vorteil auch gegen das für die Rückgewähr streitende öffentliche Interesse verteidigen kann, wenn sein Vertrauen auf dessen Beständigkeit schutzwürdig ist. Diese unterschiedliche Interessenbewertung, die sich u. a. in den Regeln über die Rücknahme rechtswidriger begünstigender Verwaltungsakte niedergeschlagen hat, steht – so das BVerwG – der entsprechenden Anwendung einer Regelung entgegen, der – wie der Regelung der §§ 818 Abs. 3 und 4, 819 BGB – eine solche Interessenbewertung gerade nicht zugrunde liegt, sondern vielmehr die Interessen beider Seiten mit ein und demselben Maßstab bewertet, ohne Rücksicht darauf, ob der Bürger oder die Verwaltung Gläubiger oder Schuldner des Erstattungsanspruchs ist. Zur Beantwortung der Frage, in welchen Fällen der Bürger dem Erstattungsanspruch der öffentlichen Hand den Wegfall der Bereicherung entgegenhalten kann, soll deshalb nur der Rückgriff auf die Abwägung der gegenläufigen Interessen bleiben: Des Interesses des Bürgers am Schutz seines Vertrauens auf die Beständigkeit der eingetretenen Vermögenslage und des Interesses der Verwaltung an der Durchsetzung des Grundsatzes der Gesetzmäßigkeit. Die Erstattungspflicht entfällt dann, wenn das private Vertrauensschutzinteresse das öffentliche Interesse an der Wiederherstellung einer dem Gesetz entsprechenden Vermögenslage überwiegt. Allerdings muss in jedem Einzelfall geklärt werden, weshalb Vertrauen begründet sein soll;[138] die Vermö-

---

135 BVerwGE 36, 108 [114].
136 *Maurer/Waldhoff*, Allgemeines Verwaltungsrecht, 20. Aufl., 2020, S. 824 f. Rn. 33 ff.
137 Dazu und zum Folgendem BVerwGE 71, 85 [89].
138 *Maurer/Waldhoff*, Allgemeines Verwaltungsrecht, 20. Aufl., 2020, S. 824 f.; *Peine/Siegel*, Allgemeines Verwaltungsrecht, 13. Aufl., 2019, S. 290 f., Rn. 926.

gensverschiebung allein begründe ein derartiges Vertrauen noch nicht.[139] Ferner wird die Abwägung des Vertrauensschutzgrundsatzes mit dem Grundsatz der Gesetzmäßigkeit der Verwaltung kritisiert.

Im Ergebnis hat der Streit für den Bürger Vor- und Nachteile: Als **Nachteil** kann sich auswirken, dass das Vertrauen auf den Bestand der Vermögenslage nicht bereits dann stets schutzwürdig ist, wenn der Bürger von der Rechtsgrundlosigkeit der Vermögensverschiebung keine Kenntnis hatte. Nach § 819 Abs. 1 BGB aber ist der Empfänger vom Zeitpunkt des Empfanges oder der Erlangung der Kenntnis desselben an zur Herausgabe verpflichtet, wenn er den Mangel des rechtlichen Grundes beim Empfang kennt oder ihn später erfährt und zwar so wie wenn der Anspruch auf Herausgabe zu dieser Zeit rechtshängig geworden wäre. Kommt es hingegen auf die Schutzwürdigkeit des Vertrauens an, so ist nicht nur derjenige, der die Rechtsgrundlosigkeit der Leistung kennt, sondern auch derjenige, der sie aus grober Fahrlässigkeit nicht kennt, zur Herausgabe verpflichtet. Denn grobe Fahrlässigkeit verdient keinen Vertrauensschutz. Als **Vorteil** für den Bürger kann sich die Rechtsprechung des BVerwG auswirken, weil der noch vorhandene Vermögenswert nicht unter allen Umständen herauszugeben ist. Denn das Vertrauen kann auch dann schutzwürdig sein, wenn das rechtsgrundlos Erlangte noch vorhanden ist, der Bürger hierüber aber bereits in einer Weise Verfügungen getroffen hat, die sich ohne unzumutbare Nachteile nicht mehr rückgängig machen lassen. Ist eine Leistung, die rückabzuwickeln ist, durch Verwaltungsakt festgesetzt worden, ist die öffentlich-rechtliche Erstattung durch Verwaltungsakt festzusetzen (sog. **actus contrarius-Theorie**; vgl. insbesondere auch § 49a Abs. 1 S. 2 VwVfG). Diesem Begehren ist – nach Widerspruch – mit Anfechtungs- oder Verpflichtungsklage zu begegnen. Andernfalls handelt es sich um einen Leistungsanspruch, der mit einer Leistungsklage zu verfolgen ist.

VII. Der Folgenbeseitigungsanspruch

Die Entwicklung des Folgenbeseitigungsanspruchs geht auf *Otto Bachof*[140] zurück, **403** der dargelegt hat, dass dem von einem rechtswidrigen Verwaltungsakt Betroffenen nicht nur ein Anspruch auf Aufhebung des Verwaltungsakts, sondern im Falle des erfolgten Vollzugs des Verwaltungsakts auch ein Vollzugsfolgenentschädigungsanspruch zustehen kann. Hatte *Bachof* diesen noch in der Beseitigung des unmittelbaren, ggf. auch mittelbaren „Schadens" gesehen, präzisierte *Karl August Bettermann*[141] die Zielrichtung des Folgenbeseitigungsanspruchs auf einen Beeinträchtigungsbeseitigungsanspruch. Der Folgenbeseitigungsanspruch ist nicht auf Schadensersatz gerichtet, sondern zielt auf die Herstellung des ursprünglichen Zustands (status quo ante) ab. Mit dem Folgenbeseitigungsanspruch sollen die Folgen rechtswidriger Maßnahmen der öffentlichen Hand beseitigt werden.

Der Folgenbeseitigungsanspruch wird in § 113 Abs. 1 S. 1 und 2 VwGO vorausgesetzt, ist aber gesetzlich nicht geregelt. Zunächst ist das Rechtsinstitut dogmatisch in Analogie zu §§ **1004, 12, 862 BGB** entwickelt worden.[142] Das BVerwG hat seine

---

139 Vgl. *Peine/Siegel*, Allgemeines Verwaltungsrecht, 13. Aufl., 2019, S. 290 f., Rn. 926 und *Maurer/Waldhoff*, Allgemeines Verwaltungsrecht, 19. Aufl., 2020, S. 825.

140 *Bachof*, Die verwaltungsgerichtliche Klage auf Vornahme einer Amtshandlung, 1951.

141 *Bettermann*, Zur Lehre vom Folgenbeseitigungsanspruch, DÖV 1955, 528 ff.

142 *Bettermann*, Zur Lehre vom Folgenbeseitigungsanspruch, DÖV 1955, 528 [535]; krit. etwa *Fiedler*, Der Folgenbeseitigungsanspruch – die „kleine Münze" des Staatshaftungsrechts? – Zur Problematik des Folgenbeseitigungsanspruchs in der neueren Rechtsprechung", NVwZ 1986, 969 [974].

maßgebliche rechtliche Grundlage in **Art. 20 Abs. 3 GG** gesehen, der die vollziehende Gewalt an Gesetz und Recht bindet: „Daraus lässt sich die Verpflichtung der vollziehenden Gewalt ableiten, die rechtswidrigen Folgen ihrer Amtshandlungen wieder zu beseitigen."[143] In späteren Entscheidungen hat das BVerwG auch auf die jeweils berührten **Grundrechte** verwiesen.[144]

404 Der Folgenbeseitigungsanspruch entsteht, wenn durch einen hoheitlichen Eingriff in ein subjektives Recht ein noch andauernder rechtswidriger Zustand geschaffen wird.[145] Der Folgenbeseitigungsanspruch ist auf die Wiederherstellung des Zustands gerichtet, der im Zeitpunkt des Eingriffs bestand. Deshalb knüpft er auch nicht an die Rechtswidrigkeit des Eingriffsakts an, sondern an die Rechtswidrigkeit des dadurch geschaffenen Zustands. Folgende Voraussetzungen müssen erfüllt sein:

- **Eingriff in ein subjektives Recht:** Es muss ein **Eingriff** vorliegen. Dieser muss in einer Tätigkeit, also in einer positiven Maßnahme liegen. Ein Unterlassen genügt richtigerweise nicht, denn mit dem Folgenbeseitigungsanspruch kann nur der frühere Status quo wiederhergestellt, nicht aber eine Veränderung herbeigeführt werden.[146] Liegt der Eingriff in einem Unterlassen, weil das Gesetz eine Handlungspflicht vorschreibt, die Behörde dieser aber nicht nachkommt, handelt es sich um einen originären Anspruch, nicht um Folgenbeseitigung.[147]

  Anders das BVerwG zu § 13 Abs. 1 S. 1 WBO („Soweit die Beschwerde sich als begründet erweist, ist ihr stattzugeben und für Abhilfe zu sorgen").[148]

  Der Eingriff muss in ein **subjektives Recht** erfolgen; erforderlich ist also eine Verletzung spezifisch drittschützender Rechte. Objektive Rechtsverletzungen können keinen Wiederherstellungsanspruch legitimieren.

- **Hoheitlicher** Eingriff: Tatbestandlich sind nur hoheitliche Vollziehungsakte. Privatrechtliche Eingriffe sind privatrechtlich zu beurteilen. Hierfür sind mit §§ 1004, 12 und 862 BGB Rechtsgrundlagen zur Verfügung gestellt. Bei förmlichem Verwaltungshandeln ist die Hoheitlichkeit der Maßnahme in der Regel unschwer zu erkennen, z. B. weil Verletzungsursache ein Verwaltungsakt war. Bei tatsächlichen Rechtsverletzungen ist darauf abzustellen, ob sie Ausdruck öffentlicher Gewalt sind, ob die Beeinträchtigungen in ihrer Rechtsqualität also dem öffentlichen Recht zuzurechnen sind.

  Beachte: Bei legislativen Fehlleistungen soll der Folgenbeseitigungsanspruch nicht anwendbar sein.[149]

- Der hoheitliche Eingriff muss einen **rechtswidrigen Zustand** herbeigeführt haben. Es kommt nicht auf die Rechtswidrigkeit des Eingriffs an, wenngleich rechtswidriges Behördenhandeln regelmäßig für die Rechtswidrigkeit des Zustands kausal sein dürfte. Der Zustand ist nicht rechtswidrig, wenn er durch einen seine Rechtgrundlage bildenden Verwaltungsakt angeordnet wird. Deshalb muss ein (auch rechtswidriger) Verwaltungsakt ggf. erst aufgehoben werden, sofern er nicht unwirksam ist.

---

143 BVerwGE 69, 366 [370] – *„Bardepot"*.
144 BVerwGE 82, 76 [95] – *„Transzendentale Meditation"*; BVerwGE 94, 100 [103] – *„Bargteheide"*.
145 BVerwGE 82, 76 [95] – *„Transzendentale Meditation"*.
146 BVerwG vom 9.3.2005, Az. 2 B 111/04.
147 Vgl. a. *Baldus/Grzeszick/Wienhues*, Staatshaftungsrecht, 5. Aufl., 2018, S. 11.
148 BVerwG vom 20.9.2006, 1 WB 54/05.
149 BVerwG, Urteil vom 11.10.2016 – 2 C 11/15; krit. *Detterbeck*, NVwZ 2019, 97 ff.

- Der Zustand muss **noch andauern**. Andernfalls kann er nicht rückgängig gemacht werden. Deshalb geht ein Folgenbeseitigungsanspruch ins Leere, wenn ein ursprünglich rechtswidriger Zustand (z. B. durch Änderung der Rechtsgrundlage) rechtmäßig geworden ist.
- Ein Folgenbeseitigungsanspruch scheidet aus, wenn die Wiederherstellung des früheren Zustands tatsächlich nicht mehr **möglich** ist, denn Unmögliches muss niemand leisten (ultra posse nemo obligatur). Auch muss die Behörde **rechtlich in der Lage** sein, den ursprünglichen Zustand herbeizuführen. Denn der Folgenbeseitigungsanspruch zielt auf die Herstellung eines rechtmäßigen Zustandes ab. Deshalb muss die Behörde durch das materielle Fachrecht in die Lage versetzt sein, diesen Anspruch erfüllen zu können, ohne sich selbst rechtswidrig zu verhalten; keinesfalls zulässig ist eine behördliche Handlung oder Gestaltung, die das Gesetz ausschließt oder nicht gestattet. Diese rechtliche Befähigung muss „aktuell" bestehen, d. h. gegebenenfalls zum Zeitpunkt der letzten mündlichen Verhandlung, weil die Behörde nicht zu rechtswidrigem Tun verurteilt werden kann.
- Auch muss diese Wiederherstellung der Behörde **zumutbar** sein. Dies ist dann nicht der Fall, wenn damit ein unverhältnismäßig hoher Aufwand verbunden ist, der zu dem erreichbaren Erfolg in keinem vernünftigen Verhältnis mehr steht.[150]
- Der Folgenbeseitigungsanspruch richtet sich nur auf die Beseitigung der **unmittelbaren Folgen** des hoheitlichen Handelns. Dabei ist erforderlich, dass die rechtswidrigen Folgen der Amtshandlung dem Verwaltungsträger zuzurechnen sind, d. h. dass zwischen der rechtswidrigen Amtshandlung und deren Folgen Kausalität besteht.[151]
- Eine **Mitverantwortung** des Anspruchsinhabers ist entsprechend § 254 BGB zu berücksichtigen. Gegebenenfalls kommt eine Ausgleichszahlung nach § 251 Abs. 1 BGB in Betracht.[152]

Rechtsprechung: BVerfGE 58, 300 ff. – „Nassauskiesung"; BVerfGE 74, 264 ff. – „Boxberg"; BVerfGE 83, 201 ff. – „Vorkaufsrecht"; BVerfGE 100, 226 ff. – „Denkmalschutz"; BVerfG, NVwZ 2007, 190 ff.; BVerwGE 80, 170 – „Uferbefestigung"; BVerwGE 96, 45 ff. – „BAföG-Fehlleistungen"; BVerwGE 104, 29 ff. – „Schadensersatz wegen fehlerhaftem Straßenbau"; BVerwGE 117, 138 ff. – „MERO-Gesetz"; BGHZ 48, 98 ff. – „Immissionen"; BGHZ 68, 217 ff. – „Straßenverkehrsunfall"; BGHZ 99, 249 ff. – „feindliches Grün"; BGHZ 106, 323 ff; BGHZ 102, 350 ff. – „Waldschäden"; BGHZ 108, 224 ff. – „Altlasten"; BGHZ 113, 164 ff. – „Straßenunterhaltung"; BGHZ 121, 161 ff. – „Abschleppen von Kfz"; BGHZ 134, 30 – „Brasserie du Pêcheur"; BGHZ 161, 6 ff. – „BSE-Prüflabor"; BGHZ 166, 37 ff. – „Katastrophenregen"; BGH, NJW 1953, 857 ff. – „Impfschäden"; BGH, NJW 1971, 1172, 1174 – „Gesetzgeberisches Unterlassen"; BGH, NJW 1974, 1816 ff. – „Schlachthof"; BGH, VersR 1978, 253, 254 – „gemeindliche Deckstation"; BGH, NJW 1991, 1168 ff. – „Kanalbaubeitrag"; BGH, NJW 2007, 830 ff. – „verspätete Grundbucheintragung"; BGH, MedR 2006, 652, 653 – „Vertrauensarzt"; BGH, NVwZ 2007, 362 ff. – „Schweinefleisch"; BGH, Urteil vom 1.2.2018 – III ZR 53/17, – „KrWG"; BGH, ZfBR 2018, 43 ff. – „Vermessungsingenieur"; BGH, NVwZ 2015, 1309 – „Weisung der Oberbehörde"; EuGH vom 19.11.1991, Rs. C- 6/90 – „Francovich"; EuGH vom 5.3.1996, Rs. C-46/93 – „Brasserie du Pêcheur"; EuGH vom 30.9.2003, Rs. C-224/01 – „Köbler"; EuGH vom 25.1.2007, Rs. C-278/05 – „Robins".

Literatur: *Bachof O.*, Die verwaltungsgerichtliche Klage auf Vornahme einer Amtshandlung, 1951; *Baldus, M./Grzeszick, B./Wienhues, S.*, Staatshaftungsrecht, 5. Aufl., 2018; *Bettermann, K.*

---

150 BVerwG, DVBl 2004, 1493 – „Abwasserrohre".
151 NdsOVG, NdsVBl 2004, S. 213 ff. – „Sohlsturz".
152 BVerwGE 82, S. 24 [25 f.] – „Stützmauer".

A., Zur Lehre vom Folgenbeseitigungsanspruch, DÖV 1955, 528 ff.; *Detterbeck, S.*: Folgenbeseitigungs- und polizeirechtlicher Ausgleichsanspruch beim Vollzug rechtswidriger Gesetze, NVwZ 2019, 97 ff.; *Fiedler W.*, Der Folgenbeseitigungsanspruch – die „kleine Münze" des Staatshaftungsrechts? – Zur Problematik des Folgenbeseitigungsanspruch in der neueren Rechtsprechung", NVwZ 1986, 969; *Gromitsaris, A.*, Die staatshaftungsrechtliche Dimension der Grundrechte, DÖV 2006, 288 ff.; *Höfling, W.*, Primär- und Sekundärrechtsschutz im Öffentlichen Recht, VVDStRL 61 (2002), 260 ff.; *Huber P.M./Storr, S.*, Haftung aus verwaltungsrechtlichem Schuldverhältnis zwischen Krankenkasse und Landesverband, VSSR 2006, 245 ff.; *Lege, J.*, System des deutschen Staatshaftungsrechts, JA 2016, 81 ff.; *Mehde, V.*, Der Folgenbeseitigungsanspruch, Jura 2017, 783 ff.; *Ossenbühl, F.*, Staatshaftungsrecht, 6. Aufl., 2013; *Papier, H.-J./Shirvani, F.*, in: Münchener Kommentar zum Bürgerlichen Gesetzbuch, Band 6, 7. Aufl., 2017, § 839; *Schmidt am Busch, B.*, Die Beleihung: Ein Rechtsinstitut im Wandel, DÖV 2007, 533 ff.; *Storr, S.*, Die Haftung im Bund-Länder-Verhältnis, in: Aulehner/Dengler u. a., Föderalismus – Auflösung oder Zukunft der Staatlichkeit?, 1997, S. 269 ff.; *Streinz, R.*, Primär- und Sekundärrechtsschutz im Öffentlichen Recht, VVDStRL 61 (2002), 300 ff.

E.   Schemata und Übersichten

§ 1   Verwaltung und Verwaltungsrecht

I.   Abgrenzungstheorien zur Bestimmung des öffentlichen Rechts

1.   Allgemeine Theorien

a) Interessentheorie: Öffentliches Recht liegt vor, wenn auf einen Sachverhalt **405** Rechtssätze Anwendung finden, die der Verwirklichung des öffentlichen Interesses dienen; privatrechtliche Rechtsvorschriften betreffen private Interessen („publicum ius est quod ad statum rei Romanae spectat, privatum quod ad singulorum utilitatem").

b) Subordinationstheorie (Subjektionslehre): Öffentliches Recht liegt vor, wenn zwischen den Rechtssubjekten eines Rechtsverhältnisses ein hoheitliches Über-/ Unterordnungsverhältnis besteht. Um Privatrecht soll es sich handeln, wenn das Rechtsverhältnis durch Gleichordnung geprägt ist.

c) Subjektstheorie: Öffentliches Recht liegt vor, wenn an dem betreffenden Rechtsverhältnis ein Träger hoheitlicher Gewalt beteiligt ist.

d) Sonderrechtstheorie: Öffentliches Recht liegt vor, wenn die betreffende Rechtsnorm ausschließlich einen Träger hoheitlicher Gewalt berechtigt oder verpflichtet.

2.   Zwei-Stufen-Theorie

Die Frage, „ob" ein Recht besteht, ist mit öffentlichem Recht zu beantworten. **406** „Wie" das Rechtsverhältnis im Übrigen ausgestaltet ist, folgt aus öffentlichem Recht oder aus Zivilrecht.

3.   Auslegungskriterien

–   ausdrückliche Bezeichnung der von der Behörde gewählten Handlungsform. **407**
–   Intention der Behörde, wie diese für einen durchschnittlichen Empfänger erkennbar ist.
–   Maßgeblichkeit des Rechtsregimes für die betreffende Handlung.

II. Grundsatz von der Gesetzmäßigkeit der Verwaltung

408

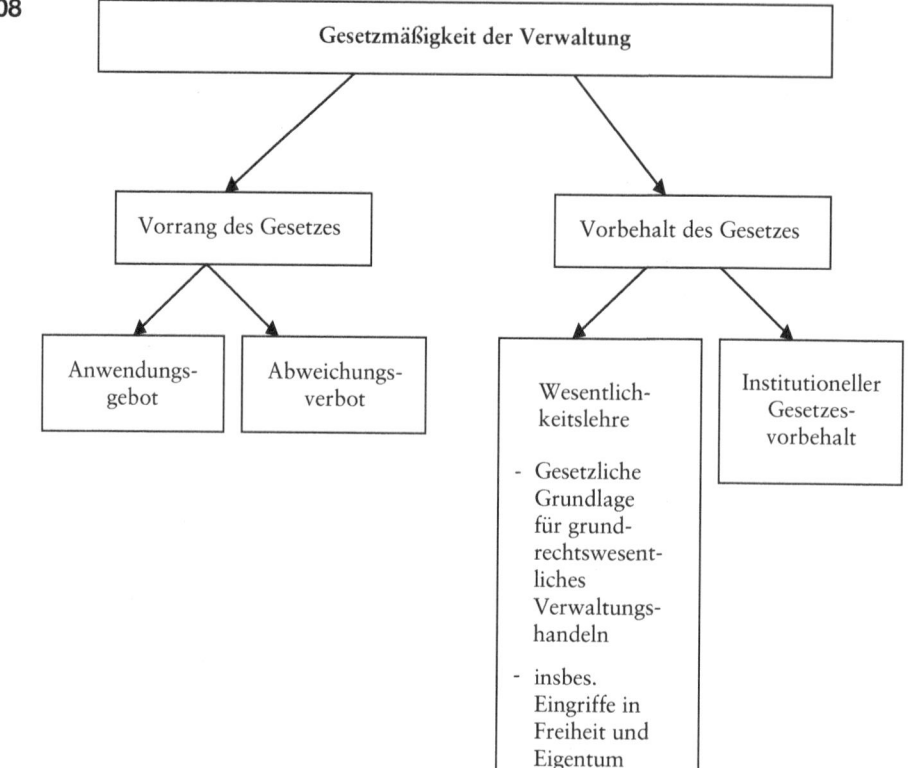

§ 2 Verwaltung und Verwaltungsorganisation

I. Verwaltung

409 **Verwaltung im formellen Sinn:** Gesamte von Verwaltungsbehörden ausgeübte Tätigkeit.

Verwaltung im materiellen Sinn: Verwaltungstätigkeit, die Verwaltungsangelegenheiten zum Gegenstand hat.

- *positiv:* „... mannigfaltige, zweckbestimmte, i. d. R. fremdnützige und verantwortliche, nur teilplanende, selbstbeteiligt durchführende und gestaltende Besorgung von Angelegenheiten".
- *negativ:* Staatliche Tätigkeit, die nicht Gesetzgebung oder Justiz ist.

II. Grundbegriffe des allgemeinen Verwaltungsrechts und des Verwaltungsorganisationsrechts

410 **Verwaltungsträger:** Die juristischen Personen des öffentlichen Rechts, deren Organe verwaltende Tätigkeiten ausüben (Bund, Länder, Bezirke, Landkreise, Gemeinden, andere Körperschaften sowie Anstalten und Stiftungen des öffentlichen Rechts).

Behörde:
- § 1 Abs. 4 VwVfG: jede Stelle, die Aufgaben der öffentlichen Verwaltung wahrnimmt.
- BVerfG: in den Organismus der Staatsverwaltung eingeordnete, organisatorische Einheit von Personen und sächlichen Mitteln, die, mit einer gewissen Selbständigkeit ausgestattet, dazu berufen ist, unter öffentlicher Autorität für die Erreichung der Zwecke des Staates oder von ihm geförderter Zwecke tätig zu sein.

Amt:
- im organisationsrechtlich Sinn: Untereinheit einer Behörde.
- im statusrechtlichen Sinn: Rechtsstellung des Beamten.
- im abstrakt-funktionalen Sinn: möglicher Aufgabenkreis des Amtswalters.
- im konkret-funktionalen Sinn: konkreter, vom Amtswalter besetzter Dienstposten.

Amtswalter: Eine natürliche Person, die ein Amt inne hat.

Organ: Die Funktionseinheit, die eine Einrichtung, Stelle, handlungsfähig macht.

Organleihe: Das Organ eines Rechtsträgers wird ermächtigt und beauftragt, Aufgaben eines anderen Rechtsträgers wahrzunehmen.

Organisationsgewalt: Befugnis, die organisatorischen Vorkehrungen zur Erledigung der Staatsaufgaben zu treffen.

Bildung einer Behörde: Abstrakte Festlegung, dass es bestimmte Behörden geben soll (Aufbau und die Gliederung der Verwaltung).

Errichtung einer Behörde: Konkrete Gründung einer Behörde sowie deren Überführung und Auflösung.

Einrichtung einer Behörde: Festlegung der Aufgaben und Zuständigkeiten sowie Ausstattung mit personellen und sachlichen Mitteln.

III. Verwaltungsaufbau

Unmittelbare Staatsverwaltung: Verwaltung unmittelbar durch Staatsbehörden, **411** die einem der Verwaltungsträger Bund oder Land zugeordnet sind, ohne dass ein weiterer (rechtsfähiger) Verwaltungsträger dazwischen tritt.

Mittelbare Staatsverwaltung: Verwaltung durch andere (rechtsfähige) Verwaltungsträger.

Oberste Behörden: Ministerien und Rechnungshöfe.

Oberbehörden: Obere Behörden ohne Verwaltungsunterbau, deren Zuständigkeit sich auf das gesamte Gebiet des Bundes oder – sofern Landesoberbehörde – eines Landes erstreckt.

Mittelbehörden: Obersten Behörden nachgeordnete Behörden, die einen eigenen Verwaltungsunterbau haben.

Unterbehörden: Den Mittelbehörden unterstehende Behörden.

Körperschaft: Mitgliedschaftlich verfasste, vom Wechsel ihrer Mitglieder unabhängig bestehende Organisation.
- *Personalkörperschaft*: Mitgliedschaft wird durch Beitritt einer natürlichen oder juristischen Person oder deren Zugehörigkeit zu einer bestimmten Gruppe begründet.
- *Gebietskörperschaft*: erfasst alle Personen, die in einer örtlichen Beziehung zu einem bestimmten Gebiet stehen.

– *Realkörperschaft:* Kriterium für Mitgliedschaft ist Eigentums- oder sonstiges Nutzungsrecht.
– *Verbandskörperschaft:* Mitglieder sind überwiegend selbst juristische Personen.
Anstalt: Bestand an sächlichen und persönlichen Mitteln, die in der Hand eines Trägers öffentlicher Verwaltung einem besonderen öffentlichen Zwecke dauernd zu dienen bestimmt ist.
– rechtsfähige Anstalten.
– nichtrechtsfähige Anstalten.
Stiftung: Einrichtung, die mit Hilfe gewidmeten Vermögens einen vom Stifter bestimmten Zweck verfolgen soll.
– Stiftung des öffentlichen Rechts.
– Stiftung des bürgerlichen Rechts.
Kommunale Selbstverwaltung: Durch Art. 28 Abs. 2 GG und durch landesverfassungsrechtliche Bestimmungen garantiert. Art 28 Abs. 2 S. 1 GG gewährt die institutionelle Garantie der kommunalen Selbstverwaltung
– als institutionelle Rechtssubjektsgarantie: Gewährung der Institutionen Gemeinde und Gemeindeverband,
– als objektive Rechtsinstitutionsgarantie: Gewährleistung der Erledigung von kommunalen Aufgaben unter kommunaler Eigenverantwortung,
– als subjektive Rechtsstellungsgarantie: Rechtsschutz im Falle der Verletzung von gewährten Rechten.
Den Gemeinden steht das Recht zu, alle Angelegenheiten der örtlichen Gemeinschaft im Rahmen der Gesetze in eigener Verantwortung zu regeln. Die Angelegenheiten der örtlichen Gemeinschaft sind kein gegenständlich bestimmter oder nach feststehenden Merkmalen bestimmbarer Aufgabenkatalog. Das kommunale Selbstverwaltungsrecht gewährt aber die Befugnis, sich aller Angelegenheiten der örtlichen Gemeinschaft, die nicht durch Gesetz bereits anderen Trägern öffentlicher Verwaltung übertragen sind, ohne besonderen Kompetenztitel anzunehmen. Hierzu gehören alle Angelegenheiten der örtlichen Gemeinschaft, die in der Gemeinde wurzeln oder auf sie einen spezifischen Bezug haben.
Funktionale Selbstverwaltung: Legitimation durch die Mitglieder der Körperschaft.
Beleihung: Betrauung Privater mit der hoheitlichen Wahrnehmung bestimmter Verwaltungsaufgaben im eigenen Namen.

IV. Überblick über die Gesetzesvollziehung durch Bund und Länder

412

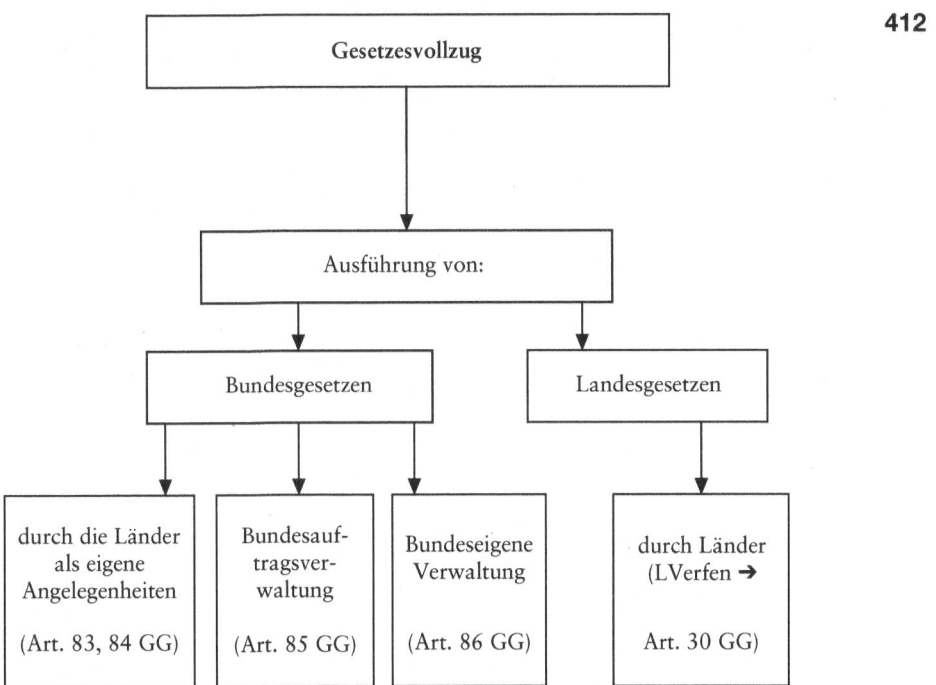

V. Überblick über die Vollziehung unionsrechtlicher Vorschriften

413

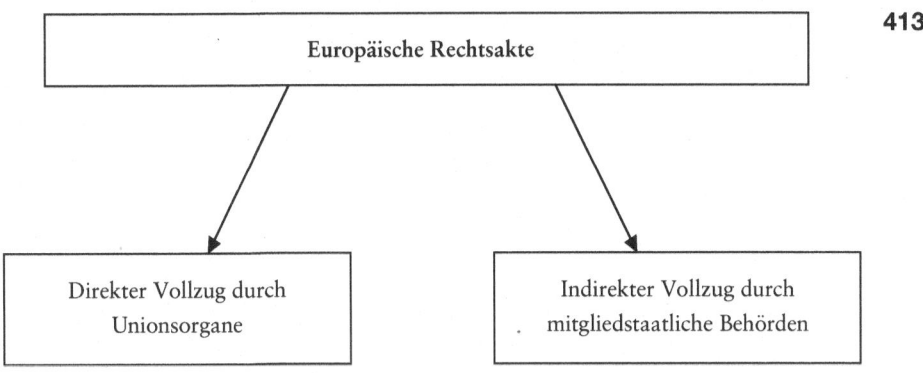

§ 3 Rechtsquellen des Verwaltungsrechts

I. Gesetz

414 *Gesetz im materiellen Sinn:* Rechtsnorm, die darauf gerichtet ist, in einer unbestimmten Vielzahl von Einzelfällen bestimmte Rechtsfolgen herbeizuführen und die Außenwirkung entfaltet.

1. Verfassungsgesetz

415 Umfassender Geltungsanspruch des Grundgesetzes; äußerste Grenzen:
- grundlegende, überpositive Naturrechte (elementare Menschenrechte).
- Schranken des Art. 79 Abs. 2 (Änderung des Grundgesetzes nur durch 2/3-Mehrheit in Bundestag und Bundesrat) und Abs. 3 GG (Gliederung des Bundes in Länder, grundsätzliche Mitwirkung der Länder bei der Gesetzgebung, Grundsätze in Art. 1 GG (Menschenrechte/Grundrechte) und Art. 20 GG (Bundesstaat, Demokratie, Rechtsstaat, Sozialstaat).
- Anwendungsvorrang des Europarechts (Art. 23 GG; Schranke: Art. 79 Abs. 2 und 3 GG).

2. Parlamentsgesetz

416 Wichtigstes Instrument des Parlaments zur Steuerung der Verwaltung. Das folgt aus dem
- Recht des Parlaments, sich aller öffentlichen Angelegenheiten anzunehmen,
- aus dem Grundsatz vom Gesetzesvorbehalt, wonach wesentliche, insbesondere grundrechtswesentliche Angelegenheiten einer Entscheidung des Gesetzgebers bedürfen, sowie
- aus dem Grundsatz vom Gesetzesvorrang.

II. Rechtsverordnung

1. Prüfungsaufbau Rechtsverordnung auf der Grundlage eines Bundesgesetzes:

417 1. Verfassungsmäßigkeit der gesetzlichen Rechtsgrundlage
1.1 formelle Rechtmäßigkeit des Gesetzes
   a) Zuständigkeit des Bundesgesetzgebers (Art. 70 ff. GG)
   b) Gesetzgebungsverfahren (Art. 76, 77 GG)
   c) Form (vgl. Art. 82 GG)
1.2. materielle Rechtmäßigkeit
   a) Anforderungen des Art. 80 GG
      aa) zulässiger Ermächtigungsadressat (Art. 80 Abs. 1 S. 1 GG)
      bb) hinreichende Bestimmtheit (Art. 80 Abs. 1 S. 2 GG und Gesetzesvorbehalt/Wesentlichkeitslehre)
   b) Vereinbarkeit des Gesetzes mit höherrangigem Recht
2. Rechtmäßigkeit der Rechtsverordnung
2.1. formelle Rechtmäßigkeit der Rechtsverordnung
   a) Zuständigkeit des Ermächtigungsadressaten (vgl. gesetzliche Rechtsgrundlage; ggf. Subdelegation, Art. 80 Abs. 1 S. 4 GG)
   b) Verfahren
      aa) Zustimmung Bundesrat (Art. 80 Abs. 2 GG)

    bb) ggf. besondere Voraussetzungen in der gesetzlichen Rechtsgrund-
        lage
  c) Form (vgl. Art. 80 Abs. 1 S. 3, 82 GG)
2.2. materielle Rechtmäßigkeit
  a) Vereinbarkeit mit gesetzlicher Rechtsgrundlage
  b) Vereinbarkeit mit höherrangigem Recht i. ü.

2.   Voraussetzungen an Gesetze, die Rechtsverordnungen ändern

– Es muss sich um eine Anpassung im Rahmen einer Änderung eines Sachbe- **418**
   reichs durch den Gesetzgeber handeln.
– Der parlamentarische Gesetzgeber ist an das Verfahren nach Art. 76 ff. GG
   gebunden.
– Der parlamentarische Gesetzgeber ist bei der Änderung einer Verordnung an
   die Grenzen der Ermächtigungsgrundlage (Art. 80 Abs. 1 Satz 2 GG) gebunden.
– Die Zustimmungsbedürftigkeit des betreffenden Gesetzes hat sich am Maßstab der für förmliche Gesetze geltenden Normen (z. B. Art. 85 Abs. 1 GG)
   zu beurteilen, nicht nach Art. 80 Abs. 2 GG.
– Die im Verfahren förmlicher Gesetzgebung in eine Verordnung eingefügten
   Teile stehen der abermaligen Änderung durch die Exekutive offen, die dabei
   allein an die Ermächtigungsgrundlage gebunden ist.

III. Satzung

Unter einer Satzung versteht man Rechtsvorschriften, die eine juristische Person **419**
für ihren Gestaltungskreis erlässt.

1.   Prüfungsaufbau Satzung auf der Grundlage eines Bundesgesetzes:

1.   Verfassungsmäßigkeit der gesetzlichen Rechtsgrundlage
1.1. formelle Rechtmäßigkeit der gesetzlichen Rechtsgrundlage
  a) Zuständigkeit des Gesetzgebers (Art. 70 ff. GG)
  b) Gesetzgebungsverfahren (Art. 76, 77 GG bei Bundesgesetzen)
  c) Form (vgl. Art. 82 GG bei Bundesgesetzen)
1.2. materielle Rechtmäßigkeit
  a) hinreichende Bestimmtheit (Gesetzesvorbehalt/Wesentlichkeitslehre)
  b) Vereinbarkeit des Gesetzes mit höherrangigem Recht

2.   Rechtmäßigkeit der Satzung

2.1. formelle Rechtmäßigkeit der Satzung
  a) Zuständigkeit (vgl. gesetzliche Rechtsgrundlage)
  b) Verfahren
    aa) ordnungsgemäßes Beschlussverfahren
    bb) ggf. Bürgerbeteiligung
    cc) ggf. Genehmigung oder Anzeige der Aufsichtsbehörden
    dd) Ausfertigung
  c) Form (Verkündung)
2.2. materielle Rechtmäßigkeit
  a) Vereinbarkeit mit gesetzlicher Rechtsgrundlage
  b) Vereinbarkeit mit höherrangigem Recht i. ü.
2.3. Heilung von Verfahrens- oder Formfehlern

IV.   Verwaltungsvorschrift

420 Verwaltungsvorschriften sind allgemeine Regelungen, „die innerhalb der Verwaltungsorganisation von übergeordnete(n) Verwaltungsinstanzen oder Vorgesetzten
an nachgeordnete Behörden, Verwaltungsstellen oder Bedienstete ergehen und die
dazu dienen, Organisation und Handeln der Verwaltung näher zu bestimmen".
Zu unterscheiden sind:
-   normeninterpretierende,
-   normenkonkretisierende und
-   ermessenslenkende Verwaltungsvorschriften.
Mittelbare Außenwirkung kann einer Verwaltungsvorschrift regelmäßig unter zwei
Voraussetzung zukommen:
-   durch Selbstbindung der Verwaltung (Art. 3 GG).
-   auf Grund von Vertrauensschutz.

V.   Gewohnheitsrecht

421 Gewohnheitsrecht ist Recht, das sich im Laufe der Zeit als geltendes Recht entwickelt hat. Voraussetzungen sind:
-   eine andauernde allgemeine Übung,
-   die Überzeugung der Beteiligten, dass sie sich rechtmäßig verhalten und
-   die Übung muss als Rechtssatz formulierbar sein. Gewohnheitsrecht kommt
    nur dort in Betracht, wo das geschriebene Recht lückenhaft ist.

VI.   Europarechtliche Rechtsquellen

422 Primäres Unionsrecht: die Unionsverträge insbesondere EUV, AEUV und Euratom
sowie die GRC.
Sekundäres Unionsrecht: Verordnungen, Richtlinien, Beschlüsse, Empfehlungen
und Stellungnahmen.

§ 4   Gesetzesvollzug

I.   Gesetzesvollzug

423   1.   Ermittlung des Sachverhalts durch die Behörde
        2.   Subsumtion des Sachverhalts unter das relevante Normprogramm
        3.   Feststellung der Rechtsfolgen und Vollzug des Gesetzes

II.   Sachverhaltsfeststellung

424 *Untersuchungsgrundsatz*: Die Behörde hat den Sachverhalt von Amts wegen zu er-
mitteln (§ 24 VwVfG), d. h. alle für den Einzelfall bedeutsamen, auch die für die
Beteiligten günstigen Umstände.
Den Beteiligten kommt eine *Mitwirkungspflicht* zu (§ 26 Abs. 2 VwVfG).

III. Beurteilungsspielraum

Grundsatz: Aus Art. 19 Abs. 4 GG folgt eine Pflicht der Gerichte, Akte der öffent- **425** lichen Gewalt in rechtlicher und tatsächlicher Hinsicht vollständig zu überprüfen.
Normative Ermächtigungslehre: Die subjektiven Rechte werden erst durch Gesetz bestimmt und ergeben sich nicht aus Art. 19 Abs. 4 GG. Deshalb kann der Gesetzgeber der Verwaltung Beurteilungsspielräume zuweisen, ohne dafür hinreichend bestimmte Entscheidungsprogramme vorzugeben.
Fallgruppen für behördliche Beurteilungsspielräume:
- Bewertungen in prüfungs- und prüfungsähnlichen Entscheidungen
- Dienstliche Beurteilungen
- Bewertungen von Kunst und Kultur
- Prognose- und Risikoentscheidungen
- Fachliche Beurteilungen und Bewertungen
- Politischer Beurteilungsspielraum

Allgemeine Grundsätze für eine gerichtliche Kontrolle: Das BVerwG ist mit der Annahme eines Beurteilungsspielraums der Verwaltung eher restriktiv. Tendenziell wird die gerichtliche Kontrolle dahingehend beschränkt,
- ob die Verfahrensvorschriften eingehalten wurden,
- ob der Sachverhalt vollständig und zutreffend ermittelt wurde und nicht von falschen Tatsachen ausgegangen wurde,
- ob einem richtigen Verständnis des anzuwendenden Gesetzesbegriffs ausgegangen wurde,
- ob allgemeingültige Bewertungsgrundsätze beachtet wurden, und
- ob keine sachfremden Erwägungen angestellt, d. h. nicht gegen das Willkürverbot verstoßen wurde.

IV. Ermessen

1. Ermessenstypik

426

- Muss-Bestimmungen (kein Ermessen).
- Kann-Bestimmungen (Ermessensvorschrift).
- Soll-Bestimmungen (Ermessensvorschrift mit intendierter Entscheidung).

Entschließungsermessen: Behörde entscheidet ob sie tätig wird.
Auswahlermessen: Behörde entscheidet wie sie tätig wird.

2. Ermessensbindung

Pflichtgemäßes Ermessen: Vgl. § 40 VwVfG: Die Behörde muss der Rechtsordnung gemäß entscheiden (entsprechend der gesetzlichen Rechtsgrundlage, anderen Gesetzen und insbes. auch den Grundrechten).
Ermessensreduzierung auf Null: Eine Ermessensbestimmung lässt aufgrund besonderer Umstände des Sachverhalts nur eine Entscheidung der Behörde zu (z. B. bei verfassungskonformer Auslegung).
Ermessenslenkende Verwaltungsvorschriften: *Gerichtliche Nachprüfung* ist auf Ermessensfehler beschränkt (vgl. § 114 VwGO):
- *Ermessensüberschreitung:* Die von der Behörde im Ermessenswege verhängte Rechtsfolge ist von der gesetzlichen Ermächtigung nicht gedeckt.
- *Ermessensnichtgebrauch:* Die Behörde übt ein ihr zustehendes Ermessen nicht aus.

- *Ermessensunterschreitung:* Die Behörde schöpft den ihr zugewiesenen Ermessensrahmen nicht aus.
- *Ermessensfehlgebrauch:* Die Behörde stellt sachfremde Erwägungen an.

Intendiertes Ermessen: Ermessensvorschrift, für deren Anwendung die Richtung der Ermessensbetätigung vorgegeben ist.

Koppelungsvorschriften: Enthalten unbestimmte Rechtsbegriffe und räumen der Behörde zugleich ein Ermessen ein.

§ 5   Verwaltungsakt

I.   Bedeutung des Verwaltungsakts

427
- zur Regelung eines Einzelfalls.
- zur Klarstellung der Rechtslage.
- für das Verwaltungsverfahren (vgl. § 9 VwVfG).
- für die Vollstreckung (vgl. § 6 Abs. 1 VwVG).
- für den Rechtsschutz (vgl. § 42 Abs. 1 1. und 2. Alt. und § 68 VwGO).

II.   Voraussetzungen an einen VA

428 **1.   Behörde**
- vgl. § 1 Abs. 4 VwVfG („jede Stelle, die Aufgaben der öffentlichen Verwaltung wahrnimmt").
- nicht Einrichtungen des Privatrechts.
- Handlungen unselbstständiger Verwaltungshelfer können aber der Behörde zugerechnet werden.
- Abgrenzung vom Schein-VA.

2.   jede Verfügung, Entscheidung oder andere hoheitliche Maßnahme
- jedes behördliche Tun mit Erklärungswert (auch konkludent).
- hoheitlich i. S. v. einseitig durch den Staat.
- *Sonderfall* mitwirkungsbedürftiger VA: vom Vertrag abzugrenzen (Mitwirkung durch Antrag, Annahme oder Zustimmung, keine Einflussnahme auf den Inhalt).
- *Sonderfall* fingierter VA: Schweigen der Behörde gilt als VA.
- *Sonderfall* konkludenter VA: aus Indizien (Inhalt des VA oder Nebenbestimmungen) ist zu schließen, ob die Behörde einen VA mit einem bestimmten Inhalt erlassen wollte.

3.   auf dem Gebiet des öffentlichen Rechts
- *Sonderfall* Zwei-Stufentheorie (insbes. bei Subventionsrechtsverhältnis und bei Zugang zu öffentlichen Einrichtungen): Behörde entscheidet über das „Ob" einer Leistung öffentlich-rechtlich, über das „Wie" privatrechtlich oder öffentlich-rechtlich (Beachte: keine schematische Anwendung; auf die Zwei-Stufentheorie wird z. B. nicht zurückgegriffen, bei Subventionen durch verlorene Zuschüsse).
- *Sonderfall* privatrechtsgestaltender VA: nimmt auf privatrechtliche Rechtsbeziehungen Einfluss, indem er sie öffentlich-rechtlich regelt.

4.   Einzelfall
- konkret-individuelle Maßnahme: VA.
- abstrakt-individuelle Maßnahme: VA (Dauer-VA).
- abstrakt-generelle Maßnahme: Rechtsnorm.
- konkret-generelle Maßnahme: VA (Allgemeinverfügung).

5.   zur Regelung
Maßnahme der Behörde ist ihrem objektiven Gehalt nach darauf gerichtet, eine verbindliche Rechtsfolge zu setzen. D. h. Rechte des Betroffenen werden unmittelbar begründet, geändert, aufgehoben, mit bindender Wirkung festgestellt oder verneint.
- nicht bei Empfehlungen und Warnungen.
- bei Vollstreckung: Grund-VA und Androhung, ggf. auch die Anordnung eines Zwangsmittels, regelm. aber nicht Anwendung des Zwangsmittels.
- nicht bloße Willenserklärungen.
- nicht verfahrensbezogenen Mitteilungen.
- *Sonderfall* Zweitbescheid.
- *Sonderfall* wiederholende Verfügung (kein VA).
- *Sonderfall* feststellender VA.
- *Sonderfall* vorläufiger VA: ergeht unter dem Vorbehalt einer späteren endgültigen Regelung.
- *Sonderfall* vorsorglicher VA: mit Vorbehalt, dass ihm rechtliche Bedeutung nur zukommt, wenn eine Behörde später einen bestimmten Sachverhalt feststellt oder eine Regelung trifft.

6.   auf unmittelbare Rechtswirkung nach außen gerichtet ist
- unmittelbare rechtliche Außenwirkung; abzugrenzen von behördeninternen Maßnahmen.
- *Sonderfall*: mehrstufiger VA.
- *Sonderfall* Sonderstatusverhältnisse: (nach älterer Lehre) Unterscheidung zwischen Grundverhältnis und Betriebsverhältnis.
- *Sonderfall* Teilgenehmigung: selbstständige Verwaltungsakte, die ein bestimmtes Vorhaben nicht in seiner Gesamtheit genehmigen, sondern in einem gestuften Verfahren nach bestimmten Verfahrensabschnitten jeweils Teile hiervon.
- *Sonderfall* Vorbescheid: abschließende Entscheidung über einzelne Genehmigungsfragen.

III.   Allgemeinverfügung

Verwaltungsakt, der sich an   **429**
- einen nach allgemeinen Merkmalen bestimmten oder bestimmbaren Personenkreis richtet oder
- die öffentlich-rechtliche Eigenschaft einer Sache oder
- ihre Benutzung durch die Allgemeinheit betrifft (vgl. § 35 S. 2 VwVfG).

IV. Weitere Sonderfälle

430 **Dinglicher VA:** Verwaltungsakt, der entweder adressatenlos ist oder zwar an einen bestimmten Adressaten gerichtet ist, aber wegen seinem Bezug auf eine Sache auch für und gegen dessen Rechtsnachfolger gelten soll.
Relativer VA: Eine hoheitliche Maßnahme, die gegenüber einer Person ein VA ist, gegenüber einer anderen aber eine andere Handlungsform darstellt.
Zusicherung: Verbindliche Zusage einer Behörde, einen bestimmten VA später zu erlassen (§ 38 VwVfG).
Zusage: Versprechen der Behörde, eine Maßnahme zu erlassen (oder zu unterlassen).

§ 6 Nebenbestimmungen (vgl. § 36 VwVfG)

I. Typik

431 1. Befristung
  – aufschiebende
  – auflösende
2. Bedingung
  – aufschiebende
  – auflösende
3. Widerrufsvorbehalt
4. Auflage
5. Auflagenvorbehalt

II. Zulässigkeit von Nebenbestimmungen

432 – § 36 Abs. 1 VwVfG: Ein VA, auf den ein Anspruch besteht, darf nur dann mit einer Nebenbestimmung versehen werden, wenn diese durch Rechtsvorschrift zugelassen ist oder wenn sie sicherstellen soll, dass die gesetzlichen Voraussetzungen des Verwaltungsaktes erfüllt werden.
– § 36 Abs. 2 VwVfG: Wenn ein Anspruch auf einen VA nicht besteht, entscheidet die Behörde nach pflichtgemäßem Ermessen über die Nebenbestimmung.
– § 36 Abs. 3 VwVfG: Eine Nebenbestimmung darf dem Zweck des Verwaltungsakts nicht zuwiderlaufen.

§ 7 Grundzüge des Verwaltungsverfahrens

I. Zuständigkeit

433 1. Sachliche Zuständigkeit: regelmäßig im Fachgesetz geregelt
  – Verbandskompetenz
  – Organkompetenz
2. Örtliche Zuständigkeit, regelmäßig § 3 VwVfG.

II. Nicht-förmliches Verwaltungsverfahren

1. Beginn des Verfahrens, § 22 VwVfG: **434**
   - Offizialprinzip
   - Dispositionsprinzip
   - Opportunitätsprinzip
   - Legalitätsprinzip
2. Beteiligte des Verfahrens:
   - Beteiligungsfähigkeit, § 11 VwVfG
   - Handlungsfähigkeit, § 12 VwVfG
3. wichtige Verfahrensgrundsätze:
   - Einfachheit, Zweckmäßigkeit und Zügigkeit des Verfahrens, § 10 VwVfG
   - Unparteilichkeit des Verfahrens, §§ 2, 21 VwVfG
   - Anhörungspflicht, § 28 VwVfG
   - Geheimhaltungsgebot, § 30 VwVfG
   - Übermaßverbot (Verhältnismäßigkeitsgrundsatz)
   - Bestimmtheitsgrundsatz, § 37 Abs. 1 VwVfG
   - Vertrauensschutzgrundsatz
   - Wirtschaftlichkeit (§ 6 HGrG, § 7 BHO/LHO)
   - Begründung, § 39 VwVfG

§ 8 Form, Bekanntgabe und Inhalt des Verwaltungsakts

I. Form des Verwaltungsakts, § 37 Abs. 2 S. 1 VwVfG

- schriftlich **435**
- elektronisch
- mündlich
- in anderer Weise

II. Bekanntgabe des Verwaltungsakts

- individuelle Bekanntgabe, § 41 Abs. 1 und 2 VwVfG. **436**
- öffentliche Bekanntgabe, § 41 Abs. 3 und 4 VwVfG.
- Zustellung, § 41 Abs. 5 VwVfG:
  - zuzustellendes Schriftstück ist mit Wissen und Wollen der zuständigen Behörde aus deren Bereich heraus und in den Verfügungsbereich des Empfängers hineingelangt.
  - Zustellung ist nach den maßgeblichen Rechtsvorschriften des einschlägigen Verwaltungszustellungsgesetzes erfolgt.
  - Zustellung ist amtlich und nicht lediglich privat erfolgt.
- Arten der Zustellung:
  - Post mit Zustellungsurkunde (§ 3 VwZG).
  - Post mittels Einschreibens (§ 4 VwZG).
  - Behörde gegen Empfangsbekenntnis (§ 5 VwZG).
  - Über De-Mail-Dienste gegen Abholbestätigung (§ 5a VwZG).

III. Konsequenzen der Wirksamkeit des Verwaltungsakts

437
- *äußere Wirksamkeit*: VA wird nach außen existent.
- *innere Wirksamkeit*: VA löst Rechtsfolgen aus.
- *Bindungswirkung*: Geltungswirkung des VA:
  - persönlich
  - sachlich
- *Tatbestandswirkung*: andere Personen und Behörden, die nicht von der Bindungswirkung betroffen sind, haben den VA als rechtlich existent zu akzeptieren.
- *Bestandskraft*: Bindungswirkung des VA kann nicht mehr ohne Entscheidung einer Behörde oder eines Gerichts beseitigt werden.
  - formelle Bestandskraft: VA kann nicht mehr angefochten werden.
  - materielle Bestandskraft: Bindungswirkung des VA nach Eintritt der formellen Bestandskraft.
- *Vollziehbarkeit*: Verwirklichung der in dem VA ausgesprochenen Rechtsfolge durch weitere Maßnahmen.

§ 9 Fehlerhafter Verwaltungsakt

I. Nichtiger VA, § 44 VwVfG

1. Absolute Nichtigkeitsgründe, § 44 Abs. 2 VwVfG

438 Ohne Rücksicht auf das Vorliegen der Voraussetzungen des § 44 Abs. 1 VwVfG ist ein Verwaltungsakt nichtig,
- der schriftlich oder elektronisch erlassen worden ist, die erlassende Behörde aber nicht erkennen lässt.
- der nach einer Rechtsvorschrift nur durch die Aushändigung einer Urkunde erlassen werden kann, aber dieser Form nicht genügt.
- den eine Behörde außerhalb ihrer durch § 3 Abs. 1 Nr. 1 begründeten Zuständigkeit erlassen hat, ohne dazu ermächtigt zu sein.
- den aus tatsächlichen Gründen niemand ausführen kann.
- der die Begehung einer rechtswidrigen Tat verlangt, die einen Straf- oder Bußgeldtatbestand verwirklicht.
- der gegen die guten Sitten verstößt.

2. Relative Nichtigkeitsgründe, § 44 Abs. 1 VwVfG

439
- VA leidet an einem besonders schwerwiegenden Fehler und
- dies ist bei verständiger Würdigung aller in Betracht kommenden Umstände offensichtlich.

3. Nichtigkeit liegt nicht vor in den Fällen des § 44 Abs. 3 VwVfG

II. Rechtswidriger VA, Heilung, Beachtlichkeit

440
- Offenbare Unrichtigkeiten (Schreibfehler, Rechtsfehler o. dgl.): § 42 VwVfG.
- Heilung: § 45 VwVfG.
- Unbeachtlichkeit: § 46 VwVfG.
- für Rechtsschutz: § 44a VwGO.

III. Umdeutung fehlerhafter Verwaltungsakte, § 47 VwVfG, Voraussetzungen

– Zuständig ist die Behörde, die den fehlerhaften Verwaltungsakt erlassen hat. **441**
– Vorliegen eines fehlerhaften Verwaltungsakts.
– Fehlerhafter und umgedeuteter Verwaltungsakt müssen auf das gleiche Ziel gerichtet sein.
– Umgedeuteter Verwaltungsakt hätte von der erlassenden Behörde in der geschehenen Verfahrensweise und Form rechtmäßig erlassen werden können.
– Umgedeuteter VA widerspricht nicht der erkennbaren Absicht der erlassenden Behörde.
– Materiell-rechtliche Voraussetzungen für den Erlass des umgedeuteten VA sind erfüllt.
– Rechtsfolgen des umgedeuteten Verwaltungsakts sind für den Betroffenen nicht ungünstiger als diejenigen des fehlerhaften VA.
– Fehlerhafter Verwaltungsakt dürfte auch zurückgenommen werden.
– Keine Umdeutung einer gesetzlich gebundenen Entscheidung in eine Ermessensentscheidung.

§ 10 Rücknahme und Widerruf von Verwaltungsakten

I. Rücknahme rechtswidriger Verwaltungsakte, § 48 VwVfG

1. Rücknahme rechtswidriger belastender Verwaltungsakte, § 48 Abs. 1 S. 1 VwVfG

– Zuständigkeit: § 48 Abs. 5 VwVfG. **442**
– Verfahren, insbes. Frist: § 48 Abs. 4 VwVfG.
– Vorliegen eines rechtswidrigen belastenden VA.
– Verwaltungsgrundsätze i. Ü. sind zu beachten (Ermessen, Verhältnismäßigkeit etc.).

2. Rücknahme rechtswidriger begünstigender Verwaltungsakte

a) Maßnahmen, die eine einmalige oder laufende Geld- oder teilbare Sachleis- **443**
tung gewähren oder Voraussetzung hierfür: § 48 Abs. 2 VwVfG.
   – Zuständigkeit: § 48 Abs. 5 VwVfG.
   – Verfahren, insbes. Frist: § 48 Abs. 4 VwVfG.
   – Vorliegen eines rechtswidrigen begünstigender VA.
   – Vertrauensschutz, § 48 Abs. 2 S. 2 bis 3 VwVfG:
      – Abwägung zwischen subj. Vertrauensschutz mit öffentl. Interessen.
      – regelm. Vorrang des Vertrauensschutzes: § 48 Abs. 2 S. 2 VwVfG.
      – regelm. kein Vorrang des Vertrauensschutzes: § 48 Abs. 2 S. 3 VwVfG.
   – Verwaltungsgrundsätze i. Ü. sind zu beachten (Ermessen, Verhältnismäßigkeit etc.).
b) Sonstige: § 48 Abs. 3 VwVfG
   – Zuständigkeit: § 48 Abs. 5 VwVfG.
   – Verfahren, insbes. Frist: § 48 Abs. 4 VwVfG.
   – Vorliegen eines rechtswidrigen begünstigenden VA.
   – Ggf. Entschädigung, § 48 Abs. 3 VwVfG.

– Verwaltungsgrundsätze i. Ü. sind zu beachten (Ermessen, Verhältnismäßigkeit etc.).

3.   Rücknahme unionsrechtswidriger Verwaltungsakte

444 Anwendungsvorrang des Unionsrechts, daher unionsrechtskonforme Auslegung
des § 48 VwVfG, d. h.:
– dass der deutschen Behörde entgegen § 48 Abs. 2 VwVfG kein Rücknahmeermessen zukommt (Ermessensreduzierung auf Null),
– dass sie den Bewilligungsbescheid mit Wirkung für die Vergangenheit (ex
   tunc) zurückzunehmen hat.
– dass sich der Subventionsempfänger nicht auf Vertrauensschutz und Treu und
   Glauben (z. B. § 48 Abs. 2 VwVfG) berufen kann.
– dass er sich ferner nicht auf den Wegfall der Bereicherung (z. B. § 48 Abs. 2
   S. 2 VwVfG) berufen kann.
– und dass die Ausschlussfrist von einem Jahr in § 48 Abs. 4 S. 1 VwVfG keine
   Anwendung findet.

II.   Widerruf rechtmäßiger Verwaltungsakte

1.   Nicht begünstigende Verwaltungsakte, § 49 Abs. 1 VwVfG

445 – Zuständigkeit, § 49 Abs. 5 VwVfG.
        – Verfahren.
        – VA gleichen Inhalts müsste nicht erneut erlassen werden.
        – Widerruf darf nicht aus anderen Gründen unzulässig sein.
        – Verwaltungsgrundsätze i. Ü. sind zu beachten (Ermessen, Verhältnismäßigkeit
           etc.).

**2.   Begünstigende Verwaltungsakte, die eine einmalige oder laufende
        Geld- oder teilbare Sachleistung gewähren, § 49 Abs. 3 VwVfG**

446 – Zuständigkeit: § 49 Abs. 5 VwVfG.
        – Verfahren, insbes. Frist: § 48 Abs. 4 VwVfG.
        – Widerrufsgründe, § 49 Abs. 2 S. 1 VwVfG:
           – Widerruf durch Rechtsvorschrift zugelassen oder im Verwaltungsakt vor-
              behalten.
           – mit Verwaltungsakt ist eine Auflage verbunden und Begünstigter hat
              diese nicht oder nicht innerhalb einer ihm gesetzten Frist erfüllt.
           – Behörde wäre aufgrund nachträglich eingetretener Tatsachen berechtigt,
              den Verwaltungsakt nicht zu erlassen, und ohne Widerruf würde das
              öffentliche Interesse gefährdet.
           – Behörde wäre aufgrund einer geänderten Rechtsvorschrift berechtigt,
              den Verwaltungsakt nicht zu erlassen, allerdings nur, soweit der Begüns-
              tigte von der Vergünstigung noch keinen Gebrauch gemacht oder auf-
              grund des Verwaltungsaktes noch keine Leistungen empfangen hat, und
              wenn ohne den Widerruf das öffentliche Interesse gefährdet würde.
           – Zur Verhütung oder Beseitigung schwerer Nachteile für das Gemein-
              wohl.
        – Entschädigungsanspruch nach § 49 Abs. 6 VwVfG ist zu beachten. Verwal-
           tungsgrundsätze i. Ü. sind zu beachten (Ermessen, Verhältnismäßigkeit etc.).

3.   Sonstige Verwaltungsakte, § 49 Abs. 2 VwVfG
-   Zuständigkeit: § 49 Abs. 5 VwVfG.   **447**
-   Verfahren, insbes. Frist: § 48 Abs. 4 VwVfG.
-   Widerrufsgründe:
    -   Leistung wird nicht alsbald nach der Erbringung für den in dem Verwaltungsakt bestimmten Zweck verwendet oder
    -   mit dem Verwaltungsakt ist eine Auflage verbunden und der Begünstigte hat diese nicht oder nicht innerhalb einer ihm gesetzten Frist erfüllt.
-   Verwaltungsgrundsätze i. Ü. sind zu beachten (Ermessen, Verhältnismäßigkeit etc.).

III.   Erstattung, § 49a VwVfG

-   Erstattungsanspruch entsteht mit   **448**
    -   Rücknahme.
    -   Widerruf.
    -   Unwirksamkeit mit Eintritt einer auflösenden Bedingung.
-   Festsetzungsanordnung.
-   Umfang der Erstattung: §§ 812 ff. BGB.

§ 11 Prüfungsschema Anspruch aus öffentlich-rechtlichem Vertrag

1.   Anspruch aus Vertrag?   **449**
2.   Vorliegen eines öffentlich-rechtlichen Vertrages
     a)   Abgrenzung zum privatrechtlichen Vertrag
     b)   Abgrenzung zum mitwirkungsbedürftigen VA
3.   Vertragsabschluss
     a)   übereinstimmende Willenserklärungen, § 62 S. 2 VwVfG, § 145 ff. BGB
     b)   Zuständigkeit des öff.-re. Vertragspartners zum Vertragsabschluss
     c)   schriftlich, § 57 VwVfG
     d)   ggf. Zustimmung Dritter und von Behörden, § 58 VwVfG
4.   materielle Rechtmäßigkeit
     a)   Vergleichsvertrag: Vor. nach § 55 VwVfG; Austauschvertrag: Vor. nach § 56 VwVfG eingehalten
     b)   bei Austauschvertrag: keine Nichtigkeit i. S. v. gegen § 59 Abs. 2 VwVfG (insbes. kein Verstoß gegen Koppelungsverbot)
     c)   i. Ü. keine Nichtigkeit nach bürgerlichem Recht, § 59 Abs. 1 VwVfG
     d)   kein Verstoß gegen sonstiges zwingendes Recht, § 54 S. 1 VwVfG
5.   Kein Erlöschen des Anspruchs
     a)   durch Kündigung, § 60 VwVfG
     b)   durch Erfüllung, § 362 BGB i. V. m. § 62 S. 2 VwVfG
6.   Keine Einreden
     a)   auf Vertragsanpassung, § 60 Abs. 1 VwVfG
     b)   BGB i. V. m. § 62 S. 2 VwVfG.

§ 12 Prüfungsschema Planfeststellungsverfahren

I. Formelle Planungsvoraussetzungen

450
1. Gesetzliche Anordnung zur Durchführung eines Planfeststellungsverfahrens nach §§ 72 ff. VwVfG, § 72 Abs. 1 S. 1 VwVfG.
2. Erarbeiten des Plans durch Vorhabenträger.
3. Antragstellung durch Einreichen des Plans bei der Anhörungsbehörde, § 73 Abs. 1 S. 1 VwVfG.
4. Einholung behördlicher Stellungnahmen, § 73 Abs. 2 VwVfG
   - Eingang der behördlichen Stellungnahmen gem. gesetzter Frist, § 73 Abs. 3a VwVfG, andernfalls formelle Präklusion.
5. Außerdem: Gelegenheit zur Stellungnahme für rechtsbehelfsberechtigte Verbände.
6. Gleichzeitig mit (4.) Planauslegung in betroffenen Gemeinden (§ 73 Abs. 2, Abs. 3 S. 1 und Abs. 5 VwVfG)
   - vorher ortsübliche Bekanntmachung der Auslegung mit Hinweis darauf,
   - wo und in welchem Zeitraum der Plan zur Einsicht ausgelegt ist.
   - dass etwaige Einwendungen oder Stellungnahmen von rechtsbehelfsberechtigten Vereinigungen bei den in der Bekanntmachung zu bezeichnenden Stellen innerhalb der Einwendungsfrist vorzubringen sind.
   - dass bei Ausbleiben eines Beteiligten in dem Erörterungstermin auch ohne ihn verhandelt werden kann.
   - dass die Personen, die Einwendungen erhoben haben, oder die Vereinigungen, die Stellungnahmen abgegeben haben, von dem Erörterungstermin durch öffentliche Bekanntmachung benachrichtigt werden können und dass die Zustellung der Entscheidung über die Einwendungen durch öffentliche Bekanntmachung ersetzt werden kann, wenn mehr als 50 Benachrichtigungen oder Zustellungen vorzunehmen sind.
   - Eingang von Stellungnahmen Betroffener binnen zwei Wochen nach Auslegungsfrist (d. h. innerhalb der Einwendungsfrist), andernfalls materielle Präklusion.
7. Erörterungstermin, § 73 Abs. 6 VwVfG
   - nach Ablauf der Einwendungsfrist.
   - ortsübliche Bekanntmachung des Erörterungstermins.
   - Durchführung des Erörterungstermins.
7a. ggf. integriert: UVP.
8. Stellungnahme der Anhörungsbehörde und Weiterleitung an Planfeststellungsbehörde, § 73 Abs. 9 VwVfG.
9. Planfeststellungsbeschluss durch Planfeststellungsbehörde und Zustellung, § 74 VwVfG.

II. Materielle Planungsvoraussetzungen

451
1. Planrechtfertigung
   - Planung ist erforderlich i. S. v. vernünftigerweise geboten.
2. Planungsleitsätze
   - zwingende Planungsleitsätze,
   - Berücksichtigungs- und Optimierungsgebote.
3. Grundsatz der gerechten Abwägung.

Das Gebot gerechter Abwägung ist verletzt, wenn
- eine Abwägung überhaupt nicht stattfindet (Fehler: Abwägungsausfall),
- in die Abwägung an Belangen nicht eingestellt wird, was nach Lage der Dinge in sie eingestellt werden muss (Fehler: Abwägungsdefizit),
- die Bedeutung der betroffenen öffentlichen und privaten Belange verkannt wird (Fehler: Abwägungsfehleinschätzung) oder
- der Ausgleich zwischen den betroffenen Belangen nicht in einer Weise vorgenommen wird, die zur Gewichtigkeit einzelner Belange außer Verhältnis steht (andernfalls Abwägungsdisproportionalität).

§ 13 Verwaltungsvollstreckung

I. Prüfungsschema Erzwingung von Handlungen, Duldungen und Unterlassungen am Beispiel des VwVG

1. Anwendbarkeit des VwVG   **452**
2. Vorliegen eines vollzugsfähigen Grund-VA
   a) Grund-VA muss wirksam sein
   b) Grund-VA muss unanfechtbar sein oder sonst vollstreckbar sein
      i.   z. B. bestandskräftig
      ii. z. B. Rechtsmittel haben keine aufschiebende Wirkung
      iii. z. B. Anordnung sofortiger Vollziehung
3. Vollzugsverfahren
   a) Zuständige Vollzugsbehörde, § 7 VwVG
   b) Androhung, § 13 VwVG
   c) Festsetzung, § 14 VwVG
      i.   Ersatzvornahme, § 10 VwVG
      ii. Zwangsgeld, § 11 VwVG
      iii. Unmittelbarer Zwang, § 13 VwVG
      iv. Ersatzzwangshaft, § 16 VwVG
   d) Anwendung der Zwangsmittel, § 15 VwVG.

II. Prüfungsschema Vollstreckung in öffentlich-rechtliche Geldforderungen

1. Anwendbarkeit des VwVG   **453**
2. Zuständigkeit der Vollstreckungsbehörde, § 4 Abs. 1 VwVG
3. Vorliegen eines Leistungsbescheids, § 3 Abs. 2 lit. a VwVG
4. Fälligkeit, § 3 Abs. 2 lit. b VwVG
5. Schonfrist, § 3 Abs. 2 lit. c VwVG
6. Mahnung, § 3 Abs. 3 VwVG
7. Vollstreckungsanordnung, § 3 Abs. 1 VwVG
8. Vollstreckungsverfahren, § 5 VwVG verweist auf AO.

§ 14 Das Widerspruchsverfahren als Klagevoraussetzung

454 1. Zulässigkeit des Verwaltungsrechtswegs, §§ 40, 68 VwGO
2. Statthaftigkeit eines Widerspruchs:
   a) gegen VA (Anfechtungswiderspruch)
   b) auf Erlass eines VA (Verpflichtungswiderspruch)
3. Ausschluss eines Widerspruchsverfahrens:
   a) weil gesetzlich bestimmt, § 68 S. 2 VwGO
   b) weil VA von oberster Bundes oder Landesbehörde erlassen, § 68 S. 2 Nr. 1) VwGO
   c) weil Abhilfebescheid oder Widerspruchsbescheid erstmals eine Beschwer enthält, § 68 S. 2 Nr. 2 VwGO
   d) bei Untätigkeit der Behörde, § 75 VwGO
   e) wenn sich die beklagte Behörde im Verwaltungsprozess sachlich auf die Klage einlässt ohne Fehlen des Widerspruchsverfahrens zu rügen
4. Erheben des Widerspruchs, § 69 VwGO:
   a) schriftlich
   b) zur Niederschrift
5. Widerspruchsfrist, § 70 VwGO i. V. m. § 58 VwGO
6. Widerspruchsbefugnis, § 42 Abs. 2 VwGO analog.

§ 15 Staatliche Ersatzleistungen

I. Prüfungsschema Amtshaftungsanspruch

455 Anspruchsgrundlage: § 839 BGB i. V. m. Art. 34 GG
1. Handeln eines Amtswalters in Ausübung eines öffentlichen Amtes
   a) Amtswalter: Beamter im haftungsrechtlichen Sinn
      (auch Angestellte, Arbeiter, Private, wenn sie in die hoheitliche Amtsausübung eingebunden sind)
   b) Hoheitliches Handeln: nach Maßgabe der Zielsetzung des Handelns, nicht nur bei Gelegenheit
   c) auch Unterlassen, wenn Handlungspflicht
2. Verletzung einer Amtspflicht
   a) z. B. Amtspflicht zur gesetzmäßigen Amtsausübung
   b) Amtspflicht, Einzelweisung von Trägern leitender Organe oder Ämter zu befolgen
   c) Amtspflicht zu verhältnismäßigem Handeln
   d) Amtspflicht zum zügigen Bearbeiten von Angelegenheiten
   e) Amtspflicht zur vollständigen Erforschung eines Sachverhalts im Rahmen des Zumutbaren
   f) Amtspflicht zum fehlerfreien Ermessensgebrauch
   g) Amtspflicht zur Verschwiegenheit
   h) Amtspflicht, an den Bürger richtige, klare, unmissverständliche und vollständige Auskünfte zu erteilen
   i) Amtspflicht zu konsequentem Verhalten
   j) Amtspflicht, keinen Amtsmissbrauch zu begehen

3. Drittbezogenheit der Amtspflicht
   a) Mit der Amtspflicht muss zumindest auch der Zweck verfolgt werden, ein Interesse gerade dieses Geschädigten wahrzunehmen
   b) Nicht bei juristischen Personen des öffentlichen Rechts, wenn diese „gleichsinnig" zusammenwirken
4. Schaden
5. Haftungsbegründende Kausalität
   – Adäquanztheorie: Ein adäquater Kausalzusammenhang besteht, wenn eine Tatsache im Allgemeinen und nicht nur unter besonders eigenartigen, ganz unwahrscheinlichen und nach regelmäßigem Verlauf der Dinge außer Betracht zu lassenden Umständen zur Herbeiführung eines Erfolges geeignet ist.
6. Verschulden
   a) Verobjektivierter Maßstab nach § 276 BGB
   b) Ggf. Organhaftung
7. Haftungseinschränkungen
   a) Subsidiaritätsklausel, § 839 Abs. 1 S. 2 BGB
      (-) bei Teilnahme am allgemeinen Straßenverkehr, sofern keine Sonderrechte in Anspruch genommen werden
      (-) bei Verletzung von Straßenverkehrssicherungspflichten, sofern keine Sonderrechte in Anspruch genommen
      (-) bei Bestehen einer Haftpflichtversicherung des Geschädigten
      (-) bei Bestehen eines Ersatzanspruchs gegen eine andere Einrichtung der öffentlichen Hand
   b) Richterspruchprivileg, § 839 Abs. 2 BGB
   c) Mitverschulden insbes. Rechtsmittelversäumung, § 254 BGB, § 839 Abs. 3 BGB
8. Verjährung
   – grds. drei Jahre, § 195 BGB.

Beachte: Inhalt des Amtshaftungsanspruchs:
§§ 249 ff. BGB aber keine Naturalrestitution, wenn hoheitliches Handeln erforderlich, daher grds. nur Vermögensentschädigung.

Beachte: Anspruchsgegner ist wegen § 34 S. 1 GG die Körperschaft, in deren Dienst der schädigende Beamte steht (Anstellungstheorie). Bei Doppelbehörden auch Funktionstheorie oder Anvertrauenstheorie (str.).

II. Prüfungsschema unionsrechtlicher Staatshaftungsanspruch im Besonderen

Anspruchsgrundlage regelmäßig § 839 BGB i. V. m. Art. 34 GG, unter besonderer **456** Berücksichtigung folgender Voraussetzungen:

1. Mitgliedstaat muss durch seine Organe – sei es der Exekutiv-, der Legislativ- oder der Justizgewalt – gegen europäisches Recht verstoßen haben.
2. Rechtsnorm, gegen die verstoßen worden ist, muss bezwecken, dem einzelnen Rechte zu verleihen.
3. Verstoß muss hinreichend qualifiziert sein (Mitgliedstaat hat seine Grenzen offenkundig und erheblich überschritten).
4. Zwischen dem Verstoß gegen die dem Staat obliegende Verpflichtung und dem den geschädigten Personen entstandenen Schaden muss ein unmittelbarer Kausalzusammenhang bestehen.

III. Sekundärrechtsschutz aus Eigentumsbeeinträchtigung

Grds. voneinander zu unterscheiden sind Inhalts- und Schrankenbestimmungen (Art. 14 Abs. 1 S. 2, Abs: 2 GG) und Enteignungen (Art. 14 Abs. 3 GG) als Administrativ- und Legalenteignung.

1. Prüfungsschema Entschädigung aus Enteignung

457 Anspruchsgrundlage: besonderes Enteignung- und Entschädigungsgesetz
1. Vorliegen einer durch Art. 14 GG geschützten Rechtsposition.
2. Vollständiger oder teilweiser Entzug der eigentumsrechtlich geschützten Rechtsposition.
3. Durch eine staatliche Maßnahme aufgrund oder durch Gesetz.
4. Eingriff ist aus Gründen des Gemeinwohls geboten.
5. Verhältnismäßigkeit.
6. Art und Ausmaß der Entschädigung müssen im Gesetz (Art. 14 Abs. 3 S. 2 GG) geregelt sein.

2. Prüfungsschema enteignungsgleicher Eingriff

458 Anspruchsgrundlage: Gewohnheitsrecht, §§ 74, 75 Einl preuß. ALR (1791), Grundsatz der materiellen Gerechtigkeit (Art. 20 Abs. 3 GG)
1. Vorliegen einer durch Art. 14 GG geschützten Rechtsposition.
2. Unmittelbarer hoheitlicher Eingriff.
3. Rechtswidrigkeit des Eingriffs – bei Unterlassen: drittschützende Wirkung verletzter Vorschriften.
4. Berücksichtigung einer Mitverantwortung nach § 254 BGB analog.
5. Verjährungsfrist, entspr. § 195 BGB.
Beachte: Rechtsweg für Entschädigungsansprüche aus enteignungsgleichem Eingriff richtet sich nach § 40 Abs. 2 VwGO.

3. Prüfungsschema enteignender Eingriff

459 Anspruchsgrundlage: Gewohnheitsrecht, §§ 74, 75 Einl preuß. ALR (1791), Grundsatz der materiellen Gerechtigkeit (Art. 20 Abs. 3 GG), vielfach aber inzwischen auch spezialgesetzlich geregelt
1. Vorliegen einer durch Art. 14 GG geschützte Rechtsposition.
2. Unmittelbarer hoheitlicher Eingriff.
3. Vorliegen eines Sonderopfers aufgrund des Eingriffs.
4. Berücksichtigung einer Mitverantwortung nach § 254 BGB analog.
5. Verjährungsfrist, entspr. § 195 BGB.

IV. Prüfungsschema Aufopferung

460 Anspruchsgrundlage: Gewohnheitsrecht, §§ 74, 75 Einl preuß. ALR (1791), Grundsatz der materiellen Gerechtigkeit (Art. 20 Abs. 3 GG)
1. Vorliegen einer nicht durch Art. 14 GG geschützten Rechtsposition.
2. Unmittelbarer hoheitlicher Eingriff.
3. Gemeinwohlbezogenheit des Eingriffs.
4. Vorliegen eines Sonderopfers.
5. Berücksichtigung einer Mitverantwortung nach § 254 BGB analog.
6. Verjährungsfrist, entspr. § 195 BGB.

V.   Verwaltungsrechtliche Schuldverhältnisse

1.   Prüfungsschema Haftung aus verwaltungsrechtlichem Schuldverhältnis

Anspruchsgrundlage: besonderes öffentlich-rechtliches Rechtsverhältnis (das   **461**
Rechtsinstitut entspricht einer öffentlich-rechtlichen (positiven) Forderungsverletzung)
1.   Vorliegen eines öffentlich-rechtlichen Rechtsverhältnisses.
2.   Besonderes Bedürfnis für eine Haftung – keine besondere gesetzliche Haftungsvorschrift; Regelungslücke.
3.   Zwischen Schädiger und Geschädigtem besteht eine „besondere Rechtsbeziehung" mit „fürsorgerischem Charakter", z. B.
    a)   bei einer öffentlich-rechtlichen Verwahrung.
    b)   bei einer Anstaltsnutzung, insbesondere wenn Anstalts- und Benutzungszwang angeordnet wurde.
4.   Verletzung einer Rechtspflicht aus dem verwaltungsrechtlichem Schuldverhältnis.
5.   Verschulden.
6.   Schaden.
7.   Kausalität.
8.   Verjährung.

2.   Prüfungsschema öffentlich-rechtliche Geschäftsführung ohne Auftrag

Anspruchsgrundlage §§ 677 ff. BGB analog   **462**
1.   Vorliegen eines öffentlich-rechtlichen Rechtsverhältnisses.
2.   Kein Eingreifen spezialgesetzlicher Regelungen.
3.   Wahrnehmung eines fremden Geschäfts.
4.   Fremdgeschäftsführungswille.
5.   Interessenwahrnehmung.

3.   Prüfungsschema Haftung von Bund und Länder für ordnungsgemäße Verwaltung

Anspruchsgrundlage: Art. 104a Abs. 5 S. 1, 2. Alt. GG   **463**
1.   Anspruchsinhaber: Bund oder Land.
2.   Anspruchsgegner: Bund oder Land.
3.   Rechtswidrige Maßnahme (Tun oder Unterlassen).
4.   Verschulden nur anspruchsspezifisch (abl. BVerfG für EU-Anlastungen; Vorsatz nach BVerwG).
5.   Schaden.
6.   Kausalität.
7.   Berücksichtigung eines Mitverschuldens des Geschädigten.

VI.   Prüfungsschema öffentlich-rechtlicher Erstattungsanspruch

Anspruchsgrundlage: Gewohnheitsrecht, vielfach aber inzwischen auch spezialge-   **464**
setzlich geregelt (das Rechtsinstitut entspricht dem Kondiktionsrecht der §§ 812 ff.
BGB)
1.   Vorliegen eines öffentlich-rechtlichen Rechtsverhältnisses.
2.   Vermögensverschiebung.
3.   Rechtsgrundlosigkeit.

4. Rechtsfolge: Herauszugeben ist das „Erlangte" (§ 818 Abs. 1 BGB analog).
5. Wegfall der Bereicherung?
    (-) für öffentliche Hand
    (-) für Bürger, da hier Grundsatz des Vertrauensschutzes maßgeblich
6. Verjährungsfrist, entspr. § 195 BGB.

VII. Prüfungsschema Folgenbeseitigungsanspruch

465 Anspruchsgrundlage: Grundrechte und Rechtsstaatsprinzip (Art. 20 Abs. 3 GG);
nach älterer Herleitung: §§ 1004, 12, 862 BGB analog
1. Eingriff in ein subjektives Recht.
2. Durch hoheitliches Handeln, namentlich Vollziehung.
3. Dadurch Herbeiführung eines rechtswidrigen Zustands.
4. Rechtswidriger Zustand dauert noch an.
5. Anspruch scheidet aus, wenn
    a) Wiederherstellung des früheren Zustands tatsächlich nicht möglich,
    b) Wiederherstellung des früheren Zustands rechtlich nicht möglich,
    c) Wiederherstellung der Behörde nicht zumutbar.
6. Berücksichtigung einer Mitverantwortung nach § 254 BGB.
Beachte: Der Folgenbeseitigungsanspruch richtet sich nur auf die Beseitigung der
unmittelbaren Folgen des hoheitlichen Handelns.

Stichwortverzeichnis

Das Stichwortverzeichnis verweist auf die Randnummern.

R

Realakt 72
Rechtsaufsichtsbehörde 358
Rechtsgrundlosigkeit 401
Rechtsmittel 322
Rechtsstaatsprinzip 45, 336
Rechtsverordnung 92 ff.
Reformatio in peius 359
Regulierungsverwaltung 12, 24, 40
Richterrecht 106
Richterspruchprivileg 381
Richtlinie 104, 111 f.
Risikoverwaltung 13, 81
Rücknahme 239 ff.
Rücksichtnahmegebot 80

S

Sachverhaltsermittlung 117 ff.
Satzung 99 ff.
Schaden 376
Schein-Verwaltungsakt 147
Schutz der natürlichen Lebensgrundlagen
  211
Schutznormtheorie 76 ff.
Schweretheorie 393
Sekundärrechtsschutz 366
Sekundarrechtsschutz 393
Selbsteintrittsrecht 192, 358
Selbstverwaltung 65 ff.
Sonderopfertheorie 393
Sparsamkeitsprinzip 211
Staatshaftung 368, 387 f.
Staatsverwaltung 59 ff., 292
Stellungnahme 113
Sternverfahren 205
Stiftung 63, 146
Straßenverkehrssicherungspflicht 380
Subjektives öffentliches Recht 73 ff., 123
Subjekttheorie, modifizierte 24, 289
Subordinationsrechtlicher Vertrag 257
Subsidiaritätsklausel 379
Suspensiveffekt 175, 329

T

Tatbestandswirkung 220
Teilanfechtung 356
Teilgenehmigung 169
Treu und Glauben 211

U

Übermaßverbot 34, 211, 321
Unbestimmte Tatbestandsmerkmale 122,
  127, 142
Unparteilichkeit 206
Untätigkeitsklage 339

Untermaßverbot 211
Untersuchungsgrundsatz 117

V

Verbandskompetenz 191
Verböserung 359
Verfahrensfehler 235 ff.
Verfassungsgesetz 86 ff.
Verfügung, wiederholende 162
Vergleichsvertrag 260
Verhältnismäßigkeitsgrundsatz 34, 211, 321
Verkehrszeichen 174, 177, 215, 331
Vermögensverschiebung 401
Verordnung, europäische 110
Vertrag, öffentlich-rechtlicher 72, 256 ff.
Vertragsanpassung 265
Vertrauensschutz 105, 108, 134, 165, 182,
  211, 402
Verwaltung 1 f., 4, 42 ff.
– bundeseigene 52, 116
– elektronische 15, 41
– Gemeinwohlbindung der 30
– Gesetzmäßigkeit der 31 ff., 85 ff., 92
– mittelbare 59, 61 ff.
– unmittelbare 59 f.
Verwaltungsakt 72, 113, 144 ff.
– begünstigender 249 ff.
– Bekanntgabe 213
– Bekanntgabefehler 217
– Bestandskraft 144, 165, 221
– Dauerverwaltungsakt 157
– dinglicher 175
– fehlerhafter 225, 237
– feststellender 163
– fingierter 148, 150
– Form 212
– gemeinschaftswidriger 246
– heilbare Fehler 235
– individuelle Bekanntgabe 214
– Inhalt 224
– konkludenter 151
– mehrstufiger 149, 167
– mitwirkungsbedürftiger 149
– nichtiger 226, 231 f.
– offenbare Unrichtigkeiten 234
– privatrechtsgestaltender 154
– rechtswidriger begünstigender 241 f.
– rechtswidriger belastender 239
– relativer 176
– Rücknahme 239 ff.
– Schein-VA 147
– teilnichtiger 231
– Umdeutung 237
– unbeachtliche Fehler 236
– Verfahrens- und Formfehler 233, 235